全国高等教育自学考试指定教材

法律专业（本科）

国际经济法概论

（含：国际经济法概论自学考试大纲）

（2015年版）

全国高等教育自学考试指导委员会　组编

主　编　余劲松

撰稿人　（按姓氏笔画为序）

　　　　左海聪　余劲松　张庆麟　韩立余
　　　　韩　龙　金美蓉　胡天龙　梁丹妮

审稿人　（按姓氏笔画为序）

　　　　王传丽　车丕照　邵景春

北京大学出版社
PEKING UNIVERSITY PRESS

图书在版编目(CIP)数据

国际经济法概论：2015年版/余劲松主编. —北京：北京大学出版社，2015.4
（全国高等教育自学考试指定教材）
ISBN 978-7-301-25372-4

Ⅰ.①国… Ⅱ.①余… Ⅲ.①国际经济法—高等教育—自学考试—教材 Ⅳ.①D996

中国版本图书馆CIP数据核字(2015)第009607号

书　　名	国际经济法概论(2015年版)
著作责任者	余劲松　主编
责任编辑	冯益娜
标准书号	ISBN 978-7-301-25372-4
出版发行	北京大学出版社
地　　址	北京市海淀区成府路205号　100871
网　　址	http://www.pup.cn
电子邮箱	编辑部 law@pup.cn　总编室 zpup@pup.cn
新浪微博	@北京大学出版社　@北大出版社法律图书
电　　话	邮购部 62752015　发行部 62750672　编辑部 62752027
印刷者	三河市博文印刷有限公司
经销者	新华书店
	787毫米×1092毫米　16开本　26.5印张　580千字
	2015年4月第1版　2024年3月第14次印刷
定　　价	47.00元

未经许可，不得以任何方式复制或抄袭本书之部分或全部内容。
版权所有，侵权必究
举报电话：010-62752024　电子邮箱：fd@pup.cn
图书如有印装质量问题，请与出版部联系，电话：010-62756370

组编前言

21世纪是一个变幻难测的世纪,是一个催人奋进的时代。科学技术飞速发展,知识更替日新月异。希望、困惑、机遇、挑战,随时随地都有可能出现在每一个社会成员的生活之中。抓住机遇,寻求发展,迎接挑战,适应变化的制胜法宝就是学习——依靠自己学习、终生学习。

作为我国高等教育组成部分的自学考试,其职责就是在高等教育这个水平上倡导自学、鼓励自学、帮助自学、推动自学,为每一个自学者铺就成才之路。组织编写供读者学习的教材就是履行这个职责的重要环节。毫无疑问,这种教材应当适合自学,应当有利于学习者掌握和了解新知识、新信息,有利于学习者增强创新意识,培养实践能力,形成自学能力,也有利于学习者学以致用,解决实际工作中所遇到的问题。具有如此特点的书,我们虽然沿用了"教材"这个概念,但它与那种仅供教师讲学生听,教师不讲学生不懂,以"教"为中心的教科书相比,已经在内容安排、编写体例、行文风格等方面都大不相同了。希望读者对此有所了解,以便从一开始就树立起依靠自己学习的坚定信念,不断探索适合自己的学习方法,充分利用自己已有的知识基础和实际工作经验,最大限度地发挥自己的潜能,达到学习的目标。

欢迎读者提出意见和建议。

祝每一位读者自学成功。

全国高等教育自学考试指导委员会
2013年7月

目　　录

国际经济法概论自学考试大纲

出版前言 7
Ⅰ　课程性质与课程目标 9
Ⅱ　考核目标 11
Ⅲ　课程内容与考核目标要求 12
Ⅳ　关于大纲的说明与考核实施要求 47
附录　题型举例 49
后记 51

国际经济法概论

编写说明 55
第一编　国际经济法导论 57
第一章　国际经济法概述 57
第一节　国际经济法的概念与特征 57
第二节　国际经济法的历史发展 62
第三节　国际经济法的渊源 66
第四节　国际经济法的基本原则 68
第二章　国际经济法的主体 72
第一节　自然人、法人与跨国公司 72
第二节　国家与单独关税区 78
第三节　国际经济组织 81
第二编　国际货物买卖法 86
第三章　国际货物买卖合同法 86
第一节　国际货物买卖合同及相关规则 87
第二节　国际货物买卖合同的成立 97
第三节　国际货物买卖合同的履行 101
第四节　国际货物买卖中的违约与救济 107

第四章　国际货物运输和保险法··········117
第一节　国际海上货物运输法··········117
第二节　国际航空货物运输法··········130
第三节　国际陆路货物运输法··········135
第四节　国际多式联运法··········139
第五节　国际货物运输保险法··········141

第五章　国际贸易支付法··········148
第一节　国际贸易支付中的汇票··········148
第二节　汇付与托收··········151
第三节　信用证··········155

第三编　国际贸易管理与WTO法··········164
第六章　国际货物贸易管理制度··········164
第一节　贸易待遇制度··········164
第二节　关税及相关制度··········170
第三节　非关税措施··········175
第四节　贸易救济措施··········179
第五节　其他贸易制度··········191

第七章　国际服务贸易管理制度··········199
第一节　国际服务贸易及法律框架··········199
第二节　《服务贸易总协定》的一般义务··········203
第三节　《服务贸易总协定》的具体承诺··········205
第四节　义务例外与经济一体化··········207

第八章　知识产权的国际保护与技术贸易管理制度··········209
第一节　知识产权的国际保护··········209
第二节　基于知识产权的技术贸易及其管理··········221

第四编　国际投资法··········229
第九章　国际投资的法律形式··········229
第一节　外商投资企业与外国企业分支机构··········229
第二节　政府与外国投资者合作开发与建设··········236

第十章　国际投资的国内法制··········248
第一节　资本输入国关于外国投资的管理和保护制度··········248
第二节　资本输出国关于对外投资的管理和保护制度··········257

第十一章　促进与保护投资的国际法制··········264
第一节　双边投资条约与区域性协定投资规则··········264

第二节 《多边投资担保机构公约》 273
第三节 世界贸易组织有关投资的协议 277

第五编 国际货币金融法 281
第十二章 国际货币法 281
第一节 货币主权与国际货币制度 281
第二节 《国际货币基金协定》 288
第十三章 国际银行法 300
第一节 国际商业贷款 300
第二节 国际银行监管 316
第十四章 国际证券法 326
第一节 证券法基本原理 326
第二节 国际证券发行与交易的法律问题 330
第三节 国际证券的监管合作 341

第六编 国际税法 348
第十五章 税收管辖权与避免国际重复征税 348
第一节 税收管辖权 348
第二节 国际重复征税 356
第三节 国际税收协定 358
第四节 国际重复征税问题的解决方法 362
第十六章 防止国际逃税和国际避税 369
第一节 国际逃税与避税概述 369
第二节 国际逃税和国际避税的主要方式 372
第三节 国际逃税与避税的国内法律规制 379
第四节 防止国际逃税和避税的国际合作 383

第七编 国际经济贸易争端解决 389
第十七章 国际经济贸易争端解决 389
第一节 国际商事争端解决方式 389
第二节 国家与他国国民间投资争端解决机制 404
第三节 世界贸易组织的争端解决制度 407

主要参考书目 415
后记 416

全国高等教育自学考试
法律专业（本科）

国际经济法概论自学考试大纲

全国高等教育自学考试指导委员会　制定

大 纲 目 录

出版前言 ··· 7
Ⅰ　课程性质与课程目标 ··· 9
Ⅱ　考核目标 ··· 11
Ⅲ　课程内容与考核目标要求 ··· 12
第一编　国际经济法导论 ··· 12
　第一章　国际经济法概述 ··· 12
　　一、学习的目的与要求 ··· 12
　　二、课程内容 ··· 12
　　三、考核知识点与考核要求 ·· 13
　第二章　国际经济法的主体 ·· 14
　　一、学习的目的与要求 ··· 14
　　二、课程内容 ··· 14
　　三、考核知识点与考核要求 ·· 15
第二编　国际货物买卖法 ·· 16
　第三章　国际货物买卖合同法 ··· 16
　　一、学习的目的与要求 ··· 16
　　二、课程内容 ··· 16
　　三、考核知识点与考核要求 ·· 17
　第四章　国际货物运输和保险法 ··· 18
　　一、学习的目的与要求 ··· 18
　　二、课程内容 ··· 18
　　三、考核知识点与考核要求 ·· 19
　第五章　国际贸易支付法 ··· 20
　　一、学习的目的与要求 ··· 20
　　二、课程内容 ··· 20
　　三、考核知识点与考核要求 ·· 21
第三编　国际贸易管理与WTO法 ··· 23
　第六章　国际货物贸易管理制度 ··· 23
　　一、学习的目的与要求 ··· 23
　　二、课程内容 ··· 23
　　三、考核知识点与考核要求 ·· 25

第七章 国际服务贸易管理制度 ··· 26
一、学习的目的与要求 ··· 26
二、课程内容 ··· 26
三、考核知识点与考核要求 ··· 27

第八章 知识产权的国际保护与技术贸易管理制度 ··· 27
一、学习的目的与要求 ··· 27
二、课程内容 ··· 27
三、考核知识点与考核要求 ··· 28

第四编 国际投资法 ··· 29

第九章 国际投资的法律形式 ··· 29
一、学习的目的与要求 ··· 29
二、课程内容 ··· 29
三、考核知识点与考核要求 ··· 30

第十章 国际投资的国内法制 ··· 31
一、学习目标与要求 ··· 31
二、课程内容 ··· 31
三、考核知识点与考核要求 ··· 32

第十一章 促进与保护投资的国际法制 ··· 32
一、学习目标与要求 ··· 32
二、课程内容 ··· 33
三、考核知识点与考核要求 ··· 34

第五编 国际货币金融法 ··· 35

第十二章 国际货币法 ··· 35
一、学习的目的与要求 ··· 35
二、课程内容 ··· 35
三、考核知识点与考核要求 ··· 36

第十三章 国际银行法 ··· 36
一、学习的目的与要求 ··· 36
二、课程内容 ··· 36
三、考核知识点与考核要求 ··· 37

第十四章 国际证券法 ··· 38
一、学习的目的与要求 ··· 38
二、课程内容 ··· 38
三、考核知识点与考核要求 ··· 39

第六编　国际税法 ··· 40
第十五章　税收管辖权与避免国际重复征税 ······················· 40
一、学习的目的与要求 ··· 40
二、课程内容 ··· 40
三、考核知识点和考核要求 ·· 41
第十六章　防止国际逃税和国际避税 ································ 42
一、学习的目的与要求 ··· 42
二、课程内容 ··· 42
三、考核知识点和考核要求 ·· 43
第七编　国际经济贸易争端解决 ··· 44
第十七章　国际经济贸易争端解决 ··································· 44
一、学习目的和要求 ·· 44
二、课程内容 ··· 44
三、考核知识点与考核要求 ·· 46
IV　关于大纲的说明与考核实施要求 ··· 47
附录　题型举例 ·· 49
后记 ·· 51

出版前言

为了适应社会主义现代化建设事业的需要,鼓励自学成才,我国在20世纪80年代初建立了高等教育自学考试制度。高等教育自学考试是个人自学,社会助学和国家考试相结合的一种高等教育形式。应考者通过规定的专业课程考试并经思想品德鉴定达到毕业要求的,可获得毕业证书;国家承认学历并按照规定享有与普通高等学校毕业生同等的有关待遇。经过30多年的发展,高等教育自学考试为国家培养造就了大批专门人才。

课程自学考试大纲是国家规范自学者学习范围,要求和考试标准的文件。它是按照专业考试计划的要求,具体指导个人自学、社会助学、国家考试、编写教材及自学辅导书的依据。

为更新教育观念,深化教学内容方式、考试制度、质量评价制度改革,更好地提高自学考试人才培养的质量,全国考委各专业委员会按照专业考试计划的要求,组织编写了课程自学考试大纲。

新编写的大纲,在层次上,专科参照一般普通高校专科或高职院校的水平,本科参照一般普通高校本科水平;在内容上,力图反映学科的发展变化以及自然科学和社会科学近年来研究的成果。

全国考委法学类专业委员会参照普通高等学校相关课程的教学基本要求,结合自学考试法律专业的实际情况,组织编写了《国际经济法概论自学考试大纲》,经教育部批准,现颁发施行。各地教育部门、考试机构应认真贯彻执行。

全国高等教育自学考试指导委员会
2014 年 11 月

Ⅰ 课程性质与课程目标

国际经济法概论是全国高等教育自学考试法律专业本科必修课之一。

国际经济法是一门新兴的综合性学科。国际经济法的主体包括从事跨国经济活动的自然人和法人、国家和国际经济组织,其调整的对象是国际(跨国)经济关系。调整国际经济关系的法律规范包括以下几个层次:(1)调整私人国际经济交往的私法性规范,如合同法、买卖法等;(2)国家政府管理对外经济交往的法律规范,如关税法、进出口管制法、反倾销法、涉外税法等;(3)调整国家间经济关系的国际法规范,包括有关的多边条约、双边条约、国际惯例等等。前二者是国内法规范,后者是国际法规范。因此,国际经济法概论这一课程所涵盖的内容,既包括调整私人国际经济交易的私法规范,也包括政府管理涉外经济交往方面的公法规范,以及协调各国经济关系的国际法规范。

国际经济法概论的课程目标是让学生了解、领会和把握国际经济法的基本概念、基本知识、基本原理以及应用的基本技能。通过本课程的学习,学生应系统地了解国际经济交易所涉及的法律知识,理解和领会调整国际经济关系的各类法律规范及其相互联系与相互作用,培养将所学知识运用于实践的能力。

在体例安排上,本课程为七编十七章,各编分别阐述国际经济法的基础理论、国际货物买卖法、国际贸易管理与 WTO 法、国际投资法、国际货币金融法、国际税法、国际经济贸易争端解决等领域,以便让学生系统了解和掌握国际经济法各主要领域的基本理论、基本制度和基本知识。

学习国际经济法概论一课,应有较好的法学理论、民商法、经济法知识基础,同时也要有国际公法和国际私法的基础。以调整国际经济交易关系为基础的国际经济法既涉及国内法规范(包括私法规范和公法规范),也涉及国际公法和国际私法规范,因此,只有在较好掌握上述课程基础知识的基础上才有助于领会和掌握国际经济法的基本知识和基本原理。同时也要注意到,国际经济法学是一个独立的法学部门,与国内经济法、国际公法和国际私法既有联系也有区别。国内经济法主要调整一国内的经济关系,国际公法主要调整国家间关系,国际私法则主要通过冲突规范间接调整国际民商事关系,它们在主体、调整对象、法律渊源等方面均具有各自的特征。但它们与国际经济法也具有密切联系,因为在实践上,调整国际经济关系需要借助于不同法律规范的相互配合,这就使得这些规范间存在着客观的内在的联系,从而使其成为国际经济法的组成部分。

本课程的重点内容包括:

第一编国际经济法导论,包括:(1)国际经济法的概念与特征;(2)国际经济法的渊源;(3)国际经济法的基本原则。(4)自然人、法人与跨国公司的主体资格;(5)国家的主体资格;(6)国际经济组织。

第二编国际货物买卖法,包括:(1)国际货物买卖合同及相关规则;(2)主要国际贸易术语;(3)国际货物买卖合同的成立;(4)国际货物买卖合同的履行;(5)国际货物买卖中的违约与救济;(6)国际海上货物运输法;(7)国际海上货物运输保险合同概述;(8)信用证。

第三编国际贸易管理与 WTO 法,包括:(1)贸易待遇制度;(2)关税及相关制度;(3)非关税措施;(4)贸易救济措施;(5)《服务贸易总协定》的具体承诺;(6)WTO 与贸易有关的知识产权协议。

第四编国际投资法,包括:(1)外商投资企业;(2)政府与外国投资者合作开发与建设;(3)资本输入国关于外国投资的管理和保护制度;(4)资本输出国海外投资保险制度;(5)双边投资条约与区域性协定投资规则;(6)多边投资担保机构公约;(7)WTO 与贸易有关的投资措施协议。

第五编国际货币金融法,包括:(1)国家货币主权;(2)国际货币基金协定;(3)国际商业贷款;(4)国际银行监管;(5)国际证券发行与交易的法律问题。

第六编国际税法,包括:(1)税收管辖权;(2)国际重复征税;(3)国际重复征税问题的解决方法;(4)国际逃税与国际避税的主要方式;(5)国际逃税与避税的国内法律规制。

第七编国际经济贸易争端解决,包括:(1)国际商事仲裁;(2)解决投资争端国际中心(ICSID);(3)世界贸易组织的争端解决制度。

Ⅱ 考核目标

本大纲在考核目标中,按照识记、领会、应用三个层次规定其应达到的能力层次要求。三个能力层次是递进关系,各能力层次的含义是:

识记:要求考生能够对大纲各章中知识点,如对国际货物买卖合同、国际商事惯例、FOB等国际贸易术语等概念定义的记忆和理解,对国际经济法领域中的基本规则、原理、方法等有清晰、准确地认识,并能作出正确的判断。

领会:能对国际经济法中的基本概念、基本规则、基本原理等正确理解,并清楚这些知识点之间的联系和区别,并能作出正确的表述与解释,是较高层次要求。例如对于我国利用外资而设立的各种外商投资企业来说,在了解其概念的基础上,应能理解和领会其法律性质与特征。

应用:能运用国际经济法中的基本概念、基本原理,采用比较分析、实证分析与案例分析等基本方法,理论联系实际,对有关规则与制度进行解释和评析,分析具体案例。例如能根据《联合国国际货物销售合同公约》的规定,分析国际货物买卖合同的根本违约与非根本违约问题;能结合具体案例,分析违约责任以及救济措施。

Ⅲ 课程内容与考核目标要求

第一编 国际经济法导论

第一章 国际经济法概述

一、学习的目的与要求

本章的学习目标是理解和把握国际经济法的概念,包括国际经济法的对象与范围、国际经济法的特征;了解国际经济法规范的历史发展、国际经济法的渊源,领会和把握国际经济法的原则。

二、课程内容

(一) 国际经济法的概念与特征

国际经济法是调整国际(或跨国)经济关系的法律规范的总称。

广义的国际经济关系不仅包括跨国私人当事人间以等价有偿为基础的横向经济关系,而且包括国家对私人的国际经济交易活动进行管理和规制的关系,即纵向关系,以及国家间的经济关系。国际经济法调整的是指广义的国际经济关系。

调整国际经济关系的法律包括以下几个层次:(1) 调整私人国际经济交往的民商法规范;(2) 国家政府管理对外经济交往的法律规范;(3) 调整国家间经济关系的国际法规范。前二者是国内法规范,后者是国际法规范。

(二) 国际经济法的历史发展

由于国际经济法是由多层次的法律规范组成的,每个层次的法律规范有其自己的发展历程,国际经济法作为一个新兴的独立的法律部门,可以说是在各个不同层次的法律规范发展的基础上发展而来的。

1. 国际商事法律规范的发展
2. 国家经济公法的产生与国际协调

3. 普遍性国际组织的产生与国际经济立法的发展

（三）国际经济法的渊源

国际法方面的渊源主要包括：（1）国际经济条约。（2）国际惯例。国际惯例是在国际交往中逐渐形成的不成文的原则和规则。（3）联大规范性文件。

国家为调整涉外经济关系而制定的国内立法，是国际经济法的国内法渊源，这些国内立法包括涉外经济法以及与调整涉外经济有关的民商法规范等。

（四）国际经济法的基本原则

1. 国家经济主权原则

国家的经济主权是指国家在经济上享有独立自主的权利，"每个国家对其全部财富、自然资源和经济活动享有充分的永久主权，包括拥有权、使用权和处置权在内，并得自由行使此项主权"。

2. 公平互利原则

所谓公平，一般可理解为"公正平等"和"公平合理"。所谓互利，是指要照顾到有关各方的利益。公平互利合而为一个原则，是一个统一体，其中互利是核心和基础，没有互利就谈不上公平，公平必然要求互利。

3. 国际合作以谋发展原则

国际合作与发展是密切联系在一起的，只有承认发展中国家的发展权，才能实现真正的国际合作，也只有通过国际合作，才能保证所有国家特别是发展中国家的发展。因此，所有国家都必须在公平互利的基础上进行合作，推进互利共赢，促进世界经济向可持续发展的目标迈进。

三、考核知识点与考核要求

（一）国际经济法的概念与特征

领会：① 国际经济法的对象；② 国际经济法的范围；③ 国际经济法的特征。

应用：国际经济法为什么是一个新兴的综合法学部门？

（二）国际经济法的历史发展

领会：① 国际商事法律规范的发展；② 国际经济公法的产生与国际协调；③ 普遍性国际组织的产生与国际经济立法的发展。

（三）国际经济法的渊源

领会：① 国际惯例；② 联大规范性决议的效力

（四）国际经济法的基本原则

领会：① 公平互利原则；② 国际合作以谋发展原则。

应用：简析国家经济主权原则的内容和意义。

第二章 国际经济法的主体

一、学习的目的与要求

本章的学习目标是理解和掌握国际经济法各主体,包括自然人、法人(跨国公司)、国家以及国际组织的法律能力与法律地位。

二、课程内容

(一)自然人、法人与跨国公司

1. 自然人与法人

自然人的权利能力和行为能力一般是依其属人法确定的。对于行为能力,不少国家为了保护内国交易安全,对属人法的适用有一定的限制,而以行为地法作为确定自然人行为能力的准据法。

法人的权利能力和行为能力一般依其属人法确定。外国法人通常必须通过内国的承认才能在内国作为一个法人而存在,才能被认为具有独立的法律人格。一个外国法人在内国被承认为法人后,虽具有法人的一般权利能力,但外国法人在内国的权利能力和行为能力及其范围还要受内国法的支配。

2. 跨国公司

跨国公司具有如下特征:(1)跨国性;(2)战略的全球性和管理的集中性;(3)公司内部的相互联系性。

在国内法上,跨国公司诸实体与所在国的商业组织具有的地位相同。

跨国公司不具有国际法律人格,它们是国内法人,其权利能力和行为能力取决于国内法的规定。根据国际法的管辖权原则,主权国家对其具有属地优越权和属人优越权,跨国公司必须服从国家的管辖。

(二)国家与单独关税区

1. 国家

国家作为主权者,具有独立参加国际关系的能力和直接承担国际法权利和义务的能力。同时,国家还可以以特殊民事法律关系主体的身份直接参加国际经济贸易活动。

依据《联合国国家及其财产管辖豁免公约》,作为一般原则,国家及其财产在他国法院享有管辖豁免,包括司法管辖豁免和执行管辖豁免。同时,该公约在第三部分又专门规定了8种包括商业交易在内的不得援引国家豁免的诉讼。

2. 单独关税区

单独关税区是依据《关税及贸易总协定》（简称《关贸总协定》或 GATT）及其随后的《建立世界贸易组织协定》（《WTO 协定》）规定，在对外贸易关系和 GATT 或《WTO 协定》所规定的其他事项方面具有完全自主权，可成为上述协定的缔约方的非国家实体。

"单独关税区"这一概念不涉及政治独立性和主权问题，因此它与主权国家的法律地位不能相提并论。

（三）国际经济组织

1. 国际经济组织作为国际经济法主体的资格

一个国际经济组织是否具有法律人格，取决于各成员国建立该组织的基本文件的规定。具有法律人格的国际经济组织，在其基本文件规定的范围内不受任何国家权力管辖，具有在国际法和国内法上的符合其宗旨和职能的法律能力。其基本的法律能力包括缔约、取得和处置财产、进行法律诉讼的能力。

2. 三大普遍性国际经济组织

（1）国际货币基金组织

（2）世界银行集团

（3）世界贸易组织

三、考核知识点与考核要求

（一）自然人、法人与跨国公司

识记：跨国公司的概念。

领会：① 自然人作为国际经济法主体的资格与能力；② 法人作为国际经济法主体的资格和能力。

应用：分析跨国公司的法律地位。

（二）国家与单独关税区

识记：① 单独关税区；② 国家行为原则。

领会：① 国家作为国际经济法主体的资格与能力；② 单独关税区的法律地位。

应用：简析国家及其财产豁免问题。

（三）国际经济组织

识记：① 国际货币基金组织；② 世界银行集团；③ 世界贸易组织。

领会：① 国际经济组织及其特征；② 国际经济组织的法律人格；③ 国际经济组织的特权与豁免；④ 国际货币基金组织的职能；⑤ 世界贸易组织的职能及决策程序。

第二编　国际货物买卖法

第三章　国际货物买卖合同法

一、学习的目的与要求

理解国际商事条约、惯例和重述的概念和相互之间的适用顺位、货物买卖的要约、承诺、根本违约、违约救济等重要概念；把握《国际贸易术语解释通则》和《联合国国际货物销售合同公约》的核心规范；能够运用法条、判例和法理分析真实案例。

二、课程内容

（一）国际货物买卖合同及相关规则
1. 国际货物买卖合同
国际货物买卖合同，是指营业地位于不同国家的当事人之间订立的转移货物所有权的协议。
国际货物买卖合同的基本内容。
2. 国际货物买卖合同的相关规则
国际商事惯例；国际商事条约；国际商事法律重述。
3. 主要国际贸易术语
装运港交货的三种贸易术语：FOB、CIF、CFR。
向承运人交货的三种贸易术语：FCA、CPT、CIP。
其他贸易术语：EXW、FAS、DAT、DAP、DDP。
（二）国际货物买卖合同的成立
1. 要约
要约的含义及构成要件；要约的生效时间及撤回；要约的撤销；要约的终止。
2. 承诺
承诺的含义及构成要件；承诺生效的时间；承诺的撤回。

（三）国际货物买卖合同的履行

1. 卖方的义务

交付货物；提交有关货物的单据；品质担保义务；卖方对货物的权利担保义务。

2. 买方的义务

支付价款；收取货物。

3. 货物风险的转移

概述；《公约》关于风险转移的规定。

（四）国际货物买卖中的违约与救济

1. 违约及其救济方法

违约：根本违约与非根本违约。

几种主要的违约救济方法：解除合同；损害赔偿；实际履行。

2. 卖方的救济方法

实际履行；给予宽限期；解除合同；订明货物规格；损害赔偿。

3. 买方的救济方法

实际履行；给予履行宽限期；接受卖方的主动补救；解除合同；损害赔偿；等等。

三、考核知识点与考核要求

（一）国际货物买卖合同及相关规则

识记：① 国际货物买卖合同的概念；② 国际商事惯例；③ 国际商事条约；④ 国际商事法律重述；⑤ FOB、CIF、FCA 等主要国际贸易术语。

领会：① 国际货物买卖合同的主要条款及其内容；② 国际商事惯例与国际商事条约的适用顺位及其理由；③ 国际商事条约与国际商事法律重述的关系。

应用：①《联合国国际货物销售合同公约》的适用；② 涉及 FOB、CIF、FCA 解释的案件分析。

（二）国际货物买卖合同的成立

识记：① 要约；② 要约的撤销；③ 承诺。

领会：① 要约撤销与撤回的区别；② 要约的构成要件；③ 要约与反要约的转换；④ 承诺的构成要件；⑤ 承诺的生效。

应用：① 要约的有效撤销；② 国际货物买卖合同成立的案件分析。

（三）国际货物买卖合同的履行

识记：① 品质担保义务；② 权利担保义务；③ 风险转移。

领会：① 品质担保义务的内容；② 权利担保的内容；③ 卖方的义务；④ 买方的义务；⑤ 风险转移的含义和效果。

应用：风险转移是否完成的案例分析。

(四) 国际货物买卖中的违约与救济

识记:① 根本违约;② 解除合同;③ 损害赔偿。

领会:① 根本违约的构成要件;② 根本违约与非根本违约的区别;③ 解除合同的构成要件和法律后果;④ 损害赔偿的归责基础、赔偿范围和具体计算。

应用:① 中国《合同法》与《联合国国际货物销售合同公约》在违约救济上的异同;② 根本违约案件分析。

第四章 国际货物运输和保险法

一、学习的目的与要求

识记提单、海运单、航空货运单、多式联运、保单、可保利益、共同海损、单独海损等重要概念;理解海上货物运输合同、海上货物保险合同、国际航空运输合同的特点和当事人的权利义务关系;掌握《海牙规则》《维斯比规则》《汉堡规则》《华沙公约》《蒙特利尔公约》《伦敦保险业协会的协会货物条款》的核心规则;能够运用法条、判例和法理分析真实的国际运输和保险案例。

二、课程内容

(一) 国际海上货物运输法

1. 海运合同、海运单证及相关规则

国际海上货物运输合同的概念;国际海上货物运输合同的分类;海运单证;调整海上货物运输的法律规则。

2. 承运人责任

《海牙规则》;1968年《维斯比规则》;1978年《汉堡规则》;《鹿特丹规则》。

3. 托运人责任

正确说明;不得擅自托运危险货物。

(二) 国际航空货物运输法

1. 国际航空运输的公约

2. 运输单证

3. 承运人的责任

《华沙公约》的规定;《蒙特利尔公约》的规定。

(三) 国际陆路货物运输法

1. 国际铁路货物运输公约

运输合同的订立;运输合同的履行;铁路的责任;赔偿请求和诉讼时效。

2. 国际公路货物运输公约

适用范围;运输合同与运单;发货人和收货人对货物的处置权;承运人的责任;索赔和诉讼。

(四) 国际多式联运法

1. 国际货物多式联运及其引起的法律问题

2. 联合国《国际货物多式联运公约》

多式联运单据;多式联运经营人的责任。

3. 联合国贸发会议及国际商会的《多式联运单证规则》

(五) 国际货物运输保险法

1. 国际海上货物运输保险合同概述

国际海上货物运输保险合同的定义;国际海上货物运输保险合同的内容;承保的风险与损失;保险合同的订立、解除和转让;可保利益;保险赔偿的支付。

2. 常用保险条款

中国人民财产保险股份有限公司的海洋运输货物保险条款(2009年修订版);伦敦保险业协会的协会货物条款。

三、考核知识点与考核要求

(一) 国际海上货物运输法

识记:① 国际海上货物运输合同的概念;② 提单;③ 海运单。

领会:① 国际海上货物运输合同是为第三人利益的合同;② 提单的功能;③ 提单的管辖权条款、法律适用条款;④《海牙规则》采取的是一种不完全过失责任制度;⑤《汉堡规则》采取的是推定过失责任制度;⑥ 承运人的免责;⑦ 承运人的责任限额。

应用:① 分析海上货物运输合同承运人的责任;② 运用《海牙规则》等适用法分析海上货物运输合同案件。

(二) 国际航空货物运输法

识记:① 航空货运单;② 国际航空运输合同的概念。

领会:① 航空货运单与海运提单的区别;②国际航空运输法由《华沙公约》到《蒙特利尔公约》的演进;③ 承运人的责任;④ 承运人的免责;⑤ 承运人的责任限额。

应用:运用《蒙特利尔公约》分析国际航空运输案例。

(三) 国际陆路货物运输法

识记:① 国际铁路运输合同的概念;② 国际公路运输合同的概念。

领会:① 国际铁路货物运输承运人的责任;② 国际公路货物运输承运人的责任。

应用:① 运用《国际货协》分析国际铁路货物运输案件;② 运用《国际公路货物运输公约》分析国际公路货物运输案件。

(四) 国际多式联运法

识记:① 国际多式联运的概念;② 国际货物多式联运经营人的概念;③ 网状责任制;④ 统一责任制。

领会:① 网状责任制与统一责任制的区别;② 多式联运承运人与单项运输承运人的区别;③ 多式联运产生的背景和意义。

应用:分析多式联运案件。

(五) 国际货物运输保险法

识记:① 国际海上货物运输保险合同;② 可保利益;③ 共同海损;④ 单独海损;⑤ 单独费用。

领会:① 委付与代位的区别;② 平安险的承保范围;③ 水渍险的承保范围;④ 一切险的承保范围;⑤ 中国人民财产保险股份有限公司的海洋运输货物条款的解释;⑥ 伦敦保险业协会的协会货物条款的适用和解释。

应用:分析海上保险案件。

第五章 国际贸易支付法

一、学习的目的与要求

识记汇票、汇票行为、汇付、承兑交单、付款交单、信用证等重要概念;领会托收、信用证当事人之间的权利义务关系;把握《托收统一规则》《跟单信用证统一惯例》的核心规范;运用法条、判例和法理分析真实的国际支付案件。

二、课程内容

(一) 国际贸易支付中的汇票

1. 汇票含义
2. 票据行为

国际贸易中的汇票,其行为主要包括出票、背书、承兑、支付、追索等。

(二) 汇付与托收

1. 汇付

汇付又称汇款,是指汇付人主动把货款通过银行汇交收款人的一种支付方式。在国际支付中,最常使用的汇付方式有电汇、信汇和票汇三种。

汇付参与人及其基本程序。

2. 托收

托收是由卖方开立以买方为付款人的汇票,委托银行向买方收取货款的一种结算方式。托收可分为光票托收和跟单托收两种。

托收参与人及其基本程序;《托收统一规则》的主要内容。

(三) 信用证

1. 信用证概述

信用证是银行根据买方的请求,开给卖方的一种书面凭证,依据该证,银行保证在卖方提交符合该证所规定的单据时向卖方支付货款。

信用证及其法律规范;信用证参与人及其基本程序;信用证的主要内容;信用证的种类。

2. 信用证参与人的权利义务关系

买方与卖方之间的法律关系;开证申请人与开证行之间的法律关系;开证行与受益人之间的法律关系;中介行与开证行、受益人之间的法律关系。

3. 信用证交易的原则和审单标准

信用证自治原则;审单标准。

4. 信用证欺诈及救济

三、考核知识点与考核要求

(一) 国际贸易支付中的汇票

识记:① 国际贸易中的汇票;② 汇票行为,尤其是出票、承兑和支付。

领会:① 国际贸易中的汇票与一般汇票的区别;② 汇票行为及其效果;③ 托收和信用证交易中的汇票。

应用:① 汇票行为的实际运作;② 汇票案件分析。

(二) 汇付与托收

识记:① 汇付的概念和类型;② 托收;③ 承兑交单;④ 付款交单。

领会:① 托收的代理性质;② 承兑交单和付款交单的区别;③《托收统一规则》的国际惯例性质。④ 托收当事人之间的法律关系;⑤ 托收代理的特点。

应用:托收案件的分析。

(三) 信用证

识记:① 信用证的概念;② 信用证的分类;③ 信用证的内容。

领会:① 信用证交易的自成一体性;②《跟单信用证统一惯例》的国际惯例性质;③ 信用证独立抽象性原则;④ 信用证审单标准;⑤ 信用证欺诈例外。

应用:① 分析信用证当事人之间的法律关系;② 信用证案件的分析。

第三编　国际贸易管理与 WTO 法

第六章　国际货物贸易管理制度

一、学习的目的与要求

了解和领会不同类型的贸易待遇的适用范围和条件,理解约束关税制度的内容及相关制度以及不同形式的非关税措施,领会和掌握贸易救济措施的性质及使用条件,了解农产品贸易制度的特殊性。

二、课程内容

(一) 贸易待遇制度

国际贸易待遇泛指产品享有的与进出口相关的待遇,是不同国家或地区之间进行贸易要解决的基本问题。贸易待遇包括最惠国待遇、国民待遇、区域贸易协定(关税同盟和自由贸易区)待遇、特殊差别待遇等。最惠国待遇是一种正常贸易待遇,区域贸易协定和特殊差别待遇是优惠待遇,属于最惠国待遇的例外。每种待遇有各自的适用范围和条件。

《关贸总协定》中的最惠国待遇,性质上是普遍的无条件的最惠国待遇。

《关贸总协定》中的国民待遇义务的目的是禁止对国内生产提供保护。国民待遇义务主要由税费方面的国民待遇义务和管理规章方面的国民待遇义务组成。不同方面的义务有不同的构成要素。国民待遇义务不适用于政府采购和国内补贴。

包括关税同盟和自由贸易区在内的区域贸易协定,与世界贸易组织多边贸易制度,形成了并行的发展态势,同时二者之间具有一种辩证关系。《关贸总协定》第 24 条是区域贸易协定得以制定的法律依据。

特殊差别待遇是基于"授权条款"给予发展中国家的优惠的不要求互惠的待遇,构成最惠国待遇义务的例外。

(二) 关税及相关制度

关税是最早用于保护国内产业、增加国库收入的措施,俗称关税壁垒。具体有进口税、出口税、从价税、从量税等形式。

约束关税并不断降低关税,是世界贸易组织确立的关税纪律。关税减让表记载了世界贸易组织成员作出的关税减让承诺。在征收从价税时,由于税率确定,商品完税价格决定着商品关税的税负。

《海关估价协议》确立了海关估价的基本方法。原产地规则直接决定着商品的关税待遇,特别是在区域贸易协定中起着重要的作用。

原产地规则协议指出了努力方向,但没有确立用于确定产品原产地的肯定标准。

（三）非关税措施

非关税措施是相对于关税措施的一种泛称。世界贸易组织除允许对进出口产品采取税费措施进行限制外,原则上禁止一切形式的数量限制,包括直接数量限制、配额和进口许可。如果实施数量限制,应在非歧视的基础上实施。为了国际收支平衡原因而实施的数量限制除外。与进出口产品有关的其他技术性措施,如进口许可程序、技术性规章,都要符合有关协议的规定。

《进口许可程序协议》区分了自动许可和非自动许可,规定了不同的纪律。技术性贸易壁垒既有保障产品品质的作用,又可能成为阻碍贸易的壁垒。《技术性贸易壁垒协议》要求技术法规和标准应遵循透明、非歧视、必要和统一的要求。

（四）贸易救济措施

贸易救济措施是产业保护措施。采取贸易救济措施的前提必须是相关产品的进口对进口国的国内产业造成了损害。

《关贸总协定》第6条和《反倾销协议》是规范反倾销调查和反倾销措施的规则。进口产品倾销、进口国国内产业受到损害以及二者之间的因果关系,是采取反倾销措施的必备条件。反倾销措施包括临时措施、价格承诺和反倾销税。

《关贸总协定》第6条、第16条和《补贴与反补贴措施协议》既规范补贴,又约束反补贴措施。《补贴与反补贴措施协议》仅规范专向性补贴,并将补贴分为禁止性补贴、可诉补贴。禁止性补贴包括出口补贴和进口替代补贴。可诉补贴本身并不被禁止,但如果对其他成员的利益造成了损害,相关成员可对其采取相应的措施。只有经过调查,确定接受补贴的进口产品损害进口国国内产业后,才可以采取反补贴措施。

保障措施是针对进口激增造成国内产业的严重损害而采取的紧急救济措施。只有在进口产品对进口国同类产品或直接竞争产品的产业造成严重损害或严重损害威胁,进口增加与损害间存在因果关系时,才可以对该产品采取保障措施。保障措施中的国内产业的范围与反倾销措施中的国内产业的范围不同,要求的损害程度不同。

（五）其他贸易制度

在《关贸总协定》框架下,农产品贸易一直没有受到严格的约束。《农业协议》确立了农产品贸易的新纪律。具体表现为市场准入关税化、国内支持量化与弱化、出口补贴明确化。对进口农产品可以采取特别保障措施,其实施条件不同于《保障措施协议》规定的适用条件,它以进口量或进口价格为触发点。

《卫生和植物卫生措施协议》与《农业协议》密切相关。实施卫生措施是各成员的基本权利,但卫生措施的实施对农产品贸易具有重要影响,因而成员在实施卫生措施时应遵循相应的义务,使其对贸易的影响降低到最低限度。《卫生和植物卫生措施协议》是《关贸总协定》第20条有关保护人类动植物生命和健康规则的细化。

政府采购是指政府为了公共目的使用财政资源购买货物和服务。《政府采购协议》专门调整这一领域。《政府采购协议》性质上属于诸边协议,只对接受的成员有约束力。

三、考核知识点与考核要求

(一)贸易待遇制度

识记:授权条款

领会:① 无条件的最惠国待遇;② 国民待遇;③ 特殊差别待遇;④ 同类产品;⑤ 直接竞争或可替代产品;⑥ 关税同盟;⑦ 自由贸易区。

应用:关于GATT最惠国待遇或国民待遇的案例分析。

(二)关税及相关制度

识记:① 关税;② 从价税;③ 减让表。

领会:① 约束关税;② 关税配额;③ 关税减让;④ 海关估价方法;⑤ 成交价格;⑥ 原产地规则。

(三)非关税措施

识记:① 自动许可;② 非自动许可;③ 配额。

领会:① 普遍取消数量限制义务;② 技术性贸易壁垒;③ 技术法规;④ 技术标准。

(四)贸易救济措施

识记:① 禁止性补贴;② 出口补贴;③ 进口替代补贴。

领会:① 倾销;② 正常价值;③ 国内产业;④ 因果关系;⑤ 实质损害;⑥ 日落条款;⑦ 补贴;⑧ 专向补贴;⑨ 保障措施;⑩ 严重损害。

应用:① 各种救济措施间的关系;② 反倾销或反补贴案例分析。

(五)其他贸易制度

识记:① 卫生措施;② 政府采购。

领会:① 农业支持的类型;② 农产品特别保障措施;③ 卫生措施的适用要求;④《政府采购协议》的性质及其适用范围。

第七章 国际服务贸易管理制度

一、学习的目的与要求

了解服务与货物的区别以及服务贸易方式、《服务贸易总协定》的框架和特点,领会和掌握具体承诺的性质和具体内容、市场准入和国民待遇的适用条件,理解服务贸易经济一体化的内涵。

二、课程内容

(一)国际服务贸易及法律框架

服务是一种经济活动产出。货物和服务共同构成产品。服务主要表现出产品无形性、不能储存性、技能依赖性、管制差异性等特点。《服务贸易总协定》确立了服务贸易管理的法律框架。跨境提供、境外消费、商业存在和自然人存在,是服务贸易的四种提供方式。

(二)《服务贸易总协定》的一般义务

《服务贸易总协定》一般义务包括最惠国待遇、透明度、相互承认标准、垄断和专营服务提供者及其他限制竞争的商业惯例、国内管理等。最惠国待遇除适用一般例外和安全例外之外,还存在一次性豁免例外。

(三)《服务贸易总协定》的具体承诺

成员在市场准入和国民待遇方面作出的承诺,列入具体承诺减让表。具体承诺代表了世界贸易组织成员的具体义务。无具体承诺,则无具体义务。减让表中规定的具体条件、条款,构成了对承诺的进一步限制。具体承诺减让表构成了《服务贸易总协定》的有机组成部分,其解释同样遵循国际公法的习惯解释原则。

服务贸易中的国民待遇义务,不是普遍性义务。成员只在作出承诺的范围内承担该义务。国民待遇义务适用于同类服务和服务提供者。

(四)义务例外与经济一体化

《服务贸易总协定》作为服务贸易的框架性协定,除规定一般义务和具体承诺制度外,还规定了义务例外制度和服务贸易进一步自由化的方式,并允许世界贸易组织成员在服务领域的经济一体化。

三、考核知识点与考核要求

（一）国际服务贸易及法律框架
识记：服务贸易方式。
领会：① 服务贸易；② 商业存在。
（二）《服务贸易总协定》的一般义务
领会：① 最惠国待遇；② 国内管理。
（三）《服务贸易总协定》的具体承诺
识记：① 水平承诺；② 部门承诺；③ 具体承诺减让表。
领会：① 具体承诺的性质与作用；② 市场准入；③ 国民待遇。
应用：关于市场准入或国民待遇义务的有关案例分析。
（四）义务例外与经济一体化
领会：① 一般例外；② 安全例外；③ 服务贸易的经济一体化。

第八章　知识产权的国际保护与技术贸易管理制度

一、学习的目的与要求

通过了解不同的知识产权公约的内容，分析知识产权国际保护规则的演变，了解国际技术贸易的内涵和国际技术许可协议的类型，掌握国际技术贸易管理的特点和重点。

二、课程内容

（一）知识产权的国际保护
知识产权的国际保护，是通过制定相关国际公约实现的。《巴黎公约》和《伯尔尼公约》是最基础的公约，确立了国民待遇、独立保护、优先权等原则。《与贸易有关的知识产权协定》是《关贸总协定》乌拉圭回合谈判的重要成果之一。该协定一方面纳入了原世界知识产权组织管理的有关知识产权公约的相关规则，另一方面确立了知识产权保护的新纪律。《与贸易有关的知识产权协定》提高了知识产权的保护对象范围和保护标准，知识产权的内涵超出了其传统范围。知识产权的实施规则，不同于以往的知识产权公约，使与贸易有关的知识产权保护进入了更高的层次。

《与贸易有关的知识产权协定》在调整内容和结构框架上都有自己的特点,对这一协定的理解既要结合相关知识产权公约,又要结合世界贸易组织的一般规则,其解释与实施应在世界贸易组织的法律框架内进行。

《与贸易有关的知识产权协定》总的目标是加强对与贸易有关的知识产权的保护,但同时它允许各成员对滥用知识产权的行为进行规范。在规定知识产权权利的同时,规定了对知识产权权利的限制。

(二) 基于知识产权的技术贸易及其管理

国际技术贸易中的"技术"应作广义的理解,不仅包括一般意义上的技术或技能,还包括版权、邻接权、集成电路及相关的服务等。如果以是否受知识产权保护为标准,可将技术分为受知识产权保护的技术和不受知识产权保护的技术。国际技术贸易方式有多种,主要是国际技术许可。国际技术许可不转移技术的所有权而只是许可他人使用该技术。按被许可方在特定区域内取得的使用权来分,许可可以分为独占许可、排他许可和普通许可。

有关知识产权保护的国际公约是国际技术贸易的基础。国家、国际组织对国际技术贸易的管理规范制约着国际技术贸易。比较重要的管理规范是对限制性贸易做法的规定。国际组织一直致力于限制影响知识传播、技术贸易的规则制定,特别是与限制性贸易做法的规则。《与贸易有关的知识产权协定》明确禁止独占性的回授许可、阻止对技术效力提出异议和强迫性一揽子许可。各国往往通过国内法,采取不同方式对国际技术贸易进行较为严格的管理。

三、考核知识点与考核要求

(一) 知识产权的国际保护

识记:①《巴黎公约》;②《伯尔尼公约》;③《与贸易有关的知识产权协定》;④《控制限制性贸易做法的公平原则和规则》;⑤ 地理标志;⑥ 未披露信息。

领会:① 优先权;② 独立保护;③ 自动保护;④ 服务商标;⑤ 驰名商标保护;⑥ 知识产权保护的原则;⑦ 知识产权保护的边境措施;⑧ 知识产权国际保护的例外。

应用:知识产权保护的有关案例分析。

(二) 基于知识产权的技术贸易及其管理

识记:① 特殊301条款;② 欧盟技术转让协议条例;③ 美国出口管理法;④ 337条款;⑤ 技术进出口。

领会:① 技术;② 国际技术贸易;③ 技术许可类型;④ 限制性贸易做法;⑤ 中国技术进出口管理。

应用:我国对技术进口合同中的限制性条款的管理。

第四编　国际投资法

第九章　国际投资的法律形式

一、学习的目的与要求

学习本章主要应了解和把握国际投资形式方面的法律问题,包括各种外商投资企业的概念与特征、政府与外国私人投资者间合作所采用的特许协议、BOT方式的法律问题。

二、课程内容

(一) 外商投资企业与外国企业分支机构

1. 外商投资企业

中外合资经营企业是指外国的公司、企业和其他经济组织或个人(以下简称外国合营者)同中国的公司、企业或其他经济组织(以下简称中国合营者)依照中国法律在中国境内设立的、由中外双方共同投资、共同经营、共担风险、共负盈亏的企业组织。

中外合资经营企业是中国的法人,受中国法律的管辖和保护。

中外合资经营企业的组织形式为有限责任公司。

中外合作经营企业是指外国的企业和其他经济组织或个人(以下简称外国合作者)同中国的企业或其他经济组织(以下简称中国合作者),依照中国法律在中国境内共同投资举办的、以合同规定双方权利和义务关系的一种企业形式。

中外合作经营企业属于契约式合营,可以根据合作各方的意愿,组成法人,也可不组成法人。

中外合作经营企业具有以下法律特征:(1) 依法以合同约定投资或者合作条件;(2) 依企业性质采取不同的管理方式;(3) 依合同约定分配收益与回收投资,承担风险和亏损。

外资企业是指依照中国有关法律在中国境内设立的全部资本由外国投资者投资的企业,不包括外国的企业和其他经济组织在中国境内的分支机构。

外资企业符合中国法律关于法人条件的规定的,依法取得中国法人资格。

外资企业的组织形式为有限责任公司。经批准也可以为其他责任形式。

2. 外商投资合伙企业

外商投资合伙企业,是指两个以上外国企业或者个人在中国境内设立的合伙企业,以及外国企业或者个人与中国的自然人、法人和其他组织在中国境内设立的合伙企业。外商投资合伙企业类型包括外商投资普通合伙企业(含特殊的普通合伙企业)和外商投资有限合伙企业两种。

从我国的有关法律规定看,合伙企业是合伙人以合伙协议为基础依法设立的商业组织,合伙企业不具有法人资格。

3. 外国企业分支机构

外国公司在中国境内设立的分支机构不具有中国法人的资格;外国公司对其分支机构在中国境内进行经营活动承担民事责任。

(二)政府与外国投资者合作开发与建设

1. 国际合作开发概述

根据各国立法与实践,自然资源的国际合作开发有如下几个主要特征:(1)国家对其自然资源享有永久主权;(2)合作主体具有特殊性,一方为资源国政府或法定的国家公司,另一方为外国公司;(3)合作方式包括特许协议以及各种特殊的契约式合作。

2. 国际特许协议

国际特许协议是指东道国与外国私人投资者约定在一定期间,在指定地区内,允许该外国投资者在一定条件下享有专属于国家的某种权利,投资从事于自然资源开发或公用事业建设等特殊经济活动,基于一定程序,予以特别许可的法律协议。

特许协议不是国际协议,而属于国内法契约。

3. BOT 的法律问题

BOT(Build-Operate-Transfer)即建设—经营—转让,是指政府(通过契约)授予私营企业(包括外国企业)以一定期限的特许专营权,许可其融资建设和经营特定的公用基础设施,并准许其通过向用户收取费用或出售产品以清偿贷款、回收投资并赚取利润;特许权期限届满时,该基础设施无偿移交给政府。

BOT 项目的当事人包括:(1)政府;(2)项目公司;(3)其他参与人。

特许协议是 BOT 项目合同安排中的基本合同或基石。

三、考核知识点与考核要求

(一)外商投资企业与外国企业分支机构

识记:① 中外合资经营企业;② 中外合作经营企业;③ 外资企业;④ 外商投资合伙企业。

领会：① 中外合资经营企业的性质与特征；② 中外合作经营企业的性质与特征；③ 外资企业的性质与特征；④ 外商投资合伙企业的性质；⑤ 外国企业分支机构的性质。

应用：① 简析中外合资经营企业与中外合作企业的异同点；② 中外合营或合作企业的案例分析。

（二）政府与外国投资者合作开发与建设

识记：① 特许协议；② BOT。

领会：① 国际合作开发及其特征；② BOT 的概念与特征；③ BOT 特许合同的内容。

应用：分析国际特许协议的性质与效力。

第十章　国际投资的国内法制

一、学习目标与要求

本章的学习目标是理解和把握资本输入国关于外国投资的管理和保护制度以及资本输出国关于对外投资的管理和保护制度，理解外资准入的一般审查、对外资的鼓励与保护，以及对外投资的管理、鼓励与保护，重点掌握外资并购的反垄断审查与国家安全审查以及海外投资保险制度。

二、课程内容

（一）资本输入国关于外国投资的管理和保护制度

1. 外资准入的一般审查

外资审批制度使国家能有目的、有甄别地利用外资，最大限度地发挥外资对本国经济发展的促进作用，防止外资对东道国国家安全和公共利益的消极影响。

2. 外资并购的反垄断审查与国家安全审查

为了防止外资对东道国经济的控制或对东道国国家安全造成威胁，以美国为代表的许多国家建立了较为完善的包括反垄断审查与国家安全审查在内的外资并购审查制度。我国也已形成以 2007 年《反垄断法》为代表的由多部门规章组成的外资并购反垄断规则体系，并正在完善外资并购国家安全审查制度。

3. 对外资的鼓励与保护

对外资的鼓励和保护措施主要体现为：关于国有化和征收方面的保证，关于外资利润及原本汇出的保证，以及税收优惠及其他优惠。

（二）资本输出国关于对外投资的管理和保护制度

1. 对外投资的管理

资本输出国对海外投资的管理主要体现在要求海外投资企业披露信息、防止海外投资企业逃避税等法律规定。

2. 对外投资的鼓励与保护

鼓励与保护本国私人海外投资的措施，主要包括税收鼓励措施、财政性金融支持以及信息和技术援助。

3. 海外投资保险制度

海外投资保险制是资本输出国政府或公营机构对本国海外投资者在国外可能遇到的政治风险，提供保证或保险，若承保的政治风险发生，致使投资者遭受损失，则由国内保险机构补偿其损失的一种制度。

中国出口信用保险公司于2003年开展海外直接投资保险业务，承保范围包括禁止汇兑险、征用险、战争内乱险。

三、考核知识点与考核要求

（一）资本输入国关于外国投资的管理和保护制度

识记：① 征收；② 税收优惠。

领会：① 外资准入审查制；② 外资并购反垄断审查制；③ 对外资有关国有化和征收的保证；④ 对外资利润与原本的汇出的保证；⑤ 税收优惠及其作用。

应用：① 分析外资准入审查制的作用与意义；② 分析外资并购的国家安全审查制度及其意义。

（二）资本输出国关于对外投资的管理和保护制度

识记：① 海外投资保险制度；② 征收险；③ 外汇险；④ 战争险；⑤ 代位求偿权。

领会：① 对外投资的管理制度；② 对外投资的鼓励与支持措施。

应用：分析海外投资政治风险保险的承保范围。

第十一章 促进与保护投资的国际法制

一、学习目标与要求

本章的学习目标是了解促进与保护投资的有关国际法制，包括双边或区域性投资条约与协议；领会和把握双边投资条约中的核心条款的内容和意义；理解和把握《多边投资担保机构公约》和 WTO 与投资有关协议的主要内容。

二、课程内容

（一）双边投资条约与区域性协定投资规则

双边投资条约是资本输入国与资本输出国之间签订的，旨在鼓励、保护和促进两国间私人直接投资活动的双边协定和条约之总称。

国际投资协定根据缔约方的数量可分为双边投资协定和多边投资协定，后者又可分为区域性多边条约和世界性多边公约。从国际投资协定的历史发展和演变过程，可分为两大类型：一是美国式的"友好通商航海条约"；二是双边投资保护协定，后者又分为美国式的投资保证协定和联邦德国式的促进与保护投资协定。

国际投资协定中对外国投资者的投资和与投资有关的投资活动一般提供了三种待遇标准，即公平与公正待遇、最惠国待遇和国民待遇。

国际投资协定对政治风险的防范，重点在于征收与外汇转移问题。

国际投资协定可能引发的争端主要有两类：一是缔约方关于条约的解释和适用问题的争端；二是缔约国一方与缔约他方国民之间的投资争端。国际投资协定对此分别规定了不同的解决机制。

（二）《多边投资担保机构公约》

《多边投资担保机构公约》的核心使命是："在以公正和稳定的标准对待外国投资的基础上，在其条件与发展中国家的发展需要、政策和目标一致的情况下，促进以生产为目的的资金和技术流向发展中国家。"

公约的主要内容包括：(1) 宗旨与投资担保业务；(2) 组织机构与表决制度；(3) 担保业务；(4) 投资促进业务。

（三）世界贸易组织有关投资的协议

1.《与贸易有关的投资措施协议》(《TRIMs 协议》)

《TRIMs 协议》是世界贸易组织首次就投资问题达成的协议。该协议在确定其所调整的与贸易有关的投资措施范围方面，采取了概括式和列举式相结合的方法，原则上将所有与贸易有关的投资措施包括在内；同时明确列举了予以禁止的投资措施，包括当地成分要求、贸易平衡要求、外汇平衡要求等。

2.《服务贸易总协定》(GATS)

提供服务往往需要在当地设立机构或商业场所，这就涉及外资在服务业的准入及其待遇问题，因此 GATS 第三部分承担特定义务中关于市场准入(第 16 条)和国民待遇(第 17 条)的规定与国际投资关系密切。

三、考核知识点与考核要求

（一）双边投资条约与区域性协定投资规则

识记：① 最惠国待遇；② 国民待遇；③ 直接征收；④ 间接征收。

领会：① 国际投资协定的类型；② 公平与公正待遇；③ 投资协定中对政治风险的防范；④ 用尽当地救济。

应用：国际投资协定中关于国民待遇的规定及其意义。

（二）《多边投资担保机构公约》

领会：① MIGA 承保的征收险；② MIGA 承保的违约险；③ MIGA 承保的汇兑险；④ MIGA 承保的战乱险；⑤ MIGA 的代位求偿权。

应用：简析多边投资担保机构的地位与作用。

（三）世界贸易组织有关投资的协议

领会：①《与贸易有关的投资措施协议》禁止的投资措施；②《服务贸易总协定》对投资的意义与影响。

第五编　国际货币金融法

第十二章　国际货币法

一、学习的目的与要求

了解国际货币制度,掌握货币主权的内容及其限制,全面了解《国际货币基金协定》,掌握其中的外汇管制、汇率、基金组织的贷款等内容。

二、课程内容

(一) 货币主权与国际货币制度

1. 货币主权

国家货币主权是国家主权的重要组成部分,是每个国家在其国内发行和管理本国货币的最高权力,以及在国际上独立执行其对外的货币政策、平等参与处理国际货币金融事务的权利。

国家的货币主权主要体现在:发行独立的国家货币,确立本国的货币制度,确定本国货币同外国货币的关系,独立制定本国的货币政策等几个方面。

2. 国际货币制度

国际货币制度是各国政府对货币在国际范围内发挥世界货币职能所确立的原则,采取的一套规定、做法和制度。

国际货币制度经历了从最初的金本位制到以美元为中心的布雷顿森林体制,直至现行的浮动汇率体制以及日益发展的区域性货币一体化趋势的发展历程。

(二)《国际货币基金协定》

《国际货币基金协定》自生效以来,经历了多次修改,以适应国际货币金融关系的发展需要。

《国际货币基金协定》的主要内容包括:(1) 确立汇率制度;(2) 确立外汇管制制度;(3) 创设特别提款权;(4) 资金来源与财政援助;(5) 其他事项。

三、考核知识点与考核要求

(一) 货币主权与国际货币制度

识记:① 货币主权;② 国际货币制度;③ 国际金本位制度;④ 布雷顿森林体系。

领会:① 货币主权的内容;② 现行国际货币制度的特征。

应用:分析货币主权和国际货币制度之间的关系。

(二)《国际货币基金协定》

识记:① 外汇管制;② 汇率制度;③ 特别提款权。

领会:① 牙买加体系;② 基金组织的贷款。③ 基金组织对成员国汇率制度的监督;

应用:① 对牙买加体系的评价;② 结合本章内容分析人民币汇率问题。

第十三章　国际银行法

一、学习的目的与要求

了解和掌握国际商业贷款协议的核心条款、银团贷款的含义与特征以及国际贷款担保的各种方式;理解和领会国际银行监管的两大向度:国际银行监管标准与国际银行监管的职责划分。

二、课程内容

(一) 国际商业贷款

国际贷款协议是借款人与贷款人之间签订的金钱借贷协议,它是国际贷款中的重要法律文件,是借贷各方当事人权利义务的依据。国际贷款协议中的保护性条款基本已成为贷款协议的必备条款或共同条款,保护性条款包括:(1) 先决条件条款;(2) 陈述与保证条款;(3) 约定事项条款;(4) 违约事件条款等。

银团贷款是由一家或几家银行牵头,多家银行参加而组成的国际性的银行集团按照内部的分工和比例根据相同的贷款条件共同向一个借贷人提供贷款的资金国际融通方式。银团贷款的当事人包括牵头行、代理行、参加行、借款人、担保人。银团贷款的重要商业文件包括委任书与信息备忘录。

项目融资一般是指国际银团向某一特定项目提供借贷资金,以该项目的预期收益为还款的主要来源,以项目的资产包括各种项目合约上的权利为附随担保的一种国际中长期银团贷款形式。"赤道原则"是由世界主要金融机构根据国际金融公司和世界银行的政策和指南建立的,旨在判断、评估和管理项目融资中的环境与社会风险的一个金融行业基准。

国际银团贷款中的担保大体可分为信用担保(保证)和物权担保两大类。

(二)国际银行监管

1. 国际银行监管的概念与巴塞尔委员会

在国际银行监管中,监管制度是监管的依据和准绳。而在国际银行监管制度的形成和发展过程中,巴塞尔委员会发挥了突出的作用。

国际银行监管主要有国际银行监管标准的确定和国际银行监管职责的划分两条主线。

2. 巴塞尔委员会有关国际银行监管标准的主要规则

(1)监管资本标准。又称为资本充足率标准,是指银行监管资本与加权风险资产的比率不得低于规定的水平。巴塞尔委员制定的监管资本标准经历了《巴塞尔Ⅰ》《巴塞尔Ⅱ》《巴塞尔Ⅲ》三个阶段。

(2)流动性标准。流动性标准是《巴塞尔Ⅲ》确立的又一监管标准。流动性监管不仅应要求银行保持短期的现金流平衡,还要求银行保持资产负债结构在中长期的平衡。

3. 国际银行监管合作

(1)国际银行监管职责划分原则——母国并表监管

并表监管是在合并整个银行或银行集团各机构的财务账表的基础上,全面、综合地评判整个银行或银行集团的风险、遵守监管标准的状况等,并采取相应的矫正措施。母国并表监管,是国际银行的母国监管当局,经与东道国监管当局合作,在将国际银行所有境内外机构的财务账表并表的基础上,将上述并表监管的理念与方法适用于包含跨境机构的国际银行监管的方法和实践。

(2)国际银行监管合作的形式及局限

国际银行监管合作主要形式包括双边监管合作谅解备忘录、法律互助条约以及其他双边协定等。

三、考核知识点与考核要求

(一)国际商业贷款

识记:① 银团贷款;② 牵头行;③ 代理行;④ 参加行;⑤ 委任书;⑥ 信息备忘录;⑦ 先决条件;⑧ 消极担保条款;⑨ 比例平等条款;⑩ 见索即付保函;⑪ 浮动担保。

领会：① 国际商业贷款的特点；② 贷款协议中的保证与陈述条款；③ 贷款协议中的约定事件；④ 贷款协议中的违约事件；⑤ 银团贷款与一般商业贷款的区别；⑥ 项目融资及其特征；⑦ 赤道原则及其意义。

应用：① 分析约定事件条款与违约事件条款的关系；② 贷款协议的核心条款在银团贷款中的意义与作用。

（二）国际银行监管

识记：① 国际银行监管；② 资本充足率；③ 普通股一级资本充足率；④ 流动性覆盖率；⑤ 净稳定资金比率。

领会：① 国际银行监管的两大向度；② 资本充足率、流动性标准及其功用；③《巴塞尔Ⅰ》《巴塞尔Ⅱ》《巴塞尔Ⅲ》依次递进修改的轨迹及原因；④ 母国并表监管原则的完整内涵；⑤ 银行双边监管合作谅解备忘录的特征与不足。

应用：运用监管资本标准计算特定银行的资本充足率是否充分。

第十四章　国际证券法

一、学习的目的与要求

在掌握证券法基本原理和基本制度的基础上，能够运用国际证券法律制度以及国际证券发行及交易的操作流程，成功地设计国际证券发行和交易的法律安排，并能够妥善解决国际证券发行和交易中的法律问题，特别是跨境直接发行与存托凭证中的法律问题。同时，学员还须把握国际证券监管的法律问题，通晓双边和多边证券监管合作形式、主要内容及不足。

二、课程内容

（一）证券法基本原理

1. 证券法的主要任务与性质

证券法依存的基本理念在于：通过强制的信息披露以及禁止欺诈制度，在保护投资者的同时，保障资本市场优化配置资源以及配置效率。

2. 证券法的主要制度

（1）信息披露制度；

（2）禁止欺诈制度。

（二）国际证券发行与交易的法律问题

国际证券发行、交易根据发行人进入国际资本市场进行融资的方法、渠道和模式不同,可分为跨境直接发行、存托凭证和跨境反向收购等。

跨境直接发行是发行人直接以自己的名义在境外资本市场上向投资者发行证券,并在该市场交易和清算。直接发行和交易的环节主要包括发行前的准备、尽职调查、注册登记、路演、证券发行、上市或交易等。

存托凭证这种发行安排涉及两类证券——存托凭证与存托凭证代表的外国基础证券,主要会引起发行人与存托银行、存托银行与存托凭证投资者、发行人与存托凭证投资者三类法律关系。

跨境反向收购作为跨境证券融资方式之一,既需要解决好反向收购的交易安排问题,也需要满足有关国家的监管需要。

（三）国际证券的监管合作

国际证券监管合作主要有双边证券监管合作和多边证券监管合作两类模式。双边证券监管合作主要通过签订双边司法协助协定和谅解备忘录来实现。多边证券监管合作领域最为重要的国际机构是国际证监会组织(IOSCO),其代表性的规范性文件主要有:《证券监管的目标与原则》《外国发行人跨国发行与首次上市的国际披露准则》《关于磋商、合作和信息交流多边谅解备忘录》。

三、考核知识点与考核要求

（一）证券法基本原理

识记:① 证券;② 证券法;③ 信息披露制度;④ 虚假陈述;⑤ 内幕交易;⑥ 操纵市场;⑦ 证券发行注册制。

领会:① 证券法的主要任务与性质;② 证券法的主要制度构成。

（二）国际证券发行与交易的法律问题

识记:① 国际证券;② 跨境直接发行;③ 存托凭证;④ 基础证券;⑤ 跨境反向收购;⑥ 壳公司;⑦ 尽职调查。

领会:① 跨国证券融资的方式、渠道;② 跨境直接发行的主要环节及其法律问题;③ 存托凭证隐含的主要法律关系;④ 美国对其存托凭证的分类。

应用:① 跨境直接发行模式下发行人与境外投资者法律关系;② 跨国证券融资中发行人本国公司法与证券发行交易地的资本市场法的适用关系。

（三）国际证券的监管合作

识记:① 国际证券监管合作;② 双边证券监管合作备忘录;③ IOSCO;④《关于磋商、合作和信息交流多边谅解备忘录》。

领会:① 开展国际证券监管合作的原因;② 双边证券监管合作形式、主要内容及不足;③ IOSCO 代表性的三项规范性文件的主要内容。

第六编 国际税法

第十五章 税收管辖权与避免国际重复征税

一、学习的目的与要求

本章学习的目的和要求是理解、领会和掌握国际税收法律基本内容和概念,包括国际税收管辖权的基本原则和概念,居民税收管辖权和所得来源地管辖权的概念和意义,国际重复征税现象的起因、解决方式和与国际重叠征税的区别,国际税收协定产生的意义、《经合组织范本》和《联合国范本》的主要内容以及国际税收协定与国内税法的协调,具体消除国际重复征税的方法、适用范围和相关计算,以及国际税收饶让制度的相关概念和原理。

二、课程内容

(一) 税收管辖权

1. 税收管辖权

税收管辖权是指一国政府对一定的人或对象进行征税的权力。

税收管辖权中最重要的基本理论原则是"居住国原则"和"来源国原则"。

2. 居民税收管辖权

居民税收管辖权是指一国政府对其境内居住的所有居民(包括自然人和法人)来自于世界范围内的全部收入以及存在于世界范围内的财产所行使的课税权力。

各国税法上判定自然人的居民身份主要有以下标准:住所标准;居所标准;居留时间标准;国籍标准。

各国税法上对法人或公司的居民身份认定,主要有以下三种标准:法人注册成立地标准;法人实际管理和控制中心所在地标准;法人总机构所在地标准。

居民税收管辖权冲突一般由有关国家间通过双边税收协定的方式来协调解决。

3. 收入来源地税收管辖权

收入来源地税收管辖权,是征税国基于有关的收益或所得来源于本国境内的法律事实,针对非居民行使的征税权。

纳税人的收益与所得从性质上一般被划分为四类,即营业所得、劳务所得、投资所得和财产所得。针对上述四种所得类型,各国对非居民行使收入来源地税收管辖权的法律实践和国际税法上的协调原则也有所不同。

(二) 国际重复征税

国际重复征税是指两个或两个以上国家各自依据自己的税收管辖权按同一税种对同一纳税人的同一征税对象在同一征税期限内同时征税。

国际重复征税有悖税收公平原则,成为国际经济正常交往的重要障碍。

国际重叠征税是指两个或两个以上国家对同一税源的所得在具有某种经济联系的不同纳税人手中各征一次税的现象。它与国际重复征税的主要区别在于:产生的原因不同;纳税主体不同;其他方面的诸多不同。

(三) 国际税收协定

国际税收协定是指有关国家之间为协调相互间处理跨国纳税人征税事务方面的税收关系和彼此间的税收分配关系及处理税务合作方面的问题而签订的书面协议。

国际税收协定有两个重要的范本:《经合组织范本》和《联合国范本》。

《经合组织范本》和《联合国范本》主要包括以下几方面基本内容:征税权的划分与协定的适用范围;常设机构的约定;预提税的税率限定;税收无差别待遇;避免国际逃税、避税;关于独立个人劳务所得征税等。

(四) 国际重复征税问题的解决方法

1. 避免国际重复征税的几种具体方法

(1) 运用冲突规范划分征税权;

(2) 免税法;

(3) 抵免法;

(4) 扣除法和减税法

2. 税收饶让抵免税制

三、考核知识点和考核要求

(一) 税收管辖权

识记:① 税收管辖权;② 居民税收管辖权;③ 收入来源地管辖权;④ 常设机构。

领会:① 自然人居民身份确认标准;② 法人居民身份确认标准;③ 常设机构的特点;④ 常设机构利润范围的确定和核算的原则;⑤ 非居民劳务所得的征税。

应用:① 分析非居民营业所得的征税;② 判定常设机构的设置与否。

(二) 国际重复征税

识记:① 国际重复征税的概念;② 国际重复征税的类型。

领会:① 居民税收管辖权与来源地税收管辖权之间的冲突;② 国际重复征税与国际

重叠征税的区别。

(三)国际税收协定

识记:① 国际税收协定的概念;②《经合组织范本》;③《联合国范本》;④ 税收无差别待遇。

领会:① 国际税收协定范本的主要内容;② 国际税收协定的适用范围;③ 我国签署税收协定的原则。

(四)国际重复征税问题的解决办法

识记:① 免税法;② 抵免法;③ 抵免限额;④ 税收饶让。

领会:① 全额免税法和累进免税法;② 抵免限额的计算;③ 税收饶让的特征和适用范围;④ 税收饶让的方式。

应用:抵免限额中分国限额、综合限额和分项限额的内涵。

第十六章　防止国际逃税和国际避税

一、学习的目的与要求

本章学习的目的是理解和掌握国际逃税和避税的相关国际税法内容,包括国际逃税和避税的具体形式如转让定价、国际避税港避税、资本弱化及滥用国际税收协定等,国际逃税和避税的具体国内法律管制措施以及国际税务合作的具体内容等。

二、课程内容

(一)国际逃税与避税概述

国际逃税是指纳税人采取某种非法的手段与措施,减少或逃避就其跨国所得应该承担的纳税义务的行为;国际避税则是指跨国纳税人通过某种不违法的方式,减少或避免就其跨国所得应该承担的纳税义务的行为。

(二)国际逃税和国际避税的主要方式

国际逃税的主要方式包括:(1)不报送和提供完整纳税资料;(2)谎报所得及虚构扣除;(3)伪造账目和伪造收付凭证。

国际避税的基本手段有:(1)纳税主体的跨国移动;(2)国际避税地与基地公司;(3)关联企业与转让定价;(4)资本弱化;(5)滥用国际税收协定。

(三)国际逃税与避税的国内法律规制

1. 国际逃税与避税的国内法一般规制

一般包括下列内容:(1)加强国际税务申报制度;(2)加强税法合规性调查;(3)强

化会计审查制度;(4) 建立所得评估制度。
   2. 关联企业的转让定价税制管理
   3. 受控外国公司管制
   4. 对资本弱化的管制
   5. 一般反避税规则
   (四) 防止国际逃税和避税的国际合作
   1. 国际税收协定反滥用条款
   2. 国际税收情报交换制度
   3. 国际税款征管协助
   主要包括:(1) 双边征管互助;(2) 多边征管互助。

三、考核知识点和考核要求

（一）国际逃税与避税概述
识记:① 国际逃税;② 国际避税。
领会:① 国际逃税和国际避税产生的原因;② 国际逃税和国际避税的区别。
（二）国际逃税与避税的主要方式
识记:① 纳税主体的跨国移动;② 转让定价;③ 资本弱化;④ 滥用国际税收协定;⑤ 一般反避税原则。
领会:① 国际避税地和基地公司;② 转让定价和关联公司的判定;③ 滥用国际税收协定的原因及防止、管制方法;④ 受控外国公司产生的原因及防止、管制方法。
应用:① 跨国纳税人对不同国际避税方式的使用的原因;② 不同国际避税方式的比较和使用。
（三）国际逃税和国际避税的国内法律规制
识记:① 国际税务申报制度;② 受控外国公司。
领会:① 我国《企业所得税法》中对转让定价管制的具体内容;② 受控外国公司管制的基本要求和内涵;③ 一般反避税原则的适用;④ "实质重于形式"原则和一般反避税原则。
应用:① 税收管理机关对国际逃税和避税的一般规制;② 对不同国际逃税和避税方式综合管制。
（四）防止国际逃税和避税的国际合作
识记:国际税收协定反滥用条款。
领会:① 避免国际税收协定滥用的方法;② 国际税收信息交换制度的法律依据和规则;③ 国际税收情报交换的类型与范围;④ 国际税款征管的双边和多边协助;⑤《经合组织范本》中有关国际税款征管协助条款的建议。
应用:国际税收情报交换的意义和体系。

第七编 国际经济贸易争端解决

第十七章 国际经济贸易争端解决

一、学习目的和要求

通过本章学习能够较为全面地了解国际经济贸易争端解决的几种主要方式及其相关制度,包括解决投资者与东道国之间投资争议的 ICSID 机制和 WTO 争端解决机制,能够基本掌握和运用国际经贸争端解决过程中涉及的管辖权、程序、法律适用、执行监督等方面的制度,为相关领域的进一步学习、研究和实践打下基础。

二、课程内容

(一) 国际商事争端解决方式

1. 选择性争端解决方式(ADR)

ADR 主要包括协商、微型庭审、早期中立评估、争议解决小组、调解等。

ADR 具有自主性、灵活性、便捷性、减少对抗性和保密性等特点。

2. 国际商事仲裁

国际商事仲裁是具有跨国因素的商事仲裁,其突出特点在于其裁决的终局性。

国际商事仲裁协议的主要内容应包括提交仲裁的意思表示、仲裁事项和仲裁机构。有效的国际商事仲裁协议通常应具备下列条件:当事人具有行为能力、意思表示真实、形式合法、内容合法。

关于国际商事仲裁实体问题适用的法律,首先应尊重当事人的选择;其次应适用相关的国际惯例、国际公约或其他应适用的法律原则和规则;再次应依据冲突规范确定合同的准据法。

有权撤销仲裁裁决的法院通常为仲裁地法院,撤销的理由一般包括裁决所依据的仲裁协议无效、违反正当程序、仲裁庭越权、仲裁庭组成不当、违反公共政策等。

根据《承认与执行外国仲裁裁决公约》(《纽约公约》),缔约国应相互承认对方作出的商事仲裁裁决具有约束力,并依照被申请承认和执行地的程序规则予以执行。

3. 国际民商事诉讼

法院对国际经济纠纷的管辖权原则包括属人管辖、属地管辖、专属管辖、协议管辖原则。管辖权冲突主要表现为平行管辖和平行诉讼问题。

根据各国国内立法和相关国际公约,承认和执行外国法院判决的条件通常包括:作出判决的外国法院应对案件拥有管辖权、该判决应为确定的判决、该外国判决的诉讼程序公正、就该外国判决的同一当事人的同一争议在内国不存在诉讼、判决或已被承认的第三国判决、该外国判决不得违反内国的公共秩序、判决地国与内国存在互惠关系。

我国关于国际民商事诉讼管辖权的主要依据是已加入的相关国际条约和相关国内立法,其中《民事诉讼法》第四编为基础性国内立法。

(二) 国家与他国国民间投资争端解决机制

1. 国家与他国国民间投资争端解决的主要方式:

投资者与东道国之间发生争议的解决方法主要包括协商谈判、当地救济、外交保护和国际仲裁。

2. 解决投资争端国际中心(ICSID)

根据《解决国家与他国国民间投资争端公约》(《华盛顿公约》)成立的 ICSID 是解决投资者与东道国之间投资争议的重要平台和机制。中心具有国际法人地位,其组织机构主要包括行政理事会、秘书处、调解委员会和仲裁庭。

中心行使管辖权的必要条件包括:争议当事人中的一方必须为公约缔约国或该缔约国的公共机构或实体,另一方为另一缔约国国民;争议双方必须同意将争议提交中心解决;争议必须是直接因投资而引起的法律争端。

中心的仲裁程序包括仲裁申请、仲裁庭组成、仲裁裁决、裁决的撤销等几个方面。

中心的法律适用遵循以下原则:适用当事人合意选择的法律;若当事人没有选择,则适用争端一方缔约国的国内法以及可适用的国际法;禁止拒绝裁决的规则;公允善良原则。

任何缔约国都承担承认和执行中心裁决的义务,且应将其视为本国法院最终判决。

(三) 世界贸易组织的争端解决制度

1. 世界贸易组织争端解决机制的起源、发展及其特点

WTO 争端解决机制起源于1947 年 GATT 第22 条和第23 条。

WTO 争端解决机制具有统一性、专门性和"反向协商一致"的决策机制等特点。

2. 争端解决程序

WTO 争端解决程序包括磋商、斡旋、调解和调停,专家组审议,上诉审议,建议和裁决的执行等。

三、考核知识点与考核要求

（一）国际商事争端解决方式

识记：① ADR；② 国际商事仲裁；③ 平行管辖；④ 平行诉讼。

领会：① ADR 的概念、类型和特点；② 国际商事仲裁协议的主要内容；③ 我国关于仲裁协议效力的规定；④ 仲裁条款独立性原则；⑤《纽约公约》关于拒绝承认和执行外国仲裁裁决理由的规定；⑥ 我国撤销涉外仲裁裁决的法律依据；⑦ 法院对国际经济纠纷行使管辖权的原则；⑧ 承认和执行外国法院判决的条件。

应用：① 国际商事仲裁与国际民商事诉讼的区别及其各自的优势和劣势；② 我国关于承认和执行外国仲裁裁决的立法和实践；③ 我国对外国法院判决的承认和执行。

（二）国家与他国国民间投资争端解决机制

领会：① 国家与他国国民间投资争端解决的主要方式；② ICSID 及其法律地位；③ ICSID 解决争端所适用的法律；④ ICSID 裁决的撤销；⑤ ICSID 裁决的承认与执行。

应用：① 分析 ICSID 的管辖权；② 与其他争端解决方式相比，ICSID 机制在解决国家与他国国民间投资争端中的主要优势与问题。

（三）世界贸易组织的争端解决制度

领会：① WTO 争端解决机制的特点；② WTO 争端解决程序在 WTO 法律制度中的作用。

Ⅳ 关于大纲的说明与考核实施要求

一、自学考试大纲的目的和作用

《国际经济法概论》课程自学考试大纲是根据专业自学考试计划的要求,结合自学考试的特点而确定。其目的是对个人自学、社会助学和课程考试命题进行指导和规定。

《国际经济法概论》课程自学考试大纲明确了课程学习的内容以及深广度,规定了课程自学考试的范围和标准。因此,它是编写自学考试教材和辅导书的依据,是社会助学组织进行自学辅导的依据,是自学者学习教材、掌握课程内容知识范围和程度的依据,也是进行自学考试命题的依据。

二、关于自学教材

《国际经济法概论》,全国高等教育自学考试指导委员会组编,余劲松主编,北京大学出版社2015年版。

三、关于自学要求和自学方法的指导

本课程共6学分。

本大纲的课程基本要求是依据专业考试计划和专业培养目标而确定的。课程基本要求还明确了课程的基本内容,以及对基本内容掌握的程度。基本要求中的知识点构成了课程内容的主体部分。因此,课程基本内容掌握程度、课程考核知识点是高等教育自学考试考核的主要内容。

为有效地指导个人自学和社会助学,本大纲已指明了课程的重点,在章节的基本要求中一般也指明了章节内容的重点。

四、对社会助学的要求

社会助学者应指导自学应考者全面系统地学习本教材,明确本大纲规定的考核目标与考核要求;应对自学应考者进行切实有效的辅导,将识记、领会、应用三者有机地结合起来,注重理解和掌握国际经济法的基本概念、基本规则、基本原理,并能融会贯通,培养和提高其分析问题和解决问题的实际能力。

五、关于考试命题的要求

1. 本课程采取闭卷、笔试的考试方式。考试时间为150分钟。按百分制记分,60分

为及格。

2. 应根据本大纲所列考核内容、考核目标和考核要求进行考试命题。命题应着重考核自学者对基本概念、基本知识和基本理论是否了解或掌握,对基本方法是否会用或熟练。考试命题应覆盖到章,并适当突出重点章节。在出题分量与难度上应与本课程的内容重点相适应。

3. 本课程在试卷中对不同能力层次要求的分数比例大致为:识记占 30%,领会占 50%,应用占 20%。

4. 试题的难度可分为:易、较易、较难和难四个等级。每份试卷中不同难度试题的分数比例一般为:2∶3∶3∶2。必须注意试题的难易程度与能力层次有一定的联系,应在各个能力层次中提出不同难度的试题。

5. 试卷采用的题型可以多样化,一般可有单项选择题、多项选择题、名词解释题、简答题、论述题、案例分析题等题型,参见题型举例。

附录　题型举例

一、单项选择题（在每小题列出的四个备选项中只有一个是符合题目要求的,请将其代码填写在题后的括号内。错选、多选或未选均无分。）

1. 下列关于信用证的表述,正确的是（　　）
   A. 开证银行负次要的付款责任
   B. 信用证的开证申请人是卖方
   C. 信用证的受益人是买卖合同的买方
   D. 开证行承担付款义务须遵守严格相符原则
2. 根据《联合国国际货物销售合同公约》的规定,对于在运输途中出售的货物,货物风险转移时间一般是（　　）
   A. 买方收取货物时　　　　　　　　B. 合同订立时
   C. 货物到达目的地时　　　　　　　D. 卖方交付货物时

二、多项选择题（在每小题列出的五个备选项中至少有两个是符合题目要求的,请将其代码填写在题后的括号内。错选、多选、少选或未选均无分。）

1. "FOB 上海"与"CIF 上海"的区别在于（　　）
   A. 运输方式不同　　　　　　　　　B. 目的港不同
   C. 装运港不同　　　　　　　　　　D. 保险义务不同
   E. 租船义务不同
2. 关于《联合国国际货物销售合同公约》的适用,下列表述正确的有（　　）
   A. 《公约》适用于履行地在两个国家的货物销售合同
   B. 《公约》仅适用于不同缔约国的当事人之间的货物销售合同
   C. 《公约》适用于住所地在不同国家的当事人之间的货物销售合同
   D. 《公约》适用于营业地在不同国家的当事人之间的货物销售合同
   E. 《公约》仅适用于销售合同的订立和买卖双方因合同而产生的权利义务

三、简答题

1. 简述国家经济主权原则的内容和意义。
2. 我国《合同法》与《联合国国际货物销售合同公约》在违约救济上的异同。

四、论述题

1. 试述世界贸易组织的职能及决策程序。

五、案例分析题

1. 中益达是一家设在北京的外贸公司,梅里美是一家设在美国旧金山的贸易公司。两公司于 2008 年 7 月签订了家具买卖合同,CIF 旧金山,装运港天津,2008 年 10 月交货,

8月底前买方经由开证行开出不可撤销的信用证,信用证有效期至2008年11月底。开证行及时开出信用证。因金融危机,买卖双方均出现财务困难。买方以卖方履约能力不足而宣告合同无效,卖方随后则按信用证的要求向开证行提交了相关单据。开证行按买方指示,以合同已宣告无效为由,拒绝向卖方付款。

假设该合同适用《联合国国际货物销售合同公约》,请问
(1)卖方在什么具体地点交货?
(2)买方可否宣告合同无效?为什么?
(3)如果买方可以宣告合同无效,开证行可否以此为由对卖方拒付?为什么?
(4)如果卖方交单合格,买方财务困难会对谁产生影响?为什么?

后　记

《国际经济法概论自学考试大纲》是根据全国高等教育自学考试法学专业考试计划的要求，由全国考委法学类专业委员会组织编写。

《国际经济法概论自学考试大纲》由中国人民大学余劲松教授担任主编，参加编写的有南开大学左海聪教授、中国人民大学韩立余教授、武汉大学张庆麟教授、中南财经政法大学韩龙教授、中山大学梁丹妮副教授、中国人民大学胡天龙副教授、中国人民大学金美蓉副教授等。

全国考委法学类专业委员会于2014年10月对本大纲组织审稿。参加本大纲审稿会并提出宝贵意见的有：北京大学法学院邵景春教授，清华大学法学院车丕照教授，中国政法大学国际法学院王传丽教授。特此表示感谢！根据审稿会的意见，由余劲松教授最后修改定稿。

本大纲编审人员付出了辛勤劳动，特此表示感谢！

全国高等教育自学考试指导委员会
法学类专业委员会
2014年11月

全国高等教育自学考试指定教材
法律专业（本科）

国际经济法概论

全国高等教育自学考试指导委员会　组编

编写说明

本教材是受全国高等教育自学考试指导委员会法学类专业委员会的委托编写的。

本教材由余劲松(中国人民大学教授)担任主编,参加编写的有南开大学左海聪教授、中国人民大学韩立余教授、武汉大学张庆麟教授、中南财经政法大学韩龙教授、中山大学梁丹妮副教授、中国人民大学胡天龙副教授、中国人民大学金美蓉副教授等。

本教材的执笔分工如下(依章节顺序为序):余劲松撰写第一、二、九章,左海聪撰写第三、四、五章,韩立余撰写第六、七、八章,梁丹妮撰写第十、十一章,张庆麟撰写第十二章、第十三章第一节,韩龙撰写第十三章第二节、第十四章,胡天龙撰写第十五、十六章,金美蓉撰写第十七章。

本教材的编写得到了全国高等教育自学考试指导委员会法学类专业委员会的支持和指导。北京大学法学院邵景春教授、清华大学法学院车丕照教授、中国政法大学国际法学院王传丽教授,应全国高等教育自学考试指导委员会法学类专业委员会的邀请对本教材进行了审阅并提出了宝贵的修改意见。北京大学出版社的冯益娜女士为本教材的编辑出版做了大量的工作。在本书即将出版之际,特对上述单位和个人致以诚挚感谢。

余劲松

2014 年 11 月于北京

第一编　国际经济法导论

第一章　国际经济法概述

学习目标:本章的学习目标是理解和把握国际经济法的概念,包括国际经济法的对象与范围、国际经济法的特征;了解国际经济法规范的历史发展、国际经济法的渊源,领会和把握国际经济法的原则。

建议学时:4学时。

导读:学习《国际经济法概论》这门课程时,学生首先遇到的问题就是什么是国际经济法,其对象与范围如何等基础性理论问题。本章主要阐述国际经济法的概念与范围、历史发展、法律渊源以及基本原则等基础理论问题,其中重点要理解和领会国际经济法的概念、对象与范围,以及国际经济法的基本原则等。

第一节　国际经济法的概念与特征

国际经济法是随着国际经济交往的发展而形成的一个新兴的法律部门。然而,法学界对于国际经济法的概念与范围仍存在不同的看法,主要有两种观点:

一种观点认为国际经济法是国际公法的分支。这种观点认为,国际经济法所调整的仅是国家之间、国际组织之间以及国家与国际组织之间的经济关系。传统的国际公法主要是调整国家间政治外交关系的,国际经济交往的发展使得调整国家间经济关系的法律规范日益增多,并成为国际公法的一个新的分支。这样,国际经济法仅是调整国际法主体之间的经济关系的,而不同国家的私人(包括自然人和法人)的经济交往关系不属于其调整范围。可以说,这种观点是把国际经济法理解为"经济的国际法"。从方法论的角度看,这种观点是坚持传统的"公法"与"私法"、"国内法"与"国际法"的分类法,将调整国际经济交往关系的法律规范分门别类地划分为国际法与国内法、公法与私法。国际经济法仅指那些直接调整国际法主体间经济关系的法律规范,属国际公法范畴。而那些调整各国私人跨国经济交往的法律规范则属于国际私法、国际商法、国内法的范围,不纳入国际经济法的范畴。

另一种观点认为国际经济法是一个独立的综合性的法律部门。这种观点认为,国际经济法是调整从事跨国经济交往的自然人与法人、国家及国际组织间经济关系的法律规范。国际经济法不单纯是"经济的国际法",它还包括调整跨国经济交往的其他法律规范,如国际商法、国际私法,以及有关的国内法(包括公法和私法)等等。美国学者大多采取实用主义的观点和方法,从广义上来看待国际经济法。我国国际经济法学者也大都持此观点。与前一种观点相比较,这种观点不拘泥于传统的理念和法学分科,注重从实际出发,注重事物之间的联系,强调调整跨国经济关系的国内法规范与国际法规范的相互联系。

我们认为,国际经济法是调整国家、国际组织、不同国家的法人与自然人间经济关系的国际法规范和国内法规范的总称。简言之,国际经济法是调整国际(或跨国)经济关系的法律规范的总称。它是一个独立的、综合的、新兴的法律部门。

一、国际经济法的对象

法的对象是指其调整的特定的社会关系,它是划分法的部门的重要依据。国际经济法是调整一定的经济关系的。所谓经济关系就是人们在物质资料生产过程中结成的相互关系,即社会生产关系的总和。人们在从事生产活动以及与之相适应的分配、交换、消费等经济活动中必然要形成一定的经济关系。这种经济关系可以按照不同的标准加以分类。例如,有的按经济关系的构成因素(主体和对象)将其分为组织关系和财产关系,有的按经济关系是否具有从属性,将其分为国家经济管理关系与民间经济关系,或纵向经济关系与横向经济关系。若按经济关系所涉及的地域范围,则可将其分为国内经济关系和国际经济关系。一般来说,纯属国内经济关系的,均由一国国内法,如民法、商法或行政法等法律来调整,不属于国际经济法的调整对象。

国际经济法是调整国际经济关系的。根据上述经济关系的定义,可以认为,国际经济关系就是人们在物质资料生产过程中在国际领域中结成的相互关系,即马克思所说的生产的国际关系。具体来说,国际经济关系是指在国际投资、国际货物买卖、服务贸易和技术交易、国际融资和税收等国际经济活动中形成的关系。

国际经济关系按其范围有狭义和广义之分,狭义的国际经济关系仅指国家、国际组织间的经济关系,广义的国际经济关系不仅包括上述内容,而且包括不同国家的自然人与法人之间、自然人和法人与他国或国际组织间的经济关系。后者的"国际"二字,不是从"国家间"的狭义上理解的,而是从广义上理解的,指的是"跨国"的含义,也可称为跨国经济关系。广义的国际经济关系中不仅含有跨国私人当事人间以等价有偿为基础的横向经济关系,而且含有国家对私人的国际经济交易活动进行管理和规制的关系,即纵向关系,以及国家间的经济关系。显然广义的国际经济关系具有多层次性和立体性的特点。

国际经济法调整的应是指广义的国际经济关系,而不应限于国家、国际组织间狭窄的经济关系,其理由有如下几点:

第一,从国际经济关系的产生和发展来看,自然人和法人始终是国际经济关系的主体。我们知道,为了维持和改善物质生活条件,在不同的社会群体间很早就开始进行产品交换和经济交往。在阶级和国家产生后,随着经济的发展,不同国家和不同地区的自然人、法人经济交往日益频繁,就产生了跨越一个国家和地区的界限的各种经济关系。到了资本主义社会,这种经济交往有了更加广泛的发展。在自由资本主义时期,资本主义国家在经济上实行自由放任主义,国家原则上不干预经济,国际经济关系属于各国商人的事。资本主义进入垄断阶段后,资本主义固有矛盾激化,经济危机恶性循环,为了解决矛盾,国家开始直接对经济进行干预和管理,而国家对其经济进行干预和管制,又必然导致国家间的矛盾和冲突,为了缓和与解决各国经济利益的尖锐冲突,国家就通过双边和多边条约来协调相互之间的经济关系,并建立了一些国际经济组织。这样,国家和国际组织也参加国际经济关系,成为国际经济关系的主体。因此,从历史发展来看,自然人和法人始终是国际经济关系的参加者,不能因为国家与国际组织的后来参与而将他们排除在国际经济关系的主体之外。

第二,从当代的客观实际来看,不同国家的自然人和法人从事的跨国经济交往,愈来愈占有重要地位。特别是作为国际投资重要工具的跨国公司,在当今国际经济关系中占有举足轻重的地位,它们拥有雄厚的资金、先进的技术和设备、科学的管理技能等经济优势,对所在国经济和国际经济具有重要的作用和影响。无视在国际经济交往中自然人或法人(特别是跨国公司)作为行为主体的客观事实,将国际经济关系的主体限于国家和国际组织,必然严重脱离实际。

第三,国际经济关系是个统一体,自然人与法人、国家和国际组织间的国际经济关系具有紧密的内在联系性。不同国家的自然人与法人间、私人与国家间的经济关系往往是国家、国际组织间经济关系的基础和前提。国家参与国际经济关系,在很大程度上,也是为了保障私人间的正常国际经济交往。反之,国家、国际组织间的经济关系又制约和影响着私人间的经济关系,例如,国家间是否有经济关系,对于私人间的经济交往具有重要的限制或促进作用。实际上,在物质资料生产过程中,从事跨越一国国境的生产、交换、消费活动的主体决不单是国家,主要的还是自然人和法人。生产过程的统一性决定了由此产生的经济关系的统一性。因此,把不同国家的自然人与法人间以及他们与他国政府间的经济关系排除在国际经济关系之外,就是把本来属于统一的国际经济关系,人为地割裂开来,这并非是科学的。

二、国际经济法的范围

国际经济法的范围,主要是指国际经济法应包括哪些基本法律规范,也即其外延问题。由于学者们对国际经济法调整的对象的认识不同,对其范围也相应地有不同的看法。在那些认为国际经济法是国际公法的一个分支的学者们看来,国际经济法包括的仅是国际公法规范,即条约、国际习惯等。我们认为,由于国际经济法是调整广义的国际经济关系,因此,其法律规范既包含有关国内法规范,也包含有关国际法规范,既包含"公法",也包含"私法"。

一般来说,调整国际经济关系的法律包括以下几个层次:(1)调整私人国际经济交往的民商法规范,如合同法等;(2)国家政府管理对外经济交往的法律规范,如关税法、进出口管制法、反倾销法、税法等;(3)调整国家间经济关系的国际法规范,包括有关的多边条约、双边条约、国际惯例等等。前二者是国内法规范,后者是国际法规范。

国际经济法之所以包含多种法律规范,主要是由其主体及法律关系的特殊性决定的。从法律关系的主体来看,已如前述,从事国际经济交往的主体不仅有国家和国际组织,而且有分属于不同国家的自然人和法人。调整国家、国际组织间经济关系的规范是国际公法规范,但以自然人或法人作为主体一方或双方的国际经济关系则既要受有关国家的涉外经济法、国内民商法及国际私法等法律规范调整和制约,在某种情况下也要受国际公法规范调整和制约。因此,国际经济法主体的多样性决定了其所含法律规范的多重性。

国际经济关系的统一性及其特殊性也决定了调整它的法律规范的多重性和复杂性。就拿一项国际投资关系来说,若甲国 A 公司到乙国与其 B 公司举办合营企业,不仅在 A 和 B 两个公司间形成投资合营关系,而且在甲国与 A 公司间还产生投资保险关系,在乙国与 B 公司间产生投资管理关系,在甲国和乙国间会基于投资条约发生国家间关系,在甲国、乙国和国际组织间会基于多边条约发生与投资有关的关系。这些由国际投资活动产生的或与投资有关的关系的总和,构成统一的国际投资关系。调整这一统一国际投资关系的法律规范,既含有国内法规范,如乙国的涉外投资法、外汇管理法、涉外税法、甲国的海外投资保险法或海外投资管理法等,也含有国际法规范,如甲乙两国间的双边投资保护协定、甲国或乙国参加的有关国际公约等。又如,一项国际贸易关系,往往要涉及三个方面的法律:一是关于调整国际私人交易活动的国内买卖法、合同法等所谓的"私法";二是关于国家对贸易进行管理和管制的法规,即所谓的国内"公法";三是关于国际贸易的国际法规范,如双边贸易协定、多边条约等。这样,一项简单的国际货物买卖交易无疑既要受国内"私法",又要受国内"公法"制约,而国内公法的合法性如何,又须受有关国际条约制约。因此,对于调整该项国际贸易关系来说,这几种层次的法律规范是密切相关、不可割裂的。传统的国际公法、国际私法或国内法是无法也不可能单独完成调整统一而复杂的国际经济关系的任务的。

主张国际经济法既含国际法规范又含国内法规范,并不是要把二者合二为一,混淆其界限。国际公法仍是调整国家、国际组织间关系的法律,国内法也仍是调整一国内特定社会关系的法律。把它们中的某些规范纳入国际经济法的范围,只是因为根据客观实际,这些不同功能、不同层次的法律规范,相互配合和相互补充,共同调整着错综复杂的统一的国际经济关系。例如,美国处理国际私人投资保险问题的法律,既有海外投资保险法等国内法,又有双边投资保证条约等国际法,不仅如此,其国内法上的海外投资保险制度,是以美国与东道国订有双边投资保证协定为前提的,美国公司只有向与美国订有投资保证协定的国家投资,才能获得美国国内法上政治风险的保险。当保险事故发生时,美国政府对投资者进行补偿后,可按投资保证协定的规定,取得代位权,向东道国求偿。这样,国际法与国内法相互为用,借此实现其效力。若无视客观需要,固守传统的法律部门分类,那么,调整国际经济关系的法律规范势必会被人为地割裂和互相隔绝,失去其整体性和相互联系性,不利于解决国际经济关系中的实际问题,不利于促进国际经济关系的发展。况且,国际法与国内法的相互渗透、私法的公法化,已是有目共睹的客观现实,这种现象在国际经济法领域表现得更为明显。因此,将共同调整国际经济关系的国际法规范和国内法规范归为一类,作为一个独立的法律部门,顺应了客观形势发展的需要。

三、国际经济法的特征

国际经济法与国际公法、国际私法、国内经济法等相邻法律部门既有联系又有区别,它具有与上述法律部门不同的特征:

(1) 国际经济法的主体不仅包括国家、国际组织,也包括分属于不同国家的自然人和法人。国家与国际组织是国际法的主体,自然人和法人是国内法的主体,但由于它们均是国际经济关系的参加者,因而都是国际经济法的主体。国际私法主要是以间接的方式调整涉外民事关系的,因而其主体也一般限于私人。可见国际经济法的主体既不同于国际公法,也不同于国际私法和国内经济法。

(2) 国际经济法所调整的对象不仅包括国家与国际组织相互间的经济关系,而且还包括不同国家的私人间以及国家与他国国民间的经济关系。显然,第一,它与国际公法的调整对象不同。国际公法主要调整国家间政治、外交、军事以及经济等诸方面的关系,而且历史上向来以调整非经济性质的国际关系为主。直到战后,随着经济领域中的国际关系的发展,国家间经济关系在国际公法调整的诸对象中的比重才有所上升。而国际经济法所调整的不仅包括国家间的经济关系,还包括不同国家自然人与法人间的经济关系以及他国私人与国家间的经济关系。第二,国际经济法与国际私法的调整对象也不同。国际私法是调整涉外民事法律关系的,一般不包括国家、国际组织间的经济关系。同时,国际私法主要是通过冲突法规范间接调整涉外民事法律关系,其作用主要是解决法律冲突及法律适用问题,即解决应适用哪一国法律来确定当事人的权利和义务问题。虽然国际私法也涉及统一实体法部分,但主要也是从解决法律冲突的角度出发的。国际经济法属实体法规范,是直接调整国际经济关系中当事人各方的权利和义务的。因此,国际经济法的调整对象和调整方法均与国际私法有别。第三,国际经济法与国内经济法的调整对象也大为不同。国内经济法是调整国内经济组织、自然人间进行经济活动(包括涉外经济活动)所产生的经济关系的,它不调整国家、国际组织间的经济关系。

(3) 国际经济法的渊源不仅包括经济方面的国际条约和国际惯例,而且包括各国国内有关法律法规。有关经济方面的国际公法规范是国际经济法的重要渊源,但国际经济法的渊源并不局限于此,它还包括各种国际经济贸易惯例和有关的国内法。当然,国内法中那些非涉外经济方面的规范,均不属于国际经济法范畴,它们只是国际经济法的相关法律。在这一点上,国际经济法也与国际公法、国际私法及国内经济法等有着显著的区别。

由上可见,国际经济法与国际公法、国际私法、国内经济法间具有不同的内涵与外延,具有不同的质的规定性。虽然它们相互间在某些方面互相联系并相互交叉或重叠,但它们均是各自独立的法律部门。国际经济法不是经济的国际法,也不是国际私法或国内涉外经济法。

构成国际经济法统一体系的分支部门,主要有国际贸易法、国际投资法、国际货币金融法、国际税法、国际经济组织法。从广义讲,还可包括国际发展法、国际环境法等。

第二节 国际经济法的历史发展

国际经济法是什么时候形成的,是如何产生和发展的?对此问题,学界也有不同看法。有的认为,国际经济法是资本主义发展到垄断阶段的产物;有的认为,国际经济法是在战后出现的,国际货币基金组织和国际复兴开发银行以及关贸总协定的出现标志着国际经济法的出现;还有的认为,国际经济法渊源甚早,其国内法规范可追溯到古希腊、罗马时期以及古代中国的夏、商、周。我们认为,由于国际经济法是由多层次的法律规范组成的,每个层次的法律规范有其自己的发展历程,国际经济法作为一个新兴的独立的法律部门,可以说是在各个不同层次的法律规范发展的基础上发展而来的。

一、国际商事法律规范的发展

人们之间的产品交换和商业交往,早在原始社会的氏族和部落间就已存在,自国家产生以后,不同国家及其人民间的经济交往随着经济的发展而不断发展,并相应地产生了一些国际商业惯例以及调整商务关系的国内法规范和国际法规范。古代罗马法有"市民法"和"万民法"之分,"市民法"调整罗马人之间的关系,而"万民法"调整罗马人和外国人之间的关系。"万民法"的大部分内容是属于调整经济关系或财产关系的规范,如所有权关系和债的关系。

中世纪中后期,随着商品经济的日益发展,经济交往也日益增多。在此基础上,从地中海沿岸自治城市至西欧大陆各国,商法逐渐发达起来,特别是出现了至今仍有其影响的《海事法典》。同时从11世纪起,各种商业惯例或商人习惯法也得以形成和发展。商人习惯法最早出现在威尼斯,后来随着航海贸易的发展逐步扩及到西班牙、法国、英国及德国。其内容主要包括货物买卖合同的标准条款、两合公司、海上运输与保险、汇票以及破产程序等。商人习惯法跨越国界普遍适用于各国商人,由商人自己选出的法官来执行,对于促进国际贸易的发展、解决商人的纷争,起了重要作用。

17世纪以后,世界进入资本主义社会,商品经济有了很大的发展,国际商业交往也日益繁荣,为了调整其商务关系,西欧各国在接受罗马法和整理习惯法的基础上制定了民法典和商法典。法国在路易十四时期,颁布了《商事条例》和《海商条例》,后来又于1804年和1807年颁布了《法国民法典》和《法国商法典》。大陆法系国家中,多数国家采取民商法分立的制度,少数国家采取民商合一的做法,把商法纳入民法典中。英国则通过国王法院的判例把商人习惯法等吸收到普通法中去,使其成为普通法的一部分。这样,商人习惯法被吸收到国内民商法之中,并逐渐失去作用,而各国民商法则同时适用于本国商人的涉外商务活动,成为调整涉外商务活动的行为规范。

19世纪后,生产的国际化大大促进了国际贸易的发展,而仍以各国民商法调整国际贸易问题,已不能适应实际需要了,为了促进国际贸易的发展,就必须制定统一的国际贸易法律规范。从19世纪末、20世纪初起,有些国际组织就已开始编纂和制定统一的国际商事法律和惯例,其内容涉及贸易、运输、票据、海商、工业产权保护等等,成为调整国际商事交易的重要的法律规范之一。

二、国家经济公法的产生与国际协调

进入资本主义社会后,社会生产力有了很大的发展,各主要资本主义国家都先后完成了产业革命,工场手工业为大机器生产所取代,形成由社会分工和协作联系起来的大规模社会生产,各部门、各地区、各企业的相互联系和依赖日益扩大和加强,逐步形成统一市场乃至世界市场。到19世纪末,资本主义企业通过资本积累和集中,逐步形成了对行业、产品和市场的垄断。资本主义发展到垄断阶段后,其国内和国际经济关系也产生了很大变化,这主要表现在:

(1) 资本输出与跨国公司的产生和发展。垄断资本家或企业家开始输出过剩资本,在国外投资设厂,以占据国外市场,获取高额利润,这样就形成了早期的跨国企业。这些企业后来发展成为跨国公司,并在国际经济关系中占有十分重要的地位。同时,随着国际投资活动的发展,国际经济关系中除传统的国际贸易关系外,又新增了投资关系以及与此相关的国际融资关系和国际税收关系等全新的内容。这就需要有新的法律来调整这些关系。

(2) 国家干预经济。当自由资本主义进入垄断资本主义阶段后,资本主义本身所固有的矛盾更为激化,周期性的经济危机造成社会剧烈的混乱和动荡,而资本主义本身的自动调节机制,已经不再灵验,甚至无济于事,因而需要国家出面对社会经济进行各种干预、调节和组织活动。这样,组织和管理社会经济就成为国家的一项重要的职能。国家对经济的干预和管制,必然要运用法律手段,经济法就应运而生,以管理和管制国内经济和对外经济活动。

(3) 国家间经济矛盾的加剧和尖锐化。由于生产和资本的国际化,各国垄断资本在国际上也相互竞争,为争夺原料产地、销售市场、投资场所而激烈斗争,并组成国际卡特尔、国际托拉斯等国际垄断同盟,从经济上瓜分世界。垄断资本的国际竞争,受到各国的相应支持。各国为解决国内因资本主义固有矛盾造成的经济困难不断地进行经济干预,竞相采取各种刺激出口和限制进口的措施,这又影响和损害了他国利益,使国家间经济矛盾加剧和尖锐化,并阻碍了国际经济的增长。因此,仅仅国内经济法仍不能解决资本主义国家的固有矛盾和冲突,还必须要求国际的约束,采取法律措施,从国际的角度谋求解决。

这样,自19世纪末资本主义进入垄断阶段以后,原来以"私法自治"原则为基础的民商法体系,已经不能用来作为调整经济的唯一手段了,国家还必须通过一些强制性法律规范直接管理经济,经济法就逐步形成一个独立于民商法的法律部门。这些经济法对在其境内进行投资、贸易等经济活动的外国人和企业也均适用。同时有的经济法,如外汇法、关税法、出口卡特尔法是专门调整涉外经济关系的,由此,涉外经济法便随之产生了。

在国际上,各国垄断资本的国际竞争形成各种国际垄断同盟,各国际垄断同盟一方面为争夺市场而激烈地相互排挤、倾轧、争斗,同时为求得暂时妥协、利益均沾,在其相互之间又会签订各种协议。这些民间协议在某种程度上也是国家政权在国际范围同垄断资本相结合,对经济实行干预的反映,因为政府可能通过国内立法协助民间国际卡特尔的实施。对政府所有的商品或企业则可能由政府亲自参加国际卡特尔,这就出现了多边国际卡特尔专项商品协定,如1902年的布鲁塞尔砂糖协定等。第一次世界大战后,为调整某种商品的生产限额及出口配额等问题,商品生产国之间或生产国与消费国之间又签订了一系列的多边专项商品协定,如1931年及1937年的国际砂糖协定、1931年的国际锡协定、1933年的国际小麦协定、1934年的国际橡胶协定等等。

第一次世界大战后,由于金本位崩溃、世界性经济危机的发生,各国进一步通过经济法干预经济,如实行关税壁垒、外贸统制、外汇管制等措施,加剧了资本主义各国之间经济关系的矛盾,以往的通商航海条约已不能达到解决这一矛盾的目的,因而各国间就不得不缔结短期支付协定或贸易协定、关税特惠协定等来进行调整。此一时期,国际联盟为改善国际通商关系、放宽及废止进出口限制、降低关税等也作出了重要努力。

可见,从19世纪末至第二次世界大战前,国际经济法律关系较之以前有了很大的变化,这主要表现在:第一,主体范围扩大了,法律调整的不再限于不同国家商人间的关系,还包括不同国家的个人和法人、国家间的经济关系。第二,涉及的领域比以前广泛得多,即已不单限于国际贸易,而且扩及国际投资、支付、税收等多个领域。第三,其所含的法律规范,已不单限于传统的"私法"和通商条约,还包括有关的涉外经济法、各种经济条约、商品协定等。

三、普遍性国际组织的产生与国际经济立法的发展

第二次世界大战后,国际形势发生了许多新的变化,各国在经济上的相互合作与相互依赖日趋加强,调整国际经济交易的法律数量急剧增加且内容日趋丰富和完善,国际经济法也逐步发展成熟为一个独立的法律部门。

(1) 普遍性国际经济条约与国际经济组织的产生。战后,资本主义世界亟待解决战争遗留的一系列经济问题,如促进欧洲经济复兴以及与美元有关的安全保障问题,特别是要预防再次发生经济危机等。经验表明,单靠一两个国家解决不了这些问题,还必须采取多边方法,从国际立场出发,确立国际经济的法律秩序。因此,普遍性的国际多边约有了很大的发展。例如《联合国宪章》对发展国际经济、确保会员国通商自由及公平待遇作了规定。此后,1944年7月布雷顿森林会议签订了《国际货币基金协定》和《国际复兴开发银行协定》,1947年签订了《关税及贸易总协定》。这三项协定及其组织,具有全球性影响,对于促进国际货币金融关系的相对稳定和自由化,促进国际贸易的发展具有重要作用,构成国际经济体制的三大支柱。以这三项协定为标志,国际社会进入了用多边条约调整国家间经济关系的新阶段。

（2）新独立国家的兴起与建立国际经济新秩序。战后，新中国等十多个社会主义国家相继诞生，扩大了社会主义的阵营。在20世纪60—70年代，随着民族解放运动的发展，许多殖民地、半殖民地受压迫的弱小民族取得独立，形成第三世界。它们运用集体力量，以谋求本国经济的发展，争取建立新的国际经济秩序。这样，"东西关系"（社会主义国家与资本主义国家之间）、"南北关系"（发展中国家同发达国家之间）、"南南关系"及"北北关系"相互交织，形成国际经济关系的复杂结构。发展中国家为争取建立国际经济新秩序的斗争，使国际经济法从本质上进入新的发展阶段。例如，第三世界国家运用集体力量，在20世纪60—70年代促使联合国先后通过了一系列宣言、决议，包括1962年的《关于自然资源永久主权宣言》、1974年的《关于建立新的国际经济秩序宣言》及《行动纲领》、1974年的《各国经济权利和义务宪章》等。这些文件反映了新的法律观念和法理原则，构成新的国际经济秩序的基本文件，给国际经济法增添了新的内容。

（3）世界贸易组织的建立。关贸总协定乌拉圭回合历经8年时间的艰难谈判后，于1994年4月15日终于签署了最后文件。这次谈判除就货物贸易达成一系列协议外，还包括服务贸易、与贸易有关的投资措施、与贸易有关的知识产权等新领域方面的协议，并通过了《建立世界贸易组织协定》。发展中国家与发达国家在谈判中相互斗争，并最终达成妥协。发达国家在工业品关税、非关税壁垒以及纺织品和服装贸易方面作了某些让步，但发展中国家在服务贸易、知识产权保护以及与贸易有关的投资措施等方面则承担了许多新义务。世界贸易组织及其框架内的一揽子协定对国际经济产生了深远的影响，同时也给国际经济法增添了许多新的内容，代表了近年来国际经济法的最新发展。

（4）区域性和跨区域性经济合作的发展。战后形形色色的区域性或专业性国际经济条约及其相应组织不断出现。其中既有发达国家间的条约和组织，如欧洲经济共同体（现为欧洲联盟）、经济合作与发展组织等；也有发展中国家间的条约与组织，如东南亚国家联盟、西非国家经济共同体、安第斯条约组织；还有发达国家与发展中国家间的条约与组织，如《北美自由贸易协定》等等。进入21世纪以后，区域性和跨区域性经济合作又掀起了新一轮发展浪潮，自由贸易协定成为区域性和跨区域性经济合作的重要法律基础。这些区域性条约与组织促进了国际经济合作和国际经济法的发展，具有重要的作用。

还需要值得注意的是，随着包括中国在内的"金砖国家"的崛起，"金砖国家"已在经济、金融领域建立起了合作机制。它们作为新兴经济体和发展中国家利益代表，成为国际政治和经济变革的重要力量，将会有力地推进国际经济关系民主化进程，对于国际经济新秩序的建设和国际经济法的发展将会产生重要影响。

可见，由于国际经济关系的发展，国际经济活动的主体也大为扩大，各种国际经济协议与活动广泛涉及投资、贸易、金融、货币、税收等领域，在适用法律范围方面，也突破了所谓公法和私法、国际法与国内法的界限。因此，传统国际法根本无法容纳或调整这些经济关系，而一部包括国际法规范与国内法规范以调整个人、国家、国际组织间跨国经济关系的国际经济法则逐步形成为一个独立的、新兴的法律部门。

第三节 国际经济法的渊源

法的渊源一词可在多种意义上使用，其实质渊源是指法的效力产生的根据，其形式渊源是指法的规范的表现形式，其历史渊源是指法的规范第一次出现的处所。这里主要指的是形式渊源。国际经济法是一个既含有国际法规范又含有国内法规范的综合的法律部门，其法的渊源既包括国际法方面的渊源，也包括国内法方面的渊源，如国际经济条约、国际惯例、重要国际组织决议、有关国内立法以及其他辅助性渊源。

一、国际法方面的渊源

（一）国际经济条约

国际经济条约是国家、国际组织间所缔结的确定其相互经济关系中权利和义务的国际书面协议，对缔约国有拘束力，因而是国际经济法的重要渊源。条约根据不同标准，可分为双边的和多边的条约、世界性的和地区性的条约、普遍性的和特殊性的条约、造法性的和契约性的条约等。作为国际经济法渊源的主要是多边国际公约，特别是那些创设新的国际经济法规则或确认或改变原有的国际经济规则的造法性条约。

在国际经济领域，重要的普遍性国际公约有：《关税及贸易总协定》（1947年）、《国际货币基金协定》（1944年）、《国际复兴开发银行协定》（1944年）、《建立世界贸易组织协定》（1994年）等。除了这些普遍性国际公约外，还有许多专门性国际公约。例如，在国际货物买卖方面，有《关于国际货物买卖合同成立统一法公约》（1964年）、《关于国际货物买卖统一法公约》（1964年）、《国际货物买卖时效期限公约》（1974年）、《联合国国际货物买卖合同公约》（1980年）等。关于国际货物运输方面，有《统一提单的若干法律规则的国际公约》（1924年）、《联合国海上货物运输公约》（1978年）、《联合国国际货物多式联运公约》（1980年）等。在票据方面，有《统一汇票、本票法公约》（1930年）、《统一支票法公约》（1931年）等。在工业产权方面，有《保护工业产权巴黎公约》（1883年）、《商标国际注册马德里协定》（1891年）等。在国际投资方面，有《解决国家与他国国民间投资争端公约》（1965年）、《多边投资担保机构公约》（1985年）。在仲裁方面，有《承认和执行外国仲裁裁决公约》（1958年）等。

除国际多边经济条约外，还有大量的双边国际经济条约、区域经济合作条约，如自由贸易协定、相互保护与促进投资协定、避免双重征税和防止偷漏税协定等，这些条约对于国际经济法原则或规则的形成也具有重要意义，若许多双边经济条约对某一问题都作同样的规定，这些规定就可以形成国际法的一般规则。

（二）国际惯例

国际惯例是在国际交往中逐渐形成的不成文的原则和规则。作为法律渊源的国际惯例，一般来说须具备两个因素，一是物质的因素，即有重复的类似行为；二是心理因素，即人们认为有法律拘束力。因此，国际惯例一般要经过相当长时间才能逐步形成。

作为国际经济法法律渊源的国际惯例包括两种,一种是调整国家间关系的习惯国际法,即《国际法院规约》第38条所说的"国际习惯,作为通例之证明而经接受为法律者";另一种是调整私人经济交往的国际贸易惯例。从其效力的强弱来看,有些属强制性规范,另有些属任意性规范。国际贸易惯例,一般属于任意性惯例。但任意性惯例仍是具有法律拘束力的,不同于尚未具有法律拘束力的通例、常例或通行做法等。

国际贸易惯例已为不少国际条约或国内法所肯定和承认。如《联合国国际货物销售合同公约》第9条规定:"(1)双方当事人业已同意的任何惯例和他们之间确立的任何习惯做法,对双方当事人均有拘束力。(2)除非另有协议,双方当事人应视为已默示地同意对他们的合同或合同的订立适用双方当事人已知道或理应知道的惯例,而这种惯例,在国际贸易上,已为有关特定贸易所涉同类合同的当事人所广泛知道并为他们所经常遵守。"我国《民法通则》第142条第3款规定:"中华人民共和国法律和中华人民共和国缔结或者参加的国际条约没有规定的,可以适用国际惯例。"

国际惯例一般来说是"不成文的"。为便于人们理解、掌握和选择使用,促进国际经济交往,有些民间国际组织(如国际商会)或学术团体,对某些惯例加以收集整理,进行编纂,使之成文。目前已经整理编纂的国际贸易惯例主要有以下几种:《华沙—牛津规则》;《国际贸易术语解释通则》;《托收统一规则》;《跟单信用证统一惯例》;《约克—安特卫普规则》等。

(三) 联大规范性决议

关于联合国大会决议的效力,学界有不同的意见。按照《联合国宪章》的规定,联大的职权是讨论和建议,因此联大决议一般属于建议性质,不具有法律拘束力。但是,随着国际实践的发展,越来越多的学者倾向于肯定某些联大决议的法律意义。

在国际经济领域,联合国大会从20世纪60年代以后通过了一系列重要决议,如1962年的《关于自然资源永久主权宣言》,1974年的《关于建立新的国际经济秩序宣言》《关于建立新的国际经济秩序行动纲领》《各国经济权利和义务宪章》等。这些决议和宣言反映了或宣示了正在形成中的国际经济法的原则和规则,绝大多数国家特别是发展中国家对其投票赞成,对其是具有法律确信的,是同意将其作为法律规范予以接受的。因此,这些旨在宣示国际法原则和规范的联大决议,应具有法律效力。有学者认为,联大决议可作为速成习惯国际法而具有拘束力。

二、国内法方面的渊源

国家为调整涉外经济关系而制定的国内立法,是国际经济法的国内法渊源,这些国内立法包括涉外经济法以及与调整涉外经济有关的民商法规范等。各国调整涉外经济关系的国内立法形式主要有两种:统一制和分流制。所谓统一制是指制定的国内经济立法,如反托拉斯法、公平交易法、外贸法、关税法等,均统一适用于涉内与涉外各种经济关系。采取这种做法的主要是一些发达的资本主义国家,如美国、英国、德国、日本等等。

所谓分流制是指采取内外有别的做法,分别制定不同的法律来调整涉内和涉外的经济关系,国内经济法与涉外经济法二者并行。采取这种做法的主要是发展中国家和社会主义国家或经济转型国家,其原因或者是出于维持本国经济利益的需要或基于经济体制的不同。同时,实行涉内涉外分流的国内立法,主要是经济法,而不包括民商法,即调整一般民事法律关系的民商法仍实行统一制,而调整经济关系的法律则内外分流。例如,许多发展中国家以及经济转型国家均制定有专门的外资法、外贸法、外汇管理法等,用于调整涉外经济关系。在我国,《民法通则》《民事诉讼法》《专利法》《商标法》等均是统一适用的,同时也有一些法律是专门适用于涉外经济关系的,如《中外合资经营企业法》《中外合作经营企业法》《外资企业法》《对外合作开采海洋石油资源条例》等等。

调整涉外经济关系的国内立法一般只在其本国领域内具有效力,但也有的法律,如反垄断法,也可适用于特定的境外行为。

第四节　国际经济法的基本原则

国际经济法的基本原则是指那些获得国际社会成员的公认,对国际经济法各个领域均具有普遍意义,并构成国际经济法基础的法律原则。1974年联大通过的《各国经济权利和义务宪章》列举了15项原则作为指导国际经济关系的基本原则,这些原则大多是已经确立的国际法原则,它们同样适用于国际经济关系。其中国家主权原则、公平互利原则、国际合作以谋发展原则等与国际经济关系特别有关,对国际经济法具有直接指导意义。

一、国家经济主权原则

国家主权原则在国际经济领域表现为国家对自然资源的永久主权,也即国家的经济主权。国家的经济主权是国家主权不可分割的部分,是新的国际经济秩序的基础。

原属殖民地国家在政治上取得独立后,在经济上往往还处于受外国剥削和掠夺的地位,自然资源掌握在外国跨国公司手中,经济发展受到严重阻碍。为了维护国家的经济主权,广大发展中国家进行了长期的斗争。早在1952年1月联合国大会第6届会议就通过了《关于经济发展与通商协定的决议》,肯定和承认了各国人民享有经济上的自决权。1952年12月联大第7届会议通过的《关于自由开发自然财富和自然资源的权利的决议》,明确规定自由开发自然资源是主权所固有的内容。1962年12月联大第17届会议通过的《关于自然资源永久主权宣言》,正式确立了国家对自然资源的永久主权原则,1974年联大通过的《各国经济权利和义务宪章》等文件,则进一步明确规定了国家经济主权的内容。

国家的经济主权,依照《各国经济权利和义务宪章》第1条、第2条的规定,是指国家在经济上享有独立自主的权利,"每个国家对其全部财富、自然资源和经济活动享有充分的永久主权,包括拥有权、使用权和处置权在内,并得自由行使此项主权"。具体表现为:

(1) 国家对其自然资源享有永久主权。自然资源是国家民族生存和发展的物质基础。国家对其境内自然资源的永久主权是国家经济主权的核心内容,是国家基本的和不可剥夺的权利。国家有权自由开发和利用其自然资源,有权自由处置其自然资源,包括有权实行国有化或把所有权转移给本国国民。任何国家都不得阻碍资源国自由行使这一主权权利。

(2) 国家有权对其境内的外国投资以及跨国公司的活动进行管理和监督。国家对其境内的一切经济活动享有充分的永久主权。每个国家有权按照其法律和规章并依照其国家目标和优先次序,对在其国家管辖范围内的外国投资加以管理和行使权力。任何国家不得被迫对外国投资给予优惠待遇。各国有权管理和监督其国家管辖范围内的跨国公司的活动,并采取措施保证这些活动遵守其法律、规章和条例及符合其经济和社会政策。跨国公司不得干涉所在国内政。

(3) 国家有权将外国财产收归国有或征收。国有化的合法性及补偿问题长期以来在国际社会中存在着尖锐的分歧。《各国经济权利和义务宪章》明确规定,各国有权将外国财产的所有权收归国有、征收或转移,在收归国有、征收或转移时,应由采取此种措施的国家给予适当的赔偿,给予赔偿时,要考虑到该国的有关法律和规章以及该国认为有关的一切情况,因赔偿问题引起的任何争议均应由实行国有化国家的法院依照其国内法加以解决,除非有关各国自由和互相同意根据各国主权平等并依照自由选择方法的原则寻求其他和平解决办法。

二、公平互利原则

公平互利原则是国际经济关系中的基本原则。《各国经济权利和义务宪章》强调:"所有国家在法律上一律平等,并作为国际社会的平等成员,有权充分和有效地参加解决世界经济、金融和货币问题作出国际决定的过程,并公平分享由此产生的利益。"

所谓公平,一般可理解为"公正平等"和"公平合理"。真实意义上的公平,不仅要求在形式上的平等,而且要求实现实质上的平等。所谓互利,是指要照顾到有关各方的利益,不能为谋求单方利益而无视甚至损害他方利益。公平互利合而为一个原则,是一个统一体,其中互利是核心和基础,没有互利就谈不上公平,公平必然要求互利,公平和互利密不可分,否则就会造成对这一原则的曲解。

我国早在 1954 年就提出了平等互利原则,并为世界大多数国家所承认,成为国际法基本原则之一。这一原则不仅要求各国政治上平等,而且要求经济上的互利。可以说,公平互利原则是平等互利原则在经济领域中的体现和发展。

根据公平互利原则,不仅在一般国际经济关系中应遵循平等互惠原则,更重要的是,在经济实力悬殊的发达国家和发展中国家的经济关系中,不仅要消除不等价的交换关系以及任何歧视待遇,还必须对发展中国家实行非对等的优惠待遇,谋求实质上的平等。例如,在国际贸易方面,必须对发展中国家给予非互惠的特惠待遇;在技术转让方面,应制订符合发展中国家需要和条件的技术转让国际行动准则,使技术转让有助于发展中国家发展自己的技术和经济,并防止卖方滥用权利;在国际金融方面,必须让发展中国家有权充分和有效地参加一切决策过程,尽力使足够的资金流入发展中国家,国际金融机构发放贷款应以较优惠的条件优先照顾发展中国家等。值得注意的是,在发展中国家的集体努力下,关贸总协定正式确认了对发展中国家的出口产品给予非互惠的普惠待遇和非互惠的关税普惠制,从而向公平互利的方向迈出了重要的一步。随后,WTO的有关协议也都订有关于发展中国家特殊和差别待遇的条款,在一定程度上照顾到了发展中国家的利益。

三、国际合作以谋发展原则

《各国经济权利和义务宪章》规定:"国际合作以谋发展是所有国家的一致目标和共同义务,每个国家都应对发展中国家的努力给予合作,提供有利的外界条件,给予符合其发展需要和发展目标的积极协助,要严格尊重各国的主权平等,不附带任何有损它们主权的条件,以加速它们的经济和社会发展。"

根据这一原则,要促进所有国家的经济发展,首先必须促进发展中国家的经济发展,要尊重发展中国家的发展权。多少年来,发展中国家的经济发展没有得到足够的重视,在旧的国际经济秩序下,发达国家利用其雄厚的经济实力,控制、掠夺和剥削发展中国家,发展中国家的经济发展权没能得到尊重,经济发展速度缓慢。发展中国家的经济发展,对发达国家和整个国际社会具有很大的影响和反作用。在生产高度国际化、全球化的今天,发达国家与发展中国家间存在着密切的互相依存和互相依赖的关系,发达国家的繁荣和发展中国家的利益增长和发展是紧密地互相关联的,整个国际大家庭的繁荣取决于它的组成部分的繁荣。

为促进所有国家特别是发展中国家的经济发展,就必须加强国际合作。国际合作与发展是密切联系在一起的,只有承认发展中国家的发展权,才能实现真正的国际合作,也只有通过国际合作,才能保证所有国家特别是发展中国家的发展。因此,所有国家都必须在公平互利的基础上,在经济、社会、文化、科技等领域进行合作。例如,各国通过相互合作,制定出适合本国同时又兼顾其他国家的可持续发展战略;各国应进行合作,以促进公平合理的国际经济关系的建立,在一个均衡的世界经济意义上鼓励结构变革,并使这种变革符合所有国家特别是发展中国家的利益;各国应在国际贸易、投资、货币制度、科学技术领域中合作并采取适当措施,推进互利共赢,促进世界经济向可持续发展的目标迈进。

本章小结:

国际经济法是调整国际(跨国)经济关系的法律规范的总称。国际经济关系应从广义来理解,既包括跨国私人当事人间以等价有偿为基础的横向经济关系,而且也包括国家对私人的国际经济交易活动进行管理和规制的关系,即纵向关系,以及国家间的经济关系。因此,国际经济法的主体、法律渊源以及范围具有其自己的特征。

思考题：

1. 国际经济法的定义是什么？
2. 国际经济法调整的对象是什么？
3. 为什么国际经济法既包括国际法规范又包括国内法规范？
4. 简述国际经济法的历史发展。
5. 国际经济法的渊源包括哪些？
6. 简释国际经济法的原则。

第二章 国际经济法的主体

学习目标: 本章的学习目标是理解和掌握国际经济法各主体,包括自然人、法人(跨国公司)、国家以及国际组织的法律能力与法律地位。

建议学时: 3学时。

导读: 国际经济法的主体具有多元性,既包括自然人和法人(包括跨国公司),也包括国家和单独关税区,以及国际经济组织,学习本章重点要了解和领会各类主体从事国际经济活动时的资格与法律能力,包括权利能力和行为能力,理解其各自的法律地位。

第一节 自然人、法人与跨国公司

国际经济法的主体是指在国际经济关系中能行使权利和承担义务的法律人格。已如前述,自然人和法人是国际经济法的重要主体。

一、自然人与法人

(一) 自然人

自然人是国际经济关系的参加者,能依有关国家的国内法享有权利和承担义务,是国际经济法的主体之一。

1. 自然人作为国际经济法主体的资格

自然人作为国际经济法主体,首先必须具有一般的法律能力,包括权利能力和行为能力。自然人的权利能力是指其享有权利和承担义务的资格。自然人的权利能力同其自身不可分离,始于出生,终于死亡。自然人的行为能力是指其通过自己的行为实际取得权利和承担义务的资格。各国法律都根据一个人是否有正常的认识和判断能力以及丧失这种能力的程度,把自然人分为有行为能力人、无行为能力人和限制行为能力人。能作为国际经济法主体的自然人,必须是有完全行为能力的人。

作为国际经济法主体的自然人不仅应具有一般权利能力,而且应该具有能从事国际经济交往的权利能力或资格。有的国家(如某些社会主义国家)法律规定,本国自然人不能从事某些国际经济交往活动。例如,依原苏联和东欧社会主义国家的法律规定,其本国自然人不能从事国际投资等活动。根据我国的法律,在涉外经济等领域,我国自然人的权利能力也受到某些限制,例如,以前我国自然人不能取得对外贸易经营权,2004年以后才放开;至今我国自然人还不能与外国投资者举办中外合资经营企业和中外合作经营企业。随着我国改革开放的发展,我国法律对境内自然人从事国际经济交往的资格将会逐步放宽或放开。

自然人的权利能力和行为能力一般是依其属人法确定的,许多国家的国际私法规范均对此有明确规定。但对于特殊权利能力,根据国际私法,则须视不同的法律关系,依物之所在地法或契约准据法等为准据法确定。对于行为能力,不少国家为了保护内国交易安全,对属人法的适用有一定的限制,而以行为地法作为确定自然人行为能力的准据法。

2. 自然人的身份与地位

既然自然人的能力一般是由其属人法确定的。那么,要确定其能力与地位就必须确定其国籍。国籍是指一个人作为某一国家的成员而隶属于该国的一种法律上的身份。

一个自然人是否具有某一国的国籍,原则上应依该国法律决定。各国一般均规定自然人可因出生和入籍两种方式取得国籍。但由于各国对这方面的具体规定不同,往往造成一个人可能同时具有双重国籍或多重国籍,即国籍的积极冲突,或无一国籍,即国籍的消极冲突的情况。

为消除和防止国籍冲突,很多国家在国内立法上和通过国际条约作出了努力。对于国籍的积极冲突,若自然人所具有的多重国籍中有一个是内国国籍时,国际通行的是内国国籍优先;若其多重国籍都是外国国籍时,大多以与其有最密切联系的国家的法律为其本国法,也有少数国家分别以取得在先、取得在后或者当事人惯常居所或住所地国的国籍优先。对于国籍的消极冲突,一般主张以其住所所在地国国籍为准;不能确定住所时,以居所地国籍为准。

任何自然人,如果不具有某国国籍,他就是该国的外国人。外国人在内国享有何种权利,即外国人在内国的法律地位,是完全依内国的法律及有关的条约来决定的。每个主权国家都有权根据本国的情况,通过国内立法或缔结的条约给予外国人以国民待遇,或者最惠国待遇、优惠待遇、不歧视待遇等。各国一般在民事权利方面给予外国人以国民待遇。但在经济领域,有些国家对外国人的权利予以限制,例如,依1987年苏联的合营企业法,外国自然人不能作为合营企业的当事人在苏联从事投资经营活动。有些国家考虑到外国人与本国人间经济实力相差悬殊,不给外国投资者以国民待遇,而是给予最惠国待遇、不歧视待遇等,有的国家为了吸引外资,还给予外国投资者以优惠待遇。

(二) 法人

1. 法人作为国际经济法主体的资格

法人是指依法定程序设立,有一定的组织机构和独立的财产,能以自己的名义享有权利和承担义务的社会组织。

法人能否成为特定国际经济法律关系的主体,取决于其权利能力的范围。例如,根据1983年中国与罗马尼亚两国政府《关于相互促进和保护投资协定》第2条的规定,能在对方境内作为国际投资法律关系主体的法人,必须是按照其本国法律有权同外国进行经济合作的经济组织。在原苏联、东欧以及其他实行对外贸易国家垄断制的国家,只有那些具有法人资格的国营外贸公司才能成为国际贸易法律关系的主体。我国以前也规定,只有那些经过国家审查批准,取得对外贸易经营权的企业,方可从事进出口业务,2004年才全面放开对外贸易经营权。还必须注意的是,法人权利能力中的权利和义务是统一的。在国际经济交往中,法人不仅应有缔约能力,还应有履约能力,若法人不具备履约所需的资金、技术、人员等,就不具备承担相应义务的能力。凡不具备缔约能力和履约能力的假公司、皮包公司均不是国际经济法的合格主体。

法人的权利能力和行为能力一般依其属人法确定。法人的属人法不仅决定法人是否存在、是否具有一般权利能力,而且还决定法人的内部关系、特殊的权利能力、行为能力等问题。

2. 法人的国籍与地位

法人的属人法是指法人国籍所属国的法律。要确定法人的能力和地位就必须确定法人的国籍。

确定法人国籍的标准通常有如下几种:(1) 成立地说,即法人具有登记地(或批准地)国的国籍,因为法人是依一定国家的法律创设的。(2) 住所地说,即法人的住所在哪一国家就具有哪国国籍。但对于何处为法人的住所,又有两种不同的看法,一种认为,法人住所是指管理中心地,因为这里是法人的董事会作出重要决定和实行中央控制的地方,也是它完成许多重要行为的地方。另一种意见认为,法人住所是指其营业中心地或开发中心地,因为法人的中心往往不在董事会或股东会开会的地方,而是在它进行活动的地方,并在活动中心地实现其目的。但由于营业中心地可以同时分散在几个不同的国家,因而这种主张在实际上很少采用。(3) 控制说,或称成员国籍说、资本控制说,即法人的资本控制在哪一国国民手中就具有哪一国的国籍,因为法人只不过是覆盖在其成员身上的一层面纱,法人的国籍应依其成员的国籍来确定。(4) 复合标准说,即把法人的住所地和法人的成立地结合起来确定法人国籍。一国究竟采取什么标准确定法人的国籍,要考虑到保护本国及本国公民的权益,同时在平等互利的基础上,保护外国人的合法权益,以利于国际经济技术的合作与交流。

任何法人,如果不具有某国的国籍,在该国就是外国法人。外国法人通常必须通过内国的承认才能在内国作为一个法人而存在,才能被认为具有独立的法律人格。承认一个外国法人,只意味着该外国法人在内国也被认为有法人资格,并非由此创设一个新法人或把它转为一个内国法人。

各国承认外国法人的方式主要有:(1) 一般许可制。外国法人只需根据内国法的规定,办理必要的登记或注册手续,即可在内国以法人名义开展有关经营活动。英、美等国采取这种做法。(2) 特别许可制。外国法人须经过内国行政机关按照法定程序审核批准,才能获得承认。原苏联、奥地利等国采取此种制度。(3) 相互承认制。即通过国内立法或国际条约,相互承认对方法人在本国的法律地位,不必经过特别认可或办理有关手续。在实践上,各国为维护其主权利益,都对外国法人的承认加以一定限制。有的国家对不同性质的法人分别采取不同的承认制度。我国采取特别许可制。

一个外国法人在内国被承认为法人后,虽具有法人的一般权利能力,但外国法人在内国的权利能力和行为能力及其范围还要受内国法的支配。除条约另有规定外,每个国家都有权自由规定外国法人在内国享有权利和进行活动的范围。例如,每个国家有权禁止或限制外国法人在国防、军事工业以及支配国家经济命脉的部门投资,限制外国法人经营内国公用事业、金融、保险等企业。

一般来说,外国法人被承认后,可以在其章程范围内享有内国的同类法人所能享有的权利。各国可以根据本国的国情给予外国法人以国民待遇、最惠国待遇、优惠待遇等。

二、跨国公司

跨国公司是国际经济关系的重要参加者,在国际经济中有着举足轻重的影响和作用,是国际经济法的重要主体。跨国公司作为一种经济组织,在法律性质上与一般商业组织没有什么不同,但由于其本身的特点,它也产生了一些特殊的法律问题。

(一) 跨国公司的概念与特征

跨国公司又称多国公司、多国企业、国际企业、全球公司等。根据联合国《跨国公司行为守则(草案)》中的定义,跨国公司是指由分设在两个或两个以上国家的实体组成的企业,而不论这些实体的法律形式和活动范围如何;这种企业的业务是通过一个或多个决策中心,根据一定的决策体制经营的,因而具有一贯的政策和共同的战略,企业的各个实体由于所有权或别的因素的联系,其中一个或一个以上的实体能对其他实体的活动施加重要影响,尤其是可以同其他实体分享知识、资源以及分担责任。由此定义,可以看出跨国公司具有如下特征:

第一,跨国性。

跨国公司的实体虽分布于多国,在多国从事投资经营活动,但一般仍以一国为基地,受一国大企业的控制、管理和指挥。跨国公司在国外经营可采取子公司、参与公司、分公司等多种形式,但母公司或总公司通过所有权或其他手段对这些实体行使决定性的控制。因此,我们所说的某国的跨国公司是指其母公司或总公司位于某国,而在其他国家设有各种实体从事跨国经营活动的公司集团。

第二,战略的全球性和管理的集中性。

跨国公司制定战略时,不再是从某个子公司或分公司、某个地区着眼,而是从整个公司的利益出发,以全世界市场为角逐目标,从全球范围考虑公司的生产、销售、发展的政策和策略,以取得最大限度和长远的高额利润。

跨国公司的全球战略,是由母公司制定的。母公司的决策中心对整个公司集团各实体拥有高度集中的管理权。

第三,公司内部的相互联系性。

跨国公司是由它分布在各国的诸实体所组成的企业,其内部各实体之间,特别是母公司和子公司之间存在着密切的关系,从而使母公司或公司内的某些实体,能对其他实体分享知识、资源和分担责任。因此,有人认为,跨国公司的主要法律形式,是根据各种法律制度成立的多个公司聚集,但受母公司的集中控制,因而构成一个单一经济体,也就是说,跨国公司内部各实体间在法律上往往是相互独立的实体,而在经济上又是在母公司控制下所形成的一个整体。从跨国公司具有共同的商业目的、中央控制和内部一体化的活动等方面看,可以说,跨国公司具有企业的特征,是一个经济实体。

(二) 跨国公司的法律地位

1. 跨国公司在国内法上的地位

在国内法上,跨国公司诸实体没有特殊地位。它们与所在国的商业组织具有的地位相同。跨国公司的母公司或总公司在其母国,与其他商业公司一样,是根据母国的法律成立的,其法律能力也是由母国的法律决定的。跨国公司在东道国的实体,或是根据东道国法律成立而由母公司控制的子公司,与东道国其他公司处于相同地位;或是作为分公司在东道国登记注册,其地位仍属外国公司。无论跨国公司在东道国的这些实体是内国还是外国公司,它们与其他商业公司在法律地位上没有差别。

但是,在法律上,子公司与分公司具有不同的法律地位。

(1) 子公司

子公司通常是指由母公司持有全部或多数股份的企业。但是,由于跨国公司行使控制的手段已经不限于所有权,还有各种各样的合同与安排,因而子公司的概念也发生了某些变化。根据某些欧洲国家,如德国、意大利、丹麦、瑞典的法律,由于持股或协议而处于另一公司决定性影响下的公司,是该另一公司的子公司。因此,一国公司在他国举办的受其控制的合营企业、独资公司均可纳入其子公司的范围。

国外的子公司是依东道国法律设立的。它们可以根据东道国法律的规定,采取股份有限公司、有限责任公司等形式。无论采取哪种形式,都必须遵守东道国法律规定的程序和条件。

同时,这些子公司具一般有独立的法律人格,相对于其母公司,它们是独立的法律实体。子公司根据东道国法律的规定,能独立以自己的名义享有权利能力和行为能力,行使权利和承担义务,能独立进行诉讼,并能独立承担民事责任。它们同其他法人组织一样,是国内法上民事法律关系的主体。

(2) 分公司

跨国公司还可以通过在东道国设立分公司的方式进行投资经营活动。国外分公司是总公司在国外设立的办事机构、营业机构。这种机构没有独立的法律地位,不具有独立的法律人格,只不过是总公司的增设部分,具有总公司的国籍。总公司对分公司的行为直接负责任。

(3) 母公司或总公司

与子公司的概念相对应,凡是在子公司中享有全部或多数股权、或通过合同等其他手段控制子公司的公司就是母公司。与分公司的概念相对应,凡设立该分公司的公司称为总公司。

外国母公司或总公司在东道国的地位,因其采取的投资方式不同而不同。在设立子公司的情况下,外国母公司往往控制多数或全部股权,在法律上,它只是子公司的股东(在多数控股时为有控制权的股东,在独资企业情况下是唯一的股东)。因此,子公司与外国母公司的关系是公司与股东的关系,它们之间的关系是由东道国公司法或有关合营企业法调整的。

若外国公司在东道国没有设立具有法律人格的公司,而是采取合伙等投资形式进行投资经营活动时,由于这类投资通常是通过合同进行的,因而其权利和义务主要取决于合同的规定。例如,外国公司在我国那些不具有法律人格的中外合作经营企业中,是作为外国合作者、作为合作合同的外方当事人享有权利和承担义务的。在中外合作开采海洋石油资源时,外国公司是作为开发石油合同的外国合同者一方承担权利和义务的,其活动除受石油法及其他有关法律调整外,主要受合同双方订立的石油开发合同调整。在上述情况下,这些外国合作者、外国合同者仍具有外国公司的身份,其母国对它具有属人管辖权,但其在东道国的活动以及与东道国方订立的合同须受东道国法律支配。

2. 跨国公司的国际法律地位

跨国公司既然在国内法中没有特殊地位,那么,它们在国际法上的地位如何？国际法学者们对此存有分歧。有些学者认为跨国公司不具有国际法律地位,但也有些学者以国家契约、国际仲裁等理由认为其具有国际法主体资格。

根据一般法学理论,法律关系的主体是法律关系中权利和义务的承担者,而要成为法律关系的主体,就必须具有权利能力和行为能力。国际法主要是调整国家之间关系的,是一个特殊的法律体系,因此,作为国际法的主体也具有特殊性,即须具有独立参加国际关系并直接承受国际法上的权利和义务的能力。这种能力可以是原生的,也可以是派生的。国家作为国际法主体,是因为它具有主权,不受任何外来权力的管辖,也就当然地具有国际法上的能力。某些国际组织之所以作为国际法主体,是由于国家通过公约等形式赋予它们这一资格的,这些国际组织除了它的基本法外,不受其他法律管辖,在其基本法的范围内具有一定的国际法律能力,例如缔约,取得和处理动产和不动产,进行法律诉讼等。跨国公司是否可以作为国际法主体,取决于它们是否具有这种能力。

国际上不存在国际公司法之类的法律,因此,跨国公司是国内法,而不是国际法的产物。无论是跨国公司的母公司还是其子公司都必须根据本国或东道国的公司法之类的法律设立,作为本国或东道国的营利法人。这就决定了跨国公司不是政府,不是国际组织,也不是国际法人,只是国内法人。

既然它们是国内法人,那么它们的权利能力和行为能力就取决于国内法的规定,同时,也由于它们是国内法人,那么根据国际法的管辖权原则,主权国家具有属地优越权和属人优越权,跨国公司必须服从国家的管辖。基于这种管辖就产生了两个重要的后果:其一,跨国公司没有根据自己的意思独立参加国际关系的能力。它们的意志是以国家的意志为转移的。它们只能在国家的政策和法律允许的范围内参加国际和国内活动。其二,它们也没有直接承担国际权利和义务的能力。它们只有当国际法成为国内法时才能享有该国际法上规定的某种权利,承担某种义务。

不过,随着经济全球化的发展,国际关系的主体也必然趋向多元化,非政府行为主体,包括非政府组织、跨国公司等已在国际关系中发挥着重要作用,其在国际法上的地位将来也会随着国际关系的发展而发生变化。

第二节　国家与单独关税区

一、国家

(一) 国家作为国际经济法主体的资格

国家作为主权者,具有独立参加国际关系的能力和直接承担国际法权利和义务的能力。因此,国家有权同其他国家或国际组织签订国际经济条约或协定,以调整国家、国际组织相互之间的经济关系;国家有权参加各国际组织中的经济活动,在国际法院进行诉讼,以维护自己的主权和利益;国家对其全部财富、自然资源和经济活动享有永久主权,并可自由行使此项主权。

同时,国家还可以以特殊民事法律关系主体的身份直接参加国际经济贸易活动,可以与另一国家的国民(包括公民和法人)缔结各种经济合同。例如,国家可以同外国私人投资者签订特许协议,以开发本国自然资源或发展公用事业;国家可以同外国或外国人签订各种外贸合同,直接在国际市场上采购商品等等。但在国际经济贸易活动中,应严格区分以国家名义签订的经济合同和以独立法人资格的国有企业名义签订的经济合同,因为后者应由该国有企业依法在其所支配的财产或资金的范围内承担责任,而不应以国库财产来承担责任。

国家以民事主体参与国际经贸活动时,其地位具有特殊性。一方面,国家若作为合同当事人一方,应与另一方私人当事人处于平等的地位;另一方面,国家毕竟同时还具有另一重身份,即主权者身份,这就涉及国家及其财产豁免权问题。

(二) 国家及其财产豁免问题

国家豁免一般指一个国家不受另一个国家管辖。其主要的内容是:(1) 管辖豁免。指未经一国同意,不得在他国法院对其起诉或以其财产作为诉讼标的。(2) 执行豁免。指未经一国同意,不得对其财产加以扣押或执行。国家及其财产豁免的法律根据是主权原则,各主权国家都是平等的,平等者间无管辖权,因此,任何一个主权国家都不受他国司法管辖。

西方国家从19世纪初起,通过其司法实践和国内立法,逐渐系统地形成了相互给予管辖豁免的惯例。但后来由于国家参与通常属于私人经营范围的事业逐渐增多,欧洲大陆有些国家开始实行限制,只对国家的主权行为(或公法行为、统治权行为)给予豁免,而对国家的非主权行为(或私法行为、事务管理权行为)则拒绝给予豁免。其理由是,国家从事属于私人经营的商业活动,与个人和法人的私法地位并无不同,不属于主权行为,若对国家的私法行为给予司法豁免,就会使国家同与之发生经济关系的私方当事人处于不平等地位,不足以保护私人的利益。

这样在国际上就存在着绝对豁免和限制豁免两种理论与实践。所谓绝对豁免,是指不论国家从事的是公法上的行为还是私法上的行为,除非该国放弃豁免,都给予豁免。英国、美国原来是采取这种立场的。原苏联和某些东欧国家一贯主张绝对豁免。所谓限制豁免是只对外国公法上行为给予豁免,对私法上的行为则不予豁免。欧洲一些发达国家,如奥地利、比利时、德国、卢森堡、荷兰、瑞士等,均采取这一立场,英国、美国后来也逐渐转向限制豁免。1976年美国颁布的《外国主权豁免法》规定,外国如有下列情况之一,不享有豁免:(1) 放弃豁免;(2) 在美国从事商业活动;(3) 没收在美国的财产;(4) 涉及在美国的不动产;(5) 在美国发生的侵权行为;等等。

2004年12月2日第59届联合国大会通过了《联合国国家及其财产管辖豁免公约》。依据该公约,作为一般原则,国家及其财产在他国法院享有管辖豁免,包括司法管辖豁免和执行管辖豁免。同时,该公约在第三部分又专门规定了8种不得援引国家豁免的诉讼,包括商业交易,雇佣合同,人身伤害和财产损害,财产的所有、占有和使用,知识产权和工业产权,参加公司和其他集体机构,国家拥有或经营的船舶,仲裁协定的效果。判断是否"商业交易",公约规定应主要考虑合同或交易的性质,但在两种情况下(合同或交易当事方达成一致,或根据法院地国的实践,合同或交易的目的与确定其非商业性质有关)也应考虑其目的。可见,该公约在肯定国家豁免作为一般原则的同时,也对限制豁免的做法予以确认,体现了各种利益之间的妥协和平衡,代表了国家及其财产豁免国际立法的最新发展。我国已于2005年9月14日签署了该公约,表明我国政府对其持肯定和支持立场。

(三) 国家行为原则

国家行为原则是指主权国家在其领域内所为的行为,外国法院无权审查其行为的合法性效力。国家行为原则与国家豁免原则相辅相成,构成主权国家应有的权力与尊严。但两者意义与效用又不同,国家豁免是一国是否服从外国法院管辖,而国家行为是在国家服从外国法院管辖问题上的一种积极抗辩,否认外国法院对该国政府在其境内行为合法性的审查权。

美国关于国家行为原则的态度自20世纪60年代至70年代有了变化。在60年代初著名的古巴国家银行诉萨巴迪罗案中,美国最高法院在1964年判决中认为,美国法院对一个主权国家在其境内取得财产的行为和实行国有化的效力,即令违反国际法,也不能予以审查。但这一事件引起美国国会的强烈反对,并于同年提出《对外援助法》修正案,规定美国法院不能根据国家行为理论,对当事人因外国征收行为提出的权利要求的案件,拒绝裁决,除非美国总统基于美国对外政策的需要,决定并通知法院适用这一原则。在后来的邓希尔(Dunhill)案中,美国最高法院认为,外国在其领土内所为的行为,如属商业行为,则不适用国家行为原则。这样,国家行为原则与限制豁免原则两者协调起来了。适用国家行为原则,只限于外国政府的公法行为,而不是商业行为。美国法院认为,除非对国家行为原则实行与国家豁免原则同样的限制,否则美国的外国主权豁免法的效力就必然会受到减损。

已如前述,由于《联合国国家及其财产管辖豁免公约》已将"商业交易"作为管辖豁免的例外,因此,国家从事公约规定的"商业交易"行为也就难以援引国家行为原则进行抗辩了。

二、单独关税区

(一) 单独关税区的概念

单独关税区是依据《关税及贸易总协定》(简称 GATT) 及其随后的《建立世界贸易组织协定》(简称《WTO 协定》) 规定,在对外贸易关系和 GATT 或《WTO 协定》所规定的其他事项方面具有完全自主权,可成为上述协定的缔约方的非国家实体。

单独关税区是 GATT 诞生之时,为尚未获得完全独立的殖民地政府当局而设置的。GATT 第 26 条第 5 款 C 项规定:"如原由一缔约方代表其接受本协定的任何单独关税区拥有或获得处理其对外贸易关系和本协定中规定的其他事项的完全自主权,则该单独关税区经对其负责的缔约方提议发表声明证实上述事实,即被视为一缔约方。"依据此规定,那些在对外贸易关系和关贸总协定中规定的其他事项的方面具有完全自主权的"关税区"也可成为 GATT 的缔约方。GATT 成立之初以关税区的名义作为缔约方的非国家实体达 30 余个,20 世纪 60 年代后,随着非殖民运动的发展,这类原先作为关税区的殖民地国家后来纷纷取得政治独立而成为独立国家了。

WTO 继承了 GATT 关于关税区的规定,但根据国际形势的变化,作了相应的改进和发展。《建立世界贸易组织协定》第 12 条规定:"任何国家或在处理其对外贸易关系及本协定和多边贸易协定规定的其他事项方面拥有完全自主权的单独关税区,可按它与 WTO 议定的条件加入本协定。此加入适用于本协定及所附多边贸易协定。"目前在 WTO 存在四个单独关税区,即欧盟、中国香港、中国澳门和中国台湾。

由上可见,单独关税区这一概念是仅以该关税区在经贸方面是否具有完全自主权为标准的,不涉及政治方面是否具有完全自主权问题。

(二) 单独关税区的法律地位

由于"单独关税区"这一概念不涉及政治独立性和主权问题,因此它与主权国家的法律地位不能相提并论。主权国家具有全面的法律能力和独立国际法律人格,而"单独关税区"的法律能力只限于特定的范围。

WTO 的几个单独关税区缔约方的法律地位也是有区别的。欧盟是一个区域性组织,《里斯本条约》已经明确赋予其独立的法律人格。欧盟的 28 个成员国均是 WTO 的缔约方,但欧盟自身则是由于实行单独的贸易政策和关税而以单独关税区名义成为 WTO 的缔约方的。

对于中国香港、中国澳门和中国台湾这三个单独关税区来说,它们都是中国这个主权国家下的组成部分,不具有独立的国际法律人格。它们作为 WTO 的缔约方,只是在对外贸易和 WTO 所涉协议规定的其他事项方面,享有和承担 WTO 有关协定规定的相应的权利和义务,其法律能力的范围是受到限制的。

同样,中国内地与香港、澳门、台湾间达成的经贸协议,是主权国家与其组成部分之间的特殊安排,不是国际条约。

不过,在 WTO 有关协定所涉事项的适用范围内,中国内地与香港、澳门、台湾作为

WTO 的缔约方,应是一种平等关系,而不是中央与地方或其组成部分间的隶属关系。

第三节 国际经济组织

一、国际经济组织作为国际经济法主体的资格

从广义上说,国际经济组织可分为政府间组织和非政府间组织两大类。这两类组织虽都是一种超出国界的跨国机构,但两者在国际法的法律地位上是显然不同的。这里所说的是狭义上的国际经济组织,即政府间的国际经济组织。

国际经济组织的主要特征是:(1) 国际经济组织的主要参加者是国家;(2) 国际经济组织是国家间基于主权平等原则设立的机构,不是凌驾于国家之上的组织;(3) 国际经济组织是以国家间的正式协议为基础的,这种协议在性质上属于国家间的多边条约。

(一) 国际经济组织的法律人格

国际经济组织必须具有一定的法律人格,才能作为国际经济法的主体行使权利和承担义务,在其职能范围内开展活动。一个国际经济组织是否具有法律人格,取决于各成员国建立该组织的基本文件的规定。

一般来说,一些重要的国际经济组织,为了实现其宗旨,均被赋予其法律人格,使其能在法定范围内行使权利并履行义务。与主权国家具有的法律人格不同,国际组织的法律人格取决于国家的授权,其权利能力和行为能力的范围取决于其特定的宗旨与职能,取决于其基本文件的规定。

具有法律人格的国际经济组织,在其基本文件规定的范围内不受任何国家权力管辖,具有在国际法和国内法上的符合其宗旨和职能的法律能力。其基本的法律能力包括缔约、取得和处置财产、进行法律诉讼能力。(1) 缔约能力。国际经济组织为了执行其职能有权同有关国家缔结条约,同时也有权在成员国内同有关自然人和法人订立契约。(2) 取得和处置财产的能力。国际组织要执行其职能,从事活动,必然要具有和涉及相应的财产,因此,取得和处置财产(包括动产和不动产)是其法律能力的重要内容之一。(3) 进行法律诉讼的能力。国际经济组织既有在国际法庭诉讼的能力,同时也有在成员国内进行诉讼的能力,以使其可以通过诉讼维护其权利和利益。

必须注意的是,国际经济组织如果要在非成员国进行活动,其法律人格和法律能力必须得到非成员国的承认。因为国际经济组织赖以建立的基本文件的性质是一种多边条约,它只对成员国具有拘束力,成员国参加或批准该基本文件就表明它承认了该国际经济组织具有法律人格。但国际经济组织的基本文件对非成员国没有拘束力,"非经非成员国同意不能为其创设权利或者义务",非成员国无义务授予该国际经济组织以某种法律能力。

(二) 国际经济组织的特权与豁免

国际经济组织享有一定的特权和豁免。这种特权与豁免也来自于成员国的授权。成

员国之所以赋予某国际经济组织以特权与豁免,在法理解释上有两种主张,一为职能必要说,二为代表性说。前者认为国际经济组织享有特权与豁免是为了使其能更好地履行其职能,实现其基本文件规定的宗旨和任务,后者认为国际经济组织在其规定的范围内代表了成员国的愿望和利益,应以国家集合体的身份享有一定的外交特权与豁免。

国际经济组织所享受的特权与豁免因其性质和职能而异。国际经济组织的特权与豁免通常限于执行职能所必要的范围,一般来说,其具体内容通常包括财产和资产免受搜查、征用、没收或其他形式的扣押,档案不受侵犯等。但由于各经济组织的职能不同,其特权与豁免的范围也有宽有窄。例如,世界银行集团与国际货币基金组织的特权与豁免就不完全相同。国际货币基金组织的财产或资产享受任何形式司法程序的豁免,只有当已作为原告表示放弃司法豁免时,才能对它进行诉讼。而世界银行集团的资产,可以在诉讼一方经法院判决后予以扣押或执行。国际经济组织的工作人员的特权与豁免则限于独立执行任务的范围。

二、三大普遍性国际经济组织

国际经济组织根据其宗旨、职能、成员构成等因素可分成几类,包括:(1)普遍性国际经济组织,指那些成员资格对世界各国开放,调整国际经济重要事务的组织,如国际货币基金组织、世界银行集团、世界贸易组织等。(2)区域性国际经济组织,指那些由同一区域若干国家组成的国际经济组织,例如欧洲联盟、北美自由贸易区、东南亚国家联盟等。(3)专业性国际经济组织,这主要指初级产品出口国和国际商品组织。前者包括石油输出国组织、铜矿出口国政府联合委员会、天然橡胶生产国联盟、香蕉输出国联盟等;后者是指某种商品的出口国与消费国就该商品的购销和稳定价格等问题缔结的政府间多边贸易协定及据此建立的国际组织。

普遍性国际经济组织涉及国际货币、金融、贸易等重要领域,且成员众多,在调整国际经济关系中发挥着十分重要的作用。下面对三大普遍性国际经济组织加以简介。

(一) 国际货币基金组织

国际货币基金组织是根据1944年7月在美国布雷顿森林会议签订的《国际货币基金组织协定》,于1945年12月27日成立的。其宗旨是:促进国际货币合作;促使国际贸易的扩大与平衡发展,以促进和维持高水平的就业和实际收入,以及会员国生产资源的发展;促进汇价稳定,维持会员国间有秩序的汇率安排,避免竞争性的外汇贬值;协助建立成员国间经常性交易的多边支付制度,并消除妨碍世界贸易发展的外汇管制;以及通过贷款调整成员国国际收支的暂时失衡等。

国际货币基金组织的职能主要有两种:一是制定规章的职能,包括确定和实施国际金融和货币事务中的行为准则;一是金融职能,包括向成员国提供资金。国际货币基金组织向成员国提供贷款有多种,其普通贷款是向成员国提供的3年至5年的短期贷款,主要解决成员国的国际收支不平衡。此外还有"出口波动补偿贷款""缓冲库存贷款""中期贷款""补充贷款"等等。这些贷款所需资金的来源,主要是成员国缴纳的基金份额,此外还有国际货币基金组织向成员国借入的资金以及业务活动中的部分利润。

国际货币基金组织的主要机构有理事会和执行董事会。(1) 理事会。它是该组织的最高权力机构,由各成员国派理事和副理事各1人组成,任期5年。理事会每年召开1次会议,决定接纳新成员国和暂停成员国的资格问题,调整各成员国应缴纳的基金份额,批准成员国货币平价的统一变动,决定基金净收益的分配和基金的清理等。(2) 执行董事会。它是该组织的执行机构,负责处理该组织的日常业务工作,行使理事会所授予的权力。它由24个执行董事组成,其中8名董事由基金份额最高的成员国分别委派,其余董事则由其他成员国按地域分成选举区联合推选产生。中国自成一选区,单独指派1名执行董事。执行董事会选举总裁1人,任期5年。总裁既是执行董事会的主席,又是行政首脑。总裁不得兼任理事或执行董事,在执行董事会表决中,总裁一般无投票权,只有在表决中双方票数相等时,可投一决定票。

国际货币基金组织成员国的投票权与其缴纳基金份额的比例密切相关,即采用股票数为基础的加权投票制。它规定每个成员国各有250个基本投票权,此外,再按照所占的基金份额,以每10万美元增加1票的方式计算总票数。显然,这种制度是为经济强国设计的,对广大发展中国家在该组织的各种权利和活动,限制颇大,因而对其进行改革也势在必行。

中国是国际货币基金组织的创始成员国之一。1980年4月17日,国际货币基金组织执行董事会通过恢复中华人民共和国合法权利的决定,恢复了中国的合法席位。中国政府随后委派了参加理事会的理事和副理事,并正式参与各种组织活动。

(二) 世界银行集团

世界银行集团是由国际复兴开发银行、国际金融公司和国际开发协会这三个国际金融组织组成的。国际复兴开发银行又称世界银行,是根据1944年7月布雷顿森林会议签订的《国际复兴开发银行协定》,于1945年12月27日成立的,总部设在华盛顿。国际金融公司和国际开发协会则分别是根据世界银行于1955年制订的《国际金融公司协定》和1960年制订的《国际开发协会协定》建立的。

世界银行集团的基本宗旨是,以提供贷款和投资等方式,协助成员国解决战后恢复和发展经济所需要的资金,促进其经济发展,提高生产力,改善和提高人民的生活水平。为实现其目标,世界银行集团的三个组织各司其职,分工协作。世界银行主要对成员国政府、政府机构或政府所担保的私人企业发放用于生产目的的长期贷款,提供技术援助;国际金融公司在需要政府担保的情况下,专对成员国的私人企业发放贷款,并与私人投资者联合向成员国的生产企业投资;国际开发协会则专向较贫困的发展中国家的公共工程和发展项目提供条件较宽的长期贷款。世界银行集团自成立以来,业务不断发展,对发展中国家的经济建设起到了一定的援助作用。世界银行的资本一般来自成员国缴纳的股金,它也可以发行债券和在国际金融市场上借款。此外,通过出让债权和利润收入也可以获得一部分资金。

世界银行集团的主要机构有理事会和执行董事会。它们的组织结构、职权范围,基本上同国际货币基金组织类似。世界银行行长按规定由执行董事会选举产生,任期5年,可以连任。正副执行董事不得兼任行长。行长是执行董事会的当然主席,也是世界银行的行政首脑,行长在执行董事会中一般无投票权,只在表决中双方票数相等时可投决定性一票。此外,国际金融公司总裁和国际开发协会总经理也均由世界银行行长兼任。

关于投票权制度,世界银行与国际货币基金组织类似,国际金融公司和国际开发协会则稍有不同。国际金融公司的各成员国有250票基本投票权,再加上其认缴的份额,以每股1000美元取得1票投票权。国际开发协会成员国则可自动取得500票基本投票权,每增加1股(5000美元)增加1票;成员国分为工业国和发展中国家两组,两组缴纳股本的方式不同,工业国须以黄金或可兑换货币支付,发展中国家则只需用可兑换货币支付股本的10%,其余的90%则可用本国货币支付。

国际货币基金组织的全体成员国均可申请加入世界银行,而国际金融公司和国际开发协会的成员国按规定又必须是世界银行的成员国。中国是世界银行的创始会员国之一。1980年5月世界银行集团执行董事会通过决议,承认并恢复了中国在世界银行集团的合法席位。

(三) 世界贸易组织

世界贸易组织是根据1994年4月15日在摩洛哥马拉喀什签订的《建立世界贸易组织协定》成立的,是关贸总协定乌拉圭回合谈判取得的重大成果之一。世界贸易组织(也简称为"世贸组织")是1947年关贸总协定的继续和发展,关贸总协定虽然可以说是一个事实上的国际组织,但它毕竟不是一个正式制度化的组织,而世贸组织则是一个在关贸总协定基础上发展而成立的正式国际组织。除该协定或其他多边贸易协定另有规定外,世界贸易组织应受1947年关贸总协定缔约国大会及总协定框架内各机构所有规定、程序和习惯做法的指导。

世界贸易组织的职能,概括说来,是为世贸组织协定和若干单项贸易协议的执行、管理、运作提供方便和共同机构的框架,为各成员方的多边贸易关系谈判提供场所,对争端解决谅解规则程序进行管理等。

世界贸易组织的主要机构有部长会议、总理事会、秘书处等。(1) 部长会议。由各成员的部长级代表组成,是世贸组织的最高权力机构,每两年至少召开一次会议,它有权对各多边贸易协定所涉一切问题按法定程序作出决定并在其职能范围内采取行动。(2) 总理事会。由所有成员各派常驻代表组成,是部长会议休会期间代行其职权的执行机关,执行《建立世界贸易组织协定》赋予的各项职能,如履行贸易政策、审查及解决争端等职责。总理事会还下设几个分理事会:货物贸易理事会、服务贸易理事会、与贸易有关的知识产权理事会,负责监督执行有关多边贸易协定、服务贸易总协定以及与贸易有关的知识产权协定。(3) 秘书处,它是一个以部长会议任命的一位总干事为其最高负责人的日常工作机关。总干事任期4年,是世贸组织的行政首长。总干事和秘书处职员均为国际官员,其职务是"纯国际性质"的。

在决策程序和表决制度方面,世贸组织继续沿用1947年关贸总协定所适用的协商一致的决策程序。若未能协商一致,则采取投票方式。各成员方均有一票投票权。除基本文件另有规定外,部长会议与总理事会的决议应以多数票作出。对于某些特定事项,如对有关协定的解释、撤销有关协定施加给某成员的义务,其决定须经成员的 3/4 多数票通过。

世贸组织的成员分为创始成员和纳入成员两类。创始成员是指在《建立世界贸易组织协定》生效之前已是 1947 年关贸总协定的缔约成员并已表示接受世贸组织协定及其他各协定及文件者。纳入成员则是指其他任何国家和地区按照法定条件及程序进行申请、并经部长会议 2/3 以上多数票同意吸收的成员。我国已于 2001 年 11 月加入世界贸易组织。

本章小结:

私人(包括自然人和法人)作为国际经济法主体的资格和能力一般依其属人法确定,但在特定范围和情况下也受内国法支配。跨国公司在国际经济关系中发挥着重要作用,但它们作为法人应受国家管辖。国家作为主权者,具有独立参加国际关系的能力和直接承担国际法权利和义务的能力,同时,国家还可以以特殊民事法律关系主体的身份直接参加国际经济贸易活动。国际经济组织也是国际经济法的重要主体。

思考题:

1. 简述自然人作为国际经济法主体需具备的资格与能力。
2. 简述法人作为国际经济法主体的资格和能力。
3. 简述国家作为国际经济法主体的特殊性。
4. 跨国公司的法律地位如何?
5. 简述国际经济组织作为国际经济法主体的资格和能力。
6. 试析 WTO 的法律地位。

第二编　国际货物买卖法

第三章　国际货物买卖合同法

学习目标:理解国际商事条约、惯例和重述的概念和相互之间的适用顺位、货物买卖的要约、承诺、根本违约、违约救济等重要概念;把握《国际贸易术语解释通则》和《联合国国际货物销售合同公约》的核心规范;能够运用法条、判例和法理分析真实案例。

建议学时:6学时。

案例导读:St. Paul Guardian Insurance 诉 Neuromed Medical Systems & Support GmbH 案(简称为 Neuromed 案)[①]。该案由美国纽约南区法院于2002年审结。基本案情是:一家美国公司 Shared Imagining 与一家德国公司 Neuromed Medical Systems & Support GmbH(以下简称 Neuromed)签订了一份买卖合同,销售一件西门子核磁共振成像系统。在一页纸的买卖合同中,"产品条款"规定,系统将以完备的功能交付。"交货条件"条款规定,CIF 纽约海港,买方清关和支付关税,并负责将货物运至伊利诺伊州卡尔马特市。"支付条件"条款规定,通过货币转账转致卖方的账户。"弃权条款"规定,在货款全部支付前 Neuromed 保留对设备的所有权。货物到达卡尔马特市后,买方发现货物受损需要进行大的修理。买方向保险人 St. Paul Guardian Insurance 索赔。保险人赔付后以代位权人的身份起诉 Neuromed。Neuromed 认为,在 CIF 条件下,在它将货物在装运港交付货物后,风险即转移到买方,因此它不应承担责任。原告认为,CIF 条件在本案不适用,因为被告保留了货物所有权,就应该承担货物的风险。

该案涉及国际货物买卖中国际商事条约和惯例的关系以及适用顺位、CIF 术语的含义和风险转移,具体分析参见后面的相关内容。

[①] Lexis United States District Court Case, No. 5096(2002); Ray August, International business Law, Text, Cases and Readings, Fouth edition, Pearson Education, Inc., 2004, pp.594—597.

第一节 国际货物买卖合同及相关规则

一、国际货物买卖合同

（一）国际货物买卖合同的含义及特征

国际货物买卖合同，是指营业地位于不同国家的当事人之间订立的转移货物所有权的协议。国际货物买卖都是通过订立和履行国际货物买卖合同来完成的。国际货物买卖合同具有以下特征：

（1）合同当事人的营业地位于不同国家，即合同具有国际性。这一特征将国际货物买卖合同与国内货物买卖合同区分开来。在这里，当事人的国籍不予考虑。

（2）合同内容的复杂性。这是由合同的国际性所派生出来的。一般情形下，国际货物买卖合同是跨越不同国境间发生的交易，由此所派生的跨国运输、涉外保险、跨国支付等问题与国内货物买卖的运输、保险、支付相比，显得更为复杂，并具有自身的特点。

（3）合同的标的是货物，或称有形动产。这样，就将证券、货币、知识产权交易等排除在外。

（4）合同的主要特征是货物所有权的转移。国际货物买卖合同的主要法律特征是卖方转让货物的所有权，取得买方支付的价金，买方接受货物，取得货物所有权，支付价金。这一特征将国际货物买卖合同与国际租赁合同区别开来，在国际租赁中，只发生财产使用权和占有权的转移。

（5）合同是确立当事人权利义务的依据。各国法律和有关的国际公约都承认国际货物买卖合同的法律效力，一方当事人不履行合同义务时，另一方当事人可依法提起诉讼或依据仲裁协议提交仲裁，要求强制实现合同中的权利。

（二）国际货物买卖合同的基本内容

除前言和结尾之外，国际货物买卖合同的主要条款如下包括：标的物条款；价格条款；运输条款；保险条款；支付条款；商检条款；免责条款；不可抗力条款；索赔条款；法律适用条款；仲裁条款。其中法律适用条款可以表述为"本合同适用××国法律"。这意味着，仲裁机构或法院将依据当事人共同选择的该国法律来解释合同内容，同时，对合同未尽事项，也将适用该国法律以作补充。当事人在选择合同所适用的法律时，既可以选择当事人的国内法，也可以选择第三国法律，可以是与合同有关的，也可是与合同没有联系的。当事人也可以选择适用国际公约，如《联合国国际货物销售合同公约》。当事人还可以选择适用其他国际法律文件，如《国际商事合同通则》。

此外，国际货物买卖合同大多实现了格式化、标准化，一般货物的买卖合同内容也不是很复杂，篇幅在1页纸左右。

二、国际货物买卖合同的相关规则

与国际货物买卖合同相关的统一实体法规则包括国际商事惯例、国际商事公约和国际商事法律重述。

（一）国际商事惯例

国际商事惯例，是指从事国际商事交易的商人们在商业实践中所自发形成的为交易当事人所承认并惯常遵守的不成文规则或程序。国际商事惯例，是具有一定的普遍性的通常做法。

在货物买卖领域的国际商事惯例主要有关于贸易术语的三个经编纂的惯例：国际商会《国际贸易术语解释通则》、1932年《华沙—牛津规则》、美国1941年《对外贸易定义修订本》。《国际贸易术语解释通则》是国际商会为统一对各种贸易术语的解释而制定的。最早产生于1936年，后于1953年、1967年、1976年、1980年、1990年、2000年进行过多次修订。现行文本是2010年文本。贸易术语解释通则在有关贸易术语的国际惯例中是使用范围最广和影响最大的一种。它的广泛采用消除或减少了不同国家对贸易术语进行不同解释所造成的不确定性，使贸易术语的解释达到国际意义上的统一，从而促进了国际商事交易的发展。

（二）国际商事条约

国际商事条约，是国家间缔结的、规定缔约国私人当事人在国际商事交易关系中权利义务的书面协议。国际商事条约对缔约国法院具有拘束力，因而是重要的国际商事法律渊源。国际商事条约，按条约的缔约方数目划分，可分为双边、区域性和普遍性国际条约。其中，对国际商事交易最具影响的当属普遍性的统一私法公约，即由多数国家参加的，旨在统一与国际商事交易有关的私法条约。由于国际商法统一化运动迅猛和持续的发展，国际商事交易很多领域都有了一项或数项国际统一公约，从而在这些领域创设了优先于国内民商法适用并排除国内民商法适用的新的法律秩序，为消除因各国民商法的歧义而给国际商事交易造成的消极影响发挥了重要的作用。

在国际货物买卖领域，存在着一项重要的统一法公约，那就是《联合国国际货物销售合同公约》（也译为《联合国国际货物买卖合同公约》）（以下简称公约）。

1. 公约的产生和影响

《联合国国际货物销售合同公约》的产生可以追溯至20世纪30年代。为了克服各国民商法的差异给国际商事交易所带来的法律障碍，1930年，罗马国际统一私法协会开始起草《国际货物买卖统一法公约》草案，1935年完成初稿。从1936年开始，罗马国际统一私法协会还开始草拟《国际货物买卖合同成立统一法公约》。1964年在海牙会议上正式通过了《国际货物买卖统一法公约》和《国际货物买卖合同成立统一法公约》。两个公约均已生效，但参加国的数目有限，并未起到统一国际货物买卖法的作用。因此，在1969年，联合国国际贸易法委员会就作出结论，认为1964年海牙的两个公约不会得到更多国家的参加，国际贸易法委员会应主持修改这两个公约，并用新的公约取而代之。国际贸易法委员会还于1969年成立了一个专门工作组，具体进行在两个海牙公约的基础上制定一项统一的国际货物买卖法的工作。工作组于1978年完成起草《国际货物买卖公约草案》和《国际货物买卖合同成立公约草案》，并决定将两个公约合并为一个公约草案，称为《联合国国际货物销售合同公约草案》。该公约于1980年在维也纳召开的外交会议上获得通过,并于1988年1月1日起对包括我国在内的11国生效。至2013年4月止,参加和核准公约的已有79个国家,覆盖了世界上绝大部分的货物贸易合同。

2. 公约的结构、主要内容和总体评价

《联合国国际货物销售合同公约》除序言外,共分4部分101条。公约的主要部分是关于国际货物买卖合同的订立以及买卖双方的权利和义务的统一规则。第一部分共13条,对公约的适用范围和总则作出了规定。第二部分共11条,规定了合同订立的程序和规则。第三部分是公约的重点,共5章64条,是货物买卖统一法部分,对货物买卖的一般规则、卖方的义务、买方的义务、风险转移、卖方和买方的一般义务作出了规定。第四部分是最后条款,对公约的保管、签字、加入、保留、生效、退出等作出了规定。《联合国国际货物销售合同公约》是国际贸易法委员会在统一国际商法方面取得的最重要的成果之一。公约对国际货物买卖合同的订立、买卖双方的权利和义务制定了统一的法律规则和实际程序,其目的是为了减少国际贸易中的法律障碍,促进国际贸易的发展。公约是对近半个世纪以来国际商事交易实践的总结,具有可行性。同时,公约体现了大陆法、英美法和社会主义法律体系之间的平衡,也考虑了发达国家和发展中国家的不同利益和要求。因此,公约具有广泛的代表性。自然,公约也是在不同法律体系之间、在国家或国家集团之间进行调和折中的结果。公约在国际商事交易中的广泛采用,对国际商事交易产生了积极的推动作用。

3. 公约的适用范围

(1) 公约适用的主体范围

根据公约第1条的规定,当事人要适用公约,必须满足两个条件:第一,货物的买卖必须具有国际性。第二,买卖合同与公约的一个或一个以上的缔约国具有公约所规定的某种联系。

在确定买卖合同是否具有国际性时,公约以合同当事人的营业地是否处于不同的国家作为唯一的标准,至于当事人的国籍、合同项下货物的运输是否跨越了国境、卖方的要约、买方的承诺是在什么地方发生的,都不在考虑之列。营业地,应理解为是一个永久性的、经常从事一般商业交易的场所,不包括那些为某一特定交易而进行谈判或联络的地方。

买卖合同与公约的缔约国有某种联系是指,或者双方当事人的营业地所在的不同国家都是公约的缔约国,或者根据国际私法规则所确定的准据法是某一缔约国的法律。公约对后一种联系作出规定,其目的是扩大公约的适用范围,使得只有一方位于缔约国或双方都不位于缔约国时也可能适用公约。比如,甲乙两国都不是公约的缔约国,丙国是公约缔约国,甲国的A和乙国的B在丙国签订合同,双方就合同的履行发生争议,A在本国的法院诉B,如果甲国的国际私法规则规定合同依合同订立地法,那么本案就应适用丙国法,而按公约的规定,此时不应适用丙国国内法,而应适用公约。公约允许缔约国对此项规定作出保留,我国在核准公约时即对此作了保留。因此,在我国,只有在当事人的营业地都位于公约缔约国时,法院或仲裁庭才会适用公约的规定。当然,如果当事人的营业地虽非处于缔约国,但当事人明示选择公约,我国法院或仲裁庭也会承认其所作选择的效力,适用公约。

(2) 公约适用的客体范围

公约适用的客体范围是"货物买卖"。公约没有对"货物"下定义,但根据一般的理解,"货物"就是有形动产。但是并非所有国际性的货物买卖都属于公约的适用范围,公约排除了以下几种买卖:(1) 以直接私人消费为目的的买卖。(2) 拍卖。(3) 依执行令状或法律授权的买卖。(4) 公债、股票、投资证券、流通票据和货币的买卖。(5) 船舶、汽垫船和飞行器的买卖。(6) 电力的买卖。

由于公约是关于货物买卖的,因此,公约第 3 条规定,由买方提供大部分原材料的合同以及供应货物一方的绝大部分义务是提供劳务或其他服务的合同也不适用于公约。对于加工、劳务合同,各国一般都有不同于买卖法的专门法律调整。

即使对于货物买卖,公约也不是适用于货物买卖的各个方面,公约第 4 条规定,公约只适用于买卖合同的订立和买卖双方因此种合同而产生的权利义务。而对于合同的效力,或其条款的效力,或任何惯例的效力,对于合同对所售货物所有权可能产生的影响等内容,因为各国在这几方面的法律规定差异颇大,不易统一,公约未曾涉及。此外,对于卖方货物的产品责任,由于与各国的产品责任法(有许多强制性规范)密切相关,公约也未曾涉及。

最后还要指出的是,公约的任意性使得当事人对公约的适用范围具有很大的灵活性。公约第 6 条规定,双方当事人可以不适用本公约,或减损本公约的任何规定或改变其效力。这表明当事人在订约时可以自行决定合同适用于公约或不适用于公约,或决定只是合同的某一部分或几个部分适用于公约而其他部分则适用于某个国家的法律。当事人还可根据交易的需要,共同约定合同不适用公约的某些条款,或对公约的任何条款进行修改、变更或重新拟定,从而改变原条款的含义及效力。对于排除适用公约的问题,有以下几个问题需引起注意:(1) 排除和修改公约要书面作出,以避免法院或仲裁庭曲解当事人的意思,排除的方法必须是在合同中明确规定不适用公约。(2) 当事人在合同中只提到适用《国际贸易交易术语解释通则》,并不意味着排除了合同适用公约或某个国内法。因为《解释通则》仅对当事人的装货义务、风险和费用的负担等事项作出规定,它只是规定了当事人的部分权利和义务,而对于合同的成立、违约救济等方面则未曾涉及,《解释通则》与公约是相互补充的。因此,尚需选择公约或国内法来支配合同。

(三) 国际商事法律重述

国际统一私法协会在对《国际商事合同通则》进行编纂时没有采用公约这一硬法的方式,也没有采用示范法、指南的方式,而是采用了对国际商事合同的一般原则进行重述的方式,这在国际商事统一法领域是第一次。其成果就是 1994 年首次公布、2004 年和 2010 年两次修订的《国际商事合同通则》(以下简称《通则》)。

《通则》起草者们的灵感来源于美国法学会所进行的法律重述工作。在美国,为了克服判例法的日益不确定性和过分复杂性,美国法学会全面收集有关领域的判例法,从中抽象出一般规则,并编纂成法律条文,即将判例法系统化、条理化和简单化。这就是所谓的法律重述。① 法律重述具有自身独特的形式,即包括黑体条文(black-letter clause)、正式评论、实例阐释和报告员注释等四个部分。② 除非被法域中最高级别的法院正式采纳为法律,重述中的条款对法院并无约束力。

《通则》在形式上也包括黑体条文、正式评论、实例阐释等几部分的内容,整体上对法院和仲裁机构也没有约束力。这些与美国的法律重述相似。

从结构上看,1994年《通则》由序言及七章共八个部分构成。2004年《通则》又增加了三章内容。形式上与大陆法系国家的法典很相似。

美国法学会的法律重述,对于美国法官来说,只是作为其确定所适用的法律规则的参考,其作用只比重要的教科书略大。③ 但是,《通则》有着美国合同法重述所不具备的功能,那就是:《通则》可以作为国际商事合同的适用法;《通则》可以作为解释和补充国际统一法律文件的工具;《通则》可以作为国内合同法的示范法。

因此,如果当事人在买卖合同中选择适用《通则》,则这种选择应该予以尊重。但这种选择通常并不排斥《联合国国际货物销售合同公约》的适用。在《国际贸易术语解释通则》《联合国国际货物销售合同公约》和《通则》之间的适用顺位通常是《国际贸易术语解释通则》《联合国国际货物销售合同公约》《通则》。由于《国际贸易术语解释通则》的内容更为具体,通常也并入了合同,所以最优先适用;《联合国国际货物销售合同公约》则优先于国内买卖法适用而且排除国内买卖法的适用;《通则》内容更为详尽,它可以补充《联合国国际货物销售合同公约》的空白之处,也可以在《公约》规定模糊时作为解释工具。

在 St. Paul Guardian Insurance 诉 Neuromed Medical Systems & Support GmbH 案中,法官认为,被告的专家意见书是对德国法的准确阐述。首先,合同选择德国法为准据法。依据德国法,《联合国国际货物买卖销售公约》是德国法的一部分,由于当事人所在的国家都是公约缔约国,为实现公约统一国际货物买卖法的目的和德国加入公约的目的,本案应适用公约。其次,由于合同中使用了 CIF《国际贸易术语解释通则》(INCOTERMS)关于 CIF 的规定应予适用。理由是:(1)《公约》第 9 条第 2 款规定,对于双方当事人已经知道或理应知道的,在国际商事交易上已为有关特定贸易所涉同类合同的当事人所广泛知道并为他们所经常遵守的惯例,除非当事人另有明示协议,视为当事人已默示地同意受其约束。INCOTERMS 即属于这种惯例,即使合同中没有提及 INCOTERMS,但提及 CIF 本身就表明 INCOTERMS 将适用。(2)德国《商法典》第 346 条确认商事惯例具有法律的效力。

三、主要国际贸易术语

十几种贸易术语中,迄今为止采用最多的是装运港交货的三种术语:FOB、CIF、CFR,

---

① 薛波著:《元照英美法词典》,法律出版社 2003 年版,第 1191 页。
② Black's Law Dictionary, Eighth Edition, p. 1339.
③ 〔德〕茨威格特、克茨著:《比较法总论》,潘汉典译,法律出版社 2003 年版,第 367 页。

在贸易业务中被人们称为常用贸易术语。FCA、CPT、CIP也采用较多。

(一) 装运港交货的三种贸易术语

1. FOB(Free On Board)...named port of shipment

FOB,即装运港船上交货,又称"船上交货"。使用这一贸易术语时,要注明装运港名称。该术语是指当货物在指定装运港装上船时,卖方即履行了交货义务,买方必须自该时起负担一切费用和货物灭失或损害的一切风险。该术语要求卖方办理出口清关,它只能用于海运或内河运输。该术语可能不适用于货物在装上船前已经交付给承运人的情况,例如用集装箱运输的货物通常是在集装箱码头交货,在这类情况下应该使用FCA。

在FOB下,卖方的主要义务有:

(1) 提供与合同相符的货物和商业发票(或相当的电子信息)以及合同所要求的其他证据。

(2) 负责办理出口手续和提供出口许可证。

(3) 在运输和保险方面,无办理运输和保险的义务。

(4) 在合同规定的装运港和日期或期间内,按习惯的方式将货物装上买方指定的船只。

(5) 负担货物在装运港装上船之前的一切风险。

(6) 负担货物在装运港装上船之前的一切费用,支付出口关税和费用。

(7) 在装船后必须给予买方关于已装船的充分通知。

(8) 向买方提供已交货证明。如果卖方提交的单据不是运输单据,应买方的请求,并由买方承担费用和风险的情况下,卖方必须提供一切帮助使买方获得有关运输合同的运输单据(例如,可转让提单、不可转让的海运单、内水运输单据或多式运输单据);我国贸易公司作为出口方在出口业务中使用FOB时通常就是从承运人处获得提单或其他运输单据,并以此要求银行按信用证条款议付。

(9) 卖方必须支付质量检验、度量、称重和计数方面的费用,并承担费用办理包装,适当标记货物。

(10) 其他义务方面,卖方必须在买方请求时提供买方办理进口或过境其他国家需要的文件,卖方还必须提供买方办理保险所需要的信息。

买方的义务也有10项,与卖方的义务相对应:

(1) 向卖方支付合同约定的价金;

(2) 办理进口清关手续;

(3) 自己承担费用办理运输,但无办理保险的义务;

(4) 在装运港接收卖方所交付的货物;

(5) 负担货物在装运港装上船之后或双方约定的交货时间届满之后的一切风险;

(6) 负担货物在装运港装上船之后的一切费用,负担因船舶迟到而造成的相关费用,支付进口关税和费用;

(7) 向卖方通知船舶的名称、装货地点和交货时间;

（8）接受卖方提供的交货证明；

（9）必须支付装船前的检验费用，除非这种检验是出口国当局所强制要求的；

（10）支付卖方为买方办理进口手续所需文件所垫付的费用。

按 FOB 术语订立合同，需要注意美国对 FOB 术语的不同解释。美国 1941 年《对外贸易定义修订本》将 FOB 概括为 6 种，其中第 4 种是在出口地点的内陆运输工具上交货，第 5 种是在装运港船上交货。这两种术语在交货地点上可能相同，在使用时应加以注意。比如，FOB 旧金山（FOB San Francisco）既可指在旧金山的内陆运输工具上，也可指在船上交货，若使用 FOB Vessel San Francisco 含义就明确了。此外，即使是装运港船上交货，美国的 FOB Vessel 也不同于 INCOTERMS 的 FOB。比如前者划分风险的界限不是船舷，而是船上；前者规定卖方只有在买方的请求并由其负担费用的情况下，才协助买方办理出口清关手续。因此，我国在与美国与其他美洲国家做生意时，若使用 FOB，应对其内容作出明确规定，以免发生误会。

2. CIF（Cost，Insurance and Freight）... named port of destination

CIF，"成本加保险费、运费"，又称"成本加运保费"，指卖方必须支付将货物运至指定目的港所必需的费用和运费，并订立保险合同，支付保险费，为货物在运输中灭失或损坏的买方风险取得海上保险，但当货物在装运港装上船时，货物灭失或损坏的风险，以及由于货物已装上船后发生的事件而引起的任何额外费用，自卖方转移至买方。CIF 术语要求卖方办理货物出口清关，该术语只能用于海运和内河运输。如果当事人不想以装上轮船为交货点，则应选择 CIP。

卖方的主要义务有：负责办理出口手续和提供出口许可证；卖方应自负费用，订立运输合同按惯常航线用通常类型可供装载该合同货物的海上航行船只装运货物；在合同规定的装运港和日期或期间内，按习惯的方式将货物装上买方指定的船只；负责办理货物海上运输保险，支付保险费，使买方或其他有保险利益的人能够直接向保险人索赔；卖方应与有良好信誉的保险人或保险公司订立保险合同，除非有相反的明示协议，应根据《协会货物保险条款》（伦敦保险人协会）或其他类似的条款中的最低保险险别投保，保险期限为整个运输期限，即从货物装上船到买方在目的港接受货物，最低保险金额应包括合同规定的价款，另加 10%（即 110%），并应采用合同中的货币；负责将货物在约定的装运港和装运日期或期间装上轮船；负担货物在装运港装上船之前的一切风险；负担货物在装运港装上船之前的一切费用，支付运费和保险费，支付出口关税和费用。

买方相应的主要义务有：向卖方支付合同约定的价金；办理进口清关手续；在目的港接收卖方所交付的货物；负担货物在装运港装上船后或双方约定的交货时间届满之后的一切风险；负担货物在装运港装上船之后的一切费用，支付卸货费，支付进口关税和费用。

在前述 St. Paul Guardian Insurance 诉 Neuromed Medical Systems & Support GmbH 案中，已确定适用 INCOTERMS。按照 INCOTERMS 关于 CIF 的规定，本案被告即买卖合同中的卖方在将货物在装运港将货物完好装上轮船越过船舷时，货物灭失的风险即转由买方承担。本案双方都承认卖方将货物在装运港将货物完好装上轮船的事实，因而卖方无需为货损承担责任。

关于 CIF 术语,必须注意单据的作用。CIF 的主要特点之一是卖方以向买方提供适当的装运单据来履行其交货义务,而不是以向买方交付货物的实物来完成其交货义务。所以,CIF 条件下的交货是典型的象征性交货(symbolic delivery)。卖方向买方提供的装运单据(shipping document)主要包括提单(或其他运输单据)、保险单和发票,其中最主要的是提单。提单是货物所有权的凭证,是代表货物的象征,只要卖方装上货物后并取得提单并与其他单据一道及时提交给买方,就算是完成了交货义务,提单上记载的日期就是卖方交货的日期。卖方取得装运单据以后,就可以凭单据要求买方付款,只要单据符合合同的要求,买方就必须付款。即使卖方在提交单据时,货物已在途中灭失或损坏,买方仍需付款并收取卖方所提交的装运单据。买方付款后,可以凭装运单据获得补偿。如果致损的原因是属于保险公司承保的范围之内,买方可以凭保险单向保险公司索赔;若致损原因是属于船方的责任,买方可以根据提单的有关规定向船方索赔。在后一种情况下,买方也可以先向保险公司索赔,再由保险公司出面向船方索赔。由于在 CIF 合同中,单据起着十分重要的作用,故被称为单据交易(document transaction)。但是,必须指出,按 CIF 术语成交,卖方履行其交单义务只是得到买方付款的前提条件,除此之外,他还必须按合同的规定履行交货义务。若卖方提交的货物不符合要求,买方即使已经付款,仍然可以要求卖方承担责任,比如买方可以拒收货物或要求卖方赔偿损失。

3. CFR(Cost and Freight)... named port of destination

CFR,"成本加运费",是指卖方必须支付成本费和将货物运至指定的目的港所需的运费,但货物灭失或损坏的风险以及货物装船后发生事件所产生的额外费用,自货物于装运港装上船时起即从卖方转由买方承担。CFR 术语要求卖方办理出口清关手续,CFR 术语只能用于海运和内河运输。CFR 与 CIF 的不同之处在于:CFR 合同的卖方不负责办理投保手续和支付保险费,不提供保险单。除此之外,CFR 与 CIF 合同买卖双方责任的划分基本上是相同的。

按 CFR 术语订立和履行合同,需要特别注意装船通知问题。卖方在货物装船之后必须及时向买方发出装船通知,以便买方办理投保手续。有的国家如英国 1893 年《货物买卖法》(1979 年修订本)规定,若卖方未向买方发出装船通知,以便买方对货物办理保险,那么,货物在海运途中风险视为由卖方负担。因此,在出口贸易中,若我方是 CFR 合同的卖方,一般应在装船后用电话、传真等快速通信方法将装船通知立即送达。

FOB、CIF、CFR 三种贸易术语,在交货地点和风险划分的界限方面是完全相同的,卖方承担的风险均在货物装上船舶时转移给买方。

(二) 向承运人交货的三种贸易术语

1. FCA(Free Carrier)... named place

FCA,"货物承运人",指卖方办理货物出口清关,将货物交至指定的地点,由买方指定的承运人照管,履行其交货义务。需要说明的是,交货地点的选择对于在该地点装货和卸货的义务会产生影响。如果卖方在其所在地交货,则卖方应负责装货,如果卖方在任何其他地点交货,卖方不负责卸货。

FCA 术语中的承运人,是指在运输合同中,通过铁路、公路、海上航空、内河运输或这些方式的联合运输,承担履行运输或承担办理运输业务的任何人。如果买方指示卖方将货物交付给某一个人,例如一个非承运人的货物代理人(freight forwarder),当货物在该人照管之下时,卖方就认为履行了其义务。

在 FCA 下,卖方的主要义务有:负责办理出口手续和提供出口许可证;在指定的地点(如运输站或其他受货地点)按约定的交货日期或期限以约定的方式或指定的地点、习惯的方式,将货物交给买方指定的承运人或其他人(如货运代理人)照管;负担在货物交付之前的一切风险;负担在货物交付之前的一切费用,支付出口关税和费用。

买方的主要义务有:向卖方支付合同约定的价金;办理进口清关手续;自己承担费用办理运输,但无办理保险的义务;在指定的交货地点接收货物;负担货物交付之后的一切风险;负担在货物交付之后的一切费用,支付进口关税和费用。

FCA 与 FOB 在价格构成上基本相同,两者都不包括运费、保险费。主要的区别有两点:一是 FOB 只适用于海运,FCA 适用于各种运输方式;二是风险划分上 FOB 是在装运港装上轮船时风险转移,而 FCA 是在货交承运人(hand over to carrier)后风险转移。

使用 FCA 应注意交货义务的履行。按照《通则》的规定,在指定的地点按约定的交货日期或期限以约定的方式,将货物交给买方指定的承运人或其他人(如货运代理人)照管。如果指定的地点是卖方所在地,则卖方应负责将货物装上买方指定的承运人或代表买方的其他人提供的交通工具上完成交货,如果卖方在任何其他地点交货,卖方不负责卸货,即当货物在卖方的运输工具上,尚未卸货而交给买方指定的承运人或其他人处置时就完成交货。

若没有约定具体地点,并有几个地点可供选择,卖方可以选择最适合其目的的交货地点。若买方未给予准确的指示,卖方可以按承运人的运输方式和货物数量或性质所要求的方式将货物交给承运人。

随着我国对外贸易的发展,内地省份的出口货物不在装运港交货,而采取就地交货和交单结汇的做法会越来越多,为适应这一需要,FCA 的使用将日渐增多。

2. CPT(Carriage Paid To)... named place of destination

CPT 即"运费付至",指卖方支付货物运至目的地的运费、关于货物丢失或毁坏的风险以及货物交由承运人后发生事件所产生的任何额外费用,自货物已交付至承运人照管之时起从卖方转由买方承担。CPT 术语要求卖方办理货物出口的结关手续,本术语可适用于各运输方式包括多式联运。

CPT 与 CFR 的价格构成基本相同,除成本外,另包括了运费。两者的区别在于 CPT 可用于各种运输方式,风险于货交承运人时转移;而 CFR 只适用于海运,风险于货物装上轮船时转移。

3. CIP(Carriage,Insurance Paid To)... named place of destination

CIP 即运费、保险费付至,指卖方支付货物运至目的地的运费并办理货物运输保险,支付保险费,关于货物丢失或毁坏的风险,以及自货物交由承运人之后发生事件所产生的任何额外费用,自货物已交付承运人照管之时起,从卖方转由买方承担。

CIP 与 CPT 相比,在交货地点、风险划分界限上都相同,差别仅在于 CIP 中增加了保险的责任和费用。

CIP 与 CIF 相比,价格构成基本相同,都包括了成本、运费和保险费。但在运输方式和风险划分上有明显的不同,CIP 所指的风险不仅指海运保险,还可能包括其他各种运输保险,但在《通则》中,仅对海运保险作了与 CIF 术语相同的规定。

(三) 其他贸易术语

1. EXW(Ex Works)...named place

EXW,工厂交货,指卖方在其所在地(即工厂或仓库等)将备妥的货物交付买方时,履行其交货义务。特别是,卖方不承担将货物装上买方备妥的运输车辆或办理出口的责任。

在本术语下卖方承担最小的义务。在买方不能直接或间接地办理出口手续的情况下,不应使用本术语,而应使用 FCA 术语。

2. FAS(Free Alongside Ship)...named port of shipment

FAS,船边交货,指卖方在指定的装运港码头或驳船内将货物交至船边,履行其交货义务。从交到船边时起买方必须承担货物丢失或损坏的一切风险。按照 2010 年《通则》,FAS 要求卖方办理出口结关手续。

3. DAT(Delivered At Terminal...named place of destination)

DAT,目的港或目的地的集散站(或称终端)交货,指卖方在目的地指定的港口或地点的集散站内将已经达到的运输工具上的货物卸下后交给买方处置。DAT 取代了 2000 年《通则》的 DEQ,DEQ 的交货地点为目的港的码头,DAT 则为目的地码头或其他目的地的集散站,这种交货方式适应了物流业的迅速发展,卖方在集散站将货物卸下后即可向买方或买方指定的物流公司交货。

4. DAP(Delivered At Place...named place of destination)

DAP,目的地指定地点交货,指当卖方在指定目的地将还在抵达运输工具上可供卸载的货物交给买方处置时,完成交货。卖方承担货物运至该指定地点的一切风险。交货地点可以是陆上的某个地点,可以是边境城市,也可以是双方所指定的港口。如果交货地点是边境城市,DAP 可以取代 DAF;如果交货地点是目的港船上或码头,DAP 可以取代 DES 或 DEQ;DAP 这一术语未包含关税,也可以用来替代 DDU。可以说 DAT 一个术语取代了原 D 组术语中的四个术语,简化了贸易术语。

5. DDP(Delivered Duty Paid)...named place of destination

DDP,完税后交货,指卖方将货物交付至进口国指定地点,履行其交货义务。卖方必须承担风险及费用,包括关税、捐税、交付货物的其他费用,并办理进口结关。DDP 术语中,卖方承担最大的义务。

第二节 国际货物买卖合同的成立

合同的成立,就是当事人通过要约和承诺就交易内容达成一致的过程。英美法和大陆法在合同的成立上存在着重大的分歧,《联合国国际货物销售合同公约》(以下简称为《公约》)对两大法系的分歧作了较好的调和,达成了两大法系国家都可以接受的统一规则。

一、要约

(一)要约的含义及构成要件

要约(offer)是合同订立的一个重要程序,也是各国合同法中一个重要的法律概念,在国际贸易中则被称为"发盘"或"发价"。根据《公约》第14条的规定,要约的构成要件如下:

(1)是一个订立合同的建议。要约是一项建议,其目的是订立合同,这种意思应该在要约中明确表示出来,否则不能构成一项要约。

(2)向一个或一个以上特定的人发出。特定的人就是指具体的企业或个人,可以是一人,也可以是数人或多人。贸易公司或厂商经常广泛寄发商品目录、价格单、刊登广告,即向公众作某种意思表示,这是否可以构成要约呢?大陆法与英美法对此有分歧,前者认为要约必须向特定人发出,而后者则认为要约可以向任何人发出。《公约》对此作了折中,即不是向一个或一个以上特定人发出的建议原则上应视为要约邀请,但如果该建议满足了要约所应具备的其他条件,或明确表明该建议就是要约[①],那么该建议也可构成要约。可见,向特定人发出虽然在通常情况下但却不是在任何情况下都是要约的构成要件。

(3)应具有"十分确定"(sufficiently definite)的内容。即要约所载的交易条件必须是完整的、明确的,使得对方一旦承诺后,即可按所载交易条件履行合同。我国在以往的贸易实践中通常认为,一项要约的内容,应包括货物的品质、数量、包装、价格、交货和支付等主要条件。《公约》第14条对"十分确定"的界定则是——如果写明货物并明示或暗示地规定数量和价格或规定如何确定数量和价格,即为十分确定,也就是说,只需包括货物、数量及价格三个要素。因此,我国贸易公司在接到位于《公约》缔约国的当事人所发出的包含了三要素的建议时,应认为是要约。需要进一步指出的是,《公约》第55条还规定,如果合同已有效订立,但没有明示或暗示地规定价格或如何规定价格,在没有任何相反表示的情况下,双方当事人视为已默示地引用订立合同时此种货物在有关贸易的类似情况下销售的通常价格。这表明,在特定情况下,没有规定价格的合同也可以成立。

(4)应表明一经对方承诺即受约束的意思。这种意思不一定要用固定词句表达,可以从建议的内容中分析出来。但是如果建议中使用了"以最后确认为准"等字眼,则是明

---

① 具体的表达方式,可以是"本广告构成要约",也可以是"广告所列商品将售给最先汇到价款的人"等等。

确表示建议是不受约束的,不能构成一项要约。

(二) 要约的生效时间及撤回

关于要约的生效时间,《公约》和各国法律的规定一致,即要约到达受要约人时生效。由于要约在送达被要约人之前并未发生效力,要约人可以在发出要约后,以更迅捷的通讯方式向受要约人表明其撤回要约的意思,从而使得要约归于消灭。对此,《公约》规定,一项要约即使是不可撤销的,得予撤回,如果撤回通知于要约送达受要约人之前或同时到达受要约人。

(三) 要约的撤销

要约的撤销与要约的撤回不同,它指要约送达受要约人生效以后,在受要约人承诺以前,要约人将要约取消,使其效力归于消灭。对于这个问题,英美法和大陆法存在着严重的分歧。德国《民法典》规定,除非要约人在要约中表明不受拘束,要约一旦生效,要约人就要受其拘束,不得随意将其撤销;如果要约规定了有效期,则在有效期内不得撤销要约。如果在要约中没有规定有效期限,则依通常情形可望得到对方的答复之前,不得撤销或变更要约。[①] 日本《民法典》也有类似的规定。[②] 法国《民法典》对这个问题没有作规定,但法国法院的判例认为,如果要约人在要约中指定了承诺的期限,要约人可以在期限届满前撤销其要约,但须承担损害赔偿的责任;即使要约人在要约中没有规定承诺的期限,但如果根据具体情况或依正常的交易习惯,该要约被视为应在一定期限内等待对方承诺者,如要约人不适当地撤销该项要约,则应负损害赔偿之责。英美普通法认为,要约原则上对要约人没有约束力,要约人可以撤销要约,其理由是,要约只是一项允诺(promise),要使作出允诺的人受其允诺的约束,要么允诺是以签字蜡封的形式作出的,要么是允诺人得到了对方所给予的对价(consideration)。对价可以是金钱,也可以是有价值的东西,或履行某种行为。英美法的这种做法对受要约人缺乏应有的保障,已不符合现代商业实践的需要,因此,英美两国都认为有必要修改普通法的上述原则。美国在《统一商法典》中还对上述普通法原则作了修改,根据该法典的规定,由商人以签字的书面形式发出买卖货物的要约,而且要约的条款保证要约有效时,则在规定的期限内,或若无规定的期限,在合理的时间内,要约不得因缺乏对价而被撤销,但无论如何,不可撤销的期限不得超过3个月。[③] 英国法律修订委员会则建议,对于规定一定期限的要约可无对价而保持有效。

《公约》对英美法和大陆法的冲突作了平衡,原则上采用英美法系的原则,即认为要约可以撤销,但又根据大陆法的原则,对要约的撤销作了较严格的限制。《公约》第16条规定,在未订立合同之前,要约得予撤销,如果撤销通知于受要约人发出承诺通知之前送达受要约人。但是,如果要约写明承诺的期限或以其他方式表示要约是不可撤销的,或者如果受要约人有理由信赖该项要约是不可撤销的,而且受要约人已本着对该要约的信赖行事,则要约不可撤销。可以看出,按照《公约》的规定,对撤销要约的限制有两种情形:

---

① 德国《民法典》第145、146、147条。
② 日本《民法典》第521、524条。
③ 美国《统一商法典》第2-205条。

第一种情形是要约自身表明要约是不可撤销的,这既可以以写明承诺期限的方式表明,也可以用其他方式表明。比如,在要约中规定,"上述货物按所报价格,每月可供2000吨",或在要约最后注明"请尽快确认"等字样,或明确表示本要约不撤销,在这种情形下,如果是写明了承诺期限,则要约的有效期即为承诺的有效期,如果是以其他方式表明不可撤销的,要约的有效期就是"一段合理的时间",而在确定合理时间时,要考虑交易的具体情况,要约人所使用的通讯方法以及双方当事人所建立的习惯做法、采用的惯例等情况。[①]

第二种情形是受要约人对要约有理由信赖并已按该信赖行事。规定在这种情形下不得撤销要约是为了保护受要约人的正当利益,使交易能公平地展开,这在受要约人需要对要约内容作深入的调查了解,对要约中的价格进行周密计算的情况下尤为重要。比如建筑商甲要求乙报1万吨钢筋的价格,并告诉乙此报价是为了计算向某工程的投标,投标将于6月1日进行,6月15日即可知道结果。5月20日乙向甲发出要约,既未规定承诺期限,也未表示要约是不可撤销的。6月10日乙通知甲撤销要约,6月15日甲中标并立即电告乙接受要约,应当认为,乙6月10日的撤销无效。

(四) 要约的终止

要约的终止,即要约效力的丧失,有以下几种原因:要约的有效期限已满;可撤销的要约于要约人撤销要约的通知送达受要约人时终止,但该通知的送达时间须早于受要约人的承诺通知发出时间。要约于受要约人的拒绝通知送达要约人时终止。

二、承诺

(一) 承诺的含义及构成要件

承诺(acceptance)是合同订立的第二个也是最后一个程序,是一个重要的法律概念,在贸易实务中也被称为"接受",它指受要约人声明或作出其他行为表示同意一项要约。一项法律上有效的承诺必须具备以下构成要件。

(1) 承诺必须由受要约人作出。由于要约是向特定的当事人提出的,因此,除了受要约人或其授权的代理人以外,任何第三者不能作出承诺。

(2) 承诺必须在要约的有效期内作出。如果要约有具体的有效期限,则受要约人应在该期限内作出承诺;如果要约中没有规定具体的有效期限,则受要约人应在一段合理的时间内作出承诺。有效期届满后才送达的承诺,即通常所称迟到的承诺或逾期承诺,世界多数国家的法律,一般都不承认其有效性,而是将其视为一项新要约。但是,《公约》采取了与传统的法律原则不尽相同的原则,《公约》第21条规定,迟延承诺在两种情形下,仍可视为有效承诺:一种情形是,要约人在接到迟延承诺后,毫不迟疑地用口头或书面通知受要约人他接受受要约人的迟延承诺。第二种情形是,载有迟延承诺的信件或其他书面文件表明,它是在传递正常即能及时送达要约人的情况下寄发的,则该项迟延承诺仍具有承诺的效力,但要约人毫不迟延地用口头或书面通知受要约人其承诺已经失效除外。在第

---

① 参见《公约》第18条。

一种情形下,只要要约人毫不迟疑地作了通知,即使受要约人想否认承诺的效力,也不行;在第二种情形下,只要要约人没有毫不迟疑地否认,则承诺即有效力。总之,逾期承诺是否有效力取决于要约人的意愿。

(3) 承诺是对要约内容的同意,即对要约中所提出的具有确定内容的交易条件表示接受。按照许多国家法律的一般概念,承诺必须与要约的内容严格保持一致,如果在承诺中附加了对要约内容的添加、限制或更改,则承诺不构成法律上有效的承诺,只是一项新要约,或称反要约或还盘。《公约》对这一问题作了某些变通。按照《公约》第19条的规定,虽然一般情况下,对要约表示承诺但又载有添加、限制或其他更改的答复,为拒绝该项要约,并构成反要约。但是,如果所载的添加或不同条件在实质上并不变更该项要约的条件,除要约人在不过分迟延的期间内以口头或书面表示反对其间的差异外,仍构成承诺。合同的条件就以该项要约的条件以及承诺通知中所载的更改为准。有关货物价格、付款、货物质量和数量、交货地点和时间、一方当事人对另一方当事人的赔偿责任范围或争端解决等等的添加或不同条件,均视为在实质上变更了要约的条件。比如,甲5月20日向乙发出要约,出售某批货物,以坚固袋子包装,乙5月28日表示接受,但包装要求用新袋子。甲收到乙的承诺通知后,没有作意思表示,5月30日起该货价格暴跌,乙便以甲未确认新包装货为理由通知甲其原承诺无效,甲已发货并坚持合同成立,双方就此发生纠纷。在本案中,应判定合同已经成立,乙应履行合同。因为承诺中所包含的关于包装的更改并非实质性更改,而甲在收到更改后并未表示反对这种更改,本案中合同的条件就是甲要约中的条件加上乙对包装的更改。可见,对于非实质性更改要约内容的承诺,要约人对是否确认其为承诺具有决定权,如果他不表示异议,则视为承诺,如果他在不过分迟延的时间内通知受要约人他反对更改,则承诺应视为新要约。

关于承诺的表达方式,《公约》规定,如果根据要约或依照当事人之间确立的习惯做法或惯例,受要约人可以作出某种行为,例如与发运货物或支付价款有关的行为来表示同意,而无须向要约人发出承诺通知,则承诺于该项行为作出时生效。这表明,承诺的方式除书面、口头外,还可以用行动表示。

(二) 承诺生效的时间

承诺生效的时间是合同法中一个十分重要的问题。因为按照各国的法律,承诺一旦生效,合同即告成立,双方当事人就要受合同的约束。在这个问题上,英美法与大陆法尤其是德国法之间存在着重大分歧。英美法采用投邮生效原则(mail box rule),即载有承诺内容的邮件一经投入邮筒或者电报、电传一经发出,承诺即生效。采用投邮生效原则可以提前合同承诺的时间,部分抵消因要约不具有约束性给要约人造成的优势。德国《民法典》则规定,对相对人所作的意思表示,于意思表示到达相对人时生效。[①] 因此,承诺的通知必须到达相对人即要约人时生效,合同亦于此时成立。《公约》采用了德国法的到达生效原则。

---

① 德国《民法典》第130条。

（三）承诺的撤回

按照《公约》的规定，受要约人在发出承诺通知后，可以用更为迅捷的方式将撤回承诺的通知于承诺通知到达要约人之前或同时送达要约人，从而使得承诺通知自始即不能发生效力。与要约的撤回一样，承诺之所以能撤回，是因为承诺的生效采取了到达生效原则。在英美法国家，由于采取投邮生效原则，承诺通知一经投邮即生效，不存在撤回的问题。此外，由于承诺一经送达即发生效力，合同亦告成立，因此不存在撤销承诺的问题。

第三节　国际货物买卖合同的履行

关于国际货物买卖合同的履行，《公约》的规定包括三方面的内容：卖方的义务、买方的义务、货物风险的转移。《公约》的规定相当具体详细，较好地调和了大陆法和英美法的分歧和矛盾，并且反映了现时国际商事交易中的通常做法。

需要指出的是，基于《公约》的任意性，国际货物买卖合同当事人可以对当事人的权利义务、风险的转移等内容在合同中作出不同的规定，只有在合同中没有规定时，《公约》才起到补充的作用。

一、卖方的义务

卖方的基本义务是按照合同和《公约》的规定交付货物、移交一切与货物有关的单据并转移货物所有权。具体而言，又可细分为以下四个方面：

（一）交付货物

1. 交货地点

如果买卖合同对交货地点已有规定，卖方应按合同的规定交货。如果合同对交货地点没有作出规定，可根据《公约》第31条的规定确定交货地点。

（1）如果买卖合同涉及货物运输，卖方应把货物移交给第一承运人以完成交货。

（2）如果买卖合同没有涉及货物运输，而双方当事人在订立合同时已经知道这些货物存放在某个地点，或者已经知道它们将在某一特定地点制造或生产，卖方应在该地点将货物交给买方处置。

（3）在除上述情况外的其他情况下，卖方的交货义务是在其订立合同时的营业地把货物交给买方处置。

2. 交货时间

《公约》第33条对如何确定卖方交货的时间作了如下规定：

（1）如果合同规定了交货日期，或从合同中可以确定交货日期，应在该日期交货。

（2）如果合同规定有一段时间，或从合同中可以确定一段时间，则除非情况表明应由买方选定一个日期外，可在该段时间内的任何时间交货。

（3）在其他情况下，应在订立合同后一段合理时间内交货。至于什么是合理时间，作为一个事实问题，应根据具体的交易情况来确定。

(二) 提交有关货物的单据

向买方提交有关货物的单据,也是卖方的一项主要义务,只有在收到有关单据后,买方才可以顺利提取货物,办理报关手续、检验货物等事宜。《公约》第 34 条规定,卖方必须按照合同所规定的时间、地点和方式移交这些单据。

国际货物买卖所涉及的单据主要有提单、保险单和商业发票,有时还可能包括原产地证书、重量证书或质量检验证书等。

(三) 品质担保义务

卖方出售的货物,应具有什么样的品质,这是当事人十分关心并应在合同中加以明确的一个问题,同时也是各国法律重点加以规定的一个问题。大陆法把卖方对货物的品质担保义务称为对货物的瑕疵担保义务,德国《民法典》第 459 条规定:(1) 物之出卖人应向购买方担保其出售之物在风险转移给买方时不存在减少或损害其价值、或其适合于通常之用途、或合同规定之用途的瑕疵。(2) 出卖人仍应担保,在风险转移时物应具有所允诺的质量。英国《货物买卖法》第 12—15 条规定,卖方所出售的货物应符合以下默示条件(implied condition):(1) 凡是凭说明的交易,卖方所交货物必须与说明相符;(2) 如果卖方是在营业中出售货物,则应当包含一项默示条件——卖方依据合同提供的货物应具有商销品质(merchantable quality);(3) 如果卖方是在营业中出售货物,而且买方已经让卖方知道货物要适用于特定的用途,则合同还应包含一项默示条件——卖方所提供的货物应适合于这种特定用途;(4) 凡凭样品成交的买卖,应默示认为货物应符合样品;(5) 如果在交易中既有样品又有说明,则卖方所交货物必须与样品和说明一致。① 美国《统一商法典》将卖方的货物担保义务分为明示担保和默示担保,该法第 2-313 条规定,明示担保因确认、允诺、说明和样品而产生。第 2-314 条规定,卖方所出售的货物应认为默示地具有商销品质。第 2-315 条规定,如果卖方在订立合同时有理由知道买方对货物的特定用途而且买方也信赖卖方的技能和判断能力,则卖方必须承担交付符合该特定用途的货物的默示担保。

《公约》的规定与英美法上的默示条件或默示担保义务有不少相同之处。《公约》第 35 条规定,卖方交付的货物必须与合同所规定的数量、质量和规格相符,并须按照合同所规定的方式装箱或包装,除双方当事人另有协议外,货物除非符合以下规定,否则即为与合同不符:(1) 货物适用于同一规格货物通常使用的目的;(2) 货物适用于订立合同时曾明示或默示地通知卖方的任何特定目的,除非情况表明买方并不依赖卖方的技能和判断力,或者这种依赖对他是不合理的;(3) 货物的质量与卖方向买方提供的货物样品或样式相同;(4) 货物按照同类货物通用的方式装箱或包装,如果没有此种通用方式,则按照足以保全和保护货物的方式装箱与包装。但是,如果买方知道或不可能不知道货物与合同不符,卖方就无需按上述(1)至(4)项负有此种不符合的责任。可以看出,这四项义务,是

---

① 英国法把合同条款分为条件(condition)和担保(warranty)两大类,条件指涉及合同基础的主要条款,担保则指从属于合同目的的次要条款,违反条件,对方可以解除合同并请求赔偿,违反担保,只能请求损害赔偿,不能解除合同。

在双方当事人没有约定的情况下,由《公约》加诸于卖方身上的义务,反映了买方在正常交易中对购买的货物所抱有的合理期望。

《公约》第36条就卖方对货物不符负有责任的期间作了规定,按照该条的规定,卖方对货物不符负有责任的期限,一般是以货物风险的转移时间为界限,即卖方负风险转移以前货物的质量符合合同。这包括货物不符在风险转移之前已存在但是在风险转移之后才显现出来的情况,比如,无缝钢管外表良好,而管壁内有裂痕。不过,此时买方应负举证责任。此外,如果卖方在交货后仍承担品质担保时,比如冰箱卖主承诺其冰箱在3年内保修,则风险转移的时间延续到该担保义务的终了。

与货物品质密切相关的是货物质量的检验问题。对此,《公约》第38条对货物检验的时间、第39条对通知货物不符作了规定。按照第38条的规定,买方必须在按情况实际可行的最短时间内检验货物或由他人检验货物。如果合同涉及货物的运输,检验可推迟到货物到达目的地后进行。如果货物在运输途中改运或买方须再发运货物,没有合理机会加以检验,而卖方在订立合同时已知道或理应知道这种改运或再发运的可能性,检验可推迟到货物到达新目的地后进行。按照第39条的规定,买方对货物不符合同,必须在发现或理应发现不符情形后一段合理时间内通知卖方,说明不符合同情形的性质,否则就丧失声称货物不符合同的权利。无论如何,如果买方不在实际收到货物之日起2年内将货物不符合同情形通知卖方,他就丧失声称货物不符合同的权利,除非这一时限与合同规定的保证期限不符。《公约》的上述规定在当事人就检验、索赔条款未作出规定或规定不详时可以作为补充。

(四) 卖方对货物的权利担保义务

权利担保是指卖方应保证其对所出售的货物享有合法的权利,没有侵犯任何第三人的权利,并且任何第三人都不会就该项货物向买方主张权利。各国法律都对卖方的权利担保作有规定,并将其视为法定义务。

《公约》第41条规定,卖方所交付的货物必须是第三方不能提出任何权利(right)或要求(claim)的货物,除非买方同意在这种权利或要求的条件下收受货物。因此,不仅第三方主张对货物的权利(包括所有权或担保物权)得到确认时卖方要赔偿买方的损失,而且即使第三方就货物提起要求(如起诉)但并未获得确认时,卖方也要承担买方因此而付出的费用。

《公约》第42条还专门就卖方担保第三人不得基于工业产权或知识产权对货物主张任何权利或要求的义务作了规定。第三方以知识产权提出主张的情形较为复杂。不仅在买方国家内的知识产权人可能提出权利主张,而且如果货物转售第三国,则第三国的知识产权人也可能提出权利主张。对此,《公约》规定,卖方所交付的货物,必须是在买方所在地国家和货物转售或作其他使用的国家(以当事人订立合同时预知货物将在其他国家转售或作其他使用为前提)都不能由第三方依据工业产权或知识产权主张任何权利或要求的货物,但以卖方在订立合同时已知道或不可能不知道的权利或要求为限。但是,如果买方在订立合同时已知道或不可能不知道此项权利或要求,或者此项权利或要求的发生,是由于卖方要遵照买方所提供的技术图样、图案、程式或其他规格,则卖方可解除对此项权利或要求的担保义务。《公约》第43条进一步对买方就第三方的权利或要求的性质通知卖方的义务作了规定:买方必须在已知道或理应知道第三方的权利或要求后一段合理的时间内,将此一权利或要求的性质通知卖方,否则就丧失援引第41条或第42条规定的权利,但是,卖方已经知道第三方的权利或要求以及此一权利或要求的性质的情形除外。

二、买方的义务

买方的基本义务是支付价款和收取货物。

(一) 支付价款

根据《公约》的规定,买方支付价款的义务包括履行必要的付款手续,在合理的地点、时间付款。

1. 履行必要的付款手续

《公约》第54条"付款的预备步骤"规定:买方支付价款的义务包括采取合同或任何法律、规章所要求的步骤和手续,以便使价格得以支付。所谓的"必要的付款手续",主要指根据买卖合同的规定,申请银行开立信用证或银行保函;在实行外汇管制的国家,还需要按有关的法律或规章的规定,申请为付款所必需的外汇。买方不办理付款预备手续,即构成违反合同。若是根本违约,卖方可宣布解除合同;若尚未构成根本违约,卖方可规定一段合理的额外时间让买方办理手续,若买方仍不办理,则卖方可以解除合同。

2. 支付价款的地点

《公约》第57条规定,若买卖合同没有规定付款地点,可在以下地点支付价款:

(1) 卖方的营业地。若卖方有一个以上的营业地,则买方应在与该合同及合同的履行关系最为密切的那个营业地支付价款。《公约》还规定,若卖方的营业地点在订立合同后发生变动,则由于这种变动而引起的在支付费用方面的增加开支应由卖方支付。

(2) 如果是凭移交货物或单据支付价款,则为移交货物或单据的地点。

3. 付款时间

《公约》第58条对付款时间作了规定,这一规定包含三方面的内容:

(1) 若买卖合同没有规定付款时间,买方必须于卖方按照合同或本《公约》的规定将货物或控制货物处置权的单据交给买方处置时支付价款。卖方可以支付价款作为移交货物或单据的条件。

(2) 若合同涉及货物的运输,卖方可在支付价款后把货物或控制货物处置权的单据移交给买方作为发运货物的条件。

(3) 买方在未有机会检验货物前,无义务支付价款,除非这种检验与双方当事人议定的交货或支付程序相抵触。检验与交货支付程序相抵触的典型情形是CIF合同。在CIF合同中,一般是凭单付款在前,货到检验在后。

(二) 收取货物

买方收取货物的义务包括两方面:(1) 采取一切理应采取的行动,以期卖方能交付货物;(2) 接收货物。

三、货物风险的转移

(一) 概述

风险是一个法律术语,指货物可能遭受的各种意外损失,如盗窃、火灾、沉船、破碎、渗漏、扣押及不属于正常损耗的腐烂变质等等。这些损失在货物买卖的各个阶段都可能发生,例如在卖方尚未移交货物至承运人或买方前、在运输途中、买方检验货物过程中、买方在接收后持有货物时都可能发生。风险的转移,是指货物风险于何时由卖方转移到买方。风险转移到买方后,若发生灭失,则买方仍需支付价金。若风险尚未转移到买方即发生灭失,则买方不仅没有支付价金的义务,而且卖方若因此不能履行合同的话还可能要承担违约责任。因此,风险的划分直接关系到买卖双方的切身利益,是买卖法应当解决的重大问题之一。当然,由于保险的广泛采用,大多数损失都可以通过保险来弥补,但仍有一些问题需要划分风险转移的界限后才能解决,比如,哪一方应向保险人求偿,哪一方有责任救助受损的货物;又比如,当保险的险别不包括某种风险或对某种风险不适用时如何承担损失等。

各国法律对货物风险转移的时间的规定很不相同。英国法和法国法以所有权转移的时间,德国、日本、美国法则以交货时间决定风险转移的时间。应该说,以交货时间作为划分标准要切合实际一些。

(二)《公约》关于风险转移的规定

关于风险转移,《公约》第66条至第70条作了详尽规定,总的说来,是以交货时间来确定风险转移的时间。具体而言,又包括以下几个方面的内容:

1. 风险转移所产生的后果

《公约》第66条规定:货物在风险转移到买方承担后灭失或损坏,买方支付价款的义务并不因此解除,除非这种灭失或损坏是由于卖方的行为或不行为所造成。这表明,一旦风险转移于买方之后,买方就要对货物的灭失或损坏承担责任,即使货物灭失或损坏,买方也必须付款,他只能通过保险求得补偿(如果保了险的话),而不能以此为理由拒付价款。但是,买方的这种责任有一种重要的例外,那就是如果货物的灭失或损坏归因于卖方时,买方则免除付款的义务。比如,合同规定卖方要用新袋子包装货物,但卖方却用了旧袋子包装,致使货物发生灭失,则买方可不付价款。

2. 涉及货物运输时风险转移的时间

《公约》第67条规定:(1) 如果买卖合同涉及货物的运输,但卖方没有义务在某一特定地点交付货物,而货物按照买卖合同交付给第一承运人以转交给买方时,风险就转移到买方承担。如果卖方有义务在某一特定地点把货物交付给承运人,在货物于该地点交付给承运人以前,风险不转移到买方承担。卖方受权保留控制货物处置权的单据,并不影响风险的转移。(2) 但是,在对货物加标记,或以装运单据,或向买方发出通知或其他方式清楚地确定在合同项下以前,风险不转移到买方承担。

《公约》第67条第1款规定了涉及货物运输时风险转移的基本规则,即风险在卖方将货物交付给第一承运人时转移,但这一规则有一个限制,即当合同要求卖方将货物交付给处于某特定地点的承运人时,则风险只有当卖方将货物在特定地点交付给承运人时风险才发生转移,这一处于特定地点的承运人可能是第一承运人,也可能是第二、第三承运人。交付是一个确定的概念,它仅指转移占有的实际行为。只有卖方按合同规定转移货物占有的行为时才适用"交付"一词。

"卖方受权保留控制货物处置权的单据并不影响风险的转移",这句话是针对英国等国的法律而作的一个特别说明,《公约》摒弃英国法将货物所有权转移的时间作为风险转移时间的做法,即使代表货物所有权的单据由卖方持有、尚未转移给买方,也不影响货物风险的转移。

在 St. Paul Guardian Insurance 诉 Neuromed Medical Systems & Support GmbH 案中,原告认为,被告保留货物的所有权,就要承担货物灭失的风险。保留货物的所有权的规定修改了 INCOTERMS 的规定。法官认为,虽然 INCOTERMS 对保留货物所有权对风险转移的影响未作规定,但《公约》第67条规定:卖方受权保留控制货物处置权的单据,并不影响风险的转移。这表明所有权的转移并不影响风险的转移。本案即使使用德国《民法典》,其第447条也是采纳了所有权和风险转移相分离的原则,结果也是一样。因此,法官判决驳回原告的诉讼请求。

以货交承运人作为风险转移的界限,即意味着运输中的风险将由买方承担,而这也符合国际贸易的实际情况。因为,货物在运输途中发生的损害,通常只有当货物到达买方时才能发现;买方能够更好地估价所受的损失,并且向承运人或保险公司求偿;而且在很多交易中,买方须在卖方交货之前,通过卖方所在地银行向卖方发出信用证,然后卖方向该银行提交提单、保险单,由该银行交给买方,因而在买方检验货物发生损害时,这些单据已经到了买方的手里。

需要强调的是,要注意价格术语与本条规定的关系。FCA、CPT、CIP 是货交承运人时风险转移,FAS、FOB、CIF、CFR 是在货交承运人后于船边、于船上转移风险,这几个术语的运输风险由买方承担。DAT、DAP、DDP 是在目的地点交货,运输风险由卖方承担。一旦当事人采用上述价格术语作为合同条件,则价格术语的规定即优先于《公约》的规定。

3. 路货的风险转移时间

《公约》第68条规定,对于在运输途中销售的货物,从订立合同时起,风险就转移到买方承担。但是,如果情况表明有此需要,从货物交付给签发载有运输合同单据的承运人时起,风险就由买方承担。尽管如此,如果卖方在订立合同时已知道或理应知道货物已经灭失或损坏,而他又不将这一事实告诉买方,则这种灭失或损坏应由卖方负责。

4. 其他情况下的风险转移时间

对于买方到卖方营业地接收货物的情况,《公约》第69条规定,从买方接收货物时起,风险转移到买方。但如果买方不在适当的时间内收取货物,则从货物交付给他处置但他违反合同不收取货物时起,风险转移到买方。对于货物存放在公共仓库的情形,由于交货的行为由仓库保管人作出,因此,《公约》规定,只要合同规定的交货时间一到,买方知道货物已在该地交给他处置(比如卖方已向买方提供提货凭证)时,风险就发生转移。

对于由卖方或承运人运到目的地或买方营业地的情形,与存放在公共仓库的情形相同,也是在交货时间一到,买方知道货物已交给他处置时转移。《公约》第 69 条也规定,在货物未特定化之前,不得视为已交给买方处置。

5. 卖方根本违反合同对风险转移的影响

《公约》第 70 条规定,如果卖方已根本违反合同,第 67 条、第 68 条和第 69 条的规定,不损害买方因此种违反合同而可以采取的各种救济方法。这一规定的含义是,如果卖方已根本违反合同,即使货物的风险已转移到买方,买方也可以采取宣告解除合同、要求交付替代货物或请求损害赔偿等救济方法,尤其是解除全部合同时,买方可以全部退货,从而避免了由他承担风险转移后所发生的灭失或损害。如果卖方没有根本违约,那么买方不能解除合同,对风险转移后的灭失或损害则要承担。比如,卖方的 100 吨货物中,在交付承运人时即有 40 吨不符合合同,途中又有 20 吨灭失,那么,如果 40 吨不符合同构成根本违约,则买方可要求退回全部 100 吨货物;但是,如果只有 20 吨不符合同,而且 20 吨不符合同不构成根本违约,买方虽然可以对 20 吨货物要求赔偿损失,但却不能解除合同,因而要承担 20 吨货物的损失。

第四节 国际货物买卖中的违约与救济

一、违约及其救济方法

(一) 违约

买卖合同订立以后,双方即应按合同履行义务。如果一方不履行义务或不适当地履行义务,即是违反合同的行为,或称违约行为。卖方的违约行为,主要有不交货、延迟交货或所交货物与合同不符、不提交有关的单证等。买方的违约行为,主要有无理拒收货物、拒不履行付款手续、不付款等。《公约》对违约的规定有一个重要的特点,那就是把违反合同的行为分为根本违反合同行为和非根本违反合同行为,并分别采用不同的救济方法。

《公约》第 25 条规定,一方当事人违反合同的结果,如使另一方当事人蒙受损害,以至于实质上剥夺了他根据合同规定有权期待得到的东西,即为根本违反合同。除非违反合同一方并不预知而且一个同等资格、通情达理的人处于相同情况下也没有理由预知会发生这种结果。

从以上的规定可以看出,构成根本违反合同必须满足两个条件:一是一方当事人违反合同的行为对另一方当事人的利益造成了重大损害;一是违约的后果是违约方可以预知或者一个同等资格、通情达理的第三人处于相同情况下可以预知的。就第一个条件而言,《公约》强调的是"违反合同的结果",这就是说根本违约不是以对合同的哪些条款的违反为标准,而是要看违约在客观上对对方所造成的后果。因此,不仅当事人对合同中某些主要条款的违反可能构成根本违约,而且对合同中某些一般条款的违反也可能构成根本违约,只要其后果"实质上"(substantially)①剥夺了对方期望得到的东西。同时,对于"实质上"一词,应理解为"大量地""严重地",即只有严重损失才可能构成根本违约,轻微的损失不能构成根本违约。至于违约的结果是否存在实质性损失,这是个事实问题,最终需要法官、仲裁员在具体案件中考察各种情况而定。

就第二个条件而言,《公约》要求违约方在违约时可以预见或者第三人在相同情况下可以预见到违约会造成该严重损害。如果违约方可以预见到其违约会造成严重损害,则已足以构成根本违约。但是如果违约方声称或证明他不能预见到违约的严重后果,而第三人处于同样的情形下能够预见到,则也应构成根本违约。因此,违约方只有能证明他的违约没有造成实质性损害,或者虽然造成了实质性损害,但是他没预见到会发生这种严重后果而且一个第三人在同样情形下也无法预见到会发生这种严重后果,他才能否定其行为构成根本违约。

对于根本违约,《公约》规定受损方可以解除合同,而对于非根本违约,受损方一般不能解除合同。

(二) 几种主要的违约救济方法

《公约》所规定的买卖双方都可使用的违约救济方法主要有解除合同、损害赔偿和实际履行。

1. 解除合同

(1) 解除合同的前提条件

总的说来,只有在对方的违约构成根本违约时,受损方才可以宣布解除合同。具体而言,《公约》有四个条款对可以解除合同的情况作了规定:

第一,第49条。该条规定,在卖方的违约构成根本违约或者卖方不交货,而且在买方所给予的额外时间内也不交货(也视为根本违约),则买方可解除合同(详见本节"卖方的救济方法")。

第二,第64条。该条规定,在买方的违约构成根本违约或者买方不在卖方规定的额外时间内履行支付价款的义务或收取货物,卖方可解除合同(详见本节"买方的救济方法")。

第三,第72条。该条规定了预期违约的情形,即如果在履行合同日期之前明显看出一方当事人将根本违反合同,另一方当事人可宣告合同无效。

第四,第73条。该条对分批交货合同的宣告无效作出了规定。依该条:A. 对于分批交货合同,如果一方当事人不履行对任何一批货物的义务,便对该批货物构成根本违反合同,则另一方当事人可以宣告合同对该批货物无效;B. 如果一方当事人不履行对任何一批货物的义务,使另一方当事人有充分理由断定对今后各批货物将会发生根本违反合同,

---

① 通译为"实际上",但作者认为译为"实质上"更为贴切。"实际上"的对应词应为"actually","substantially"则对应于"实质上"。

该另一方当事人可以在一段合理时间内宣告合同今后无效;C. 买方宣告对任何一批货物的交付为无效时,可以同时宣告合同对已交付的或今后交付的各批货物均为无效,如果该批货物是互相依存的,不能单独用于双方当事人在订立合同时所设想的目标。

(2) 解除合同的生效

对于解除合同的生效,英美法和德国法均认为,只要把解除合同的通知送交对方,即可以使合同丧失效力。法国《民法典》则规定,除某些特殊情况外,债权人必须向法院申请解除合同的命令,经法院认可才使合同的效力解除。①

《公约》第26条规定,宣告合同无效的声明,必须向另一方当事人发出通知,方始生效。即采取与英美法、德国法相同的原则。这样规定既可以使违约方及时知道合同所处的状态,同时采取措施减少不必要的损失,又可避免受害方利用对方根本违约的机会视市场行情涨落取得不公平利益。

值得注意的是,《公约》第26条规定的通知,是采取投邮生效原则(或发送生效原则),即只要宣告解除合同方一发出通知,合同即告解除。传递上的耽搁或错误风险,由违约方承担。有必要进一步指出的是,《公约》第三部分"货物买卖"与第二部分"合同订立"在通知生效的原则上是很不相同的。在合同成立上,《公约》主要采取到达生效原则;而在货物买卖部分,按第27条的规定,除第三部分的条文另有明文规定外,通知的生效应采取发送原则。②

(3) 解除合同的效果

合同一旦解除,当事人即无需再履行尚未履行的义务,这是合同解除的应有之义。各国合同法或买卖法也是这样规定的。但是,解除合同是否能够溯及既往,从而使双方当事人互负返还已受领的给付的义务,各国法律的规定有很大的差异。德国法和法国法均承认解除合同的效力溯及既往。美国《统一商法典》亦未将"返还"的概念运用得如大陆法那么普遍。一般说来,卖方取回货物的请求只能基于买方在受领货物上的错误行为(如诈欺)或者基于卖方对货物保留了财产利益。

《公约》在合同解除的效果上主要采取大陆法的原则。其第81条规定,宣告合同无效解除了双方在合同中的义务,已全部或局部履行合同的一方,可以要求另一方归还他按照合同提供的货物或支付的价款;如果双方都须归还,他们必须同时这样做。《公约》第84条还对利益的返还作了进一步的规定:第一,如果卖方有义务归还价款,他必须同时从支付价款之日起支付价款利息。第二,在以下情况下,买方必须向卖方说明他从货物或其中一部分得到的一切利益:如果他必须归还货物或其中一部分;或者如果他不可能归还全部或一部分货物,或不可能按实际收到货物的原状归还全部或一部分货物,但他已宣告合同无效或已要求卖方交付替代物。第84条表明,双方当事人互相返还已受领的利益(货物或价款)的义务包括两个方面:一是返还已受领的货物或价款,二是返还货物或价款所生

---

① 法国《民法典》第1184条第3款。
② 另有明文规定的条款,有第47条第2款、第48条第4款、第63条第2款、第65条第1款、第65条第2款、第79条第4款。这些条款规定,通知采取送达生效原则。

的利润或利息。

《公约》第 81 条规定,宣告合同无效解除了双方在合同中的义务,但应负责的任何赔偿仍应负责(这摒弃了德国法关于解除合同和损害赔偿只能择一使用的规定);宣告合同无效不影响合同中关于解决争议的任何规定,也不影响合同中关于双方在宣告合同无效后权利和义务的任何规定。

2. 损害赔偿

按照《公约》的规定,国际货物买卖合同当事人一方违反合同给另一方造成利益损害,另一方可以请求违约方进行赔偿。《公约》对损害赔偿的规定包含以下重要内容:

(1) 无过失责任原则

在确定违约责任问题上,大陆法和英美法存在着分歧。大陆法国家(如德国)采用过失责任原则,即违约的当事人只有在有过失的情况下才承担违约的法律责任。英美法则采用无过失责任原则,只要当事人一方违约,不问其本人是否有过失,都应对违约承担损害赔偿的责任。《公约》采用了英美法的原则。按照《公约》第 45 条、第 61 条的规定,卖方违约或买方违约时,买方或卖方即可采取《公约》所规定的救济方法,包括损害赔偿。

(2) 损害赔偿额计算的一般规则

《公约》第 74 条规定,一方当事人违反合同应负的损害赔偿额,应与另一方当事人因他违反合同而遭受的包括利润在内的损失额相等。这种损害赔偿额不得超过违反合同的一方在订立合同时,依照他当时已知道或理应知道的事实和情况,对违反合同预料到或理应预料到的可能损失。

这一条规定了损害赔偿金计算的一般规则。按照该规定,损害赔偿的责任范围包括两个方面:违约对受害方所造成的实际损失和所失利益。实际损失,是指受损方依赖合同行事所产生的损失;所失利益,就是合同如能履行可以获得的利润,一般情况下即是销售利润。因此,《公约》所规定的损害赔偿具有补偿性质,即要使受损方的财务状况与合同假如履行时他本应得到的财务状况相同。《公约》关于损害赔偿的责任范围与各国民商法的规定是一致的。

《公约》第 74 条还对损害赔偿的责任范围作了一个很重要的限制,即损害赔偿额不得超过违反合同一方在订立合同时,依照他当时已知道或理应知道的事实和情况,对违反合同预料到或理应预料到的可能损失。这种以"可预见性"作为对违约方赔偿责任的限制是有必要的。因为如果让一笔获利相对较小的交易的当事人承担他所没有预见到或不可能预见到的损失,可能会使损害赔偿额与交易利润额的比例过于悬殊,从而对违约方产生不公平的结果。这种可预见性标准在英国法中是由 1854 年英国哈特利诉巴辛德尔案确立的。该案确立了限制损害赔偿范围的两项原则:这种损失必须是可以公平合理地认为依照事物的一般过程系由违约情事自然发生的;或者这种损失必须合理地推定为当事人双方在订约时曾预期到的违约的可能后果。[①] 美国《统一商法典》继承了哈特利案的传

---

① 张玉卿、姜韧、姜凤纹编著:《〈联合国国际货物销售合同公约〉释义》,辽宁人民出版社 1988 年版,第 290 页。

统,规定由于卖方违约而产生的损害赔偿包括因买方通常的或特定的需求未能实现而产生的损失,对这些需求,卖方在订立合同时是有理由预先知道的。[①] 公约对可预见性采取的是双重标准,一是违约方预见到的损失,这是主观标准;一是违约方理应预见到的损失,这是客观标准。在具体案件中,损害赔偿额的计算是千差万别的,法院或仲裁庭应依据案件的具体情况来加以确定。

(3) 宣告合同无效时损害赔偿额的计算

《公约》第 75 条、第 76 条专门对宣告合同无效时损害赔偿额的计算作了规定。

《公约》第 75 条规定,如果合同被宣告无效,而在宣告无效后一段合理时间内,买方已以合理方式购买替代物、或者卖方已以合理方式把货物转卖,则要求损害赔偿的一方可以取得合同价格和替代货物价格之间的差额以及按照第 74 条规定可以取得的任何其他损害赔偿。这一规定为宣告合同无效而且买方购买替代物或卖方转卖货物时如何计算损害赔偿额提供了具体方法。例如,卖方因买方未支付价款而把已到目的港的货物就地转卖,原合同价格为 25 万美元,转卖价格为 22 万美元,则损害赔偿额应将 3 万美元包括在内。之所以规定损害赔偿额还包括根据第 74 条可以获得的赔偿额,是因为购买替代物或转卖货物往往还要支出其他额外费用,如交易费用、运输费、仓储费等,这些费用,应由违约方承担,也要包括在损害赔偿额里面。

《公约》第 76 条还规定:第一,如果合同被宣告无效,而且货物又有时价,要求损害赔偿的一方,如果没有根据第 75 条规定进行购买或转卖,则可以取得合同规定的价格和宣告合同无效时的时价之间的差额以及按照第 74 条规定可以取得的任何其他损害赔偿。但是,如果要求损害赔偿的一方在接收货物之后宣告合同无效,则应适用接收货物时的时价,而不适用宣告合同无效时的时价。第二,为上一款的目的,时价指原应交付货物地点的现行价格,如该地点没有时价,则指另一合理替代地点的价格,但应适当考虑货物运费的差额。这一规定为当事人宣告合同无效,但没有转卖货物或购买替代物时如何计算损害赔偿额确立了具体的办法。基本的办法就是将合同价格与宣告合同无效时原应交付货物地点的现行价格相减所得余额加上其他损失额。对于买方在接收货物后宣告合同无效的情形采用接收货物时的时价,其目的是为了避免买方先受领货物,等到货物的市场价格下跌时再宣布解除合同从而使卖方付出更多赔偿。

(4) 减轻损失的义务

当一方当事人违反合同时,另一方有义务采取必要的措施以减轻因违约而引起的损失。《公约》第 77 条规定,声称另一方违反合同的一方,必须按情况采取合理措施,减轻由于另一方违反合同而引起的损失,包括利润方面的损失。如果他不采取这种措施,违反合同的一方可以要求从损害赔偿额中扣除原可以减轻的损失数额。

3. 实际履行

实际履行,是指当合同一方当事人违约时,另一方当事人可以要求违约方按照合同规

---

① 美国《统一商法典》第 2-715 条。

定履行义务。大陆法和英美法关于实际履行的规定有很大的不同。大陆法把实际履行作为对违反合同的一种主要救济方法,当债务人不履行合同时,债权人有权要求债务人实际履行义务。英美普通法上的救济方法只有金钱赔偿,没有实际履行。只有当金钱赔偿不足以弥补受损方的损失时,才可以诉诸衡平法上的实际履行。一般说来,英美等国法院对于货物买卖合同原则上不会作出实际履行的判决,只有在标的物是特定物或者特别珍贵罕有,在市场上不容易买到时,法院才会判决实际履行。因此,在英美法上实际履行只是一种在例外情况下才采用的辅助性救济方法。

对于两大法系的上述重大分歧,《公约》无法进行完全的统一,只能作出一定程度上的统一,并给各国法院依本国法律判决的自由。按照《公约》第28条的规定,如果按照本《公约》的规定,一方当事人有权要求另一方当事人履行义务,法院没有义务作出判决,要求具体履行此一义务,除非法院依照其本身的法律对不属《公约》范围的类似买卖合同愿意这样做。因此,一项要求实际履行的请求,如果是在大陆法国家的法院提起,一般是可能得到认可的;但如果是在英美法国家提起,则一般不会被认可。

就目前的司法实践来看,无论是英美法系国家还是大陆法系国家的法院,对于国际货物买卖合同纠纷极少作出实际履行的判决。其原因在于:按实际履行投诉,原告要负举证责任,被告则竭力抗辩和推脱,待到法院作出判决,通常要二三年,耗时费力;而且国际货物买卖的标的物一般都是非特定的,大多数情形下买方都可以买到替代物。如果买方在购买替代物的同时要求损害赔偿金,通常更容易得到及时而充分的损害赔偿。

二、卖方的救济方法

买方违约的情形主要有:不付款、延迟付款、不收取货物、延迟收取货物。按照《公约》的规定,买方违约时,卖方可采取的救济方法有:

(一) 实际履行

按照《公约》第62条的规定,买方违约时,卖方可以要求买方支付价款,收取货物或履行其他义务,即要求买方按合同的规定实际履行。但是,如果卖方已采取了与实际履行相抵触的救济方法,比如说解除合同,则卖方就不能要求买方实际履行。

需要指出的是,在贸易实践中,如果买方拒收货物或拒付价款,卖方诉诸法院或提交仲裁以把货物强制推给买方的做法是很少见的。因为,如果卖方这样做,要承担仓储保管费,要花费时间和费用进行诉讼或仲裁。而且有时还会遇到买方丧失支付能力或破产的情况。因此,卖方通常是宣布解除合同,将货物转卖,同时请求损害赔偿。

(二) 给予宽限期

与《公约》第47条关于买方给予卖方宽限期相对应,《公约》第63条规定了买方违约时卖方给予买方履约宽限期的问题。按照《公约》规定,如果买方迟延履行义务,卖方可以为买方规定一段合理时限的额外时间,让买方履行义务。如果买方在这段时间内仍不履行其义务,卖方可解除合同。

卖方一旦给予宽限期,那么除非卖方收到买方的通知,声称他将不在宽限期内履行义务,卖方不得在宽限期内就买方的违约采取任何其他救济方法。但卖方并不因此丧失其要求损害赔偿的权利。

卖方并非对买方的所有延迟履行义务给予宽限期,如果买方的迟延履约构成根本违约,卖方可直接宣布解除合同。

(三) 解除合同

卖方可以解除合同的情形有:买方不履行其在合同中或公约中的任何义务,等于根本违约;买方不在宽限期内履行支付价款或收取货物的义务,或者买方声明他将不在所规定的时间内履行义务。

但是,如果买方已支付价款,卖方就丧失解除合同的权利,除非:对于买方构成严重违约的迟延履行义务,他在知道买方履行义务前就宣布解除合同;对于买方不构成严重违约的迟延履行义务,他在宽限期满后或买方声明不在宽限期限内履行合同后一段合理时间内宣布解除合同;对于迟延履行义务以外的其他严重违约,他在知道或理应知道这种违反合同后一段合理时间内宣布解除合同。

(四) 订明货物规格

《公约》第65条规定,如果买方应根据合同规定订明货物的形状、大小或其他特征,而他在议定的日期或在收到卖方的要求后一段合理时间内没有订明规格,则卖方可依照他所知的买方的要求,自己订明规格。这一规定的目的是为了防止买方通过不履行订明货物规格的义务来逃避其合同义务。买方不履行其订明货物的规格的义务也是一种违约行为,对此,卖方可以运用自行订明规格这一救济方法。卖方也可以选择其他的救济方法,如请求损害赔偿,或者如果不订明规格构成根本违约时解除合同等。

按照《公约》的规定,如果卖方自己订明规格,他必须把订明规格的细节通知买方,而且必须规定一段合理时间,让买方可以在该段时间内订出不同的规格。如果买方在收到这种通知后没有在该段时间内订出不同的规格,卖方所订的规格就具有约束力。

(五) 损害赔偿

当买方的违约对卖方造成利益损失时,卖方可以请求损害赔偿,而且卖方请求损害赔偿的权利不因卖方已采取上述任何其他救济方法而受到影响。

三、买方的救济方法

卖方违反合同的情况主要有:不交付货物、不交付有关货物的单据、交付的货物不符合规定、第三人对交付的货物存在权利或主张等。《公约》没有分别对各种违约情况规定买方可采取的救济方法,而是总括地对卖方违约时买方可采取的救济方法作出了规定。按照《公约》规定,买方可采取以下救济方法。

(一) 实际履行

《公约》第46条第1款规定:卖方违约时,买方可要求卖方按照合同的规定履行义务。但是,如果买方已采取了与实际履行相抵触的救济方法,比如解除合同,则买方不能要求实际履行。

《公约》第46条第2款、第3款规定:如果货物不符合同,买方可以要求卖方进行修理。如果不符合同构成根本违约,还可以要求交付替代货物。可见,《公约》是将修理和交付替代货物作为实际履行的两种具体方式,因为修理或交付替代物都可以达到交货符合合同,即实现了实际履行。

(二) 给予履行宽限期

《公约》第47条规定:(1) 买方可以规定一段合理时限的额外时间,让卖方履行其义务。(2) 除非买方收到卖方的通知,声称他将不在所规定的时间内履行义务,买方在这段时间内不得对违反合同采取任何救济方法。但是,买方并不因此丧失他对迟延履行义务可能享有的要求损害赔偿的任何权利。

这是《公约》专门针对卖方延迟交货而规定的一种救济方法,对于交货不符不适用这种方法。迟延交货是国际货物买卖合同履行中比较常见的一种违约。《公约》对此并不是赋予买方解除合同的权利,而是规定买方可以给予卖方一个宽限期,以完成交货。如果卖方在宽限期(买方给予的宽限期应该十分明确)内仍不交货,则买方可以宣布解除合同。但是,不能将本条理解为对于任何迟延交货都必须给予宽限期,如果在特殊情况下迟延交货构成根本违约,则买方可以直接宣布解除合同。

在买方采取给予宽限期的救济方法时,买方在他所给出的宽限期内不得再采取任何其他救济方法,除非卖方明确宣布他不在宽限期内交货。此外,由于迟延交货往往对买方造成一定的损失,所以《公约》又规定买方并不丧失损害赔偿的权利。

(三) 接受卖方的主动补救

《公约》第48条规定,除非买方已宣布解除合同,卖方即使在交货日期之后,仍可自付费用,对任何不履行义务作出补救。补救包括修理和换货。这事实上是卖方主动进行实际履行。这一规定的目的是为了鼓励当事人之间的友好配合、密切合作,尽量避免解除合同行为,这正是《公约》的立法指导思想之一。

《公约》第48条规定,卖方主动补救,不得造成不合理的迟延,也不得使买方遭受不合理的不便,或无法确定卖方是否将偿付买方预付的费用。

《公约》第48条还规定,卖方如拟进行补救,应事先将此意图通知对方,卖方发出的通知只有在买方收到后才产生效力。买方有义务对通知进行答复,若未在合理时间内作出答复,卖方即可按通知中提出的时间期限进行补救,买方不得在该时间内采取与卖方履行义务相抵触的任何救济方法。

(四) 解除合同

当卖方违反合同时,买方在下列情况下可解除合同:(1) 卖方不履行在合同或本《公约》中的任何义务,等于根本违反合同;或者,(2) 如果发生不交货的情况,卖方不在买方给定的宽限期交付货物,或卖方声明他不在所规定的时间内交付货物。

但是,如果卖方已经交付货物,买方不在一段合理的时间内宣告解除合同,买方就丧失宣告解除合同的权利。具体内容,包括以下情形:在迟延交货构成严重违约时,卖方已交付货物,买方不在知道交货后的一段合理的时间内解除合同;在迟延交货不构成根本违约,买方给予宽限期的情形下,如果宽限期已满,或者卖方声明不在宽限期内交货,然后卖方又交付货物,买方不在合理时间内解除合同;货物已交付,而且买方已知道或理应知道交货不符构成严重违约,买方不在合理时间内解除合同;卖方根据《公约》第48条第2款提出主动补救的时间后或买方声明他将不接受卖方的补救后一段合理时间内买方不宣布解除合同。在上述情形,买方都丧失解除合同的权利。可见《公约》十分强调买方必须在合理时间内行使解除合同的权利。如果超过了合理的时间即会丧失解除合同的权利。这是因为在货物已交付的情况下,买方宣布合同无效,即意味着退货,这时卖方就要面临重新办理运输、保险或另寻买主的困境。要求买方在合理的时间内行使解除合同的权利,可以避免卖方蒙受更大的损失。

(五) 减价

《公约》第50条规定,如果卖方所交的货物与合同不符,无论价款是否已付,买方都可以减低价格。减价按实际交付的货物在交货时的价值与符合合同的货物在当时的价值两者之间的比例计算。这一规定表明,如果买方对货物不符不想采取解除合同或要求修理、退换时,他可以选择减低价格作为救济方法。减价的计算可按以下的公式进行:$T - T \times D/C$(其中 T 表示原合同总价,D 表示不符货物交货时的价格,C 表示符合合约货物交货时的价格)。

《公约》第50条还规定了对采用减价方法的限制,即如果卖方主动地对不符货物进行了补救,或者买方拒绝接受卖方的主动补救,则买方不能减低价格。

(六) 部分货物不符时买方的救济方法

部分货物不符包括卖方只交付一部分货物,或者卖方所交付的货物只有一部分与合同的要求相符合。对此,《公约》第51条第1款规定,买方只能对缺漏部分的货物或者与合同不符的那一部分货物采取《公约》第46条至第50条所规定的救济方法。如前所述,这些方法包括要求修理、退货、降价或者对部分合同宣布无效。因此,《公约》实际上是采纳了对合同和合同履行可以分割的原则。部分违约不能导致整个合同归于无效,只能导致部分合同无效。当然,如果是全部违约或者局部违约必然导致整体违约(比如一组机器的一个关键设备无法供应)时,受损方则可以解除全部合同。因此,《公约》第51条第2款规定,买方只有在卖方完全不交付货物或者不按照合同规定交付货物等于根本违反合同时,才可以宣布整个合同无效。

(七) 提前、超量交货时买方的救济方法

《公约》第52条第1款规定,如果卖方在规定的日期前交付货物,买方可以收取货物,也可以拒绝收取货物,因此,对提前交付的货物拒收是买方的一项权利。但是拒收提前交付的货物并不是解除合同,卖方可以在合同规定的日期再次提交货物。

对于卖方交付的货物数量大于合同规定的数量,《公约》第52条第2款规定,买方可以收取也可以拒绝收取多余部分的货物,如果买方收取多交货物的全部或一部,他必须按合同价格付款。

（八）损害赔偿

如前所述，损害赔偿是买方可以采用的一种主要救济方法，而且可以与任何其他的救济方法并用，因此，当买方采用前面所举的任何一种或数种救济方法而不能使其损失获得全部补偿时，他都可以再请求损害赔偿。

本章小结：

在国际货物买卖领域，存在着重要的国际惯例、国际条约和国际重述，它们的适用顺位是由惯例到公约再到重述。《国际贸易术语解释通则》对交货条件、运输、保险和进出口手续等问题作出了规定，是影响广泛的国际惯例。《联合国国际货物销售合同公约》对合同的成立、买卖双方的权利义务及救济作出了统一规定，在缔约国之间创造了一个排除国内买卖法适用的新的法律秩序。《国际商事合同通则》在货物买卖领域对《公约》具有补充和解释功能。

思考题：

1. 什么是国际商事惯例？
2. 什么是国际商事条约？为什么它要排除国内法而优先适用？
3. 在国际货物买卖领域，国际商事条约和国际商事惯例之间是什么样的适用顺位？为什么？
4. 为什么说 CIF 交易是一种单据交易？
5. 在要约的撤销上，《联合国国际货物销售合同公约》是如何协调两大法系的差异的？
6. 依据《联合国国际货物销售合同公约》，根本违约的构成要件是什么？根本违约情形下受损方可以采取何种救济？
7. 比较《联合国国际货物销售合同公约》和我国《合同法》关于损害赔偿的规定之异同。

第四章 国际货物运输和保险法

学习目标：识记提单、海运单、航空货运单、多式联运、保单、可保利益、共同海损、单独海损等重要概念；理解海上货物运输合同、海上货物保险合同、国际航空运输合同的特点和当事人的权利义务关系；掌握《海牙规则》《维斯比规则》《汉堡规则》《华沙公约》《蒙特利尔公约》《伦敦保险业协会的协会货物条款》的核心规则；运用法条、判例和法理分析真实案例

建议学时：6学时。

导读：本章学习的基本方法包括概念识记、文献分析和判例分析。第三章的引导性案例 Neuromed 案对本章中海上保险代位权的理解仍然有帮助。本章案例导读：安徽省服装进出口股份有限公司诉法国薛德卡哥公司和法国塔丽娜国家航运公司案。2000年8月29日，出口人安徽省服装进出口股份有限公司托运货物后获得编号 DCE05426537 抬头为法国薛德卡哥公司(以下简称卡哥公司)的提单，该单载明：托运人服装公司，收货人凭指示，通知方琳达纺织品公司，承运船舶"谭亚"轮，起运港中国·南京港，卸货港法国·马赛港，货物为腈纶地毯，数量为6000件，价值6.72万美元，装货日期2000年8月22日，提单由储运公司代理达贸公司签发。储运公司签发提单后，将提单交给了服装公司。同日"谭亚"轮装上货物后，离开上海港。8月30日"谭亚"轮在驶往宁波的途中，由于承运人未妥善保管致使所载货物掉入海中，造成服装公司货物全损。"谭亚"轮属法国塔丽娜国家航运公司(以下简称航运公司)所有。提单背面条款规定本案的争议应适用法国1966年6月18日法律及相关法律解释或者适用《海牙—维斯比规则》。2001年2月28日，原告在武汉海事法院起诉卡哥公司(提单上载明的承运人)，要求承担全部货损。随后又追加航运公司为共同被告。被告均未出庭，法院依法作出缺席判决。

该案涉及海商案件的管辖权、法律适用以及《海牙—维斯比规则》的解释。

第一节 国际海上货物运输法

一、海运合同、海运单证及相关规则

(一) 国际海上货物运输合同的概念

国际海上货物运输合同，是指承运人收取运费，负责将托运人托运的货物经海路由一港运至另一港的跨国性合同。国际海上货物运输合同具有以下特征：

(1) 合同具有跨国性或国际性。即往往从一国港口运往另一国的港口。一国的不同港口之间的运输合同不属此类。

(2) 合同是提供劳务即运输服务的合同。

(3) 合同的当事方往往及于缔约双方之外的第三人。合同的缔约人为承运人和托运人。需要指出的是，在缔约托运人之外，《汉堡规则》和我国《海商法》还有发货托运人的规定，《鹿特丹规则》则使用了单证托运人的概念。发货托运人，是指虽然不是缔结运输合同的一方，但履行了向承运人发货的当事人，单证托运人则是指虽然不是缔结运输合同的一方当事人，但在运输单证上列明为托运人的当事人。在CIF项下，缔约托运人和发货托运人通常皆为卖方，在FOB项下，缔约托运人为买方，但发货托运人或单证托运人则通常是卖方。

除托运人和承运人之外，运输合同往往还牵涉到收货人、提单持有人等利害关系人。以国际贸易中使用极多的CIF合同为例，即是由卖方（托运人）与海洋运输公司（承运人）签订合同而到达目的港后，向买方或其他提单持有人（收货人）交货，如果货物有损，则是由收货人向承运人索赔。

收货人为何能够享有运输合同的权利呢？第一种观点认为，托运人是作为收货人的代理人签订合同的，收货人才是运输合同的当事人。第二种观点认为，托运人签订合同后，合同权利义务即转让给收货人。第三种观点认为，运输合同是托运人、承运人为第三人收货人的利益签订的合同。第四种观点认为，承运人和收货人之间有默示合同。第五种观点认为，收货人因法律规定而取得权利。

第一种观点是英国法院早期判例的观点，现在已经很少有人支持。第二种观点将提单转移给收货人的行为视为权利转让，不符合国际货物运输的惯例，事实上，在提单中已经注明收货人，托运人并无接收货物的权利，当然也就谈不上转让给收货人。第三种观点比较符合国际海运的实际。合同的缔约方确实是承运人和托运人，但合同主要的利益——在目的地接收货物——是由收货人享有的，属于为了收货人这一第三人的利益而订立的合同。在海运实践中，收货人较托运人更多地与承运人发生权利义务关系；发生货损时通常也是由收货人向承运人索赔。第四种观点和第五种观点都承认收货人依据合同享有运输合同的权利，但其解释的合理性都不如第三种观点。

(二) 国际海上货物运输合同的分类

国际海上货物运输合同，按照船舶营运方式的不同可分为班轮运输合同和租船合同。班轮运输是指定航期、航次、运费和航线的四固定运输，适用于件、杂货运输，一个航程通常接受多个货主的货物。在班轮运输中，都由运输公司向托运人签发海运提单或海运单，一般并无更为详尽的合同。提单或海运单即是内容最为详尽的书面合同凭证，提单或海运单的内容是确定合同有关当事人权利义务的依据。

租船运输，是不定期、不定航线，由一个或多个货主租用整条船进行的运输，大宗货，如糖、油、谷物、矿石、煤等多采用这种运输方式。根据租船条件的不同，租船合同分为航次租船合同和定期租船合同。承租人与出租人（船东或船舶运输公司）之间的权利义务应依据租船合同。

租船合同，是指船舶出租人向承租人提供船舶或船舶的部分舱位，装运约定的货物，从一港运至另一港,由承租人支付约定运费的运输合同。租船合同是确定当事人权利义务的依据。在租船合同中签发的提单,对承租人而言,仅仅是一份货物的收据或凭证,承租人与出租人(船东或船舶运输公司)之间的权利义务应依据租船合同。而在提单持有人不是承租人时,承运人(出租人)与提单持有人之间的权利义务关系适用提单的约定,但是,提单中载明适用航次租船合同的,适用该航次租船合同的条款。

(三) 海运单证

1. 提单

(1) 定义

提单(bill of lading)是最重要的国际贸易单据之一,它是承运人接收货物或将货物装船后,由其本人或其授权的人或代表他的人(如船长)向托运人签发的、用以证明海上货物运输合同和货物已经由承运人接收或者装船,以及承运人保证据以交付货物的凭证。提单具有四个方面的作用:

第一,提单是承运人和托运人订有海上货物运输合同的证明。如前所述,在班轮运输中,海上货物运输合同在签发提单前即当事人洽订好舱位时即已成立。但提单是海上货物运输合同的证明,而且是明确当事人权利义务的主要依据。

第二,提单是承运人向托运人出具的货物收据,表明货物已由承运人接收或者装运。

第三,提单是代表货物所有权的凭证。按照商业惯例,谁占有提单,谁就有权提取货物。提单的这一作用,使它可以用来结汇、流通和抵押。

第四,提单是承运人承担保证向收货人或其他提单持有人履行交货义务的凭证。在国际贸易中,托运人收到提单后,通常都转让给收货人(通常即为买方),收货人还可通过背书将提单转让给其他人。对于收货人或其他提单持有人,承运人有义务交付货物。

提单分正反两面,由各轮船公司自行制定。正面记载提单的内容,背面规定当事人双方的权利义务。

(2) 提单正面的内容

根据我国《海商法》的规定,提单正面的内容主要包括:

货物的品名、标志、包数或者件数、重量或者体积以及运输危险货物时对危险货物的说明,这些内容由托运人提供;承运人的名称和主营业所;船舶的名称;托运人的名称;收货人的名称;装货港和在装货港接收货物的日期;卸货港;多式联运提单增列接收货物地点和交付货物地点;提单的签发日期、地点和份数;运费的支付;承运人或其代表的签字。

提单缺少上述11项内容中的一项或几项的,不影响提单的性质,只要提单能满足《海商法》所规定的几项作用。

(3) 提单的背面条款

提单背面的条款主要规定承运人和托运人的权利义务。如果对承运人责任的规定违反了提单所适用的某国海商法的强制性规定,则该有关条款无效。提单的背面条款通常包括16—17个条款,以下仅介绍两个重要条款:

第一,管辖权条款(jurisdiction clause)。该条款规定,因提单产生的争议应在哪国法院解决。一般规定因提单产生的争议在承运人所在国法院解决。各国在认定管辖权条款的效力上的做法各不相同。有的国家将其作为协议管辖处理,承认其效力。但更多的国家以诉讼不方便、或该条款减轻承运人责任等为理由否认其效力;进而根据本国诉讼法主张本国法院对提单产生的争议案件的管辖权。也有的国家采取对等原则,确认其是否有效。我国海事司法实践持对等原则。如果外国承运人不能证明存在外国法院尊重提单上订明的中国法院管辖条款,我国海事法院将否认选择外国法院管辖的条款之效力,从而行使管辖权。[①] 在安徽省服装进出口股份有限公司诉法国薛德卡哥公司和法国塔丽娜国家航运公司案中,提单选择法国马赛商事法院为管辖法院,但武汉海事法院没有认同该法院选择条款的效力。

第二,首要条款(paramount clause)。该条款规定提单所适用的法律,通常规定,提单受《海牙规则》《海牙—维斯比规则》或者英国1971年《海上货物运输法》(或美国1936年《海上货物运输法》或承运人所在国的海商法)的调整。各国一般承认该条款的效力。在该条款并列列举《海牙规则》或承运人所在国的海商法时,可由法院或仲裁庭择一适用。在安徽省服装进出口股份有限公司诉法国薛德卡哥公司和法国塔丽娜国家航运公司案中,法院认为,提单背面条款规定本案的争议应适用法国1966年6月18日法律及相关法律解释或者适用《海牙—维斯比规则》,本院选择《海牙—维斯比规则》为本案的准据法。

(4) 提单的分类

第一,按货物是否已装船,分为已装船提单(shipped B/L, on board B/L)和收货待运提单(received for shipment B/L)

货物装上船只之后,由承运人签发给托运人的提单为已装船提单。承运人收到货物后,把货物装上船之前签发给托运人的提单为收货待运提单。一般说来,买方都只愿意接受已装船提单,但在集装箱运输中,尤其在内陆接货时,签发待运提单则属正常。货物装船后,托运人凭收货待运提单向承运人换取已装船提单。通常的做法是,在收货待运提单上加注船名和装船日期,使之成为已装船提单。

第二,按提单上收货人的抬头分类,可分为记名提单(straight B/L)、不记名提单(bearer B/L, blank B/L, or open B/L)和指示提单(order B/L)

指示提单,是指在提单上收货人一栏内载有"凭某人指示"(to order of...),或仅填"凭指示"(to order)字样。前者称为记名指示,通常载明由托运人或银行指示;后者称为不记名指示,视为由托运人指示。对于指示提单,承运人应按指示人的指示交货。指示提单通常由指示人通过背书转让,并因此确定收货人。背书分为记名背书和空白背书。记名背书,由指示人在提单背面写明被背书人,表明承运人应将货物交给被背书人或按其进一步的指示交货。空白背书,指示人在提单背面不写明被背书人,而只签自己的姓名。空白背书后的指示提单的效力同不记名提单。指示提单经背书后发生转让,实现提单的流

---

① 司玉琢主编:《海商法》,法律出版社2003年版,第137页。

通,在国际贸易中运用最为广泛。如指示人不作任何背书,则由指示人保留货物的所有权,有权提货的仍是指示人本人。

记名提单,由于是发给指定的收货人的,不能以背书方式转让;不记名提单,由于收货人一栏内仅填写"交与持单人"字样,故无需背书即可转让。记名提单,由于其流通受到限制,一般只在运送贵重物品、个人馈赠物品、展览品时才采用。不记名提单,极易流通,但容易因遗失或被盗而给买卖双方带来风险,因而实践中极少采用。

第三,按承运人在提单上是否对货物的外表状态加列批注分类,可分为清洁提单(clean B/L)和不清洁提单(claused B/L, foul B/L)。

清洁提单,是承运人对货物的表面状况未加批注的提单,这种提单表明,货物是在表面状况良好的情况下装船的。不清洁提单是指承运人对货物的表面状况加有不良批注的提单,如"包装不固""沾有油污"等。买方一般只愿接受清洁提单。《跟单信用证统一惯例》也规定,除信用证另有规定外,银行不接受不清洁提单。

第四,按运输方式,可分为直达提单(direct B/L)、海上联运提单(ocean through B/L)和多式联运提单(combined transport B/L, multimodal transport B/L)。

直达提单,是指规定货物从装船后,中途不经换船,直接运至目的港交于收货人的提单。当然这种提单不排除船舶中途停靠不同的港口。

海上联运提单,是指规定货物从装船后,在中途港卸船,交由他人用船舶接运至目的港的提单。签发这种提单的承运人,称为联运承运人;接运货物的人称为接运承运人(on-carrier)或者实际承运人(actual carrier)。联运承运人除履行海上联运提单上规定的义务外,应将货物以适当的条件交由接运承运人,并应从接运承运人那里取得已装船提单,将接运承运人的名称、接运船舶的名称和预计到达目的港的日期,通知托运人或收货人。有的海上联运提单规定,联运承运人对全程运输负责,有的海上联运提单规定,联运承运人仅对自己承担的运输部分负责。海上联运不同于转船(transshipment),海上联运是根据托运人与承运人事先的协定而进行的,转船通常是由于船舶在运输途中遭遇风险或其他意外情况而不得不终止运输时,承运人将货物转装至其他船舶运输至目的港。通常,由于承运人可以免责的原因转船时,转船产生的额外费用由托运人或收货人承担,但承运人应对全程运输负责。

多式联运提单,是指多式联运经营人将货物以包括海上运输在内的两种或两种以上运输方式,从一地运至另一地而签发的提单。关于多式联运提单,请参阅下一章的相应内容。

2. 海运单

(1) 海运单的概念

海运单(sea waybill, SWB),又称运单(waybill, W/B),是证明海上货物运输合同和货物由承运人接管或装船,以及承运人保证将货物交给指定的收货人的一种不可流通的单证。

与提单相比,海运单也具有提单的多种作用,但不具有物权凭证的作用。同提单一样,海运单在承运人接管货物或将货物装船后,因托运人要求,由承运人、船长或承运人的代理人签发。托运人凭海运单和其他单证,根据信用证到银行结汇。承运人或其代理人将海运单的内容,通过电子通讯手段传送给目的港承运人的代理人。船舶到港之前或之后,目的港承运人的代理人向收货人或通知方发出到货通知。收货人凭到货通知,并出示其身份证明,到目的港承运人的代理人处领取提货单,在码头仓库或船边提取货物。

海运单具有快速提货的优点,解决了集装箱运输条件下,短程运输所常常出现的船舶已到目的港而提单尚未寄达收货人的问题。海运单不具有流通性,不能凭以提货,也避免了因被窃或遗失而使船方或货主受损的风险。当然,海运单不可能取代提单在国际海上运输中的主导地位。

(2) 海运单的形式和内容

同提单一样,海运单也是一种书面单证,具有正面记载事项和背面条款,并且内容与提单大致相同。

海运单正面通常注有"不可流通"的字样,记载托运人和收货人的名称和通知方的地址、船名、装卸港口、货物标志、规格、数量、运费及其他费用以及海运单签发的时间、地点和签发人等。海运单背面条款与提单相似。

(四) 调整海上货物运输的法律规则

调整海上货物运输的现行生效的规则主要有1924年《海牙规则》、1968年《维斯比规则》和1978年《汉堡规则》。旨在取代上述三项规则的《鹿特丹规则》已经制定但尚未生效。

二、承运人责任

(一)《海牙规则》的主要内容

1921年,国际法协会所属的海事法委员会在海牙召开会议制定关于提单的统一规则。1924年于布鲁塞尔对海牙会议制定的规则进行修订,正式定名为《关于统一提单的若干法律规则的国际公约》,通称为《海牙规则》(Hague Rules)。《海牙规则》于1931年6月2日生效,现有参加国61个。《海牙规则》规定了不得由提单条款加以排除的承运人的最低责任,使各国有关提单的法律基本趋于一致。我国没有加入该公约,但我国《海商法》关于承运人责任与免责的规定,基本采纳该公约的规定。

1. 适用范围

《海牙规则》第10条规定,本公约各项规定,适用于在任何缔约国所签发的任何提单。因此,任何公约的缔约国,对于在本国所签发的提单,如果提单没有约定提单所适用的法律,应适用该公约;如果提单约定了提单所适用的法律,则可以适用该约定的法律,但该公约的强制性规定应予以适用。

《海牙规则》第5条规定,本公约各项规定不适用于租船合同,但如果在租船合同项下签发了提单,则提单应遵守本公约的规定。因此,在租船合同下签发的提单,如果提单在承租人手中,调整承运人(出租人)和承租人之间关系的是租船合同,《海牙规则》对这种提单不适用;但如果提单在非承租人的第三方(如发货人或收货人)手中、用来调整承运人和提单持有人的关系时,公约缔约国应适用公约的规定。

2. 承运人的基本义务

(1) 谨慎处理使船舶适航。《海牙规则》第3条第1款规定,承运人必须在开航前和开航当时谨慎处理:使船舶适航;适当地配备船员、装备船舶和配备供应品;使货舱、冷藏舱、冷气舱和该船其他载货部位适于并能安全地收受、载运和保管货物。

使船舶适航的责任是承运人本身的责任。在开航前由船舶检验机构提供的适航证书,并不能构成船舶适航的决定性依据。如果有船舶检验机构的适航证书,而船舶实际不适航,承运人应对此造成的损失承担责任。如果船舶检验机构在检验中有疏忽并导致船舶不适航,承运人应对此造成的损失对货主承担责任。

适航性,其一,是指船舶必须在设计、结构、坚固性和设备等方面经受得起航程中的一般风险。

其二,还要配备合格、健康的船长和船员,船舶航行所用的各种设备必须齐全,燃料、淡水、食品等供应品必须充足,使船舶能安全地把货物运到目的地。

其三,还包括适宜于载货(cargoworthiness),即适合于接受、保管和运输货物。例如,对货舱进行清洁、消毒,使冷藏舱、冷气舱保持适合的温度,等等。

其四,承运人在使船舶适航方面只尽谨慎处理之责。如果尽了谨慎处理,船舶未能适航,承运人不承担责任。

其五,承运人只需要在开航前和开航当时使船舶适航,而不是在整个航程中都要保证船舶适航。如果船舶在航行中因为意外事故而变得不适航,除非承运人由于疏忽没有及时采取补救措施,否则承运人不承担责任。

(2) 适当和谨慎地管理货物。《海牙规则》第3条第2款规定,承运人应当适当地和谨慎地装载(load)、处理(handle)、积载(stow)、运输(carry)、保管(keep)、照料(care for)和卸载(discharge)所承运的货物。

上述七个方面的义务是相互独立和前后相继的。装载,是指将货物装上轮船。处理,是指承运人将货物搬运到船舱,并根据货物的具体情况,进行适当处理,例如,在装运散装粮食时,必须安装防摇板和通风设备,在装运散笨重货物时,要预备绳索,把货物绑紧。积载,是指按照货物的特点,妥善进行堆放。例如,轻的货物应放在重的货物的上面,容易相互串味的货物不要放在一起。重的货物应均匀放置,不要集中在一处。运输,是指承运人承担完成货物海上空间转移的任务,承运人应以适当的速度、合理的航线航行,不得无故绕航。保管,是指对货物的看护和管理,例如,在运输散装粮食时,必须保持通风,运输水果时,需保持适度的温度,在靠近港口时,应防止失盗,等等。照料,是指对活动物进行适当的喂养和管理。卸载,是指将货物完好地在目的港卸下。如果目的港发生战争、封锁、瘟疫、罢工、冰冻或承运人无法控制的其他情况,船舶不能进入原定目的港,船长有权将船舶驶到附近的安全港口,并通知收货人。在卸载和装载时,承运人通常雇佣装卸工装卸,并对装卸工的装卸风险承担责任。

在安徽省服装进出口股份有限公司诉法国薛德卡哥公司和法国塔丽娜国家航运公司案中,法院认为,航运公司作为实际承运人未妥善保管所运之货物造成服装公司货物损失,依据《海牙—维斯比规则》第3条第2款,航运公司应对货损负赔偿责任。

3. 承运人的责任期间

《海牙规则》第1条是对若干术语的定义。该条关于"货物运输"的定义是:货物运输包括从货物装到船上时起至货物卸下船止。从第3条关于管货义务的强制性规定来看,从货物装到船上时起至货物卸下船止,应为承运人承担管货义务的责任期间。对于装船之前和卸船之后的责任由谁承担,《海牙规则》第7条规定,可由承运人和托运人协商而定。但承运人与托运人的协议,不得违反协议所适用法律的强制性规定。

4. 承运人的免责事项

《海牙规则》第4条规定了承运人的法定免责事由,共有17项之多。

(1) 船长、船员、引航员或承运人的其他受雇人在驾驶船舶或者管理船舶中的行为、疏忽或过失。"驾驶船舶的过失",是指船员在船舶航行或停泊中所发生的判断上或操作上的错误。例如,船员违反避碰规则或其他航行规则,没有保持适当瞭望,没有以安全速度行驶,没有对避碰危险作正确判断,没有以适当的方式锚泊,等等。由此所造成的触礁、搁浅或碰撞等意外事故所致货物的损失,承运人可以免责。"管理船舶上的过失",是指船员在维持船舶的性能和有效状态方面缺乏应有的注意,有过失,如污水管闭塞,未适时关闭进水阀门,对船舶保养不当导致失去动力或失去控制,等等。由此造成的损失,承运人可以免责。

(2) 火灾,但是由于承运人本人的实际过失或参与(actual fault or privity of the carrier)而引起的除外。如果火灾是由船长、船员或承运人的其他受雇人或代理人过失造成的,承运人对火灾造成的货物损失可以免责。但是,如果火灾是承运人本人过失所致,承运人便不能免责,例如,承运人指挥失误引发火灾;承运人为骗取保险金,指使船员纵火烧毁船舶。

(3) 海上或其他可航水域的灾难、危险或者意外事故(perils, dangers and accidents of the sea or other navigable waters)。海上或其他可航水域的灾难、危险,是指海上航行中特有的各种灾难和危险,如恶劣天气、狂风巨浪、浓雾、暗礁、浅滩等。一般解释为不能合理预见的、超出一艘适航轮船所能抵御范围的、除天灾以外的海上各种自然风险。意外事故是指碰撞、搁浅、触礁等无法预料、无法克服的毁灭性事件。

(4) 天灾(act of God)。天灾是指承运人通过采取各种合理措施后,仍不能抵御或防止的,并直接造成货物损失的自然现象,如地震、雷击等。类似于大陆法上的不可抗力。《海牙规则》对天灾作出规定,旨在包括海上航行特有灾难之外的其他自然灾害。

(5) 战争行为。

(6) 公敌行为(act of public enemies)。海盗,就属于典型的公敌。

(7) 国王、统治者或人民的扣留或限制(arrest or restraint),或者司法扣押(seizure under legal process)。

（8）检疫限制（quarantine restrictions）。指一国根据检疫法规，当发现来本国港口的船舶上有疫情或有疫情危险时，禁止船舶进港或进港前作消毒处理。

（9）托运人、货物所有人或者他们的代理人或代表的行为或不行为。

（10）无论何种原因引起的局部或全面罢工、关闭工厂、停工、或者劳动受到限制。

（11）暴动和骚乱。

（12）在海上救助或者企图救助人命或财产。

（13）由于货物固有的缺陷、品质或不良（inherent defect, quality or vices of the goods）所引起的体积或重量的减少或其他任何灭失或损害。这种货损的原因与承运人无关，源于货物本身的自然特性或固有缺陷，因而可以免责。具体情形如：谷物在运输途中会有水分蒸发或发热变质或虫蚀；矿物在装卸过程中会随风飘散一小部分；散装油会有部分黏附于舱壁或结块沉淀而无法泵出；活动物在运输途中因生病或胆怯而死亡；易腐烂货物，如水果等在运输过程中发生腐烂或者变质；煤炭在运输过程中自燃；等等。

（14）货物包装不充分。指货物包装不足以在装卸和运输过程中保全货物，这属于托运人的责任。

（15）标志不清楚或不适当。包括本应有标志而没有标记的种种情形，例如，没有标记禁止倒置、易碎、防湿、禁止使用手钩等等。这也属于托运人的责任。

（16）经谨慎处理仍未发现的船舶潜在缺陷。这项免责是对承运人谨慎处理使船舶适航义务的一个例外。即如果是潜在缺陷，并且经谨慎处理仍未发现，这种不适航所致的损失可以免责。所谓潜在缺陷，是指一个合格的专业人员，以一般应有的注意所不能发现的缺陷。在 The "Amstelslot" 案中，英国上议院法官认为，承运人要免除责任，则必须证明自己以及船舶检验机构已经对船舶进行谨慎处理仍未发现船舶的潜在缺陷。[①]

（17）非由于承运人的实际过失或参与，或者承运人的受雇人、代理人的过失或疏忽所产生的任何其他事由，但援引这项免责的人，应举证证明有关的灭失或损害既非由于承运人的实际过失或参与，也非由于承运人的受雇人、代理人的过失或疏忽。由于对于因承运人的雇员驾驶、管理船舶的过失所造成的损失和非因承运人本人的过失而引发的火灾所造成的货物损失可以免责，人们将《海牙规则》的责任制度称为不完全过失责任原则。

5. 承运人的赔偿责任限制

承运人对每件货物或每一计算单位的货物的灭失或损害承担的最高赔偿额以 100 英镑或与其等值的其他货币为限。但托运人在装船前已就该货物的性质和价值作出声明并已在提单上注明的，不在此限。

6. 承运人责任的强制性

承运人根据《海牙规则》承担的是最低限度的、强制性的责任和义务，运输合同或提单条款中免除或减轻上述义务和责任的约定应归于无效。

---

① John F. Wilson, Carriage of Goods by Sea, Fouth Edition, Pearson Education Limited, 2001, p.193.

7. 索赔与诉讼

除非托运人或收货人在提取货物时,或者如果货物的灭失或损害不显著,则在3天内向承运人提出货物遭到灭失或损害的书面通知,否则这种提货便成为承运人已按提单规定交货的初步证据。但是,如果在交货时,承运人和收货人已就货物的灭失或损害进行联合检查或检验,则收货人无需提交此种通知。

货物灭失或损害的诉讼时效为1年,自货物交付之日或应交付之日起算。

(二) 1968年《维斯比规则》

随着海运业、国际经济形势的变化,对《海牙规则》的修订在20世纪50年代末提到议事日程。迫切需要修改的内容包括:英镑的不断贬值要求改变承运人的赔偿限额;集装箱运输的出现也需要对承运人的赔偿限额作出新的规定;承运人的代理人或雇员的法律地位需要进一步明确。

1968年布鲁塞尔外交会议上签订了《修改〈关于统一提单的若干法律规则的国际公约〉的议定书》。由于该议定书的准备工作曾在维斯比进行,故又称《维斯比规则》(Visby Rules)。《维斯比规则》于1977年6月23日生效,现有52个缔约国。我国没有参加《维斯比规则》,但我国《海商法》中关于提单证据效力、非合同之诉、承运人的代理人或雇员的法律地位和诉讼时效等问题的规定,借鉴了《维斯比规则》的相应规定。

《维斯比规则》主要的内容包括:

(1) 承运人的赔偿限额。《维斯比规则》第2条将承运人的赔偿限额改为每件或每一单位10000金法郎或毛重每公斤30金法郎,以两者之中的较高者为准。金法郎是指一个含有纯金度为900‰的黄金65.5毫克的单位。《维斯比规则》产生之时,10000金法郎相当于431英镑,从而基本解决了英镑贬值带来的问题。

《维斯比规则》第2条还就集装箱运输条件下承运人的赔偿限额的计算作了规定:当货物以集装箱、货盘或者类似工具装箱时,如果提单中载明该运输工具中货物件数或者单位数时,则承运人的赔偿限额的计算以该件数或单位数为准,否则就将该运输工具视为一件或一个单位来计算。

第2条还规定,如果能证明货物的损失是由于承运人的故意或明知可能造成损失而轻率地作为或不作为造成的,则无论是承运人还是船舶,均不能享有赔偿限额。

《维斯比规则》规定的承运人责任限额以金法郎为计算单位,而黄金本身的价格又随市场行情的变化而变化,承运人责任限额的实际价值不能保持稳定。为缓解这一问题,1979年12月31日在布鲁塞尔召开的外交会议上通过了修订《海牙—维斯比规则》议定书。该议定书于1984年4月生效。

议定书的主要内容就是将承运人责任限额的计算单位由金法郎改为特别提款权,具体换算按15金法郎等于1个特别提款权的比例进行。这样,承运人责任限额便为每件或每一单位货物666.67特别提款权或毛重每公斤2特别提款权,按两者之中的较高者为准。

目前国际上有24个国家参加了该议定书。我国没有参加该议定书,但我国《海商法》

关于承运人责任限额的规定与该议定书的规定相同。

(2) 提单的证据效力。《海牙规则》第 3 条第 4 款规定,载有货物主标志、件数、数量或者重量以及货物外表状态的提单,作为承运人已收到所记载货物的初步证据。《维斯比规则》则规定,当提单转让至善意的第三人时,与此相反的证据就不能接收。也就是说,此时,提单便成为承运人已收到所记载货物的最终证据。

(3) 非合同之诉。《维斯比规则》第 3 条规定,《海牙规则》所规定的抗辩和责任限制,应适用于因货物灭失或损坏而针对承运人提起的任何诉讼,无论该诉讼是以违约为依据,还是以侵权为依据。这一规定的目的,旨在防止收货人或其他索赔人排除《海牙规则》关于承运人抗辩和责任限制规定的适用。

(4) 承运人的雇员或代理人的法律地位。在 Alder v. Dickson 案件[①]审理后,承运人纷纷在提单或客票中订入"喜马拉雅条款",规定承运人的雇员或代理人可以援引承运人的免责和责任限制。《维斯比规则》将"喜马拉雅条款"法律化。《维斯比规则》规定,如果诉讼是对承运人的雇员或代理人提起,承运人的雇员或代理人有权援引《海牙规则》关于承运人抗辩和责任限制的规定。

(5) 诉讼时效。《维斯比规则》规定,《海牙规则》所规定的 1 年的诉讼时效,可以由当事人协商一致而延长;对第三人的追偿诉讼,在 1 年的诉讼时效期满后,还可以有 3 个月的宽限期。

(6) 适用范围。《维斯比规则》规定,货物从缔约国起运的提单,以及提单约定受《海牙规则》或赋予《海牙规则》以法律效力的国内法约束的提单,均受《海牙规则》的调整,从而扩大了《海牙规则》的适用范围。

经《维斯比规则》修订后的《海牙规则》被称为《海牙—维斯比规则》。

(三) 1978 年《汉堡规则》

从 20 世纪 60 年代末开始,发展中国家国家和一部分发达国家开始要求实质修改《海牙规则》。1978 年 3 月,78 个国家的代表在汉堡举行联合国海上货物运输会议,通过了联合国国际贸易法委员会拟定的《联合国海上货物运输公约》(United Nations Convention on the Carriage of goods by Sea),简称《汉堡规则》(Hamburg Rules)。《汉堡规则》于 1992 年 11 月生效,现有 28 个缔约国,但均为发展中国家,其中 10 个为内陆国家。《汉堡规则》全面地修改了《海牙规则》,加重了承运人的责任。《汉堡规则》除序言、附录外,正文分七个部分,共 34 个条款。

1. 定义

《汉堡规则》对若干重要用语作了界定。"海上运输合同",是指承运人承担将货物通过海上由一个港口运至另一个港口,收取运费的合同;既涉及海上运输又涉及其他运输方式的合同,仅就其与海上运输相关的部分被视为海上运输合同。"提单",是指证明海上

[①] 该案的案情和结果是:英国 P&O 公司的"喜马拉雅"号客轮在停靠比利时安特卫普港时由于舷梯未放好,致使一名叫 Alder 的女乘客摔伤,因承运人根据客票上的免责条款对此损害免责,该乘客便以侵权行为起诉船长 Dickson 和水手长。英国上诉法院判决,船长作为承运人的雇员,无权援引上述免责条款。该乘客得到全部赔偿。

运输合同,证明承运人已接收或装载货物以及承运人承诺在被收货人提交时据以交付货物的单证。单证中的条款如果注明货物将凭某个记名人的指示、凭指示或对单证持有人交付,即构成承运人据以交付货物的承诺(undertaking)。"书面",包括电报和电传。此外,《汉堡规则》还对承运人、托运人、收货人、实际承运人、货物等用语进行了定义。

2. 适用范围

依据《汉堡规则》的规定,两个不同国家之间的海上运输合同,如果满足下列条件之一,则《汉堡规则》适用:(1) 装运港位于公约的缔约国;(2) 卸货港位于公约的缔约国;(3) 在选择卸货港的情况,实际卸货港位于公约的缔约国;(4) 提单或其他证明海上运输合同的单证是在公约缔约国签发的;(5) 提单或其他证明海上运输合同的单证规定合同由本公约或赋予本公约效力的国内法调整。

《汉堡规则》的适用与船舶、承运人、实际承运人、托运人、收货人或其他利害关系方的国籍无关。

《汉堡规则》不适用于租船合同。但如果在租船合同下签发了提单,且该提单调整承运人与非承租人的提单持有人之间的关系时,《汉堡规则》适用于该提单。

3. 关于承运人责任的归责原则

《汉堡规则》改《海牙规则》的不完全过失责任为过失责任,包括推定过失责任和一般过失责任。

一般情形下,除非承运人能证明他或他的雇员或代理人没有过失,他就应对货物的灭失或损坏负责。这样,《海牙规则》所规定的驾驶和管理船舶过失免责就被删除了,而且采取推定过失责任。

对由于火灾造成的损失,则采取一般过失责任,即只有在货方证明承运人或其雇员、代理人在火灾发生原因或者灭火措施上确有疏忽或过失时,才能使承运人承担责任。

《汉堡规则》规定了迟延交付货物的问题。按照《汉堡规则》的规定,如果未能在约定的交货时间或者没有约定时合理的时间内交货,即为迟延交付。如果超过交货日期60天仍未交货,可以视为货物已经灭失。

4. 承运人责任期限

《汉堡规则》将承运人责任期限扩展为从装运港接收货物时起至卸货港交付货物时止,货物处于承运人掌握的全部期间。

5. 承运人责任限制

以每件货物或每一装运单位不超过835特别提款权或毛重每公斤不超过2.5特别提款权为限,以其较高者为准。

承运人迟延交付的赔偿责任,以迟延交付的货物应付运费的2.5倍为限,但不超过海上运输合同中规定的应付运费总额。如果货物既有迟延交付,又灭失或损坏,则承运人的赔偿责任,以货物全部灭失时应承担的责任为限。

如果能证明货物的损失是由于承运人的故意或明知可能造成损失而轻率地作为或不作为造成的,则无论是承运人还是船舶,均不能享有赔偿限额。

6. 实际承运人及其雇员或代理人的法律地位

实际承运人,是指接受承运人的委托,完成货物运输或部分运输的人,以及接受委托完成货物运输或部分运输的任何人。对实际承运人承担的运输,承运人应当对实际承运人的行为或实际承运人的雇员或代理人在受雇或委托的范围内的行为负责。

实际承运人及其雇员或代理人就其承担的运输部分,承担本公约对承运人所规定的责任,也享有本公约为承运人及其雇员或代理人所规定的抗辩和限额。

7. 索赔与诉讼

货损为非显而易见时的通知期限为15天;诉讼时效2年。

《汉堡规则》体系完整、概念明晰、表达明确,从立法技术的角度看比《海牙规则》和《海牙—维斯比规则》有较大的进步。但由于《汉堡规则》大大增加了承运人的责任,世界上的主要国家包括重要的航运大国均未参加,影响很小。而重要的航运大国都是其缔约国的《海牙规则》和《海牙—维斯比规则》,仍然是对海上货物运输起实质影响的公约。

(四)《鹿特丹规则》

《海牙规则》和《海牙—维斯比规则》作为海上货物运输的主要国际统一法显然已不符合变化了的海运情势,《汉堡规则》也已被证明不可能得到广泛的接受。因此,制定一项新的国际海上运输公约势在必行。

1996年,联合国国际贸易法委员会委托国际海事委员会起草新的国际海上货物运输公约。1999年,国际海事委员会成立运输法国际分委员会,先后召开六次专家组会议。2001年11月第六次专家组会议后,形成《最终框架文件草案》,提交联合国国际贸易法委员会,2008年12月在纽约联合国大会上《联合国全程或部分国际海上货物运输公约》获得通过。2009年在荷兰鹿特丹举行各国签署仪式,该公约因此也简称为《鹿特丹规则》。

《鹿特丹规则》对国际海上货物运输当事人采用了新的表达,在承运人责任基础上实现了向推定过失责任的转化,提高了承运人的责任标准,增加了货物控制权等规定,这些规定并非谈判者的理论演绎,更多的是对国际海上货物运输多年来形成的商事惯例的系统编纂,是比较符合当今国际海上货物运输的实际的。《鹿特丹规则》是统一国际海上货物运输法的历史性文件,将会推动国际海上货物运输和国际商事交易进入新的历史发展阶段。

三、托运人责任

依据《海牙规则》,托运人应承担以下责任:

(一)正确说明

托运人应保证他在货物装船时所提供的货物的品名、标志、包数或件数、重量或者体积的正确性,否则应承担由此对承运人所造成的损失。

(二)不得擅自托运危险货物

托运人托运危险货物而未通知承运人的,承运人可在任何时间、任何地点将货物卸下、销毁或使之不能为害,而不负赔偿责任。托运人对承运人因运输此类货物所受到的损害,应当负赔偿责任。如果承运人知道该货物的性质,并已同意装载,则在该危险货物发生危险时,承运人可将货物卸下、销毁或使之不能为害,而不负赔偿责任。但发生共同海损时除外。

第二节　国际航空货物运输法

一、国际航空运输的公约

航空运输不受地面条件的限制,运输速度快,除适宜快速旅客运输外,适宜于运输急需物资、鲜活商品、易损货物、贵重物品和体小物品。目前,规范国际航空运输的国际公约主要有6项:1929年的《华沙公约》;1955年的《海牙议定书》;1971年的《危地马拉城议定书》;1961年的《瓜达拉哈拉公约》;1975年4个《蒙特利尔议定书》;1999年的《蒙特利尔公约》。《华沙公约》全称为《统一国际航空运输某些规则的公约》,它规定了航空运输当事人的法律义务和相互关系,是国际空运的一项最基本的公约,到2013年已有152个国家加入该公约,我国于1958年加入该公约。该公约在很大程度上使国际空运方面的法律达到了统一。《海牙议定书》和《瓜达拉哈拉公约》都是对《华沙公约》的局部修订。《海牙议定书》对《华沙公约》的修改主要在责任限制、运输单证的项目、航行过失免责和索赔期限等方面。《瓜达拉哈拉公约》的目的就是把《华沙公约》有关订约承运人的各种规定,适用于具体履行运输事宜的实际承运人,我国尚未加入该公约。4个《蒙特利尔议定书》在赔偿责任限额的计算单位上以特别提款权取代了金价,适应了20世纪70年代金本位制被废除的形势需要。《蒙特利尔公约》全称为《统一国际航空运输某些规则的公约》,旨在实现《华沙公约》系列的现代化和一体化。该公约已于2003年11月4日生效,至2013年已经有104个成员(其中欧盟作为一个成员)。我国于2005年加入该公约。

二、运输单证

按照公约,空运单证称为航空货运单(air consignment note,简写 ACN)。承运人有权要求托运人填写一套航空货运单。一套货运单包括三份正本,一份注明"交承运人",由托运人签字;第二份注明"交收货人",由托运人签字后随同货物递送;第三份在货物受载后由承运人签字交给托运人。托运人必须向承运人提交有关货物运输和通过海关所必需的有关单证,如发票和装箱单,以便及时办理海关手续。

航空货运单包括17项内容:(1) 货运单的填写地点和日期;(2) 起运地和目的地;(3) 约定的经停地点;(4) 托运人的名称和地址;(5) 第一承运人的名称和地址;(6) 收货人的名称和地址;(7) 货物的性质;(8) 包装件数、包装方式、特殊标志或号数;(9) 货物的重量、数量、体积或尺寸;(10) 货物和包装的外表情况;(11) 如果运费已经议定,应写明运费金额、付费日期和地点以及付费人;(12) 如果是货到付款,应写明货物的价格,必要时还应写明应付的费用;(13) 声明的货物价值;(14) 航空货运单的份数;(15) 随同航空货运单交给承运人的凭证;(16)如果经过约定,应写明运输期限,并概要说明经过的路线;(17)声明运输应受本公约所规定责任制度的约束。

如果承运人接受货物而没有填写航空货运单,或航空货运单没有包括上述第1项至第9项,或者没有声明运输受公约所规定责任制度的约束,则不得援引公约关于免除或限制承运人责任的规定。

在没有相反证据时,航空货运单是订立合同、接受货物和承运条件的证明,如果没有航空货运单,或航空货运单不合规定或遗失,并不影响运输合同的存在和有效,而且运输合同仍受公约的约束。同时,在没有相反证据时,航空货运单中关于货物重量、尺寸和包装以及件数的说明,都应该被当作是确实的,但是除非经过承认和托运人当面查对,并在航空货运单中注明经过查对,或者是关于货物外表情况的说明外,关于货物的数量、体积及情况的说明不能构成不利于承运人的证据。

空运托运单不同于海运提单,它不是货物所有权的凭证。因为空运的速度快,通常在托运人把货运单交收货人之前,货物就已经运到目的地,这就基本上排除了通过转让装运单据来转让货物的需要。实际业务中的一般做法是:货物抵达目的地后,收货人凭承运人的到货通知及有关证明提货,并在提货时在随货运到的航空货运单上签收,而不要求收货人凭航空货运单提货。

在空运单证方面,《海牙议定书》对《华沙公约》作了两处修改:一是将"航空货运单"改为"空运单"(air way bill,简写为AWB),一是空运单的必要记载事项比《华沙公约》有所删减。

三、承运人的责任

(一)《华沙公约》的规定

1. 承运人的责任

按照《华沙公约》第18条和第19条的规定,承运人应对货物或行李在空运期间发生的毁灭、遗失、损坏或迟延交付承担责任。所谓空运期间是指货物交由承运人保管的整个期间,不论是在航空站内、在航空器上或在航空站外降落的任何地点。空运期间不包括在航空站以外的任何陆运、海运或河运,但如果这种运输是为了履行空运合同,是为了装货、交货或转运,则也视为处于空运期间。

《华沙公约》第23条规定,试图免除本公约规定的责任或确定低于本公约责任限额的条款无效。《华沙公约》第24条规定,在公约第17条、第18条和第19条所覆盖的案件中任何就赔偿所提起的诉讼,只能依据本公约所规定的条件和限额提起。

2. 免责和责任限制

承运人如果证明自己和他的代理人为了避免损失,已经采取一切必要的措施,或不可能采取这种措施时,则他不承担责任。承运人如果证明损失的发生是由于驾驶上、航空器的操作上或领航上的过失,承运人也可免除责任。如果承运人证明损失的发生是由于受害人的过失所引起或助成,则可免除或减轻承运人的责任。由上可见,公约受《海牙规则》的影响,将驾驶过失行为作为免责事项,是一种不完全过失责任。

承运人对货物和行李损失的赔偿责任限于每公斤 250 金法郎,如承运人在交货时特别声明了货物或行李的价值,并交纳了必要的附加费,则承运人的赔偿额以所声明的价值为准。

公约所规定的承运人责任和责任限额,不得由当事人的约定而排除适用。当货物的损坏或灭失是由于承运人及其代理人和受雇人的故意的不良行为(wilful misconduct)引起时,承运人则无权援引公约关于免责和限制责任的规定。

3. 公约适用的排他性和强制性

《华沙公约》第 23 条规定,试图免除本公约规定的责任或确定低于本公约责任限额的条款无效。《华沙公约》第 24 条规定,在公约第 17 条、第 18 条和第 19 条所覆盖的案件中,任何就赔偿所提起的诉讼,只能依据本公约所规定的条件和限额提起。

4. 索赔和时效

《华沙公约》规定,收货人最迟应在收到行李 3 天后,在收货后 7 天内就行李或货物的损失提出异议,在迟延交付的情况下,旅客或收货人应在行李或货物交其处理之日起 14 天内提出异议。《海牙议定书》将上述期限分别延长为 14 天、21 天。

航空运输的诉讼时效为 2 年,从航空器到达之日或应到达之日,或从运输终止之日起算,否则即丧失追诉权。

(二)《蒙特利尔公约》

《蒙特利尔公约》具有两项主要目的。第一,使《华沙公约》和相关文件现代化和一体化;第二,确保国际航空运输消费者的利益,在恢复性赔偿原则的基础上提供公平赔偿。

1. 公约的适用

公约适用于所有以航空器运送人员、行李或者货物而收取报酬的国际运输,也适用于航空运输企业以航空器旅行的免费运输。公约不适用于国家为非商业目的和军事目的而从事的国际运输。

公约所调整的"国际运输"系指根据当事人的约定,不论在运输中有无间断或者转运,其出发地点和目的地点是在两个当事国(即缔约国)的领土内,或者在一个当事国的领土内,而在另一国的领土内有一个约定的经停地点的任何运输,即使该国为非当事国。在一个当事国的领土内的两个地点之间的运输,而在另一国的领土内没有约定的经停地点的,不是国际运输。

公约的适用是强制性的。运输合同的任何条款和在损失发生以前达成的所有特别协议,其当事人借以违反本公约规则的,无论是选择所适用的法律还是变更有关管辖权的规则,均属无效。

关于《蒙特利尔公约》与《华沙公约》及其附属文件的关系,《蒙特利尔公约》第 55 条规定,如果该项国际航空运输在本公约当事国之间履行,而这些当事国同为《华沙公约》5 个文件的当事国,本公约应当优先于《华沙公约》文件适用;如果该项国际航空运输在本公约的一个当事国领土内履行,而该当事国是《华沙公约》5 个文件之一个或者几个的当事国,本公约也优先于《华沙公约》适用。因此,对于非公约缔约国但为《华沙公约》缔约国之间的国际航空运输,仍然会适用《华沙公约》,但随着加入《蒙特利尔公约》的国家越来越多,《华沙公约》适用的情形会越来越少。

2. 国际航空运输单证

托运人应当填写航空货运单正本一式三份。第一份应当注明"交承运人",由托运人签字。第二份应当注明"交收货人",由托运人和承运人签字。第三份由承运人签字,承运人在接受货物后应当将其交给托运人。

公约将航空运输单证或凭证的证据价值规定为:(1)航空货运单或者货物收据是订立合同、接受货物和所列运输条件的初步证据;(2)航空货运单上或者货物收据上关于货物的重量、尺寸和包装以及包件件数的任何陈述是所述事实的初步证据;除经过承运人在托运人在场时查对并在航空货运单上或者货物收据上注明经过如此查对或者其为关于货物外表状况的陈述外,航空货运单上或者货物收据上关于货物的数量、体积和状况的陈述不能构成不利于承运人的证据。

3. 托运人处置货物的权利

托运人在负责履行运输合同规定的全部义务的条件下,有权对货物进行处置,即可以在出发地机场或者目的地机场将货物提回,或者在途中经停时中止运输,或者要求在目的地点或者途中将货物交给非原指定的收货人,或者要求将货物运回出发地机场。托运人不得因行使此种处置权而使承运人或者其他托运人遭受损失,并必须偿付因行使此种权利而产生的费用。

托运人的指示不可能执行的,承运人必须立即通知托运人。

承运人按照托运人的指示处置货物,没有要求出示托运人所收执的那份航空货运单或者货物收据,给该份航空货运单或者货物收据的合法持有人造成损失的,承运人应当承担责任,但是不妨碍承运人对托运人的追偿权。

收货人在目的地正常行使提货权时,托运人的权利即告终止。但是,收货人拒绝接受货物,或者无法同收货人联系的,托运人恢复其处置权。

4. 货物的交付

除托运人依据公约规定行使其处置货物的权利外,收货人于货物到达目的地点,并在缴付应付款项和履行运输条件后,有权要求承运人向其交付货物。除另有约定外,承运人应当负责在货物到达后立即通知收货人。承运人承认货物已经遗失,或者货物在应当到达之日起7日后仍未到达的,收货人有权向承运人行使运输合同所赋予的权利。

5. 承运人的责任

(1) 货物损失

对于因货物毁灭、遗失或者损坏而产生的损失,只要造成损失的事件是在航空运输期间发生的,承运人就应当承担责任。但是,承运人证明货物的毁灭、遗失或者损坏是由于下列一个或者几个原因造成的,在此范围内承运人不承担责任:货物的固有缺陷、质量或者瑕疵;承运人或者其受雇人、代理人以外的人包装货物的,货物包装不良;战争行为或者武装冲突;公共当局实施的与货物入境、出境或者过境有关的行为。

由于将航行过失不作为免责事由,公约在货物的损害赔偿上采用的是无过失责任。

(2) 延误

旅客、行李或者货物在航空运输中因延误引起的损失,承运人应当承担责任。但是,承运人证明本人及其受雇人和代理人为了避免损失的发生,已经采取一切可合理要求的措施或者不可能采取此种措施的,承运人不对因延误引起的损失承担责任。

(3) 免责

经承运人证明,损失是由索赔人或者索赔人从其取得权利的人的过失或者其他不当作为、不作为造成或者促成的,应当根据造成或者促成此种损失的过失或者其他不当作为、不作为的程度,相应全部或者部分免除承运人对索赔人的责任。旅客以外的其他人就旅客死亡或者伤害提出赔偿请求的,经承运人证明,损失是旅客本人的过失或者其他不当作为、不作为造成或者促成的,同样应当根据造成或者促成此种损失的过失或者其他不当作为、不作为的程度,相应全部或者部分免除承运人的责任。

6. 承运人的赔偿范围

(1) 货物的责任限额

在货物运输中造成毁灭、遗失、损坏或者延误的,承运人的责任以每公斤17特别提款权为限,除非托运人在向承运人交运包件时,特别声明在目的地点交付时的利益,并在必要时支付附加费。在此种情况下,除承运人证明托运人声明的金额高于在目的地点交付时托运人的实际利益外,承运人在声明金额范围内承担责任。

《蒙特利尔公约》规定的各项责任限额每隔5年进行一次复审,当通货膨胀超过10%时可以对责任限额进行修订。当通货膨胀超过30%时,则自动进行复审程序。

(2) 受雇人、代理人的被诉与索赔的总额

如果当事人就本公约中所指损失向承运人的受雇人、代理人提起诉讼时,该受雇人、代理人证明其是在受雇、代理范围内行事的,有权援用本公约中承运人有权援用的条件和责任限额。在此种情况下,承运人及其受雇人和代理人的赔偿总额不得超过上述责任限额。经证明,损失是由于受雇人、代理人的故意或者明知可能造成损失而轻率地作为或者不作为造成的,受雇人、代理人不得引用承运人援引的条件和限额,承运人及其受雇人和代理人的赔偿总额也不受责任限额的限制,但货物运输除外。

(3) 关于限额的约定

承运人可以约定,运输合同适用高于本公约规定的责任限额,或者无责任限额。

任何旨在免除本公约规定的承运人责任或者降低本公约规定的责任限额的条款,均属无效,但是,此种条款的无效,不影响整个合同的效力,该合同仍受本公约规定的约束。

本公约不妨碍承运人拒绝订立任何运输合同、放弃根据本公约能够获得的任何抗辩理由或者制定同本公约规定不相抵触的条件。

7. 索赔的依据

在旅客、行李和货物运输中,有关损害赔偿的诉讼,不论其根据如何,是根据本公约、

根据合同、根据侵权,还是根据其他任何理由,只能依照本公约规定的条件和责任限额提起,但是不妨碍确定谁有权提起诉讼以及他们各自的权利。在任何此类诉讼中,均不得判给惩罚性、惩戒性或者任何其他非补偿性的损害赔偿。

8. 异议的及时提出

有权提取托运行李或者货物的人收受托运行李或者货物而未提出异议,为托运行李或者货物已经在良好状况下并在与运输凭证相符的情况下交付的初步证据。

行李或货物发生损失的,有权提取托运行李或者货物的人必须在发现损失后立即向承运人提出异议,并且,托运行李发生损失的,至迟自收到托运行李之日起 7 日内提出,货物发生损失的,至迟自收到货物之日起 14 日内提出。发生延误的,必须至迟自行李或者货物交付收件人处置之日起 21 日内提出异议。异议应以书面形式提交。除承运人一方有欺诈外,在上述规定的期间内未提出异议的,不得向承运人提起诉讼。

第三节 国际陆路货物运输法

一、国际铁路货物运输公约

国际铁路运输也是国际货物运输的一种重要方式,尤其为内陆国家所倚重。相对于空运而言,它有运量大、运费低的优点。与海运相比,它则有风险小、速度快的长处。目前,关于国际铁路货物运输的国际公约主要有两个:《关于铁路货物运输的国际公约》(CIM,简称《国际货约》)和《国际铁路货物联运协定》(CMIC,简称《国际货协》)。《国际货约》,1961 年订于伯尔尼,1975 年 1 月 1 日生效,其成员国包括了主要的欧洲国家,以及西亚、西北非的一些国家,共 28 个国家,中国不是《国际货约》的成员国。《国际货协》,1951 年订立,成员国为原苏联、阿尔巴尼亚、保加利亚、匈牙利、原民主德国、波兰、罗马尼亚、原捷克斯洛伐克等东欧国家以及亚洲的蒙古、朝鲜、越南和中国等 12 国。我国与《国际货协》成员国之间的铁路货物运输受到《国际货协》的规范。由于保加利亚、匈牙利、罗马尼亚、波兰、捷克斯洛伐克等国也参加了《国际货约》,我国与《国际货约》的成员国的进出口货物,也可以通过这些国家的铁路转运。以下阐释《国际货协》的主要内容。

(一) 运输合同的订立

铁路的运输单证称为运单。《国际货协》第 6 条规定,发货人在托运货物的同时,应对每批货物按规定的格式填写运单和运单副本,由发货人签字后向发站提出。运单应随同货物从发站至到站按运送全程附送,最后交给收货人。《国际货协》第 7 条规定,从发站承运货物(连同运单一起)时起,即认为运送合同业已缔结。货物的承运以运单上加盖发站日期戳为凭。在发货人提交运单中所列全部货物并付清他负担的一切费用后,即应加盖戳记。

加盖戳记后的运单,即是运输合同的凭证。运单也是铁路在终点到站向收货人核收运杂费用和点交货物的依据。运单不是物权凭证,不能转让。运单副本在铁路加盖戳记证明运输合同业已订立之后,应退还发货人。运单副本当然不具有运单的效力,但按照我国同《国际货协》成员国签订的贸易交货共同条件的规定,运单副本是卖方通过有关银行向买方结算货款的主要单证之一。

(二) 运输合同的履行

国际铁路货物运输合同的履行,主要体现为两个方面:发货人或收货人向铁路支付运费;铁路向收货人交付货物。

《国际货协》第13条和第15条规定了运费的计算和支付。运费的计算方法是:(1)当运输是在邻国铁路车站之间时,发送国和到达国铁路的运输费用,应按各国铁路国内运价计算,如这些铁路间定有直通运价规程时,则按运输合同缔结当日有效的直通运价规程计算。(2)过境运输时,发送国和到达铁路的运输费用,应按各项铁路国内运价规程计算,而过境铁路的运输费用按运输合同缔结当日有效的国际货协统一运价规程(简称统一货价)计算。到达国和发送国铁路的运输费,用当地货币计算,过境铁路的运输费用用卢布计算。运输费核收的方法是:发送国铁路的运输费用,在发送站向发货人核收;到达国铁路的运输费,在到达站向收货人核收;过境铁路的运输费用,在发站向发货人核收或在到站向收货人核收;通过几个过境铁路运输时,准许由发货人支付一个或几个过境铁路的运输费,而其余铁路的运输费由收货人支付。发站铁路或到站铁路核收运输费后,必须向参加这次运输业务的各铁路支付各该铁路应得部分的运输费。《国际货协》第17条规定了铁路的留置权,以保证铁路核收运杂费。

按照《国际货协》第16条的规定,货物运抵到达站,在收货人付清运单所载的一切应付的运输费用后,铁路必须将货物连同运单一起交给收货人。收货人则应付清运费并领取货物,收货人只有在货物因毁损或腐坏而使质量发生变化,以致部分货物或全部货物不能按原用途使用时,才可以拒绝领取货物。即使运单中所载的货物部分短少时,也应按运单向铁路支付全部款项。但在这种情况下,收货人按赔偿请求手续,对未交付的那一部分货物,有权领回其按运单所付的款额。

(三) 铁路的责任

1. 铁路的基本责任

按照《国际货协》第21条规定,按运单承运货物的铁路,应对货物负连带责任。按国际货协运单承运货物的铁路,应负责完成货物全程运送,直到在到站交付货物时为止,如向非参加《国际货协》的国家办理货物转发送时,直到按另一种国际协定的运单办完运输手续时为止。每一继续运输的铁路,自接收附有运单的货物时起,即作为参加这项运输合同,并承担因此而产生的义务。

《国际货协》第22条规定,铁路应从承运货物时起,至在到达站交付货物时为止,对于货物运到逾期以及因货物全部或部分灭失或毁损所发生的损失负责。同时铁路还应对发货人在运单内所记载并添附的文件由于铁路的过失而遗失的后果负责,并应对由于铁路的过失而未能执行有关要求变更运输合同的申请书的后果负责。

2. 铁路的免责事项

依《国际货协》第 22 条,如承运的货物由于下列原因而遭受损失时,铁路可不负责任:(1) 由于铁路不能预防和不能消除的情况;(2) 由于货物的特殊自然性质,以致引起自燃、损坏、生锈、内部腐坏和类似的后果;(3) 由于发货人或收货人的过失或由于其要求,而不能归咎于铁路;(4) 由于发货人或收货人装车或卸车的原因造成的;(5) 由于发送站规章许可,使用敞车类货车运送货物;(6) 由于发货人或收货人的货物押运人未采取保证货物完整的必要措施;(7) 由于容器或包装的缺点,在承运货物时无法从其外表发现;(8) 由于发货人用不正确、不确切或不完全的名称托运违禁品;(9) 由于发货人在托运应按特定条件承运的货物时使用不正确、不确切或不完全的名称,或未遵守本协定的规定;(10) 由于货物在规定标准内的自然减量。

3. 铁路对货物损失的赔偿额

铁路对货物赔偿损失的金额,在任何情况下,都不得超过货物全部灭失的金额。如果货物发生全部灭失或部分灭失时,铁路的赔偿金额应按外国售货者在账单上所开列的价格计算;如发货人对货物的价格另有声明时,铁路应按声明的价格予以赔偿,对于未声明价格的家庭用品,如发生全部或部分灭失时,铁路应按每公斤 270 卢布给予赔偿。

如货物遭受损坏时,铁路的赔偿额应相当于货物价格的减损金额,不赔偿其他损失。

如货物运到逾期时,铁路应以所收运费为基础,按超逾期限的长短,向收货人支付规定的逾期罚款。如逾期不超过总运到期限的 1/10 时,应支付相当于运费 6% 的罚款;逾期超过总运到期限 4/10 时,应支付相当于运费 30% 的罚款。

(四) 赔偿请求和诉讼时效

依《国际货协》第 28 条,发货人和收货人有权根据运输合同提出赔偿请求。在提出赔偿请求时,应附有相应根据并注明款额,以书面形式由发货人向发送路提出,或由收货人向到达路提出。

发货人或收货人提出赔偿请求后,铁路应在 180 天内予以审查并作出答复。如果铁路在 180 天内未作答复或不能满足赔偿请求时,请求人可以对铁路提起诉讼。

根据《国际货协》第 30 条的规定,有关当事人依据运输合同向铁路提出赔偿请求和诉讼,以及铁路对发货人和收货人关于支付运输费、罚款和赔偿损失的要求和诉讼,应在 9 个月期间内提出;但关于货物运到逾期的赔偿请求和诉讼,应在 2 个月期间内提出。

二、国际公路货物运输公约

欧洲 17 个国家于 1956 年 5 月在日内瓦国际会议上通过了《国际公路货物运输合同公约》,简称 CMR。

(一) 适用范围

以营运车辆进行公路货物运输,如果规定的接管和交付货物的地点位于两个不同的国家,其中至少一个是缔约国,则适用公约。如果部分路程有海上、铁路、内河或航空接运,而货物未卸离运货车辆,则该公约适用于全过程,但公约另有规定者除外。

可以认为,尽管我国不是该公约的缔约国,如果我国当事人选择适用该公约,我国法院可以适用该公约;如果我国当事人与某一缔约国当事人之间缔结跨境公路运输合同且在该缔约国解决纠纷时,公约也会被该缔约国法院适用。

(二) 运输合同与运单

运单是运输合同成立、合同条件和承运人收到货物的初步证据。运输合同以签发运单确认,但无运单、运单不正规或丢失,不影响运输合同的成立或有效性,该合同仍然授该公约的约束。运单一式正本三份,由发货人和承运人签字,一份交付发货人,一份随货物,一份由承运人留存。发货人应该对运单记载事项不确定或不适当使承运人遭受的费用、灭失或损坏负责。除非承运人在接管货物时对货物的明显缺陷或知悉的缺陷未作出保留,发货人应对货物造成承运人的损失负责。

(三) 发货人和收货人对货物的处置权

发货人有权处置货物,有权要求承运人停止在途货物的运输,有权改变交货地点或收货人。在运单交付收货人时,或收货人凭收据要求承运人将运单和货物交付给他时,发货人的处置权终止。如果收货人拒绝收货,发货人有权处置货物。

收货人有权自运单签发之时起处置货物,如果发货人在运单上由此说明。如收货人在行使处置权时,已经指示将货物交付给另一人,则该另一人无权再指定其他收货人。

(四) 承运人的责任

承运人对货物从接管之时起到交付时止发生的全部或部分灭失和损坏以及迟延交付负责。如果货物的灭损或迟延是由索赔人的错误行为、过失、指示造成,承运人免责,但承运人负举证责任。承运人对该公约规定的特殊风险造成的货物灭失或损坏免责,如货物的固有缺陷、发货人的过失、承运人不可避免的情况或不可防止的结果等。在货物灭失或损坏可能由特殊风险造成时,推定由特殊风险引起,但索赔人有权证明货物灭失或损坏事实上不是全部或部分归因于其中的特殊风险。除非承运人证明其已经采取了一切理应采取的措施并按照其接受的指示行事,承运人无权享有特殊风险造成损失的免责。

货物全部或部分灭失时,承运人赔偿损失,应按照接运地点和时间的货物价值计算。货物价值依次是商品交易价格、现行市价、同类或同品质货物的通常价格。货物短缺的赔偿额不超过毛重每公斤25金法郎。对货物延迟造成的损失赔偿额不超过运输费用。对货物损坏应赔偿货物价值减少的部分。

对于合同之外的索赔,承运人也可以援引公约的免责和责任限额规定。

(五) 索赔和诉讼

如果收货人与承运人没有对货物进行检验,对于明显的货物灭损,收货人应该在收货当时提出异议;如果货物灭损不明显则收货人应在交货后7天内提出异议;如果收货人与承运人交货时对货物进行了检验,只有在货损不明显时收货人才能提出与双方检验结果相反的证据,而且必须在双方检验后7天内提出;对于迟延交货,收货人应在控制货物后21天内提出异议。

关于管辖法院,原告可以向双方协议约定的缔约国的任何法院起诉。原告也可以选择下列地点所属国家法院起诉:被告的通常住所或主要营业地,或签订合同的分支机构或代理机构所在地;承运人接管货物或交付货物的所在地。

诉讼时限为1年。如果是故意不当行为或者受理法院所在地的法律认为过失与故意的不当行为等同时,时效为3年。

第四节 国际多式联运法

一、国际货物多式联运及其引起的法律问题

国际货物多式联运(international multimodal transport)是指按照多式联运合同,在海运、空运、铁路运输、公路运输四种运输方式中以两种或两种以上的运输方式,由多式联运经营人将货物从一国境内接管货物的地点运至另一国境内指定交货地点。

多式联运是随着集装箱(container)运输的发展而发展起来的,是一种现代化的先进运输方式。在传统的运输方式下,汽车、火车、轮船、飞机装货、积载、卸载货物方式各不相同,而在集装箱运输下,货物被装进按标准规格制成的结构牢固的集装箱内,无论是装到或卸载于汽车、火车、轮船、飞机上,均可借助起重机械完成。这样,原来单独从事海运、陆运或空运的承运人便可联合起来或者自行增设联运业务,在卖方的工厂、仓库或起运地将货物装入集装箱,通过陆路、海路或空中,将货物一直运到买方的工厂、仓库,即实行"门到门"(door to door)的交接方法。

运用集装箱装货方式的多式联运具有简化手续、提高装卸效率、减少货损和节省费用等诸多的优点,对国际商事交易产生了积极的促进作用。但同时也产生了新的法律问题。在多式联运下,对于托运人和收货人而言,他们的相对人只是多式联运经营人,而不论多式联运经营人是否将运输业务分包给其他承运人。运输单据,也只有多式联运经营人签发的联运单据,这些都是无疑义的。但是,在联运经营人对货物灭失或损坏的责任赔偿上,则存在着不同的观点和做法。一种采用统一责任制(uniform liability principle),即不论货物发生在哪一个运输区段(如海运段、空运段等),联运人都按一个共同的归责原则和赔偿限额承担责任。与其相对立的是网状责任制(network liability principle),即联运人对不同运输区段发生的货物损害,分别根据该运输区段法律规定的归责原则和赔偿限额承担责任,当然这以能够确定损害发生的运输区段为前提。换言之,如果损失是在海运阶段发生的,则适用《海牙规则》或《汉堡规则》或一国的海商法;如果是在空运阶段发生的,则适用《华沙公约》或《海牙议定书》;但如果不能确知损害是在哪个阶段发生的,则适用统一的规定。

二、联合国《国际货物多式联运公约》

1980年通过的联合国《国际货物多式联运公约》是在联合国贸发会议的主持下制定的,至今仍未生效。其主要内容如下:

（一）多式联运单据

多式联运单据是证明多式联运合同及多式联运经营人接管货物并按合同条款提交货物的证据。多式联运单据依发货人的选择可作成可转让单据和不可转让单据，如果为可转让的单据，则具有物权凭证的性质和作用。

（二）多式联运经营人的责任

公约采用统一责任制。归责原则（或赔偿责任的基础）为推定过失原则，即除非多式联运经营人能证明其本人、受雇人或代理人为避免事故的发生及其后果已采取一切所能合理要求的措施，多式联运经营人即要对货物的灭失、损坏和延迟交付所引起的损失负赔偿责任。责任期间是从其接管货物之时起到交付货物时为止。公约规定了统一的赔偿责任限制，包括海运时为货物每件920特别提款权或毛重每公斤2.75特别提款权，以高者为准；不包括海运时为毛重每公斤8.33特别提款权，而单位限额不能适用。此外，公约还规定，如能确定货物损害发生的运输区段，而该区段所适用的国际公约或国内法又规定了较高的赔偿限额时，则应按照后者的规定办理。

三、联合国贸发会议及国际商会的《多式联运单证规则》

联合国《国际货物多式联运公约》至今仍未生效，其主要原因就是多式联运经营人不愿接受公约所规定的统一赔偿限额。因为如果联运人对货损按照公约规定的限额支付，而货物发生损坏的运输区段所适用的赔偿限额低于公约规定的赔偿限额时，联运人就不能从该区段的承运人处获得完全的补偿，故此，目前各国联运人签发的多式联运单据多采用网状责任制度。联合国贸发会议有鉴于此，经与国际商会协商，制定了《多式联运单证规则》。[①] 按照该《规则》的规定，只有当事人在多式联运合同中明确规定采用这个《规则》，该《规则》才对当事人有约束力。该《规则》的主要内容如下：

（1）多式联运经营人承担责任的基础（或称归责原则），为推定过失责任原则，即如果在联运人掌管货物期间，货物发生灭失、损坏或延迟交付，除非联运人能证明其本人、受雇人、代理人没有疏忽，即要承担赔偿责任。但是多式联运经营人不应当对货物延迟交付所造成的损失负赔偿责任，除非托运人对及时交付的利益作出声明，并经联运人接受。

（2）多式联运经营人的赔偿责任限制，《规则》实际上实行网状责任制。按照《规则》的规定，如果能确定货物损害发生的运输区段，则应适用该区段适用的国际公约或强制性的国内法规定的赔偿责任限额；如不能确定货物损害发生的运输区段，除非托运人对货物价值作出声明，多式联运的经营人的赔偿限额，包括海运时，不得超过每件或每单位666.67特别提款权或毛重每公斤2个特别提款权，以其高者为准。如果联运不包括海运，则以毛重每公斤8.33特别提款权为限。

[①] 冯大同编著：《国际贸易法》，北京大学出版社1995年版，第157页。

第五节 国际货物运输保险法

考虑到国际航空货物运输和陆上货物运输的保险主要借鉴海上货物运输保险,且相对简单,本节仅讨论海上货物运输保险。

一、国际海上货物运输保险合同概述

(一) 国际海上货物运输保险合同的定义

国际海上货物运输保险合同,是指投保人与保险人订立的,由投保人按照一定的险别向保险人投保并支付保险费,在货物因海上运输保险风险发生而造成损失时由保险人向被保险人予以赔偿的合同。

在上述合同中,投保人和保险人是合同当事人,一般情形下,无论投保人为卖方还是买方,它同时也是被保险人。

(二) 国际海上货物运输保险合同的内容

国际海上货物运输合同主要包括八项内容:保险人名称、被保险人名称、保险标的、保险价值、保险金额、保险责任和除外责任、保险期间、保险费。其中保险价值由当事人约定。保险金额是保险人对标的的最高赔偿额。如果保险价值与保险金额一致,则为"全额保险",标的物发生全损时,财产损失可全部弥补。如果只投保保险价值的一部分,则为"不足额保险",标的物发生全损时,保险人仅按投保的金额赔偿损失。

(三) 承保的风险与损失

1. 承保的风险

可承保的海上货物运输风险主要有三种:

(1) 自然灾害。指与航行有关的海啸、地震、飓风、雷电等自然灾害。

(2) 意外事故。指与航行有关的如触礁、搁浅、碰撞、沉没等意外事故。

(3) 外来风险。如偷窃、受潮、串味、战争、罢工、暴动等。

2. 承保的损失

海上货运保险区别于一般财产保险的一个特征就是把货物的损失分为全部损失和部分损失,并给予不同的承保条件。

全部损失(total loss)包括实际全损(actual total loss)和推定全损(constructive total loss)。实际全损,是指货物在发生保险事故后灭失,或者受到严重损坏完全失去原有形体、效用,或者不能再归被保险人拥有。推定全损,是指货物发生保险事故后,实际全损已经被认为不可避免,或者为避免发生实际全损所需支付的费用与继续将货物运抵目的地的费用之和超过保险价值的。对于因承保范围内的风险所造成的全部损失,保险公司都负责赔偿。

部分损失是指除了全部损失以外的一切损失,分为共同海损、单独海损和单独费用。共同海损(general average)是指船舶、货物遭到共同危险,船方为了共同安全,有意和合理地作出的特别牺牲,或支出的特别费用。对于共同海损的牺牲或费用以及保险标的物应承担的共同海损分摊,保险公司都负责赔偿。单独海损(particular average)是指货物因承保风险造成的不属于共同海损的部分损失。单独海损能否向保险公司索赔,取决于被保险人所投保的险别。单独费用(particular charges)是指为了防止被保险的货物因承保的风险而造成损害或灭失所支出的各项费用。单独费用只有在保险单予以承保时才能向保险人索赔。不过由于保险单上都载有"诉讼与营救条款"(sue and labour clause),这项费用一般都可得到补偿。按照"诉讼与营救条款",营救费用应由保险人承担。如果合理营救后,货物最终还是全部灭失,保险人所赔付的数额可能超过保险金额。

(四) 保险合同的订立、解除和转让

保险合同于保险人、投保人就合同条款达成一致时成立。合同成立以后,保险人才向投保人出具保险单或其他保险凭证,并在单证上载明双方约定的合同内容。保险单是保险合同的书面凭证,也是被保险人与保险人权利义务的依据。

保险合同订立后,在以下情形可解除:被保险人未将有关标的物或风险的重要情况如实告知保险人,保险人可解除合同;保险责任开始前,被保险人可以要求解除合同,但应当向保险人支付手续费。

国际海上货物运输保险合同可以由被保险人背书或者以其他方式转让。比如,在CIF合同中,卖方投保取得保险单后,通常通过背书转让给买方。

(五) 可保利益

1. 可保利益的定义

海上保险合同的目的,是赔偿损失。只有受到了损失的被保险人,才能要求赔偿。对保险标的没有利益的人如果也能投保,则会导致赌博或其他非法合同。因此,各国法律一般规定,被保险人必须对保险标的具有可保利益,才能订立有效的保险合同。可保利益,即指被保险人对货物具有一定的利害关系,将因被保险标的发生灭失或损害而遭受损害,或因其安全运到得到利益。

2. 可保利益必须于何时存在

虽然各国法律规定被保险人必须对保险标的具有可保利益,但并不要求在投保时被保险人就有可保利益,而仅要求其在保险标的发生损失时必须具有可保利益。

3. 什么时间和谁有可保利益

在不同的买卖合同中,由于风险转移的时间不同,买方和卖方谁具有可保利益也有所不同。在CIF合同中,以风险转移的时间来确定谁具有可保利益,货物装上轮船前,卖方具有可保利益,货物装上轮船后,买方具有可保利益。但现实中,如果货物装上轮船前灭失,如果保险单已转让给买方,买方可以凭保险单索赔。如果货物装上轮船后灭失,由于卖方没有可保利益,卖方不能索赔。[①] 其他贸易术语项下的风险转移时间也就是卖方和买方谁开始享有保险利益的时间界限。

[①] 郭瑜:《国际货物买卖法》,人民法院出版社1999年版,第193—194页。

(六) 保险赔偿的支付

1. 代位权(subrogation)

发生保险事故造成损失后,保险人应及时向被保险人支付保险赔偿。货物发生承保范围内的损失如果是由第三人造成的,被保险人向第三人要求赔偿的权利,自保险人支付赔偿之日起,相应转移给保险人。保险人取得的这种权利即为代位权。保险人从第三人处取得的赔偿,超过其支付的保险赔偿的,超过部分应当退还给被保险人。但被保险人在请求保险赔偿之前已从第三人处取得赔偿时,保险人在支付保险赔偿时,可以从应支付的赔偿额中相应扣减被保险人已经从第三人处取得的补偿。在 Neuromed 案中,保险公司在向买方赔付后,即代位向卖方索赔。这在海上保险中是较为普遍的做法。

2. 委付(abandonment)

在货物发生推定全损时,被保险人要求保险人按照全部损失赔偿的,应当将货物委付给保险人,即要求把货物的所有权转移给保险人,并请求保险人支付全部保险金额。保险人可以接受委付,也可以不接受委付。一经接受,被保险人的全部权利义务即转移给保险人。

二、常用保险条款

中国人民财产保险股份有限公司有自己的海洋运输货物保险条款。英国伦敦保险业协会的货物保险条款则是有世界影响的海上货物运输保险条款,许多国家保险公司的海上货物运输保险条款都受其影响。

(一) 中国人民财产保险股份有限公司的海洋运输货物保险条款(2009年修订版)

中国人民财产保险股份有限公司的海洋运输货物保险条款,将保险险别分为基本险和附加险两大类。基本险包括平安险、水渍险、一切险;附加险包括一般附加险、特别附加险、特殊附加险。

1. 平安险(Free From Particular Average)

平安险的英文原意为:单独海损不赔。其责任范围包括:

(1) 被保险货物在运输过程中由于恶劣气候、雷电、海啸、地震、洪水等自然灾害造成货物的实际全损或推定全损;

(2) 由于运输工具遭受搁浅、触礁、沉没、互撞、与流冰或其他物体碰撞以及失火、爆炸等意外事故造成货物的全部或部分损失;

(3) 在运输工具已经发生搁浅、触礁、沉没、焚毁等意外事故的情况下,货物在此前后在海上遭受恶劣气候、雷电、海啸等自然灾害所造成的部分损失;

(4) 装卸或转运时由于一件或数件货物落海造成的全部损失或部分损失;

(5) 被保险人对遭受承保范围内危险的货物进行施救的费用,但以不超过该货物的保险金额为限;

(6) 运输工具遭遇海难后,在避难港由于卸货引起的损失以及在中途港、避难港由于卸货、存仓以及运送货物所产生的特别费用;

（7）共同海损的牺牲、分摊和救助费用；
（8）运输合同中订有"船舶互撞责任"条款，根据该条款规定应由货方偿还船方的损失。

平安险是三种基本险别中保险人承保范围最小的一种。但它也并非对所有"单独海损不赔"，而只是对由于自然灾害造成的单独海损不赔。而且，如果在运输过程中船舶曾遭遇过意外事故的话，则不论在事故之前或之后由于自然灾害引起的单独海损，保险公司也要赔偿。

2. 水渍险（With Particular Average）

水渍险的英文意思为"单独海损包括在内"。其责任范围除包括上述平安险的各种责任外，还负责被保险货物由于恶劣气候、雷电、海啸、地震、洪水等自然灾害所造成的部分损失。

3. 一切险（All Risks）

一切险的责任范围，除包括平安险和水渍险的责任外，还包括货物在运输途中由于外来原因所造成的全部或部分损失。中国人民财产保险股份有限公司的海洋运输货物保险条款以前的版本规定：所谓外来原因，是指由一般附加险所承保的责任。但2009年修订的版本已经删除了关于外来原因的限定，似乎扩大了一切险的承保范围。

4. 一般附加险

一般附加险包括11种风险：偷窃、提货不着险，淡水雨淋险，短量险，混杂、沾污险，渗漏险，碰损破碎险，串味险，受潮受热险，钩损险，包装破裂险，锈损险。投保人可以在投保平安险或水渍险之后，投保上述11种风险中的一种或数种。但如果投保了一切险，则同时包括了上述11种风险。

5. 特别附加险

特别附加险包括以下6种：

（1）交货不到险。货物未能按预定日期到达目的港逾6个月造成的损失。
（2）进口关税险。受损货物被海关按完好货物完税的损失。
（3）舱面险。舱面货物被抛弃或被海水卷走的损失。
（4）拒收险。被进口国当局拒绝进口或没收造成的损失。
（5）黄曲霉素险。进口地的卫生检疫部门认为黄曲霉素过高而被拒绝进口、没收或强制改变用途的损失。
（6）出口货物到香港或澳门存仓火险责任扩展条款。承保出口到香港或澳门的货物，卸离运输工具后，如直接存放于保单所载明的过户银行所指定的仓库时，保单存仓火险责任扩展，自运输责任终止时开始，直至银行收回押款解除对货物的权益后终止，或自运输责任终止时开始满30天为限。

6. 特殊附加险

特殊附加险包括战争险、罢工险两种。

7. 除外责任

除外责任是保险人不负赔偿责任的范围。中国人民财产保险股份有限公司的海洋运输货物保险条款规定的除外责任包括：被保险人的故意行为或过失所造成的损失；属于发货人责任所引起的损失；在保险责任开始前，被保险货物已存在的品质不良或数量短差所造成的损失；被保险货物的自然损耗、本质缺陷、特性以及市价跌落、运输迟延所造成的损失；战争险和罢工险条款规定的责任范围和除外责任，但已投保战争险和罢工险的除外。

8. 保险责任期间

保险责任期间是指保险人承担保险责任的起讫时间，国际上通常按"仓至仓条款"办理。中国人民财产保险股份有限公司的海洋运输货物保险条款的三种基本险均采用"仓至仓条款"，即货物保险的责任自货物离开保险单中的启运地仓库（或储存处）时开始，在全部正常的运输过程中均继续有效，直至将货物送达保险单载明的目的地最终仓库时终止；但以货物自目的港卸离海轮当日午夜零时起 60 天为限。如果 60 天期满货物仍未进入收货人仓库，保险责任即告终止，如在 60 天内货物送达仓库，则保险责任自货物入仓时终止。

如果发生非正常运输的情况，即由于被保险人无法控制的运输迟延、绕道、被迫卸货、重新装载、转运或承运人运用运输合同赋予的权限而进行任何航海上的变更或终止运输合同，致使被保险货物运到非保险单所载明的目的地时，在被保险人及时将获知的情况通知保险人，并在必要时加缴保险费的情况下，保险继续有效。

目前，我国采用海运进出口的交易，若出口采用 CIF，进口采用 FOB 和 CFR，通常都使用中国人民财产保险股份有限公司的海洋运输货物保险条款办理保险。但在我国出口业务中，如国外客户要求采用伦敦保险业协会的协会货物条款，我国保险公司也可酌情接受。

（二）伦敦保险业协会的协会货物条款

伦敦保险业协会的协会货物条款，一直以劳氏船货保险单（Lloyd's S. G. Policy）为基础，不断附贴和补充、修改原保单的内容。1963 年正式形成一份完整的协会货物保险条款（Institute Cargo Clause, ICC）。该条款将险别分为平安险、水渍险、一切险三个基本险别。1982 年 1 月 1 日起，协会开始推行新的"协会货物条款"。新条款不仅内容上有很大的变化，用语也更简洁明了。新条款将险别分为（A）险、（B）险、（C）险、战争险、罢工险和恶意损害险。（A）、（B）、（C）险都有自己的条款体系，即有三套独立的条款。

1. （A）险

（A）险相当于原条款的"一切险"。其保险责任包括：

（1）除本条款规定的除外责任以外的其他一切风险所造成的保险标的的损失；

（2）负责根据运输合同或有关法律和惯例确定的，由于避免除外责任以外原因造成损失而承担的共同海损和救助费用。

（3）负责赔偿根据运输合同中的"船舶互撞条款"由被保险人承担的损失。

（A）险条款第 4、5、6、7 条款规定了保险人的除外责任。

第4条规定了一般除外责任,包括以下事由造成的损失:(1) 被保险人故意行为;(2) 自然渗漏,重量或容量的自然损耗或自然磨损;(3) 包装或准备不足或不当;(4) 货物的本身缺陷和自然特性;(5) 航行、交货迟延;(6) 船舶所有人、租船人经营破产或不履行债务;(7) 使用任何原子或核子裂变或放射性战争武器。

第5条规定船舶不适航或不适于载货下的免责,即被保险人知悉船舶不适航或不适于载货而托运所造成的损失可免责。

第6条规定战争,第7条规定罢工问题,即(A)险不包括战争险和罢工险。

2. (B)险

对应于原条款的"水渍险"。承保范围包括:

(1) 保险标的的损失可合理归因于:火灾或爆炸;船舶或驳船遭受搁浅、触礁、沉没或倾覆;陆上运输工具的倾覆或出轨;船舶、驳船或运输工具同除水以外的任何外界物体碰撞;在避难港卸货;地震、火山爆发或雷电。

(2) 下列原因引起的货物的损失:共同海损牺牲;抛货或浪击落海;海水、湖水或河水进入船舶、驳船、运输工具、集装箱、大型海运箱或贮存处所。

(3) 货物在船舶或驳船装卸时落海或跌落造成任何整件的全损。

除外责任。除了(A)险的全部免责外,还包括"任何个人或数人故意损坏或故意破坏保险标的所致的损失或费用"。

3. (C)险

(C)险对应于原条款的"平安险"。承保范围为:

(1) 保险标的的损失可合理归因于:火灾或爆炸、船舶或驳船遭受搁浅、触礁、沉没或倾覆;陆上运输工具的倾覆或出轨,船舶或驳船同除水以外的任何外界物体碰撞;在避难港卸货。

(2) 由于下列原因引起保险标的的损失:共同海损牺牲;抛货。

除外责任。(C)险与(B)险完全相同。

1982年新条款与1963年旧条款相比,主要有以下几点不同:第一,将战争险、罢工险作为独立的险别,可单独投保,无需先投(A)、(B)、(C)险后再投保。第二,只按照风险的种类来确定承保范围,即由于承保范围内的风险所造成的损失,无论全部损失或部分损失,都按实际损失赔偿。第三,(A)险与原一切险基本相同,但增加了海盗行为作为承保风险;(B)险与原水渍险范围基本一致,但增加了陆上运输工具的出轨、倾覆以及河水、湖水侵入船舶这类风险;(C)险与平安险有较大不同,它只包括重大意外事故和共同海损这两类风险,自然灾害、装卸风险都排除在外。另外,新条款的恶意损害险条款则是一个附加险,它包括在(A)险范围内,但在(B)险、(C)险中则属于除外责任。

本章小结:

海上货物运输合同是为第三人利益的合同;《海牙规则》统一了海上货物运输法,《汉堡规则》虽然已经生效,但适用很少,《鹿特丹规则》试图实现海上货物运输法的现代化,但是否能够生效还有待观察;《海牙规则》实行的是不完全过失责任制度,对于承运人的航海过失予以免责;《华沙公约》曾经统一了国际航空货物运输法,《蒙特利尔公约》则实现了航空运输统一法的现代化;中国人民财产保险股份有限公司的海洋运输货物保险条款采用平安险、水渍险、一切险的表达,对损失作全部损失和部分损失的区分,伦敦保险业协会的协会货物条款则基本不再区分全部损失和部分损失。

思考题:

1. 为什么说海上货物运输合同是为第三利益的合同？国际航空货物运输合同是否为第三人利益的合同？

2. 提单具有哪些功能？提单与海运单有什么区别？

3. 《海牙规则》对承运人规定了哪些基本责任？这些责任能否由当事人在合同中减损？为什么说《海牙规则》实行的是不完全过失责任？

4. 为什么说《蒙特利尔公约》实现了国际航空运输合同法的现代化和一体化？

5. 比较中国人民财产保险股份有限公司的海洋运输货物保险条款和伦敦保险业协会的协会货物条款的异同。

第五章 国际贸易支付法

学习目标:识记汇票、汇票行为、汇付、承兑交单、付款交单、信用证等重要概念;领会托收、信用证当事人之间的权利义务关系;把握《托收统一规则》《跟单信用证统一惯例》的核心规范;熟悉相关典型判例并能运用法条、判例和法理分析真实的国际支付案件。

建议学时:4 学时。

案例导读:瑞士纽科货物有限责任公司与中国建设银行吉林省珲春市支行拒付信用证项下货款纠纷上诉案。1995 年 11 月 6 日,被上诉人中国建设银行吉林省珲春市支行(以下简称珲春建行)开立一份编号为 JLHCLC95302 的不可撤销跟单信用证,开证申请人为吉林省对外贸易进出口公司(以下简称吉林外贸),受益人为上诉人瑞士纽科货物有限责任(以下简称纽科公司)公司,通知行为纽约银行法兰克福分行(以下简称法兰克福分行)。该信用证注明适用国际商会(ICC)第 500 号出版物即 1993 年修订的《跟单信用证统一惯例》(以下简称 UCP500)。同年 11 月 18 日,纽科公司开始发运信用证项下货物。同年 12 月 5 日,纽科公司将信用证项下的单据交给法兰克福分行,请求付款。法兰克福分行审单后于同年 12 月 8 日通过电传,向珲春建行提出单证有 7 个不符点,要求珲春建行指示是否承兑该批单据。珲春建行于同年 12 月 15 日向法兰克福分行发出电传,明确表示拒付。因电讯设备发生故障,使该电传无法辨认,法兰克福分行请珲春建行重发。12 月 18 日,珲春建行重发了该电传,后法兰克福分行将珲春建行表示拒付的电传通知了纽科公司,并将信用证项下全套单据退还了纽科公司。此间,纽科公司发运的货物被与吉林外贸有代理关系的珲春市国贸实业有限公司(以下简称珲春国贸)提走。纽科公司因向珲春建行追索货款未果,遂诉至吉林省高级人民法院,请求判令珲春建行支付信用证项下货款及利息,并赔偿其损失。另查明,JLHCLC95302 号信用证系珲春国贸依其与吉林外贸代理协议,以吉林外贸的名义向被上诉人珲春建行申请开立的。纽科公司称珲春建行与珲春国贸合谋,明知吉林外贸不是合同当事人,却开立了以吉林外贸为开证申请人的信用证,利用信用证进行欺诈,骗取信用证项下货物,请求判令珲春建行支付信用证项下货款及利息,并赔偿其损失。

该案涉及信用证交易的独立抽象性原则和审单程序。

第一节 国际贸易支付中的汇票

一、汇票含义

汇票(bill of exchange)是国际贸易结算的主要工具,在国际结算中,汇票的应用最为广泛。在对外贸易结算中,通常都是由卖方作为出票人,开立以买方为付款人的汇票,指定以卖方本人或与其有往来的银行作为受款人,通过汇票的移转代替现金的运送来实现货款的结算。因此国际贸易当事人在汇票关系中的当事人身份分别是:卖方作为出票人;买方或其指定的银行作为付款人;卖方本人或其指定的银行是收款人。其中的付款人,在托收方式中是买方,在信用证中则是开证行或指定行。

国际贸易中的汇票由卖方签发,属商业汇票;由于通常附有货运单据,又属跟单汇票。

二、票据行为

同其他汇票一样,国际贸易中的汇票,其行为主要包括出票、背书、承兑、支付、追索等。

(1) 出票(issue)。出票是指出票人依照法定方式作成汇票,即在汇票上填写必要项目,然后把作成的汇票交付给收款人的行为。出票行为一旦完成,出票人和持票人之间就产生了法律关系,出票人成为汇票的主债务人,他担保汇票得以承兑和付款。如果汇票得不到付款人的承兑和付款,他就可能受持票人追索承担偿还债务的义务。收款人即持票人,是汇票债权人。票据债权人享有的权利包括:第一,付款请求权,即持票人有向付款人提示票据要求付款的权利。第二,追索权,即在付款人拒绝承兑或拒绝付款时,持票人可以向出票人追索,要求清偿债务。但国际贸易中的汇票,由于出口人本人或其指定的银行既是出票人,又是收款人,如果付款人不付款,一般不存在向出票人追索的可能。

(2) 背书(endorsement)。背书是以转让票据权利为目的的行为。在汇票背面签名的人称为背书人,接受经过背书的汇票的人称为被背书人。按照各国法律的规定,除无记名式汇票仅凭交付而转让外,记名式汇票和指示汇票都必须以背书的方式进行转让。背书的方式主要有记名背书(special endorsement)和不记名背书。记名背书又称完全背书或特别背书,背书人在票据背面签字,并写上被背书人的姓名,然后将票据交给被背书人。记名背书有两种写法,一种仅写上被背书人的姓名,另一种是在被背书人的后面加上"或其指定人"(or order)字样,这两种写法的作用都是一样的。记名背书的被背书人仍可以通过背书的方式把汇票再度转让。

(3) 提示(presentment)。提示是指执票人向付款人出示汇票,请求其承兑或付款的行为。提示可以分为承兑提示和付款提示两种。承兑提示一般适用于远期票据,特别是见票后定期付款的远期汇票更须及时向付款人作承兑提示,否则无法确定付款日期。远期票据先向付款人作承兑提示,然后到期付款时再作付款提示。付款提示,即期票据或已到期的远期票据须向付款人作付款提示。提示应在规定的地点提示,即持票人应在票据上指定的地点向付款人提示票据。如果票据上未指定地点,那么应在付款人营业所提示。如果没有营业所,那么应该在住所提示。

(4) 承兑(acceptance)。承兑是远期汇票的付款人明确表示接受出票人的指示,承担付款义务的行为。承兑对于付款人来说就是承诺了付款责任,他就要对票据的文义负责,并且承兑人一旦签字就不得拒绝付款。事实上,持票人对于远期付款的汇票,除汇票上有限制承兑的规定外，一般都乐于及时向付款人提示承兑。这样做有两个好处：一是有利于保护汇票持票人的权利，如果付款人拒绝承兑，即使汇票尚未到期，持票人也有权立即向出票人和前手背书人追偿；二是有利于汇票的流通转让，因为未经承兑的汇票，付款人的责任尚未确定，受让人一般不愿意接受，而经过承兑特别是通过银行作为参加承兑人承兑的汇票，由于付款有保障，流通转让就比较顺利。

从以上可以看出，承兑的作用在于确定付款人对汇票金额的付款义务。因为从理论上说，开立汇票时可以指定任何人为付款人，而付款人并未参与出票，因此，凡是未在汇票上签字的付款人并不是汇票的当然债务人，他对汇票尚未承担责任。所以，出票人为了确定付款人的付款责任，就必须向付款人提示承兑，只有当付款人在汇票上签名承兑之后，他才对汇票的付款承担责任。如果付款人拒绝承兑，他对汇票的付款不负法律上的责任。在这种情况下，执票人不能对他起诉，而只能对汇票的背书人和出票人进行追索。在汇票被付款人承兑以前，汇票的债务人是出票人而非付款人，但付款人一旦承兑了汇票，他就被称为承兑人并由此成为汇票的主债务人，而出票人和其他背书人则居于从债务人的地位。如付款人承兑汇票之后到期拒绝付款，执票人可以直接对他提起诉讼。

承兑首先必须由执票人向付款人出示汇票，即向付款人作承兑提示，然后再由付款人决定是否予以承兑。付款人在承兑时应在汇票上记明"承兑"字样和承兑日期，并由付款人签章。而未记载"承兑"字样，付款人仅在票面签名的，视为承兑（也称略式承兑）。一般票据法规定，付款人在承兑时，除上述必须记载的事项外，可以根据自己的需要，在汇票上记载担当付款人（指汇票付款人指定的为其担任具体付款事务的人，一般由银行担任）和付款处所。值得注意的是，承兑必须记载在汇票的正面，在汇票背面或者粘单上所作的承兑不发生效力。

(5) 付款(payment)。汇票的付款是指汇票的承兑人（付款人）或其担当付款人向执票人支付汇票金额，以消灭票据权利义务关系的行为。

(6) 汇票的拒付(dishonour of bill)。拒付包括拒绝承兑和拒绝付款两种情况。当执票人把远期汇票向付款人提示承兑时，如果付款人拒绝承兑，执票人即可行使追索权，而无须等待远期汇票到期时再向付款人作付款提示并遭到拒付时才行使追索权。因为付款人拒绝承兑就表示他拒绝承担汇票的付款义务。

拒付不仅是指付款人明白地表示拒绝承兑或拒绝付款，也包括付款人逃避、死亡或宣告破产等情形，因为在这种情况下，执票人已经不可能得到汇票上的金额，实际上等于是拒绝。

(7) 追索(recourse)。追索权是指执票人在遭到拒付时，向其前手（出票人和背书人）请求偿还票款的权利。被追索的对象有背书人、承兑人、出票人和其他债务人，因为他们对执票人负有连带偿付责任，而执票人是可以行使追索权的唯一债权人。正当执票人可以不按背书顺序，越过其前手，对任何一个债务人行使追索权。被追索的债务人清偿票款后，即取得执票人的权利，可以对其他债务人行使追索权。追索的金额包括：票面金额；从到期日至清偿日止的利息；作成拒绝证书、拒付通知所支出的费用。

按照大多数国家的法律,除汇票已载明不必作拒绝证书外,所有的汇票在遭到拒付时,都必须在法定的期限内作成拒绝证书,否则即丧失其对前手背书人和出票人的追索权。

第二节 汇付与托收

一、汇付

(一) 汇付的含义及种类

汇付(remittance)又称汇款,是指汇付人主动把货款通过银行汇交收款人的一种支付方式。在国际支付中,最常使用的汇付方式有电汇、信汇和票汇三种。

(1) 电汇(telegraphic transfer, T/T)。电汇是汇出行应汇款人请求,以电报或电传通知国外汇入行,委托其将汇款支付给指定收款人的一种汇款方式。电汇的特点是收款速度快,但费用也较高,汇款人须负担电报费用,因此,通常只有金额较小或有急用的汇款,才使用电汇方式。

(2) 信汇(mail transfer, M/T)。信汇是汇出行应汇款人的申请,将信汇委托书邮寄给汇入行,授权解付一定金额给收款人的一种汇款方式。信汇业务程序与电汇基本相同,不同之处是:第一,信汇不用电报电传,而由银行寄出信汇委托书或支付委托书作为结算工具。第二,委托不加密押,只需签字,由汇入行核对签字无误,证实信汇的真实性后,即可解付。信汇一般是通过航空邮寄,费用较电汇低廉,但收款时间较长。

(3) 票汇(remittance by banker's demand draft, D/D)。票汇是汇出行应汇款人的申请,代汇款人开立以其分行或代理行为解付行的银行即期汇票,给付一定金额给收款人的一种汇款方式。通常,汇款人向当地银行购买银行即期汇票,自行寄给收款人,由收款人或其指定人持汇票向解付行(汇票上的付款人)取款。

票汇业务的程序与电汇、信汇的区别在于:票汇由汇款人购买银行即期汇票,并邮寄给收款人或自带出国;票汇既不用加注密押,也不要核对印鉴而是核对汇票。此外,票汇买入的汇票可以经背书转让,而电汇、信汇不能转让。

(二) 汇付参与人及其基本程序

汇付有以下四个参与人:

(1) 汇付人(remitter)即买方,指要求银行将货款汇给国外收款人的人。汇付人是债务人或付款人。

(2) 汇出银行(remitting bank),指受汇付人委托,汇出货款的银行。汇出行所办理的汇款业务叫汇出汇款。

(3) 汇入银行(paying bank),又称解付银行,指受汇出行委托,解付汇款的银行,汇入行所办理的汇款业务叫汇入汇款。

(4) 收款人(payee),即卖方,指汇款结算方式中的国外收款人。收款人是债权人或受益人。

完成一笔款项的电汇或信汇汇付须经过以下四个步骤：

（1）汇付人填写汇款申请书并签字盖章。汇款申请书是指汇款人自汇出行申请汇款时填写的一种书面申请单。汇款申请书应填明汇款的方式、汇款的日期、收款人姓名、地址、汇款货币与金额、汇款人姓名、地址、附言、用途等，并由汇款人签名。汇款申请书是汇款人与汇出行之间的一种契约，汇出行接受了汇款人的汇款申请书后，就应按汇款人在申请书中的指示执行，否则就是汇出行的违约。

（2）汇出银行收取汇款金额、手续费，办理汇款委托书。汇款委托书，又称付款委托书，是汇出行委托其在国外的代理行（汇入行）解付汇款的一种书面凭证。汇出行接受汇款人的汇款申请书后，有义务按汇款人的委托指示向汇入行发出付款委托书，汇入行按委托指示向收款人解付汇款。汇款委托书中的委托指示和汇款申请书的委托指示应该一致。

（3）汇入银行接受付款委托书，发给收款人收款通知书。汇入行接到汇出行委托付款的指示后，发给收款人领取汇款的书面通知，这种书面通知称为收款通知书。

（4）收款人凭收款通知书及其他适当的证明文件在一定的时间内向汇入行领取汇款。

二、托收

（一）托收的含义和种类

托收（collection）是由卖方开立以买方为付款人的汇票，委托银行向买方收取货款的一种结算方式。

托收可分为光票托收和跟单托收两种。光票托收是指卖方仅开具汇票委托银行向买方收款，而没有附具任何装运单据。跟单托收是指卖方将汇票连同提单、保险单、发票等装运单据一起交给银行，委托银行向买方收取货款。在国际商事交易中，光票托收通常只用于收取货款尾数、佣金、样品费等项费用，至于货款的支付一般都是采用跟单托收的方式。

跟单托收根据交单条件的不同，可以分为付款交单和承兑交单两种：

（1）付款交单（document against payment，D/P）。付款交单是指卖方的交单以买方付清货款为条件，即卖方在委托银行向买方收款时，指示银行只有在买方付清货款后，才能向买方交出货运单据。在这种条件下，买方必须按汇票规定的金额付款，才能取得货运单据，并凭此提取货物，否则，买方就不能取得货运单据，从而无法获取货运单据项下的货物。

按付款时间的不同，付款交单又可分为即期付款交单（D/P Sight）和远期付款交单（D/P after ... days sight）两种。即期付款交单是指卖方开具即期汇票，通过银行向买方提示，买方见票后立即付款，并于付清货款的同时，取得货运单据。远期付款交单是指由卖方开具远期汇票，通过银行向买方作承兑提示，买方承兑后于汇票到期时再付款赎单。

在远期付款交单的条件下,买方在承兑汇票之后,付清货款之前,是不能取得货运单据的,因此,如果汇票的到期日晚于货物运抵目的地的日期,买方就必须设法在汇票的到期日以前拿到货运单据,以便及时提取货物。在这种情况下,西方国家的银行往往允许买方承兑远期汇票后,凭信托收据(trust receipt)向银行借出货运单据提货,待汇票到期时再付还货款。所谓信托收据是由买方向银行出具的表示愿意以银行的受托人(trustee)的身份代银行保管和处理货物,并承认货物的所有权属于银行,出售后所得的货款亦应交付银行或代银行暂为保管的一种书面文件。通过这种办法,买方在付款之前,就可以取得货物,并可及时转售货物获得利润,然后再转售所得来清偿买方货款。凭信托收据借单的办法通常是进口地代收银行自行作主对买方给予资金融通的一种做法,与卖方无关。代收银行将单据借出后,即须承担远汇票到期时必须付款的义务,但有时也可以由卖方在托收委托书中指示银行,允许买方凭信托收据借单提货。在这种情况下,如果日后买方到期拒付,则应由卖方自己承担风险。实际上,这种做法所承担的风险,和承兑交单相同。

(2) 承兑交单(documents against acceptance,D/A)。承兑交单是指卖方的交单以买方承兑汇票为条件。买方承兑汇票后,即可向代收银行取得货运单据,凭此提取货物,待汇票到期时才付款。因为只有远期汇票才需办理承兑手续,所以承兑交单方式只适用于远期汇票的托收。

(二) 托收参与人及其基本程序

托收通常有以下几个参与人:

(1) 委托人(principal)。委托人又称出票人,是指开出汇票并委托银行代其向国外买方收取货款的人。在国际贸易中通常就是卖方。

(2) 托收银行(remitting bank)。指接受委托人委托,转托国外银行代为收款的银行。

(3) 代收银行(collecting bank)。指接受托收银行的委托,向买方收取货款的银行。

(4) 付款人(payee)。指在委托人开出的汇票上载明支付票款的人。在国际贸易中通常就是买方。

(5) 提示行(presenting bank)。指向付款人提示汇票和单据的银行。代收行可委托与付款人有往来账户关系的银行作为提示行,也可以自己作为提示行。

完成一笔托收一般须经过以下几个步骤:

(1) 在货物销售合同中双方规定采用哪种托收。

(2) 委托人按合同规定装完货物后,到托收行填写托收委托书,开出跟单汇票(D/P sight 开即期汇票,D/P after sight 和D/A开远期汇票),连同货运单据交托收行。

(3) 托收行将汇票及货运单据寄交代收行。

(4) 代收行收到汇票及货运单据后,向付款人作提示汇票(D/P sight 作付款提示,D/P after sight 和 D/A 作承兑提示)。

(5) 即期汇票,付款人付清货款,代收行交给货运单据;付款交单的远期汇票,付款人承兑汇票,代收行保留汇票及货运单据,待汇票到期时,付款人付清票款,代收行交给货运单据。如代收行接受了付款人的信托收据借给货运单据,代收行即承担远期汇票到期必须付款的责任。承兑交单,付款人承兑汇票,代收行保留汇票,交给货物单据,并在汇票到期时履行付款义务。

(6)代收行电告或邮告托收行,货款已收妥入账。

(7)托收行将货款交给委托人。

委托人与托收行之间的关系为代理关系,托收行的收款行为,无论是否成功,均由委托人直接承担。托收行与代收行之间也是代理关系。

如果代收行违反它与托收行之间的约定使委托人受损,委托人能否向代收行起诉要求赔偿损失?一种观点认为,委托人与代收行之间、托收行与付款人之间并无直接的合同关系。如果代收行违反委托书的指示行事,致使委托人遭受损失,委托人不能直接对代收行起诉,而只能通过托收行对其起诉。[①] 本书认为,托收行与代收行是转代理的关系,委托人可以直接向代收行起诉,也可以要求托收行和代收行承担连带责任。因为,无论是托收行还是代收行,都知道是为了委托人的利益而代为收款,而且也都知道依据《托收统一规则》和委托协议他们应该履行的义务。

(三)《托收统一规则》的主要内容

为了调整在托收业务中各银行之间以及银行与客户之间的权利义务关系,国际商会在1967年制定了《商业单据托收统一规则》,1978年又对其进行了修改,定名为《托收统一规则》(Uniform Rules for Collection),于1979年1月1日生效。1995年国际商会第522号出版物(简称URC522)对《规则》再次作出修订,并于1996年1月1日开始生效。这项《规则》凭当事人在合同中自愿采用,但目前它在国际商事交易业务中已得到广泛的承认和使用。

《托收统一规则》的主要内容如下:

(1)委托人应受国外法律和惯例规定的义务和责任所约束。

(2)银行除要检查所收到的单据是否与委托人所列一致外,对单据内容并无审核之责,即付款人如对单据内容提出异议拒付,代收行不负责任。但银行必须按委托书上的指示办事,如无法办理应立即通知发出委托书的一方。

(3)未经代收行事先同意,货物不能直接发给代收行或以代收行为收货人,否则,该行无义务提取货物,仍由委托人自行承担货物的风险和责任。

(4)在委托书上必须指明是付款交单(D/P)还是承兑交单(D/A)。如未指明,代收行只能在付款后交单。

(5)如被拒付,托收行应在合理的时间内作进一步处理单据的指示;如代收行或提示行发出拒绝通知书后60天内未接到指示,可将单据退回托收行转告委托人。代收行不承担向付款人直接追索的责任。

(6)与托收有关的银行,如由于任何文电、信件或单据在寄送途中的延误或丢失所引起的后果,或由于电报、电传或电子通讯系统在传送中的延误、残缺或错误,或由于专门术

[①] 沈达明、冯大同编著:《国际贸易法新论》,法律出版社1989年版,第263页。

语在翻译或解释上的错误,不承担义务或责任。

第三节 信 用 证

一、信用证概述

(一)信用证及其法律规范

信用证(letter of credit, L/C)是银行根据买方的请求,开给卖方的一种书面凭证,依据该证,银行保证在卖方提交符合该证所规定的单据时向卖方支付货款。①

信用证作为国际商事交易的一种支付方式,已经有很长的历史。信用证是一种银行的付款承诺,属于银行信用。银行信用一般比商业信用更可靠,因此,采用信用证支付方式,比采用汇付或托收的方式,对卖方安全回收货款更有保障。同时,由于银行的介入和预付货款,卖方在交付货物及有关单据后即可得到货款,买方在得到单据时才向银行偿付,买方可得到一定期限的信贷。在现代国际商事交易中,凭信用证付款是最常见的、最主要的支付方式。我国在对外贸易中,目前主要也是采用这一方式。

有关信用证的规范,在各国法律中基本上还是空白。美国几乎是唯一有信用证国内立法的国家,在其《统一商法典》第五编中规定了关于信用证的法律,但该法典明确规定,如果信用证明确规定适用《跟单信用证统一惯例》,则即使统一惯例与该法典的内容不一致或相矛盾,应适用统一惯例的规定。现在信用证主要由国际商会制定和公布的《跟单信用证统一惯例》(Uniform Customs and Practice for Documentary Credits, UCP)调整。UCP 首次制定于 1933 年,经 1962 年、1974 年、1983 年、1993 年多次修订,现行文本为 2007 年修订本(简称 UCP600)。UCP 已为世界各国银行所采用,成为普遍性的国际商事惯例。

(二)信用证参与人及其基本程序

每一个信用证参与人并不完全一致,概括起来,信用证有下列参与人:

(1)开证申请人(applicant)。即向银行申请开立信用证的人,又称开证人(opener)。开证申请人一般即为买方。

(2)开证银行(opening bank)。即应开证申请人的委托,为其开立信用证的银行。买方通常选择实力雄厚、享有盛誉的银行担任开证行。

(3)受益人(beneficiary)。即信用证上所指定的有权使用该证并享受该证利益的人,即卖方。

(4)通知银行(advising bank)。即受开证银行的委托,将信用证通知受益人的银行。

(5)议付银行(negotiating bank)。即对受益人根据信用证所签发的汇票,予以买入贴现的银行。由于议付银行向受益人买入或贴现汇票,就是受让该汇票,所以一般又称之为押汇银行。

---

① 根据 UCP500 关于信用证的定义,银行不仅可以应客户要求和指示,开证并凭规定单据进行付款,同时,也可以主动进行上述业务。

（6）付款银行（paying bank）。即对受益人所签发的汇票予以承兑或付款的银行。付款银行或承兑银行，一般为开证行本身，也可以是开证行委托的另一家银行。

（7）保兑银行（confirming bank）。即应开证银行的请求在信用证上加以保兑的银行。保兑银行在信用证上加具保兑后，即对信用证独立负责，承担首先付款的责任。

（8）偿付银行（reimbursement bank）。即受开证银行在信用证上的委托代开证银行偿还议付行垫款的第三国银行。它的出现往往是由于开证银行的资金调度集中在该第三国银行，故要求该银行代为偿付信用证规定的款项。偿付银行又称清算银行。

在采用信用证支付货款时，一般需经过以下几个程序：

（1）买卖双方在合同中明确规定以信用证方式结算。

（2）买方向当地银行填写开证申请书，按合同内容填写各项规定和要求，并交纳押金或提供其他担保，由开证行开证。

（3）开证行将信用证航寄或电传接受委托的卖方所在地银行即通知行。

（4）通知行核对函开信用证签字、印鉴无误或电传信用证密押相符，判明信用证真实后，将信用证转交受益人。

（5）受益人核查信用证与合同相符后，按信用证规定装运货物，并备齐各项单据，开出跟单汇票，在信用证有效期内送请议付银行议付。议付行通常由通知行兼任。

（6）议付行审核跟单汇票单据与信用证规定相符后，按汇票金额扣除信用证到期日期间利息，垫付货款给受益人，同时，将跟单汇票航寄付款行（通常就是开证行）索付，如信用证含有"电报索付条款"，议付行在议付货款后，当天可去电要求付款行偿付，再航寄跟单汇票。

（7）付款行审核"单证相符"无误后，电汇或信汇货款给议付行。

（8）付款行通知开证申请人付款赎单。

（三）信用证的主要内容

信用证虽然没有统一的格式，但其主要内容基本是相同的，一般包括以下项目：信用证参与人；信用证种类和号码；开证日期；金额条款；货物条款；汇票条款；单据条款；装运条款；有效期条款；交单日期条款；开证行保证条款；声明遵守《跟单信用证统一惯例》条款。

（四）信用证的种类

1. 光票信用证和跟单信用证

光票信用证（clean L/C）是指受益人不需提供其他单据就可支取款项的信用证。这种信用证通常分为两部分，一部分是信用证本身，另一部分是签字卡。受益人取款时只要签发一张汇票，而不需要提供任何其他单据，指定的付款行或代付行只要证实汇票上的签字与签字卡上的签字相同就可付款。旅行信用证就是一种光票信用证。光票信用证只是汇款的一种工具。

跟单信用证（documentary L/C）是指受益人在支款时，除提交汇票外，还需提供规定的单据的信用证。单据是信用证上列明的代表货物所有权或证明货物已发运的单据，如海运提单、保险单等等。在国际贸易中,跟单信用证使用最为普遍。

2. 可撤销信用证和不可撤销信用证

可撤销信用证(revocable L/C)是指开证行可以随时撤销或修改的信用证。开证行是根据申请人的要求和指示开证的,所以一般情况下,没有申请人的指示,开证行是不会随便撤销信用证的,除非申请人已经濒临倒闭。可撤销信用证的开证行虽然可以随时撤销信用证,但他仍然对撤销通知到达前卖方已履行的义务负责。因此可撤销信用证对于受益人来说仍然是一个确定的付款承诺。可撤销信用证在国际商事交易中很少使用。

不可撤销信用证(irrevocable L/C)是指开证行开立信用证并交付受益人后,在其有效期内,未经有关当事人的同意,不能修改或撤销的信用证。只要受益人提供的单证符合信用证的规定,开证行就必须履行付款义务。这种信用证对受益人付款比较有保障,在国际商事交易中,使用最为广泛。

根据 UCP 600 的规定,信用证均为不可撤销的。

3. 保兑信用证和不保兑信用证

保兑信用证(confirmed L/C)是指一家银行开出的信用证由另一家银行加以保证兑付的信用证。所以,凡经开证银行以外的银行,在信用证上保证对受益人所签发的汇票予以承兑或付款的信用证,均称为保兑信用证。保兑银行的责任,与开证银行的责任各自独立且完全相同,所以只要卖方提交的单据完全符合信用证的要求,即使开证银行倒闭不能付款,保兑银行也应单独负起保证承兑及付款的责任。保兑信用证,通常是由于卖方对开证银行的信用了解不够,或不信任,而要求其他银行加以保兑的,目的是确保安全收款。保兑信用证,由于有两家银行作付款承诺,故对受益人来说是最有利的。

不保兑信用证(unconfirmed L/C)是指不经另一家银行加具保兑的信用证。这种信用证仅由开证银行保证卖方提交符合信用证条款规定的货运单据履行付款责任。国际上资信较好的开证银行一般不愿意要求其他银行在其信用证上加具保兑,以免影响其信誉。

4. 即期付款、迟期付款、承兑及议付信用证[①]

即期信用证(sight L/C),信用证中规定一家付款银行,该银行在受益人提交符合信用证规定的单据时即予以付款。这种信用证既可以要求汇票,也可以不要求汇票而只根据单据付款。如果要求汇票,应是即期汇票。

迟期付款信用证(deferred payment L/C),信用证中规定一家付款银行,该银行在受益人提交符合信用证规定的单据时并不付款,而是在信用证规定的到期日才予以付款。

承兑信用证,信用证中规定一家承兑银行,受益人提交单据及以该行为付款人的远期汇票,如果单据合格,该将承兑远期汇票,并于到期日付款。

议付信用证,信用证有权议付的银行支付价款以交换受益人的汇票及/或单据,所提交的汇票以议付行以外的其他银行为付款人。议付信用证有限制议付和自由议付两种。前者指只有特定的被指定银行才能办理议付,后者指任何银行都有权办理议付。

---

① UCP500,Art. 6.

二、信用证参与人的权利义务关系

信用证交易包含一组合同。这一合同主要由开证申请人(买方)和开证行、开证行和受益人(卖方)两种合同关系组成,它还可能包括开证行与中间的委托代理关系,等等。

(一) 买方与卖方之间的法律关系

在信用证项下,买卖双方并无直接的法律关系,买卖双方作为信用证开证人和受益人的责任主要在货物销售合同中作出规定。由于信用证的开立是以货物销售合同为基础的,因此,明确买卖双方在信用证项下的权利义务是十分必要的。

当货物销售合同规定以信用证方式交付时,买方就承担了开立信用证的义务。如果买方不履行开证义务,就是违约行为,卖方不仅可以不履行其交货义务,还可以请求买方赔偿损失。至于买方开立信用证的时间,如果合同没有规定开证的具体日期,而仅规定"立即"开出信用证,则买方应在按一个通情达理、勤勉办事的人所需的合理时间内,尽快给卖方开出信用证。但无论如何,买方应在合同规定的卖方装运日期前开出信用证,否则卖方就有权以买方违约为理由,拒绝履行交货义务,并可要求买方赔偿损失,或者要求买方相应延长装运期限。

应当注意的是,在买卖合同规定采用信用证方式付款时,卖方应按照合同的安排,向有关银行提交单据要求付款,而不能越过银行直接向买方交单要求买方付款。但是,如果开证行或信用证上指定的付款银行丧失了清偿债务的能力,则卖方一般可以直接向买方交单,要求其直接交付货款。

(二) 开证申请人与开证行之间的法律关系

开证申请人(买方)与开证行是一种委托关系,这种委托关系通常是由买方签具一份开证申请书而建立起来的。开证申请书是买方作为开证申请人请求银行开立以卖方为受益人的信用证的文件。开证申请书应明确、完整地载明银行开证的内容,如信用证的种类、有效期限、装运方式、保险条件、商品名称以及对单据的要求等,还应载明授权银行对受益人(卖方)支付货价的条件以及开证申请人对银行的偿付保证。开证行对开证申请人的主要义务是代开证申请人向受益人付款,为此,开证行需要开出信用证,并审查卖方所提交的单据是否与信用证的规定相符。开证申请人将向开证行偿付,并承担开证行代为付款行为的后果。对此,UCP600 第 37 条规定,开证申请人应受外国法律和惯例加诸银行的一切义务和责任的约束,并承担赔偿之责。

(三) 开证行与受益人之间的法律关系

开证行与受益人之间存在合同关系,它们之间是一种特殊的付款和受款关系,而并非担保和被担保的关系。开证行受开证申请人的委托对受益人承担第一位的付款责任。

(四) 中介行与开证行、受益人之间的法律关系

在信用证业务中,往往还需要有中介银行的参与。中介行包括通知行、议付行、保兑行等,视开证行的委托情况而定。中介银行一般为受益人(卖方)当地银行,负责把信用证转交给受益人,并接受卖方提交的单据,如在信用证上加上自己的保兑,则与开证行一

样对受益人承担付款责任。中介银行可以由买方选定,更多的是由开证行选定。如买方选定,开证行自然没有任何责任,但即使由开证行选定,风险一般也由开证申请人承担。

开证行与通知行之间,是委托关系,开证行委托通知行将信用证转给受益人。开证行与议付行之间可以视为既有信用证上的委托关系,也有票据法上的议付关系。关于信用证上的委托关系,在开证行指定议付行的情形下委托关系固然明显,即使是任意议付行,也可以认为开证行是对任意一家进行议付的银行进行了授权。议付行完成其委托工作后,有权收回它所支付的款项和由于执行指示而可能遭受的损失,如信用证规定远期汇票向议付行开出,它承兑了该汇票,就有权在付款后获得偿还,开证行不得拒绝。如提示承兑时所交单据全部符合信用证的有关条款,不论买卖双方存在任何争议,它都应按期付款。按照 UCP 的规定,议付行只有在真正对受益人进行了支付之后,才能享有议付行的地位,从而主张对开证行的偿付权或票据法上的付款请求权。

中介行与受益人之间的关系,取决于中介银行的性质。如果中介行仅是通知行,则它对卖方不存在任何法律关系,并且应在给受益人的通知书中声明自己对该信用证不承担任何义务。但通知行有核对信用证真伪的责任,通知行应合理谨慎地检验它所通知的信用证的表面真实性,所谓表面真实性是指签名或押码是否真实。如果通知行同时又是议付行,则它与受益人亦无任何法律关系,但亦应在通知书中声明自己的地位,议付行承兑或支付受益人的汇票后,拥有对受益人的追索权。但如果中介行是保兑行,则与受益人构成连带付款关系,保兑行对受益人独立地承担付款责任,受益人有权同时向保兑行和开证行要求偿付;并且保兑行议付受益人汇票,对受益人没有追索权。

综合而言,信用证交易的特点是:开证行受开证申请人的委托以自己的名义向卖方付款,开证行对受益人履行付款义务的后果由开证申请人转承。基于信用证交易单据交易的特点,以及其产生和发展过程的独特性,将其称为自成一体的交易比较适当。

三、信用证交易的原则和审单标准

(一)信用证自治原则(autonomy of the credit)[1]

信用证与买卖合同或其他基础交易是相脱离的和独立的。银行在办理信用证业务时,只关心卖方提交的单据是否符合信用证的规定,只要卖方所提交的单据在表面上符合信用证的要求,银行就可以凭单付款,除非卖方提交单据的行为是欺诈行为。

UCP600 第 4 条规定,信用证,依其性质,是独立于其基础合同的交易,即使信用证中提及基础合同的任何内容,银行也与基础合同无关,也不受基础合同的约束。因此,银行的付款承诺,不受开证申请人针对开证行的请求或抗辩的制约,也不受开证申请人针对受益人的请求或抗辩的制约。同时,受益人在任何情况下,不得利用银行之间或开证申请人与开证行之间的合同关系。

---

[1] Leo D'arcy, Carole Murray, Barbara Cleave, Schmitthoff's Export Trade: The Law and Practice of International Trade Law, Tenth Edition, Sweet & Maxwell, pp. 1170—1171.

上述规定表明,信用证自治原则的内涵包括:第一,信用证独立于其基础合同。开证行不能利用买方根据买卖合同对卖方所拥有的抗辩对抗受益人;受益人也不能以买卖合同为依据要求开证行接受不符合信用证规定的单据。第二,信用证自治原则也适用于开证申请人,开证申请人不能以其对开证行或受益人的请求或抗辩来限制或阻止银行付款。第三,信用证自治原则也适用于受益人,受益人只能依据信用证条款享有信用证项下的权利。受益人不得利用银行间的合同关系而获益,例如,甲乙两银行订有关于处理信用证业务的合同,相互约定在对方开出信用证并委托保兑时将予以保兑,若甲行开出信用证后委托乙行保兑,但乙行基于某种考虑没有保兑,受益人不得利用银行间的合同关系要求乙行保兑。受益人也不得利用开证申请人与开证行之间的合同关系,例如,开证申请人在开证行存入专为支付受益人货款的资金或者开证申请书约定了更宽松的付款条件时,受益人均不得据此主张利益。

UCP600第5条规定,在信用证业务中,各当事人处理的是单据,而不是与单据相关的货物、服务或其他行为。

信用证自治原则是信用证交易的基石。它使得受益人的交单和受款、银行的付款和审单只涉及信用证和单据,不受基础合同和其他合同以及其他抗辩或请求的影响,从而保证信用证功能的发挥。

在瑞士纽科货物有限责任公司与中国建设银行吉林省珲春市支行拒付信用证项下货款纠纷上诉案中,吉林省高级人民法院在一审中认为,珲春建行开立的信用证经法兰克福分行通知被纽科公司接受后,该信用证即发生法律效力,在信用证各方当事人之间产生约束力。虽然珲春建行在开证过程中有过错,但不是与案外人合谋欺诈纽科公司,不影响该行开出信用证的效力。纽科公司在庭审中提出珲春建行与案外人合谋欺诈的主张,依据不足,不予支持。纽科公司的货物被他人提走未付货款的问题,可通过解决商业纠纷的途径另行告诉。据此该院判决驳回纽科公司的诉讼请求。纽科公司不服,上诉至最高人民法院。最高人民法院认为信用证交易是具有独立性的法律关系,上诉人纽科公司接受了被上诉人珲春建行开立的信用证后,珲春建行就承担了独立的第一性的付款义务,与开证申请人无涉。纽科公司称珲春建行与珲春国贸合谋,利用信用证进行欺诈,骗取信用证项下货物,没有任何事实依据,也于法理不符。所以最高人民法院判决:驳回上诉,维持原判。

(二) 审单标准

1. 严格相符原则

在信用证项下卖方的主要义务是提供单据。信用证交易是一种单据买卖,因此,在采用信用证方式付款时,单据具有特别重要的意义。银行在凭单付款时,实行"严格相符原则"(rule of strict compliance),即卖方所提交的单据必须在表面上完全符合信用证的要求,银行才予以付款,如果卖方所提交的单据与信用证的要求不符,银行有权拒收单据,拒绝付款。因为开证行是根据买方在开证申请书中的授权行事的,而通知行又是根据开证行的授权行事的,如果它们在办理信用证的过程中,超出了授权范围,就可能遭到买方拒付,而自行承担此项交易的风险。也就是说,如果银行不按买方在开证申请书中的指示办理,接受了卖方提交的不符合信用证要求的单据,买方就有权拒绝付款赎单。所以,银行为了自身利益,必须在单据审查方面采取严格态度。

银行审单时,还要注意单据之间的一致性。这并不是说卖方提交的每一张单据都必须载明信用证所要求的一切细节,而只要全套单据互不矛盾,足以满足信用证的要求即可。

严格相符,不应等同于绝对的字面相符,字母的大小写有误或明显的打印错误等情形,不能视为表面不符。

应当注意的是,在单证不符的情况下,买方可以向银行声明放弃不符点,这样,银行就有权接受卖方提交的与信用证要求不符的单据,但买方的声明应向银行书面作出并列明放弃的不符点。银行也可以主动征询买方的意见,对存在不符点的单据是否愿意接受。但无论如何,卖方不能向议付行作出担保,否则,如果单据因银行指出的不符点而遭到拒付,风险由卖方自己负责。一旦作出这样的担保,意味着卖方失去了信用证所特有的银行信用的保护,后果是相当严重的。

由于UCP400的不完善,在信用证交易中,有高达40%至50%的跟单信用证由于单证不符而遭退单。鉴于此情况,UCP500在审议单据标准和时间方面作出了增补规定,即规定的单据在表面上与信用证的条款的相符应由在这些条文中反映的国际标准银行惯例来确定。UCP600第14条进一步规定,单据中内容不必与信用证中单据本身以及国际标准银行惯例等同(identical to),但单据的内容之间,或单据中内容与其他规定的单据或信用证不得相冲突。银行不审核信用证中未规定的单据。如果银行收到此类单据,将退还提交人或予以转交并对此不负责任。

有学者认为,在适用严格相符原则时,应遵循理性审单员标准,即审单员根据其行业的安全有效的实践经验判断不符点,法院的判断则应考虑"一个理性的审单员在相同情况下会作出怎样的决定"[①]。这也是强调银行审单应依据国际标准银行惯例进行。

2. 审单期限

开证行、保兑行或代其行事的指定银行,应有各自的合理时间来审核单据,以决定接受或拒绝接受单据,并相应地通知寄送单据的一方。该合理时间的期限不超过自收到单据之日起5个工作日。开证行、保兑行或代其行事的指定银行的合理期限不是累积的,而是各自独立的。

如果开证行确定单据表面上与信用证条款不符,它可以完全根据自己的决定与申请人联系,请其撤除不符点,然而这样做并不能延长收到单据后5个银行工作日这一期间。

3. 不含单据的条件的处理

如信用证含有某些条件而未列明需提交与之相符的单据,银行将认为未列明此条件,且对此不予理会。

---

① Boris Kozolchyk, Strict Compliance and Reasonable Document Checker, Brooklyn Law Review, Vol. 56,1990,p. 48.

四、信用证欺诈及救济

信用证独立抽象性原则以及银行无需对单据的真伪负责,这是信用证交易的基础,但另一方面也为一些不法商人留下了漏洞。现代国际贸易中,信用证欺诈活动层出不穷。信用证欺诈主要有以下几种:一是伪造单据,包括提单、商业发票、保险单、产地证明书、质量证明书、商检证明书等;二是受益人在单据中作欺诈性陈述,也称伪造单据内容,如以没有价值的货物充作合同货物;三是提单欺诈行为,包括倒签提单、预借提单和凭保函换取清洁提单;四是伪造信用证本身,或者伪造、变更信用证的条件。因此,信用证欺诈,就是卖方或买方通过有意的虚假陈述或其他虚假行为或对事实真相的不披露,使银行依赖于这种虚假事实,而从银行的受损中获益的行为。

买方伪造信用证本身诈取卖方货物,往往会因为银行有审查信用证真实性的义务而容易被识破,这种现象也就极为罕见。到目前为止,绝大多数单证欺诈是卖方伪造单据或伪造单据内容或为提单欺诈行为以获取货款。

在卖方存在上述欺诈行为但提供了表面符合信用证的单据的情况下,银行可以不顾单据与信用证的表面符合而拒绝付款,这便是信用证欺诈例外原则。这一原则最先是由美国法院在 Sztejn v. J. Henry Schroder Banking Corp. (1941) 案中确立的。本案开银行可以在存在欺诈行为时对表面符合信用证的单据拒付之先河,并为美国法院在信用证欺诈案件中多次援引,成为有影响的先例。

美国《统一商法典》采纳了美国判例法的规则。该法第 5-114(1) 条规定,开证行必须按符合信用证条款开出的汇票或单据付款,而不管货物或单据是否与基础买卖合同相符。本款规定显然是肯定信用证独立原则。该法第 5-114(2) 条则明确了信用证欺诈例外原则。该款规定,除另有约定外,如果各项单据在表面上看来符合信用证条款,但其中一份必要的单据在表面上不符合它在转让物权凭证时所作出的担保,或者是伪造的,或者是代用品欺诈性的,或者是在交易中有欺诈行为,则:如果要求付款的人是汇票的正当持票人,则开证行必须对汇票付款;在其他情况下,尽管开证申请人已经把欺诈、伪造或其他单据表面上没有显示出来的瑕疵通知了开证行,开证行如出于诚信仍可以对汇票付款,但有管辖权的法院可以禁止开证行付款。可见,本款仍然是从正面规定银行在存在欺诈的情况下可以付款,尽管"可以"一词也意味着银行也可以选择不付款,但立法者倾向于付款的意图是明显的。而关于法院的规定更表明了法律没有要求开证行拒绝付款的义务。

英国法院也通过判例确认了信用证欺诈例外原则。在大陆法系国家,尽管没有关于信用证欺诈例外的特别规定,其民法中关于善意履行债务的规定可以成为银行拒绝付款的依据。例如,德国《民法典》第 242 条规定,债务人应按照善意的要求履行义务,并考虑一般习惯。如果受益人欺诈性地要求银行付款的行为被视为是恶意的或是滥用权利,则银行有权拒付。

我国关于信用证欺诈的立法,在刑事立法方面,《刑法》第 195 条对信用证诈骗罪作了专门规定,使我国成为世界上少有的专门规定信用证诈骗罪的国家。但是在民事立法方面,相关的民事法律没有对信用证欺诈作专门的规定。

2006年起施行的最高人民法院《关于审理信用证纠纷案件若干问题的规定》是关于信用证欺诈例外的民事司法解释。该解释明确规定:开证行在作出付款、承兑或者履行信用证项下其他义务的承诺后,只要单据与信用证条款、单据与单据之间在表面上相符,开证行应当履行在信用证规定的期限内付款的义务。当事人以开证行与受益人之间的基础交易提出抗辩的,人民法院不予支持。该解释同时规定,凡有下列情形之一者,应当认定存在信用证欺诈:(1)受益人伪造单据或者提交记载内容虚假的单据;(2)受益人恶意不交付货物或者交付的货物无价值;(3)受益人和开证申请人或者其他人串通提交假单据,而没有真实的基础交易;(4)其他进行信用证欺诈的情形。在上述情形下,当事人可以向人民法院申请中止支付信用证项下的款项,并可以请求人民法院判决终止支付该款项。

本章小结:

国际贸易中使用的汇票与一般汇票相比有一个特点,其出票人和受款人往往是一个人,即卖方;托收中,委托人与托收行是代理关系,委托人与代收行是转代理关系;信用证是一种自成一体的交易,其特点是银行受买方的委托向卖方付款,卖方享受了银行的信用;《托收统一规则》和《跟单信用证统一惯例》都是普遍性的国际商事惯例;信用证的基本原则是独立抽象性原则;银行在信用证交易的审单中遵循"单证严格相符原则";银行在知悉受益人有实质欺诈行为时可以拒绝向受益人付款。

思考题:

1. 国际贸易中使用的汇票出票人和受款人是谁?在托收和信用证交易中的汇票谁是付款人?
2. 托收中,委托人与代收行是何种关系?委托人能否直接向代收行索赔?
3. 承兑交单与付款交单有何区别?
4. 在信用证交易中,开证行与中介行之间是何种关系?
5. 为什么说信用证是一种自成一体的交易?
6. 什么是信用证审单中的单证严格相符原则?
7. 什么是信用证独立抽象性原则?为什么银行可以主张信用证欺诈例外?

第三编 国际贸易管理与 WTO 法

第六章 国际货物贸易管理制度

学习目标:了解和领会不同类型的贸易待遇的适用范围和条件,理解约束关税制度的内容及相关制度以及不同形式的非关税措施,领会和掌握贸易救济措施的性质及使用条件,了解农产品贸易制度的特殊性。

建议学时:6 学时。

导读:在国际贸易中,每个国家都会对其对外贸易活动、尤其是货物贸易予以管理。为了协调国际贸易关系,关贸总协定及其随后的世界贸易组织(GATT/WTO)的协议对国际货物贸易管理作出了许多规定。本章主要结合 GATT/WTO 的有关协议,介绍和阐述国际货物贸易管理制度,重点应理解和掌握贸易待遇制度、关税制度、非关税措施以及贸易救济措施。

第一节 贸易待遇制度

一、最惠国待遇

(一) 最惠国待遇的概念

最惠国待遇原则在 1947 年《关贸总协定》(GATT 1947)中,构成了多边贸易制度的基石。乌拉圭回合谈判中达成的《服务贸易总协定》(GATS)和《与贸易有关的知识产权协定》(《TRIPS 协定》)吸收了《关贸总协定》中的最惠国待遇原则。鉴于这后两个协定有专章介绍,此处主要介绍关贸总协定中的最惠国待遇原则。

最惠国待遇,是受惠国享有的待遇。在给惠国方面,给惠国承担最惠国待遇义务。《关贸总协定》第 1 条第 1 款是对最惠国待遇的最基本规定:在进出口、有关进出口以及进出口货物的国际支付转账所征收的关税和费用方面,在征收上述关税和费用的方法方面,在进出口规章手续方面,以及在该协定第 3 条第 2 款(国内税费)及第 4 款(国内规章待遇)所述事项方面,一成员对原产自或运往其他国家的产品所给予的利益、优待、特权或豁免(简称"优惠"),应当立即无条件地给予原产自或运往所有其他成员境内的同类产品。

简言之,一成员对产自或运往任何其他国家或地区的产品所给予的优惠,应当立即无条件地给予产自或运往所有其他成员的同类产品。

(二) 最惠国待遇的特点

《关贸总协定》中的最惠国待遇被称为多边的、普遍的、无条件的最惠国待遇。在世界贸易组织众多成员中,任何世界贸易组织成员,都承担授予其他成员最惠国待遇的义务;其他成员都享有最惠国待遇的权利。只要是世界贸易组织成员,都享有该权利、承担该义务。多边相对于双边而言,适用于所有成员,而不限于传统的条约双方;普遍则指个个有份,承担义务、享有权利,不以互惠或提供补偿为前提;无条件,则指给予最惠国待遇不得以与产品产地相关的要求为条件。但最惠国待遇的无条件性,并不意味着不可以对产品本身规定与产地无关的条件。

(三) 最惠国待遇的适用范围和对象

最惠国待遇的适用范围,是指对哪些事项享有最惠国待遇。从广义上说,最惠国待遇既适用于进口,也适用于出口,还包括了国内的待遇。《关贸总协定》第1条第1款规定了四方面的最惠国待遇:(1) 与进出口相关的关税和费用;(2) 关税和费用的征收方法;(3) 进口和出口的规章手续;(4) 国内税费以及有关产品的国内销售、推销、购买、运输、分销或使用的法律规章。依据最惠国条款,受惠国只能在该范围内享有该待遇,超出了这一范围,无论给惠国给予了第三国什么好处,受惠国都无权要求享有。

最惠国待遇的适用对象,指世界贸易组织成员在上述四个方面给予任何第三国(单独关税区)的待遇,包括但不限于给予世界贸易组织成员的待遇。

(四) 最惠国待遇的例外

最惠国待遇义务存在多项例外。除普遍适用的一般例外和国家安全例外之外,关税同盟和自由贸易区、特殊差别待遇和边境贸易,是最惠国待遇义务的重要例外。

二、国民待遇

(一) 世界贸易组织对国民待遇的规定

国民待遇原则是世界贸易组织的重要原则,既是对最惠国待遇的补充,又独立于最惠国待遇,二者共同构成了不歧视待遇。世界贸易组织的三个主要协定中都确立了国民待遇原则,这就是 GATT 1994 第3条、GATS 第17条以及《TRIPS 协定》第3条。鉴于 GATS 和《TRIPS 协定》另有专章介绍,此处仅介绍《关贸总协定》中的国民待遇。

根据国民待遇原则,对于产品,一成员给予其他成员产品的待遇不低于其给予国内同类产品的待遇;对于服务/服务商,一成员给予外国服务/服务商的待遇不低于给予本国的同类服务/服务商的待遇;对于知识产权,一国给予其他成员国民的待遇,不低于其给予本国国民的待遇。

需要指出的是,国民待遇义务在上述三个协议中的性质是不同的,具体适用范围也不同。在《关贸总协定》中,国民待遇义务是成员的普遍义务,适用范围是国内税费和国内规章方面的待遇。在《服务贸易总协定》中,国民待遇属于各成员具体承诺的范围,只有在作出具体承诺的情况下才承担国民待遇义务。在《TRIPS协定》中,国民待遇是普遍性义务,但其范围依赖于其他知识产权公约。

(二)《关贸总协定》对国民待遇的规定

1. 概述

最惠国待遇适用于相对于内国的外国之间,禁止对来自不同出口国的产品歧视,一国不应优惠某一外国而歧视另一外国。国民待遇则是适用于内国与外国之间,禁止在进口产品和国内产品间的歧视。

《关贸总协定》第3条及该协定附件中的第3条注释规定了国民待遇。《关贸总协定》第3条的国民待遇的根本目标是确保国内措施不以对国内生产提供保护的方式适用于进口或国内产品,其实质是要求世界贸易组织成员对与国内产品有关系的进口产品提供平等的竞争条件。进口产品一旦入关,即应按对待国内同类产品的方式对待进口产品,否则会给予国内产品间接的保护。是否违反国民待遇不根据贸易效果来确定,进口量反映出来的进口产品和国内产品间的税收差别的"贸易效果"不明显或根本不存在,对是否违反国民待遇不产生影响。第3条并不保护对特定贸易数量的期望,而是保护进口产品和国内产品间的平等竞争关系。世界贸易组织成员可以通过其国内税收和管理规章自由追求其国内目标,只要不违反第3条或根据《关贸总协定》作出的承诺。在没有进口的情况下,也可能存在违反国民待遇义务的情况。虽然表面上不存在进口产品与国内同类产品的比较,但没有进口可能正是违反国民待遇义务、对其他国家的产品歧视的结果。

《关贸总协定》第3条共有10款。核心条款是该条第1款、第2款和第4款。第8款规定了国民待遇义务的适用例外,即该条国民待遇义务不适用于政府采购和政府补贴。

2. 国民待遇的适用要求

(1)国内税费

《关贸总协定》第3条第2款规定了国内税费方面的国民待遇义务。它包括两种情形:

第一种情形是进口产品与国内同类产品之间的待遇。进口成员对进口到境内的产品直接或间接征收的国内税或其他国内费用,不得超过对其对国内同类产品直接或间接征收的国内税或其他国内费用。确定进口国是否违反这一义务,需要确定两个问题:第一,进口产品与国内产品是否是同类产品;第二,进口产品承担的税费是否高于国内产品承担的税费。如果对这两个问题的回答都是肯定的,进口国违反了国民待遇义务。至于进口产品税费超过国内同类产品税费的数额有多大,该数额是否真正对进口产品造成了不利影响或损害,对确定进口国是否违反义务没有影响。

第二种情形是进口产品与国内产品不是同类产品,而是直接竞争或替代产品。确定进口国是否违反国民待遇义务,需要考查三个方面:第一,进口产品和国内产品是否是直接竞争或替代产品;第二,进口产品承担的税费是否没有同等征收税费;第三,没有同等征收税费是否是为了保护国内生产。如果对上述问题的答案都是肯定的,则进口国违反了国民待遇义务。与第一种情形不同的是,进口产品承担的国内税费超过国内产品承担的国内税费本身,并不必然导致违反国民待遇义务,还必须继续审查第三个问题。对于第三个问题,可以从有关措施的设计、结构和形式方面进行审查。实践中,如果进口产品的税费高出国内产品的税费许多,通常认为是为了保护国内产业。

同类产品、直接竞争或替代产品的确定,是国内税费方面的国民待遇义务中的重要问题。从《关贸总协定》迄今,都没有形成第3条第2款中"同类产品"一词的一般定义。通常都是在个案基础上考虑一系列相关因素作出认定。这些相关因素包括:产品是否相似;既定市场中的产品的最终用途;消费者的品位和习惯;产品特征、性质和质量;关税分类。"直接竞争或替代产品"的适当范围也需个案确定。直接竞争或替代产品的范围比同类产品的范围宽,不属于同类产品的产品可能落入直接竞争或替代产品范围。在确定是否为直接竞争或替代产品时,不仅要考虑上述因素,还可以考虑市场位置、推销手段、直接或潜在的竞争状况等。这些并非穷尽所有相关因素,需要根据每个案件的具体情形来考查。

(2) 国内规章

国民待遇的适用范围不仅包括国内税和其他国内费用,而且包括法律、规章和要求,通称国内规章。在影响产品的国内销售、推销、购买、运输、分销或使用的法律、规章和要求方面,给予进口产品的待遇,不得低于给予国内同类产品的待遇。此处的"法律、规章和要求",既包括实体法,又包括程序法;既可以是强制性的,也可以是非强制性的;企业为从政府得到某一利益而自愿接受的要求也属于法律、规章和要求的范围。"待遇"这一概念,包括了上述范围内的各种待遇。此处"同类产品"的范围广于国内税费方面的"同类产品",小于"直接竞争或替代产品"。

三、区域贸易协定关税同盟与自由贸易区

(一) 概述

世界贸易组织建立了多边的统一的贸易制度,遵循非歧视原则,但亦允许成员之间通过区域贸易协定的形式实现更大的自由化,在彼此之间提供更优惠的待遇,可以构成世界贸易组织最惠国待遇义务的例外。关税同盟和自由贸易区是实现区域经济一体化的两种方式。欧洲联盟和北美自由贸易区是最典型的关税同盟和自由贸易区。最普遍的是通过自由贸易协定建立的自由贸易区。

关税同盟是指以一个单独的关税领土代替两个或两个以上的关税领土,对同盟的组成领土之间的贸易或至少对这些领土产品的实质上所有贸易,实质上已取消关税和其他贸易限制,同盟的每个成员对于同盟以外领土的贸易,已实施实质上同样的关税或其他贸易规章。自由贸易区是指由两个或两个以上的关税领土所组成的、一个对这些组成领土的产品的贸易已实质上取消关税或其他贸易限制(必要时可以例外)的集团。

关税同盟与自由贸易区的区别在于,前者对内没有关税,对外有一个统一的关税制度和关税税境;后者各参加国仍保持自己的关税制度和关税税境,但对区内成员国的产品实行免税或减税,其待遇优于最惠国待遇。前者有一条实实在在的界线,而后者仅是一个虚线。正因为如此,在自由贸易区的情况下,防止区外国家的产品借区内的一国向区内的另

一国出口就成为很重要的问题。这也是自由贸易区的产地规则严于关税同盟的产地规则的原因。

在世界贸易组织成立之前的《关贸总协定》时代，区域贸易协定主要涵盖货物贸易事项。随着《关贸总协定》乌拉圭回合谈判成果的生效和世界贸易组织的成立，世界贸易组织规则的调整范围扩大到服务贸易、知识产权保护、与贸易有关的投资措施，区域贸易协定的内容亦随之扩展。关税同盟和自由贸易区的范围也不再限于货物贸易范围。

世界贸易组织规则中允许缔结区域贸易协定的规则主要是《关贸总协定》第24条、《服务贸易总协定》第5条，以及给予发展中国家特殊差别待遇的授权条款。《关贸总协定》第24条规定，《关贸总协定》的各项规定不得阻止各成员在其领土之间建立关税同盟和自由贸易区，或为建立关税同盟和自由贸易区的需要采用某种临时协定；只要该关税同盟对未参加的各成员的贸易所实施的关税或其他贸易规章，大体上不得高于或严于未建立时各组成领土所实施的关税和贸易规章的一般限制水平；只要该自由贸易区的每个组成领土维持的对未参加的各成员的贸易所实施的关税或其他贸易规章，大体上不得高于或严于同一组成领土在未建立自由贸易区时所实施的相当关税和贸易规章。《关于解释1994年关税与贸易总协定第24条的谅解》进一步明确了相关规定。GATS第5条亦允许成员参加或缔结促进参加方之间贸易自由化的协议。

（二）区域贸易协定与多边贸易制度

区域贸易协定在促进区域内贸易发展的同时，带来了贸易转移效应，损害了非协定方的贸易，也影响到作为多边贸易制度基石的非歧视原则的适用。妥善处理好区域贸易协定与世界贸易组织规则之间的关系，将是世界贸易组织发展所面临的不得不解决的问题。

实践中的区域经济一体化是否是《关贸总协定》意义上的关税同盟或自由贸易区，并没有最终的结论。区域经济一体化所涉及的法律问题常常被忽视或无结论地被搁置，或根据豁免条款给予豁免。在《关贸总协定》的实践中，虽有大量的关税同盟和自由贸易区协议被《关贸总协定》审议，但由于缔约方都不同程度地参与关税同盟或自由贸易区，因而这些审议极少获得缔约方全体大会的一致性意见或正式批准。

自世贸组织1995年成立，特别是2001年发起多哈发展回合以来，至2013年年底第9届部长会议，世贸组织作为贸易谈判、规则制定机构，几乎毫无建树。越来越多的成员，一揽子的谈判方式，协调一致的决策制度，以及发展中国家与发达国家间的利益矛盾，似乎都可以来解释世贸组织多哈谈判进展的困难，但似乎无法解释为何自由贸易协定随着世界贸易组织协定生效、世界贸易组织成立而急剧增加。

实质上，正是《建立世界贸易组织协定》催生了自由贸易协定。《关贸总协定》第24条和《服务贸易总协定》第5条允许世界贸易组织成员建立促进贸易自由化的自由贸易区和经济一体化，并且这两条作为最惠国待遇义务例外与最惠国待遇义务一起成为世贸组织多边贸易体制的重要组成部分。因此，性质上说，自由贸易协定数量的增多，不是削弱多边体制的结果，而是实施多边制度的结果。自由贸易协定产生的更优惠待遇，是世贸规则本身所允许的。涵盖领域广泛、构成了全球贸易制度框架的世贸规则，为世贸组织成员在现有世贸规则基础上进一步在双边、区域基础上实施贸易自由化奠定了基础。《建立世界贸易组织协定》生效后签署、实施的自由贸易协定,都明确遵守世贸组织规则、根据世贸组织规则享有权利并承担义务。制度上讲,自由贸易协定创造的贸易更加自由化,本是多边体制自身的安排,只是由于自由贸易协定数量大幅增长,这种担心随之强化了。

自由贸易协定制度,是多边贸易制度的组成部分,其可能产生的种种问题,也应当由多边贸易制度来解决。也可以说,自由贸易协定制度是世贸组织成员自己创设的制度,作为一个成员驱动的世界贸易组织,也只能由其成员自己来解决相关的问题。在多边贸易谈判进展困难的情形下,通过自由贸易协定逐渐开放市场、逐步达成规则共识,或许是最终实现多边贸易规则进一步发展的一种方法。

四、特殊差别待遇

(一) 特殊差别待遇的由来

发展中国家与发达国家间的发展不平衡使得二者很难在同一起跑线上竞争。发展中国家似乎应该得到更特殊更优惠的待遇。这在《关贸总协定》第 18 条中得以体现。1964 年的联合国贸易与发展大会上,来自发展中国家的代表认为现在的贸易制度是偏向于发达国家的,主张应该对发展中国家提供特别的优惠以补救这一不平衡,激励发展中国家的发展。后来在《关贸总协定》中增加了针对发展中国家的第四部分。该部分于 1965 年 2 月 8 日以《关于修订关税与贸易总协定增加第四部分贸易与发展的议定书》的形式通过,于 1966 年 6 月 27 日生效。但该部分对发达国家确立的更多的是道义责任,而不是法律责任。

1968 年,联合国秘书长召集了由各国政府代表组成的委员会来考虑对发展中国家的援助计划问题。会议一致同意建立一个相互接受的"普遍的、非互惠的和非歧视的优惠制度",即普遍优惠待遇(GSP)。但该制度被认为违反了《关贸总协定》的最惠国待遇条款,因而需要《关贸总协定》的豁免。1971 年《关贸总协定》缔约方大会对希望为发展中国家建立普遍优惠待遇的国家授予暂时性豁免,免除《关贸总协定》第 1 条规定的无条件的立即的最惠国义务(称为 1971 年豁免决定)。该豁免原定于 1981 年期满,后来的东京回合又通过授权条款予以延长。1979 年 11 月 28 日《关贸总协定》缔约方大会通过"发展中国家的差别的和更优惠的待遇,互惠和全面参与",即所谓的授权条款。该授权条款使联合国贸易与发展会议支持下创建的普遍优惠待遇制度的运作提供了一个永久的法律基础,在世界贸易组织法律框架内赋予发展中国家成员特殊差别待遇。根据 GATT 1994 构成说明的有关规定,该授权条款作为《建立世界贸易组织协定》生效前《关贸总协定》缔约方全体的其他决定,成为 1994 年《关贸总协定》的组成部分。此外,根据世界贸易组织争端解决的实践,特殊差别待遇构成最惠国待遇义务的例外。

(二) 特殊差别待遇的内容

1979 年的授权条款规定:"尽管有《关贸总协定》第 1 条的规定,缔约方可以授予发展中国家差别的和更优惠的待遇,而不授予其他缔约方该待遇。"该规定适用于:(1) 发达国家对原产自发展中国家的产品根据普遍优惠制度授予的优惠的关税待遇;(2) 关于《关贸总协定》规定的由《关贸总协定》主持的多边谈判协定调整的有关非关税措施的差别的和更优惠的待遇;(3) 较不发达国家之间对彼此进口的产品达成的关税减让或取消的区域或全球性安排,以及根据缔约方大会可能规定的标准或条件达成的非关税措施的减让或取消;(4) 发展中国家中根据有利于发展中国家的任何一般或具体的措施对最不发达国家的特殊待遇。上述四个方面同时也是对相关措施的要求。根据授权条款的规定,对于发达国家成员在贸易谈判中对发展中国家作出的贸易减让或取消关税或其他壁垒的义务,发达国家成员不期望获得互惠。根据世界贸易组织上诉机构在欧共体授予发展中国家优惠关税条件案中的裁决,"授权条款"构成了《关贸总协定》第1条第1款最惠国待遇义务的例外。授权条款的这一例外定性,不削弱成员提供或获得"差别的更优惠待遇"的权利。但根据授权条款提供差别的更优惠待遇的成员,应满足授权条款中规定的条件。

第二节 关税及相关制度

一、约束关税

(一) 关税的含义

关税(customs duties, tariff)是一国或单独关税区的海关根据其法律及关税税则的规定,代表国家或政府按照货物进出关境时的状态对进出口货物征收的一种税。根据货物进出关境的流向可以将关税分为进口税、出口税和过境税。世界贸易组织规则主要规范进口税。在正常关税之外征收的关税称为特别关税,如反倾销税、反补贴税。

关税税则是一国或单独关税区通过立法程序制定并公布实施的税率目录表。该表按进出口商品类别排列,是海关征收关税的重要法律依据,通常包括税则号、商品名称和税率三部分内容。税则可分为单一税则和多栏税则。单一税则是指一个科税目只规定一种单一税率,对来自不同国家的相同产品统一适用;多栏税则是指对来自不同国家的相同产品规定不同税率,如法定税率、最惠国税率、特殊优惠税率等。关境又称税境,是指一个国家或单独关税区的海关法律、规章实施的领土范围,是该国或地区海关权力所及的范围。关境与国境是不同概念,国境指领土范围。在关税同盟的情况下,关境大于国境;在一国设有自由港、自由贸易区、保税区或单独关税区时,关境小于国境。

按确定关税的独立程度可将关税分为自主关税和协定关税。自主关税是指一国或单独关税区关税法独立确定的关税。其税率通常较高,适用于与征税国没有贸易协定或没有取得征税国特殊优惠关税的国家出口的商品。协定关税是据与其他国家签订的贸易协定确定的关税,该税税率低于自主关税税率,最惠国待遇关税即是一种协定关税,是依据最惠国协定确定的。由于协定关税是通过与他国的贸易协定确定的关税,一国不能对其修改、提高,除非存在协定规定的例外。

从征收方法上区分,关税可分为从价税、从量税、混合税。从价税(ad valorem)是指按照进出口商品的价值收取的关税,一般是进出口商品的一定百分比,价值不同,税额也不同。从量税(specific duties)是指按货物的单位或数量收取的关税,与货物价值无关。混合税(mixed or compound duties)是前两种税的结合,既征收从价税,又征收从量税。在国际贸易中一般多使用从价税。就从价税而言,商品不同、产地不同、价值不同,对商品征收的关税也不相同。

商品归类是与征收关税相关的重要内容,但商品归类规则不归世界贸易组织管理,而归世界海关组织管理。该制度为《商品名称及编码协调制度》(简称协调制度,HS)。

(二) 约束并进一步削减关税

关税一直被用作管理贸易尤其是限制货物进口的措施,被《关贸总协定》确定为管理贸易的主要手段和原则。但高关税实质上阻止商品进出口,关税措施被形象地称为关税壁垒,因而也成为《关贸总协定》规范的重要内容。从《关贸总协定》到世界贸易组织,每一回合的谈判,降低关税都是重点。

约束关税并分阶段削减原则是《关贸总协定》的基本原则。各成员在降低关税谈判中作出的关税减少承诺,通常称为关税减让。各成员对其进口产品作出的关税减让,构成了该成员的关税减让表。各成员在关税减让表中公布的税率是受到约束的,被称为约束关税税率,是可以适用的税率的最高限。一国在作出关税减让后,除非与其他成员重新谈判并提供其他补偿,不得再进一步提高,成员有义务不再实施超过减让表所列的关税水平或其他税费,也不得再采取诸如数量限制之类的措施,减损关税减让的价值。约束关税不禁止作出减让的成员国家实际适用比约束关税低的关税,此为适用关税。

根据《关贸总协定》第2条的规定,每一成员给予其他成员产品的关税待遇,不得低于减让表中规定的待遇。在外国产品进口时,不得超过减让表中的规定征收普通关税,也不得超过协定生效日所实施的数额征收其他税费。"待遇"这一概念,不仅包括了关税税率本身,也包括了构成待遇的其他方面,例如关税配额等。关税配额,是指在规定数量或价值内进口按正常关税征税、超出规定数量或价值按高税率征税的一种限制性管理方式。

成员减让表是《关贸总协定》的组成部分,应根据客观标准进行解释,而不能根据出口成员单方的所谓合法预期来确定。不同回合谈判中达成的关税减让表,都是有效的,新的减让并不导致旧的减让的失效。《关于1994年关税与贸易总协定组成部分的说明》明确指出,该协定包括世界贸易组织协定生效之日前在GATT 1947项下已实施的与关税减让相关的议定书和核准书,包括1994年《关贸总协定》马拉喀什议定书。

在约束关税和削减关税谈判时,采取互惠互利原则,但发达国家与发展中国家之间可以不要求完全互惠,而要求发展中国家承担与其出口相一致的义务。这主要表现为发达国家对发展中国家的特殊优惠关税待遇。但在作出减让承诺之后,在实施过程中,不能以互惠为借口,改变已经作出的减让。如果一国修改关税减让,必须与其他国家重新进行谈判,以达成新的平衡。

无论进口国对进口货物适用减让表中的约束关税税率,还是适用比约束关税税率低的实际适用税率,都应该在最惠国待遇基础上实施。这是最惠国待遇的基本要求,是最惠国待遇在关税方面的体现。

(三) 约束关税义务例外

《关贸总协定》第2条第2款规定:该条的任何规定,不得阻止任何成员对任何产品的进口随时征收下列关税或费用:(1) 对于国内同类产品或对于全部或部分用于制造或生产进口产品的产品所征收的、与第3条第2款的规定相一致的国内税费相当的费用;(2) 根据第6条的规定适用的任何反倾销税或反补贴税;(3) 与所提供的服务费用相当的规费或其他费用。

该第2条第2款规定了三种可以不受上述约束关税义务约束的情况。第一种,对国内产品生产的投入物征税,如果进口产品含有该类物质,进口国可以对该产品按投入物的价值征税;如对国内同类产品征税,也可以对进口产品征税,当然这类征税不能违反国民待遇义务。第二种,反倾销税和反补贴税不受约束关税义务的约束。应该说,保障措施所实施的中止关税减让或其他义务,也不受约束关税义务的制约。第三种,如果进口国对进口货物提供了服务,则可以按照提供服务的费用收取服务费。

二、海关估价

(一) 海关估价概念

在按商品价值的一定比例征收从价税的情况下,进口商品价值的多少,直接影响到从价税的高低。进口商可能想报低价,海关可能想估高价,不同国家的海关可能使用不同的估价方法。这些都影响带约束关税制度的有效实施。有必要制定统一的估价规则。

海关为征收进口货物从价关税之目的所使用的货物的价格,称为完税价格。完税价格的确定,称为估价或海关估价。《关贸总协定》第7条规定了估价的一般原则:对进口商品的海关估价应根据进行关税估价的进口商品或同类商品的实际价格,不应根据国内产品的价格或任意或虚构的价格。任何进口产品的完税价格,不应包括原产国或出口国国内适用的、且进口产品已经免除的或已经或将要通过退还方式予以免除的任何国内税额。但相对于海关估价的复杂性,这一规定过于简单和原则化,不能适应国际贸易发展的需要。乌拉圭回合达成的《关于履行1994年关税与贸易总协定第7条的协议》(《海关估价协议》),进一步详述了适用《关贸总协定》第7条的规则,旨在建立一个公平、统一和中性的海关货物估价制度,防止使用任意或虚构的完税价格。《海关估价协议》不适用于反倾销。

(二) 海关估价方法

《海关估价协议》第1条至第7条规定了完税价格的六种海关估价方法。总的原则是,海关估价的主要依据是成交价格。如果不能据此确定海关估价,一般应由海关当局和进口商进行磋商以取得确定价格的依据。在不能按进口货物或相同或类似货物的成交价格确定海关估价时,可以进口国一个独立买方进口的条件出售货物的价格为依据确定。进口商有权选择适用后两种方法的次序。具体来说,《海关估价协议》规定了下述六种估价方法。

(1) 进口商品的成交价格。指进口商品出口销售至进口国时经依法调整的实付或应付的价格。对实际发生的但没有在价格中体现出来的成本、收费、开支等(包括销售佣金、集装箱成本、包装费用、提成费和许可费)进行调整。

(2) 相同货物的成交价格。如果进口货物的完税价格不能根据上述成交价格确定,则完税价格应为与被估价货物同时或大约同时出口销售至相同进口国的相同货物的成交价格。在使用该方法时,应依与被估价货物相同的商业水平销售的、数量实质相同的相同货物的成交价格确定完税价格。

(3) 类似货物的成交价格。如果相同货物的交易价格也不能确定,则使用与被估价货物同时或大约同时出口销售至相同进口国的类似货物的成交价格。在使用该方法时,应依与被估价货物相同的商业水平销售的、数量实质相同的类似货物的成交价格确定完税价格。

(4) 倒扣价格。如果不能通过进口货物的成交价格、相同货物的成交价格或类似货物的成交价格确定完税价格时,则应采用倒扣价格。倒扣价格,是指以进口货物在进口国的国内销售价格(转售价格)为依据,扣除相关的价格因素而得出的价格。如果进口商要求,也可以先使用第五种方法估算价格。

(5) 估算价格。实质是一种成本价格,即通过计算出口国生产该商品的费用(原材料)、一般费用和利润(销售)、反映定价选择(如 CIF 价或 CIP 价)所必需的其他费用或开支(运输和保险费)等,来确定进口商品的价格。估算价格既不是成交价格,也不是转售价格,而是以发生在生产国的生产成本为基础的价格。

(6) 依据一般原则综合评估。如果不能按上述五种方法进行海关估价,海关可按与《海关估价协议》和《关贸总协定》第 7 条相一致的原则和规则相一致的合理方法来确定,即合理确定法。

根据《海关估价协议》,"相同货物"是指在所有方面都相同的货物,包括相同的物理特征、质量和信誉,表面上的细小差别不妨碍被认定为相同货物。"类似货物"是指在所有方面虽不完全相同,但在材料和特点方面与被估价货物极其相似,与被估价货物具有相同功能、商业上可以互换的货物。在确定某一货物是否为类似货物时,应考虑的因素包括货物的品质、信誉及商标存在等。但无论是相同货物还是类似货物,该货物必须与被估价货物在同一国家生产。

成交价格应是买方和卖方没有关联关系时的成交价格,或虽有关联关系但该关系本身并不构成该成交价格不能接受的理由的可以接受的成交价格。关联关系包括下述关系:在彼此的企业中互为管理人员或董事;合伙人;雇主和雇员;直接或间接拥有、控制两个企业5%或以上的有表决权的发行在外的股票的人;一方直接或间接控制另一方;同受第三方直接或间接的控制;一起直接或间接控制第三方;同一家庭的成员。

三、原产地规则

(一) 原产地规则的重要性

尽管《关贸总协定》存在按最惠国待遇义务适用关税的要求,产品原产地的确定仍然是适用关税和其他贸易政策的前提和要求。贸易统计、国别贸易政策的制定和实施、最惠国待遇、特殊差别待遇、关税同盟或自由贸易区待遇、配额、反倾销、反补贴、保障措施、政府采购等,都离不开原产地的确定。

国际贸易,是不同关境之间的贸易。由于经济、政治、文化、宗教等原因,不同关境之间的贸易关系、贸易待遇仍然存在着差别。用于确定不同关境的,正是商品的原产地规则。在具体规则和技术上,商品名称不同,制造方法不同,用途不同,技术含量不同,即使是相同商品,也可能导致产地确定规则的不同与冲突。另外,适用原产地原则的具体目的,或促进贸易,或限制贸易,影响着主管机关的具体操作。统一原产地规则显得非常必要。

(二) 原产地规则协议

《关贸总协定》第9条规定了原产地标记方面的待遇:一成员在有关标记规定方面对其他成员领土上的产品所给予的待遇,应不低于给予任何第三国同类产品的待遇。该规定仅限于原产地标记方面的最惠国待遇。《关贸总协定》乌拉圭回合谈判达成了《原产地规则协议》。

《原产地规则协议》,旨在建立明确的可预知的原产地规则、促进国际贸易的发展,以公正的、透明的、可预知的、一致的和中性的方式制定并实施原产地规则;同时保证原产地规则不对贸易造成不必要的障碍,保证原产地规则不使各成员根据 GATT 1994 的权利丧失或受损。

根据《原产地规则协议》,原产地规则被定义为确定货物原产地而实施的普遍适用的法律、法规及行政决定。根据确立原产地的目的是否提供优惠,可将原产地规则分为非优惠性原产地规则和优惠原产地规则。优惠原产地规则,是指任何成员为确定货物是否有资格根据导致超出 GATT 1994 第1条第1款适用范围的关税优惠的契约性或自主性贸易制度而实施的普遍适用的法律、法规和行政裁决。优惠原产地规则的例子有自由贸易区原产地规则或普遍优惠待遇原产地规则。《原产地规则协议》仅涉及用于非优惠商业政策措施的原产地规则,即此类原产地规则与导致超出 GATT 1994 第1条第1款适用范围的关税优惠的契约式或自主式贸易制度无关。

《原产地规则协议》要求协调原产地规则,提出了原产地规则协调的目标和原则,以及工作计划。该《协议》提出的原产地规则协调的目标和原则是:(1) 原产地规则应平等适用于非优惠原产地目的;(2) 商品的原产国,应是完整生产该项商品的国家,或当该商品的生产过程涉及一个以上的国家时则对商品最后实现实质性改变的国家;(3) 规则应客观、可理解、可预知、有连贯性;(4) 不应对国际贸易产生限制、扭曲或扰乱性的影响;(5) 原产地规则应以一致、统一、公平和合理的方式进行管理;(6) 原产地规则应具有一致性;(7) 原产地规则应依据肯定目标,否定标准可以用以澄清肯定标准。在工作计划中,该《协议》责成技术委员会就下列事项提出解释和意见:完全获得和最小操作或工序;实质性改变——税则归类改变;实质性改变——补充标准。该《协议》原规定在该《协议》生效后3年内完成这一工作计划,但迄今为止,这一计划也没有完成。

《原产地规则协议》确立的实施原产地规则的纪律,依据上述原产地规则协调计划的完成,分为过渡期内的纪律和过渡期后的纪律。过渡期内的纪律提出了几种确立原产地的标准:税则归类改变标准、从价百分比标准和制造或加工工序标准。过渡期后的纪律要求,确定为一特定货物原产地的国家,应为货物完全获得的国家,或如果该货物的生产涉及一个以上国家,则为进行最后实质性改变的国家;适用于进出口货物的原产地规则,不得严于用于确定一货物是否属国产货物的原产地规则,且不得在其他成员之间造成歧视,无论有关货物生产者的从属关系如何。但《原产地规则协议》本身并没有统一确定原产地的具体标准。该《协议》只是要求原产地规则不得用作直接或间接实现贸易目标的工具,原产地规则本身不得对国际贸易产生限制、扭曲或破坏作用,适用于进出口货物的原产地规则不得严于用于确定货物是否属国产货物的原产地规则,且不得在其他成员之间造成歧视。世界贸易组织处理的印度就美国纺织品原产地规则提出的申诉案表明,这种反面要求的约束效力不大。

第三节 非关税措施

一、进出口数量限制

数量限制属于一种非关税措施。非关税措施是相对于关税措施的一种泛称,泛指政府实施的除关税措施之外的对贸易具有限制性影响的贸易管理措施,包括但不限于禁止进出口、进出口数量限制、进出口许可、技术规章标准。世界贸易组织有关数量限制措施的规则主要包括下述几个方面:

第一,原则上取消一切数量限制。

对进出口产品采取数量限制,是指对进出口产品采取除关税、国内税和其他费用之外的禁止或限制措施。数量限制可以采取配额的形式,也可以采取出口许可证形式,或其他形式,例如进口证书、最低进口价格、通过进口垄断生效的进口限制等。

《关贸总协定》第11条要求普遍取消数量限制。对任何其他成员领土上的产品的进口,或向任何其他成员领土出口或销售供出口的产品,任何成员不得设立或维持除关税、国内税或其他费用外的禁止或限制,无论该种禁止或限制是通过进出口配额实施的,还是通过进出口许可证或者其他措施实施的。普遍取消数量限制原则,既适用于进口,也适用于出口,实践中多作为进口管制手段使用。此处的"限制"包括允许进出口但数量受限的限制措施和完全不允许进出口的禁止措施。

《关贸总协定》确立的普遍取消数量限制的义务,是一项极为严格的义务。除非属于《关贸总协定》明确规定的例外,数量限制本身,即违反了这一义务。至于数量限制是否阻碍了限制对象产品的增长,被分配配额的国家是否用完这一配额,对认定违反这一义务没有影响。

第二，普遍取消数量限制的例外。

世界贸易组织规则在规定了取消数量限制的一般原则的同时，明确列举了可以实施数量限制的几种例外情况。

除《关贸总协定》第 20 条"一般例外"和第 21 条"安全例外"之外，确立数量限制纪律的第 11 条列举了普遍取消数量限制义务的例外情形。这一义务不适用于下列措施：（1）为防止或缓解出口成员的粮食或其他必需品的严重短缺而临时实施的出口禁止或限制；（2）为实施国际贸易中的商品归类、分级和销售标准或法规而必须实施的进出口禁止或限制；（3）为了限制国内产品数量或消除国内产品的过剩而对农产品或渔产品进口而实施的限制。

《关贸总协定》第 12 条允许为保障国际收支而实施限制。据此规定，任何成员为保障其对外金融地位和国际收支，在遵守该条所规定的条件的前提下，可限制允许进口的商品的数量或价值。《关贸总协定》第 18 条 B 节，专门针对发展中国家在发展中遇到的国际收支困难作出了规定，允许发展中国家为解决国际收支问题采取进口限制措施。这样，该协定第 12 条的规定专门适用于发达国家，第 18 条 B 节适用于发展中国家。二者的主要区别在于对国际收支困难的程度要求不同。

第三，实施数量限制遵循的原则。

数量限制措施，即使根据上述例外条款获得维持或实施的正当理由，其实施方式应遵循最惠国待遇的非歧视原则。但依据国际收支理由采取数量限制措施时，关贸总协定第 14 条允许以效果上等同于《国际货币基金协定》相关条款允许的国际收支限制的方式，偏离《关贸总协定》第 13 条要求的非歧视原则。

二、进口许可程序

1. 进口许可的概念及种类

进口许可，按照世界贸易组织《进口许可程序协议》的定义，是指用于实施进口许可制度的行政程序，该制度要求向有关行政机关提交申请或其他文件（报关所需文件除外），作为货物进入进口成员关税领土的先决条件。

作为货物进口的先决条件，进口许可如被不当使用可能阻碍国际贸易的流动；同时，进口许可又是一种在某种程度上不可替代的管理手段。因此，世界贸易组织《进口许可程序协议》一方面认可进口许可的效用，另一方面期望进口许可以透明和可预测的方式实施，期望简化国际贸易中使用的行政程序和做法，使之具有透明度，并保证公平、公正地实施和管理此类程序和做法。

进口许可分为自动许可和非自动许可两种。自动许可，是指在所有情况下申请均获批准、其管理方式对进口产品不产生限制作用的许可。要求交纳对进口产品无限制作用的保证金的进口许可程序，属于自动进口许可的范围。非自动许可就是不能自动获得许可的许可。凡不属自动许可的许可皆为非自动许可。与自动许可不同，非自动许可是实施贸易限制的手段。

2. 进口许可程序要求

根据《进口许可程序协议》,进口许可程序规则的实施,应保持中性,并以公平、公正的方式进行管理。与提交申请的程序有关的规则和信息,应提前公布(最迟不迟于要求生效日),使其他成员政府和贸易商知晓。规则或产品清单的任何例外、变更,也应公布。

根据《进口许可程序协议》,进口许可程序应尽可能简单。申请表格应简单明了。任何申请不得由于文件中出现的未造成基本数据改变的微小失误而被拒绝。得到许可的产品不得因为运输途中产品的差异或与正常贸易做法一致的微小差异而导致货物与许可证有微小差异而被拒绝。

制定许可程序或更改这些程序的成员,应向世界贸易组织进口许可程序委员会通知。该通知应包括下列信息:许可程序管理的产品清单;有关资格信息的联络点;向其提交申请书的行政机关;已公布的许可程序的公布日期和出版物名称;表明是自动许可程序还是非自动许可程序;自动许可程序的管理目的;通过非自动许可程序实施的措施;许可程序的预计期限。

《进口许可程序协议》与《关贸总协定》第10条第3款的透明度要求,在性质上是一致的;但前者比后者更具体,在解决与进口许可程序相关的争端时,为了有效地解决争端,应优先适用前者,但前者并不替代后者。

除进行限制本身造成的贸易限制作用或扭曲作用外,非自动许可本身不得另外产生此类的贸易限制或扭曲作用。非自动许可的发放,可以采取先来先得的方式。在分配许可证时,应考虑申请人的进口业绩,以及许可证对新进口商的合理分配。许可证的有效期不应过短而妨碍进口,进口成员不得阻止使用已经发放的许可证进口产品,也不得阻碍对配额的充分使用。在对供应国分配配额的情况下,许可证应明确规定国别;不对供应国分配配额的情况下,许可证持有者有权选择进口产品的来源。

三、技术性贸易壁垒

(一)技术性贸易壁垒与技术性贸易壁垒协议

壁垒,在国际贸易中通常是指造成贸易障碍或限制的贸易管制措施。最初用于关税壁垒这一表述,意指关税就像壁垒一样阻碍贸易的进行;后逐步扩大应用到非关税壁垒这一表述,涵盖除关税之外的造成贸易障碍的贸易措施。技术性贸易壁垒,属于广义上的非关税壁垒,泛指适用技术法规标准对贸易产生限制性影响的贸易措施。

为了保护人类和动植物的生命与健康,规定产品的技术标准是必要的。不符合标准的产品应受到限制或禁止。因此,技术性贸易壁垒这一表述是一中性词,其本身并不表明技术标准措施本身是否违法。但技术标准复杂多样,确可能产生限制贸易的效果,同时技术标准也可能被滥用。因而,国际社会有必要统一有关制定和遵守技术标准的规范,既保障安全又不阻碍贸易。世界贸易组织《技术性贸易壁垒协议》(《TBT协议》)的签订,即是为了实现这样的目的。该协议的目标和宗旨是,期望鼓励制定此类国际标准和合格评定体系,期望保证技术法规和标准,以及对技术法规和标准的合格评定程序不给国际贸易造成不必要的障碍；任何国家不应被阻止在其认为适当的限度内采取必要措施，保证其出口产品的质量，或保护人类、动植物的生命或健康及保护环境，或防止欺诈行为，不过这些措施的实施方式不得构成在情形相同的国家之间进行任意或不合理歧视的手段，或构成对国际贸易的变相限制，在其他方面应符合该协议的要求。该协议还认可不应阻止任何国家采取必要措施以保护其基本安全利益。

《技术性贸易壁垒协议》实质上是1994年《关贸总协定》第20条"一般例外"中相关内容的进一步阐释。在世界贸易组织的规则体系中，《技术性贸易壁垒协议》与1994年《关贸总协定》是平行的相互独立的协议，但在内容上，前者比后者对相关事项的规定更详细，因而在审查有关措施是否违反两个协议时，通常先审查规定更为详细的协议。

根据《技术性贸易壁垒协议》，所有产品，包括工业品和农业品，均应遵循该协议的规定。该协议与《卫生与植物卫生措施协议》都是有关产品标准的协议，但二者的具体适用范围不同，前者不适用于卫生检疫措施。举例来说，一瓶矿泉水，容纳矿泉水的瓶子适用《技术性贸易壁垒协议》，矿泉水则适用《卫生与动植物卫生措施协议》。另外，《技术性贸易壁垒协议》不适用于政府机构为其生产或消费要求所制定的采购规格。

《技术性贸易壁垒协议》重点对技术法规和标准、技术法规和标准的遵守作出了规定。根据该协议附件所提供的定义，"技术法规"是指规定产品特性或其相关工艺和生产方法、能够强制遵循的文件，包括适用的管理规定。根据世界贸易组织上诉机构的解释，一项措施，如果影响一种或多种特定产品，该措施具体规定了该产品在采取该措施的成员境内销售的技术特性，而且遵循这一要求是强制性的，则该措施构成了《技术性贸易壁垒协议》定义的技术法规。"技术标准"与技术法规的区别在于没有强制性，指经公认机构批准的供通用或重复使用的产品或相关工艺和生产方法的非强制性的规则、指南或特性的文件。该文件还可包括或专门规定适用于产品、工艺或生产方法的专门术语、符号、包装、标志或标签要求。"合格评定程序"是指任何直接或间接用以确定是否满足技术法规或标准中的相关要求的程序。

《技术性贸易壁垒协议》附有三个附件。附件一是关于"本协定中的术语及其定义"的规定，附件二是对"技术专家小组"的规定，附件三规定了"关于制定、采用和实施标准的良好行为规范"。

(二) 对技术法规和标准的要求

1. 非歧视要求

各成员应保证在技术法规方面，给予源自任何成员领土进口的产品不低于其给予本国同类产品或来自任何其他国家同类产品的待遇。这一要求体现了国民待遇原则和最惠国待遇原则，是这两项原则在技术法规方面的具体化。

2. 必要性要求

各成员应保证技术法规的制定、采用或实施，在目的或效果上，均不得对国际贸易造成不必要的障碍。为此目的，技术法规对贸易的限制，在考虑不能实现合法目标可能带来的风险的基础上，不得超过实现合法目标所需的限度。此类合法目标尤其包括：国家安全要求;防止欺诈行为;保护人类健康或安全、保护动植物的生命或健康及保护环境。在评估此类风险时,应特别需要考虑的相关因素有:可以获得的科学和技术信息,有关的加工技术或产品的预期最终用途。如果与技术法规的采用有关的情况或目标已不复存在,或情况或目标发生改变可采用对贸易限制较少的方式处理,则不得维持此类技术法规。

3. 遵循国际标准

在存在国际标准或国际标准即将完成时,各成员应使用这些国际标准或其中的相关部分作为其技术法规的基础,除非这些国际标准或其中的相关部分对达到成员所追求的合法目标无效或不适当。技术法规符合上述合法目标,并依照有关国际标准制定、采用和实施技术法规,则初步推定该技术法规的制定和适用对国际贸易没有造成不必要的障碍。

4. 透明度

如果不存在相关国际标准,或拟定的技术法规的技术内容与相关国际标准的技术内容不一致,并且如果该技术法规对其他成员的国际贸易可能产生重大影响,相关成员应在早期的适当阶段公布技术法规,对技术法规的目的和理由作出简要说明,向所有成员提供评议的合理机会。

5. 等效性

各成员应积极考虑将其他成员的技术法规作为等效法规予以接受,只要它们确信这些法规足以实现与自己的法规相同的目标,即使这些法规不同于自己的法规。

6. 中央政府对地方政府或非政府机构行为的责任

《技术性贸易壁垒协议》对成员制定、采用和实施技术法规提出了要求,既包括了对中央政府机构的直接要求,也包括通过规定成员义务对地方政府机构和非政府机构的间接要求。各成员应采取其所能采取的合理措施,保证地方政府机构和非政府机构遵循该协议对中央政府机构以及该协议附件《良好行为规范》的要求。各成员不得要求或鼓励其领土内的地方政府机构或非政府机构以与上述要求不一致的方式行事。各成员对遵守上述要求负有全责。

(三) 技术法规和标准的遵守

《技术性贸易壁垒协议》除了对技术法规和标准本身的要求外,还对这些法规和标准的遵守提出了要求,其中包括合格评定程序、对合格评定的承认等。在具体事项上,类似于对技术法规或标准的要求,包括非歧视要求、必要性要求、使用国际标准要求、透明度要求、等效性要求、中央政府责任等。

第四节 贸易救济措施

一、贸易救济措施的性质

贸易救济措施,是指进口国政府为使本国国内产业免受或补救进口产品的不利影响而采取的限制进口的保护性措施。贸易救济措施主要指反倾销措施、反补贴措施和保障措施。广义上,WTO《农业协定》中的特别保障措施,也是保护国内产业的贸易救济措施。

不同类型的救济措施的适用对象、适用条件和具体措施形式各不相同,但这三类救济措施的共同点都是这些行为或情形造成国内产业损害(或损害威胁),贸易救济措施是针对这种损害而采取的措施,无损害则无救济。在这一意义上,贸易救济措施实质上是产业救济措施或产业保护措施。那种认为反倾销措施和反补贴措施是针对不公平竞争行为的说法,存在着误导性。企业的倾销行为本身不具有可谴责性。政府提供补贴也是各国家政府采取的促进经济和社会发展的政策和方法。历史上某些国家的立法中确实存在针对倾销和补贴行为本身而不考虑产业损害影响采取反倾销措施或反补贴措施的情况,但这一情况在《关贸总协定》/世贸组织规则中得到了纠正,产业损害才是采取贸易救济措施的最根本关注。这从《关贸总协定》第6条有关反倾销措施的规定中可以非常明显地看出:倾销,只有在造成国内产业损害时,才是可谴责的。

在《关贸总协定》的制度设计上,贸易救济措施是作为约束关税例外存在的。《关贸总协定》第2条第2款明确反倾销税或反补贴税是约束关税制度的例外。而保障措施被认为是关税减让引发进口增长造成国内产业损害的一种补救措施,该制度来源于美国与其他国家签订的贸易协定中的例外条款,其实质是对国内产业提供一定的调整期。

实施贸易救济措施,必须满足程序要求和实体要求。只有终裁认定国内产业因进口原因受到损害时,才可以采取救济措施。

二、反倾销措施

(一) 反倾销规则

世界贸易组织规则中的反倾销措施,是指针对造成进口国国内产业损害的倾销进口产品采取的、旨在消除损害后果的措施。反倾销措施通过消除倾销,或者说消除倾销幅度,实现消除损害后果的目的。反倾销措施包括临时措施、价格承诺和反倾销税三种形式。《关贸总协定》第6条确立了征收反倾销税的一般规则。乌拉圭回合谈判制定了《关于实施1994年关税与贸易总协定第6条的协议》(简称《反倾销协议》),进一步阐释和细化了第6条规则。《关贸总协定》第6条和《反倾销协议》,共同构成了世界贸易组织的反倾销规则,确立了成员采取反倾销措施的条件和纪律。世界贸易组织反倾销规则的调整对象是成员的反倾销措施,而不是企业的倾销行为本身。

(二) 征收反倾销税的条件

根据1994年《关贸总协定》第6条和《反倾销协议》确定的基本原则,成员国不得征收反倾销税,除非其根据《反倾销协议》规定进行的调查确定满足下述三项条件:第一,存在倾销进口;第二;国内产业受到实质损害(包括实质损害威胁和实质阻碍产业的建立);第三,倾销进口与损害之间存在因果关系。

1. 倾销

如果一产品从一国出口到另一国,该产品的出口价格低于正常贸易过程中在出口国供消费的同类产品的可比价格,即低于其正常价值,进入另一国的商业领域,该产品即被认为是倾销。通过公平比较进口产品在出口国或原产地国正常贸易过程中的正常价值与出口价格得出的差额为倾销幅度。反倾销税的数额不得超过倾销幅度。

正常价值有下述几种计算方法：出口国国内市场价格、对第三国出口价格和推定价格（也称结构价格）。对于从非市场经济国家出口的产品，其正常价值可能采取替代国方法确定。

出口价格一般指进口商的购买价格。如果不存在出口价格，或者由于出口商与进口商或第三者之间存在某种联系或补偿安排使得出口价格不可靠，可以采用推定出口价格（constructed export price）。

出口价格与正常价值公平比较得出的差额为倾销幅度，常用百分比表示。即正常价值减去出口价格的差额，除以出口价格，再乘以100%。公平比较是确定倾销幅度的根本性要求。该比较应在同一贸易水平上——通常应在出厂价的水平上——进行，并尽可能接近于同一时间的销售。根据每一案件的具体情况，对影响价格比较的不同因素应作出适当的调整，这些因素包括销售条件、税收、贸易水平、数量、物理特征以及影响价格可比性的其他差异。比较方法主要有平均对平均比较法、个别对个别比较法，以及平均对个别比较法。根据《反倾销协议》，当倾销幅度小于出口价格的2%时，该倾销幅度可忽略不计，调查应终止。

2. 产业损害

产业损害是指倾销进口对进口国的生产同类产品的国内产业造成了实质损害或实质损害威胁，或实质阻碍产业的建立。损害应基于确切证据，通过对倾销进口的数量、对国内同类产品价格的影响以及倾销进口对国内产业的影响进行客观审查来确定。对来自不同国家的进口进行累积评估，以确定是否存在损害。

产业损害的确定以国内产业的界定为基础，国内产业的确定又以同类产品为基础。国内产业范围的大小直接影响到损害和因果关系的确定。国内产业，一般是指国内同类产品的生产商全体，或其国内同类产品总产量占该产品的同类产品国内总产量主要部分的生产商。构成国内产业的生产商，既可以是全国生产商，也可以是主要生产商。同类产品，是指与被调查产品相同或不相同时在特征和用途方面最相似的产品。和出口商或进口商存在关联关系的国内生产商，或同时是进口产品进口商的生产商，构成关联企业，不包括在国内产业的范围之内。一定情况下，某一地区的生产者，即区域产业，可作为国内产业对待。由几个国家组成的具有单一统一市场特征的一体化水平的地区中的产业，可以视为国内产业。最明显的例子是欧盟统一市场。

反倾销意义上的产业损害，包括实质损害、实质损害威胁或实质阻碍国内产业的建立。实践中涉及的主要是实质损害和实质损害威胁。实质损害这一概念在GATT 1994第6条和《反倾销协议》中并没有明确的规定或界定。是否存在损害需要根据调查的结果来确定，依据确切证据作出。实质损害的确定包括下述几方面的审查：倾销进口产品的数量；倾销进口产品对国内同类产品市场价格的影响；倾销进口产品对国内同类产品生产商的影响。

实质损害威胁是指损害没有实际发生但明确可预见到的、迫近的损害。由于损害没有实际发生，实质损害威胁的确定不能仅仅依据指控、推测或极小的可能性。确定国内产业是否受到实质损害威胁时，除应考虑确定实质损害应考虑的经济因素外，应特别考虑下列因素：(1) 倾销进口产品大幅度进入进口国市场，表明进口将大量增加的可能性；(2) 考虑到其他出口市场吸收额外出口的程度，出口商可自由充分使用的能力，或即将实质增加的能力，表明倾销进口产品大幅度进入进口国市场的可能性；(3) 进口产品是否正以可能对国内价格有明显的抑制或压低影响的价格进口，增加进一步进口的需求；(4) 被调查产品的库存。这些因素中的任何一个因素都不必然具有决定性作用。

3. 倾销和损害间的因果关系

倾销进口与产业损害必须存在因果关系。采取反倾销措施的目的是消除倾销进口对国内产业所造成的损害。如果倾销与国内产业损害之间没有因果关系，或者说损害不是由倾销进口的原因造成的，则不得采取反倾销措施。这称为归因要求或因果关系要求。它包括正反两个方面：倾销进口产品的归因和非倾销进口因素的不归因。有关调查机关除审查倾销进口外，还应审查同时正在对产业造成损害的其他已知因素。这些其他因素造成的损害不得归因于倾销进口产品。《反倾销协议》特别列举了一些相关因素，不得归因于倾销进口：(1) 未以倾销价格销售的进口数量和价格；(2) 需求减少或消费模式的变化；(3) 外国与国内生产商的限制性贸易做法，以及他们之间的竞争；(4) 技术发展；(5) 国内产业的出口实绩和生产率。

(三) 反倾销调查

反倾销措施只能根据反倾销调查的结果实施。调查机关发起反倾销调查可以有两种方式：一是基于国内产业或其代表的申请发起；二是调查机关自主发起。一般情况下由国内产业或其代表提出申请而开始调查。

发起反倾销调查的申请应提供倾销、损害及倾销与损害间有因果关系的初步证据。该申请应有足够的产业支持。如果支持申请的国内生产商的产量超过了国内同类产品的总产量的25%，并且支持申请的国内生产商的产量超过了表示支持或反对的国内同类产品生产商的国内同类产品总产量的50%，该申请被认为是由产业或代表产业提起。

反倾销调查的利害关系方具有举证的义务。利害关系方包括被调查产品的出口商或外国生产者或进口商，或大多数成员为该产品的生产者、出口商或进口商的同业公会或商会；出口成员政府；进口成员中同类产品的生产者，或大多数成员在进口成员领土内生产同类产品的同业公会和商会。但不排除各成员允许国内或国外其他各方被列为利害关系方。任何利害关系方均无必须出席调查会议的义务，未能出席调查会议也不得对该方的案件产生不利。但如果任何利害关系方拒绝提供或未在合理时间内提供必要的信息，或严重妨碍调查，则调查机关均可在其掌握的现有事实基础上作出肯定或否定的初步或终局裁定。因此，利害关系方出席调查会议、提供证据、进行主张或抗辩，对反倾销调查的结果具有关键影响。

依据《反倾销协议》，调查机关对发起调查的决定，以及整个调查期间，都要充分考虑有关倾销、损害及因果关系的证据的充分性与准确性。在作出最终裁定前,调查机关应将考虑中的、是否作为适用最终措施依据的事实通知所有利害关系人。必要时,调查机关可以进行现场调查。

在确定倾销幅度时,调查机关应对每一个已知的出口商或生产商确定单独的倾销幅度;在涉及众多出口商或生产商、产品种类以致不可能作出单独倾销幅度时,应使用有效的抽样统计方法,对合理数目的利害关系人进行审查,或对占出口产品数量最大百分比的产品进行审查。

调查机关作出的裁定,包括初步裁定和终局裁定两个阶段的裁定。调查机关的裁定,以及调查机关接受价格承诺的决定、终止价格承诺的决定或终止征收最终反倾销税的决定,都应公告。公告应详细列出或通过单独的报告详细提供调查机关就其认定重要的所有事实和法律问题所得出的调查结果和结论。这表明,调查机关应就其裁定结果提供充分的合理的解释,证明基于裁定中查明的事实,能够得出其得出的结论。如果不能证明,其裁定即失去了法律依据。这一要求被称为调查机关的证明责任。

(四) 调查过程中的临时措施和价格承诺

调查过程中,如果得出存在倾销并因此造成国内产业损害的初步裁定,在判定有必要采取措施以防止在调查期间对产业造成损害时,调查机关可以裁定采取临时措施。临时措施可以采取征收临时税的方式,但《反倾销协议》建议最好采取支付现金或保函的保证方式,其数额等于临时估计的反倾销税,但不得超过估计的倾销幅度。临时措施应从调查之日起60天后采取,适用期限一般不超过4个月,特殊情况下可为6个月或9个月。

出口商可以承诺提高他们的出口价格或停止以倾销价格出口,避免征收反倾销税,此为价格承诺。价格承诺由出口商自愿作出。出口商是否作出价格承诺,不影响有关调查机关的调查和裁定。在有关调查机关作出存在倾销和损害的初步裁定之前,不得要求或接受出口商的价格承诺,以防止出口商在其产品没有造成国内产业损害的情况下被要求作出该承诺。是否接受价格承诺由有关调查机关决定。承诺的价格提高不得高于需抵消的倾销幅度。如果有关调查机关对出口商的承诺、对倾销有害影响的消除感到满意,可暂时中止或终止调查程序而不采取临时措施或征收反倾销税。价格承诺一直有效,直至能抵消倾销造成的损害。如果行政复审的结果认为价格承诺不再合理,则应予以终止。

(五) 反倾销税的征收

在终局裁定认定征税条件已经满足的前提下,调查机关可决定是否征收反倾销税,并确定征税税额。征收税额不应超过倾销幅度。反倾销税对倾销进口产品的进口商征收。

反倾销税对终局裁定生效后进口的产品征收。但如果调查机关作出实质损害的终局裁定,或在采取临时措施时的情况下作出损害威胁的终局裁定,则可以从临时措施开始适用时追溯征收反倾销税。追溯征税遵循少退多不补原则,即如果最终反倾销税税额低于已支付或应支付的临时税或保证数额,其差额应予退还或重新计算税额;如果高于已支付或应支付的临时税或保证数额,其差额不再征收。对于一般的损害威胁裁定或阻碍产业建立的裁定,最终反倾销税只能从损害威胁或阻碍裁定作出日起计征,临时措施适用期间交付的押金应予退还,保证应立即解除。

追溯征收还可以延及临时措施适用前90天内进入消费的倾销进口产品。如果该产品存在造成损害的倾销史,或进口商知道或应知出口商在进行倾销,该倾销会造成损害,且损害是由于相当短的时间内的大量进口造成的,并考虑到倾销进口的时间和数量及其他因素(如进口产品库存的迅速增加),该倾销进口产品可能严重削弱最终反倾销税的救济效果,则可以对临时措施适用前90天内进入消费的倾销进口产品,征收最终反倾销税。但不得对调查开始前进入消费的产品追溯征税。

反倾销税应在抵消造成损害的倾销所必需的时间和限度内实施。为此应对继续征税的必要性进行周期性审查。调查机关在有正当理由的情况下,可以自行复审。在征收反倾销税的情况下,反倾销税的利害关系人可以要求有关调查机关对征收反倾销税的必要性进行复审,包括是否继续征收反倾销税以抵消倾销、如果取消或改变反倾销税损害是否继续或再度发生,或同时包括此二者。如果行政复审的结果使有关调查机关认为征收反倾销税已无正当理由,则应予以终止。如果倾销幅度小于征税水平,则应按新计算的结果征税。

尽管有上述规定,反倾销税不应超过5年的期限(日落条款),起算时间从最终反倾销税征税之日,或倾销和损害复审之日,或者日落复审(审查)之日起。如果在该日期前调查机关自行进行的复审中,或利害关系方提起的复审中,调查机关裁定终止反倾销税可能导致倾销和损害的继续或再度发生,应该继续征收反倾销税。在产生这种复审结果前,可以继续征税。从这一规定可以看出,反倾销税5年的实施期限只是一个理论期限,其实际实施期限可能被无限延长,只不过首次征税的期限为5年而已。上述规定对价格承诺类推适用。

与原来的反倾销调查不同的是,日落审查是一种预期性调查,是对将来情况的一种可能性的判断。而原来的反倾销调查则是一种追溯性调查,对发起反倾销调查前已经发生的情况进行调查。因此,二者对证据的要求也存在区别。世界贸易组织专家组裁定,《反倾销协议》第3条有关损害确定的规定,不适用于日落审查。

三、反补贴措施

(一) 补贴与反补贴规则

补贴是一国政府促进经济发展的一种手段;同时,对国内产品的补贴可能排斥外国产品进口。由于补贴具有这样的二重性,各国政府对补贴采取了既允许又限制的政策。这一政策同样体现在世界贸易组织的《补贴与反补贴措施协议》中。从该协议的名称中就可以看出,该协议对补贴本身作了规定,明确了该协议调整的补贴范围,规范补贴的使用,管制反补贴措施的使用,并对不同类型的补贴采取不同的救济措施。与倾销不同的是,补贴是政府政策或政府措施,而倾销是企业决策或企业措施。

《关贸总协定》第6条、第16条分别规定了征收反补贴税的条件和补贴的适用条件。世界贸易组织《补贴与反补贴措施协议》(简称《反补贴协议》)进一步明确并详细规定了相关规则。它与 GATT 1994 第 6 条和第 16 条共同构成了有关补贴的规范和纪律。

《反补贴协议》是针对补贴的专门性协议,是补贴与反补贴措施的一般性规则。《农业协议》中对农产品补贴问题确立了特殊的纪律和要求。《农业协议》和《反补贴协议》是两个并存的货物协议,二者之间并不存在替代关系。《反补贴协议》对补贴的定义的规定,同样适用于《农业协议》中的补贴。

(二) 补贴的概念和种类

1. 补贴的概念

根据《反补贴协议》,下列情况下被视为存在补贴:某一成员政府或某一成员境内的公共机构向接受者提供财政资助,或提供 GATT 1994 第 16 条意义上的任何形式的收入支持或价格支持,并由此给予接受者某种利益。简言之,补贴的存在应具有两个构成要素:第一,政府或公共机构提供财政资助;第二,该财政资助使接受者获得利益。

《反补贴协议》列举了四类财政资助的形式:(1) 指资金的直接转让(如拨款、贷款和投资),或资金或债务潜在的直接转让(如贷款担保);(2) 放弃或未征收在其他情况下本应收取的政府收入(如免税);(3) 提供除一般基础设施外的货物或服务,或购买货物;(4) 政府向筹资机构付款,或委托或指示私营机构履行前述(1) 至(3) 项列举的通常属于政府的一种或多种职能,且这种做法与政府通常采取的做法并无实质不同。财政资助的存在与否,不以政府实际产生支出或成本为条件。

财政资助本身并不构成《反补贴协议》意义上的补贴,除非财政资助对接受者产生利益。《反补贴协议》本身没有对"利益"作出定义。在世界贸易组织上诉机构受理的案件中,上诉机构将利益解释为受补贴者实际接受或享有的相对于未受补贴者的某种优势。判定这一优势的标准是市场标准。判断利益是否存在可以使用外部市场标准,类似于倾销调查中的替代国做法。另外,财政资助产生的利益,只有存在具体的受益者时才存在。

2. 专向补贴

由于补贴的双重作用,世界贸易组织规则只规范和约束扭曲一经济体内的资源分配的补贴,具体而言只规范专向补贴。即使某一补贴属于《反补贴协议》定义的补贴,但如果不是专向提供给某一企业或产业、某一组企业或产业(统称某些企业),该补贴则不受《反补贴协议》的调整。因此,属于《反补贴协议》调整范围的补贴仅是专向补贴(specific subsidy)。禁止性补贴是专向补贴。此外,某一补贴是否是专向补贴,需根据下列原则确定:(1) 如果授予机关或其据以运行的立法,明确将补贴的获得限于某些企业,则该补贴在法律上是专向的。(2) 如果授予机关或其据以运行的立法,制定了确定补贴资格和数量的客观标准或条件(中性的,不对某一企业或产业偏向),该资格是自动的,该项标准或条件得到严格遵循,则不存在专向性。相关标准或条件须明确规定在法律、法规或其他官方文件中,以便能够证实。(3) 如果尽管因为上述两项规定的原则而表现为非专向性补贴,但有理由相信补贴可能事实上是专向性的,则可以考虑其他因素来确定。这些因素包括:数量有限的某些企业使用补贴计划,某些企业是补贴的主要使用者,或给予某些企业不成比例的大量补贴,以及授予机关作出补贴决定时行使决定权的方式。在考虑这些因素时,还应考虑经济活动多样性的程度和已经实施的补贴计划的期限。(4)如果补贴限于指定地理区域的企业或产业,该补贴是专向的。

上述前两项明确规定在法律文件中,属于法律上的补贴(法定补贴),第三项则为事实上的补贴。第四项针对特定区域而言,相信也包括了法律上的和事实上的补贴两种情形。法定补贴和事实上的补贴的区别在于法律是否明文规定。

3. 补贴的类型

《反补贴协议》原来将补贴分为三种:禁止性补贴(prohibited subsidies)、可诉补贴(actionable subsidies)和不可诉补贴(non-actionable subsidies)。这三类补贴被形象地称为红色补贴、黄色补贴和绿色补贴。有关不可诉补贴的规定已经于1999年年底终止适用。因此,现在只存在禁止性补贴与可诉补贴两种。

禁止性补贴,由于其直接扭曲国际贸易,其本身就是被禁止的,任何成员都不得给予或维持禁止性补贴(农业补贴从《农业协议》的规定),也无需证明该补贴产生的不利影响。可诉补贴,只有对其他成员的利益造成不利影响时,才不被允许使用。对其他成员利益的不利影响,是指补贴损害另一成员的国内产业,使其他成员根据GATT 1994直接或间接获得的利益(特别是受第2条约束的减让利益)丧失或受损,或者严重侵害另一成员的利益。

禁止性补贴包括出口补贴和进口替代补贴两种。出口补贴,是指法律上或事实上以出口实绩作为授予补贴的唯一条件或其中一个条件的补贴。进口替代补贴,是指以使用国产货物而非进口货物为授予补贴的唯一条件或其中一个条件的补贴。根据《反补贴协议》,出口补贴包括法律上的出口补贴和事实上的出口补贴。《反补贴协议》虽没有明示规定进口替代补贴也包括了事实上的补贴,但在争端实践中上诉机构认为进口替代补贴也适用于事实上的补贴。

可诉补贴并不当然被禁止。但如果它们对另一成员的利益造成不利影响,其他成员可以通过多边纪律或者反补贴措施来解决。该不利影响包括三种情形:第一,损害另一成员的国内产业。第二,使其他成员据GATT 1994享有的利益丧失或受到损害,特别是据GATT 1994第2条享有的约束性减让的利益丧失或受损;第三,严重侵害其他成员的利益。"严重侵害其他成员的利益",是指补贴影响其他成员产品出口利益,包括在提供补贴的成员市场或第三国成员市场的利益。表现为取代或阻碍其他成员的同类产品进入提供补贴成员的市场;取代或阻碍另一成员的同类产品向第三成员出口;在同一市场上,与另一成员的同类产品的价格相比,受补贴产品存在明显的降价,或大幅价格抑制、压价,或引起其他成员同类产品的销售损失;与前3年的平均市场份额相比,补贴的影响造成了受补贴的特定初级产品或商品在世界市场上的份额增加,该增加在实施补贴后呈一贯趋势。

(三)反补贴措施

1. 反补贴措施的适用对象

《反补贴协议》第五部分"反补贴措施"确立了进口成员对补贴进口产品采取反补贴措施的要求。该部分既包括实体要求,又包括程序要求。《反补贴协议》第10条规定:

"各成员应采取所有步骤,保证对任何成员领土的任何产品进口至另一成员领土征收反补贴税,符合 GATT 1994 和本协议的规定。反补贴税仅可根据依照本协定和《农业协议》发起和进行的调查征收。"如果进口成员采取的反补贴措施不能满足这些要求,出口成员可以将其提交争端解决程序。

由于进口成员采取的反补贴措施针对的是补贴进口产品,因此,该措施只适用于出口补贴和损害国内产业的可诉补贴。进口替代补贴、造成 GATT 1994 项下利益丧失或受损的可诉补贴以及严重侵害成员利益的补贴,由于皆发生于进口成员市场之外(出口国或第三国),应理解为不适用反补贴措施。

2. 反补贴调查

除非确定存在补贴进口,该进口对生产同类产品的国内产业造成损害,进口与损害之间有因果关系,进口成员不得采取反补贴措施。这些采取反补贴措施的条件通过反补贴调查确定。

调查机关发起反补贴调查,有两种方式:基于国内产业提出的或代表国内产业提出的申请;自主发起调查。在基于申请发起调查的情形中,只有足够数量的国内生产商支持反补贴调查申请时,才可以发起调查。提起申请的国内产业生产产品的产量应占支持或反对该申请的国内产业生产总量的 50% 以上。但如果明确支持申请的国内生产商的产量不足整个国内产业生产的同类产品总产量的 25%,则不得发起调查。

反补贴税调查的任何利害关系成员及所有利害关系方,都应获得调查机关要求的信息,并有充分的机会以书面形式提供其认为相关的所有证据。与反倾销调查不同,具有利害关系的世界贸易组织成员,例如被控提供补贴的成员,是反补贴调查的参与方。另外,调查机关一旦接受反调查申请,在发起调查之前,应邀请其产品受到调查的成员进行磋商,以期澄清情况、达成双方同意的解决办法。此外,在整个调查期间,其产品被调查的成员仍应获得合理的机会继续磋商。但在不损害提供合理机会进行磋商义务的情况下,有关磋商的规定不阻止成员发起调查。上述有关利害关系成员参与调查的规定以及磋商的规定,是《反补贴协议》所特有的。它再次表明了补贴的政府性质,突出了补贴所具有的政府提供或指示的特征。

调查机关必须确定存在接受补贴、存在专向补贴的产品进口。在认定专向补贴存在的情况下,进一步计算补贴额。《反补贴协议》采取了以接受者所获利益为标准,计算补贴额的方法。按政府提供投资、贷款、贷款担保、提供货物或服务或购买货物的不同情形分别确定。

损害,是指对国内产业的实质损害,对国内产业的实质损害威胁,或对此类产业建立的实质阻碍。对国内产业的损害应在确切的证据和客观调查的基础上,根据补贴产品进口量、对国内市场上同类产品的价格影响、这些进口产品对国内同类产品生产者的影响这三个方面来确定。对国内产业的损害调查,首先界定国内产业的范围。如同反倾销中的国内产业一样,国内产业表示国内同类产品的全部生产商或主要生产商。一定条件下存在独立市场和区域市场。补贴进口产品对国内产业的影响的审查确定,应包括影响产业状况的所有有关经济因素和指数的评估。

进口调查机关必须确定补贴进口产品是否对生产同类产品的国内产业造成损害。证明补贴进口产品与对国内产业损害之间存在因果关系,应以审查机关获得的所有证据为基础。《反补贴协议》的因果关系要求,也存在正反两方面的要求:正面归因和反面的不归因。补贴进口产品之外的同时影响国内产业的任何已知因素造成的损害后果不应归于补贴进口产品。这些因素特别包括:涉及产品的非补贴进口的数量和价格、需求的萎缩、消费模式的变化、外国和国内生产商之间的贸易限制做法和竞争、技术发展和国内产业出口实绩及生产率,如同反倾销、保障措施的要求一样。

3. 反补贴措施

反补贴措施包括临时措施、承诺和征收反补贴税。

(1) 临时措施。在调查机关作出了补贴存在和补贴进口产品对国内产业造成损害存在的初步肯定裁定,调查机关认为有必要采取临时措施防止在调查期间内造成损害,调查机关可以采取临时措施。临时措施不得在发起调查后的60天内实施,其实施期限最长不得超过4个月。临时措施应采取临时反补贴税的形式,根据临时计算的补贴额,以现金或保函作担保。如果最终裁定是否定的,则应迅速退还交纳的保证金或解除保函。

(2) 承诺。反补贴调查中,出口成员可以承诺取消补贴,或出口商承诺提高产品出口价格,以消除损害。只有在进口成员的调查机关就补贴和补贴造成的损害作出初步肯定裁定后,才可以寻求或接受承诺。在出口商承诺的情况下,应获得出口成员的同意。无论是出口商提供承诺或进口当局接受承诺,都是自愿的。在接受承诺的情况下,可继续进行调查。如果得出否定裁定,承诺自动取消,除非否定裁定的得出是因为存在承诺造成的。如果违反承诺,进口当局可采取临时措施。

在下述情况下可以采取承诺:第一,出口成员同意取消和限制补贴,或采取其他与其影响有关的措施;第二,出口商同意修改价格,使调查机关确信补贴造成的损害影响已经消除。承诺提价幅度不应超过消除补贴额所必需限度,如较小提价即可消除对国内产业的损害,则应采取较小提价。

(3) 征收反补贴税。反补贴税是指为抵消对任何产品的制造、生产或出口给予直接或间接补贴而征收的一种特别税。如果征收反补贴税的条件满足后,进口成员调查机关可以决定征收反补贴税,除非补贴被撤销。是否征收反补贴税,反补贴税是按补贴全额征收还是低于全额征收,由进口成员调查机关决定。反补贴税不得超过认定存在的补贴额,该数额以补贴出口产品的单位补贴计算。

只有确定征收反补贴税的条件具备的终局裁定生效后,才可以征收反补贴税。但一定条件下,反补贴税可以追溯适用。如果作出终局损害裁定(而不是损害威胁或阻止产业建立的裁定),或作出终局损害威胁裁定(如无临时措施本可导致终局损害裁定),如果已采取了临时措施,则可对临时措施的适用期限追溯适用反补贴税。临时措施与反补贴税间的差额,采取多退少不补原则。如果作出实质损害威胁或阻止产业建立的裁定,则只能从终局裁定日征收反补贴税,以前适用临时措施时交纳的现金押金或保函应立即退回或解除。在紧急情况下，如果调查机关认为存在难以补救的损害，并且存在追溯适用反补贴税的必要，则对临时措施适用前90天进入消费的产品可以追溯适用反补贴税。

《反补贴协议》也规定了日落审查和司法审查。反补贴措施应在实施5年后终止，除非经日落审查裁定有必要继续该措施，以避免补贴和损害的继续或再度发生。这些与《反倾销协议》的规定基本相同。

四、保障措施

（一）保障措施的性质与规则

保障措施是针对进口激增造成国内产业的严重损害而采取的紧急救济措施。保障措施的目的，是消除进口量增加对国内产业的损害，性质上它是一种国内产业保护措施。《关贸总协定》第19条名为"对某些产品进口的紧急措施"。这一名称准确反映、界定了保障措施的约束关税例外的性质。关贸总协定的缔约方意识到，关税减让后进口产品会出现重大增长，使国内产业受到巨大冲击。为使受影响产业获得适应竞争、进行调整的时间，《关贸总协定》第19条规定了对某些产品进口的紧急措施。保障措施实质上是对承担义务的例外，保障措施条款又称为例外条款。例外条款是1942年以来美国与其他国家签订的贸易协定包含的一个条款。如果从这些国家进口的产品的数量迅速增加以致对美国的同类产品的生产商造成了严重损害或严重损害威胁，该条款允许美国撤回其向其他国家作出的关税减让。在美国推动达成的1947年《关贸总协定》中即包含了这一例外条款，这就是《关贸总协定》第19条。

《关贸总协定》第19条一方面规定了进口成员采取保障措施的权利，另一方面也规定了进口成员在采取这一措施时的义务。当一成员发现由于关税减让等原因造成某一产品进口大量增加，以致对其国内同类产品或直接竞争产品的生产商造成严重损害或严重损害威胁时，该成员可以对该进口实施临时性的保障措施。乌拉圭回合谈判达成了《保障措施协议》，旨在澄清和加强《关贸总协定》的纪律，尤其是其第19条的规定。《保障措施协议》确立了《关贸总协定》第19条规定的保障措施的适用规则，澄清了第19条确立的规则。该第19条包括的任何措施（中止减让或其他义务），必须根据《保障措施协议》采取。任何成员不得对某些产品的进口采取或寻求该第19条所列出的紧急措施，除非该措施符合《保障措施协议》的要求。《保障措施协议》明确禁止"灰色区域"措施，并要求成员承诺不对出口或进口采用、维持任何自愿出口限制、有序销售安排或其他任何类似措施。各成员政府不得支持或鼓励企业使用或维持上述措施的非政府安排，应严格按《关贸总协定》第19条的规定采取紧急措施。《关贸总协定》第19条与《保障措施协议》一起构成了规范保障措施的整个纪律和规则。

（二）保障措施的实施条件

《关贸总协定》第19条第1款第1项规定了实施保障措施的基本条件和要求："如因不能预见的发展和一成员承担在本协定项下义务（包括关税减让在内）的后果，进口到该成员境内的产品数量增加等情形，造成该境内同类产品或直接竞争产品的国内生产商的严重损害或严重损害威胁,该成员在防止或救济该损害所必要的限度和时间内,可对该产品中止全部或部分义务,或撤销或修改减让。"《保障措施协议》第2条重述了保障措施的实施条件:"一成员只有在根据下列规定确定正在进口至其境内的产品数量绝对增加,或与国内生产相比相对增加,且对生产同类或直接竞争产品的国内产业造成严重损害或严重损害威胁,方可对该产品实施保障措施。"后一规定尽管没有重复"为预见的发展"这一要求,但依照上诉机构的解释,

概括起来,实施保障措施的法律条件是:(1)进口产品绝对或相对增加;(2)生产同类或直接竞争产品的国内产业受到严重损害或严重损害威胁;(3)进口产品增加与国内产业的严重损害或威胁有因果关系。

进口产品的增加包括绝对增加和相对增加两种情况。绝对增加是指与前期相比进口产品本身的数量增加;相对增加,则是指与进口国的国内生产相比,进口产品数量增加。即使进口产品在前后两个时期内进口数量不变,但后一时期内进口国的国内生产萎缩,也可导致进口产品增加。

与反倾销措施和反补贴措施要求的实质损害不同,保障措施要求产业遭受严重损害。严重损害是指对国内产业总体的重大损害,严重损害威胁是对国内产业总体的明显迫近的严重损害。

保障措施框架下的国内产业,是指在一成员领土内经营的同类产品或直接竞争产品的所有生产商,或者占同类产品或直接竞争产品国内生产总量主要部分的生产商。与反倾销与反补贴措施中的国内产业不同,保障措施中的国内产业不仅包括同类产品的生产商,还包括直接竞争产品的生产商。《保障措施协议》没有规定一国境内的区域产业。这表明不可以根据某一区域的生产商的状况作出产业损害的确定。但《保障措施协议》规定了关税同盟作为一个整体采取保障措施的情况。

确定国内产业范围的,是进口产品的同类产品或直接竞争产品的国内生产商。同类产品和直接竞争产品的确定,直接关系到国内产业范围的大小。理论上,产业范围广,损害可能小或没有损害;产业范围窄,损害可能大。但实践中,调查机关有时通过扩大同类产品和直接竞争产品的范围,来扩大国内产业的范围,将经营状况不佳的企业纳入国内产业范围中,造成国内产业范围越广、损害越大的状况。常见的情况是混淆上下游产品。例如,牛肉与活牛不是同类产品或直接竞争产品。同样,葡萄和葡萄酒也不是同类或直接竞争产品,不能包括在同一产业中。

确定产业损害时,调查机关应考虑与产业状况有关的客观的、可量化的所有相关因素,尤其应考虑按绝对值和相对值计算的相关产品进口增加的比例和数量,进口增加占国内市场的份额,销售、生产、生产率、设备利用率、利润与损失以及就业的变化。

除非进行的调查根据客观证据证明有关产品的进口增加与严重损害或严重损害威胁之间存在因果关系,不得作出进口增加对国内产业造成损害的确定。如进口增加之外的因素正在同时对国内产业造成损害,此类损害不得归因于进口。

如反倾销措施和反补贴措施中的因果关系要求一样,保障措施的因果关系要求也包

括了正反两个方面,即调查产品进口增加的正面归因和其他损害因素的反面不归因。这几个协议中的因果关系要求,是可以互用的。

(三) 保障措施的调查与实施

《保障措施协议》规定了保障措施调查与实施的基本原则。相对于《反倾销协议》和《反补贴协议》规定的调查程序,保障措施调查程序的规定比较简单。

保障措施调查一般遵循下列程序:国内产业提出保障措施的调查申请,必要时国内调查机关也可自行发起保障措施调查;调查机关根据申请发起调查;举行多种形式的调查,听取各方面的意见;调查机关作出调查报告,向其他机关提出实施或不实施保障措施的建议。

保障措施是对造成进口成员国内产业严重损害或严重损害威胁的某产品的增加进口采取的临时紧急救济措施。因此,其适用遵循下述原则:必要性原则,即保障措施的适用应限于防止或补救严重损害并便利调整所必需的限度和期限;非选择性原则,即保障措施应在最惠国基础上实施,对正在进口的所有产品实施,不考虑其来源;逐步放宽原则,即采取的保障措施在有效期内应逐渐放宽;补偿原则,即实施保障措施的成员必须对贸易受其措施影响的成员作出补偿;对发展中国家优惠原则。

保障措施可以采取多种形式,对被调查产品全部或部分中止义务或撤销、修改减让,包括但不限于关税措施,可以采取数量限制措施,包括分配配额。

保障措施应在防止或补救严重损害和便利调整所必需的期限内实施。保障措施的实施期限不超过4年。在遵循调查程序和损害条件的情况下,发现有必要继续采取保障措施,以防止或补救严重损害时,可以延长保障措施。但保障措施的全部实施期限,包括任何临时措施的实施期、最初实施期及任何延长,不超过8年(日落条款)。同时,实施期限超过1年的保障措施,应逐渐放宽。延长的措施不得比延长前的措施更严,并应继续放宽。实施超过3年的措施应进行中期审查。《保障措施协议》没有规定保障措施的追溯适用。

实施保障措施的成员,对贸易受该措施影响的出口成员,应保持与现有水平实质相当的减让或其他义务水平。为实现此目标,双方可以磋商适当的补偿方式。如不能达成协议,受影响成员在给予世界贸易组织货物贸易理事会书面通知30天期满时,可以中止关税减让或其他义务。但在进口绝对增加的情况下,在保障措施实施的头3年里,不得行使该中止权利。

第五节 其他贸易制度

一、农产品贸易制度

(一) 农业协议概述

在世界贸易组织成立之前,农产品贸易几乎不受《关贸总协定》的调整。虽然《关贸

《总协定》本身并没有区分工业产品和农产品,但由于其临时适用后不久,美国即向《关贸总协定》申请农业豁免并取得了缔约方大会的批准,这一做法为不少缔约方所效仿,极大地削弱了《关贸总协定》在农产品贸易方面的约束力。

使农产品贸易受到规范,是乌拉圭回合谈判的议题之一。但由于农产品贸易长期未受到实质性约束,使其直接受《关贸总协定》的约束,也存在现实的困难。因此,农产品贸易谈判的目标,是建立一个公平的、以市场为导向的农产品贸易体制,通过谈判消减农业支持和保护,通过强化《关贸总协定》的规则和纪律并使其更加有效,进行农产品贸易体制改革。经过艰苦的谈判,终于达成了《农业协议》(又称为《农产品协议》),以此加强对农产品贸易的约束。

《农业协议》与1994年《关贸总协定》是两个相互独立又相互联系的协议,《农业协议》可以理解为一个特别法性质的协议。《农业协议》对某些事项确立的义务和纪律,如出口补贴、保障措施,不同于《补贴与反补贴措施协议》和《保障措施协议》;在适用时,应遵循《农业协议》的规定。同时,《农业协议》与《卫生与植物卫生措施协议》非常密切,《农业协议》在其条文中规定了各成员实施《卫生与植物卫生措施协议》的义务,但两个协议的具体内容不同,后者适用于可能直接或间接影响国际贸易的卫生与植物卫生措施。可以说,《卫生与植物卫生措施协议》调整的内容只是农产品贸易所涉问题的一部分。

《农业协议》所适用的农产品,包括世界海关组织《商品名称及编码协调制度》第1章至第24章所包括的产品,鱼及鱼制品除外,另加属于其他章的一些产品,如生皮、生丝、羊毛等。上述产品不限制《卫生与植物卫生措施协议》的产品范围。

《农业协议》确立了不同于《关贸总协定》及其他货物贸易规则不同的纪律。该协议确立的农产品贸易规则,主要由市场准入、国内支持和出口补贴三部分组成。世界贸易组织成员在市场准入、国内支持和出口补贴三方面作出承诺,列入成员的减让表。每一成员减让表中的国内支持承诺和出口补贴承诺,构成了限制补贴的承诺,构成1994年《关贸总协定》的组成部分。提供没有列入减让表的国内支持或出口补贴,或者超过减让表规定的水平提供支持或补贴,构成对《农业协议》的违反。

(二) 承诺减让表

1. 市场准入关税化

市场准入主要是指通过降低进口关税和放松各种进口限制所体现的市场开放。《农业协议》中的市场准入承诺,是指关税削减与约束以及减让表中列明的其他市场准入承诺。统一适用关税来取代以前存在的各类非关税措施,包括进口数量限制、进口差价税、最低进口价格、酌情发放进口许可证、通过国营贸易企业维持非关税措施、自动出口限价及除普通关税外的类似边境措施。各种非关税措施转换成关税后,列入关税减让表中,该关税税率是约束性关税,代表了可以采取的最高关税水平。除下文所述的特别保障措施外,各成员不得维持、采取或重新使用已经转换成普通关税的任何措施。

2. 国内支持量化或弱化

国内支持,是指对国内农业生产者的支持措施,包括对农业生产者的国内补贴。国内支持可以是市场价格支持,也可以是政府直接付款。根据国内支持措施对贸易的影响不同,《农业协议》将国内支持措施分为黄箱措施、蓝箱措施和绿箱措施。

《农业协议》允许提高或保证农产品价格和农民收入的各类补贴和支持,但应当逐步减少这类补贴和支持。此为黄箱措施。发达国家减少的速度和幅度大于发展中国家减少的速度和幅度。各成员提供的国内支持,列入减让表中,除另有规定外,任何成员不得超过减让表列明的承诺水平提供有利于国内生产者的支持。

国内支持通过综合支持量(AMS)来量化。所有国内支持总和,构成了综合支持总量(Total AMS),包括基本农产品的综合支持量、非特定产品的综合支持量以及对农产品的所有类似支持量的总和。这些数量代表了成员可以提供国内支持的最大量。在某一特定年度内,成员可以在综合支持总量的范围内,对不同产品的综合支持量进行平衡。

如果国内支持措施对生产没有或有非常小的扭曲作用,可以不用作出减让承诺。即所谓绿箱措施。这些不用作出减让承诺的国内支持措施,应通过政府公共资金计划提供,并且不能具有对生产者提供价格支持的作用。

蓝箱措施是限产计划下给予的直接支付。但需满足下列条件:此类支付按固定面积和产量给予;此类支付按基期生产水平的85%或85%以下给予;或者牲畜支付按固定头数给予。

3. 出口补贴明确化

《农业协议》第8条规定:"每一成员承诺不提供不符合该协议且不符合减让表中的承诺的出口补贴。"不得对减让表未列明的农产品提供出口补贴;对列明的农产品不得超出所列的最高水平出口补贴。

《农业协议》第9条第1款规定下列农产品出口补贴受到约束:政府依赖出口实绩提供直接补贴(包括实物支付);政府为出口以低于国内市场上同类产品的可比价格,销售或处理农产品的非商业性库存;通过政府措施资助对农产品出口的付款;为减少农产品出口成本提供补贴;对出口货物提供优惠的国内运费;对出口产品中含有的农产品提供补贴。

《农业协议》规定的农产品出口补贴纪律与《反补贴协议》完全禁止的出口补贴不同。《农业协议》允许对农产品提供已经列明的出口补贴,但补贴要逐渐减少,既要减少补贴资金数额,又要减少接受补贴的产品数量。各成员不得提供没有列明的出口补贴。

(三) 特别保障措施

《农业协议》规定了适用于减让表中标明SSG符号的农产品的特别保障措施(special safeguard,SSG)。特别保障措施的实施条件与一般保障措施不同。它不依赖于进口农产品对国内同类或直接竞争产品产业的严重损害,而是依据一定的进口量(触发水平)或进口价格(触发价格)。具体如下:

(1) 进口量超过触发水平。即某一农产品在任何年度内的进口量,超过了现有市场准入机会的触发水平。该触发水平根据进口占进口成员最近三年相应国内消费量的一定百分比确定。

(2) 进口价格低于触发价格。即进口农产品的到岸价,低于称为触发价格的价格。该触发价格相当于该产品在 1986 年到 1988 年的平均参考价格。

二、动植物卫生检疫措施

(一)《卫生和植物卫生措施协议》概述

进口农产品是否安全,直接影响到人类动植物的健康和安全。对进口农产品进行卫生检疫,是各国普遍采取的措施。但检疫标准的不统一和实施措施的任意性,可能成为限制或禁止进口的借口。制定统一的卫生检疫措施标准,对于促进国际贸易的发展是必要的。乌拉圭回合谈判达成了《卫生和植物卫生措施协议》(以下简称《卫生协议》)。

《卫生协议》适用于所有可能直接或间接影响国际贸易的卫生措施。卫生措施,是指用于下列目的的任何措施:(1) 保护成员领土内动物或植物的生命或健康免受虫害、病害、带病有机体或致病有机体的传入、定居或传播所产生的风险;(2) 保护成员领土内人类或动物的生命或健康免受食品、饮料或饲料中的添加剂、污染物、毒素或致病有机体所产生的风险;(3) 保护成员领土内人类的生命或健康免受动物、植物或动植物产品携带的病害产生的风险,或虫害传入、定居或传播所产生的风险;(4) 防止或控制成员领土内因虫害的传入、定居或传播所产生的其他损害。形式上,卫生措施,包括所有相关法律、法令、法规、要求和程序,特别包括:最终产品标准;工序和生产方法;检验、检查、认证和批准程序;检疫处理,包括与动物或植物运输有关的或与在运输过程中为维持动植物生存所需物质有关的要求;有关统计方法、抽样程序和风险评估方法的规定;以及与粮食安全直接相关的包装和标签要求。

《卫生协议》由协议本文和三个附件共同组成。《卫生协议》主要规定了各成员在卫生措施方面的基本权利和义务、相关标准的协调、相关措施的等效、风险评估和适当的卫生保护水平的确定、适应地区条件、透明度、技术援助、管理和实施等。附件 A 给出了有关定义;附件 B 是有关卫生与植物卫生法规透明度的规定,包括法规的公布、咨询点、通知程序、一般保留;附件 C 是对控制、检查和批准程序的规定。

从内容上说,《卫生协议》是《关贸总协定》第 20 条一般例外中有关保护人类、动植物生命或健康内容的细化,但从规则形式看,《卫生协议》与《关贸总协定》是相互平行的独立协议。某一措施可能同时受到这两个协议及相关条款的调整,但由于《卫生协议》规定得比较具体详细,实践中通常适用《卫生协议》判断某一卫生措施是否违反了该协议。在根据关贸总协定的其他条款指控时,第 20 条的相关规定则常被作为一个抗辩理由提出。

就《卫生协议》与《技术性贸易壁垒协议》的关系,这两个协议是相互独立的协议,《技术性贸易壁垒协议》虽适用于工业品和农产品,但不适用于上述的《卫生协议》附件 A 定义的卫生措施。《技术性贸易壁垒协议》所适用的技术法规,是指规定强制执行的产品特性或其相关工艺和生产方法,包括适用的管理规定在内的文件。包括适用于产品、工艺或生产方法的专门术语、符号、包装、标志或标签要求的文件,或这样的专门文件,都属于技术法规的范围。举例来说,一瓶矿泉水,对水质适用《卫生协议》,对容器适用《技术性贸易壁垒协议》。

(二) 成员维持人类动植物生命与健康的基本权利和义务

各成员有权采取为保护人类、动植物的生命或健康所必需的卫生措施,只要此类措施不违背《卫生协议》的规定。与大多数的世界贸易组织规则设定成员义务不同,该条款明确成员享有采取卫生措施的权利。

各成员实施卫生措施,应满足下述要求:(1) 不得超过为保护人类、动植物的生命或健康所必需的程度,并以科学原理作依据,如果没有充分的科学依据,则不得维持,但《卫生协议》另有规定的例外。(2) 其卫生措施不得对情况相同或相似的成员领土间,包括在成员自己境内和其他成员领土之间,构成任意的或不合理的歧视;卫生措施的适用方式不得构成对国际贸易的变相限制。

符合《卫生协议》的卫生措施,视为符合根据关贸总协定有关使用卫生措施的规定所承担的义务,特别是第20条第2项的义务。

各成员对遵守《卫生协议》项下的所有义务负全部责任。各成员应对中央政府机构采取的措施、中央政府机构以外的机构、领土内的非政府实体以及相关实体的行为负责。只有在非政府实体遵守该协议的前提下,方可依靠这些实体提供的服务实施卫生措施。

(三) 卫生措施要求

《卫生协议》要求各成员实施卫生措施时应满足协议的基本要求。(1) 应根据现有的国际标准制定卫生措施。符合国际标准的卫生措施,视为为保护人类、动植物的生命或健康所必需的措施,并视为同《关贸总协定》相一致。(2) 允许成员采用或维持比国际标准保护水平高的卫生措施,但须存在科学理由,或成员根据风险评估的有关要求确定动植物的保护水平是适当的,且这类措施不违反《卫生协议》的其他规定。如成员根据该协议的有关规定,对现有科学信息进行审查和评估,确定有关国际标准不足以实现适当的动植物卫生保护水平,则为存在科学理由。(3) 进口成员将出口成员的措施作为等效措施予以接受,如果出口成员向进口成员客观地证明其卫生措施达到进口成员的卫生与植物卫生的适当保护水平,即使这些措施不同于进口成员自己的措施,或不同于从事相同产品贸易的其他成员使用的措施。各成员应进行磋商,以就承认具体卫生措施的等效性问题达成双边或多边协议。

(四) 风险评估与适当保护水平的确定

成员采取比国际标准保护水平高的植物卫生保护水平制定卫生措施,应建立在风险评估的基础上,以对人类、动植物的生命或健康所进行的、适合有关情况的风险评估为基础,同时考虑有关国际组织制定的评估技术。在进行风险评估时,应考虑可以获得的科学证据。

在确定适当的卫生与植物卫生保护水平时,成员应将对贸易的消极影响减少到最低限度。各成员采取的卫生措施对贸易的限制不超过为达到适当的保护水平所要求的程度。为保障保护水平的一致性,成员应避免保护水平在不同情形下的任意的或不合理的差别,以防止这种差别对国际贸易构成歧视或变相限制。如果一成员有理由认为另一成员采用或维持的某一卫生措施正在限制或可能限制其产品出口,且该措施不是根据有关国际标准制定的,或不存在此类标准,则可请求说明此类卫生措施的理由,维持该措施的成员应提供此种说明。

三、政府采购制度

(一)《政府采购协定》的背景和性质

政府采购,是指政府为了公共目的使用财政资源购买货物和服务。在政府采购中,政府本身是买卖活动中的买方、交易者,而非买卖活动的监管者。政府采购的产品,用于政府自身消费,或者用于提供公共服务,不用于商业目的上的转售或用于生产再销售。由于政府活动需要消费大量的货物和服务,政府采购市场经营者提供了巨大的产品市场(政府采购市场)。

传统上,政府主要采购本国产品或本国提供的产品。政府采购不受《关贸总协定》或《服务贸易总协定》中的国民待遇义务的约束。《关贸总协定》第 3 条和《服务贸易总协定》第 8 条第 1 款均排除了政府采购。为了提高政府采购效率,更好地服务于社会公共利益,各国纷纷制定了政府采购法,用于规范政府采购活动。随着国际贸易的不断自由化,政府采购市场也成为一些主要发达国家谋求开放的领域,使本国产品也能够供应外国政府采购市场,从而促进本国产业利益。从采购国的立场看,对外国供应商开放本国政府采购市场,将影响本国生产商的供应机会。是否开放、在多大程度上开放、如何开放政府采购市场,成为相关国家谈判的问题。

经济合作与发展组织(OECD)最早从事这一领域的规则制定。《关贸总协定》东京回合谈判中,一些缔约方达成了《政府采购守则》。在乌拉圭回合谈判中形成了《政府采购协议》。2012 年《政府采购协议》得以修订,修订后的《政府采购协议》于 2014 年 4 月生效。

按照《建立世界贸易组织协定》的规定,《政府采购协议》性质上属于诸边协议,对世界贸易组织成员无普遍约束力,只对接受它的世界贸易组织成员有约束力。《政府采购协议》由世界贸易组织内的政府采购委员会管理,适用世界贸易组织的争端解决程序。

(二)政府采购规则

《政府采购协议》的目标与宗旨,是要就政府采购建立一个有效的多边框架,以期实现国际贸易进一步自由化和扩大、改善国际贸易行为框架;确立有关政府采购措施的制定、采纳或应用,不应用于对本国供应商、货物或服务的保护,或者对外国供应商、货物或服务造成歧视;提高政府采购制度的完整性和可预见性,使其对公共资源管理的效率和效力,对参加方经济运行和发挥多边贸易体制功能成为必不可少的部分;考虑发展中国家特别是最不发达国家,在发展、财政和贸易方面的需要;加强政府采购透明性措施的重要性,以透明和公正方式实施政府采购。

《政府采购协议》确立了三项原则:第一,非歧视性原则,包括国民待遇原则。各缔约方不得通过拟订、采取或者实施政府采购的法律、规则、程序和做法来保护国内产品或者供应商而歧视国外产品或者供应商。第二，公开性原则。即各缔约方有关政府采购的法律、规则、程序和做法都应公开。第三，对发展中国家优惠待遇原则。有关缔约方应向发展中国家，尤其是最不发达国家提供特殊待遇，如提供技术援助，以照顾其发展、财政和贸易的需求。

《政府采购协议》适用于有关被涵盖采购的任何措施，无论被涵盖采购是否完全或者部分地使用电子手段进行。被涵盖采购，是指为了政府目的由采购实体以合同手段进行的估算价值达到或者超过协议列明的相关门槛价的货物、服务或者货物服务组合，该采购不以商业销售或转售为目的，或用于供商业销售或转售的商品或服务的生产为目的。

参加《政府采购协议》的成员，需要对开放政府采购市场作出承诺，列入减让表。减让表构成了相关参加方在《政府采购协议》下的具体义务。该协议的参加方通常要求申请加入世界贸易组织的申请方接受《政府采购协议》。中国申请入世时即存在这种情况。如同申请加入世界贸易组织一样，加入《政府采购协议》也需要对加入条件进行谈判。

《政府采购协议》参加方需在附录1中列明采购实体和采购产品，亦即减让表。具体说，应列明下述信息：(1) 其采购为本协议涵盖的中央政府实体、次中央政府实体以及全部其他实体；(2) 列明本协议涵盖的货物、服务以及建筑服务；(3) 列明任何通用注释。

同关贸总协定和《服务贸易总协定》一样，《政府采购协议》亦含有一般例外条款和安全例外条款。该协议不得解释为阻止任何一参加方采取或者实施以下措施，但措施的使用方式，不得在条件相同的参加方之间构成随意的、不合理的歧视或者构成对国际贸易的隐蔽性限制：(1) 为保护公共道德、秩序或安全所必需的措施；(2) 为保护人类、动植物的生命或者健康所必需的措施；(3) 为保护知识产权所必需的措施；或者(4) 涉及残疾人、慈善机构或者监狱囚工提供的货物或者服务的措施。同时，该协议不得解释为阻止任何参加方，在涉及武器、弹药或战争物资采购，或者涉及为国家安全或国防目的所需的采购方面，在其认为保护根本安全利益的必要情形下，采取任何行动或者不披露任何信息。

本章小结：

在GATT/WTO多边贸易体制中，贸易待遇是其基础性制度，最惠国待遇是其基石，国民待遇也是重要的基本原则，区域贸易协定和特殊差别待遇是优惠待遇，属于最惠国待遇的例外。约束关税并不断降低关税，是世界贸易组织确立的关税纪律。世界贸易组织除允许对进出口产品采取税费措施进行限制外，原则上禁止一切形式的数量限制，包括直接数量限制、配额和进口许可。贸易救济措施是产业保护措施。采取贸易救济措施的前提必须是相关产品的进口对进口国的国内产业造成了损害。

思考题：

1. GATT最惠国待遇条款的概念与特点是什么？
2. GATT关于国民待遇条款的规定是什么？最惠国待遇和国民待遇的关系是什么？
3. GATT关于区域性自由贸易协定与WTO多边贸易制度间关系的规定是什么？

4. 为什么要给予发展中国家特殊差别待遇？
5. 什么是世界贸易组织确定的关税纪律？
6. 普遍取消数量限制原则及其意义是什么？
7. 如何认识技术性贸易壁垒的性质？
8. 征收反倾销税的条件是什么？
9. 如何理解、掌握补贴的概念和种类？
10. 各类救济措施的使用条件有什么不同？
11. 如何理解卫生检疫措施对农产品贸易的影响？
12. 如何理解《农业协议》确立的贸易规则的特殊性？

第七章 国际服务贸易管理制度

学习目标：了解服务与货物的区别以及服务贸易方式、《服务贸易总协定》的框架和特点，领会和掌握具体承诺的性质和具体内容、市场准入和国民待遇的适用条件，理解服务贸易经济一体化的内涵。

建议学时：3学时。

导读：国际服务贸易近些年来发展迅速，在国际贸易中所占比重也日益增加。目前国际上关于服务贸易的最重要的法律文件是世界贸易组织的《服务贸易总协定》。本章主要介绍《服务贸易总协定》的相关规定，特别是具体承诺、市场准入和国民待遇制度。

第一节 国际服务贸易及法律框架

一、服务贸易方式

（一）服务及服务贸易

国际上并没有统一的服务定义。根据联合国、欧盟委员会、经济合作与发展组织、国际货币基金组织和世界银行共同编制的《国民经济核算体系》（System of National Account，SNA），人类经济生产活动有两种产出形式，一种是货物，另一种是服务，货物和服务共同构成产品。货物是指对它有某种需求并能够确定其所有权的有形生产成果。服务是改变消费单位状态或促进产品或金融资产交换的不能确定所有权的无形的生产活动成果。服务大体可以分为两类：改变型服务和增殖型服务。货物运输、美容美发、教育、娱乐，属于改变型服务；批发零售、金融，属于增值型服务。类似储存于某种载体的电影、音乐等，被认为是知识载体产品，基于不同情形，可分为货物或者服务。

作为产出形式，服务与货物既不相同，又有关联。服务脱离货物成为一种独立的存在，是经济发展到一定阶段的结果。经济发展程度不同，服务在经济中的相对重要性也不同，对服务范围的认定也不同。在乌拉圭回合谈判中，发达国家试图将服务定义为除工农业之外的一切商品化，而发展中国家仅把服务定义为除工农业外的一切可供交易的活动，即涉及国际贸易的那一部分。《服务贸易总协定》（GATS）没有对服务进行定义，而是通过列出提供服务的产业的方式，来调整服务贸易。

与货物相比，服务更体现为一种经济活动、一种生产过程。服务多种多样。对于绝大多数服务，可以总结出下列共同特征：（1）产品无形性。与存在具体形态的货物不同，服务最主要的特点是无形性，看不见，摸不着。（2）不能储存性。服务的提供与消费一般同时进行，提供者和消费者彼此贴近，常表现为同时、同地的特点。（3）技能依赖性。服务提供品质依赖于服务供应商或其技能,不像货物供应那样确定。也成为品质异质性。(4)管制差异性。政府对服务贸易的管制因服务类型不同而不同,通常不能据产出进行管制,而更多的是投入管制(如资格限定)。

与服务没有统一定义一样,服务贸易也无统一定义,一般理解为服务提供。服务提供包括服务的生产、分配、营销、销售和交付。国际服务贸易,是指服务的国际间提供或跨境提供。由于服务无形性、服务和生产活动不可分且提供者和消费者具有直接接触这些特点,服务贸易的国际性并不像国际货物贸易那样,涉及货物从一国到另一国的物理流动。国际服务贸易可能是产出的跨境流动,如国际长途电话;可能是消费者的越境流动,如旅游;可能是提供者的跨境流动,如劳务输出、工程承包。在提供者跨境提供服务的情况下,该跨境可能是临时的,也可能需要在消费者所在国(服务进口国)建立商业机构。

(二)服务贸易方式

《服务贸易总协定》以服务提供方式来界定服务贸易。服务贸易是指通过下述四种方式提供的服务:

第一种方式,跨境提供(cross-border supply):从一国境内向其他国境内提供服务(服务产品的流动),服务的提供者和消费者不需跨境实际流动。这种方式的服务贸易类似于货物贸易。国际货物运输、国际远程教育、通过互联网的国际诊断,都是跨境服务的例子。根据墨西哥电讯案中专家组的解释,服务商自己经营或存在的地点,对跨境提供的界定没有直接关系。

第二种方式,境外消费(consumption abroad):服务者在本国境内向来自其他国家的服务消费者提供服务,消费者流动到服务提供者所在国家接受服务(消费者的流动)。例如,境外旅游、治病、境外语言学习、境外船舶修理。

第三种方式,商业存在(commercial presence):外国服务提供商在内国境内设立附属公司或分支机构,向在内国的消费者提供服务,即外国服务提供者在其他国境内提供商业服务(在进口国设立机构)。商业存在是指任何类型的商业或专业机构,包括为提供服务在成员境内组建、收购或维持法人,或者设立或维持分支机构或代表处。美国麦当劳在中国设立的公司、经营网点,就是此处意义上的商业存在。

第四种方式,自然人存在(presence of natural persons):通过自然人的短期流动来提供的服务,一国的服务提供者在其他国境内以自然人的存在提供服务(自然人流动)。出国讲学、出国维修,属于自然人存在。

通过上述四种方式界定服务贸易,是《服务贸易总协定》的一大特点。凡是通过其中任何一种方式提供服务的,都构成了《服务贸易总协定》意义上的服务贸易。

二、服务贸易总协定

(一)《服务贸易总协定》的签订背景

国际服务贸易的产生和发展,以及促进国际服务贸易自由化这一目标,离不开国际规范的保障。由于服务贸易不同于货物贸易,适用于货物贸易管理的措施,如关税和边境措施,不适用于国际服务贸易;作为《关贸总协定》基本原则的关税保护原则、关税约束原则等,也不适用于服务贸易。国际服务贸易的管理措施,主要依靠有关外国直接投资和外国服务提供者参与国内服务业的国内立法和规定。同时,与货物贸易越来越自由化相比,服务贸易受到较强的基于不同政策的国内管制。制定相应的国际法规范,对国际服务贸易进行规范管理,成为一种必然要求和趋势。

国际服务贸易规则的制定离不开美国的推动。美国作为世界上经济最发达的国家,服务贸易发展早、水平高、竞争力强,期待对外出口服务。早在1974年《关贸总协定》东京回合谈判时,美国就建议订立服务贸易协议。1982年《关贸总协定》部长会议上,美国又提出服务贸易问题。这次部长会议通过了一个折中方案,鼓励对服务贸易有兴趣的缔约方就这一问题进行研究,将研究成果提交下次缔约方全体大会审议。在美国国内,1984年《贸易与关税法》将服务贸易与货物贸易并列,授权总统对在服务贸易领域存在不公平贸易做法的其他国家适用301条款进行贸易制裁;1988年《综合贸易与竞争法》制定超级301条款,强化了这一制裁机制。几乎与乌拉圭回合谈判同时进行的北美自由贸易协定谈判,涵盖了服务贸易的内容,对乌拉圭回合服务贸易协议的谈判和签订,产生了重要影响。

1986年9月在乌拉圭埃斯特角举行的《关贸总协定》部长会议发起乌拉圭回合谈判,将服务贸易纳入乌拉圭回合谈判内容,作为与货物谈判不同的谈判议题。经过了三个阶段的艰苦谈判,从服务贸易的定义、范围,到服务贸易多边框架原则与规则的提出,最后到提交具体承诺,作为服务贸易国际规则的《服务贸易总协定》,作为整个一揽子的谈判结果的一部分于1993年12月15日草签,于1994年4月15日正式签署,1995年1月1日随《建立世界贸易组织协定》一同生效。

(二)《服务贸易总协定》的基本框架

《服务贸易总协定》是第一个调整国际服务贸易的多边性的、具有法律强制力的规则。基于服务贸易的管理现状,该协定的目标是建立一个国际服务贸易原则和规则的多边框架,在透明和逐步自由化的条件下扩大服务贸易,促进所有贸易伙伴的经济增长和发展中国家的发展;在适当尊重国家政策目标的同时,通过连续回合的谈判,在互利基础上促进所有参加方的利益,并保证权利和义务的总体平衡,早日实现服务贸易自由化水平的逐步提高。该协定承认各成员有权管理其领土内的服务提供,并有权制定新的规章,以实现其国家政策目标;同时该协定承认发展中国家更加需要管理服务贸易的权利,该协定期望为发展中国家更多地参与服务贸易和扩大服务出口提供便利。

《服务贸易总协定》是一个框架性协议。各成员根据该协定通过连续的谈判作出逐步自由化的承诺,来具体和深化自己承担的义务。《服务贸易总协定》包括协定本文、附件以及各成员作出的具体承诺表。本文部分包括一般性的原则和义务,附件处理具体部门的规则,各国的具体承诺表提供市场准入条件。《服务贸易总协定》本文包括六个部分,分别是范围和定义、一般义务和纪律、具体承诺、逐步自由化、机构条款以及最后条款。

由于乌拉圭回合谈判中存在的分歧,该协定对空运服务、海运服务、金融服务、电信服务这几个部门没有达成实质性规定,只是提供了进一步谈判的指导原则。1997年世界贸易组织达成《基础电信协议》《金融服务协议》。

(三)《服务贸易总协定》的适用范围

《服务贸易总协定》适用于成员影响服务贸易的措施。根据世界贸易组织上诉机构的解释,"影响服务贸易的措施"应广义解释。《服务贸易总协定》的适用范围,包括了成员影响服务提供的任何措施,无论该措施是否直接规范服务提供,还是该措施规范其他事项但影响服务贸易。

"成员影响服务贸易的措施",包括下列几方面的措施:(1)服务的购买、支付和使用;(2)与服务提供有关的、成员要求向公众提供的服务的获取和使用;(3)某一成员的人为提供服务在另一成员领土内的存在(包括商业存在)。"措施"是指成员任何形式的措施,无论采取法律、法规、规章、程序、决定、行政行为的形式或任何其他形式。"成员措施"包括成员的中央、地区或地方政府和主管机关采取的措施,以及由中央、地区或地方政府和主管机关授权行使权力的非政府机构采取的措施。"服务提供"包括服务的生产、分销、营销、销售和交付。

《服务贸易总协定》不适用于行使政府职能提供的服务,即不适用于既不在商业基础上提供又不与任何服务提供者竞争的服务。《服务贸易总协定》中的最惠国待遇义务、市场准入义务和国民待遇义务,不适用于规范政府机构购买服务的法律、法规或要求,该购买是为政府目的而非商业转售之目的或在商业销售的服务提供中使用之目的。

(四)服务贸易的部门种类

根据《服务贸易总协定》,服务包括任何部门的服务。但实际上,在该协定谈判、签订之前,《关贸总协定》并无服务部门的分类,而这样的服务部门分类是谈判方进行谈判、作出承诺、履行义务的基础条件和前提。1991年,《关贸总协定》秘书处编写了一份有关服务部门分类的说明,称为"GNS/W/120服务部门分类"目录。该分类是根据联合国产品总分类(CPC)暂行本,由各成员国磋商的结果。该目录明确了国内服务规章所涉及的相关部门和分部门,作为具体谈判和承诺的基础。关贸总协定秘书处还起草了"1993年减让指南",以此指导、方便谈判方作出服务贸易的具体承诺。

《服务贸易总协定》列出了12个部门种类,155个分类。这12个部门种类为:商业服务(包括专业与计算机),通讯服务,建筑与相关工程服务,分销服务,教育服务,环境服务,金融(保险与银行)服务,保健和社会(医疗)服务,旅游及相关服务,娱乐、文化和体育服务,运输服务,以及其他服务。需要说明的是,这12个部门分类及其更小分类,是与服务贸易的四种方式不同性质的分类,相互之间是交叉的,每一部门都可能存在四种贸易方式,每种贸易方式都可能涉及每一部门。对于任何成员就任何部门或分部门作出的减让,都需要根据四种不同的贸易方式去理解、分析。

第二节 《服务贸易总协定》的一般义务

一、最惠国待遇

(一) 最惠国待遇义务的适用对象和范围

最惠国待遇原则是《服务贸易总协定》的一般原则和义务。《服务贸易总协定》第2条第1款明确规定:"对于《服务贸易总协定》所包括的任何措施,各成员应立即和无条件地给予任何其他成员的服务和服务提供者不低于其给予任何其他国家同类服务和服务提供者的待遇。"

《服务贸易总协定》的最惠国待遇原则,实质内容上与《关贸总协定》第1条第1款的最惠国待遇原则一致。在服务贸易方面,某一成员给予任何国家(不一定是世界贸易组织成员)任何优惠,其他成员都有权利无条件地立即享有。但二者的适用对象不同,《服务贸易总协定》的最惠国待遇原则既适用于服务,也适用于服务提供者,而《关贸总协定》的最惠国待遇原则仅适用于货物。在适用范围上,《服务贸易总协定》的最惠国待遇原则没有限制,适用于《服务贸易总协定》所包括的任何措施,适用于任何其他成员的服务和服务提供者,而《关贸总协定》的最惠国待遇义务仅适用于明确列出的四种情形,且适用于原产自或出口至其他成员的货物。从这一角度看,《服务贸易总协定》的最惠国待遇义务,比《关贸总协定》的最惠国待遇义务范围更广、更严格。《服务贸易总协定》中的最惠国待遇的适用以服务和服务提供者的同类性为条件。但与《关贸总协定》最惠国待遇义务适用的产品同类性这一条件相比,服务和服务提供者的同类性比较难于确定。从服务部门的分类遇到的困难中可以看出这一点。

(二) 最惠国待遇义务的例外

除一般例外、安全例外、经济一体化例外、毗邻国家优惠例外适用于最惠国义务之外,《服务贸易总协定》还规定了一次性豁免例外。

《服务贸易总协定》生效时最惠国待遇义务的一次性豁免例外,是该协定的一项重要制度。根据该《协定》第2条第2款,"一成员可维持与第1款不一致的措施,只要该措施已列入《关于第2款豁免的附件》,并符合该附件所规定的条件"。该例外针对最惠国待遇义务的普遍性,通过"否定清单式"(negative list)来确立的。凡是在豁免附件中列明的事项,成员均不承担最惠国待遇义务。豁免清单包括下述几个方面:对适用的部门或分部门的说明;对与最惠国待遇义务不一致的措施的说明;例外适用的国家;例外拟存在的期限;产生豁免必要性的条件。协定生效时的一次性豁免例外,是谈判时列出的最惠国待遇义务例外清单。上述例外只能给予一次,成员不得在清单上增加新的内容。这类例外5年审查一次。服务贸易理事会在审查中应审查产生该豁免的条件是否仍然存在,并确定任何进一步审查的日期。原则上这类豁免不应超过10年。无论如何,此类豁免在以后的贸易自由化回合谈判中应重新谈判。

二、其他一般义务与纪律

(一) 透明度

服务贸易比货物贸易受到更强的国内管理。为公平竞争、贸易自由之目的,《服务贸易总协定》作为一般义务提出了透明度要求。

除紧急情况外,每一成员应迅速公布有关影响《服务贸易总协定》运作的所有普遍适用的措施,最迟应在此类措施生效时公布。作为有关服务贸易国际协定一方的成员,应公布该协定。如公布不可行,应通过其他方式供成员获得这些信息。各成员应向世界贸易组织通知《服务贸易总协定》所覆盖的影响服务贸易的所有法律、法规和行政管理措施的具体信息,包括任何修改。对其他成员就普遍适用的任何措施或国际协定所提出的具体信息的所有要求,各成员应给予迅速答复。各成员还应设立咨询点,向其他成员提供有关信息。

(二) 相互承认标准

一般情况下,提供服务的公司和个人需要取得允许其从事业务的证书、许可或其他授权。此类资格要求往往限制了外国服务提供者。为解决这一冲突或障碍,《服务贸易总协定》引进了资格等的相互承认制度。

成员可承认在特定国家已经获得的教育或经历、已满足的要求以及给予的许可或证明。这种承认,可基于有关国家签订的协议或安排给予,也可自动给予。承认方式不得成为国家间歧视的手段或对服务贸易的变相限制。只要合适,承认应基于多边标准。

(三) 垄断和专营服务提供者及其他限制竞争的商业惯例

各成员应确保其境内的任何垄断服务提供者,在相关市场提供垄断服务时,其提供方式不得违反最惠国待遇义务及作出的具体承诺。

如果某一成员的垄断服务提供者在垄断权范围之外参与该成员已作出具体承诺的服务提供竞争,该成员应确保该提供者在其境内不滥用其垄断地位,不以违反具体承诺项下义务的方式行事。

如成员在形式上或事实上授权或设立少数几个服务提供者,且实质上阻止这些服务者在境内的相互竞争,上述对垄断服务者的规定也适用于此类专营服务提供者。

对于抑制竞争、限制服务贸易的服务贸易提供者的商业惯例,在其他成员的要求下,相关成员应进行磋商,以期取消这样的商业惯例,并提供可获得的有关资料。

(四) 国内管理

《服务贸易总协定》认可成员对其境内的服务贸易的管理权,并对服务贸易的国内管理提出了要求。在已经作出具体承诺的部门中,每一成员应保证所有影响服务贸易的普遍使用的措施以合理、客观、公正的方式实施。有关资格要求和程序、技术标准和许可要求的措施,不能构成不必要的服务贸易壁垒。成员实施许可要求、资格要求和技术标准,不得使具体承诺失效或减损。

第三节 《服务贸易总协定》的具体承诺

一、具体承诺的性质和作用

根据《服务贸易总协定》,成员没有开放服务贸易市场的义务,是否开放服务贸易市场由成员决定。世界贸易组织成员在特定服务部门承担的具体义务,是由该成员在谈判时作出的具体承诺决定的。具体承诺既构成了一般义务的基础,如没有具体承诺,一般义务也无实际意义。同时,具体承诺也是逐步实现《服务贸易总协定》服务贸易自由化目标的必经步骤和具体措施。

具体承诺如同约束性关税,对作出具体承诺的成员具有约束力,一般不能轻易修改或撤销。只有在承诺生效后3年,在发出修改或撤销某一具体承诺意向,拟修改或撤销某一具体承诺的成员,只有与受该撤销或修改影响的国家作出谈判达成补偿协议后,才可以修改或撤销具体承诺。在此类谈判和协议中,有关成员应努力维持互惠承诺的总体水平,不低于谈判前具体承诺减让表中的规定。补偿性调整应在最惠国待遇基础上进行。

根据《服务贸易总协定》第6条对国内法规实施的规定,每一成员在作出具体承诺的部门中,应保证所有影响服务贸易的普遍适用的措施,以合理、客观和公正的方式实施。

世界贸易组织成员在其具体承诺减让表中列出自己的具体承诺。具体承诺减让表直接决定成员根据《服务贸易总协定》承担的具体义务。具体承诺主要包括市场准入和国民待遇两大类,规定对外国服务和外国服务提供者的开放或限制。具体承诺减让表采取"肯定式清单"方法,是否给予市场准入、是否给予国民待遇,成员在哪些具体服务部门和事项方面承担具体义务,均依该具体承诺减让表来确定。成员只对具体承诺的事项和范围承担义务。

具体承诺减让表以四种服务贸易方式为基本要素,由水平承诺和部门承诺两大部分组成,每一部分都包括"部门或分部门""市场准入限制""国民待遇限制"和"附加承诺"四个方面。水平承诺适用于减让表中的所有部门,部门承诺仅适用于所列出的服务部门或分部门。而部门承诺最具体地确定承诺的具体范围。从"市场准入限制""国民待遇限制"这样的名称中可以看出,具体承诺是从限制的角度来体现的,可有三种具体表达方式:"不作承诺",指不承担任何义务;"没有限制"表明该成员在该方面承担了不实施任何限制的全部义务;"具体列明限制",则表示了附条件承担义务,列出了采取限制的内容和性质。

在具体承诺减让表中,每个成员应具体列明下述内容:市场准入的规定、限制和条件;国民待遇的条件和资格;有关附加承诺的承诺;适当情况下,实施这类承诺的时间表;这类承诺的生效日期。这些内容与服务贸易方式、服务部门分类紧密联系在一起,构成了一个复杂的体系。对于每一种服务活动,有关市场准入和国民待遇的限制,又与四种服务贸易方式联系起来。

二、市场准入

市场准入,在《服务贸易总协定》意义上,是指服务贸易市场或服务部门对外开放。《服务贸易总协定》第16条规定,对于通过前述四种服务贸易提供方式的市场准入,每个成员给予其他任何成员的服务和服务提供者的待遇,不得低于其承诺表中所同意和明确规定的条款、限制和条件。市场准入不包括政府采购。

就构成具体承诺的市场准入和国民待遇的关系来说,市场准入是国民待遇的基础和前提。如果某一措施既与市场准入不符,也与国民待遇义务不符,则该措施应列入市场准入栏目。在这种情况下,对市场准入的限制也构成了对国民待遇义务的限制,规定了国民待遇的条件或资格。

在作出具体承诺的部门,除非在承诺减让表中明确规定,成员不得维持或采取下述措施(服务贸易壁垒):(1)通过数量配额、垄断和专营服务提供者的方式,或者通过经济需求测试要求的方式,限制服务提供者的数量;(2)通过数量配额或经济需求测试要求的方式,限制服务交易或资产总值;(3)通过配额或经济需求测试要求的方式,限制服务业务总量或以指定数量单位表示的服务产出总量,但不包括成员限制服务提供投入;(4)通过数量配额或经济需求测试要求的形式,限制特定服务部门可雇佣的自然人总数或服务提供者可雇佣的自然人总数;(5)限制或要求服务提供者通过特定类型的法律实体或合营企业提供服务;(6)通过限制外国股权最高百分比,或限制单个或总体外国投资总额,限制外国资本的参与。

对外国服务和服务提供者提供市场准入,实质上是允许外国服务提供者进行服务的国际投资。这一点在商业存在这种服务方式上体现得最为明显,也可以通过上述对六种措施的禁止体现出来。《服务贸易总协定》在市场准入减让表部分特别指出,如成员对通过跨境提供方式提供服务作出市场准入承诺,且如果资本的跨境流动是该服务本身所必需的部分,则该成员由此已经承诺允许此种资本跨境流动。如果成员就通过商业存在方式提供服务作出市场准入承诺,则成员由此已经承诺允许有关资本转移进入其境内。

三、国民待遇

外国服务和服务提供者进入进口国市场后,必然产生外国服务及服务提供者与进口国本国同类服务及服务提供者的待遇关系问题。这一问题由国民待遇义务来解决。国民待遇义务性质上属于具体承诺,成员不存在普遍的国民待遇义务。

《服务贸易总协定》第17条规定,成员在所有影响服务提供的措施方面,给予任何其他成员的服务和服务提供者的待遇不得低于其给予本国同类服务和服务提供者的待遇。这一国民待遇义务不要求给予任何其他成员的服务和服务提供者的待遇,形式上与给予本国同类服务和服务提供者的待遇相同。国民待遇义务是以竞争条件为判断标准,不以形式为判断标准。无论形式相同或不同,如果某一待遇改变了该成员的服务或服务提供者与任何其他成员的同类服务或服务提供者之间的竞争条件,从而使该成员的服务或服务提供者与任何其他成员的同类服务或服务提供者相比处于有利地位,则提供给其他成员的同类服务或服务提供者的这种形式相同或不同的待遇应被视为是较低的待遇,即歧视性待遇,违反了国民待遇义务。

与货物贸易和知识产权中的国民待遇不同,《服务贸易总协定》的国民待遇仅适用于一国作出具体承诺的部门或方式,仅限于列入承诺减让表的部门,并且要遵照其中所列的条件和资格。无承诺,则无国民待遇义务。即使在作出承诺的部门中,也允许按所列条件对国民待遇进行限制。

与最惠国待遇义务一样,国民待遇义务以同类服务或服务提供者为条件。

第四节 义务例外与经济一体化

《服务贸易总协定》允许成员采取贸易管制措施,这就是该协定第14条规定的"一般例外"。即在此类措施的实施不在情形类似的国家之间构成任意或不合理歧视的手段或构成对服务贸易的变相限制的前提下,本协定的任何规定不得解释为阻止成员采取或实施以下措施……

该例外的制定模式与《关贸总协定》第20条"一般例外"相似。某一措施欲根据一般例外条款获得正当性例外,需满足适用目的和实施方式这两项要求:第一,该类措施必须用于下述目的:为保护公共道德或维护公共秩序所必需;为保护人类、动物或植物的生命或健康所必需;为确保遵守与协定规定不相抵触的与下述问题相关的法律和法规所必需:防止欺诈和欺骗做法,或处理服务合同违约事项,保护与个人资料处理与散播有关的个人隐私,保护个人记录和账户秘密,安全问题;为保证对其他成员的服务或服务提供者平等和有效课征或收取直接税的差别待遇;源于该成员受其约束的避免双重征税协议或任何其他国际协议或安排中的避免双重征税的规定的差别待遇。在美国博彩案中,美国以"为保护公共道德或维护公共秩序所必需"为自己的措施抗辩。该案专家组认为,成员有权根据其自己的法律和价值观,在自己的境内界定和适用"公共道德"或"公共秩序"概念。但专家组认为该案中的争议措施没有满足实施方式的要求。第二,该类措施在情形类似的国家间不构成任意的或不公正的歧视,或构成对服务贸易的变相限制。

除一般例外之外,《服务贸易总协定》的一般义务还存在安全例外。根据这一规定,《服务贸易总协定》不得解释为要求任何成员提供其认为公开后会违背其基本安全利益的任何资料,阻止任何成员为保护其基本安全利益采取必要的行动,或阻止任何成员为履行《联合国宪章》下维护国际和平与安全的义务而采取的行动。

此外,《服务贸易总协定》第2条确立的最惠国待遇义务、第16条确立的市场准入义务以及第17条确立的国民待遇义务,不适用于政府机构为政府目的购买服务的服务采购的法律、法规和要求,该购买并不旨在于商业转售,或并不旨在为商业销售在提供服务中使用。

《服务贸易总协定》第5条规定了经济一体化。该协定不得阻止任何成员参加或缔结相互间实现服务贸易自由化的协议,该协议涵盖众多服务部门,在涵盖的部门中,通过消除现有的歧视性措施、禁止新的或更多的歧视性措施,成员之间不存在或已消除国民待遇意义上的实质上的所有歧视。该类协议应旨在便利协议参加方之间的贸易,并且与订立该协议前适用的水平相比,对于该协议外的任何成员,不得提高相应服务部门或分部门内的服务贸易壁垒的总体水平。该类协议参加方的成员,不可对任何其他成员从此类协议中可能获得的贸易利益寻求补偿。如因该类协议的订立、扩大或任何重大修改,某成员意在撤销、修改其作出的具体承诺,从而与减让表中规定的条款和条件不符,则应提前通知,并遵循《服务贸易总协定》规定的修改减让表的程序。

服务贸易经济一体化,类似于关贸总协定中的关税同盟或自由贸易协定,其规定的优惠待遇可以不提供给为参加该协议的成员,从而构成一种义务例外。但是,任何其他成员的服务提供者,如根据参加协议的成员的法律设立为法人,则只要在参加成员领土内从事实质性商业经营,就有权享有该一体化协议项下所给予的待遇。

本章小结:

《服务贸易总协定》确立了服务贸易管理的法律框架。《服务贸易总协定》一般义务包括最惠国待遇、透明度、相互承认标准、国内管理等。成员在市场准入和国民待遇方面作出的承诺,列入具体承诺减让表,具体承诺代表了世界贸易组织成员的具体义务。此外,《服务贸易总协定》还规定了义务例外制度和服务贸易进一步自由化的方式,并允许世界贸易组织成员在服务领域的经济一体化。

思考题:

1. GATT 与 GATS 的一般原则有哪些不同?
2. 具体承诺减让表与关税减让表有什么不同?
3. 如何理解具体承诺的性质与作用?
4. 如何理解《服务贸易总协定》中的国民待遇?
5. 如何理解市场准入及国民待遇之间的关系?
6. 如何理解服务贸易的经济一体化?

第八章 知识产权的国际保护与技术贸易管理制度

学习目标:通过了解不同的知识产权公约的内容,分析知识产权国际保护规则的演变;了解国际技术贸易的内涵和国际技术许可协议的类型,掌握国际技术贸易管理的特点和重点。

建议学时:4学时。

导读:世界贸易组织的《与贸易有关的知识产权协定》纳入了多部原有的知识产权公约,加强了知识产权的国际保护。学习本章时应在了解原有的知识产权公约的基础上,着重领会和掌握世贸组织《与贸易有关的知识产权协定》在知识产权保护方面的新发展。同时,还应了解技术贸易管理方面的有关制度与措施。

第一节 知识产权的国际保护

一、知识产权保护的国际公约

（一）知识产权国际保护公约概述

知识产权具有地域性特点,基于特定的国内法律制度存在。某一发明在一国境内享有有效的知识产权,在其他国家并不当然享有知识产权保护。该发明欲在其他国家获得知识产权保护,必须按照那个国家的知识产权法律规定的程序办理,这存在很大困难。为了便利一国知识产权在其他国家获得保护,国际社会通过签署国际条约的方式,制定知识产权国际保护的相关原则和程序,实现知识产权的国际保护的目的。知识产权保护的国际公约产生了。

历史上,存在多个知识产权保护的国际公约和机构。1967年世界知识产权组织成立,统一管理多部知识产权公约。但是,《关贸总协定》乌拉圭回合谈判达成了《与贸易有关的知识产权协定》(以下简称《知识产权协定》),该协定作为《世界贸易组织协定》的附件生效、适用。这样就形成了两个国际组织、两套知识产权国际规则同时适用的情形。习惯上,为了区别,当提及知识产权保护的国际公约时,通常指世界知识产权组织管理的公约,尽管从名称和范围上以及实质意义上,这一表述也包括《知识产权协定》。《知识产权协定》纳入了许多知识产权保护国际公约的内容,它们之间存在密切的联系。

世界知识产权组织管理的知识产权公约主要包括:《保护工业产权巴黎公约》《保护文学艺术作品伯尔尼公约》《保护表演者、录音制品制作者和广播组织的国际公约》《集成电路知识产权条约》以及因特网公约等。

（二）《保护工业产权巴黎公约》

《保护工业产权巴黎公约》（简称《巴黎公约》）于1883年签订，后经多次修订，现大多数国家采用的是1967年的斯德哥尔摩修订本。"工业产权"中的"工业"一词在最广泛的意义上理解，不限于一般意义上的工业，包括农业、采掘业、商业等。该公约定义的工业产权的保护对象，包括专利、实用新型、外观设计、商标、服务标记、厂商名称、货源标记或原产地名称，以及制止不正当竞争。适用《巴黎公约》的国家组成巴黎联盟。

《巴黎公约》决定了工业产权保护的三项基本原则：国民待遇原则、优先权原则和独立保护原则，并特别规定了工业产权的某些权利。

（1）国民待遇原则。巴黎联盟成员国的国民，在保护工业产权方面，在该联盟其他国家内，享有该国法律现在或今后可能授予该国国民的保护。这种保护不以在提供保护的国家有住所或营业所为条件。另外，非巴黎联盟成员国的国民，在联盟一个国家内有住所或有真实有效的工商业营业所的，也享有国民待遇。因此，《巴黎公约》以国籍或住所为标准确定是否给予国民待遇。国民待遇原则要求保护国按本国的法律对外国国民提供保护，根据本国法确定国民待遇水平。这种保护不以互惠为条件。

（2）优先权原则。该原则适用于专利、实用新型、商标、外观设计的申请。某一特定申请人在向某一成员国提出工业产权正式申请（第一个申请）的基础上，在特定期限内向其他成员国提出申请（在后申请），向其他成员国提出的在后申请的时间视为在第一个申请日提出。这样，相对于第一个申请之后、在后申请之前就同一发明或商标提出的其他申请，在后申请在新颖性方面享有优先的权利或地位而不丧失新颖性。优先权只能以在巴黎联盟成员国就同一事项所提出的第一个申请为基础。同时，第一个申请的撤回、放弃或驳回，都不影响该申请作为优先权基础的地位。专利和实用新型的优先权期限为12个月，商标和外观设计的优先权期限为6个月。

（3）独立保护原则。该原则适用于专利和商标。巴黎联盟成员国的国民向某一成员申请的专利权，与在其他成员国或非《巴黎公约》成员国就同一发明申请的专利权相互独立、各不相关。特别是在优先权期限内申请的各项专利，其无效和被剥夺权利理由以及正常有效期，相互之间没有关联。就商标而言，同一商标在不同国家所受的保护相互独立，申请和注册商标的条件由各成员国的本国法确定。

公约特别规定的权利，主要涉及：专利方面，发明人姓名记载权、强制许可、缴纳维持费的宽限期、国际交通工具上的专利、国际展览会展示的发明等；商标方面，商标使用、续展费的优惠期、商标独立、驰名商标、服务商标、集体商标、一国注册商标在其他成员国的保护等。《巴黎公约》未明确规定专利权或商标权的专有权。

对于专利权人不实施或不充分实施其专利，《巴黎公约》规定了强制许可原则，国家可以通过法律强制实施该专利。此外，对于易与另一个早已在该成员国驰名的商标产生混淆的商标，成员国有义务拒绝注册或取消注册，并禁止使用。商标在成员国驰名应由其行政主管机关或司法当局决定。某一商标没有在某一成员国使用，如在该国已经为人所知，该商标在该国仍然可能是驰名的。

(三)《保护文学艺术作品伯尔尼公约》

《保护文学艺术作品伯尔尼公约》(简称《伯尔尼公约》)1886年订立,是世界上第一部版权公约,历经多次修订,现行文本是1971年的巴黎修订文本。《伯尔尼公约》规定了受保护作品的范围,确立了作者的专有权利,并确立了文学艺术作品保护的三项基本原则:国民待遇原则、自动保护原则和独立保护原则。

(1)国民待遇原则。就享受该公约保护的作品而言,作者在作品起源国以外的其他成员国中享有该国法律现在给予和今后可能给予其国民的权利。作品起源国的界定标准,可以是作者国籍(人身标准),也可以是作品国籍(作品标准)。只要作品的作者是成员国国民,或非成员国国民的作品在成员国首次发表,该成员国即为作品起源国。对于在保护期不同的成员国发表的作品,保护期最短的成员国为作品起源国。在成员国内无住所的非成员国国民在成员国首次发表作品,若非成员国未能充分保护成员国国民作者的作品,则成员国可以对该作者作品的保护加以限制。这被称为受限制的国民待遇或有限互惠。《知识产权协定》认可这种受限制的国民待遇。

(2)自动保护原则。享有和行使成员国法律和该公约规定的权利,不需要履行任何手续,也不论作品在起源国是否存在保护。保护国的法律对文学艺术作品自动保护。这是《伯尔尼公约》不同于《世界版权公约》的非常重要的方面。《世界版权公约》要求必须办理某些手续才能获得版权保护。

(3)独立保护原则。享受和行使文学艺术作品的权利,不依赖于在起源国是否受到保护。除该公约条款的规定外,只有被要求给予保护的国家的法律才能规定保护范围以及为保护作者的权利而向其提供的救济方法。独立保护原则与版权的地域性保护是联系在一起的、一致的。但在其他成员国的保护期限一般不超过起源国规定的保护期限。

《伯尔尼公约》保护的文学艺术作品,包括文学、科学和艺术领域内的一切作品,不论其表现形式或方式如何。诸如书籍、小册子和其他著作,讲课、演讲、讲道和其他同类性质的作品,戏剧或音乐戏剧作品,舞蹈艺术作品和哑剧作品,配词或未配词的乐曲,电影作品以及类似摄制电影的方法表现的作品,图画、油画、建筑、雕塑、雕刻和版画,摄影作品以及以类似摄影的方法表现的作品,实用美术作品,与地理、地形、建筑或科学有关的示意图、地图、设计图、草图和立体作品,都属于公约定义的文学艺术作品。

根据《伯尔尼公约》,文学艺术作品的作者享有经济权利和精神权利。作者的经济权利包括复制权、翻译权、公开表演权、广播权、朗诵权、改编权、录制权、电影权、追续权。经济权利的保护期限,一般文学艺术作品为作者有生之年加死后50年。不具名作品或署笔名作品,保护期为作品合法向公众发表后50年;能够确定作者身份的,或者作者在保护期内公布身份的,适用作者死后50年的规定。合作作品的版权保护期,按最后死亡的作者计算。

作者的精神权利,指作者享有表明作品的作者身份的权利,并有权反对对其作品的任何有损其声誉的歪曲、割裂或其他更改或其他损害行为。作者的这一精神权利不受作者经济权利的影响,甚至在上述经济权利转让之后,作者仍保有其精神权利,该精神权利至少应保留到作者的经济权利期满为止,并由被要求给予保护的国家的本国法所授权的人或机构行使。但在批准或加入公约时国内法不保护精神权利的国家,有权规定对这些权利中的某些权利在作者死后不予保留。保护精神权利而采取的补救方法由被要求给予保护的国家的法律规定。

(四)《保护表演者、录音制品制作者和广播组织的国际公约》

《保护表演者、录音制品制作者和广播组织的国际公约》(简称《罗马公约》)1961年订立于罗马,是对邻接权保护的公约。邻接权是指与版权有关的权利。《罗马公约》对邻接权的保护,不改变、也不影响文学艺术作品的版权保护;对《罗马公约》的解释也不得损害对文学艺术作品的版权保护。《罗马公约》的缔约国必须是《伯尔尼公约》成员国。由于与《伯尔尼公约》的这种关系及成员国之间的这种关系,《罗马公约》有时被称为封闭性公约。

《罗马公约》给予的保护基本上由各国依其国内立法对本国表演者、录音制品制作者和广播组织给予的国民待遇构成。但国民待遇应符合该公约明确保证的最低限度保护,该公约允许的明确例外或保留除外。国民待遇,是指被要求给予保护的缔约国的国内法律给予的下列待遇:(1)其节目在该国境内表演、广播或首次录制的、身为该国国民的表演者的待遇;(2)其录音制品在该国境内首次录制或首次发行的、身为该国国民的录音制品制作者的待遇;(3)其广播节目从设在该国领土上的发射台发射的总部设在该国境内的广播组织的待遇。对于表演者,可以按照表演标准、录音制品标准或播放标准,给予国民待遇。对于录音制品制作者,可以依据缔约国国民标准、录制标准或发行标准,给予国民待遇。对于广播组织,可以依据总部标准或发射台播放标准,给予国民待遇。

《罗马公约》没有正面明确规定表演者最低限度的权利,而是规定防止不经表演者许可而实施某些行为。通过列举需要预先获得表演者同意的某些行为,公约实际上授予了表演者权利。这些受到限制的行为包括:广播或向公众传播实况表演;录制未曾录制过的表演;复制表演的录制品,但以原始录制未经表演者同意或制作该复制品的目的是该公约或表演者不允许的为限。

唱片制作者有权许可或禁止直接或间接复制他们的唱片。

广播组织有权许可或禁止下列行为:(1)转播它们的广播节目;(2)录制它们的节目;(3)复制它们的未经它们许可录制的广播节目,为非法目的的复制合法制作的录制品;(4)在收费的公共场所向公众传播电视节目。

《罗马公约》规定的最低保护期限是20年,自录制作成、表演举行或广播播出之年年底起计算。

(五)《集成电路知识产权条约》

该条约于1989年5月26日订立于华盛顿,又称《华盛顿条约》。该条约本身未生效。《与贸易有关的知识产权协定》第35条将该条约的第2条至第7条(第6条第3款除外)及第12条、第16条第3款纳入到了该协定中。

缔约方有义务根据该条约在集成电路方面给予知识产权保护,特别是应采取充分的措施确保防止根据第6条被视为非法的行为,确保在产生这样的行为时给予适当的法律救济。上述义务适用于具有独创性的布图设计,即该布图设计是创作者自己的智力劳动成果,并且在创作时该布图设计在布图设计创作者和集成电路制造者中不是公认的常规设计。

缔约方可以自由决定通过特别法或版权、专利、实用新型、工业设计、不正当竞争或任何其他法律,实施根据《华盛顿条约》承担的义务。

该条约没有直接规定布图设计创作人的专有权。条约规定,没有权利人许可而从事的下列行为非法:复制;为商业目的进口、销售或经销。缔约方可以自由决定未经权利人许可的其他非法行为。

(六) 因特网条约

1996年世界知识产权组织通过了《世界知识产权组织版权条约》(WCT)和《世界知识产权组织表演和录音条约》(WPPT),统称因特网条约,都已生效。

《世界知识产权组织版权条约》是《伯尔尼公约》第20条意义下的专门协定。该条约可以给予作者更多的权利,但不得减损缔约方根据《伯尔尼公约》承担的义务。除此之外,不得与任何其他条约有任何联系,不得损害其他条约规定的权利义务。该条约规定了计算机程序、数据汇编(数据库)的版权保护,并规定了文学艺术作品作者的发行权、与发行权独立的出租权以及向公众传输的权利。

《世界知识产权组织表演和录音条约》规定了表演者的精神权利、表演者对其尚未录制的表演的经济权利、表演者的复制权、发行权、出租权和提供已录制表演的权利。录音制品制作者享有复制权、发行权、出租权、提供录音制品的权利。根据规定,《世界知识产权组织表演和录音条约》的任何内容不得减损缔约方依照《罗马公约》相互承担的义务,该条约提供的保护不得触动、影响或解释为损害对文学、艺术作品版权的保护。该条约不得与任何其他条约有任何关联,也不得损害依其他任何条约的权利和义务。

(七) 其他程序性公约

除上述实体公约外,还存在其他程序性公约。《专利合作条约》解决了传统的分国别申请专利的问题,确立了国际申请、国际检索和国际公布的制度。《专利法条约》是有关专利申请的程序性条约。

《商标国际注册马德里协定》规定了商标的国际注册制度。《商标国际注册马德里协定议定书》对《马德里协定》作出了一定的修改。但这两个协定相互独立,有不同的缔约国。《商标法条约》,主要涉及商标申请、所有权变更、注册及续展的程序性规定。

二、《知识产权协定》

(一)《知识产权协定》概述

随着知识产权密集型产品在国际贸易中的比重越来越大,加之相关知识产权公约没有约束性的、有效的强制执行程序,知识产权公约已不能很好地满足知识产权密集型产品出口商的要求。而1947年《关贸总协定》中与知识产权有关的条款非常有限,亦不能承担保护知识产权产品贸易的重任。与贸易有关的知识产权的保护，成为关贸总协定乌拉圭回合谈判的重要议题，并最终形成了《知识产权协定》。

《知识产权协定》的宗旨是减少对国际贸易的扭曲和阻碍，促进对知识产权的有效和充分保护，同时保证实施知识产权保护的措施和程序本身不成为合法贸易的障碍。该协定第一次将知识产权保护纳入世界贸易制度，确立了知识产权保护与贸易的紧密联系和处理规则。该协定作为世界贸易组织协定的重要组成部分，是迄今有关知识产权的最广泛的综合性的多边协议。它第一次使用知识产权这一总概念来缔结国际条约。其调整的知识产权范围，包括版权及相关权利、商标、地理标志、工业品外观设计、专利、集成电路布图设计和未披露的信息。

《知识产权协定》将《关贸总协定》的基本原则纳入了该协定。《关贸总协定》基本原则的理解和适用规则，同样适用于该协定。另外，《关贸总协定》一般的适用和解释方法，也对该协定的解释有指导作用。

《知识产权协定》是一个条文比较复杂、结构比较特殊的协定。其规定并不仅仅包括该协定文本本身，还通过并入条款并入了原来已有的知识产权公约的规定。世界贸易组织对于这些被并入公约的理解和解释，依赖于这些公约原有管理机构世界知识产权组织的理解和解释。这就使世界贸易组织协定这一自成一体的制度体系具有了依赖性和开放性。同时，《知识产权协定》在并入现有公约时，没有全文并入，而是有选择地并入，这使协定的有关内容又相对独立于原公约。

《知识产权协定》确立了一个较高的最低保护标准，保护范围广，保护期限长，保护程序严格。除基本原则外，它不仅规定了知识产权的获得、范围和使用标准，还规定了知识产权的实施义务。后一实施内容，使其不同于传统的知识产权公约，它使对知识产权保护的力度更大、保护更充分，从而强化了各成员对与贸易有关的知识产权的保护义务。

(二)《知识产权协定》的基本原则

1. 最低保护原则

"保护"一词包括影响知识产权的获得、范围、维持和实施的事项，以及《知识产权协定》专门处理的影响知识产权使用的事项。

各成员应实施该协定确立的义务，实施该协定的规定。各成员对于其他成员的国民给予该协定规定的待遇。各成员可以但无义务在其法律中实施比该协定要求的更广泛的保护，此种保护不违反该协定的规定。各成员有权在其各自的法律制度和实践中确定实施该协定规定的适当方法。这一最低保护原则统一了其他知识产权公约可能存在的不同保护水平。

对有关的知识产权，"其他成员的国民"应理解为符合《巴黎公约》《伯尔尼公约》《罗马公约》和《华盛顿条约》的保护资格标准的法人或自然人，如同世界贸易组织全体成员是这些公约的全体成员。《知识产权协定》所指的"国民"一词，对于世界贸易组织的单独关税区成员，是指在该关税区内拥有住所或真实有效的工商营业机构的自然人或法人。

2. 国民待遇原则

在知识产权保护方面,每一成员给予其他成员国民的待遇,不得低于给予本国国民的待遇。《巴黎公约》《伯尔尼公约》《罗马公约》和《华盛顿条约》规定的例外除外。就表演者、录音制品制作者和广播组织而言,国民待遇义务仅适用于《知识产权协定》规定的权利。鉴于《知识产权协定》规定了最低保护原则,该协定中所要求的国民待遇实际上是最低相同标准基础上的国民待遇。

国民待遇以及下述最惠国待遇义务,不适用于世界知识产权组织主持缔结的多边协议中有关获得或维持知识产权的程序。

3. 最惠国待遇原则

对于知识产权保护,一成员对任何其他国家国民给予的任何利益、优惠、特权或豁免,应立即无条件地给予所有其他成员的国民。

《知识产权协定》中的最惠国待遇,与《关贸总协定》中的最惠国待遇的适用范围不同,但对"无条件性"的要求是一致的。

4. 促进经济与社会福利原则

知识产权的保护和实施,应有助于促进技术革新以及技术的转让和传播,有助于技术知识的创造者与使用者相互利益,促进社会、经济福利以及权利义务的平衡。

在制定或修改法律或法规时,各成员可以采用对保护公共健康和营养、促进对其社会、经济和技术的发展至关重要的公共利益所必需的措施,只要该措施与《知识产权协定》的规定相一致。各成员可以采取适当的措施防止知识产权权利人滥用知识产权,防止不合理限制贸易或对国际技术转让产生不利影响的行为,只要该措施与《知识产权协定》相一致。

(三)《知识产权协定》的知识产权保护标准

1. 版权与相关权利

《知识产权协定》规定各成员遵守《伯尔尼公约》1971年文本中的实体规定(第1条至第21条)及其附录。但是对《伯尔尼公约》规定的精神权利(即署名权和保护作品完整权)或由此派生的权利,各成员不享有权利或承担义务。

《知识产权协定》明确版权保护延及表达(expressions)而不延及思想、工艺(procedures)、操作方法或数学概念之类。首次明确将计算机程序作为文学作品纳入了版权保护范围。数据或其他资料汇编,只要其内容的选取或编排构成智力创作,应作为智力成果据版权法保护。该保护不延及数据或资料本身,不得损害数据或资料本身已有的版权。该协定创设了计算机程序和电影作品的出租权。

除摄影作品或实用艺术作品外,如作品的保护期限不按自然人的有生之年计算,则该期限自作品经授权出版的年度年终起不少于50年,或自作品完成后50年内未经授权出版,则自作品完成年度年终起50年。《知识产权协定》有关保护期限的这一规定,与《伯尔尼公约》规定的作者有生之年加死后50年不同,是按授权出版年度年终开始起算,可以视为对《伯尔尼公约》保护期限规定的补充,更体现了与贸易有关的知识产权保护的特点。

《知识产权协定》使用"相关权利"来表达"邻接权"。协定第 14 条授予表演者、录音制品制作者和广播组织权利。在《罗马条约》允许的限度内，各成员可对这些权利规定条件、限制、例外和保留。《知识产权协定》没有直接纳入《罗马条约》的具体条款，只转述了该条约第 7 条、第 10 条和第 13 条的相关规定。《伯尔尼公约》第 18 条有关追溯适用的规定比照适用于表演者、录音制品制作者享有的权利。

根据《知识产权协定》第 14 条，就将其表演固定在录音制品上而言，表演者可以阻止下列未经其授权的行为：固定其未曾固定的表演和复制该录制品；以无线广播方式播出和向公众传播其现场表演。录音制品制作者享有准许或禁止直接或间接复制其录音制品的权利。广播组织有权禁止下列未经其授权的行为：录制、复制录制品、以无线广播方式以及将其电视广播向公众传播。如果成员不授予广播组织这类权利，则应提供广播客体的版权所有人阻止上述行为的可能性，但应遵循《伯尔尼公约》的规定。这些规定类似于《罗马条约》中的有关规定。

表演者和录音制品制作者的保护期限，自该固定或表演完成年年底起算，至少应不低于 50 年。对广播组织提供的保护期限，自广播播出年之年底起算至少 20 年。《罗马公约》规定的相应保护期限为 20 年。

2. 商标

《知识产权协定》规定，《巴黎公约》的实体性规定使用于商标保护。《巴黎公约》对货物驰名商标的保护延及服务。《巴黎公约》有关优先权的规定，比照适用于服务标记。

《知识产权协定》扩大了可构成商标保护客体的范围。任何标记或标记组合，只要能够将某一企业的商品或服务区别于其他企业的商品和服务，即能够构成商标。如标记本身不能区别相关的货物或服务，可以根据使用获得的识别性（distinctiveness）注册。成员可以要求标记能够为视觉感知作为注册的一个条件。使用也可以作为商标注册的依据，但实际使用不应成为提交注册申请的条件。

注册商标所有人有权阻止第三人未经其许可，在贸易过程中在相同或类似的商品或服务上使用相同或类似的商标，导致可能的混淆。相同货物或服务使用相同标记的情况下，推定存在混淆的可能性。上述规定不得损害任何在先权利，也不得影响各成员以使用为基础提供权利的可能。受权利所有人控制时，其他人对商标的使用构成了维持商标注册目的上的使用。

商标首次注册的保护期和续展注册的保护期均不得少于 7 年。商标的注册可以无限期续展。

3. 地理标志

《知识产权协定》对地理标志在《巴黎公约》的基础上作了进一步的规定。所谓地理标志（geographical indication），是指识别货物产自某一成员境内或该境内的某一地区或地方的标记，货物的特定品质、信誉或其他特征主要归因于该地理来源。当货物的品质、信誉或其他特征基本上归因于货物的地理产地时，货物的品质、信誉或其他特征本身即构成地理标志的依据。

在地理标志方面,如果货物标志或说明中使用任何手段标明或暗示相关货物来源于真实原产地之外的某一地理区域,或构成《巴黎公约》意义上的不正当竞争,各成员应向利害关系方提供法律手段予以制止。如果商标中包含的或构成该商标的地理标志所标明的领土,并非货物的来源地,且如果在该成员中此类货物的商标使用该标志会使公众对其真实原产地产生误解,则该成员在其立法允许的情况下,可依职权或经利害关系方的要求,拒绝该商标注册或宣布注册无效。

4. 工业设计

对于独立创造的具有新颖性或原创性的工业设计(工业品外观设计),各成员均应提供保护。如果与已知设计或已知设计特征的组合没有根本性不同,可以认定该设计没有新颖性或原创性。各成员可以规定,对工业设计的保护不延及主要考虑技术或功能的设计。各成员可通过外观设计法或版权法履行这一义务。

受保护的工业设计的所有权人,有权制止第三方未经其同意,为商业目的生产、销售或进口带有或含有复制或实质性复制受保护设计的物品。对工业设计提供的保护期限至少为10年。

5. 专利

《巴黎公约》构成了专利国际保护的基础。《知识产权协定》要求各成员在知识产权标准、知识产权执法以及知识产权的获得及维护方面,遵循《巴黎公约》(1967年)第1条至第12条和第19条的规定。《知识产权协定》扩大了专利的保护范围,扩大了权利人的权利,规定了专利申请人的条件和对权利人权利的限制,并对方法专利的举证责任给予了特别的规定。专利权的保护期限自申请之日起不低于20年。此外,对专利撤销或无效的决定确立了司法审查制度。

任何发明,无论是产品还是方法,只要具有新颖性、创造性并可付诸工业应用,都可以获得专利。如果阻止发明在成员境内的商业利用为保护公共秩序或公德所必需,包括保护人类、动植物的生命或健康所必需,或避免对环境的严重损害所必需,成员可以拒绝对这些发明授予专利。成员不能仅仅因为法律禁止该发明的利用而拒绝授予专利。《知识产权协定》将可授予专利的客体,延及所有技术领域的任何发明。但各成员可以对下列内容拒绝授予专利:人类或动物的诊断、治疗和外科手术方法;除微生物以外的植物和动物,以及除非生物和微生物方法外的生产植物和动物的主要生物方法。但各成员应通过专利制度或专门的特别制度或其制度组合,保护植物品种。上述排除事项,只是表明成员无义务授予其专利权,并不表示成员不可以提供保护。此外,《知识产权协定》规定了植物品种的保护。

《知识产权协定》对专利的获得和专利权的享有规定了非歧视要求。对于专利的获得和专利权的享有,不因发明地点、技术领域、产品是进口或是在当地生产而受到歧视。

专利权人,对于专利产品,享有制止第三方未经其同意进行制造、使用、许诺销售、销售或为这些目的进口该产品的行为的专有权。《知识产权协定》增加了专利权人许诺销售权和进口权。对于专利方法,专利权人有权制止第三人未经其同意使用该方法的行为以及下列行为:使用、许诺销售、销售或为这些目的进口至少以该方法直接获得的产品。专利权人有权转让专利,通过继承转移专利,并有权签订许可合同。

6. 集成电路布图设计

各成员同意依照集成电路保护的《华盛顿条约》第 2 条至第 7 条(第 6 条第 3 款除外)及第 12 条和第 16 条第 3 款,对集成电路布图设计提供保护。此外,《知识产权协定》还增加了应予遵守的补充性规定。

未经权利人许可,下列行为非法:为商业目的进口、销售或以其他方式分销受保护的布图设计、含有受保护布图设计的集成电路,或者含有上述集成电路的物品(继续含有非法复制的布图设计)。但对于含有非法复制的布图设计的集成电路或含有该集成电路的物品,如果从事上述行为的人或命令从事上述行为的人,在获得集成电路或含有集成电路的物品时,实际不知并且也无合理理由知道包括了非法复制的布图设计,不得认定这些行为非法。

对布图设计的保护期不得少于 10 年,自申请之日或在世界上任何地方首次进入商业利用之日起计算。在不要求注册作为保护条件的成员中,布图设计的保护期限自在世界任何地方首次商业利用之日起不得少于 10 年。但任何成员可以规定在布图设计创作 15 年后不予保护。

7. 未披露信息

在保证针对《巴黎公约》第 10 条之二的不公平竞争采取有效保护的过程中,成员应按《知识产权协定》的新规定保护未披露信息和向政府或其代理机构提交的数据。

《知识产权协定》要求对未披露信息(商业秘密、专有技术)进行保护。受保护的信息必须是秘密的,因秘密而具有商业价值,合法控制人采取了合理的保护措施。秘密,是指信息作为一个整体或作为各部分的精确排列和组合,尚不为通常处理有关信息范围内的人普遍了解或不易为他们获得。对于符合上述条件的信息,自然人和法人应有可能防止其合法控制的信息未经其同意,以违反诚实商业做法的方式,向他人披露、被他人取得或使用。违反诚实商业做法的方式,至少包括违约、泄密、违约诱导,并包括已知或有重大过失而未知信息取得涉及该做法的第三人取得未披露信息。该协定并没有要求将未披露信息视为一种财产对待,而只是要求合法控制人有可能阻止上述行为。

8. 协议许可中反竞争行为的控制

《知识产权协定》承认与知识产权有关的限制竞争的许可做法或条件可能对贸易产生不利影响,阻碍技术的转让和传播。该协定的任何规定,都不阻止成员在其立法中具体规定在特定情况中可能构成滥用知识产权权利、对相关市场内的竞争有不利影响的许可做法或条件。成员可以采取与《知识产权协定》的其他条款一致的适当的措施,阻止或控制这种做法。这些做法可包括排他性的返授条件、阻止对效力的异议、强制性一揽子许可等。

（四）《知识产权协定》的实施

《知识产权协定》与以前的知识产权公约的实质不同,在于其对实施与执行条款的规定。该协定规定了知识产权实施的一般义务、民事和行政程序及救济、临时措施、与边境措施相关的特殊要求以及刑事程序等。可以说,《知识产权协定》提供了完整的知识产权实施框架和制度。

1. 一般义务

《知识产权协定》要求各成员应在国内法中规定知识产权的实施程序。这些程序的实施方法,应避免对合法贸易造成障碍,同时防止滥用程序。实施程序应公平、公正。案件应仅基于当事人有机会听证的证据作出裁决,案件判决应说明理由。对终局的行政决定,以及对司法机构的初审判决中的法律问题,当事人有机会要求司法机构进行审查。

2. 民事和行政程序及救济

（1）民事司法程序。原被告双方享有及时获得详细通知的权利。原被告双方有权由独立律师代表出庭,强制本人出庭方面程序负担不应过重。各方均有权证明其权利请求,并提供相关证据。

（2）禁令。司法机关有权命令一方当事人停止侵权,特别是在货物结关后立即制止涉及侵权的进口产品进入国内商业渠道。

（3）赔偿费。对于已知或有理由知道自己从事侵权活动的人,司法机关有权责令侵权人向权利持有人支付足以补偿因知识产权侵权所受损害的赔偿。司法机关还有权责令侵权人支付包括律师费用在内的有关费用。在适当的情况下,即使侵权人不知或没有合理理由知道从事侵权活动,司法机关可以责令侵权人退还所得利润或支付法定赔偿。

（4）其他补救。为有效制止侵权,在不给予任何补偿的情况下,司法机关有权责令以避免对权利人造成任何损害的方式,将被认定侵权的货物清除出流通渠道,或只要不违背宪法要求,责令销毁侵权货物。司法机关还有权在不给予任何补偿的情况下,责令将主要用于制造侵权货物的材料和工具清除出商业渠道,以便将产生进一步侵权的风险减少到最低限度。

《知识产权协定》还对被告的权利保护作出了规定,防止程序滥用。这包括两方面,一是申请人滥用程序的赔偿,二是公共机构和官员非善意执法的救济。

3. 临时措施

为了制止知识产权侵权的发生,特别是阻止货物进入其管辖区域内的商业渠道,为了保存侵权指控的相关证据,司法机关有权责令采取迅速有效的临时措施。适当时,特别是任何延迟可能造成权利持有人不能弥补的损害时,或者证据有被销毁的危险时,司法机关在不事先通知的情况下,有权采取临时措施。

为了防止临时措施的滥用,保护被申请人的合法利益,司法机关有权要求申请人提供合理获得的证据,使司法机关在很大程度上相信申请人是权利持有人,申请人的权利正受到侵害或侵害威胁。司法机关有权责令申请人提供足以保护被申请人的利益、防止滥用临时措施的保证金或相应的保证。如临时措施被撤销,或因申请人的作为或不作为而失效,或随后认定不存在知识产权侵权或侵权威胁,司法机关可应被申请人要求,责令申请人就这些措施对被申请人造成的任何损害向被申请人提供适当的补偿。

4. 边境措施

边境措施主要包括:海关中止放行怀疑侵权的货物,要求申请人提供保证金,要求进口商提供保证金,对进口商和货物所有权人赔偿,销毁或处理侵权货物等。因错误扣押或中止放行期满后的扣押对进口商、收货人或所有人造成损害的,相关机关有权责令申请人支付适当的补偿。

5. 刑事程序

《知识产权协定》要求各成员,至少对以商业规模故意假冒商标或盗版规定、适用刑事程序和惩罚。提供的救济可以包括足以起到威慑作用的监禁、罚款,其程度与对同等严重犯罪的救济相一致。适当时,也可以扣押、没收和销毁侵权货物和主要用于犯罪的材料和工具。对于其他知识产权侵权行为,特别是故意并以商业规模的侵权行为,成员可以规定、适用刑事程序和惩罚。

三、知识产权国际保护的例外

知识产权是一种私权。该私权行使时,可能与他人利益、社会利益或公共政策相冲突,需要予以适当的平衡。因此,知识产权公约在保护知识产权权利的同时,大都含有例外性规定。《知识产权协定》在这方面最为明显。

《知识产权协定》第13条规定了对版权的限制和例外。各成员可以对专有权作出限制或例外,但这种限制或例外应仅限于特殊情形,且与作品的正常利用不相冲突,并不得无理损害权利持有人的合法权益。特殊、不相冲突、不得无理损害这三项要求构成了适用限制或例外的标准。

《知识产权协定》第17条规定了商标权利的例外。对商标所授予的权利,各成员可规定有限的例外,例如合理使用描述性词语,但此类例外应考虑到商标所有权人的合法利益和第三方的合法利益。实施这一例外需要满足三项要求:权利例外的有限性;商标所有人的合法利益要求;第三方的合法利益要求。

《知识产权协定》第24条第4款至第9款规定了地理标志保护的六种例外。第一,世界贸易组织协定签署前已经使用或善意使用的地理标志例外。第二,地理标志保护义务产生前已经善意取得的相同或类似商标例外。第三,通用惯用术语例外。第四,商标在先善意使用的有限例外。第五,名称权例外。第六,起源国不保护导致的例外。

《知识产权协定》第24条规定了工业设计保护的例外。成员可以规定有限的例外,该例外不应与受保护设计的正常使用存在不合理的冲突;在考虑第三方合法利益的基础上,该例外不应不合理地损害工业设计所有人的合法利益。

《知识产权协定》第30条规定了专利权的例外和限制。成员可以对专利授予的专有权规定有限的例外,该例外不与专利的正常使用存在不合理的冲突,在考虑第三方合法利益的基础上,该例外不应不合理地损害专利权所有人的合法利益。这一例外要求与工业设计保护的例外要求是一致的。

《巴黎公约》规定了工业产权的强制许可。《知识产权协定》对强制许可和政府使用作出了一定的限制,以防止阻碍竞争或阻碍技术的进步。

《知识产权协定》除在相关知识产权权利部分规定了相应的知识产权权利例外或限制外,在该协定的最后一条规定了安全例外。该协定的任何规定,不得解释为:(1)要求成员提供其认为披露会违背其根本安全利益的任何信息。(2)阻止成员在下列方面采取其视为保护其基本安全利益所必要的任何措施:涉及裂变物质或衍生这些物质的物质;涉及武器弹药和作战物资的运输,直接或间接为供应军事设施所运输的其他货物或材料;战时或国际关系中其他紧急状态时采取的。(3)阻止成员履行《联合国宪章》项下维护和平与安全的义务而采取措施。

2001年,世界贸易组织部长会议通过了《关于TRIPS协定与公共健康问题的宣言》,就解决专利保护与公共健康间的冲突作了进一步的规定,主要解决通过强制许可供应国外市场的问题。2005年世界贸易组织总理事会通过《关于〈与贸易有关的知识产权协定〉修正案议定书》。这是世界贸易组织第一次对世界贸易组织的相关协定进行修改。该修改需要获得各成员立法机构的批准。但截至2014年6月,该修订依然未获得生效所需的三分之二成员的批准。

第二节 基于知识产权的技术贸易及其管理

一、基于知识产权的技术贸易

(一)国际技术贸易的基本概念

技术贸易是以技术为标的的贸易。世界知识产权组织1977年对技术的定义是:技术是指制造某一产品、应用某项工艺或提供某项服务的系统知识。这些知识既可表现在某一发明、外观设计、实用新型或植物新品种中,也可以表现为技术情报或技能,还可以表现为专家为某一工厂的设计、安装、运营或某一工商企业的管理及其有关活动提供的服务或协助等。但科技及技术贸易的发展已经突破了上述的技术定义。作为技术贸易标的的技术不仅包括上述定义中所包含的专利或知识,还包括商标、版权等。具体地说,技术包括专有技术(know-how)、商业秘密、专利(发明、实用新型和外观设计)、商标(商品商标和服务商标)、版权(权利对象包括计算机软件)及邻接权、集成电路等,还包括提供的相关服务。以是否受知识产权保护为标准,技术可分为受知识产权保护的技术和不受知识产权保护的技术。由于《知识产权协定》将商业秘密亦包括在内,可以认为,作为技术贸易对象的技术,基本上以知识产权为基础。

技术贸易方式多种多样,可包括技术的卖断、许可、提供技术咨询或服务、特许经营、成套设备或关键设备的买卖、以技术投资的合营、工程承包等。

技术贸易与货物贸易、服务贸易关系密切。凡有技术含量的产品贸易,都涉及技术贸易。提供技术服务或咨询,又属于服务贸易的范围。是否归于某一类贸易,主要视该类贸易所占价值比例,是货物比重大、技术比重大,还是服务比重大。

国际技术贸易,泛指涉及不同国家或地区的技术贸易。技术贸易的国际性并无统一标准,不同国家有不同的规定。有的以当事人的营业地或惯常住所地在不同的国家为标准,有的以当事人的国籍为标准。涉及法人时,法人国籍的确定又有登记国和资本控制人所属国等不同标准。涉及跨国公司时问题更复杂。但一般情况下"国际"应作广义上的解释。在贸易只与一个国家有关、不涉及外国因素时,可以认为该贸易为国内贸易。

(二) 国际技术贸易法

国际技术贸易法是调整超越一国范围的技术贸易关系的法律规范的总和。其调整的法律关系,表现为横向的平等的当事人之间的关系和纵向的管理者与被管理者之间的关系。其渊源主要为国内法和国际条约。

对技术享有的权利或知识产权权利本是一种私权,如同其他民事权利一样,当事人可以自由处分。但由于知识产权的垄断性,技术贸易的当事人实际上处于不平等的交易地位,技术的许可方常滥用其优势地位。从国家角度看,拥有技术的国家具有更强的竞争优势。因此,无论是技术受让方国家,还是许可方国家,倾向于对技术贸易进行管制。表现在国际技术贸易的法律规范上,有关技术贸易管制的规范占有重要的比例和地位。国际技术贸易的管理规范主要表现为两个方面,一是通过知识产权法保护知识产权,通过赋予发明者以垄断权鼓励发明;另一方面通过竞争法阻止对竞争的人为限制,来保护知识产权及有关技术,并对违反者进行处罚。对涉及国家安全利益的技术,各国对其许可转让实施严格的管制。国际方面亦存在联合管制的安排,如以前的巴黎统筹委员会,现在的"常规武器和两用物品和技术出口控制瓦瑟纳尔安排"。

(三) 国际技术许可协议

许可协议是指有权阻止其他人利用或使用某种技术(发明、设计、商标等)的人(许可方),同意某一人(被许可方)使用该项技术从而取得费用的协议。有时被许可方对技术的利用还要受许可方对商业利用的限制。国际技术许可是国际技术贸易中使用最为广泛的一种贸易方式。其最大特征是技术使用权的许可。可应用于专利许可、商标许可、版权许可、专有技术许可、特许权许可、形象许可或包含这些内容的混合许可。其特点是时间性、地域性、权限性、法律性、有偿性和国际性。

国际技术许可合同的当事人分别是许可方和受让方(被许可方)。按受让方在特定区域内取得的使用权限,可以将许可分为独占许可、排他许可、普通许可三类。

独占许可(exclusive),是被许可方享有最大使用权的一种许可方式。在合同规定的期限内,在合同确定的区域,被许可方对合同项下的技术享有独占或垄断权,许可方或其子公司不得在该区域内使用该技术,也不得将该技术许可给该区域内的第三人。

排他许可或独家许可(sole),即在指定区域内,除被许可方外,没有其他的被许可方,但许可方或其子公司可以在该区域内使用该技术。

普通许可(simple),仅构成技术使用的授权,许可方或任何其他被许可方都可以在该区域内使用该技术。在普通许可的情况下一般含有最惠受让方条款:同一区域内,被许可方享有的条件不低于以后的被许可方享有的条件。

二、国际技术贸易管理

(一) 技术贸易管制的原因和模式

技术是先进生产力的代表。新技术的创造、传播和消化,能够极大地改变一个地区、一个国家甚至整个世界的面貌,导致世界科技、经济和军事力量的变化。在世界发展不平衡、国家和地区冲突此起彼伏的背景下,技术具有一般货物所不能比拟的威力。技术就像点金术。谁控制了它,谁就有了点石成金的魔力。因此,各国都对技术贸易实施较为严格的管制。维护国家安全、经济安全和产业竞争力,贯彻对外政策,是技术贸易管制的主要原因。以知识产权为代表的技术,具有一定程度上的垄断权或专有权。防止权利滥用、防止技术贸易中存在的限制竞争情形,是技术贸易管制的另一原因。规范技术出让方和受让方的具体权利、义务的平衡,是许多国家特别是发展中国家技术贸易管制的考虑因素。

与上述原因相联系,技术贸易管制大体可以分为三种主要类型:第一,国家安全意义上的管制制度,以美国出口管理法为代表。第二,经济意义上的管制制度,以欧盟竞争法为代表。第三,民事意义上的管制制度,该类以合同管理为代表。各种类型之间并非泾渭分明。无论哪一类管制制度,其实施和运行都需要一系列规则的配合和补充。国家和国家之间在不同领域存在一定程度的合作。因而,从国际公约或协定到国内法律,从立法到规章,或审批或许可,或事前控制或事后监督,形成了形形色色的国际技术贸易管制制度。

(二) 中国技术进出口管理

中国作为一个发展中的国家,对技术贸易的管理经历了两个发展阶段。第一个阶段,以对技术引进合同审批管理为特征。第二阶段,以对技术进口和出口管理并举为特征。1994年的《对外贸易法》以基本法律的形式,确立了技术进出口管理的基本原则。2004年修订的《对外贸易法》,除继续对技术进出口管理作出规定外,还增加了与对外贸易有关的知识产权保护的相关内容。这使《对外贸易法》确立的技术贸易管理制度具有了多重性。此外,国务院发布了《技术进出口管理条例》。

国家准许技术自由进出口,国家法律、行政法规另有规定的除外。在一定的情况下,国家可以限制或禁止技术进出口。对限制进出口的技术,实行许可证管理。国家制定、调整并公布限制或禁止进出口的技术目录,必要时也可以临时决定限制或禁止技术目录以外的技术进出口。为维护国家安全、社会公共利益或公共道德,保护人类及动植物的生命与健康,保护环境,保护自然资源,维护市场秩序,加快产业发展,履行国际义务等原因,国家可以禁止或限制技术进出口。

知识产权权利人阻止被许可人对许可合同中的知识产权的有效性提出质疑,进行强制性一揽子许可,在许可合同中规定排他性返授条件,并危害对外贸易公平竞争秩序的,国家外贸主管部门可以采取必要的措施,消除危害。

《技术进出口管理条例》将技术进出口定义为从中国境外向中国境内,或者从中国境内向中国境外,通过贸易、投资或者经济技术合作的方式转移技术的行为。这些行为,包括专利权转让、专利申请权转让、专利实施许可、技术秘密转让、技术服务和其他方式的技术转移。

根据《技术进出口管理条例》,在技术进口合同中,不得含有该条例明确列举的限制性条款:(1) 要求受让人接受并非技术进口必不可少的附带条件,包括购买非必需的技术、原材料、产品、设备或者服务;(2) 要求受让人为专利权有效期限届满或者专利权被宣布无效的技术支付使用费或者承担相关义务;(3) 限制受让人改进让与人提供的技术或者限制受让人使用所改进的技术;(4) 限制受让人从其他来源获得与让与人提供的技术类似的技术或者与其竞争的技术;(5) 不合理地限制受让人购买原材料、零部件、产品或者设备的渠道或者来源;(6) 不合理地限制受让人产品的生产数量、品种或者销售价格;(7) 不合理地限制受让人利用进口的技术生产产品的出口渠道。

(三) 美国的技术贸易管理

在国家对国际技术贸易的管理中,美国的技术贸易管理最有代表性。其国际技术贸易管理至少包括这样几个部分:有关知识产权的不公平贸易做法、特殊301条款和出口管理法中的技术出口管制部分。

1. 出口管理法

美国的技术贸易管理主要依据美国《出口管理法》(EAA)。作为主要的技术出口国,国家安全、对外政策成为关注重点。根据该法,如果技术出口可能明显促成其他国家或国家联合的军事潜力,该军事潜力将证明损害美国的国家安全,在全面考虑对美国经济的影响的必要限度内可使用出口管制。同时与和美国有防御条约义务或共同战略目标的国家进行合作,限制可能明显促成其他国家或国家联合的军事潜力的产品和技术的出口,限制可能损害美国安全的产品和技术的销售。

美国的具体出口管理主要由商业部产业安全局(BIS)实施。该局的首要任务是保证美国的安全,不仅包括支持国防安全,也包括保证美国经济健康和美国产业的竞争力。美国商业部制定实施了《出口管理规章》(EAR),根据国家分类图表(Country Chart)和商品控制目录,遵循一般禁止和许可例外相结合的原则,按照物品分类、目的地、最终用户、最终用途和行为五个要素进行许可管理。如果某一物品列于商品控制名单且国家分类图表显示对该国出口要求许可,则应申请许可。

2. 有关知识产权的不公平贸易做法

美国《关税法》第337节(俗称337条款)对不公平贸易做法作出了规定。该规定对于外国进口产品侵犯美国知识产权的做法提供了不同于国内产品侵犯知识产权的救济,使外国出口商或生产商处于低于美国国内生产商的地位,从而限制了外国产品向美国的出口。不公平贸易做法主要集中于知识产权案件,1988年修订的美国《关税法》把知识产权案件从一般不公平贸易做法中单独列出,更突出了知识产权案件的比重和重要性。

有关知识产权方面的不公平贸易做法应具备下述条件:美国制定法上有效的知识产权,包括专利、注册商标、版权和集成电路布图(掩膜作品,mask works),该知识产权被侵犯,与知识产权有关的产业已存在或正在建立之中。与一般不公平贸易做法不同的是,它不要求该做法具有某种程度的侵权效果,而只要求侵犯行为本身。知识产权案件中的产业,是指与知识产权保护的产品有关的产业已经存在或正在建立之中。在下列情况下即认为美国产业存在:大量投资于工厂和设备,使用了大量的人工或资本,或大量投资于利用,包括工程、研究和开发,或许可。

该第337节解决对私人的救济问题,对某一特定产品或特定人采取措施,要求侵权者停止不公平的贸易做法、禁止某一产品进口到美国。

3. 特殊301条款

美国1974年《贸易法》中的301条款是美国对其认为是不公平的外国贸易立法、政策、做法采取报复措施的立法。与上述第337节的不公平贸易做法不同,301条款制度则旨在解决外国政府的不公平、不合理的贸易立法、政策、做法,它主要是通过两国政府间的谈判解决问题。建立在一般301条款基础上的特殊301条款,专门针对拒绝知识产权充分有效保护和市场准入的重点国家。在确定重点国家后,美国政府对其采取相应的制裁措施。

(四) 对限制性贸易做法的管理

1. 限制性贸易做法的概念

根据联合国1980年通过的《控制限制性贸易做法的公平原则和规则》[①],限制性贸易做法(restrictive business practice,RBP),是指通过滥用或谋取滥用市场力量的支配地位,限制进入市场,或以其他方式不适当地限制竞争,对国际贸易特别是发展中国家的国际贸易及其经济发展造成或可能造成不利影响,或者通过企业间的正式或非正式的、书面或非书面的协议以及其他安排,造成了同样影响的一切行为。

限制性贸易做法,实质上是限制竞争的商业做法。这是反垄断法的调整范围。联合国的上述定义主要是从国际贸易的角度表述的,所以中文中也称为限制性贸易做法。[②]就国际技术贸易来讲,主要表现为对技术受让方的限制。由于限制性贸易做法主要是通过合同的形式实施的,一些国家通过合同管理的方式来管理限制性贸易做法。由于限制原因、程度和效果等不同,并非所有的限制性贸易做法都是法律禁止的。

技术贸易中限制性贸易做法存在的原因是多方面的。第一,许可方保护其信誉或产品质量、竞争地位。技术许可中,许可方承担保证技术、技术生产的产品合格的义务,这就要求许可方限制可能影响实现这一目的的做法。产品质量低劣直接影响到许可方的商誉。同时,如果允许被许可方自由销售产品,可能影响了其他被许可方的权益,也造成许可方的违约,还可能造成不正当竞争。第二,技术贸易标的本身的要求。各国法律对技术本身都有一定的要求,尤其是知识产权的保护。在知识产权保护不充分的被许可方所在国家,对技术贸易标的的保护主要是通过合同进行的,这就使许可方可能对被许可方提出

---

① The Set of Multilaterally Agreed Equitable Principles and Rules for the Control of Restrictive Business Practices.
② 也有人称其为限制性商业惯例。考虑到商业惯例在中文语境中的正面含义以及限制性商业做法的潜在违法性,限制性商业惯例这一称谓不妥。

限制性要求。第三，交易双方地位、实力的不平等，许可方利用这一点谋取不正当利益。

各国，尤其是发展中国家，都有管理限制性贸易做法的立法、规定。管理标准和目的是既要保护权利人的权利，同时又要阻止对竞争的限制。实际上是利益的平衡。但不同国家管理的侧重点可能不同，有的侧重于权利保护，有的侧重于自由竞争。

各国规范限制性贸易做法的立法表现形式不一致。有的国家由竞争法调整，有的国家由反垄断法调整。我国的《反不正当竞争法》和《技术进出口管理条例》都涉及相关内容。

2. 国际上对限制性贸易做法的管理

(1) 联合国《技术转让行为守则草案》

联合国贸易与发展会议在20世纪70年代末到80年代负责起草的《技术转让行为守则草案》，对限制性条款提出的规范影响深远。认识比较一致的限制性贸易做法包括：限制受让方从事与供方技术相同的或可能有竞争性的技术的研究或产品的开发，限制受让方从其他供方获得与原供方有竞争可能的技术，限制受让方的销售行为，要求受让方在供方的工业产权保护期满后仍旧支付使用费，期满后的使用限制，固定价格，搭卖，限制受让方研究与开发技术，限制受让方雇佣本地人员，限制受让方改进供方提供的技术，限制出口，单方回授，限制对效力提出异议。而限制受让方的产量与经营范围，要求受让方不能接受的质量控制，要求受让方使用某种商标，要求供方参与企业管理，技术转让合同期限过长，以及限制受让方自由使用技术，都曾作为限制性贸易做法提出过，尽管没有达成一致。

(2) 世界知识产权组织《技术转让合同管理示范法》

世界知识产权组织在20世纪80年代初制定了《技术转让合同管理示范法》，列出了多种限制性商业条款，包括：要求受让方进口在本国能够以相同或更低代价取得的技术，要求受让方支付过高的使用费，搭卖条款，限制受让方选择技术或原材料(为保证质量除外)，限制受让方使用供方无权控制的产品或原料(为保证质量除外)，要求受让方把产品大部分或全部出售给供方或其指定第三方，条件不对等的反馈条款，限制受让方的产量，限制受让方出口(供方享有知识产权地区除外)，要求受让方雇佣供方指定的与实施技术无关的人员，限制受让方研究、发展引进技术，限制受让方使用其他人提供的技术，将许可合同范围扩大到与许可目标无关的技术并要求支付使用费，固定产品价格，在受让方或第三方因供方技术受到损害时免除或减轻供方责任，合同期满后限制受让方使用有关技术，以及合同期过长(如超过知识产权的有效期)。

(3) 联合国《控制限制性贸易做法的公平原则和规则》

联合国贸易与发展会议是联合国系统处理竞争和消费者保护的专门机构，并负责审查《控制限制性贸易做法的公平原则和规则》的实施情况。1980年通过《控制限制性贸易做法的公平原则和规则》，1990年通过《加强实施〈控制限制性贸易做法的公平原则和规则〉》的决定。《控制限制性贸易做法的公平原则和规则》确立了国家层面应当遵循的原则，包括相互支持和合作、建立国际机制、给予发展中国家优惠差别待遇等，并规定了企业应遵循的原则和规则。企业应避免下列做法：① 协议共同订价，包括共同制订进出口价格；② 串通投标；③ 市场或顾客分配安排；④ 销售量和生产量定额分配；⑤ 采取集体行动执行安排，例如联合抵制交易；⑥ 联合拒绝向可能的进口者供应货物；⑦ 集体拒绝他人参加安排或协会，对竞争影响重大。同时，企业应避免在相关市场中从事下述行为：通过滥用或获取和滥用市场力量的支配地位，限制进入市场或以其他方式不适当地限制竞争，对国际贸易特别是对发展中国家的贸易及其经济发展具有或可能具有不利影响。《控制限制性贸易做法的公平原则和规则》规定的企业规则，实际上涵盖了反垄断法调整的三种行为：垄断协议、滥用市场支配地位和经营者集中。

(4) 世界贸易组织《知识产权协定》

该协定对合同当事人可能滥用其权利采取限制性贸易做法作了规定。有关知识产权的限制竞争的许可做法或条件可能对贸易产生不利影响，并会妨碍技术的转让和传播。一国可以通过立法，规定特定情况下可能构成对知识产权滥用并对相关市场上的竞争产生不利影响的许可做法或条件。独占性的回授许可、阻止对技术效力提出异议以及强迫性一揽子许可被明确禁止。

(5) 欧盟(欧共体)的《技术转让协议条例》

欧共体主要通过竞争法规则来对技术许可协议进行调整和控制。1995年欧共体将《专利许可条例》和《Know-how许可条例》修订、合并为《技术转让条例》，对技术转让的权利义务进行调整，其中包括限制性贸易做法。2004年4月欧共体制定了《技术转让协议条例》，调整了对技术许可协议的政策和管理方法。2014年5月欧盟新的《技术转让协议条例》生效。欧盟委员会根据该条例制定了《技术转让协议准则》。

新的《技术转让协议条例》摆脱了列举豁免条款的方法，强调一定市场份额下可以豁免的协议类型、具体规定协议中不应包含的限制或条款。条例采取了以经济学为基础的分析方法，对竞争者之间的协议和非竞争者之间的协议作出了区别。

条例采用了市场份额标准来限制豁免的范围。在受影响的技术和产品市场中，存在竞争的协议双方的市场份额总额不超过20%时，豁免适用；当双方不存在竞争时，每一方的市场份额不超过30%。条例列举了严重性限制，以此限制豁免适用的范围，进行个案评估。因此，并不存在当然不适用或本身违法的推定。在严重性限制方面，条例同样对竞争者之间的协议与非竞争者之间的协议进行了区别。

条例明确规定了豁免不适用、需要进行个别评估的两类四种情形。当协议双方存在竞争关系时，被许可方对许可技术作出的完善或自己的新适用，被许可方对许可方或其指定方的排他性许可义务；被许可方对许可方或其指定人转让对技术完善所享有的权利；对知识产权权利的效力不得异议。当协议双方存在非竞争关系时，限制被许可方开发自己的技术或限制任何一方进行自己的研发，除非为防止专有技术对外披露所必需。

欧盟委员会根据《技术转让协议条例》制定的《技术转让协议准则》，对该条例的适用以及《欧盟运行条约》第101条对该条例范围之外的技术转让协议的适用，提供了详细指南和一般分析框架。在个案评估中，需要考虑下述因素：协议的性质、当事人的市场地位、竞争者的市场地位、许可产品的买方的市场地位、进入障碍、市场的成熟度以及其他因素。评估中,需要对协议的不利影响与协议可能产生的有利影响进行权衡。权衡方法与上述第 101 条第 3 款的适用准则相一致。除此之外,准则还对不同类型协议的具体评估提供了指导。

本章小结:
　　《与贸易有关的知识产权协定》一方面纳入了原世界知识产权组织管理的有关知识产权公约的相关规则,另一方面确立了知识产权保护的新纪律,包括提高了知识产权的保护对象范围和保护标准,知识产权的内涵超出了其传统范围。有关知识产权保护的国际公约是国际技术贸易的基础。国家、国际组织对国际技术贸易的管理规范制约着国际技术贸易。比较重要的管理规范是对限制性贸易做法的规定。

思考题:
　　1. 知识产权公约是如何不断强化知识产权的国际保护的?
　　2. 如何理解《与贸易有关的知识产权协定》与《巴黎公约》的关系?
　　3. 《与贸易有关的知识产权协定》的基本原则是什么?
　　4. 知识产权保护如何与社会公共利益相统一?知识产权保护的例外规定及其意义是什么?
　　5. 如何理解和管理限制性贸易做法?
　　6. 国际技术许可应注意的问题有哪些?

第四编　国际投资法

第九章　国际投资的法律形式

学习目标：学习本章主要应了解和把握国际投资形式方面的法律问题，包括各种外商投资企业的概念与特征、政府与外国私人投资者间合作所采用的特许协议、BOT方式的法律问题。

建议学时：4学时。

导读：在国际投资活动中，私人直接投资者和政府通常是最重要的主体，私人投资者间的合作以及政府与外国私人投资者间的合作也最为常见，因此，学习国际投资法这部分内容时，首先就应了解国际投资的常见的法律形式。本章结合我国利用外资的立法与实践，首先介绍了我国法律规定的外商投资企业以及外国企业分支机构，然后介绍了政府与私人合作的法律形式和法律问题。对于外商投资企业而言，应着重领会和把握各种外商投资企业的概念与特征、性质与组织形式；对于政府与私人间的合作而言，应着重理解特许协议及其性质以及BOT合作中的法律问题。

第一节　外商投资企业与外国企业分支机构

外国私人投资者到东道国投资时，通常必须根据东道国的法律设立企业或分支机构。世界各国一般都制定有公司法和合伙法等商业组织法，外国投资者在东道国可以根据情况选择采取其认为合适的商业组织形式。

我国改革开放后，制订了《中外合资经营企业法》《中外合作经营企业法》《外资企业法》等三部法律（简称为外商投资企业法），为我国利用外资奠定了法律基础。由于我国改革开放初期处于计划经济向市场经济转轨阶段，国际通行的商业组织法尚不完善，因此，改革开放早期制定的外商投资企业法包含了商业组织法和外资管理法方面的内容。虽然我国后来制定实施了《公司法》和《合伙企业法》，但外商投资企业法作为特殊法仍然适用。随着我国法制的逐步健全和完善，我国现已启动了《外资企业法》的修改工作，新的《外资企业法》将着重于外资管理和保护方面的内容，而外商投资企业组织形式与组织机构方面的内容则将统一纳入《公司法》、《合伙企业法》的调整范围。由于《外资企业法》

的修改尚在进行之中,因此,本章仍然基于现行有效的《外资企业法》进行介绍。

一、外商投资企业

这里所说的外商投资企业,包括中外合资经营企业、中外合作经营企业以及外资企业,也有人称之为"三资企业"。

(一) 中外合资经营企业

中外合资经营企业即合营企业(joint venture),是指两个或两个以上的当事人,为实现特定的商业目的,共同投资、共同经营、共担风险、共负盈亏的一种企业形式。根据各国关于合营企业的立法和实践,合营企业可以分为以下两种基本类型:(1) 股权式合营企业(equity joint venture),指由合营者为经营共同事业而组成的法律实体,合营者的出资分成股份,各方按照自己出资的比例对企业行使一定的权利,承担一定的义务。(2) 契约式合营企业(contractual joint venture),指合营各方根据合营契约经营共同事业,合营各方根据合营契约的约定对企业享受一定的权利和承担一定的义务。

1. 中外合资经营企业的概念与特征

根据我国《中外合资经营企业法》的规定,中外合资经营企业是指外国的公司、企业和其他经济组织或个人(以下简称外国合营者)同中国的公司、企业或其他经济组织(以下简称中国合营者)依照中国法律在中国境内设立的、由中外双方共同投资、共同经营、共担风险、共负盈亏的企业组织。

中外合资经营企业是股权式合营企业,具有以下基本特征:(1) 由外国投资者与中国合营者共同举办。外国投资者一般包括外国法人和外国自然人,但中国合营者只限于中国的公司、企业或其他经济组织,中国的自然人没有资格与外国投资者举办合营企业。(2) 由中外合营双方共同投资。合营各方可以货币、实物投资,也可以工业产权、专有技术进行投资。外国合营者的投资比例一般不低于合营企业的注册资本的25%。(3) 由中外合营双方共同经营管理。合营方均有权按照法律规定和合同约定参与决定和处理合营企业的重大问题。(4) 由中外合营双方共担风险、共负盈亏。合营企业一词,按其英文字面的含义就是"共同冒险"的意思。我国法律规定,中外合营企业的合营各方按注册资本比例分享利润和分担风险及亏损。

2. 中外合资经营企业的法律性质与组织形式

我国《中外合资经营企业法实施条例》第2条规定:"依照《中外合资经营企业法》批准在中国境内设立的中外合资经营企业是中国的法人,受中国法律的管辖和保护"。中外合资经营企业是依照中国法律规定的条件和程序、经中国政府批准、在中国境内登记而成立的。它具备《民法通则》第37条关于法人条件的规定,包括具有必要的财产,该财产与合营者的财产相分离;具有经核定的名称和固定的经营场所,并设有相应的组织机构;能够以自己的名义从事民事经济活动、设定权利和履行义务,并以自己的名义起诉或应诉,且以企业的资产独立承担债务责任。

中外合资经营企业的组织形式为有限责任公司,合营各方对合营企业的责任以各自认缴的出资额为限。一般说来，合营企业采取有限责任公司形式比采取其他形式具有更多的优越性，这主要表现在：(1) 有限责任公司具有企业法人的地位和有限责任的特点，有效地克服了合伙企业不具有法人资格、企业财产缺乏独立性、合伙人须对企业的债务承担无限责任等因素所致的投资规模不大而投资风险大的弊端，有利于更多更有效地吸引外国投资。(2) 有限责任公司以"资合"公司为基础，同时又吸收"人合"企业的特点，较之股份有限公司，可有效地克服股份有限公司股份任意转让、股东流动不定、股东所有权与企业经营权相分离、股东对公司缺乏足够控制力和责任感等因素所致的弊端，有利于达到既利用外国资金，又引进外国投资者的先进生产技术和管理技术的目的。

中外合资经营企业受中国法律的管辖和保护。由于合营企业设立在中国境内，具有中国国籍，因此，中国对其既有属地管辖权，又有属人管辖权。合营企业的一切生产、经营活动及其他行为都应遵守中国法律、法规的规定，包括其在国外设立的分支机构及其营业活动均须服从中国法律的管辖；相应地，合营企业的所有合法权益也受中国法律的保护，企业在批准的经营范围内自主经营管理，不受干涉。

对于投资东道国来说，以合营企业形式吸收和利用外国投资具有以下好处：可以在不增加国家债务负担的情况下利用外资，弥补国内建设资金的不足；有利于引进先进生产技术和管理技术；有利于开拓国际市场，扩大企业的出口创汇能力；有助于东道国对企业的管理控制。

(二) 中外合作经营企业

中外合作经营企业，是指外国的企业和其他经济组织或个人（以下简称外国合作者）同中国的企业或其他经济组织（以下简称中国合作者），依照中国法律在中国境内共同投资举办的、以合同规定双方权利和义务关系的一种企业形式。

中外合作经营企业与中外合资经营企业具有许多相同之处，如二者都是依中国法律在中国境内设立的外商投资企业，都是由中外当事人双方共同投资、共同经营、共负盈亏的企业，但二者也存在着较大的区别。二者区别的根本点在于：中外合资经营企业是股权式合营企业，而中外合作经营企业是契约式合营企业。由于中外合作经营企业的契约性，即合作双方的权利与义务依合同确定这一性质所致，中外合作经营企业具有如下法律特征：(1) 依法以合同约定投资或者合作条件。依我国《中外合作经营企业法》及其《实施细则》的规定，合作各方可以在合同中约定投资或者合作条件。合作各方向合作企业的投资或者提供的合作条件可以是货币，也可以是实物或者工业产权、专有技术、土地或场地使用权等财产权利。(2) 依企业性质采取不同的管理方式。中外合作企业可以组成法人，也可以不组成法人。法人式合作企业设立董事会，非法人式合作企业则设立联合管理委员会，作为企业的权力机构，并按照合作企业章程的规定，决定合作企业的重大问题。(3) 依合同约定分配收益与回收投资，承担风险和亏损。这是中外合作经营企业区别于中外合资经营企业的重要特征。依《中外合作经营企业法实施细则》第44条的规定，中外合作者在合作企业合同中约定合作期限届满时合作企业的全部固定资产无偿归中国合作者所有的前提下，外国合作者在合作期限内可以申请按照下列方式先行回收其投资：第一,在按照投资或者提供合作条件进行分配的基础上,在合作企业合同中约定扩大外国合作者的收益分配比例;第二,经财政税务机关按照国家有关税收的规定审查批准,外国合作者在合作企业缴纳所得税前回收投资;第三,经财政税务机关和审查批准机关批准的其他回收投资方式。

根据我国《中外合作经营企业法》的规定,中外合作经营企业可以根据合作各方的意愿,组成法人,也可不组成法人。是否组成法人由合作各方在合作企业合同中规定。因此,中外合作经营企业与国际上通常所说的契约式合营有所不同。国际上通常所说的契约式合营一般不建立法人实体,有的甚至不是经济实体。依据我国《中外合作经营企业法实施细则》第14条的规定,合作企业依法取得中国法人资格的,为有限责任公司。除合作企业合同另有约定外,合作各方以其投资或者提供的合作条件为限对合作企业承担责任。合作企业以其全部资产对合作企业的债务承担责任。非法人式合作企业则应该属于合伙企业性质,合作各方的关系实际上是一种合伙关系,因此,这种合作企业的民事责任以及合作各方的权利和义务,包括对企业债务和责任承担,应依有关合伙的法律规定确定。

从我国举办中外合作经营企业的实践来看,合作企业较之中外合资经营企业,还具有下述优点:可不受国内配套投资资金的制约;外国合作者可以依法在一定条件下按照合作企业合同的约定在合作期内先行回收投资,外方能保本,中方也有利;合作企业是一种契约式合营,具有较大灵活性,合作企业在设立程序、投资方式、管理方式以及收益分配方式等许多方面都比合资经营企业简便、灵活。

(三) 外资企业

根据我国《外资企业法》第2条的规定,外资企业是指依照中国有关法律在中国境内设立的全部资本由外国投资者投资的企业,不包括外国的企业和其他经济组织在中国境内的分支机构。

我国外资企业具有以下三个基本特征:(1) 外资企业是依中国法律在中国境内设立的。也就是说,外资企业是中国企业。这一特征,使得它与外国企业相区别。所谓外国企业,是指在国外依照外国法律设立的,后经我国法律许可在我国境内从事经营的企业。(2) 外资企业的全部资本归外国投资者所有。这一特征,使得它与中外合资经营企业、中外合作经营企业相区别。(3) 外资企业是一个独立的实体。也就是说,外资企业一般是独立核算、自负盈亏、独立承担法律责任的经济实体或法人实体。这一特征使得它与外国企业和其他经济组织在中国境内的分支机构相区别。

依我国《外资企业法》第8条规定,外资企业符合中国法律关于法人条件的规定的,依法取得中国法人资格。从实践来看,我国绝大多数外资企业都依法取得了中国法人资格,只有一些小规模的外资企业,或是外商合伙经营,或是由外商独资经营。我国《外资企业法实施细则》规定:"外资企业的组织形式为有限责任公司。经批准也可以为其他责任形式。"这就是说,在我国,有限责任公司是外资企业的主要形式。此外,外资企业也可根据实际需要采取其他责任形式,但须经政府有关部门批准。

外资企业是国际直接投资的一种传统的最为常见的企业形式。举办外资企业,对外国投资者和东道国来说,各有其有利之处。对于外国投资者来说,设立外资企业的主要优点包括:可以避免合营企业经营决策中的矛盾冲突,有利于提高企业经营管理效率;有利于控制企业的先进技术,保证某些高精技术不落入当地企业手中,以维护母公司在国际市场上的竞争地位;有助于实现母公司的战略目标。对于东道国来说,允许设立外资企业也有下列好处:可以在不出资、不承担风险的情况下,通过外资企业引进外国资金、先进技术和设备,促进本国企业和经济的发展;可以通过向外资企业征收税款和费用,增加国家财政收入和外汇收入;可以增加本国人员的就业机会,提高本国人员的管理水平和技术水平;可以带动本国其他行业部门的发展。

二、外商投资合伙企业

(一) 合伙企业的概念与特征

根据我国《合伙企业法》的规定,合伙企业,是指自然人、法人和其他组织依法在中国境内设立的普通合伙企业和有限合伙企业。

合伙企业有两种类型:(1) 普通合伙企业,由普通合伙人组成,合伙人对合伙企业债务承担无限连带责任,法律有特别规定的除外。(2) 有限合伙企业,由普通合伙人和有限合伙人组成,普通合伙人对合伙企业债务承担无限连带责任,有限合伙人以其认缴的出资额为限对合伙企业债务承担责任。

外商投资合伙企业,根据国务院2009年8月发布的《外国企业或者个人在中国境内设立合伙企业管理办法》(以下简称《管理办法》)以及国家工商行政管理总局的有关规定,是指两个以上外国企业或者个人在中国境内设立的合伙企业,以及外国企业或者个人与中国的自然人、法人和其他组织在中国境内设立的合伙企业。同样,外商投资合伙企业类型包括外商投资普通合伙企业(含特殊的普通合伙企业)和外商投资有限合伙企业两种。

外商投资合伙企业具有以下特征:

(1) 合伙企业的合伙人既可以是企业或其他组织,也可以是自然人。根据我国的规定,外商投资合伙企业包括两种情形:一是两个以上外国企业或者个人在中国境内设立合伙企业,合伙人全部为外国企业或者个人;二是外国企业或者个人与中国的自然人、法人和其他组织在中国境内设立合伙企业。后者也可以说是中外合伙企业。与我国《中外合资经营企业法》《中外合作经营企业法》相比较,国务院上述2009年《管理办法》没有将中方合伙人严格限制为中国的公司、企业或者其他经济组织,而是允许中国自然人直接与外国企业或者个人在中国境内设立合伙企业,这是一个重要突破。但也要注意到,我国《合伙企业法》对普通合伙人也有限制,即国有独资公司、国有企业、上市公司以及公益性的事业单位、社会团体不得成为普通合伙人。

(2) 合伙人依据合伙协议共同出资、合伙经营、共享收益、共担风险。这是合伙的基本特征,外商投资合伙企业也不例外。合伙人为了经营共同事业,就必然要共同出资。依据我国《合伙企业法》的规定,合伙人的出资、以合伙企业名义取得的收益和依法取得的其他财产,均为合伙企业的财产。在性质上,合伙企业的财产应为合伙人的共有财产。对于普通合伙企业来说,企业是由合伙人共同经营管理的,合伙人对执行合伙事务享有同等的权利。合伙企业对其债务,应先以其全部财产进行清偿。合伙企业不能清偿到期债务的,合伙人承担无限连带责任。有限合伙企业则至少有一名普通合伙人,其他合伙人可以作为有限合伙人,普通合伙人对合伙企业债务承担无限连带责任,有限合伙人以其认缴的出资额为限对合伙企业债务承担责任。但是,有限合伙人被法律禁止行使合伙企业管理权,不执行合伙事务,不得对外代表有限合伙企业。

(3) 合伙企业是依据中国法律在中国境内设立的。外商投资合伙企业是依据中国法律在中国境内设立的,这与我国上述三资企业相同,因此,合伙企业是中国企业,不是外国企业。

(二) 合伙企业的法律性质

从我国的有关法律规定看,合伙企业是合伙人以合伙协议为基础依法设立的商业组织,合伙企业不具有法人资格。

与"资合"性质的公司法人不同,合伙企业以"人合"性质为主。合伙通常是建立在合伙人相互信赖的基础上的,是合伙人为了经营共同事业的自愿联合,因此,合伙协议是合伙企业的法律基础,合伙人只有就合伙协议协商一致,合伙关系才能形成。

依据我国法律规定,合伙企业也是一个商业组织。合伙企业有自己的名称和生产经营场所,有其自己的财产,有执行合伙事务的组织管理结构。合伙企业依法登记而设立,合伙人在合伙企业登记并领取营业执照后才能以合伙企业的名义从事合伙业务。可见,合伙企业具备商业组织体的基本特征,与单纯的合同式合伙有着重要区别,后者是不用进行登记就可以依据合同进行活动的。

但是,合伙企业不具有法人资格。这主要是因为,合伙企业的财产只是合伙人的共有财产,不是企业的独立财产;合伙企业不能独立承担责任,而是由普通合伙人对企业的债务承担无限连带责任。

外商投资合伙企业与中外合作经营企业是有区别的。中外合作经营企业可以根据合作者的意愿组成法人或者不组成法人,但由中外合伙人共同设立的外商投资合伙企业不存在这种选择,在性质上只能是非法人组织。

(三) 合伙企业的利弊

合伙企业是国际上常见的企业组织形式之一。相对于其他企业组织形式,合伙企业具有以下优点,从而乐于为人们采用。

(1) 设立简便。根据国务院上述 2009 年《管理办法》规定,外国企业或者个人在中国境内设立合伙企业,由全体合伙人指定的代表或者共同委托的代理人向国务院工商行政管理部门授权的地方工商行政管理部门申请设立登记即可,不需要经商务主管部门归口审批。当然,申请人应当向企业登记机关提交符合外商投资产业政策的说明。对申请人提交的申请材料齐全、符合法定形式,企业登记机关能够当场登记的,应予当场登记并发给营业执照;不能当场登记的,应当自受理申请之日起 20 日作出是否登记的决定。这就减少了行政审批环节、简化了办事程序,便于外国企业或者个人在中国设立合伙企业。

外商投资合伙企业的设立应当符合我国的外商投资产业政策。国家鼓励具有先进技术和管理经验的外国企业或者个人在中国境内设立合伙企业,促进现代服务业等产业的发展。我国《外商投资产业指导目录》禁止类和标注"限于合资""限于合作""限于合资、合作""中方控股""中方相对控股"和有外资比例要求的项目,不得设立外商投资合伙企业。

(2) 减轻税负。根据我国《企业所得税法》第1条的规定,合伙企业不适用该法,即合伙企业不用缴纳企业所得税。《合伙企业法》规定,合伙企业的生产经营所得和其他所得,按照国家有关税收规定,由合伙人分别缴纳所得税。这一规定对外商投资合伙企业同样适用。外商投资合伙企业遵循"先分后税"的原则,其生产经营所得和其他所得,由合伙人按合伙协议约定的分配比例分别缴纳所得税。合伙企业合伙人是自然人的,缴纳个人所得税;合伙人是法人和其他组织的,缴纳企业所得税。因此,与"三资"企业相比,外商投资合伙企业避免了双重纳税,有效降低了企业经营成本,合伙人的税负也减轻了。

(3) 管理灵活。在普通合伙企业中,合伙人对执行合伙事务享有同等的权利。但是,按照合伙协议的约定或者经全体合伙人决定,可以委托一个或者数个合伙人(有限合伙人除外)对外代表合伙企业,执行合伙事务,因而,合伙企业的管理简单灵活,决策效率较高。大规模的合伙经营也可以选用经理人员,负责企业的日常事务。

当然,合伙企业这一组织形式也有其不足之处,与采取法人式的外商投资企业的股东有限责任不同,合伙企业的普通合伙人对合伙企业债务需承担无限连带责任,其风险和责任大,因而合伙企业这一形式比较适合于经营规模较小,风险责任不大的企业或行业。

三、外国企业分支机构

外国企业来中国投资时,也可以采取设立分支机构(分公司)的方式进行投资经营活动。分公司是指总公司管辖的一个附属机构,是总公司在其住所以外设立的以自己的名义从事活动的机构。

根据我国《公司法》第十一章的规定,外国公司在中国境内设立的分支机构不具有中国法人的资格;外国公司对其分支机构在中国境内进行经营活动承担民事责任。因此,分公司与子公司不同,它不是一个独立的法律实体,没有独立的法律地位。分公司没有自己的独立名称,没有自己独立的财产,没有董事会等形式的公司决策机构与业务执行机构,也不能独立承担民事责任,其经营活动责任由总公司承担。

外国公司在中国境内设立分公司时,必须依照我国《公司登记管理条例》规定办理登记。分公司的登记事项包括:名称、营业场所、负责人、经营范围。分公司的名称应当符合国家有关规定,分公司的经营范围不得超出公司的经营范围。分公司变更登记事项的,应当向公司登记机关申请变更登记。分公司被公司撤销、依法责令关闭、吊销营业执照的,公司应当自决定作出之日起30日内向该分公司的公司登记机关申请注销登记。

外国公司在中国设立的分支机构虽然不具有中国法人资格,但按照属地管辖原则,外国公司的分支机构必须服从中国管辖。我国《公司法》规定：经批准设立的外国公司分支机构，在中国境内从事业务活动，必须遵守中国的法律，不得损害中国的社会公共利益，其合法权益受中国法律保护。外国公司撤销其在中国境内的分支机构时，必须依法清偿债务，依照本法有关公司清算程序的规定进行清算。未清偿债务之前，不得将其分支机构的财产移至中国境外。

对于外国公司来说，采用分公司的形式来从事投资经营活动，有以下优点：(1) 总公司能对分公司实行有效控制。由于分公司只是总公司的一个附属机构，其人事、业务、财产受总公司直接控制，从而有利于总公司保持其竞争优势(例如技术优势)，这是公司从事跨国经营时考虑的一个重要因素。(2) 分公司的设立较为简便。根据我国《公司法》的规定，外国公司在中国境内设立分支机构，虽也必须向中国主管机关提出申请，但相对子公司的设立而言较为简便，一般只需提交其公司章程、所属国的公司登记证书等有关文件，经批准后即可依法办理登记，领取营业执照。(3) 税收方面的考虑。外国公司的分公司不是东道国的法人，如果外国公司的实际管理机构也不在东道国境内，那么，该外国公司的分公司在东道国只是非居民纳税人，根据税法的收入来源管辖原则，分公司只承担有限纳税义务，就其来源于东道国的所得纳税，而不用像作为居民的子公司那样须承担全面纳税义务，就其全球所得在东道国纳税。同时，分公司的利润与亏损通常要与总公司合并计算纳税，若分公司经营亏损，在与总公司合并报表冲减总公司的利润后，可以减少总公司的应税所得，少缴所得税。

第二节　政府与外国投资者合作开发与建设

一、国际合作开发概述

(一) 国际合作开发的产生与发展

国际合作开发是国家利用外国私人投资共同开发自然资源的一种国际合作形式。通常由资源国政府或国家公司同外国投资者签订协议、合同，在资源国指定的开发区，在一定的年限内，允许外国投资者同资源国合作，进行勘探、开采自然资源，并进行共同生产，按约定比例，承担风险，分享利润。

合作开发的方式可以适用于各种自然资源的大型开发及生产，其中，石油资源的合作开发在国际上具有较长的历史，并经历了曲折的发展过程，各国石油立法也渐趋完善。因此，这里以石油资源国际合作开发为例介绍国际合作开发的有关法律问题。

石油资源对于加快一国的经济发展具有重要作用，资源国要想发展本国经济，就必须注重开发利用石油资源。但石油资源埋藏在地层或海底深处，其真实的储量和可开采性往往是人们所无法预料的，必须投入大量的资金和技术，经过较长时间的勘探，才能查明，而且，一个油田从勘探到建成并收回投资一般至少需 10 年至 20 年的时间。可见，石油资源的开发，风险大，投资多，技术要求高，建设投产周期长，单靠资源国本国的资金、技术，往往难于形成规模。因此,许多发展中国家,甚至一些发达国家,都采取国际合作的方式来开发石油资源。

对于外国投资者来说,与资源国合作开发自然资源,虽然风险大,但利润也大,若能发现和开发商业性的油气田,就能较快地从其分得的石油中收回投资,取得利润。同时,外国投资者还可以采取各种措施避险,如联合多个石油公司组成投资开发集团,或同时在不同的国家和地区进行开发活动,以分散风险;要求资源国通过立法或协议对其投资开发活动提供政府保证,保证在开发期间其投资的安全,避免政治风险;甚至在协议中订立稳定条款,使其权益不受以后法律不利变化的影响,等等。因此,与资源国合作开发自然资源,也为外国投资者所欢迎。

早在19世纪末,主要资本主义国家的石油公司就开始在国外,例如在中东,开采石油资源。近百年来,石油资源国际合作开发的方式以及资源国与外国石油公司在合作开发与生产中享有的权利和承担的义务也经历了巨大的变化,这些变化与民族解放、国家的独立密切相关。

在第二次世界大战以前,石油资源国际合作开发主要采取特许协议(concession agreement)的形式,这种特许协议主要有利于外国石油公司。外国公司依据特许协议享有广泛的权利和巨大利益,通常完全控制或垄断了石油的开发、生产、运输和销售,仅向资源国交纳数额很低的特许权费或租金。资源国对石油开发实际上失去了管理权和控制权,所获收益与外国石油公司相比也少得可怜。

第二次世界大战以后,许多国家取得了政治独立,为了自主地发展经济,它们主张维护其对自然资源的永久主权,并开始对本国石油资源进行控制,其主要措施和手段有:(1)制定石油立法,调整合作开采石油产生的各种关系,维护国家的主权和利益;(2)建立国家石油公司,具体实施国家的石油政策并负责合作开发事宜;(3)对以前订立的特许协议进行重新谈判,变更原有合同的条款和内容;(4)采取多种合同形式,加强政府参与和对合作开发的管理。通过这些措施,资源国收回了其对石油生产和销售的控制权,改善了资源国的财政状况,资源国占有外国石油公司收入的比例不断提高。此外,各国参与石油开发的公司越来越多,以前由少数石油寡头垄断石油开发的现象已不复存在。合作的方式趋于多样化,合作条件趋于相互性,注意照顾到双方的利益。

(二) 合作开发的法律特征

根据各国立法与实践,自然资源的国际合作开发有如下几个主要特征:

(1) 国家对其自然资源享有永久主权。根据国家对其自然资源享有永久主权的原则,自然资源的所有权、管辖权和统治权永久属于资源国国家和人民。开发自然资源是国家专属的权利。资源国有权决定同什么人、在什么区域合作勘探、开采自然资源。不管外国人通过什么方式取得一定区域的自然资源的勘探、开采和生产权,都不意味着取得所有权。

因此,利用外资合作开发自然资源,与一般利用外资的合作方式不同,外国投资者必须取得资源开采权。开采权的取得通常是经资源国批准,给予特许权;或者是通过招标投标的方式,从享有资源开发专营权的国家公司取得。外国投资者只有获得开采许可证,才能在指定的区域进行勘探和开采活动。取得开采权后,如事先未经国家职能部门同意,一般不许全部或部分地转让给其他公司。特许权的转让,须严格按照法定程序办理。如果具有开采权的承包商或合作者没有履行合同义务,资源国有权取消其开采权。在正常情况下,合同期满后,资源国收回开采权。

(2) 合作主体具有特殊性。与其他国际合作方式不同,合作开发的主体也较为特殊,一方为资源国政府或法定的国家公司,另一方为外国公司。

合作开发的一方为东道国政府或国家公司。在传统的特许协议中,协议一方为资源国政府,他方为外国公司。资源国政府既是主权者,又是协议的当事人,因而,在学说上和实践上对此种协议的性质和效力多有分歧和争议。后来,随着国际经济合作的发展,合作方式也多样化,许多国家,特别是石油输出国组织国家,设立了国家石油企业,以通过管理和监督在石油部门经营的企业来维护国家在石油开发方面的广泛利益。国家石油公司独立行使,或同外国公司联合行使石油业的特许权,如勘探、开发、生产、销售石油的权利,并通过获得必要技术和培训良好的本国人员骨干队伍来发展国家在石油工业方面的能力。只有这些法定的国家公司才能成为合作开采的当地当事人,其他任何公司、企业均不能与外国企业进行合作开发自然资源。

合作开采的外方,是指与资源国或其国家石油公司签订石油合同的外国企业。外国企业可以是公司,也可以是公司集团。一般来说,由于自然资源、特别是海洋石油资源的开采风险大、投资多、技术复杂,是个人及小型企业无法承担的,因此,只有大的专业公司或公司集团才有开采的能力,才能成为合作开采的参加者。

(3) 合作方式包括特许协议以及各种特殊的契约式合作。国际合作开采,传统上以特许协议为主要法律形式,自 20 世纪 60—70 年代以后,则以各种契约式合作为主。就后者而言,合作双方并不组成独立的法律实体,仍是分别独立的法人,双方在平等互利的基础上签订合同,依合同确定双方的权利和义务,按照合同所规定的权利、义务进行合作。

合作开发不同于一般的契约式合营,除上述国家对其自然资源享有永久主权及当事者资格特殊外,在合同形式及合作方式上也有很大的差别。如合作开采海洋石油资源,其合同形式一般是国家公司制作的标准合同,格式比较固定,条款较为具体,当事人自行议定合同条款和内容的自由受到限制。在合作方式上,往往有几种合同形式,包括风险合同、服务合同、产品分成合同等,结合在一起,因而在勘探、开发、生产各个阶段,合作双方的权利和义务往往也不同。

(三) 中外合作开采海洋石油资源

我国于 1982 年 1 月 12 日就颁布了《中华人民共和国对外合作开采海洋石油资源条例》(以下简称《条例》),设立了中国海洋石油总公司,在维护我国国家主权和经济利益的前提下,允许外国企业参与合作开发我国海洋石油资源。

(1) 坚持国家对其自然资源的永久主权原则。我国《对外合作开采海洋石油资源条例》明确规定:"中华人民共和国的内海、领海、大陆架以及其他属于中华人民共和国海洋资源管辖领域的石油资源,都属于中华人民共和国国家所有"。在前款海域内,"为开采石油而设置的建筑物、构筑物、作业船舶,以及相应的陆岸油(气)集输终端和基地,都受中华人民共和国管辖。"这一规定申明了我国对属于我国的海洋石油资源的所有权和有关石油开采的设施、装置及船舶等的管辖权。

中国政府依法保护参与合作开采海洋石油资源的外国企业的投资、应得利润和其他合法权益,依法保护外国企业的合作开采活动。同时,合作开采海洋石油资源的一切活动,都应当遵守中华人民共和国法律、法规和国家的有关规定;参与实施石油作业的企业和个人,都应当受中国法律的约束,接受政府有关主管部门的检查、监督。

(2) 合作开采参考国际通行做法采取契约合作方式。中国负责对外合作开采海洋石油资源业务的是中国海洋石油总公司。该公司是具有法人资格的国家公司,享有在对外合作海区内进行石油勘探、开发、生产和销售的专营权。它就对外合作开采石油的海区、面积、区块,通过组织招标,签订石油合同,同外国企业合作开采石油资源。除中国海洋石油总公司外,中国的任何公司、企业或其他经济组织均无权与外国企业合作开采海洋石油资源。而外国合作者则可以是来自任何国家和地区的石油公司或公司集团。

根据《条例》规定,除另有规定者外,中外合作开发海洋石油资源的方式是:由石油合同中的外国企业一方投资进行勘探,负责勘探作业,并承担全部勘探风险;发现商业性油(气)田后,由外国合同者同中国海洋石油总公司双方投资合作开发,外国合同者并应负责开发作业和生产作业,直到中国海洋石油总公司按照石油合同规定在条件具备的情况下接替生产作业,外国合同者可以按照石油合同规定,从生产的石油中回收其投资和费用,并取得报酬。可见,我国对外合作开采的方式,兼而具有风险合同、产品分成合同和合作经营的特点。

采用这种合作开采方式,可使我国在不担风险或少担风险的情况下,取得加速海洋石油资源开发的最大效益。因为由外方承担勘探风险,如无发现,我方无需偿付勘探费用,而外方既承担勘探风险,必然尽力寻找油田,有利于加快我国海上石油开发;有了商业性油(气)田发现后,再合作开发,这就可以在我国资金缺乏、技术力量不足的情况下,利用外资和先进技术,加速海洋石油的开发和利用,并有利于我国学习国外先进技术和管理经验,培养本国力量,促进我国石油工业和其他工业的发展。

(3) 中外合作开采海洋石油合同是我国国内契约。中外合作开采海洋石油合同是由中国海洋石油总公司与外国石油公司订立的合同,不是国际特许协议,而是我国国内契约。因为:第一,石油合同中方当事人是中国海洋石油总公司,该公司是具有法人资格的国家公司,具有海洋石油开采专营权;第二,石油合同是依中国法律在中国境内签订,并经中国审批机构批准生效的;第三,石油合同适用中国法律。

二、国际特许协议

国际特许协议是指东道国与外国私人投资者约定在一定期间,在指定地区内,允许该外国投资者在一定条件下享有专属于国家的某种权利,投资从事于自然资源开发或公用事业建设等特殊经济活动,基于一定程序,予以特别许可的法律协议。其特点是:(1) 协议一方为主权国家的政府,他方为外国私人投资者;(2) 基于东道国政府的许可,外国私人投资者享有并行使专属于政府的某些权利,如资源开采权或基础设施建设权;(3) 协议一般须事先经东道国有关机构批准。这种协议在近百年来历经变化已逐步现代化,并仍为许多国家采用。

(一) 特许协议的法律性质

由于特许协议具有与一般合同不同的特点,关于其法律性质,在理论上也存在着分歧。有的认为特许协议是国际性协议;有的认为该协议是国内法契约;有的认为特许协议既非国内法上的契约,又非国际法主体之间的条约,而属于"准国际协议"(quasi-internation-al agreements)。关于特许协议的法律性质虽有多种学说,但争论的焦点在于:特许协议是国内法契约还是国际协议。

主张特许协议属国际法范畴的主要论点是:(1) 协议的一方为主权国家,而协议的内容,又是国家特许外国私人投资者享有专属于国家的某种权利,这就表明,基于协议的签订,国家已默示地承认另一方外国公司为国际法主体,从而使协议具有国际协议的性质。(2) 特许协议中通常订有选择国际法或一般法律原则为准据法的条款,或附有国际仲裁条款,事实上是把协议"国际化"了。显然,把外国投资者上升到与国家平等的地位,把特许协议"国际化",是为了把外国投资者的权益置于国际法的保护之下。

但是,把特许协议看作国际协议的观点是站不住脚的。首先,从法律关系的主体资格看,法律主体是由法律确定的,而不是由缔约一方赋予的。任何一种法律关系的主体都具有其本身的法定要素(权利能力和行为能力),而不能由任何一方赋予或默认。从国际判例实践看,早在1929年,国际常设法院在塞尔维亚贷款案中就已把国家契约作为国内契约。

其次,从协议的适用法律看,特许协议选择适用国际法或一般法律原则,只是说明作这种选择是对国内法的补充,并不能说明协议已国际化了。传统的特许协议选择适用国际法或一般法律原则,并不是一个正常现象,在很大程度上是由于东道国没有较完善的可适用的法律,随着第三世界国家经济独立和社会发展及法律的不断完善,在特许协议中已愈来愈少选择适用国际法及一般法律原则了。现在许多发展中国家的外资立法规定,特许协议应服从各该国国内法的管辖,排他地适用国内法的规定。

事实上,特许协议不是国际协议,而属于国内法契约。特许协议都是根据东道国的立法(如石油法、矿业法等)确定其权利义务关系及其他具体内容,并经东道国政府依法定程序审查批准而成立的。协议的一方虽为东道国政府,他方为外国私人投资者,但凡不是国际法主体间订立的协议均不属国际协议或条约,不受国际法支配,而受国内法支配。

至于特许协议是公法性质的还是私法合同性质的问题,在学说上仍然存在着不同的见解,在实践上也有分歧。有的认为特许协议属于行政合同,有的认为是民事合同,另有的认为特许协议兼有"公法"和"私法"两种因素,因而具有双重性。但不论特许协议是"公法""私法"或"混合协议"的性质,它们应均属国内法契约。

（二）特许协议的效力

特许协议法律性质之争的关键，在于国家的国际责任问题。即作为协议一方的当事国基于公共利益的需要，中止或改废特许协议时，其不履行或违反契约的行为，是否应负国际责任？也就是说，特许协议能否像国际条约一样对当事国改废协议的权力有拘束力。

西方某些认为特许协议是国际协议的学者认为，国家不履行或违反特许协议，应负国际责任。国家若单方面改变契约条款，不管出于什么目的，都是违反国际义务，构成国际法上的违法行为，国家应负国际责任。用来主张国家应负国际责任的理论根据，不外是传统的国际法原则"约定必须信守"和西方国家的所谓"一般法律原则"或私法理论。

但是，把特许协议看作是国际协议，受国际法支配，具有国际条约一样的效力的观点，一直受到第三世界国家和许多学者的批评和抵制。反对意见认为，国家固应受其同外国投资者所订特许协议的拘束，但只依国内法负责，不负国际责任，其主要理由有：

第一，特许协议是国内法契约，不是国家间协定，因而不具有国际条约的效力。由于现代国际法不承认个人为国际法主体，国家与外国私人投资者订立的协议就不是国际条约，即使协议中含有适用国际法或一般法律原则的法律选择条款，也不能因此改变契约的国内法性质。因此。国家不履行或改废协议，并不当然也不直接构成国际法上的违法行为，不产生国际责任，仅依国内法定其责任之有无及其程度。

第二，西方学者关于违反特许协议应负国际责任的理论根据站不住脚。首先，从"约定必须信守"的原则看，适用这一原则，使外国私人投资者上升到主权国家的地位，是违背国际法的结构的。即使这一原则可以适用于特许协议，它也须受"情势变迁"（rebus sie-stantibus）等原则的制约。即若协议订立时存在的情况发生重大变更，从而根本改变依协议尚待履行的义务时，可以终止或改废协议。对于许多第三世界国家来说，由于取得了政治独立并改变了原殖民时代时的发展目标，情势已发生了重大变更，原殖民时期订立的协议及有关权利和义务关系也可以终止或变更。其次，用以论证国家负国际责任的一些所谓"一般法律原则"，均是西方国家传统的私法原则，这些原则对国家基于公权力及从公共利益出发的行为和措施，是难于适用的。例如对既得权的尊重不能绝对化，为确保国家安全、公共利益的必要的国家行为，即使改变或废止原来的协议的一部或全部，也不能认为属于违法行为。对个人既得权的尊重，不能优于国家公共利益，这已为西方国家实践所肯定。

第三，国家对其自然资源享有永久主权。国家对其自然资源享有永久主权，是现代国际法的基本原则之一，是强行法。国家的这一权利不可转让、不可剥夺，当然也不受国家与私人间契约的限制。国家为了公共利益，变更或废止特许协议，是其主权权利的正当行使，根本不存在违法的问题，更谈不上国际责任。在实践上，许多发展中国家为了取得对其自然资源的控制，重新谈判或废弃在殖民时期与外国投资者订立的契约，这种做法已为国际社会所承认和认可，因为这一行为是符合国际法的。

总之，认为特许协议具有国际协议效力的观点，是想使这种契约固定化和神圣化，以置东道国利益于不顾，片面强调对外国投资者权利和利益的保护，这是不符合现代国际法的原则和国际社会发展的趋势的。

三、BOT 的法律问题

BOT 是 20 世纪 80 年代以后在国际上兴起的一种新的投资合作方式。由于基础设施服务的不足会阻碍经济发展,而一些国家和地区亟待发展其基础设施但又面临资金短缺的问题,于是就采取 BOT 方式促进政府和国际私营企业合作,以加快基础设施和公用事业的建设。例如英法海底隧道、香港东区港九海底隧道等一批耗资巨大的项目,都是以 BOT 方式集资建设并投入运营的。我国自 20 世纪 90 年代就开始采用了 BOT 方式建设基础设施。

（一）BOT 的概念与特征

BOT(Build-Operate-Transfer)即建设—经营—转让,是指政府(通过契约)授予私营企业(包括外国企业)以一定期限的特许专营权,许可其融资建设和经营特定的公用基础设施,并准许其通过向用户收取费用或出售产品以清偿贷款、回收投资并赚取利润;特许权期限届满时,该基础设施无偿移交给政府。从这个概念中可以看到 BOT 有以下几个特征：

(1) 私营企业基于许可取得通常由政府部门承担的建设和经营特定基础设施的专营权。所谓基础设施通常包括港口、机场、铁路、公路、桥梁、隧道、电力等社会公用设施。社会基础设施直接关系到国家的经济发展和人民的生活。这些关系到国计民生的公用设施理应由国家所有和经营。传统的方法一般是由政府通过税收或国家财政筹资建设并由政府经营。然而,基础设施建设的特点之一是,其建设周期长,耗资大。20 世纪 80 年代以后各国经济的迅速发展导致对基础设施的需求不断增长,而长期的经济不景气又使政府不能提供足够的建设资金,一些国家的政府也不愿再增添债务负担,于是就采取 BOT 方式,促使政府与私营企业合作,作为原由政府筹资建设的一种替代方式。这一特点把 BOT 方式与一般合资、合营方式区别开来。

(2) 在特许权期限内,该私营企业负责融资建设和经营该基础设施项目,以偿还贷款,回收投资和取得利润。根据 BOT 方式,取得特许权的私营企业对特定项目有独立的建设权和经营权,它们一般自己负责项目的设计,自己通过股权投资和项目融资建设该项目。项目竣工后,在规定的期限内进行经营,以项目经营期内取得的收益(如向用户收取费用或出售产品)来偿还贷款、回收投资并赚取利润。这一特点把它与一般国际工程承包区别开来,后者一般只提供承包服务,不进行股权投资或融资,也不负责项目的经营。

(3) 特许权期限届满时,项目公司须无偿将该基础设施移交给政府。由于在特许权期限内项目公司已偿还贷款、回收投资并赚得利润,因此在特许权限期届满后,该项目应无偿移交给政府。这是 BOT 与合营等方式又一不同之处,因为后者在期满后须通过清算进行分配。而在 BOT 方式中,该项目应移交给政府。

BOT 还有其他几种演化形式,包括：(1) BOO(Build-Own-Operate)即建设—拥有—经营。这一方式与 BOT 的不同之处在于：项目公司拥有项目的所有权,其所有权也不转让给政府,政府只是项目服务的购买者。采用此方式,一般首先要订立购买保证合同(take or pay contract),以保障其产品有稳定的销售渠道,克服需求变动的风险。(2) BOOT (Build-Own-Operate-Transfer)即建设—拥有—经营—转让。这种方式的特点是项目公司对所建项目设施拥有所有权并负责经营,经过一定期限后再将该项目转交给政府。(3) BLT(Build-Lease-Transfer)即建设—租赁—转让。它指项目完工后在一定期限内出租给第三者,以租赁分期付款方式收回工程投资和运营收益,此后再行将所有权转让给政府。(4) BTO(Build-Transfer-Operate)即建设—转让—经营。由于某些项目的公共性很强(如发电厂、机场、铁路等),不宜让私营企业在运营期间享有所有权,因而须采用BTO方式,项目完工后转让所有权,其后再由项目公司进行维护运营。此外,还有ROT(Rehabilitate-Operate-Transfer)、DBFO(Design-Build-Finance-Operate)等方式。

(二) BOT项目的当事人

1. 政府

在BOT项目中,政府不单是管理者,也是特许协议的一方当事人。政府批准采用BOT方式的项目,进行国际公开招标和评标,授予私营公司以特许权。在特许协议中,政府须承担相应的义务,如将有关场地长期租赁或出售给项目公司,有时须取得该设施提供的部分或全部产品或服务,以及采取必要的支持措施(如直接投资或贷款支持、外汇及收入方面的支持等)。

但须注意的是,由于政府各部门职权不同,作为BOT项目的管理者和特许协议当事人的政府部门可能不相同。例如,根据我国实践,作为特许协议当事人一方的,通常是省、市等地方政府部门,而项目立项则由国家有关部委审批,外商投资项目的特许协议由商务部审批。因此在订立特许协议时,须注意究竟是哪个政府部门有权与项目公司订立协议。

2. 项目公司

项目公司是项目发起人为建设、经营某特定基础设施项目而设立的公司或企业。在法律上,项目公司是一个独立的法律实体,具有独立的法律人格。项目公司成立的方式在很大程度上取决于东道国的法律与管理结构。规模较大的项目通常是通过与东道国政府或与负责开发的国有企业间的合营安排进行的。项目公司可采取合营企业的形式,由外国投资者与东道国或其政府开发公司根据东道国的法律,按照一定的出资比例设立法人式公司或企业。在我国,还可采取合作企业的形式,由外国合同者提供资金,进行基础设施建设,由双方共同经营。合同可以规定由外方先行回收投资,即提取向用户收费的一定百分比用于回收外方投资,经过一定期限后将该基础设施转让给中方合作者。

项目公司由项目发起人组建。项目发起人通常是国际公开招标的中标人,中标后即在东道国成立项目公司,并将同意参加该项目的有关当事人(如承建商、经营商等)组织在一起。项目发起人一般是项目公司的股权投资者之一。项目公司的股东通常还包括项目的承建商、经营商、供应商、用户等。股东间的股东协议可规定是创设还是收购一个公司。

项目公司一般是特许协议的一方当事人,根据协议取得特许权,并在特许期内全权负责项目的投资、设计、建设、采购、运营和维护。我国实践上也采取国际公开招标方式选择项目发起人,政府与中标人草签特许协议,然后中标人持草签的特许权协议,依中国法律申请注册成立项目公司。草签的特许协议经批准后,有关政府部门再与中标人在中国申请成立的项目公司正式签订特许协议。

成立项目公司的目的在很大程度上是为了尽可能地将风险与项目发起人及其他合营者分离开来。项目公司通常也是一个融资工具并承担有关风险。

3. 其他参与人

(1) 承建商。建设公司通常也是项目公司的股东之一,以便保证其能成为项目的主承建商。若建设公司不是项目公司的股东之一,则由项目公司招标确定承建商。承建商应负责保质保量按时完成该建设项目。

(2) 营运商。在 BOT 方式中,有时项目公司自己也是营运商,但有时它也可以通过合同委托其他营运商经营。独立的营运商依约定接管竣工项目,负责经营和维护,并对项目的使用收取费用。营运商有时也可能是项目公司的股东之一。

(3) 贷款人。由于 BOT 项目工程大、投资多,项目贷款通常采取辛迪加贷款方式,由一家主要银行牵头,多家银行参加。贷款人除商业银行外,世界银行和国际金融公司、地区性和有关国家的金融机构也可能会参与融资。

此外,BOT 项目的当事人还包括供应商(燃料供应商、设备供应商)、用户等。

(三) BOT 的合同安排

BOT 项目通常会涉及一系列的复杂的合同安排,如特许协议、贷款协议、建设合同、经营管理合同、回购协议、股东协议等。其中最为重要的是政府与项目公司间的特许协议,以其为主体构成伞状合同体系。

1. BOT 特许合同

已如前述,采用 BOT 方式,项目公司必须与政府签订特许协议。这种协议不同于政府对建设和经营该项目给予必要的批准和同意,而是政府与私营企业间的一项协议。特许协议是 BOT 项目合同安排中的基本合同或基石。

目前国际上尚无统一的标准特许协议。特许协议的内容通常视项目之不同而异。特许协议作为 BOT 方式中的基本合同,其内容应涵盖协议当事人的基本权利、义务和责任。一般说来,特许协议的内容可以包括以下几个方面:(1) 关于特许的一般条款,如特许的目的、特许的范围、特许的期限、特许的给予、项目的所有权、特许的转让、特许的调整等;(2) 关于项目建设、运营、移交各阶段的权利、义务和责任,包括设施竣工时应达到的技术标准及项目提供的商品或服务的质量标准、与现有设施的配套、工期及延误工期的责任、项目设施的运营及质量保证等;(3) 项目的财务等事宜,包括项目的融资、项目的收益分配、支付方式及税务、外汇等;(4) 其他必备条款,如保险、终止、不可抗力、争议解决和法律适用等。

若特许协议是由政府与外国投资者间订立的,那么有关国际特许协议所引起的一些法律问题在 BOT 方式中也会出现。例如这种特许协议是国内法性质还是国际法性质,协议应适用什么法律,政府改废协议的效力与责任如何等。

不过,特许协议也不一定涉及外国投资者。在某些情况下,政府是将特许协议给予一家国营或国家开发公司,或是一家在该国成立的国际合营企业,由该公司享有该项基础设施建设和经营的专营权,然后由该公司负责寻找外国企业作为合作伙伴从事建设和经营。显然在这种情况下,特许协议不属于涉外经济合同,由国际特许协议所产生的有关特殊法律问题在这里也不会发生。

已如前述,我国目前的做法是,由政府与依我国法律在我国成立的项目公司签订特许协议。这样的特许协议不属于国际特许协议。

2. BOT 其他合同

除特许协议外,BOT 项目还会涉及其他合同,这主要包括:

(1) 建设合同。这是由项目公司与建设公司签订的,通常采用交钥匙合同的形式。这种合同与一般的国际工程承包合同相似,但项目公司希望承建者遵守特许协议中政府保留的对设计或建设的控制权。项目公司也要求承建商承担义务,以使竣工设施符合其设计目的。此外,若承建商同时又是项目公司的投资者或股东时,合同中还要注意排除或限制其作为承建商和作为股东间的利益冲突问题。

(2) 回购协议。这种合同通常是政府或公共部门与项目公司间签订的。例如,若 BOT 项目是天然气或发电项目,其产品要并入有关的国家电、气网络系统,不能通过零售市场上销售,这就得订立长期合同,使其产品能稳定地销售。这会涉及价格是否受到管制,能否将项目成本转移给产品需求单位或用户身上以及投资回报率、外汇等问题。

(3) 经营管理合同。这是项目公司与经营者间订立的。但若项目公司自己能经营和维护该设施的,就不必订立此种经营管理合同。该种合同中应规定经营者接受所建设施,接受者可就设施的缺陷提出异议的有关问题。经营者可能会要求承建商和设计商保证该项目的建设和设计是完善的。经营合同的主要条款是关于特定设施的经营和管理的问题。这当然也要与政府的管理权限一致。同时,合同还要处理项目设施经营所取得的收入,如用来还债、回收投资、用于再经营等。

(4) 贷款合同。这是项目公司与国际商业银行等贷款者间签订的。这种项目融资合同涉及融资担保、贷款偿还方式、风险与责任等,内容较为复杂。

此外,BOT 项目可能涉及项目公司与设备供应商间的设备供应合同、项目公司与燃料供应商间的燃料供应合同、项目发起人与项目公司间的股东协议等。

(四) BOT 的风险及风险分担

在 BOT 项目的建设和经营中,可能会发生多种风险,这些风险既有商业性风险,也有政治性风险。

1. 商业风险

(1) 完工风险。这一风险发生在工程建设阶段,其风险包括总投资超出、工期延误、工程停建以及工程质量问题等。因此完工风险控制包括对工程总投资、工期、质量的控制。完工风险产生的原因不同,风险及责任的承担者也不同。若项目公司违约,完工风险就是贷款者的风险,这一风险可通过让项目公司承担额外筹资等义务来减轻。若承建商违约,则承建商应承担责任,应依有关合同约定支付规定的违约偿金。若工程实际建设成本超出预算,而且这种超出不属于承建商的责任,那么,风险应由项目公司承担。建设合同应对预防和减轻完工风险及有关责任作出规定。

(2) 经营风险。这一风险发生在经营阶段,即未能依约经营或维护有关的基础设施,如未能维持项目设施的完整性、完好性,使其始终处于可正常使用或运行状态;有关的能源和原材料消耗、产品的质量和数量未能达到规定的标准等。这一风险通常是由项目公司承担的,若该设施由专门的营运商经营和维护,则风险由实际经营者承担。项目贷款者通常会要求经营者维护收益账户和投保责任险。

(3) 外汇风险。外汇风险在 BOT 各阶段都会发生。广义来说,外汇风险包括当地货币兑换成外币的风险、汇率波动的风险、利率增长的风险以及外汇汇出时的管制风险。其中,货币兑换和汇出风险属政治风险,其他的属于商业风险。汇率波动风险可通过将所贷货币与收益的货币相吻合的方式以及采取其他措施来预防。利率风险则受国际资本市场的各种因素影响,应由投资者或贷款者自行承担。

(4) 市场与收益风险。政府或其公共部门有时是某些 BOT 项目的产品或服务(如电力)的唯一购买者,这时就可能存在政府能否购买或能否按适当的价格购买的风险。如果 BOT 项目产品或服务是直接出售给公众的(如收费公路、隧道等),则可能存在需求不足的风险。这种风险的承担者是投资者、贷款者。但他们通常会在合同中要求政府提供保证或采取适当的措施来减轻风险。

此外,在 BOT 项目的建设和运营中,还存在着一些非当事人所能控制的风险,如战争、自然灾害等不可抗力事件造成的风险,合同当事人也应对此类风险的解决方法作出安排,包括购买商业保险等。

可见,BOT 项目商业风险的防范有多种方法,但其中最为重要的有两条:一是项目参与人应有良好的信誉和履约能力;二是应通过合同作出合理的约定,由各方分担有关风险。

2. 政府行为和政治风险

政府行为也可能对 BOT 项目构成风险。例如,政府没有及时提供所要求的开发与经营许可或同意,政府行为造成工期延误或实际建设费用增加,政府撤销正在建设中的项目,货币不能自由兑换并汇出,政府通过立法变更投资者或项目公司的权益(如增加税收、限制价格等),甚至实行国有化或征用。对于由于政府行为产生的风险的承担问题,须视情况而定。若政府没有依约及时提供所要求的开发与经营许可,以及由于政府违约造成工期延误或费用增加的,风险一般应由政府承担,政府对此应提供保证或补偿。政府增加税收属于商业风险,应由项目公司承担。至于货币不能自由兑换及汇出、国有化或征用等则属于政治风险,可通过政府保证或政治风险保险解决。

为使 BOT 项目成功,政府的保证与支持是必不可少的,对于发展中国家来说更是如此。这种保证与支持是多方面的。例如,政府对于 BOT 项目的资金支持就有多种形式,包括股权参与、贷款担保以及补贴等。政府也可以提供相应的保证,包括政府作为 BOT 项目产品的唯一用户时的统购保证,政府或公共部门对 BOT 项目提供水电气等支持与保证,政府在一定期限内不发展与 BOT 项目相竞争项目的保证等。此外,为支持 BOT 项目,政府也可以给予税收或其他优惠措施,如减免所得税,对项目建设和运营所需机器、设备、零配件或原材料等货物的进口减免关税等。

本章小结:

外商投资企业是外国私人投资者与中国私人投资者进行投资合作的重要形式。依据我国法律规定,中外合资经营企业是中国法人,中外合作经营企业则可根据合作者的意愿组成法人或不组成法人,外资企业符合中国法人条件的依法取得中国法人资格。外国私人投资者也可以通过特许协议和 BOT 方式与东道国政府合作从事资源开发和基础设施建设。特许协议不是国际协议,而属于国内法契约。在 BOT 项目合同安排中,特许协议是基本合同或基石。

思考题:

1. 中外合资经营企业的性质与特征。
2. 中外合作经营企业的性质与特征。
3. 外资企业的概念与特征。
4. 外商投资合伙企业的性质与特征。
5. 特许协议的性质如何?
6. BOT 的概念与特征。
7. BOT 特许合同的主要内容包括哪些?

第十章　国际投资的国内法制

学习目标:理解和把握资本输入国关于外国投资的管理和保护制度以及资本输出国关于对外投资的管理和保护制度,理解外资准入的一般审查、对外资的鼓励与保护以及对外投资的管理、鼓励与保护,重点掌握外资并购的反垄断审查与国家安全审查以及海外投资保险制度。

建议学时:4 学时。

导读:对于私人国际直接投资,无论是资本输入国(或投资东道国)还是资本输出国(投资者母国)都有相应的管理与保护制度,本章专门介绍国际投资的国内法制,其中既包括资本输入国的法制,也包括资本输出国的法制。由于经济发展水平不同,发展中国家与发达国家对于国际私人直接投资管理与保护的重心也有所不同。

第一节　资本输入国关于外国投资的管理和保护制度

一、外资准入的一般审查

在国际投资自由化趋势日益加强的今天,各国均积极采取鼓励措施吸引外资,但是,没有任何一国对外国投资实行绝对自由化。包括发达国家在内的每一个国家均保留对外资必要的管理和监督措施。发展中国家由于曾受到外国垄断资本控制的惨痛经历,为了在利用外资的同时,消除外资的不利影响,以捍卫国家主权和公共利益,在外资法中仍然保留了较多的投资限制措施,特别是对外资准入的一般审查有较为完备的法律规定。

(一) 发展中国家的外资准入审查制度

发展中国家外资法均规定了较严格的外资审批制度,使国家能有目的、有甄别地利用外资,最大限度地发挥外资对本国经济发展的促进作用,防止外资对东道国国家安全和公共利益的消极影响。各国根据本国具体情况,或规定所有外资都需要进行逐一强制性审批和登记,或规定只有申请取得优惠待遇的外国投资项目才需要经过政府批准,或规定外资超过一定数额或一定出资比例的项目才需审批。

发展中国家外资法一般还明确规定外资准入范围,并以出资比例规定外国投资的参与程度。

为了维护国家安全和公共利益,把国民经济中至关重要的领域保留在国家和本国国民手中,或为了把外资引导向亟须资金、技术的行业和部门,绝大多数国家均有关于投资范围的规定,普遍禁止或限制的领域包括国防建设、交通运输、通讯、公共设施、宣传媒介,如报纸、广播电视以及金融业等。限制外国投资的部门,主要是指限制外资在某些部门的股权比例(占少数股权),有时还涉及对董事会成员的国籍和住所地的限制,而且须经严格审查。允许或鼓励外资投入的部门主要集中在本国亟须发展而资金匮乏的大规模项目、新兴产业、引进先进技术、替代进口、增加出口创汇、增加就业机会等领域。

发展中国家往往在外资法中对外国投资的比例予以规定,对于东道国国民经济越重要的部门,要求本国国民控股的比例越高,而凡属东道国鼓励的行业,外资比例就高,甚至可达100%。通过规定投资比例,东道国一方面得以控制外资投向,另一方面,通过在外资企业中增加当地资本,促使外国投资融入东道国经济体制,并有利于带动当地的资本技术,以便形成以当地企业为主导的产业体系。许多拉丁美洲国家的外资法曾规定了当地化,要求外国企业中的外国投资者必须按投资时与东道国达成的协定,按一定的期限和条件,逐步将其股份售给东道国政府或国民,直到外国投资者的资本比例减少而转变为本国企业或混合企业。不过,随着发展中国家对利用外资的需求增加,多数国家在修订本国外资法时,对外资投资比例作出了更灵活的规定,比如通过扩大企业资本基础等方法实现外资股权削减,或直接取消了在某些部门中外资比例的限制。

我国现行外资准入审查法律制度主要体现为外资准入行业政策和外资准入行政审批程序两方面的法律规定。外资准入行业政策包括《指导外商投资方向规定》(2002年公布)、《外商投资产业指导目录》以及特殊行业的外资审批单行条例,而外资准入审批程序主要规定于三资企业法与《关于外国投资者并购境内企业的规定》中。其中,《外商投资产业指导目录》自1995年经国务院批准首次颁布,并分别于1997年、2002年、2004年、2007年及2011年共进行了5次修订,列明了外资投向的鼓励类、限制类与禁止类行业,没有列明的都属于允许类。同时,对某些行业的外资准入设置了股权要求,包括强制合营、中方控股和中方相对控股等。涉及特殊行业,外资单行条例也设置了一些外资准入所需的特殊投资条件。例如2003年《关于设立中外合资对外贸易暂行办法》第4条、2004年《关于外商举办投资性公司的规定》第3条等均对中外投资者的主体资格设置了较为严格的条件,并分别对外商投资项目的最低注册资本、最长经营期限等作了严格的规定。2013年我国建立了上海自由贸易试验区,并在试验区里探索建立负面清单管理模式。所谓负面清单管理模式,是在投资范围和领域方面,只列明禁止或限制外资进入的产业目录清单,凡清单未列入的产业均对外资开放。2013年12月,国务院印发了《关于发布政府核准的投资项目目录(2013年本)的通知》,外商投资项目由全面核准改为区别情况实行核准制和备案制。

尽管外资准入限制本质上对外资构成歧视待遇,如审批制必然对外资输入有所限制,但根据国家经济主权原则,国家有权根据本国经济发展水平和国家安全的需要,自主决定外资准入及从事经济活动的条件。目前,随着投资自由化趋势加强,以及受到发达国家的压力,发展中国家逐步放宽了对外资准入的限制。

(二) 发达国家的外资准入审查制度

国际资本流动在发达国家享有较高的自由度,长期以来,发达国家既是最大的资本输入国,也是最大的资本输出国。除了在特定领域,如国防、金融、保险、广播、交通运输等行业对外资有一定限制外，外资基本享有国民待遇，适用于内国投资的法律制度一般也适用于境内的外国投资。

例如美国对外国直接投资没有专门的审批程序，外资的设立参照适用于所有公司的法律进行，其限制主要体现为针对外资并购的国家安全审查制度。而日本对外资准入则经历了分阶段、渐进式开放的过程。在1992年之前，日本《外汇法》对外资实行事前审批制度，1992年之后，则改为事后报告制度，原则上对外资准入给予自由化，但在涉及国家安全、妨碍公共秩序、公众安全的行业，仍然实行事前申报、审批制度。

此外，WTO的《与贸易有关的投资措施协议》禁止成员方采取特定的违反GATT国民待遇和一般数量限制原则的投资措施，包括当地成分要求、外汇平衡要求、贸易平衡要求等，如果WTO成员方有关外资准入审查的标准和条件中含有上述投资措施则必须取消，以符合WTO协议下的承诺。

二、外资并购的反垄断审查与国家安全审查

为了防止外资对东道国经济的控制或对东道国国家安全造成威胁，以美国为代表的许多国家建立了较为完善的包括反垄断审查与国家安全审查在内的外资并购审查制度。

（一）外资并购的反垄断审查

外资并购已成为跨国投资活动的主要方式，但其也可能成为改变东道国国内市场结构、限制市场公平竞争的垄断力量，从而给东道国经济发展带来消极作用。

美国的外资并购反垄断审查法律制度由三部反垄断法，即1890年《谢尔曼法》、1914年《联邦贸易委员会法》和《克莱顿法》以及1968年美国司法部颁布的《企业合并指南》、1992年美国司法部、联邦贸易委员会联合颁布的《横向合并指南》（2010年修订）和相关判例法共同组成。在申报标准方面，首先是交易规模标准，交易额在5000万美元以上的集中行为才有可能纳入申报范围，而交易额超过2亿美元的集中行为则必须申报；其次是当事人规模标准，当交易额超过5000万美元、不足2亿美元的情形下，则需要考虑并购人或被并购人的全球总资产额或全球年度净销售额规模。在主管部门方面，由司法部反托拉斯局和联邦贸易委员会并行负责，前者可对涉嫌反垄断法的行为提起民事诉讼和刑事诉讼；后者是一个准司法机构，行使反对贸易限制和保护消费者的职能，可对其认为违法的行为发布"停止违法行为令"，也可向法院提起民事诉讼，要求法院对违法行为处以民事罚款。其竞争局申报办公室则负责接收合并申报，再由竞争局的合并审查委员会负责具体审查。法院在美国反垄断审查制度中具有重要地位，包括对涉嫌违法的合并行为是否实质违法作出最终裁决，决定是否批准司法部反托拉斯局和当事人之间的和解协议，以及对违反反垄断法的并购行为处以民事罚款。

欧盟外资并购反垄断审查早期的法律根据是《欧共体条约》第86条，确立了"滥用市场支配地位"的审查标准，即居市场支配地位的企业，通过并购手段，导致并购行为发生前存在的市场竞争被消灭者，构成对第86条之违反。2004年欧盟通过了第139/2204号条例，进一步规定了"严重妨碍有效竞争"标准，即一项并购，尤其是为增强企业的支配地位

而严重妨碍共同体市场与其相当部分地域的有效竞争的,应当宣布为与共同体市场不相容。

目前我国已形成以 2007 年《反垄断法》、2006 年国务院六部委联合发布的《关于外国投资者并购境内企业的规定》以及 2009 年商务部发布的《关于经营者集中申报的指导意见》(2014 年修订)为主、由多部门规章组成的外资并购反垄断规则体系。

(1) 主管机关。国务院反垄断委员会作为反垄断主管机关,负责组织、协调、指导反垄断工作,商务部和国家工商行政管理总局作为反垄断执法机构,可以授权省、自治区、直辖市人民政府的相应机构,如商务局、工商局等,负责反垄断法执法工作。

(2) 申报门槛。判断是否需要申报,主要取决于两个因素:一为是否构成经营者集中;二为是否达到申报标准。我国《反垄断法》规定了三种经营者集中情形:一是经营者合并;二是经营者通过取得股权或者资产的方式取得对其他经营者的控制权;三是经营者通过合同等方式取得对其他经营者的控制权或者能够对其他经营者施加决定性影响。申报标准采用的是营业额标准,收购方并购企业的数目以及市场占有率标准。

(3) 审查程序。实行事前申报和两阶段审查制度,实质审查以召开听证会、座谈会为主要审查方式。对经营者集中的审查标准主要通过界定相关市场,根据市场份额和市场集中度等综合判断外资并购是否会损害市场竞争,根据所得利益,综合评估该并购是否存在豁免理由。

(二) 外资并购的国家安全审查

为了防止外资准入造成对国家根本安全的威胁,以欧美等发达国家为代表以及包括我国在内的一些发展中国家逐步建立起了外资并购的国家安全审查制度。

美国外资并购的国家安全审查制度肇始于 1988 年《埃克森—弗洛里奥修正案》,该法案授权美国总统有权中止或禁止那些确实威胁美国国家安全的外国公司对美国企业的收购、合并或接管。涉及国家安全的跨国并购案将受到美国外国投资委员会的审查,如果外国投资委员会认为该并购将威胁到美国的国家安全,委员会就提请美国总统审查该并购案,总统将在 15 日内作出是否禁止该项并购交易的决定。1991 年美国财政部颁布了《外国人合并、收购和接管条例》,对外资并购国家安全审查制度予以细化。1993 年《国防授权法》第 837 节规定,外国政府控制的或代表外国政府进行的并购活动,导致从事州际贸易的美国人被控制,而这种控制又会涉及美国国家安全的,应当进行调查,即著名的《伯德修正案》(Byrd Amendment)。"9·11"事件之后,美国民众对国家安全的关注显著提升,促使美国政府加强对外资并购的国家安全审查,并将重点置于关键性基础设施方面。2007 年美国颁布了《外国投资与国家安全法》,对《埃克森—弗洛里奥修正案》进行了修改,次年美国财政部出台了《外国人合并、收购、接管条例》,作为《外国投资与国家安全法》的实施细则,以及《关于外国投资委员会实施的国家安全审查的指南》。规定凡被认为是受海外政府控制的企业,都必须接受外国投资委员会为期 45 日的调查,使得外资并购审查时间延长,特别是外国国有企业赴美投资将遭遇更加严格的国家安全审查程序。例如,2005 年中海油竞购优尼科失败,便可归因于美国财政部声称该项并购案与国家安全密切相关。美国外资并购国家安全审查制度的主要内容包括：

（1）审查机构。美国对外资并购进行安全审查的机构是外国投资委员会（Committee on Foreign Investment in the United States，简称 CFIUS），总统拥有最终决定权。外国投资委员会是由财政部主导的跨部门机构，主席由财政部长担任，成员包括司法部长、商务部长、国土安全部长、能源部部长、国务卿、美国贸易代表、管理和预算办公室主任、经济顾问委员会主席、科技政策办公室主任、总统国家安全事务助理、总统经济政策助理，以及无投票权的国家情报局局长和劳工部长。外国投资委员会向国会报告并接受国会监督。

（2）审查对象。应接受美国外国投资审查委员会审查的外资并购交易包括但不限于以下四种：任何导致或可能导致外国人控制美国企业的并购交易；某外国人将其对美国公司的控制权转让给另一个外国人的并购交易；并购交易造成或可能造成美国企业的资产被外国人控制；以及在合同或其他类似安排基础上组成的合资企业，该合资企业导致外国人控制美国企业。

（3）审查标准。前述法律中并未明确界定何谓"国家安全"，但规定了审查时要考量的诸多因素，包括：预期的国防要求所需要的国内生产；国内产业满足国防需求的能力，包括人力资源、产品、技术、材料以及其他供应和服务的提供；外国公民对国内产业和商业活动的控制，及其对美国满足国家安全需求能力的影响；并购交易对支持恐怖主义或扩散导弹技术或生化武器的国家出售军事物质、设备、技术的潜在影响；以及并购交易对美国国家安全领域里的技术领先地位的潜在影响。2008 年财政部的条例中特别强调了关键性基础设施，指系统和资产，不论是实际的还是虚拟的，对美国是如此重要以至于他们丧失工作能力或毁损将会危及美国的国家安全。

（4）审查程序。美国外国投资委员会对外资并购交易进行审查的程序包括：第一，申报。即交易方认为其并购交易涉及国家安全，主动向外资委员会提交审查申请，如委员会认为某项并购交易属于应申报的范畴，而交易方未主动申报，则委员会也可通报交易方将并购交易提交审查。第二，初步审查。对于交易方主动申报或外资委员会通报的并购交易，委员会对该项交易是否危害国家安全进行审查，如果确认并购交易不会对国家安全造成威胁，则同意该项交易，否则进入调查程序。第三，调查。外资委员会根据审查标准中应考量的诸多因素，评估并购交易对国家安全的影响，并作出相应决定，对于可能对美国国家安全造成威胁的并购交易，建议总统终止或禁止该项交易。第四，总统决定。总统根据外资委员会的建议或请求作出是否批准该项并购交易的决定。此外，还要求外资委员会启动审查之前应与交易方进行磋商；交易方可以在审查过程中撤回申报；外资委员会在审查或调查中，如遇到尽管可以允许并购交易，但仍然需要对国家安全作出特别考虑的情况，可与当事方签订减缓协议，以减轻并购交易对美国国家安全的损害。如果交易方违反该协议，将被美国外国投资委员会处以不超过 25 万美元或不超过并购交易价值的罚款。①

---

① Regulations Pertaining to Mergers, Acquisitions, and Takeovers by Foreign Persons (2008), Sec. 800. 801: Penalties.

综上可见,美国已经建立起了一套较为完善的外资并购国家安全审查制度,而我国的外资并购国家安全审查制度的建立起步较晚,以 2006 年国家六部委联合发布的《关于外国投资者并购境内企业的规定》规定了"经济安全审查"为起点,2007 年我国《反垄断法》第 31 条规定:"对外资并购境内企业或者以其他方式参与经营者集中,涉及国家安全的,除依照本法规定进行经营者集中审查外,还应当按照国家有关规定进行国家安全审查。"2009 年商务部出台的《关于外国投资者并购境内企业的规定》第 12 条规定:"外国投资者并购境内企业并取得实际控制权,涉及重点行业、存在影响或可能影响国家经济安全因素,或者导致拥有驰名商标或中华老字号的境内企业实际控制权转移的,当事人应就此向商务部进行申报。"

2011 年,国务院办公厅发布了《关于建立外国投资者并购境内企业安全审查制度的通知》,商务部先后颁布了《实施外国投资者并购境内企业安全审查制度有关事项的暂行规定》以及《实施外国投资者并购境内企业安全审查制度的规定》,明确了各行政机构对外资并购国家安全审查的权力划分以及审查程序的细化。

(1) 审查机构。目前国务院将并购安全审查权集中授予"外国投资者并购境内企业安全审查部际联席会议"。该部际联席会议在国务院领导下,由国家发改委、商务部牵头,根据外资并购所涉企业的行业和领域,会同相关部门开展并购安全审查。国务院有最终决定权,联席会议的各个成员部门进行评审,商务部则发挥协调与监督的作用。

(2) 审查范围。包括:外国投资者并购境内军工及军工配套企业,重点、敏感军事设施周边企业,以及关系国防安全的其他单位;外国投资者并购境内关系国家安全的重要农产品、重要能源和资源、重要基础设施、重要运输服务、关键技术、重大装备制造等企业,且实际控制权可能被外国投资者取得。

(3) 审查内容。第一,并购交易对国防安全,包括对国防需要的国内产品生产能力、国内服务提供能力和有关设备设施的影响;第二,并购交易对国家经济稳定运行的影响;第三,并购交易对社会基本生活秩序的影响;第四,并购交易对涉及国家安全关键技术研发能力的影响。

(4) 审查程序的启动。第一,并购方申请审查。提起申请的主体为外国投资者,若涉及两个以上的外国投资者共同并购,则由并购当事方共同提出,或由所有并购当事方共同指定的代表提出。第二,商务部强制审查。当外国投资者未能就并购交易主动提起审查事情,并且交易对国家经济安全造成或可能造成重大影响的前提下,由商务部对并购交易进行初步审查,并有权采取终止交易、转让相关股权资产等行政强制措施以消除并购交易对国家经济安全的影响。第三,事后强制申请审查。即使并购交易通过了商务部的安全审查,但只要该项并购交易内容发生变更、或者与交易相关的协议文件被修改、或者境外实际控制人变更,使得该项并购交易重新归属于安全审查管辖范围,那么外国投资者仍然应当向商务部提出安全审查申请。第四,建议性审查。外资并购境内企业,国务院有关部门、全国性行业协会、同业协会以及上下游企业认为需要进行并购安全审查的,可以向商务部提出进行并购安全审查的建议,再由联席会议决定是否启动审查程序。此外,在交易方向商务部提出正式申请之前,可就程序性问题向商务部提出商谈申请,为审查程序的启动预留缓冲和协调的空间。

(5) 审查程序。第一,形式审查阶段。由商务部对申请人所提交的并购交易文件进行形式审查;第二,实质审查阶段,由商务部决定该项并购交易是否需要提交联席会议进行进一步审查。第三、部际联席会议的一般性审查和特别审查阶段。如果商务部认为该项并购交易属于安全审查范围,就应当提请部际联席会议对交易的实质内容进行一般性审查,当至少有一个部门认为该项交易可能对国家安全造成影响时,应当启动特别审查程序,对并购交易进行安全评估,审查意见一致的,由联席会议作出决定,存在重大分歧的,则报请国务院决定。

在审查过程中,当事人可向商务部申请修改交易方案或撤销并购交易,相当于以商务部与当事方和解的方式,在消除威胁国家安全因素的同时,终结安全审查程序。

三、对外资的鼓励与保护

第二次世界大战后,改善投资环境,加强对外资的保护是国际投资法律制度的总体发展趋势,也是各国外资立法努力的方向。由于各国政治体制、社会情况不同,经济基础、科技发展水平相异,发展中国家和发达国家对外资的鼓励和保护措施主要体现为:关于国有化和征收方面的保证,关于外资利润及原本汇出的保证,以及税收优惠及其他优惠。

(一) 关于国有化和征收方面的保证

国有化(nationalization)和征收(expropriation)是指国家基于公共利益的需要对私人企业全部或部分资产实行征用,收归国家所有。如国家通过颁布法令等方式对某一工业部门或对个别企业,或对企业全部资产,或对企业部分资产进行征用。国有化和征收直接关系到外国投资的安全和利益,历来是国际投资法律制度中的核心问题,也是资本输入国和资本输出国利益纷争的焦点所在。各国为了改善投资环境,吸引更多的国际直接投资,通过不同方式,包括在国际投资条约作出承诺,或在国内法中进行规定,为外国投资者提供关于国有化及其补充的法律保证。

国有化和征收与发展中国家非殖民化运动的兴起密切相关。20 世纪初,墨西哥等拉丁美洲国家为实现本国经济发展目标,率先对外国直接投资进行大规模国有化,而原苏联以及原东欧诸国的国有化运动使得国有化和征收补偿标准成为国际法领域的重要议题。摆脱了殖民地、半殖民地枷锁的广大发展中国家普遍认为国有化是国家行为,实行国有化和征收的国家不应负有补充或赔偿的义务,而作为主要资本输出国的原殖民国家则一直主张实行国有化国家的赔偿责任。

当前,以合作和发展为主导的国际关系决定了大规模的国有化和征收已不再是国际直接投资的重要威胁,但是,以隐蔽的、渐进式等间接方式进行的征收却仍然存在。国际投资条约征收条款中采用的"相当于国有化或征收的措施"(measures tantamount to nationalization or expropriation),包括了东道国并未从法律上取得外国投资者所有权的情况下,采取阻碍或影响外国投资者对其投资行使有效控制权、使用权或处分权的行为,例如强制股权转让、强制经营权转让、不适当地大幅度提高税率、在投资受到侵犯时拒绝提供适当保护、通过行政措施取消原有的营业执照、将外国投资者驱除出境、冻结外资在银行的资产等,近年来这些措施在国际投资争端解决实践中被称为事实上征收(de facto expropriation)、渐进式征收(creeping expropriation)、间接征收(indirect expropriation)。隐蔽性或渐进式等间接征收方式的出现,突破了传统意义上的国有化和征收的概念,扩大了国有化和征收的认定范围,也使得国有化和征收及其补偿问题变得更加复杂。目前为止,国际社会关于间接国有化和征收的内涵和外延尚未形成一致意见。但事实上,令国家承担的对外资国有化和征收保证责任范围有所扩大。

为了给外资提供安全的投资环境,发展中国家多通过宪法或外资立法对国有化和征收提供保证,规定必须是为了公共利益,通过法律手段和法定程序,并给予适当补偿。通过国内法给予外资有关国有化和征收的保证是资本输入国作出的一种单方面承诺。从国际法的角度看,这种国内法保证属于一种国内法契约关系,而不是一种国际条约关系。当一国为了公共利益必须实行国有化和征用,从而不能履行自己的保证时,仅仅产生国内法上的补救义务,并不产生国际义务。因此,更为有效的保证通常还得借助于国际条约。

(二)关于外资利润及原本汇出的保证

尽管绝大多数发达国家曾在第二次世界大战后对外汇流动实行严格限制,但目前,对外汇的限制主要在发展中国家实行。发展中国家由于外汇资金短缺,金融体系脆弱,为了维护本国的国际收支平衡,一般都建立了较严格的外汇管理制度,通过立法对本国的外汇买卖、国际结算、资本移动等进行管理和控制,以限制外汇的自由出入和自由兑换。这种外汇管理制度将影响到外国投资者因投资所得利润、合法收益以及投资原本是否能兑换成国际通用货币,自由汇回本国。外国投资者把发展中国家的外汇管制措施视为对投资的重大威胁,发展中国家为了吸引投资,在保留外汇管理制度的同时,常常就外资利润及原本汇出提供法律保证。

资本输入国对国际直接投资利润汇出的管理,主要体现为在允许自由汇出的前提下附有一定限制。有的发展中国家为了打消外国投资者对本国外汇管制措施的顾虑,允许投资利润自由汇出,不附加限制条件,如菲律宾、新加坡、印度尼西亚等基本保持国际收支顺差的国家。大多数发展中国家对投资利润的汇出附加的条件主要包括:(1)审批制。由国家政府部门批准,按官方汇率,用外资本金来源国的货币汇出。(2)时间或金额限制。规定在外资经营的最初年限内利润不得汇出,之后利润按投资原本的一定比例汇出,并规定允许汇出的最高金额。(3)按投资的行业部门规定汇出比例。(4)出口创汇。把利润的汇出与出口创汇相关联,要求外资企业外汇平衡。

而对于投资原本的汇出,由于投资原本一般数额巨大,对资本输入国国际收支影响较大,发展中国家往往在允许自由汇出的同时附加更严格的条件。包括批准制度外,还附加时间和限额的限制,规定外资原本必须经过一定期限后才能汇出,并且每年汇出额不能超过投入资本的特定比例。近年来,一些发展中国家希望吸引更多的国际直接投资,在外资法中给予外资原本自由汇出的保证。规定投资原本因企业实行部门或全部清算而以合理价格出售资产所得收入中占有的份额,以合理价格出售企业部分或全部外资本金所得收入,以及外国贷款按贷款协议条件到期应予偿还的本息,均可自由汇出,不加限制。

外汇管制措施增加了外国投资者的投资风险,为了改善投资环境,吸引外资,资本输入国在外资法中作出有关外资利润和原本汇出的保证,尽管多数发展中国家对此附有一定条件,但在维持国际收支平衡和国家金融体系稳定的前提下,仍然为投资者提供了可靠的法律保证。特别是结合企业外汇自行平衡的规定,可以最大限度满足引导外资举办出口型、先进技术型企业的目的。

(三) 税收优惠及其他优惠

发展中国家为了吸引更多国际直接投资,加速本国经济发展,通过立法或采取行政措施给予外资以税收优惠及其他优惠,如优惠贷款、财政担保等。

税收优惠是指资本输入国依法对外资给予的税收减免和从低税率征税。税收优惠是发展中国家鼓励外资企业比较常见的措施,并结合产业政策、区域发展规划,有重点、有选择地给予外资企业不同的税收优惠,实现本国经济发展的既定目标。例如,发展中国家根据本国经济发展的优先次序,对优先发展行业中的外资给予特别优惠;或者对于生产投资给予税收鼓励;或者对于投入落后地区的外资给予更多优惠;或者对于出口型企业给予优惠以及对利润再投资给予优惠;或者按就业政策给予优惠。不过,随着发展中国家市场经济体制的不断完善,以及包括美国在内的发达国家认为给予外资税收优惠会扭曲正常的市场竞争秩序,特别是以履行要求为附条件的税收优惠政策,更成为了其双边投资协定范本所禁止的内容。2006年,我国进行了内、外资企业所得税法并轨的税制改革,将内、外资企业的所得税率统一为25%,并将原来企业所得税以区域优惠为主的格局,转变为以产业优惠为主、区域优惠为辅、兼顾社会进步的税收优惠的格局。对国家重大扶持的高新技术企业实行15%的优惠税率,将这一低税率优惠扩大到全国范围;将环保、节水设备投资抵免企业所得税政策扩大到环保、节能节水、安全生产等专用设备;新增了对创新投资机构、非营利公益组织等机构的优惠政策。

有的发展中国家向外国投资者提供优惠贷款。特别是在投资风险较大的投资领域,由于受到东道国政府优惠贷款的鼓励,即使投资风险较大而收益较少,但由于享受到政府的贷款优惠,外资企业最终获取的利润仍然可观。

有的发展中国家向外国投资者提供财政担保,在外资企业贷款时,由东道国政府提供担保。因外资企业经营不善或其他原因无力偿还贷款时,由政府代替其承担还款义务。政府财政担保在一定程度上增加了外国投资者的投资信心,尤其在投资周期长,投资回收慢,资本投入大的基础设施建设领域,有利于吸引外国资本的投入。

发展中国家的投资鼓励措施在一定程度上起到了吸引外资的作用,但由于投资环境是包括物质的和社会的诸多因素有机结合的综合体,对投资环境的改善就不能片面强调某一方面而忽视其他,如税收优惠虽然扩大了外资企业的收入,但企业因税收优惠的实际利得取决于其母国的税务制度。在某些情形下,东道国提供的税收优惠事实上起到由东道国向外国投资者母国转移资金的作用。同时,外资优惠措施还可能将当地企业置于不利的竞争条件下,导致东道国经济对外资的过分依赖。更何况,一国投资环境是否在全球资本市场中具有竞争优势,是与他国投资环境相比较而言,发达国家投资环境的优势主要在于政局稳定、经济制度稳健、法治完善等方面。因此,发展中国家在制定投资鼓励措施时,应综合考虑投资环境的各方面因素。

第二节 资本输出国关于对外投资的管理和保护制度

一、对外投资的管理

考虑到海外投资对资本输出国的国际收支和经济发展所产生的重大影响,资本输出国对海外投资的管理主要体现在要求海外投资企业披露信息、防止海外投资企业逃避税的法律规定。此外,一些国家的反垄断法、进出口管制法、外汇管理法等也对海外投资具有管理作用。伴随着我国经济不断发展,中国企业走出去战略的推进,2013年,我国境内投资者共对全球156个国家和地区的5090家企业进行了直接投资,累计实现非金融类直接投资901.7亿美元。截至2013年年底,我国累计非金融类对外直接投资达5257亿美元。近年来,我国也正在逐步完善管理境外投资活动的法律法规。

(一) 要求海外投资企业披露信息

为了使政府、社会了解公司的财务和经营状况,对其经营情况进行监督,各国公司法、证券法均要求上市公司披露信息,向政府和社会公布资产负债表及其他重要商业信息。如果海外投资企业同时是境内上市公司,它们也须遵守本国的证券法和公司法的规定。例如,根据美国联邦证券法,公司发行上市证券,必须分别向证券交易委员会和证券交易所注册,发行公司承担连续披露义务,即除在注册申报书中披露有关信息资料外,还须按年度或季度提交财务报告。这将有助于政府了解和监督本国海外投资企业的经营状况。2009年我国商务部颁布的《境外投资管理办法》规定,企业应向原核准机关报告境外投资业务情况和统计资料,确保报送情况和数据真实准确。企业应当在其对外签署的与境外投资相关的合同或协议生效前,取得有关政府主管部门的核准。根据2012年国务院国有资产监督管理委员会颁布的《中央企业境外投资监督管理暂行办法》规定,中央企业境外投资管理制度应当报国资委备案。中央企业应当根据境外投资规划编制年度境外投资计划,并按照要求按时报送国资委,内容应包含境外投资总规模、资金来源与构成;重点投资项目基本情况(包括项目背景、项目内容、股权结构、投资地点、投资额、融资方案、实施年限、风险分析及投资效益等)。

(二) 防止海外投资企业逃避税

为了防止海外企业逃避税,资本输出国经常采取的管制措施包括:以"正常交易"原则确定关联企业间交易的价格,防止关联企业滥用转移定价逃避税,以及打击利用"避税天堂"逃避税的行为。此外,加强国际税收情报交换合作已成为目前资本输出国管理海外投资企业的重要方面。例如,我国《国际税收情报交换工作规程》(国税发[2006]70号)

对自动情报交换有详细规定,并在对外签订的双边税收协定中纳入了税收情报交换条款。近年来,我国与阿根廷、根西岛、马恩岛、泽西岛、百慕大群岛、英属维尔京群岛、巴哈马等国家或地区的政府缔结了专门的税收情报交换协议。我国《企业所得税法》针对海外投资企业转移定价、资本弱化、避税港情况规定了反避税条款。

2004年美国颁布了《工作创造法案》,规定符合条件的美国公司一年内从国外子公司将2003年以前入账但仍置于海外的利润汇回美国,其必须缴纳的所得税税率可由原来的35%降至5.25%。2010年美国为了及时掌握美国纳税人海外账户信息,打击国际逃避税行为,增加本国税收利益,颁布了《海外账户税收遵从法案》(Foreign Account Tax Compliance Act),要求外国金融机构有义务鉴别并披露美国账户持有人,向美国联邦税务局报告美国账户持有人的详细信息并承担代扣代缴义务,否则,支付款项或美国人账户将被征收30%的预提税。2014年5月,瑞士政府承诺自动向其他国家交出外国人账户的详细资料,实质上也是对美国《海外账户税收遵从法案》的回应。目前,美国已经与十多个国家分别签订了执行该法案的双边协定。中国与美国都是《多边税收征管互助公约》的缔约国,双方投资互动活跃,目前也有意向签署《中美税收情报交换协定》。两国政府通过税收情报交换,除了有效防范和遏制国际逃避税行为以外,同时也有利于打击腐败、洗钱、恐怖主义等严重犯罪活动。

(三) 反垄断法

以发达国家为主的资本输出国反垄断法对海外投资活动也产生了重大影响。

如美国一贯以"领土效果地原则"作为法律根据,主张其反垄断法的域外效力,认为即使某项违反美国反垄断法的行为不是发生在美国领土内,但如果该违法行为的目的旨在影响并实际影响了美国的自由贸易,美国法院仍然具有管辖权。而且,无论是外国公司在美国的行为还是美国公司与外国公司在国外所作的对美国自由贸易有不利影响的行为,只要该行为违反了美国反垄断法的规定,美国法院即可对该外国公司行使管辖权。

而欧盟也主张其反垄断法适用于发生在世界各个角落,有损于欧盟成员国利益的行为。无论是欧盟委员会的裁决还是欧洲法院的裁决,均主张欧盟反垄断法的适用范围包括部分发生的欧盟内、部分发生在欧盟以外的行为,或纯粹发生在欧盟以外的行为。

二、对外投资的鼓励与保护

私人海外直接投资有助于资本输出国增加国家财政收入,开拓国外市场,有利于国内产业结构优化,以及发挥本国的资本和技术优势,增强国际竞争力,因此,世界上主要的资本输出国均采取措施鼓励与保护本国私人海外投资,主要包括税收鼓励措施、财政性金融支持以及信息和技术援助。

(一) 税收鼓励措施

为了减少或避免海外投资者承担资本输出国和资本输入国的双重征税,资本输出国采取的税收优惠措施主要包括:第一,税收抵免,即通过国内法规定,从事海外投资的私人投资者已向外国政府缴纳的所得税,允许直接在本国应纳税额中抵免。对于境外股息所得则采取降低税率的征税方式。例如,美国的《国内收入法》规定对海外直接投资所得实行抵免,允许纳税人从其在美国应纳税款中扣除外国对该海外投资企业收入已经征收的税款。日本在1964年《特别税收措施法》中规定了对外直接投资实行税收抵免,并在实践中不断扩大抵免范围,以鼓励海外直接投资。特别规定在适用间接抵免时,采用排除海外经营亏损的综合限额抵免,在计算综合抵免限额时,允许企业将海外经营亏损额排除在外。资本输出国也可以通过对外缔结防止双重征税协定的方式,对海外投资者予以减免所得税优惠,被减免的税额视为已缴纳税额,在资本输出国予以饶让抵免。第二,免税法,即承认东道国的独占征税权,资本输出国放弃征税权,海外投资者的所得在东道国已纳税款者,在资本输出国免于征税。

我国《企业所得税法》中与企业海外投资有关的税收措施包括:采用居住地与收入来源地相结合的征收原则,坚持资本输出中性原则,采取分国不分项的限额抵免法减轻国际重复征税。此外,我国对企业海外直接投资经营提供的税收优惠措施还包括出口退税、通过签订双边税收协定相互实行对等的税收饶让或单方面的税收饶让等。

(二) 财政性金融支持

有的资本输出国政府专门为本国海外投资者提供资助,以示鼓励。如日本进出口银行,从1957年开始为从事海外投资的日本企业提供贷款,日本政府还专门建立了海外直接投资调查辅助制度,为日本企业组团赴海外调查提供资金支持,企业培训海外员工、提升技术和考察海外市场也可获得政府专项基金的资助。韩国进出口银行根据韩国《进出口银行法》,为海外投资提供融资业务,贷款利率较低,贷款期限较长,并在20世纪80年代设立了对外经济合作基金,专门资助韩国投资者在发展中国家从事资源开发或股权投资。一些资本输出国政府设立专门的公营金融机构,如英联邦开发公司、德意志开发公司、美国海外私人投资公司等对本国海外私人投资者提供贷款。

我国于1994年成立了国家出口信用机构——中国进出口银行,对我国海外投资项目提供境外投资贷款、对外工程承包贷款和项目融资贷款,其他政策性银行如国家开发银行也对我国企业海外投资提供融资服务。2005年我国商务部颁布了《对外经济技术合作专项资金管理办法》,对境外高新技术研发、境外农林和渔业合作、对外工程承包等项目采取直接补助或贴息等方式的资助。

(三) 信息和技术援助

有的资本输出国政府通过国家行政机关、国内特别机构或驻外使领馆所设的经济情报中心,向本国私人投资者提供东道国经济情况和投资机会的情报,以便他们作出投资抉择。例如美国的海外私人投资公司为促进私人投资流向发展中国家,提供投资信息服务。韩国海外投资信息中心专门负责收集并发布海外投资国别和产业方向的信息,提供投资咨询顾问服务。而日本则由通商产业省所属的亚洲经济研究所经济调查部、日本输出入银行的海外投资研究所等提供海外投资信息服务。

中国商务部和国家统计局于2002年制定了《对外直接投资统计制度》。从2003年起,境外直接投资纳入国家统计范畴,商务部和国家统计局共同定期发布《对外直接投资统计公报》。商务部定期发布《国别贸易投资环境报告》《对外投资国别产业指导目录》《境外加工贸易国别指导目录》，为我国海外投资者提供信息服务。

三、海外投资保险制度

国际资本流动在发达国家享有较高的自由度，长期以来，发达国家既是最大的资本输入国，也是最大的资本输出国。除了在特定领域，如国防、金融、保险、广播、交通运输等行业对外资有一定限制外，外资基本享有国民待遇，适用于内国投资的法律制度一般也适用于境内的外国投资。1948年，美国根据《对外援助法》实施马歇尔计划，率先创立海外投资保险制度，随后多次修订该法，于1969年设立海外私人投资公司，承担美国私人海外投资保证和保险业务。其他发达国家纷纷效仿，先后建立海外投资保险制度，保护本国的海外私人投资。

（一）海外投资保险制的概念

海外投资保险制是资本输出国政府或公营机构对本国海外投资者在国外可能遇到的政治风险，提供保证或保险，若承保的政治风险发生，致使投资者遭受损失，则由国内保险机构补偿其损失的一种制度。

（二）海外投资保险的承保机构

综观发达国家的立法与实践，海外投资保险承保机构主要有政府公司、政府机构或公营公司等。

1. 政府公司

美国1969年修订《对外援助法》，将海外投资保险业务正式交由海外私人投资公司经营。根据该法案，这家官办的专业保险公司实际上仍处在美国政府的直接领导下，其董事会成员一半由美国政府有关部门的代表兼任，其余董事须经参议院同意后由总统任命，美国国际开发署署长任董事长。公司总经理和常务副总经理也由总统委任，并执行总统的命令和董事会的决议。该公司兼具公、私双重性质，有利于投资纠纷非政治化，避免国家之间的直接对抗，同时，考虑到政治风险的严重后果，普通的私人保险公司不愿意承保该项业务，因此，海外私人投资保险公司必须以政府为后盾。

2. 政府机构

1969年以前，美国的海外投资保险业务由联邦政府的对外合作或对外开发机构负责。而日本自1956年起实行海外投资保险制度，分为海外投资原本保险和海外投资利润保险，1970年日本把两种保险制度合并，由通商产业省贸易局作为海外投资保险机构。

3. 政府与国营公司合作

有的国家由政府和依法指定的国营公司共同承担海外投资保险业务。被指定的国营公司承担保险合同的具体业务，但承保与否的最后决定权仍然掌握在政府手中。原联邦德国于1959年创建海外投资保险制度，由两家国营公司，即德国信托与监察公司和黑姆斯信用保险公司经营海外投资保险业务。该两家公司受联邦政府的委托和授权代表联邦政府发表和接受一切有关投资担保的声明，但主管审查与批准保险的机关为经济部、财政部及外交部代表所组成的有决议权的委员会及会计审核院和联邦银行代表的咨询委员会,主要审查该投资项目是否值得鼓励,以及对加强联邦德国与发展中国家经济关系有无积极贡献。实际上只有经财政部批准,才能承担保险责任。

(三) 海外投资保险的保险范围

各国海外投资的保险范围主要包括征收险、外汇险(禁兑险)和战争险。对政府违约险提供担保的国家较少,通常只是附属于征收险项目或在特殊情形下才予以承保。

征收险是指由于东道国政府实行征收或国有化措施,致使投资者的投资财产受到部分或全部损失,则由承保人负责赔偿。征收包括直接征收和间接征收,前者一般是指直接剥夺财产所有权,而后者是指东道国政府未依法取得外国投资者资产所有权时,采取阻碍或影响外国投资者对其资产行使有效控制权、使用权、处分权的行为,如强制股权转让、强制转让经营权、不适当提高税率等。美国、英国、德国等国的征收险均包括了间接征收,但具体范围各不相同。如美国《对外援助法》规定的"征收",包括但不限于外国政府废弃、拒绝履行以及损害其与投资者订立的合同,使该投资项目实际上难以继续经营。

外汇险包括禁兑险和转移险。主要是作为被批准项目的利润或其他收益,或因投资回收或处分投资财产而获得的当地货币或其他货币,在东道国禁止兑换成投资者本国货币汇回本国。该风险发生或因为东道国实行外汇管制,或爆发战争、政变等其他突发事件,致使投资者在一定期间内无法进行外汇业务。海外投资保险公司在批准该项政治风险保证时,必须从东道国获得关于原本与利润等自由汇出的保证,但是不包括投资因汇价变动所受到的不利影响。如美国只承保禁兑险,而日本、德国除了承保禁兑险外,还承保不能自由转移的转移险。

战争险是指由于战争、革命、内乱或暴动所导致的投资财产的损失。美国、日本、德国海外投资保险机构所承保的战争险排除了一般的劳资纠纷、经济矛盾所引起的冲突所致投资损失。值得注意的是,美国海外投资保险制度规定,因战争险所受的损失仅限于投资财产的有形财产的损失,而证券、档案文件、债券等损失,则不在保险之列,且损失只限于投资者所遭受的直接损失,不包括间接损失。

除了以上三种主要的险别外,有的国家还承保其他政治风险,如德国承保延期支付险,英国承保其他非商业风险。

(四) 海外投资保险的保险对象

1. 合格的投资

各国海外投资保险制度判断合格投资的标准各不相同,但都以合格的投资应符合投资者母国和东道国的利益,且东道国已明确表示同意接受作为可以承保的先决条件。

其次,多限于新的海外投资。即新建企业和现有企业的扩大、重建和现代化。合格的投资主要是指股权投资,除此以外,美国所承保的投资形式还包括了贷款、租赁、技术援助协议、许可证协议等。日本也向给予外国企业长期贷款提供保险。德国则向与股权投资密切相关的贷款,对海外分公司提供的资金以及某些再投资提供担保。

2. 合格的投资者

各国对于所谓合格的投资者的标准有所不同,但都要求担保的投资者和承保机构所在国有相当密切的关系。美国《海外援助法》要求投保的投资者必须是美国公民,或者是根据美国联邦法或州法成立的公司、合伙企业或其他社团,并且其投资至少51%为美国人所有,或者其资产至少95%为美国人所有的外国公司。日本法律则规定,合格投资者为日本公民或日本法人。而德国海外投资保险制度规定,合格投资者的标准是,在德国有住所的德国公民以及根据德国法律设立,在德国没有住所或居所的公司或社团。

3. 合格的东道国

有的国家对承保的投资所在的东道国有特别要求,如美国较为详尽地规定了合格的东道国必须同时符合以下条件:仅限于友好的发展中国家;东道国国民人均收入低于一定限度;尊重人权和国际上公认的工人权利;事先与美国政府订有双边投资保证协定。而日本、德国不以东道国是否与其签订有双边投资保护为担保海外投资的法定条件,主要审查确认东道国的法律秩序以及有关措施足以切实保护外国投资,即属于合格的东道国。但事实上,即便有海外投资保险制度的保障,发达国家的海外投资者一般都倾向于向与本国订有双边投资保护协定的发展中国家投资。

(五) 海外投资保险的保险期限、保险费和保险额

各国海外投资保险制度关于保险期限的规定各不相同,主要根据投资种类、性质及承保险别的不同而定。如美国规定,股权投资的保险期限最长不超过20年。而日本规定,海外投资保险合同的期限从5年到10年,一般最长不超过15年;德国规定,保险期限为15年或20年,且期满后可根据需要延长5年。关于保险费的具体数额则根据承保行业、险别及范围而有所差别。以综合保险为例,美国为承保金额的1.5%、日本为0.55%、德国为0.5%。

一般而言,保险人只承担被保险人投资损失的一部分而非全部,美国、日本、德国均规定最大保险额为投资总额的90%,德国规定在特定情况下可将保险额提高到投资额的95%,其余损失由投资者自行承担。

(六) 海外投资保险的赔偿与救济

各国海外投资保险制度均规定,当约定的保险事故发生以后,被保险人有权获得海外投资保险机构所支付的保险金,而海外投资保险机构代位取得投资者对东道国的索赔权。各国海外投资保险机构行使代位求偿权向东道国索赔的法律依据有所区别。以两国间签订有双边投资保证协定为投保条件的国家,如美国,保险机构在取得代位求偿权后,可根据美国与东道国间双边投资保证协定向东道国索赔,索赔权利和具体程序以国际法为依据,并受国际法保护;而不以存在双边投资保证协定为先决条件的国家,如日本,海外投资保险机构取得代位求偿权后,须根据东道国国内法程序进行索赔。根据习惯国际法,只有在用尽东道国当地救济后,投资者本国政府才能代位向东道国索赔。随着双边投资条约越来越广泛地被用于协调国际投资环境,更多的国家倾向于把海外投资保险制度与双边投资条约相挂钩,使本国海外投资者获得国内法和国际法上的双重保证。

我国从1998年开始试行对外投资政治风险保险制度,由中国人民保险公司出口信用险部受国务院委托办理。2001年成立的中国出口信用保险公司作为国内唯一提供出口信用保险服务的非营利性专业承保机构,于2003年开展海外直接投资保险业务,承保范围包括禁止汇兑险、征用险、战争内乱险,2005年商务部和中国出口信用保险公司采取了出口信用保险专项优惠措施,支持私营企业海外直接投资项目。

本章小结:
　　资本输入国管理外资的最重要措施是外资准入的一般审查制以及外资并购的反垄断审查和国家安全审查制度;同时,通过国内法保证外资的安全或给予某些优惠待遇有助于保护和鼓励外国投资。资本输出国对本国对外投资也需要在采取某些管理措施的同时,通过建立海外投资保险制度等措施来促进和保护对外投资。

思考题:
　　1. 外资准入审查制的内容及其意义。
　　2. 外资并购国家安全审查制度的内容及其意义。
　　3. 资本输入国关于外资保护的主要措施。
　　4. 海外投资保险制度的主要内容及其意义。

第十一章 促进与保护投资的国际法制

学习目标：了解促进与保护投资的有关国际法制，包括双边或区域性投资条约以及多边公约与协议，领会和把握双边投资条约中的核心条款的内容与意义，理解和把握《多边投资担保机构公约》和 WTO 与投资有关协议的主要内容。

建议学时：4 学时。

导读：目前国际上促进和保护私人直接投资最重要的法律措施是双边或区域性投资协定，因此，学习本章时应着重领会和把握双边投资条约的核心条款，尤其是关于投资待遇、政治风险防范、投资争端解决方面的制度与规则。此外，《多边投资担保机构公约》以及 WTO 的有关协议对于投资保护和投资自由化也具有重要的意义与作用。

第一节 双边投资条约与区域性协定投资规则

双边投资条约（bilateral investment treaties）是资本输入国与资本输出国之间签订的，旨在鼓励、保护和促进两国间私人直接投资活动的双边协定和条约之总称。目前，双边投资条约在国际投资法律体系中地位重要，成为保护和促进私人直接投资活动最为有效的国际法制。1959 年原联邦德国与巴基斯坦签订了第一个双边投资条约，此后，原联邦德国陆续对外签订了 129 个双边投资条约，法国、瑞士等几乎所有的西欧国家以及美国均紧随其后，把双边投资条约作为国家对外经济政策的重要组成部分。据联合国贸发会数据显示，截至 2013 年年底，全球共签订了 2902 个双边投资协定以及 334 个其他类型的国际投资协定。

大多数双边投资协定是发达国家与发展中国家之间签订的，而发展中国家相互间所签订的双边投资协定也占有相当比重。除了拉丁美洲国家由于较晚接受 1965 年《华盛顿公约》，对外签订双边投资协定的步伐也滞后于其他国家。然而即便如此，包括古巴在内的几乎所有拉丁美洲国家均对外缔结了至少一个或更多的双边投资协定。中国作为吸收外国直接投资最多以及海外投资迅速增长的发展中国家，目前对外签订了超过 130 个双边投资协定，2008 年 6 月中国与美国正式启动了双边投资协定谈判，并于 2014 年 1 月正式启动了与欧盟的双边投资协定谈判。

20 世纪 90 年代以来，与投资有关的区域或诸边协定也在不断发展，其内容也不仅仅再局限于贸易自由化安排，而是囊括了贸易、投资、服务、劳动、环境、竞争等诸多领域在内的综合性制度安排，投资保护和自由化规则是其中最为重要的内容之一。欧洲一体化运动经历了半个多世纪的发展，正由一般的区域性自由贸易区（欧洲经济共同体）演变为更加高度一体化的欧洲联盟，随着欧洲统一市场及经济货币联盟的建立，欧盟内资本流动完全自由化已基本实现。在北美洲,美国、加拿大、墨西哥组成的"北美自由贸易区"于1994年1月1日正式成立,《北美自由贸易协定》第11章对投资自由化作出了专门规定,并成为目前国际投资规则实践最为活跃的区域经济组织。拉美地区33个国家中有21个已经参加了该地区的五个经济一体化集团,即拉丁美洲一体化协会、安第斯条约组织、中美洲共同市场、加勒比共同市场以及南椎体共同市场。其中,安第斯集团作为完全由发展中国家组成的区域经济一体化组织,其《对待外资的共同规则》在促进区域内经济合作的同时,更倾向于对来自发达国家的直接投资进行共同的引导和监督。

近年来,美国加快推进对外缔结自由贸易协定的进程,先后对外签署了14个自由贸易协定,并在这些自由贸易协定中纳入了与双边投资协定类似的投资规则。目前,美国正在大力推进与南美洲国家进行的美洲自由贸易区(Free Trade Agreement of America)谈判,同时,跨区域的大型经贸合作谈判正在成为目前自由贸易协定的新动向,投资保护和自由化规则是此类谈判中的重要议题,如美国主导的《跨太平洋伙伴协定》(TPP)谈判,以及美欧之间的《跨大西洋自由贸易协定》(TTIP)谈判。在亚洲,东南亚国家联盟正在加快区域内的经济一体化步伐,同时与中国、日本、韩国展开了"10+1""10+3"等合作机制。自由贸易协定早已不再局限于地理意义上的区域合作,更为灵活、务实的跨区域经济一体安排正在快速发展。

以美国为代表的发达国家对外签订的投资协定具有较高标准以及较强的代表性,进入21世纪,新一代双边投资协定的内容更加广泛,尤其涉及公共健康、环境保护、劳工权益、国家安全、信息交换的透明度和规则制定等公众关注的敏感问题,大多数条约还对投资者与国家之间的争端处理程序作出了详尽规定。

一、国际投资协定的类型

国际投资协定根据缔约方的数量可分为双边投资协定和多边投资协定,后者又可分为区域性多边条约和世界性多边公约。根据协定内容可分为,专门的国际投资协定,以及包含在区域或跨区域自由贸易协定中的投资规则。从国际投资协定的历史发展和演变过程,可分为两大类型:一是美国式的"友好通商航海条约";二是双边投资保护协定,后者又分为美国式的投资保证协定和联邦德国式的促进与保护投资协定。

(一)友好通商航海条约

历史上,美国最早采用友好通商航海条约以解决其与他国之间的商务往来问题,1778年美国与法国缔结了世界上第一个友好通商航海条约。以第二次世界大战为标志,美国式友好通商航海条约根据其内容的变化可分为前后承继的两个阶段。第一阶段,第二次世界大战以前缔结的友好通商航海条约主要是调整两国间友好通商关系,内容主要涉及通商贸易事宜,其中虽然包含了关于外国商人及其资产和有关投资保护的条款,但其重点是保护商人,而不是保护工业投资者。第二阶段,第二次世界大战后美国成为全球最大的资本输出国,保护海外投资者的利益需求日益增强,而投资保护也成为了友好通商航海条约的主要内容,其主要条款涵盖了投资者的待遇,关于征收、国有化及其补偿,关于税收、外汇管制等问题,以及关于争端的处理等。但是,友好通商航海条约内容广泛,对投资保护的作用较为有限,特别是20世纪60年代以来,众多发展中国家对外资实行征收和国有化,促使美国政府逐渐转向签订专门的双边投资协定,以强化对本国海外投资的法律保护。

(二) 双边投资保护协定

1. 投资保证协定

第二次世界大战后,美国推行复兴欧洲经济的马歇尔计划,率先启动了海外投资保险制度,并以国家间签订有双边投资保证协定为海外投资者投保的必要前提。此类美国式的双边投资协定的特点是规定了在投资者母国保险机构给予投资者赔偿后,即取得代位求偿权,并且规定了投资争议应当通过国际仲裁解决,但此类投资保证协定并没有直接规定对外国投资的保护,如1980年10月中国与美国签订的关于投资保险和投资保证的鼓励投资协议和换文。

2. 促进与保护投资协定

20世纪60年代,以原联邦德国、瑞士、法国为代表的欧洲国家意识到传统的友好通商航海条约并不能为其海外投资提供充分有效的保护,开始与资本输入国签订专门的促进与保护投资协定。1959年,原联邦德国与巴基斯坦和多米尼加共和国分别签订了最早的两个双边投资保护协定。随后,上述欧洲国家相继对外缔结了类似的促进与保护投资协定。这些双边投资协定既包含了友好通商航海条约关于投资保护的内容,也涵盖了美国式投资保证协定的一些内容。主要特点体现为,既包含了促进与保护投资的实体规则,如关于投资待遇标准、政治风险保证等,也包含了关于代位求偿权、投资争端解决等程序规则。

截至2013年年底,欧盟28个成员则一共签订了1555个双边投资协定[①],根据2009年12月1日生效的《里斯本条约》,欧盟取得了"外国直接投资"的专属权能,即在该领域仅有欧盟可以立法和制定具有法律约束力的文件。另据2012年12月12日欧洲议会和理事会通过的《关于欧盟成员国与第三国之间双边投资条约过渡性安排条例》的规定,在不损抑成员国承担的其他欧盟法义务的情况下,欧盟成员国与第三国签订的提供投资保护的双边投资协定按规定履行通知义务后,继续有效或生效,直至欧盟与该第三国缔结的双边投资协定生效。同时条例也指出这些双边投资协定将逐步为由欧盟与该第三国缔结的提供更高投资保护待遇的投资协定所取代。因此,可以预知随着欧盟对"外国直接投资"专属权能的具体实施,各国与欧盟而非欧盟成员国缔结双边投资协定也将成为未来发展的一个方向。

早期的双边投资协定主要在西欧国家与非洲国家之间签订,而拉美国家由于受到卡尔沃主义的影响,对签订双边投资协定态度谨慎。进入到20世纪80年代,伴随着发展中

---

① UNCTAD, Investor-State Dispute Settlement: An Information Note On The United States And The European Union, IIA Issues Note, No. 2, June 2014, p. 3.

国家对外国直接投资需求不断增强,为了改善国际投资环境,吸引外资,发展中国家也开始积极对外签订促进与保护投资协定。

美国从20世纪80年代开始调整了对外缔结双边投资条约的政策目标,1982年美国颁布了第一个双边投资协定范本,并在此基础上与巴拿马签订了第一个促进与保护投资协定。伴随着对投资保护标准和投资自由化程度的不断提升,美国的投资协定范本历经修订,最新颁布的是2012年双边投资协定范本。截至2013年年底,美国在其范本基础上对外缔结了46个双边投资协定,以及包含有投资章节的14个自由贸易协定。这些美国式投资保证协定对全球国际投资协定的发展和演变产生了重要影响。

二、投资待遇

国际投资协定中对外国投资者的投资和与投资有关的投资活动一般提供了三种待遇标准,即公平与公正待遇、最惠国待遇和国民待遇。

(一) 公平与公正待遇

绝大多数国际投资协定中均规定,缔约一方应给予缔约另一方投资者的投资以公平与公正待遇。如我国与法国政府于1984年签订的关于相互鼓励和保护投资的协定第3条就规定:"缔约各方承诺在其领土和海域内给予缔约另一方的投资者的投资以公正与公平的待遇。"美国1994年的双边投资协定范本规定:投资在任何时候须给予公平与公正待遇,须享有充分的保护和安全,绝不得给予低于国际法要求的待遇。

公平与公正待遇是一个"绝对的"待遇标准,其内容较为抽象、模糊。一般认为,将公平与公正待遇订入条约中可以有几个目的:它作为一个基本的标准可以确定条约的基调;它也可以作为解释条约中特定规定的辅助因素,或者为了弥补条约以及有关的国内立法或国家契约的不足,使外国投资者在东道国的投资及与投资有关的活动能始终享受非歧视的待遇,得到充分的保护。也就是说,正是由于这一标准的模糊性,使其可以灵活解释,达到保护外国投资者及其投资的目的。

目前,在国际上,有关学说和实践对公平与公正待遇的概念与范围存有较大分歧。有关政府、仲裁员和学者对公平与公正待遇作出了不同的解释,概括起来主要有三种意见。一种意见认为公平与公正待遇是习惯国际法最低待遇标准的一部分。这主要得到美国、加拿大等北美自由贸易协定(NAFTA)缔约国的支持。第二种意见则认为公平与公正待遇是包括所有渊源在内的国际法的一部分,即公平与公正待遇的含义不限于习惯国际法,还应考虑一般法律原则、现代条约以及其他公约的义务。近些年来世界银行解决投资争端国际中心(ICSID)有些案件的裁决意见持此意见。第三种意见认为公平与公正待遇是一个独立的条约标准,某些案件的仲裁庭持此意见,也有学者认为该待遇是独立的。

实际上,对于公平与公正待遇及其解释和适用上的分歧主要在于:是限制性解释还是扩大性解释。关于公平与公正待遇应依习惯国际法外国人待遇标准来解释的观点,属于限制性解释;而认为公平与公正待遇应依包括所有渊源在内的国际法来解释或者将其看作是一个独立自治的标准的,则倾向于扩大性解释。这两种规定或解释的法律后果有很大不同,前者是抬高投资者向东道国索赔的门槛,以达到限制投资者依据公平与公正待遇条款向东道国索赔的目的,而后者则在很大程度上强化了对政府行为的审查,并降低了投资者索赔的门槛,使得公平与公正待遇成为 BIT 中投资者最容易获得索赔的条款。因此,如何规定和解释公平与公正待遇条款,涉及东道国和投资者间权益保护的平衡问题。

我国以前的 BIT 没有将公平与公正待遇同国际法或习惯国际法相连,条约仅规定给予"公平与公正待遇"。但近些年的条约则有变化,如中国与新西兰2008年的自由贸易协定投资规则中第143条规定:"按照普遍接受的国际法规则"给予公平与公正待遇;中国与秘鲁2009年自由贸易协定第132条规定:"应根据习惯国际法"给予公平与公正待遇。这样,我国投资条约中公平与公正待遇应如何解释,显然是一个不可忽视的问题。我国目前仍然是发展中国家中最大的资本输入国,同时我国也在发展对外投资,鼓励有竞争优势的企业"走出去",因此我国在投资条约条款的设计上,就必须注意既要为维护我国作为投资东道国的权益留有政策空间,也要有助于保护我国海外投资者的利益。具体就公平与公正待遇条款而言,鉴于目前对其解释与适用方面存在的争议,较为可取的方法是,在条约中明确公平与公正待遇的内容和范围。例如,2009年中国与东盟投资协定第7条就强调:"公平与公正待遇是指各方在任何法律与行政程序中不得拒绝司法"。这样就可以赋予其明确的内容,使公平与公正待遇在解释和适用时有确定的标准可循。

(二) 最惠国待遇和国民待遇

有别于公平与公正待遇被称为"绝对"待遇标准,最惠国待遇和国民待遇被称为"相对"待遇标准,由于有确切的标准可循,有明确的具体内容,到今天,已经成为国际投资条约中不可或缺的投资待遇条款之一。同时,无论是发展中国家还是发达国家,出于维护公共利益或国家安全考虑,对最惠国待遇和国民待遇都规定了一些重要的例外。

最惠国待遇,是指缔约国一方有义务给予缔约国另一方不低于其给予任何第三国的待遇。国际投资协定中的最惠国待遇条款的大体相似:(1) 缔约国一方投资者的投资在缔约国他方境内享有不低于缔约国他方给予任何第三国国民或公司的待遇;(2) 缔约国一方投资者在缔约国他方境内的与投资有关的活动(通常包括管理、经营、维护、适用、处置和享有)享有不低于缔约国他方给予任何第三国国民或公司的待遇;(3) 不适用最惠国待遇的例外情况。

国民待遇条款则规定,缔约国给予缔约他方投资者及其投资不低于其给予本国投资者及其投资的待遇。由于国民待遇标准能够保证外国投资者与内国投资者在同等的经济条件下公平竞争,因此,发达国家竭力在国际投资协定中为本国海外投资者争取获得东道国的国民待遇。

国民待遇的适用范围,特别是在外资准入阶段是否适用国民待遇原则,对发展中国家来说是一个颇具挑战性的问题。有些发达国家力图将国民待遇适用于投资的准入阶段,以便促进投资自由化,但对于许多发展中国家来说,在外资准入阶段适用国民待遇意味着其外资管理政策空间会受到很大限制,因而通常会采取较为谨慎的态度。迄今为止我国与外国签订的双边投资协定均没有规定准入前国民待遇,但我国政府正在改革外资管理体制,逐步放宽对外资准入的限制。2013年7月我国政府已明确同意以准入前国民待遇和负面清单为基础与美国进行双边投资协定的实质性谈判。

国际投资协定中一般同时规定了最惠国待遇和国民待遇,以便两种待遇标准无论哪种待遇更优惠,缔约国投资者可主张享有较优惠的待遇,在东道国获得充分的保护。

此外,国际投资条约中的投资保护条款强调,缔约一方投资者在缔约另一方境内的投资应享受持续的保护和安全,或享受充分与及时的保护和保障,要求缔约东道国一方不仅保护投资者的人身和投资设施不应受到政府的攻击,而且甚至包括免受反政府武装的侵袭。

三、政治风险防范

国际投资协定对政治风险的防范,重点在于征收与外汇转移问题。此外,关于战争和内乱,因为其中较多东道国政府不可预见或不可控制的因素,国际投资协定对此规定一般较为简单。

（一）征收及其补偿

国际投资条约一般规定了缔约国一方对缔约他方投资者在其境内的投资进行征收的条件及补偿标准。征收条款主要规定,禁止缔约一方对缔约他方投资者的投资进行征收或国有化,除非符合以下条件:(1) 为了公共目的;(2) 以非歧视性的方式;(3) 给予充分、及时、有效补偿;(4) 按照正当法律程序等。

美国2004年双边投资协定范本对征收条款作出重大调整,并在2012年范本中予以延续。主要原因在于,近年来国际投资争端仲裁庭受理的投资者索赔请求中几乎都包含了对东道国违反"征收条款"的指控,东道国正当、合法的外资管理权,只要有损于外国投资者利益,哪怕这些管制措施是为了保护公共健康或环境安全,都很可能遭受投资者的控诉。美国遂在新近签署的双边投资协定和自由贸易协定中着重对"征收条款"予以修正,希望更加明确具体的"征收条款"能够防范仲裁庭肆意扩张的司法解释,从而维护东道国正当的经济管制权。新的条款主要是对直接征收和间接征收作出区分并加以限定。例如,关于"直接征收",是指通过正式转移财产权或完全剥夺财产而对投资实现国有化或以其他方式直接征收,这与以往的双边投资协定相一致,但关于"间接征收",就特别强调:"在此情况下,政府行为具有等同于(equivalent to expropriation or nationalization)直接征收的效果,只是不正式转移财产权或完全剥夺财产。确定政府的行为是否构成间接征收,要求基于事实逐案查究,并考虑以下因素:政府行为的经济影响、政府行为对明显合理的、基于投资的期待(investment-backed expectations)所干预的程度、政府行为的性质。"并规定:"除罕见情况外,东道国政府出于保护合法的公共福利目的,如公共健康、安全和环境,而制定和采取的非歧视性的规制行为,不构成间接征收"。另一方面,"除非政府一项或一系列行为干涉到有形财产或无形财产权或投资中的财产收益,否则该政府行为不构成征收。"①

美国双边投资协定在对"间接征收"概念的界定上颇费心思,试图将可补偿的征收行为与国家出于正当、合法的公共目的,非歧视性的经济规制措施区分开来,以避免日后投资争端仲裁中仲裁庭对征收条款进行任意扩大的解释。但即便如此,"间接征收"条款的存在仍然时刻威胁着东道国保护公共利益和安全的主权权力。

国际投资争端仲裁案件的现实证明,解释空间过于宽泛的征收条款,尤其是间接征收、逐步(creeping)征收的规定,一旦被外国投资者作为索赔的法律根据,国际仲裁庭在外国投资者利益与东道国公共利益之间寻找恰当平衡的时候有非常大的自由裁量空间。保护外国投资利益绝对不能以牺牲东道国公共福利为代价,这是东道国在制定外资政策时不可偏离的准则。尤其是发展中国家,在公共健康保护、环境保护、劳工保护等领域的法律尚不完善的情况下,对外签订双边投资条约时,应当注意对上述公共利益的保护,规定适当的公共政策保留条款,以维护国家正当、合法的外资管理权力。

在征收和国有化的补偿问题上,发达国家与发展中国家的立场分歧仍然存在,如前者主张的"充分、及时、有效"补偿标准,即所谓"赫尔原则"。而后者主张"适当、合理"补偿标准。但近年来,处于加强外经济合作以及改善投资环境的需要,发展中国家的上述立场有所松动,其对外签订的一些双边投资条约中也不时出现与发达国家一致的补偿原则。

(二) 汇兑与转移

国际投资条约的汇兑与转移条款,主要功能在于保证缔约国投资者的投资原本、利润和其他合法收益可以自由地兑换为自由兑换的货币并可自由地转移出东道国境外。具体的自由汇兑和转移的范围,各种投资协定规定不尽相同,如德国2008年双边投资协定范本规定的范围包括:(1) 投资的原本以及追加的投资;(2) 投资回报;(3) 贷款的偿还金;(4) 投资全部或部分的清算或出售所得;(5) 征收补偿款。美国2012年双边投资协定范本以及德国2008年双边投资协定范本均规定,缔约各方应允许所有有关投资的转移自由地和不得迟延地进出其领土,并允许投资者以自由的可用货币按转移当日通行的市场汇率兑换其货币。德国范本同时还规定,如果市场汇率不可确定,则以转移当日国际货币基金组织与特别提款权(SDR)有关的汇率为准。如果汇兑和转移需要履行必要的手续,则从投资者递交申请之日起,无论如何该批准程序不应超过两个月。

投资条约通常也同时规定了自由转移的例外情形,如遇东道国国际收支平衡困难时,按照一定的条件,对资本和利润的自由转移施以若干限制。此外,美国2012年双边投资协定范本还规定,缔约方仍可以通过公正、无歧视和诚信的方式适用与下列事项有关的法律的方法阻止转移:(1) 破产、无力偿还、或出于对债权人权利的保护;(2) 证券、期货、期权或其他衍生品的发行、买卖或交易;(3) 刑事犯罪或违法;(4) 在协助执法或金融监管部门有必要时对转移进行金融报告或保留记录;(5) 确保遵守司法或行政诉讼程序中的命令或判决。

---

① Chile-U.S. FTA Annex 10-D.

四、投资争端解决

国际投资协定可能引发的争端主要有两类,一是缔约方关于条约的解释和适用问题的争端;二是缔约国一方与缔约他方国民之间的投资争端。国际投资协定对此分别规定了不同的解决机制。

对于缔约方就协定的解释和适用问题的争端,一般先应采取协商解决的方式,如果在规定时间内未能解决,可根据缔约国任何一方的请求,将争端提交国际仲裁庭解决。这一类争端解决在实践上没有出现多少有争议的问题。近些年来,实践上出现较多的是外国投资者与东道国之间的争端,这类争端解决过程中也产生了一些很有争议的法律问题,因此,这里主要介绍外国投资者与东道国间的争端解决问题。

对于外国投资者与东道国之间的投资争端,国际投资协定一般规定首先通过友好协商解决,如果在确定时间内不能解决,可以诉诸当地行政或司法程序。目前,越来越多的国际投资协定赋予外国投资者直接诉诸国际仲裁的权利,形成具有强制力的外国投资者权利保障机制,更为重要的是发展中国家对该机制的接受程度不断提高。截至2013年年底,全球共有568起外国投资者诉东道国的投资仲裁案件,有98个国家至少在一起投资仲裁案件中成为被告,85%的案件由来自欧美等发达国家的投资者提起。有274起案件作出了裁决,其中裁决东道国胜诉的案件占43%,而裁决投资者胜诉的案件占31%,其余案件以和解结案。①

近年来,外国投资者与东道国间的国际仲裁制度发生了一些重大变化,如可提交国际仲裁的投资争端范围扩大,以及发展中国家对用尽当地救济原则的立场变化。

(一) 可提交国际仲裁的投资争端范围扩大

过去,发展中国家的双边投资协定将可以提交国际仲裁的投资争端仅限于有关征收补偿数额的争议,或最多再包含"当事双方同意的其他投资争端"。但现在,有些发展中国家允许提交国际仲裁的争端范围包括了外国投资者与东道国因投资产生的任何法律争议,或将"投资争议"界定为缔约一方与缔约另一方投资者因履行协定下与投资有关的义务所产生的争议。②

国际仲裁庭裁决适用的法律包括东道国法律(包括其冲突规则)、有关国际投资协定的规定和可适用的国际法原则。因此,东道国违反国际投资协定给缔约对方投资者造成损害而引发的争端;东道国实施外资规制行为造成缔约对方投资者损害的争端等等类型的投资争端都应当属于上述"在东道国境内的投资产生的任何法律争议"。如果国际仲裁庭对有关国际投资条约中的实体法或可适用的国际法原则作出扩张性解释,那么提交国际仲裁的投资争端范围又进一步被扩大了。这是令包括发达国家在内的东道国大感头痛,并令社会公众深为担忧的问题。发展中国家对此不得不有所防范,维护国家主权原则

---

① 联合国贸发会:《2014年世界投资报告》,第125—126页。
② 如2003年《中华人民共和国政府和圭亚那共和国政府关于促进和保护投资协定》第9条第1款的规定。

仍然是国际投资争端解决中的基本原则。

当然,如果将争端提交根据1965年《解决国家与他国国民间投资争议的公约》(简称《华盛顿公约》)所成立的国际投资争端解决中心(International Centre for Settlement of Investment Disputes,简称 ICSID)仲裁或调解,还是应当受到东道国批准《华盛顿公约》时作出的保留声明制约。

不过,值得注意的是,《华盛顿公约》成员国向 ICSID 作出的通知,既无赋予也无否定 ICSID 管辖权的效果,该声明仅仅让外国投资者了解东道国愿意将何种类型的投资争端提交 ICSID 解决,对何种类型的投资争端,东道国将不考虑同意提交 ICSID 管辖。事实上,如果东道国作出保留声明后,又同意将某种原来属于保留范围的投资争端提交 ICSID,那么东道国就以行为表示对之前作出的保留声明进行了修正。①

更何况,在双边投资条约中,除了提交 ICSID 解决,应争端任何一方要求还可以提交专设(ad hoc)仲裁庭进行仲裁。进入21世纪后,中国同意提交国际仲裁的争端范围大大拓宽了。

(二) 发展中国家对用尽当地救济原则的立场变化

对于发展中国家而言,另一重要变化体现为用尽当地救济原则的立场变化。例如,近年中国在双边投资条约中规定,用尽当地救济仅限于用尽东道国的法律和法规所规定的国内行政复议程序。第一,如果缔约方投资者把争议提交复议程序3个月后,争议仍然存在,那么投资者可以把争议提交仲裁。第二,如果投资者已经将争端诉诸中国有管辖权的法院,则不能适用国际仲裁机制,除非投资者根据中国法律撤回诉讼请求。第三,诉诸东道国法院还是提交国际仲裁由外国投资者自行决定,但一旦对这两种程序之一作出的选择应当是终局的。但是,已将争议提交国内法院的投资者,如果在法院对争议事项作出判决前根据东道国法律撤诉的,仍然可以将争端提交国际仲裁。在这种情况下,作为争议一方的缔约国应同意将其与缔约另一方投资者之间的争议提交国际仲裁。

中国把"用尽当地救济"范围仅限于行政复议,而没有把用尽国内司法救济作为提交国际仲裁的前提,其原因主要是为了加强对投资者的保护。中国目前在双边投资条约中规定外国投资者可自由选择东道国国内法院管辖或国际仲裁庭管辖,但两种管辖权是相互排斥的,选择一旦作出,具有终局性。不过,更有利于投资者的规定是在内国法院作出判决前,如果投资者根据东道国法律撤回了诉讼请求,那么仍然可以提交国际仲裁庭解决。这与目前国际上仲裁与司法诉讼的相互关系之法律规定是基本一致的。

同时,我国签订的投资协定还规定了行政复议的期限(3个月),如果超过这一期限,争议仍然存在,那么投资者可以提交国际仲裁。判断"争议是否仍然存在"是个较为含糊的概念,只要投资者对行政复议结果不甚满意,就可以认为争议仍然存在。

《华盛顿公约》第26条规定:"除非另有规定,双方同意根据公约交付仲裁,应视为同

---

① Aron Broches, Book Review: Moshe Hirsch, Arbitration Mechanism of the International Center for the Settlement of Investment Disputes, 10 ICSID Rev. -FILJ, 1, 163 (Spring 1995).

意排除任何其他补救办法而交付上述仲裁。缔约国可以要求用适当的各种行政或司法补救办法,作为其同意根据本公约交付仲裁的一个条件。"如果东道国没有事先规定必须用尽某种形式的当地救济,那么 ICSID 管辖就具有绝对的效力。因此,东道国如果要将用尽当地救济作为提交 ICSID 解决的前提条件,就必须在有关条约或国内立法或投资契约中予以明示规定,否则可能就将被仲裁庭解释为放弃了这一要求。

关于用尽当地救济原则必须是东道国明示规定还是可以默示推定的问题上,发展中国家和发达国家一直存在深刻分歧,前者主张用尽当地救济原则是东道国司法主权的重要组成部分,除非东道国明示放弃这一权力,否则在将投资争端提交国际仲裁前,外国投资者都必须用尽东道国当地救济。而仲裁的排他性只表明它排除其他形式的管辖,而并不能排除当地救济,在东道国的主权利益与外国投资者利益之间,国家主权原则是绝对优先的。但这也使得东道国处于一种尴尬的境地,如果规定必须用尽的是东道国司法救济,那么东道国的司法判决甚至是诉讼程序法律都可能受到国际仲裁庭的审查。而发达国家一直认为,在一国与他国订有仲裁条款情况下,只要国家在相关的国际条约中对用尽当地救济保持缄默,则发生争议时无需用尽当地救济就可直接提交国际仲裁。

因此,发展中国家对外签订双边投资协定时,对用尽当地救济作出明确具体的规定就显得十分重要,这可以避免国际仲裁庭在审查有关用尽当地救济问题时(因为这关系到仲裁庭管辖权是否成立)作出任意扩大或歪曲解释。

第二节 《多边投资担保机构公约》

一、公约的产生及意义

早在 1948 年,为了对国际投资的政治风险提供国际性保护,以世界银行为主的国际组织、民间团体多次在国际会议上提出建立多边投资担保机构的设想,但直到 1985 年《多边投资担保机构公约》(《汉城公约》)才在世界银行年会上被通过并于同年 10 月在汉城(首尔)开放签字。该公约定义了多边投资担保机构(Multilateral Investment Guarantee Agency, MIGA)的核心使命:"在以公正和稳定的标准对待外国投资的基础上,在其条件与发展中国家的发展需要、政策和目标一致的情况下,促进以生产为目的的资金和技术流向发展中国家。"公约规定其生效应经过 5 个发达国家和 15 个发展中国家批准,并且批准的国家的总认股数额不少于该机构法定资本的 1/3。至 1988 年 4 月 12 日,批准国达 29 个,认缴资本总额达到 53.38%,公约得以生效,MIGA 据此建立,并成为世界银行集团成员,MIGA 作为一个法律上和财务上独立的实体开展业务。MIGA 的创立是为了对发展中国家的非商业风险提供担保,以补充公共和私人来源投资保险的不足。MIGA 的多边性质以及由发达国家和发展中国家联合支持的方式极大地增强了跨境投资者的信心。

我国于 1988 年 4 月 30 日批准了该公约,是公约的创始会员国。截至 2014 年 7 月,公约的成员国已达 180 个,其中发达国家 25 个,发展中国家 155 个。截至 2013 年年底,

MIGA 的总承保金额达 108 亿美元,连续六年保持了增长趋势。2013 年度,MIGA 签发了 28 亿美元政治风险担保,创历史新高,74% 的担保提供给了由国际开发协会提供服务的最贫困国家。54% 支持了撒哈拉以南非洲地区的私营部门发展,41% 支持了脆弱或受冲突影响国家的专项项目。①

MIGA 提供的针对发展中国家非商业风险的保险,对很多进入这些市场的投资者和贷款人而言是一个非常强大的工具,是促使他们在高风险国家作出投资决定的重要保障。同时,MIGA 促进外国直接投资流入发展中国家,尤其是鼓励外国直接投资流向世界最贫困的国家,从而有助于促进全球经济增长,减少贫困和改善发展中国家人民生活水平。MIGA 与世界银行集团的协作确保了 MIGA 对任何投资的支持与世界银集团在东道国的战略保持一致,即终结极度贫困和促进共享繁荣的使命、MIGA 成员国的发展需求,以及 MIGA 侧重其比较优势并补充其他保险机构业务范围的需要。

二、公约的主要内容

(一)宗旨与投资担保业务

MIGA 的宗旨是鼓励在会员国之间,特别是向发展中国家会员国进行生产性投资,以补充国际复兴开发银行、国际金融公司和其他国际开发金融机构的活动。为实现其宗旨,MIGA 应:(1)对会员国来自其他会员国的投资的非商业性风险予以担保,包括共保和分保;(2)开展合适的辅助性活动,以促进投资向发展中国家会员国和发展中会员国间的投资流动;(3)为推进其目标,行使其他必要的或适宜的附带权力。

(二)组织机构与表决制度

MIGA 设立理事会、董事会和总裁。

理事会是 MIGA 的权力机构,由各成员国指派理事和副理事各一人组成。理事会推选一名理事为主席。董事会为执行机构,负责 MIGA 日常事务。董事会成员应不少于 12 名,董事人数可由理事会根据成员国变动的情况进行调整。董事可指定一名副董事在其缺席或不能履行权力时代行其职能。世界银行行长为董事会兼任主席,除在双方票数相等时得投一决定票外,无投票权。董事会经董事会主席提名任命 MIGA 总裁。总裁处理 MIGA 的日常事务,负责职员的组织、任命和辞退。

MIGA 的投票权基本遵循世界银行集团的加权表决制度。即各成员国拥有 177 票基本投票权,并按其持有的股份,每股增加一票,各成员国的总投票权为其拥有的基本投票权加上其认缴股份取得的投票权之和。一个国家认股越多,投票权越大。会员资格票是经过计算的,以便确保在世界银行所有会员国加入时,发展中国家作为一个集团与发达国家作为一个集团将拥有相等的表决权。为了在取得这类平等之前保护少数集团,在公约生效后的 3 年内,该集团将接受补充票,使之能作为一个集团拥有总表决权的 40%。如果任何一类国家的投票权低于机构投票总数的 40%,该类国家有权增加其投票权达到上述

---

① MIGA:《2013 年度报告》,第 5 页。参见 http://www.miga.org/documents/MIGA_AR13_Chinese.pdf。

40%的最低限度,同时,理事会和董事会的一切决议均需经过拥有法定资本 55% 以上并占总投票权 2/3 以上的多数票通过。上述表决制度确保了 MIGA 的任何决议都不可能由某一类国家单方面表决通过。

(三) 担保业务

1. 合格投资

根据《多边投资担保机构公约》第 12 条规定,合格投资应为新投资,即投保申请注册后开始进行的投资,包括:(1) 股权投资,包括向有关企业中的股权持有人发放或担保的中长期贷款,以及董事会确定的直接投资的各种形式;(2) 董事会经特别多数票同意,可将合格投资扩及其他任何中长期形式的投资。同时,MIGA 应考虑该投资的经济合理性及其对东道国所作的贡献,是否符合东道国的法律和经济发展目标、东道国的投资环境等。

2. 合格投资者

根据《多边投资担保机构公约》第 13 条规定,合格投资者是指:(1) 作为东道国以外的成员国国民的自然人;(2) 在东道国以外的成员国注册并设有主要营业场所,在商业基础上营业的公有或私有法人;(3) 其多数资本为东道国以外的成员国或其国民所有并在商业基础上营业的公有或私有法人。

根据投资者和东道国的联合申请,董事会经特别多数票通过,可将合格投资者的范围扩大到东道国国民或在东道国注册的法人,或其多数资本为东道国国民所有的法人,但均以所投资产来自东道国境外为限。

3. 合格东道国

根据《多边投资担保机构公约》第 14 条规定,MIGA 只对在发展中成员国领土内所作的投资进行担保。

4. 承保险别

MIGA 主要承保汇兑险、征收和类似措施险、战乱险、违约险以及其他非商业风险。

MIGA 所承保的汇兑险,即东道国政府采取任何措施,限制投保人将其货币兑换成可自由使用的货币或投保人可接受的另一种货币,转移出东道国境外,包括东道国政府未能在合理的时间内对投保人提出的此类转移申请作出的行动。东道国政府采取的限制措施包括限制转移的一切新措施,无论是直接的还是间接的,法律上规定的或是事实上存在的限制措施。同时,东道国政府采取的措施既包括积极行为,如明确以法律、法令或行政命令等手段禁止货币的兑换和转移,或以不利的汇率给予兑换和转移,即比 MIGA 确定的基准汇率还低的汇率给予兑换和转移;也包括消极的不作为,如在合理时间内未能对外国投资者要求兑换或转移的申请作出行动。

MIGA 所承保的征收险和类似措施险,即东道国政府采取的立法行为,或者行政的作为或不作为,实际上剥夺了投资者对其投资和收益的所有权或控制权。但排除了政府为管理其境内的经济活动而采取的普遍适用的非歧视性措施。公约采用了"征收和类似措施"的广泛定义,可包括、但不限于东道国政府对外国投资财产的征收、国有化、没收查封、占有、扣留和冻结。如果有关征收的法律或法令是自动执行的,无需颁布执行的法律或法令,该立法行为本身就构成征收,从而可能导致外国投资者向 MIGA 提出的一项权利请求。

公约所指的征收,不仅包括直接征收,而且包括间接征收。MIGA 不仅可以对剥夺投资者对其投资的所有权或控制权的措施提供担保,而且还可对阻碍投资者对这些权利的行使的措施提供担保。根据 MIGA 的《股权投资通则》规定,如果一项措施具有下列效果,就应具有征收的性质:(1)剥夺投保人受担保的权利;(2)剥夺项目企业的有形资产;(3)阻止投保人处分担保份额或行使依附于担保份额的表决权利;(4)阻止项目企业,如实际执行担保申请中所说明的投资项目;行使其有关投资项目的重要权利,包括处分资产和执行求偿的权利;或履行其对于投保人给予担保投资的金钱义务;(5)对于项目企业施加财政或其他经济义务,致使该项目企业亏损。同时,这类剥夺、阻止或施加义务的措施实际持续积累至少达 365 天。

MIGA 对东道国领土内的任何军事行动或内乱提供担保。军事行动包括不同国家之间的军事行动,也包括同一国家不同政府、不同党派之间的军事行动,无论是否正式宣战。内乱通常指直接针对政府的、以推翻政府或将其驱逐出某个特定的地区为目的的有组织的暴力行动,包括革命、暴乱、叛乱和军事政变。而对于骚乱和民众骚乱等形式的内乱也予以承保。但是,所有内乱必须主要由追求广泛的政治或思想目标的集团所引起或进行。战争和内乱均不以发生在东道国境内或以东道国参加为前提。

将违约险作为一个独立的险种予以承保是 MIGA 在国际投资保险业务上的一个创新。MIGA 所承保的违约险,是指东道国政府不履行或违反与投保人签订的合同,并且被保险人无法求助于司法或仲裁机关对其提出的有关权利请求作出裁决;或该司法或仲裁机关未能在合理期限内作出裁决(通常,这个期限从投保人提请诉讼请求到该裁判机关作出最后裁决之间不应少于 2 年);或虽有这样的裁决但未能执行。东道国的违约行为包括其作为主权者的违约行为和作为一般商业伙伴的违约行为。

除了上述四种政治风险外,经投资者与东道国联合申请,董事会特别多数票通过,可将担保范围扩大到其他非商业风险,如针对投资者的恐怖手段或绑架,或政治目的的罢工。但在任何情况下都不包括货币贬值的风险。根据公约要求,MIGA 须与各国国家保险机构和私营保险机构进行紧密合作。当各国国家保险机构无法为国际投资者提供充分或必要的担保时,MIGA 可以拓展其担保业务,以满足国际投资者的需求。在各国国家保险机构和私营保险机构担保业务未能承保的险种,MIGA 很可能成为提供长期担保的唯一机构。

5. 代位求偿权

根据《多边投资担保机构公约》第 18 条第 1 款、第 2 款规定:"在对投保人支付或同意支付赔偿时,投保人对东道国其他债务人所拥有的有关投保投资的权利或索赔权应由机构代位。担保合同应规定此类代位的条件",此种代位权全体成员国应予承认。

一旦 MIGA 承保的非商业风险发生,投资者根据其与 MIGA 订立的担保合同向 MIGA

索赔，MIGA 根据公约规定支付或同意支付保险金后，有权代位向有关东道国索赔。投资者在向 MIGA 索赔之前要履行一些义务，如寻求救济，遵守东道国的法律与法令，对其投资项目加以控制，以避免或减少可能的损失，妥善地保存索赔的文档记录等等。而 MIGA 行使代位权的范围由担保合同具体规定。如果担保合同规定投资者投保的是其全部投资，MIGA 通过代位权取得的将是有关该项投资的全部权利、利益和求偿权。如果担保合同规定投资者投保的是其投资的一部分，MIGA 通过代位取得的只能是与该投资部分相应的部分权利、利益和求偿权。不过，根据 MIGA 与投资者或共保者双方、或者 MIGA 与投资者和共保者三方的协定，MIGA 可同意受让原本不属于它的投资权利、利益和代位求偿权的其他部分，以便完整地代位行使投资者对东道国的求偿权，也有助于避免就同一投资事故与东道国进行多项平行的求偿权谈判。

（四）投资促进业务

MIGA 除了向发展中国家的投资提供担保外，还承担投资促进业务。《多边投资担保机构公约》第 23 条规定，机构应进行研究，开展活动，以促进投资流动，并传播有关发展中国家会员国投资机会的信息，以改善外国投资流动向这些国家的环境。MIGA 的投资促进业务包括研究、传播信息、技术咨询和援助、政策磋商、与特定成员国谈判等五种。

MIGA 的投资促进业务经费来源稳定，潜力巨大，有利于外国投资者及其母国与东道国之间的信息沟通，增进互信；而其发布的关于投资的情报与资料，可为各会员国制定投资政策和法律提供依据，并对投资者的投资决策有重要引导作用。

第三节 世界贸易组织有关投资的协议

世界贸易组织首次对与贸易有关的投资问题作出规定的几个重要的多边协议包括《与贸易有关的投资措施协议》（简称《TRIMs 协议》）、《服务贸易总协定》（简称 GATS）、《与贸易有关的知识产权协定》（简称《TRIPS 协定》）以及《补贴与反补贴措施协议》。

世界贸易组织之所以对投资问题作出规定，其客观原因在于贸易与投资具有密不可分的关系。首先，国际直接投资和贸易都是为经济增长和发展服务的。外国直接投资作为向国外市场提供货物和服务的主要方法以及组织国际生产方面的一项重要因素，正日益影响着世界贸易的规模、方向和构成。而贸易和贸易政策又可以对外国直接投资流动的规模、方向和构成产生各种影响。其次，国家制定的外国直接投资和贸易政策通常是各自独立的，其结果是，这两套政策在政策目标和有效执行方面并不一定总是相互协调或相互支持的。而目前发达国家与发展中国家在选择合适的多边投资公约谈判场所问题上尚未达成一致，世界贸易组织在规范与贸易有关的投资措施，并协调贸易与投资关系方面将发挥不可替代的作用。

一、《与贸易有关的投资措施协议》《TRIMs 协议》

《TRIMs 协议》是世界贸易组织首次就投资问题达成的协议，尽管该协议仅适用于与货物有关的特定投资措施,谈判过程仍然异常艰难。以美国为代表的发达国家集团,主张将投资措施全面而明确地纳入 GATT,并采取明确禁止的方法制约所有形式的投资履行要求。而发展中国家集团则主张,应在充分考虑外国投资与东道国经济发展一致性的基础上,确定与贸易有关的投资措施的范围,如果这些投资限制措施是为保持这种一致性所必需的就不应禁止,谈判必需限制在那些对贸易有直接和明显副作用的投资措施上,应给予发展中国家优惠差别待遇。

实践中,国家制定的关于管制和鼓励外国投资的法律措施会对贸易产生不利影响,即造成对贸易的限制或对贸易的扭曲。例如,对外资采取某些减免税的鼓励措施可使享受此优惠的企业降低成本,提高竞争力,这实际上是对产品予以补贴;另一方面,对外资规定某些"履行要求",则会导致对贸易的限制。乌拉圭回合所达成的协议是采取不同的方法来处理这两类措施,即将税收减免等投资鼓励措施纳入《补贴与反补贴措施协议》中规制,而《TRIMs 协议》则专门处理那些对贸易有不利影响的限制性措施。

《TRIMs 协议》在确定其所调整的与贸易有关的投资措施范围方面,采取了概括式和列举式相结合的方法,原则上将所有与贸易有关的投资措施包括在内;同时明确列举了予以禁止的投资措施。根据《TRIMs 协议》第 2 条规定,各成员不得实施与 GATT 1994 第 3 条(国民待遇)或第 11 条(数量限制的一般取消)不相符的与贸易有关的投资措施。该附件解释性清单又进一步列举了与《关贸总协定》第 3 条第 4 款或第 11 条第 1 款不符的几种与贸易有关的投资措施,包括根据国内法或行政裁决属强制性的或可予执行的措施,或为获取某种好处所必需的措施。具体说,违反《关贸总协定》第 3 条第 4 款的措施是:(1)要求企业购买或使用国产品或自任何国内来源的产品;(2)要求企业购买或使用的进口产品限制在与其出口的当地产品的数量或价值相关的水平。违反关贸总协定第 11 条第 1 款的措施是:(1)普遍限制企业进口用于当地生产或与当地生产相关的产品,或将进口与出口当地产品数量或价值挂钩;(2)通过将企业外汇使用与外汇收入挂钩,限制企业进口用于当地生产或与当地生产相关的产品;(3)限制企业产品出口或供出口的产品销售。因此,凡属上述附件列举的措施,包括当地成分要求、贸易平衡要求、外汇平衡要求等,无论其是否会造成损害后果,也无论外国投资者是否接受了这些措施,都不允许在成员国实施。

根据《TRIMs 协议》第 3 条规定,GATT 1994 项下所有例外均适用于《TRIMs 协议》。考虑到发展中国家的利益,该协议规定了较长的过渡期,允许其在规定的情况下暂时背离协议第 2 条的规定①。但该协议从某种程度上不利于发展中国家民族工业的发展,特别是其概况性规定可能涵盖其他所有未予列举的投资措施,充满弹性的解释将不断扩张《TRIMs 协议》禁止的范围。

---

① 根据《TRIMs 协议》第 2 条规定,凡与 GATT 1994 第 3 条(国民待遇)或第 11 条(数量限制的一般取消)不相符的与贸易有关的投资措施,包括那些国内法或行政命令项下的强制性或可予强制执行的措施或为取得优势地位所必需的措施,都属于禁止之列。其解释清单进一步列举了几种禁止性措施,包括当地成分要求、贸易平衡要求、外汇平衡要求等。

二、《服务贸易总协定》(GATS)

GATS 的达成是多边贸易体制在服务贸易领域取得的重要成果。服务贸易有四种方式：跨境提供、境外消费、商业存在、自然人存在，其对于国际投资的深刻影响在于商业存在这种方式。提供服务往往需要在当地设立机构或商业场所，这就涉及外资在服务业的准入及其待遇问题，因此 GATS 第三部分承担特定义务中关于市场准入（第 16 条）和国民待遇（第 17 条）的规定与国际投资关系密切。

尽管 GATS 未对市场准入予以界定，但通常意义上是指 WTO 成员方是否允许外国的服务或服务提供者进入本国市场的问题，具体到投资领域，即一国的服务业或服务市场是否对外开放的问题。GATS 第 16 条规定，在市场准入方面，每一成员方给予其他成员方的服务和服务提供者的待遇，应不低于根据其具体承诺表中所同意和规定的期限、限制的条件。GATS 下的具体承诺义务是指各成员方为了推动服务贸易的发展，通过谈判的方式确立各自在那些领域应履行的义务。对市场准入承担义务的服务部门，一成员方除了在其承担义务安排表中已确定以外，不得在某一地区或在其全部领土内维持或采取 GATS 规定的六种限制性措施，其中，前四种涉及数量限制，后两种则涉及商业存在方面的限制，即限制或要求服务提供者通过特定类型法律实体或合营企业提供服务的措施，以及限制外资份额，这后两种限制性措施与国际投资关系最为紧密。

考虑到发展中国家和发达国家在服务市场开放问题上由来已久的深刻分歧，GATS 采取了服务市场逐步自由化的策略，根据 GATS 第 16 条规定，成员方可自由决定其承担的市场准入义务的程度，并可明确地保留限制外资进入某些服务部门的权力，其承诺清单可列举不对外完全开放的部门并维持某些限制。

GATS 第 17 条规定了有限制的国民待遇原则，即要求每一成员方在其承担义务计划表中所列的部门、条件和资格给予其他成员方的服务和服务提供者的待遇，不应低于其给予本国的服务和服务提供者的待遇。GATS 第 16 条"市场准入"规定了外国服务的进入问题，而第 17 条"国民待遇"则是指外国服务进入后享受的待遇问题，一旦成员国作出特定承诺，国民待遇的某些义务就会自动随之产生。

近期一个值得注意的动向是，由于对全球服务业和服务市场进一步开放的强烈愿望，以及对 WTO 多哈回合有关服务贸易谈判停滞不前的不满，2013 年 3 月，以美国、澳大利亚为代表的发达国家启动了诸边贸易协议[1]形式的服务贸易协定（Trade in Service Agreement，简称 TiSA）谈判，目标为制定服务贸易国际新规则，推动全球服务贸易进一步自由化，主张以"负面清单"的模式推动达成更高标准的服务贸易协定。目前已有 48 个国家加

---

[1] 诸边贸易协议（plurilateral trade agreement），亦称为"符合贸易协议"，不属于 WTO 成员方对一揽子协议接受的范畴，其生效与接受从其自身的规定。作为诸边协议性质的谈判成果只对签字方有效，不适用于其他 WTO 成员，但是 TiSA 谈判成果是否根据最惠国待遇原则，在未来实现成果多边化，谈判方内部仍有分歧。在 WTO 历史上，诸边贸易协议有四个：《民用航空器贸易协议》、《政府采购协议》、《国际奶制品协议》和《国际牛肉协议》（后两个诸边贸易协议已于 1997 年终止）。

入了TiSA谈判,覆盖了全球70%的服务贸易,自愿加入该协议的各方被称为"服务贸易之友"(Really Good Friends of Services)。2013年9月30日,中国正式宣布参加TiSA谈判。TiSA拟确立的主要原则包括,给予外资全面的国民待遇,即除各国明确保留的例外措施以外,所有服务部门均需对外资给予国民待遇;并取消设立合资企业的各种要求,不得限制外资控股比例和经营范围。而参与TiSA谈判的基本条件为,在金融、证券、法律服务等领域已没有外资持股比例或经营范围限制。中国加入TiSA谈判,尽管将在一定程度上给国内服务产业造成竞争压力,但从长远来看,将有助于中国更深融入全球服务市场,并倒逼国内服务业市场的外资自由化,通过服务业的发展促进经济转型升级。

本章小结:

目前,双边投资条约在国际投资法律体系中地位重要,成为保护和促进私人直接投资活动最为有效的国际法制。在双边和区域性投资条约中,外资待遇、政治风险防范、投资争端解决是最为重要的制度。《多边投资担保机构公约》通过投资担保等业务,促进以生产为目的的资金和技术流向发展中国家。WTO《与贸易有关的投资措施协议》和《服务贸易总协定》在促进投资自由化方面发挥着重要作用。

思考题:

1. 投资协定中最惠国待遇条款的内容与作用。
2. 投资条约中国民待遇条款的范围与意义。
3. 公平与公正待遇条款及其意义。
4. 国有化与征收条款的内容及其作用。
5. 投资协定中投资者与东道国间投资争端解决制度。
6. 多边投资担保机构的承保范围包括哪些?
7. WTO《与贸易有关的投资措施协议》的主要内容及其意义是什么?

第五编 国际货币金融法

第十二章 国际货币法

学习目标：了解国际货币制度，掌握货币主权的内容及其限制，全面了解《国际货币基金协定》，掌握其中的外汇管制、汇率、基金组织的贷款等内容。

建议学时：4学时。

导读：本章的学习重点在于全面了解《国际货币基金协定》的内容，理解货币主权与基金协定之间的关系，知晓货币主权的内容及其限制，即其所受到的国际法约束。通过本章的学习能够了解国际货币制度及其与货币主权的关系，能够较好理解国家和国际社会是如何处理国际货币事务的。

第一节 货币主权与国际货币制度

一、货币主权

国家货币主权是国家主权的重要组成部分，是每个国家在其国内发行和管理本国货币的最高权力，以及在国际上独立执行其对外的货币政策、平等参与处理国际货币金融事务的权利。货币主权作为国家主权不可分割的组成部分，对内，是国家指定发行、管理货币的专门机构，颁布有关货币的法律和法规，确定货币的名称，建立币制，保护货币的价值和正常流通，禁止伪造和走私货币；对外通过法定平价建立外汇行市，维持本国货币和外国货币的合理比价，进行正常的外汇买卖，协调货币的国际流动，协商解决货币纠纷，维持国际货币秩序，遵守条约规定的国际义务和货币纪律。

货币主权具有动态与静态两个方面的特征。所谓静态是指货币主权的内涵和本质是静态不变的权力，如国家的货币发行权和国家确定本国货币制度的权力等，是任何国家均拥有的权力；而动态是就货币主权的外延而言，它是处于动态状态，即国家可以根据国家利益和社会发展的需要改变其货币制度，调整对外货币关系，实施新的货币政策等。所以，一个国家在不同的时期，货币主权的内容会有所不同。货币在本质上是具有高度社会性的物品，随着生产和资本的社会化程度不断提高，货币的社会化程度也由低级向高级、由国内向国际发展。反映到货币主权上,就表现为货币主权的日益弱化,其世界主义特征越来越强烈地表现出来,在经济全球化,特别是金融全球化的今天,已初见端倪。欧洲货币联盟是最明显的表征。

综观各国的立法和大量国际条约及实践说明,国家的货币主权主要体现在:发行独立的国家货币,确立本国的货币制度,确定本国货币同外国货币的关系,独立制定本国的货币政策等几个方面。

(一) 发行独立的国家货币

货币是由国内法所构筑的,是属于每个拥有最高权力的国家所享有的铸造货币权力的产物。传统国际法承认国家对其通货(currency)拥有不可否认的主权。并且,作为一项普遍接受的国际法规则,这种由国内法所赋予的权力,在具体行使其通货主权时,如发行货币、制定货币单位与货币制度等,享有其他国家所不能反对的国家权力。正如常设国际法院所主张,"国家有权规制其通货实为普遍接受之原则。"所以,有关其通货和货币法的规章是每个国家主权范围内的事物,每个国家对此拥有完全的权力与绝对的支配权。货币,如同关税、税收和接纳外国人一样,是主权国家最基本的甚或是排他的内部事物之一。

目前,大多数国家的货币发行制度,一般仍沿用银行券发行的管理方法,只是更强调国家的监督与管理,以保证货币的适度发行,维持币值稳定,同时,政府还作为中央银行的后盾,以提高货币的信誉。所以,虽然中央银行被授予货币发行的垄断权,但是,这并不意味着中央银行的货币发行不受任何约束。一般地,各国中央银行的货币发行至少要遵循以下两个基本原则:(1) 坚持垄断发行原则,即一国货币发行集中统一于中央银行独家垄断;(2) 坚持经济发行、反对财政发行原则,即一国货币发行应当是满足经济发展需要的发行,而不是为弥补国家财政赤字的超经济的发行。在此原则下,各国法律均对中央银行货币发行与流通管理的权限作出了明确的规定。第一,各国在其中央银行法或相关法律中明确规定本国的货币统一由中央银行发行,中央银行拥有货币发行的垄断权,其所发行的货币具有无限法偿能力。例如,美国《联邦储备法案》规定,联邦储备券是美国唯一合法流通的纸币,该纸币的发行和回笼,统一由联邦储备体系委员会控制和管理,该委员会在各联邦储备区指定联邦储备代理人负责具体发行事宜。我国《中国人民银行法》第17条规定:"人民币由中国人民银行统一印刷、发行。"第二,各国对货币发行的程序及流通的管理也作了规定。例如,美国《联邦储备法案》规定,联邦储备券的具体发行业务由联邦储备体系委员会在各储备区的代理人具体负责。任何联邦储备银行都可以按规定向当地联邦储备代理人申领钞票,由该代理人将申请呈交联邦储备体系委员会,委员会有权通过其代理人全部或部分批准、或拒绝。经批准的申请,联邦储备体系委员会将通过代理人向该联邦储备银行提供联邦储备券,各联邦储备区代理人必须每天把货币发行和回笼的数字与其他有关情况向联邦储备体系委员会呈报,并随时接受委员会关于货币发行的指令,负责执行。另外,《联邦储备法案》授权美国财政部及其下属的货币监理局负责储备券的印刷和销毁等技术性工作。第三,由于现代货币本身不具有价值,仅代表着国家的信用,它不能像金、银币那样能够自发地调节流通中的货币需求量,其发行量应以流通中对货币的需求量为限度,否则,就会直接影响到币值的稳定。为了避免流通中的货币过多,许多国家都通过立法规定中央银行发行货币的最高限额和发行准备制度。第四,要有发行保证。西方国家差不多都以法律形式规定其中央银行发行货币要有100%的合格资产作准备金,只是各国对准备金资产的规定不完全相同。

(二) 确立本国的货币制度

货币制度是国家为保障本国货币流通所建立的相关法律制度,是其以法律所确定的本国货币流通的组织形式,使货币流通的各种基础构成因素结合为一个统一的系统。货币制度构成一国经济制度的重要组成部分。

随着各国货币实践的发展,目前各国通行的货币制度主要包括如下构成要素:货币材料的确定;货币单位的确定;流通中货币种类的确定;对不同种类货币的铸造和发行的管理;对不同种类货币的支付能力的规定,规定准备制度,等等。其中,如何确定本位货币构成货币制度的基础。

本位币亦称主币,是一国货币制度中的基本货币,如旧中国在采用银本位制时,银元就是本位货币。一般而言,本位货币也是一国的法偿货币,具有无限法偿的效力,是法定的计价、结算货币。在金属货币制度下,本位币是按照国家规定的货币单位所铸成的铸币。它的名目价值(面值)与实际价值(金属价值)相一致,是足值货币。目前,世界各国实际流通的本位货币都是作为价值符号的纸币或不兑现的信用货币。国家发行的纸币或中央银行的银行券被国家法律承认为法定的支付手段,任何人均不得拒绝接受。

为了保持银行券的稳定,各国都实行银行券发行限制制度。大体可以归纳为两种类型:(1) 发行额直接限制制度。这种制度是由国家根据货币流通需要量,规定一个没有黄金保证只有信用保证的银行券发行最高限额,超过最高限额发行的部分,需有100%的黄金保证;或者直接规定一个银行券发行的最高限额,一般不得超过,或者超额发行需经立法机构或国家政府批准并纳发行税。(2) 发行额间接限制制度。这种发行制度,对银行券的发行总额不加限制,只规定黄金保证(或外汇保证等)与信用保证的比例,通常规定黄金保证为30%—40%,信用保证为50%—60%。

(三) 确定本国货币同外国货币的关系

理论上,通常认为主权国家能自由地定义其货币、决定是否采用金本位、决定货币的升值与贬值、允许或废除黄金条款、是否实施外汇管制或采取其他影响货币关系的措施。习惯国际法对国家处理这些事务的行为没有予以规范,即一般情况下,国际法没有禁止国内立法者在这些方面的自由决定权也没有将国家采取或实施这些措施作为国际违法行为对待,而是如同它给予国家自由的决定征收何种税以及以何种税率征收一样。但是国家在处理这类货币事务时,不可避免地会涉及他国的货币,对他国的经济金融秩序,乃至全球经济金融秩序造成影响,所以,国际社会为此建立了国际货币制度,对国家在这方面的权力予以了一定的规范。主要涉及汇率制度、实施外汇管制的权力等内容。[①]

---

① 参见本章第二节《国际货币基金协定》中的相关内容。

(四) 独立制定本国的货币政策

货币政策是各国中央银行或货币当局运用各种工具通过货币存量调整总需求进而对宏观经济进行调节的一种手段。货币政策一般由三部分内容构成:政策工具、中介指标、政策目标。除了货币联盟区域实施统一的货币政策外,国家货币政策的制定与实施均是独立的、不受他国干涉的。但是,一国在制定本国货币政策时,也应考虑到其可能对别国乃至全球的影响,所以,《国际货币基金协定》确立了国家货币政策不得损害他国利益,不得破坏国际货币秩序的国际货币关系的基本原则,它要求会员国在制定本国货币政策时应共同维护国际货币制度,促进国际货币合作,不采取有害于本国的或国际的繁荣的措施;各会员国的货币政策如果损害别国利益,应该受到制裁。

二、国际货币制度

国际货币制度是各国政府对货币在国际范围内发挥世界货币职能所确立的原则,采取的一套规定、做法和制度。它主要包括以下五个方面的内容:(1) 各国货币比价的确定,包括汇率确定的原则、波动的界限、调整的幅度等;(2) 各国货币的兑换性与外汇管理;(3) 国际储备资产的确定以及储备资产的供应方式;(4) 国际收支的调节方式,包括国际收支逆差国和顺差国所承担的国际责任;(5) 国际金融事务的协调、磋商和有关的管理工作,包括有关国际支付的协定、惯例、组织等,维持有秩序的汇兑制度。

国际货币制度的确立既有某些习惯做法逐渐发展为各国共同遵守的程式而形成制度的方式,也有各国签订国际条约共同创建一种体制并随时间的推移不断给予修正和发展的形式。国际货币制度经历了从最初的金本位制到以美元为中心的布雷顿森林体制,直至现行的浮动汇率体制以及日益发展的区域性货币一体化趋势的发展历程。

(一) 国际金本位制度

第一次世界大战以前,欧陆各国(包括英美国家)陆续实行了金本位制(纯正金本位制或称金币本位制),继而带动全球各国广泛实施该货币制度。金本位制度的建立不是国际协议或国际会议的结果,它是各国按照金本位制度下黄金作为世界货币的职能所起的自动调节作用,自愿地遵守一定的国际规则的基础上形成的。各国大都以国内法为基础。相继颁布法令自行确定本国货币的含金量和对外国货币的比值。它的特点是:(1) 规定金币的重量成色和价值单位(黄金官价),以金币作为流通货币;(2) 金币有无限法偿权,政府无限制买卖黄金;(3) 银行券可自由兑换黄金,货币储备使用黄金,用黄金进行国际结算;(4) 金币可自由铸造,黄金可自由输出入;(5) 各国货币的比价有统一的计算标准。汇率保持稳定,在长时期内维持有秩序的国际货币关系。所以,西方学者称该时期为国际货币制度的"黄金时代",并梦想在国际货币制度无序的今日重新恢复金本位制。

在金本位制以前,世界各国普遍实行的是金银复本位制度。英国于1816年颁行《金本位制法》,至1821年全面完成金本位制的确立工作。率先在全球范围内实行金本位制度。19世纪70年代初期,日耳曼帝国倚恃其从法国手中获得一笔为数可观的战争赔款,且基于国家新建,而统一金马克确立了金本位制度,为金本位制的国际化迈出了关键性的一步。尔后,世界各国由于各自利益的需要纷纷予以仿效,至1900年国际金本位制度正式在全球建立。第一次世界大战期间,各国纷纷禁止黄金外流,普遍实行浮动汇率,汇价波动剧烈,币值极不稳定,国际金本位制度宣告结束。

战后,各国经济复苏,世界经济格局发生变化。经济的发展,需要一个稳定的货币制度。1922年世界货币会议召开,与会国决定恢复金本位制。然而,各国经济实力不一,黄金分配不均衡,很难再回复到战前的金本位制,于是出现了金块本位制与金汇兑本位制两种货币制度。金块本位制的特点是:(1) 金币虽作为本位货币,但在国内不流通。银行券(纸币)为流通货币,具有无限法偿权。(2) 不许自由铸造金币,但由国家储备黄金。仍规定银行券的黄金量及黄金官价。(3) 银行券不能自由兑换金币。但在国际支付或工业上需要黄金时,可按法定数量用银行券向本国中央银行无限制兑换金块。英国、法国、比利时、荷兰等国在当时实行这一货币制度。金汇兑本位制的特点是:(1) 规定国内货币的含金量,但禁止自由铸造金币,国内只流通银行券。银行券不能直接兑换黄金,只能兑换外汇(包括黄金和能兑换黄金的外国银行券)。(2) 国内货币同另一个实行金块本位制国家的货币保持固定比价,并在该国存放外汇和黄金作为储备。(3) 需输出黄金时,以银行券向本国中央银行兑换,中央银行决定或汇兑金块或金币或外汇,国内请求兑换者无权选择。所以,金汇兑本位制亦被称为虚金本位制。德国、意大利、奥地利等国在当时实行这一货币制度。战后重建的金本位制不但采取了多种形式。而且基础很不稳固,只是昙花一现。在1929—1933年世界性的经济大危机的猛烈冲击下,各国试图重建的金本位制(金块本位制或金汇兑本位制)再次崩溃。各国纷纷放弃金本位这一货币制度,而相继采用不兑换纸币制度。国际货币金融关系又一次陷入极端混乱的境地。

(二) 布雷顿森林制度

第二次世界大战的爆发,在货币事务的国际安排方面带来了一些变化,特别是带来了更严格的固定汇率制度,强化了的管制措施和进一步用政府间安排代替一般性商业活动的做法。鉴于国际货币制度的秩序性对国际政治、经济的重大影响,早在大战结束以前,英美两国政府就各自从本国的利益出发,着手筹划战后国际货币制度问题,并于1943年4月7日分别公布了各自的方案。美国公布的是由美国财政部负责国际金融问题的助理哈理·德克斯特·怀特起草的《联合国家稳定基金与联合国家及联盟国家复兴银行计划草案》,即"怀特方案"。怀特在其方案中主张在战后设立一种"国际稳定基金",基金的资金总额为50亿美元,由会员国根据本国的黄金外汇储备、国民收入和国际收支差额的变化等因素以黄金、本国货币和政府债券认缴其份额;基金建立一种国际货币"尤尼塔"(Unita),其含金量为137 1/7格令,相当于10美元。尤尼塔可同黄金相互兑换,也可在会员国间相互转移。各会员国要规定本国货币与尤尼塔之间的法定比价,非经"基金"同意,不得任意变更。"基金"的任务主要是稳定汇率,并对会员国提供短期信贷以解决国际收支不平衡问题。会员国为应付临时性国际收支逆差,可用本国货币向"基金"申请购买所需外汇。但其数额不得超过其认缴份额。英国发布的方案,则是由英国财政部顾问约翰·梅纳德·凯恩斯制订的《国际清算联盟计划》,即"凯恩斯方案"。在凯恩斯看来,国际货币安排本身并非最终结果,它只能对经济扩张政策形成潜在的限制。他所希望建立的国际货币制度是相当灵活的,可以适应各国经济发展的需要。所以,凯恩斯在其方案中主张采取透支原则建立一个世界性的中央银行——国际清算联盟。"联盟"发行一种以一定含金量表示的国际信用货币"班柯"(Bancor),作为国际清算单位。各会员国之间的债权债务可以通过"联盟"开立的"班柯"账户转账清算,即当某一会员国的国际收支出现顺差时,可将款项入账,但不得向"联盟"要求兑换黄金或现款,只能用其购买其他会员国的商品或作为对外投资之用;当发生逆差时,则按规定的份额向"联盟"申请透支或提存,各会员国的透支总额为300亿美元。"班柯"等同于黄金,各会员国可以用黄金换取"班柯"。但不得以"班柯"换取黄金。各会员国的货币直接同"班柯"挂钩,但允许会员国调整汇率。

经过多方的磋商与长期的讨价还价,1944年7月22日在美国新罕布什尔州的布雷顿森林(Bretton Woods)召开的联合国货币金融会议上,与会的44国及丹麦的代表们在采用怀特方案,吸收凯恩斯方案部分内容的基础上,签订了《国际货币基金协定》。经过法定的程序,该协定于1945年12月27日正式生效,于是,一个新的国际货币制度——布雷顿森林制度由此诞生。它是有史以来第一个以国际协定的方式建立的国际货币制度。

布雷顿森林制度的主要内容可归纳为:(1) 两个挂钩:第一,美元与黄金直接挂钩。各会员国确认,1盎司黄金等于35美元为黄金官价,并以此作为国际货币体系的基础,各国可随时用美元按黄金官价向美国兑换黄金。第二,会员国的货币与美元挂钩。各会员国货币必须与美元保持固定的比价,各国货币对美元的汇率可按各自货币的含金量确定,或直接规定同美元的汇率。经国际货币基金组织公布后,会员国未经基金组织同意,不得任意变更。(2) 确立固定汇率制度。各会员国货币对美元的汇率,一般只能在法定汇率上下各1%的幅度内波动,各国政府有义务在外汇市场上进行干预活动,使实际汇率不偏离法定汇率太远,以便保持外汇市场的稳定。所以,由英美牵头创设的布雷顿森林制度实质上是建立的一种以美元为中心的国际金汇兑本位制度,或称美元本位制、美元—黄金本位制。

这种以美元为中心的国际货币制度,从一开始就先天不良。1960年美元危机的爆发,使得它的弱点暴露无遗。由于关键货币的危机将影响到整个国际货币体系的运转,在美国的要求下,各主要工业国家携手合作采取了以下主要措施以避免国际货币体系的动荡:(1) 建立黄金总库(Gold Pool)。美国为维持黄金价格和美元地位,同英国、法国、联邦德国(现德国)、意大利、荷兰、比利时和瑞士达成协议,各国按一定比例筹集2.7亿美元的黄金,由英格兰银行为总库代理,在市场上干预金价,使伦敦黄金市场的金价稳定在35.20美元1盎司的水平上。(2) 签订互惠信贷协定(Swap Credit Agreement)。美国同14个国家的中央银行签订的双边备用信贷协定,其目的在于相互间使用本国货币换取他国货币维持汇价。(3) 签订借款总安排(General Arrangement to Borrow)。英国、美国、法国、意大利、比利时、荷兰、日本、加拿大、瑞典、联邦德国(现德国)为加强国际货币基金组织的资金,同意以各该国的本国货币提供给国际货币基金组织,作为备用信贷之用而达成的特别协定,其目的是为了帮助一些会员国应付美元危机,以免国际货币制度受到冲击。这些措施表明,美国已无力单独支撑这个以美元为中心的国际货币制度了。同时,这些措施也无助于扭转美元汇率下降、黄金市价上涨和国际金融市场混乱的局面。美国侵越战争的爆发,更是加剧了这种混乱。其后,又发生了多起美元危机。美国政府被迫两次宣布美元贬值,黄金官价提高到每盎司 42.22 美元。其他国家也纷纷取消了本国货币与美元的固定比价,而实行浮动汇率制。国际货币基金组织面对如此形势,不得不于 1978 年 3 月 31 日正式宣布,从 1978 年 4 月 1 日起,有关肯定浮动汇率制和取消黄金条款的决议正式生效。布雷顿森林制度的两大支柱从此崩溃,维持了 34 年生命的布雷顿森林制度,由其原制定者经过法定程序而宣告结束。

(三) 现行的国际货币制度及其特征

现行的国际货币制度是布雷顿森林体系崩溃,《国际货币基金协定》第二次修订后确立的制度,即所谓的牙买加体系。牙买加体系的确立应当说是一种无奈,是在布雷顿森林体系建立的两个"挂钩"断裂后,面临着基金组织的成员国集体违背基金协定,而被迫进行修订,接受成员国"违约"的事实。因此,牙买加体系是一个"不是体系的体系"。其所确立的国际货币制度呈现出的是一种多样化的特征:(1) 汇率制度的多样性。布雷顿森林制度下的金汇兑平价制度为国际社会各成员所公开抛弃,浮动汇率合法化使其成为国际上主要的汇率制度。但也有很多国家采用钉住汇率制。而浮动汇率又有独立浮动、联合浮动、蠕动钉住或对某一种货币浮动。钉住汇率也有钉住单一货币、钉住一组综合货币、钉住特别提款权等多种形式。布雷顿森林制度后的国际汇率制度呈现出多样性的特点。(2) 国际储备资产的多样性。随着布雷顿森林制度的崩溃,联邦德国马克(后来的德国马克)、日元、英镑、法国法郎和瑞士法郎等几种货币与美元形成同时并存的格局,特别提款权与欧洲货币单位(ECU)的创立与发展,使得世界各国可在这几种货币(或计账单位)或黄金中任选一种或几种作为其储备资产;完全摆脱了布雷顿森林制度下储备资产仅仅是黄金、美元的单一局面。国际储备资产呈现为多种货币储备体系。尽管牙买加体系后,基金协定又经历过几次修改,但这几次修改基本不涉及根本制度的变化。

现行的国际货币制度呈现为无序之中的有序的状况。称其为无序,是因为自从布雷顿森林制度崩溃后,迄今尚未建立起一个举世公认、共同遵守的国际货币制度,各国均依其自身利益之需要行事。当前的制度缺乏一种十分明确的本位,即主要的国际储备资产没有内在的价值;当前的制度也没有一种统一的汇率制度,每个国家可以自行选择汇率政策。国际货币制度从宏观与整体上看呈现的是无序的、多样化的状况。称其为有序是因为:(1) 布雷顿森林制度所签订的国际协定——《国际货币基金协定》仍在生效,且已得到 188 个国家的认可与接受,它依然是会员国处理国际货币金融事务的行为准则。(2) 布雷顿森林制度所建立的国际金融机构——国际货币基金组织及世界银行集团仍合法存在,并继续开展业务,在处理及协调国际货币金融事务中仍发挥着巨大作用。(3) 区域性货币体系的出现,如欧洲货币体系及其现今的欧洲货币联盟、海湾金融体系的建立,体现了区域性货币制度的有序与稳定运行。(4) 经常性的国际货币合作。在无序的国际货币体系中,各国深感国际合作的重要性与有益性,一旦出现大的混乱,并殃及本国利益时,各金融大国便会自动走到一起,共商措施,协作行动,消除眼前的混乱,建立暂时的有序。如十国集团、西方八国首脑会议、二十国集团(G20)等。然而,这些有序无法从根本上消除现行国际货币制度的整体无序状况。《国际货币基金协定》几经修改,仍不能确立一个完善的国际货币制度。更为重要的是,现行的国际货币制度仍操纵在少数金融大国手中,新兴经济体和广大发展中国家在国际货币金融事务中的决策地位仍很弱小。尽管发展中国家和发达国家的政府机构和专家学者提出了种种设想与建议,希望重建一个合理的、健全的国际货币制度,然而,要建立一个为国际社会所共同接受的、公平合理的新的国际货币制度,尚需国际社会共同努力,经历一段漫长而又曲折的路程。国际社会对于国际货币制度改革的近期目标基本取得一定的共识,即对国际货币基金组织的治理结构进行改革,如减少发达国家的份额,适当增加发展中国家的份额,加大发展中国家的投票权;增加基金组织的透明度;加强基金组织的问责;改革基金组织总裁、执行董事等的选举程序等。这些改革措施,有的已经取得一定的成绩,如增加发展中国家的份额,有的正在逐步构建与实施中。①随着全球治理的不断深入发展,基金组织治理结构的改革,一定会取得较大的成就。

第二节 《国际货币基金协定》

一、概述

1944年7月1日至22日在美国新罕布什尔州布雷顿森林举行的联合国货币与金融会议上,44个国家的代表团和一名丹麦的代表就建立一个新的国际货币制度取得共识,签署了有关国际货币制度的第一个多边协定:《国际货币基金协定》,1945年12月27日经占总份额65%以上会员国政府批准后正式生效。

《国际货币基金协定》(以下简称《基金协定》)虽是在"怀特方案"的基础上签订,反映的是英美金融大国,特别是美国的利益但也考虑到战前金本位制、灵活汇率和政府管制所提供的经验,极力避免外汇制度的混乱以及货币和信用制度的崩溃。所以,协定为其规定了如下宗旨:(1)建立一个永久性的国际货币机构,促进国际货币合作;(2)促进国际贸易的均衡发展,借此达到高水平的就业与实际收入,开发各国生产资源,扩大生产能力;(3)促进汇率的稳定和有序的汇率安排,借以避免竞争性的外汇贬值;(4)为经常性交易建立多边支付和汇兑制度,并设法消除对世界贸易平衡发展形成障碍的外汇管制;(5)在临时性的基础上和具有保障条件下,为会员国融通资金,使它们在无需采取有损于本国和国际繁荣的措施的情况下,调整国际收支的不平衡;(6)争取缩短和减轻会员国国际收支不平衡的时间和程度。

---

① 参见本章第二节《国际货币基金协定》有关修改部分。更详细的内容参见《国际货币基金组织年报》2008—2013年各卷内容。

《基金协定》自生效以来,国际货币金融关系发生了一系列的重大变化,《基金协定》被迫经历了多次修改,以适应国际货币金融关系的发展需要。(1)第一次修订。由理事会于1968年5月31日通过的第23-5号决议通过,1969年7月28生效。世界经济进入20世纪60年代以后,国际收支持续逆差,美元危机频频发生。为了缓和美元危机,扩大国际货币基金组织的贷款能力,使得国际经贸不致因国际流通手段的不足而受挫。1969年10月,基金组织第二十四届年会通过了设立特别提款权的决议。决定特别提款权和黄金、美元一道作为储备货币。遇有国际收支逆差时可以用来代替黄金进行结算。在基金协定中增设特别提款权的条款,并将原协定中关于4/5多数和半数通过提高到85%。(2)第二次修订。由理事会于1976年4月30通过的第31-4号决议通过,1978年4月1日生效。20世纪70年代初,美元停止兑换黄金,两次贬值,各国相继实行浮动汇率,布雷顿森林制度摇摇欲坠,逐步走向崩溃。针对这种状况,基金组织早在1972年7月26日成立了"国际货币制度改革和有关问题委员会"(通称二十国委员会)。以研究国际货币制度的改革问题。经过近两年时间的多次讨论,该委员会于1974年6月14日在华盛顿会议上达成协议,发表了《国际货币制度改革大纲》(通称"改革大纲"),结束了它的历史使命。依据该《改革大纲》,基金组织在1974年9月举行的年会上,决定成立"国际货币制度临时委员会"(通称"临时委员会"),作为基金组织理事会的咨询机构,接替"二十国委员会"的工作。"临时委员会"经过多次研讨,反复磋商,于1976年1月在牙买加首都金斯顿举行第五次会议,讨论修订《基金协定》的条款,达成了《牙买加协定》,因此,此次修订后的国际货币制度也称为"牙买加体系"。《牙买加协定》主要涉及如下内容:第一,修订份额。各会员国对基金组织所缴纳的基金份额,由原来的292亿特别提款权单位增加到390亿特别提款权单位,增加33.5%。各会员国应交份额所占的比重有所调整,发达国家的投票权与发展中国家的投票权相比较相对减少。第二,浮动汇率合法化。会员国可自由选择决定汇率制度,基金组织承认固定汇率与浮动汇率同时并存。但各会员国将与基金组织合作以保证有秩序的汇率安排和促进汇率稳定的制度。在将来国际经济条件许可时,基金组织经总投票权85%的通过,将恢复稳定的但可调整的汇率制度。会员国的汇率政策应受基金组织的监督。第三,黄金非货币化。废除黄金官价条款,实行"黄金非货币化",使特别提款权逐步代替黄金作为国际货币制度的主要储备资产,让黄金成为一种单纯商品。各会员国间、会员国与基金组织间取消以黄金清算债权债务的义务。第四,扩大对发展中国家的资金融通。基金组织以出售黄金所得收入设立"信托基金",用于援助发展中国家;扩大基金组织信用贷款部分的总额,由占会员国份额的100%增加到145%;提高基金组织的出口波动补偿贷款,由占份额的50%提高到75%。依照《牙买加协定》,基金组织执行董事会于1976年3月完成了基金协定条文的修订草案,提交理事会作书面表决,4月底通过了《基金协定》修改草案,送交各会员国完成批准手续。1978年4月1日,获得法定的3/5会员国和4/5投票权的多数批准,修订的《基金协定》正式生效。《牙买加协定》所确立的货币制度,不是一个新的、有秩序的国际货币制度,它只是对布雷顿森林制度崩溃状况的一种确认,是以法律的形式宣告了布雷顿森林制度的最终瓦解。

(3) 第三次修订。《基金协定》的第三次修订是由理事会于 1990 年 6 月 28 日通过的第 45-3 号决议通过,于 1992 年 11 月 11 日正式生效。此次修订主要涉及的是《基金协定》的货币纪律条款,即第 26 条。依照理事会第 45-3 号决议,对第 26 条第 2 节作出修改,并增设附录 L,相应地增加第 12 条第 5 节第 j 款、附录 D 第 5 条 f 款。根据《基金协定》原第 26 条第 2 节规定,会员国不履行基金协定义务的,基金组织有权取消其使用普通资金的资格,在其后的一合理期限仍坚持不履行义务的,基金组织得经理事会 85% 总投票权的表决,要求该会员国退出基金组织。经修改的第 26 条第 2 节则在态度上有所缓和,在要求会员国退出基金组织前给予会员国更多的机会以考虑是否坚持不履行基金协定的义务。该条款规定,对于不履行基金协定义务的会员国,基金组织首先将取消其使用普通资金的资格;在此后的一段合理期限内仍不履行基金协定义务的,基金组织依照总投票权 70% 多数的表决将有权取消该会员依基金协定所享有的所有选举权,同时将启用附录 L 的具体实施办法;最后,若该会员国仍坚持不履行基金协定的义务。则基金组织将根据理事会 85% 总投票权的表决要求该会员国退出基金组织。

此后,《基金协定》又进行了第四次至第六次修订。这三次修订分别是:第四次修订于 2009 年 8 月 10 日生效;第五次修订于 2011 年 2 月 18 日生效;第六次修订于 2011 年 3 月 3 日生效。这三次修订主要是扩大基金组织的份额,将基本票增加至以前的 3 倍以上,并确立一个基本票数在总票数中所占比例不变的机制。允许大型选区的执行董事增加第二个副执行董事。目前,理事会又通过了新的修订方案,将使份额进一步增加,达到目前的 1 倍,约为 4770 亿特别提款权。有超过 6% 的份额比重将被转移至新兴市场经济体和发展中国家,从代表性过高的国家转向代表性不足的国家,同时,也将保护最贫穷成员国的份额比重和投票权。执行董事会将实行完全选举产生,24 个执行董事中欧洲先进经济体的席位将总体上减少两个,让与新兴市场经济成员国,同时将进一步放宽任命第二副执行董事的条件,以增强多国选区的代表性。这一修订方案,只有占总投票权 71.31% 的 136 个成员同意,尚未能生效。

二、主要内容

(一) 确立汇率制度

以《国际货币基金协定》为主体内容的国际货币法律规则,对汇率的国际责任作了原则性的规定。首先,其基本原则是:保持稳定的汇价,以促进国内与国际金融秩序的稳定。这是实现经济增长和发展国际贸易的首要条件,因此,不论是实行固定汇率制还是浮动汇率制,各国均有义务维持较为稳定的汇率,从而促进全球经济有秩序的稳定增长。其次,各国有义务建立相互间有秩序的外汇关系,避免竞争性的外汇贬值。为了加强自己在国际经济中的地位,取得对其他国家的竞争优势,国家间、特别是发达的经济大国间进行的竞争性货币贬值,是违反国际货币法律的不正当行为,有碍世界经济的正常发展。为此,《国际货币基金协定》专门设立第 4 条规定了会员国关于外汇安排的义务:"(1) 努力以自己的经济和金融政策来达到促进有秩序的经济增长这个目标,既有合理的价格稳定,又适当照顾自身的境况；(2) 努力通过创造有秩序的基本的经济和金融条件与不会产生反常混乱的货币制度去促进稳定；(3) 避免操纵汇率或国际货币制度来妨碍国际收支有效的调整或取得对其他会员国不公平的竞争优势；(4) 奉行同本节所规定的保证不相矛盾的外汇政策。"第三，各主权国家有义务通力合作，不得施行歧视性的货币政策或多种汇率制度。根据国际货币基金组织的标准，任何由国家政府或其财政机构的行为或政策所导致的该国货币与任一其他会员国货币在现汇市场的买卖价格差超过2%者，或该国货币与其他会员国货币的买卖价格超过后者兑换价格平均值的1%者，即视为实行了多种汇率制。"尽管多种汇率制有时可能给各国带来临时的便利，但从实质上讲，它不符合基金协定建立多边支付制度的目标"，因此，"任何会员国虽有选择汇率制度的自由"，但"不得施行歧视性货币措施或多种货币汇率制"①。第四，会员国不得将其所发行的货币之价值与黄金联系，任何国家均不得以含金量来表示其货币的价值。会员国可"以特别提款权或选定的黄金之外的另一种共同标准，来确定本国货币的价值"②。第五，其外汇安排有接受基金组织监督的义务。为了保证国际货币制度有效的运转，基金协定规定了基金组织有权对各会员国的汇率政策行使严密的监督，并制定具体原则，以在汇率政策上指导所有会员国。各会员国有义务接受这种监督，并向基金组织提供为进行这种监督所必要的资料。应基金组织要求，各会员国应与其就汇率政策进行磋商。前基金理事会官员约翰·杨(John Young)曾指出："基金组织监督的作用是为了减少由于会员国在相当长的时间内采用错误汇率——即低于实际价值或超出实际价值的汇率，所导致的经济费用和国际政治的摩擦。"对于违反公认国际汇率原则的国家，基金协定规定了制裁和惩罚措施，同时也允许受害国进行抵制与采取相应对抗性措施。这已成为普遍接受的国际货币法律原则。

为了实施基金协定第4条赋予基金组织对成员国汇率制度的监督职责，基金组织自成立以来，一直努力加强汇率评估框架，使之适应成员国基本的宏观经济和金融变化。执行董事会于1977年4月29日通过了《汇率政策监督决定》(以下简称旧《决定》)专门对《基金协定》第4条特别是其第3款作了阐释。随着实践的发展，旧《决定》由于其滞后性已不再能反映国际金融格局的新变化，2007年6月15日，执行董事会通过了《对成员国政策双边监督的决定》(New Decisions on Bilateral Surveillance over Members' Policies，以下简称新《决定》)，以替代实行了30年的旧《决定》。2008年8月4日，基金组织又就该2007年新《决定》的有关操作程序发布了一份指南，就2007年新《决定》中的有关概念及启动临时磋商的程序进行了进一步澄清。通过提出明确的期望，新《决定》应有助于增进基金组织监督工作的质量、公平性和效力。新《决定》还更加明确和具体地阐述了各国应避免什么样的汇率政策，以及在什么情况下这些政策可能引起国际社会的关注。

新《决定》在几个重要方面对1977年旧《决定》进行了扩展，以使《国际货币基金协定》所包含的监督框架更为明确：(1) 引入外部稳定的概念，作为双边监督的组织原则，外

---

① 基金协定第8条第3节。
② 基金协定第4条第2节。

部稳定包括国际收支的经常账户和资本账户。(2) 明确规定了有效监督的基本模式,包括监督的合作性质、对话与规劝的重要性以及坦诚和公允的必要性。该《决定》还强调,应当对成员国的国情给予应有的注意,并需要有多边和中期视角。(3) 澄清了为取得对其他成员国的不公平竞争优势而操纵汇率(这种行为是《基金协定》第 4 条所禁止的)的概念,并将这种行为与根本性汇率失调的概念联系起来。(4) 为成员国实施汇率政策提供更全面的指导,以涵盖所有可能导致外部不稳定的政策,无论这些政策的特定目的如何,并向基金组织提供关于如何进行监督的全面指导。

2012 年 7 月,在推进基金组织监督工作现代化、处理 2011 年三年期监督检查的工作重点方面,执董会迈出了更为重要的一步,通过了一项《双边和多边监督决定》(Modernizing the Legal Framework for Surveillance-An Integrated Surveillance Decision),即"综合监督决定"。该《决定》为基金组织与成员国开展更有效的合作奠定了基础,通过多种方式加强基金组织的监督。该《决定》的核心内容为:(1) 在基金组织对单个经济体的评估和对全球稳定的评估之间建立了概念上的联系,并阐明监督的重点应该同时关注个别国家和全球层面的经济金融稳定;(2) 把第 4 条的磋商既作为双边监督的工具,也作为多边监督的工具,从而可以以此进行更为全面、综合和一致的溢出效应分析。特别是,如果成员国的政策可能对全球稳定产生重大影响,基金组织可以与成员国讨论其政策产生的全方位溢出效应。《决定》同时阐明了一项基本原则:只要一个成员国的行为是为了促进自身稳定,就不能以更好地支持国际货币体系的有效运作为理由而要求其政策作出改变。但《决定》同时鼓励各国注意他们的政策对全球稳定的影响。(3) 通过对成员国执行国内政策给予指导,2012 年《决定》能促进各国更为均衡地处理国内政策和汇率政策;该《决定》还能维持现有的汇率政策原则。2012 年《决定》强调总体政策组合对一国的国内稳定和国际收支稳定的影响。(4) 首次界定了多边监督的范围和形式,包括为可行的多边磋商机制铺设制度框架。同 2007 年新《决定》一样,2012 年《决定》同样不能被理解为或者用于扩展成员国依基金协定的义务或者改变其性质。2012 年《决定》规定的多边监督框架在执行中也不应该导致对一国国内政策的过度检查。

(二) 确立外汇管制制度

《基金协定》第 8 条与第 14 条建立了有关经常项目的外汇管理制度,其第 6 条规定了资本项目的外汇管理制度,这是国际货币基金组织的成员国在实施外汇管制措施时所必须遵守的国际纪律。

1. 第 8 条外汇管制制度

《基金协定》第 8 条所确立的外汇管制制度是同其第 1 条所示的基金组织为适应会员国间经常交易的进行,协助会员国建立多边国际支付体系,取消有碍国际贸易的外汇管制的目的相配合的。它的基本精神是:

(1) 原则上,接受本条义务的会员国不得对经常项目的国际交易支付与资金转移实施限制。并且,本条所言之"限制"一词,指的是会员国对经常项目的支付及资金转移所实施的所有限制,而不论会员国实施这些限制的动机和境况如何。依照第 8 条第 2 节,决定一个措施是否是对经常项目交易的支付与资金转移所实施之限制的指导精神是,该措施是否涉及政府对外汇之提供和使用的直接限制。[①]也即是说,接受第8条义务的会员国应允许其居民向非居民或外国人购买商品、服务,或与后者从事其他经常性交易,并应赋予其居民以取得其所需之外汇,用于支付上述交易的权利;同时,会员国也不得限制非居民将其近期内取得的贸易盈余转移到他人手中,但以这种贸易盈余是经常性交易而非资本交易为限。

接受第8条义务的会员国在下列两种情况下,可实施与第8条义务相抵触的外汇管制措施:第一,基金组织的同意。《基金协定》允许会员国可在其本国国际收支状况不佳的情况下向基金组织提出维持或实施与第8条精神不相符的外汇管制措施的请求。但基金组织仅在该请求满足该措施为必须和暂时实施,并且该会员国正朝着消除对它的需求而努力时,才会同意。第二,会员国的货币被宣告为稀少货币。如果基金组织认为某个会员国的货币需求量明显地严重威胁基金组织供应该货币的能力时,将宣告该货币为稀少货币,并授权会员国与基金组织协商后,可实施任何性质的相应措施,暂时限制稀少货币的自由汇兑。但这种限制仅以使对稀少货币的需求能与该国已有或应有的供应相适应为限,一旦情势有所改观,应立即放宽或解除该限制。

(2) 禁止施行歧视性货币措施。接受第8条义务的会员国,包括其财政部、中央银行、平准基金会或其他类似的财政机构,不得施行歧视性货币措施或者多种货币汇率制度,但获得基金组织同意者除外。多种汇率制度,是在一个国家内,就一种货币而言政府规定几种同时并存的官方汇率。多种汇率少至两种,多至一二十种。由于它针对不同商品、不同性质的交易乃至不同国家或地区加以区别对待,其所给予某类进口产品以较优惠的兑换率,具有不公平性和歧视性,与《基金协定》促进汇价的稳定、维持会员国之间有秩序的外汇安排的宗旨相悖,最终将导致经济政策的混乱和发展的不稳定,不利于多边国际货币制度的建立。因此,会员国有义务不实施歧视性货币安排或多种货币汇率制度。

但考虑到有些国家由于历史上和体制上的原因所形成的特殊情况,基金组织也允许一些会员国在一定时期内采取过渡性的多种汇率制度,或者因为会员国国际收支方面的原因而许可其施行临时性的多种汇率制度。

(3) 兑付外国持有的本国货币。第8条第4节规定,会员国有义务购买其他会员国在近期经常性交易中所得的本国货币的盈余。条件是其他会员国提出申请并阐明此种盈余为近期经常性交易所得或者此项兑换为支付经常性交易所必需。购回国既可用特别提款权也可用申请国的货币兑付。

第8条第4节同时规定了会员国在下述情况下可不履行上述的回购义务:第一,会员国正在施行符合《基金协定》的外汇管制,限制此项货币结存的兑换;第二,此项货币结存系一会员国在实施第14条第2节过渡性安排的外汇管制期间的交易所得;第三,此项货币结存的获得系违反被要求购回会员国的外汇管制法令;第四,申请国的货币被宣告为稀

---

① Selected Decisions of the IMF, 1991, p.351.

少货币;第五,被要求购买的会员国由于其他原因已无资格用本国货币向基金组织购买其他会员国的货币。

2. 第14条外汇管制制度

第14条所确立的外汇管制制度是授权加入基金组织的会员国依其本国经济状况,特别是国际收支状况,以及国际经济情态而自行决定是否对本国的国际支付加以限制。它的基本精神是:

(1)《基金协定》允许接受第14条义务的会员国保留其在加入基金组织时即已存在的对国际交易中经常项目的限制,并可以依情势变迁修正其限制,而不论这种限制是否与《基金协定》的任何其他条款相抵触。但是,会员国不得对经常性国际交易的支付实施新的限制,除非获得基金组织的许可。对于如何区别新实施的限制与原有限制的修改,基金组织在实践中尚未形成任何固定的标准。一般地,会员国所实施限制的新颖性、实际效果、限制的作用等均为考虑某项限制为新实施或仅为修正的因素。基金组织如此考虑,其目的在于促使会员国不断减少对经常性国际收支的限制,尽早结束过渡性安排而成为第8条会员国,使《基金协定》的宗旨得以充分的实现。

(2)会员国应承担义务,不断审查其外汇政策是否与《基金协定》的宗旨相符。会员国依据第14条第2节的规定而施行的对经常项目的管制只是暂时性的,是一种过渡性安排。所以,采用第14条过渡安排的会员国应在其外汇政策中继续注视《基金协定》的宗旨,一俟情势允许,应努力采取各种措施,与其他会员国发展各种商业和金融安排,以便利国际收支及促进稳定的汇率制度。特别是,当会员国自信一旦取消这种限制,并且对基金组织的普通基金不过分依赖就能解决本身之国际收支状况时,应当取消依第14条第2节所实施的各种限制。

(3)会员国应每年同基金组织进行磋商,讨论是否继续实施这种过渡性的外汇管制。

(4)基金组织还可根据采用第14条过渡性安排的会员国的经济情况的变化,向该会员国提出将不符合《基金协定》其他条款规定的限制,部分或全部取消的建议,并给予该会员国一定的答复期限。如若基金组织发现该会员国仍坚持保留不符合基金组织宗旨的限制,将对该会员国采取《基金协定》第26条第2节的制裁办法,即宣告该国丧失使用基金普通资金的资格。

3. 第6条外汇管理制度

《基金协定》第6条规定了资本项目的外汇管理制度,其主要内容是:

(1)《基金协定》授权会员国可对国际资本转移采取必要的管制措施,只是这种管制不得限制经常项目的支付或不合理地阻滞约定债务清偿的资金转移。但是,实施第14条过渡性安排的会员国不受此限制。

(2)如果基金组织认为对于某会员国货币的需求明显地严重威胁基金组织供应该项货币的能力时,基金组织应即正式宣告该货币已经稀少,同时,亦既是授权任何会员国在与基金组织协商后,暂时限制稀少货币的自由汇兑,并由会员国自行决定该限制的性质。但此项限制,仅以使对稀少货币的需求能与该会员国已有或应有的供给相适应为限,一旦情况许可,应立即尽速放宽或解除限制。

(3) 会员国不得使用基金普通资金作为大量或长期的资本输出之用。基金组织可以要求会员国实行管制,以防止对基金普通资金作如此使用,如果会员国接到基金组织的管制要求而不采取适当管制措施,基金组织可宣布该会员国无资格使用基金资金。但允许两个例外:第一,会员国为扩大出口或进行正常贸易,金融业或其他业务使用基金普通资金作必需的合理数额资本交易;第二,会员国使用其自有资金作符合《基金协定》宗旨的资本移动。

(4) 会员国可以在储备部分额度内购买货币,作为资本转移之用。由于国际经济一体化的进程不断深化,各个国家的经济发展与整个世界经济体系的发展紧密地联结在一起,国际经济关系愈来愈具有普遍性与全球性,国际经济形势也随之发生了巨大的变化。有鉴如此,尽管基金组织认识到,依据上述《基金协定》条款,会员国有管制资本流动的自由与权利,基金组织还是不断地在其多边监督磋商和双边政策劝告中鼓励会员国采取措施以促进资本项目交易的自由化,并力劝资本自由化,对广泛结构改革具有决定性意义的会员国放开资本项目的管制。[1] 基金组织通过与发展中国家的磋商,逐个地实现了资本项目自由化的目标,特别是,从20世纪80年代中期开始,基金组织通过其技术援助这一媒介来发展外汇市场,以逐步达到资本自由化之目的。而传统上,基金组织的技术援助是用来处理会员国经常项目自由化的。[2] 1994年10月基金组织临时委员会通过的《马德里宣言》在鼓励会员国进一步的实行经常项目的可兑换性的基础上,再次鼓励会员国取消对资本流动的阻挠。[3] 经过基金组织不断地努力,在过去二十年来,已有相当多的国家,包括发展中国家逐步放开了对资本项目的管制,使资本的国际流动日益自由化。[4] 基金组织在1997年9月发布的1997年度报告中提出"基于世界经济稳定增长和全球一体化得以发展,国际货币基金组织正考虑把资本项目自由化作为其努力的目标。"基金组织执董会在该年度年初两次讨论了资本项目自由化的问题,并提出为了使基金组织对国际资本流动实行更为有效的监督,需要对《基金协定》的有关条款进行修订。然而,由于自1997年以来,不断有地区、甚至全球爆发金融危机,特别是2007年以来的全球金融危机,使得基金组织不得不对资本项目的全面自由化进行重新评估,对于资本项目自由化的态度基金组织也没有如20世纪80—90年代那么激进了。

(三) 创设特别提款权

特别提款权(special drawing right,SDR)是基金组织于1969年10月在第二十四届年会上决定创设的一种储备资产和记账单位,代表了基金组织分配给会员国的一种特别使用资金的权利。特别提款权的创设是力求满足世界长期性的需要,以补充现有储备资产

---

[1] IMF Occasional Paper, Capital Account Convertibility: Review of Experience and Implications for IMF Policies, by Staff Teams Headed by Peter J. Quirk and Owen Evans, p.5.
[2] Ibid., p.6.
[3] Ibid., p.1.
[4] Ibid., p.2.

的不足,从而促使《基金协定》宗旨的实现,避免世界性的经济停滞与萧条或需求过渡与通货膨胀。因而,各特别提款权的参与国"应保证与基金组织以及其他参与国合作,以促使特别提款权账户之有效实施。并依照《基金协定》正当使用特别提款权,并使其成为国际货币制度的主要储备资产"。所以,特别提款权,不是货币,只是由基金组织按照一定的规则、计算公式计算、分配给成员国的一种"提款权",即在一定条件下持有人(成员国和基金组织指导的持有人)用它提取基金组织指定的成员国的可自由兑换货币的权利。其能够作为储备资产是因为成员国同意持有、愿意接受它,并保证按照《基金协定》的规定使用它。

基金组织的会员国均有权参与特别提款权账户,但不承担必须参加的义务。会员国只需向基金组织提交保证,保证其愿意遵守《基金协定》的规定,承担特别提款权账户参与国的一切义务,并已采取了国内立法措施使其能够承担该义务即可成为特别提款权账户的参与国。目前,基金组织的会员国均为特别提款权账户参与国。基金组织本身的普通基金账户和基金组织指定的某些实体,包括非会员国、对一个以上会员国行使中央银行职能的机构、其他官方实体,也是特别提款权账户的参与者。目前,基金组织已指定 16 个机构为特别提款权账户的参与者。参与者可随时通知基金组织退出特别提款权账户。退出基金组织的会员国视同其退出特别提款权账户。特别提款权采取分期分配的方式分给各会员国,其数额取决于临分配前各会员国在基金组织中所占份额的大小。基金组织不能向自己或其他指定参与者分配特别提款权,但它们在交易中能获得与使用特别提款权。特别提款权的价值最初以黄金表示,35 特别提款权单位与一盎司黄金等值。以后,又采用以 16 种货币的加权平均值来决定,后又调整为以美元、英镑、德国马克、日元、法国法郎五种占世界商品和劳务出口最大比重的国家的货币加权确定,欧元诞生后,现在 SDR 的货币篮子是美元、欧元、英镑和日元。特别提款权已广泛应用于参加国与其他参与者之间以及各自相互间及其同基金组织间的交易和业务之中。

(四) 资金来源与财政援助

基金组织普通资金的主要来源是会员国的认缴和基金组织的借款。认缴款是基金组织的主要资金来源。依《基金协定》的规定,每个会员国均有义务按分配给它的份额支付认缴款。《基金协定》同时规定基金组织有权以借款来扩大其资金来源,它可以选择任何货币,从任何来源寻求所需的资金。如果基金组织打算借入某一会员国的货币,但不是从该国直接借入而是从其他渠道借入,基金组织则必须征得该国的同意。会员国对于借款给基金组织或认可基金组织从其他渠道借入本国货币不承担法律义务。

基金组织对会员国提供的财政援助有两种方式:第一,采取向会员国出售他国货币或者特别提款权来交换该国货币的方式,即购买与购回。任一会员国均可按照《基金协定》的规定,向基金组织申请用本国货币换回等值的另一会员国的货币或特别提款权,这称为该会员国向基金组织"购买"。这种购买虽非通常意义的借贷,但其经济效果与借贷毫无二致。当实施购买的会员国其国际收支和储备状况有所改善(最长不得超过 5 年)时,它得用其他会员国的货币或特别提款权向基金组织购回本国货币,并支付一定的手续费。

这称为会员国向基金组织"购回"。购回的经济效果与偿还借款相同。第二,基金组织按照一系列贷款政策和资金供应办法向会员国提供财政援助。这些财政援助是依据会员国基于何种类型的国际收支需要而发放,发放的标准与条件各不相同。目前,基金组织的这类财政援助主要有:灵活信贷额度(Flexible Credit Line,FCL)、预防和流动性额度(Precautionary and Liquidity Line,PLL)、快速融资工具(Rapid Financial Instrument,RFI)、长期基金工具(Extended Fund Facility)、贸易一体化机制(Trade Integration Mechanism)。针对低收入国家的贷款有:长期信用工具(Extended Credit Facility,ECF)、快速信用工具(Rapid Credit Facility,RCF)、备用信贷工具(Standby Credit Facility,SCF)。

目前,基金组织的贷款主要有三重目的:第一,它能平稳调整各种经济冲击,帮助成员国避免破坏性的经济调整或主权债务危机;第二,基金组织的项目能够作为媒介帮助成员国从其他贷款人获得其他融资;第三,避免危机。

由于基金组织的贷款,是帮助成员国应付收支平衡问题、稳定其国内经济和恢复其经济的可持续发展,因此,在赋予成员国财政援助时,基金组织往往会对成员国提出若干要求,即所谓的条件性,以使得基金组织的贷款能够帮助成员国提升其政策和基本规则的能力,逐渐恢复其收支平衡。总的说来,这些调整方案是将恢复贬值国的外部经济均衡,特别是维护这些国家的货币在外国投资者和贷款人眼中的信誉放在首位加以考虑的,同时总是从自由市场经济理论出发,鼓励各国通过经济开放和金融自由化,积极面对并参与世界经济的竞争,从而实现经济的健康增长。然而,基金组织的贷款条件在实施过程中,考虑特定国家的特殊情况不够,近些年来受到较大的批评,基金组织正在逐渐对贷款的条件进行改革与完善。从2009年以来,基金组织对其贷款框架进行了改革,包括:贷款条件的现代化、引入一个新的灵活的信用额度、扩大基金组织常规备用信用安排的灵活性、减少获取贷款的限制、调整高档和预防贷款安排的成本结构、精简减少应用的贷款项目。随着实践的发展,基金组织就其贷款及其条件的改革必然会持续进行。

(五)其他事项

1. 基金组织法律规范的构成

基金组织的法律规范由三大类不同层次的规范构成。第一,由31个基本条款和12个附录组成的《国际货币基金协定》(Articles of Agreement of the International Monetary Fund)构成基金组织最高层次的法律规范,是基金组织的根本大法,对会员国具有普遍拘束力。第二,由理事会制订与修改的《国际货币基金附则》(By-Laws Rules of the International Monetary Fund)与理事会决议(Regulations)共同构成第二层次的基金组织法律规范。它们是对《基金协定》的补充与具体化,若与《基金协定》相冲突应以《基金协定》为优先。第三,由执行董事会制订与修改、理事会审议的《国际货币基金规章与规则》(Rules and Regulations of the International Monetary Fund)及执行董事会决定(Decisions)共同构成基金组织第三层次的法律规范。它们为《基金协定》中所规定的宗旨与权力提供具体的实施规章、规则与程序以及条文的解释,同时也是《国际货币基金附则》的施行细则。如果同《基金协定》和《附则》相抵触,应以《基金协定》和《附则》优先。

2. 制裁措施

《基金协定》授权基金组织对违反《基金协定》规定，不履行义务的会员国施行制裁。其制裁措施主要有：(1) 予以警告，并限期给予答复。如《基金协定》第5条第5节规定："当基金组织认为任何会员国使用基金普通资金的方式违反基金宗旨时，即应向该国提出报告，阐明基金组织的意见，并规定其于合理期限内给予答复"。(2) 限制或停止使用基金组织的普通基金或特别提款权账户。如前第5条第5节规定："……在提出报告后，基金组织可限制该国使用基金的普通资金。"第26条第2节第1款规定："如一会员国不履行本协定任何义务，基金得宣告该国丧失使用基金普通资金的资格。"第23条第2节第1款规定："如参与国未履行按第29条第4节规定的义务，除基金组织另有规定外，可以停止该国使用特别提款权的权利。"(3) 停止其所有选举权。第26条第2节第2款规定，如会员国在被基金组织停止使用普通资金后的一段合理期限内仍坚持不履行义务，基金组织可停止其所有的选举权利。(4) 增加负担，如征收手续费，要求提供货币等。(5) 不享受基金组织出售黄金的收益。(6) 授权其他会员国对不履行《基金协定》义务的会员国实行歧视性外汇管制。(7) 责令退出基金组织。第26条第2节第3款规定，当基金组织因会员国不履行《基金协定》义务而停止其选举权一段合理期限后，该会员国若仍不履行其义务，基金组织将要求它退出基金组织。

3. 《基金协定》的修改与解释

（1）修改

理事会主席在收到会员国或者理事或者执行董事会关于《基金协定》的修改建议后，将提交理事会讨论。该修改建议经理事会讨论通过后，将通过信函或电报征询各会员国的意见。经3/5的会员国或85%总投票权批准接受后，该修改建议将在基金组织向全体会员国通报这一事实的3个月后生效。但下列事项需会员国的一致通过才生效：第一，关于会员国是否退出基金组织的权利；第二，关于未经会员国同意不得变更其份额的规定；第三，关于非经会员国同意变更货币平价的建议需经会员国提出的规定。

（2）解释

《基金协定》授予基金组织对《基金协定》有解释的权力，并将此项权力赋予执行董事会。执行董事会关于《基金协定》的解释采用决定的方式和采取多数加权投票制度。

任何会员国均有权要求执行董事会对《基金协定》条文作出解释。基金组织所作出的解释对会员国政府、政府机构及法院均具拘束力。

4. 《基金协定》的争议解决机制

（1）会员国之间或会员国与基金组织之间的争议在基金组织内部解决。《基金协定》将这类争议的裁决权赋予执行董事会。当会员国无权指派执行董事，而该争议又与它有特殊影响时，该会员国可选派一名代表出席解决争议的执行董事会会议。至于何为特殊影响则由执行董事会决定。任何会员国若对执行董事会的裁决不服，均有权在裁决后3个月内提交理事会作最后裁决。

（2）基金组织与退出基金组织（包括退出特别提款权账户）的会员国之间的争议。

基金组织在清算期间与会员国间的争议,提交仲裁解决。仲裁庭由基金组织与争议方会员国各指派一名仲裁员及一名公证人组成;公证人由国际法院院长指派,除非双方另有协议规定。《基金协定》将仲裁的程序问题授予公证人全权处理。

（3）各会员国公民（包括自然人与法人）间及各会员国公民与会员国间因《基金协定》而产生的纠纷基金组织无管辖权。此类争议,由各会员国法院管辖。各会员国法院可依自己对《基金协定》的理解来处理纠纷。目前,这类纠纷产生较多,涉及面很广,如特别提款权、资本管制、黄金问题、多种货币问题等,其中最为突出的是涉及《基金协定》第8条第2节第2款的纠纷。

本章小结：

国家货币主权是国家主权的重要组成部分,是每个国家在其国内发行和管理本国货币的最高权力,以及在国际上独立执行其对外的货币政策、平等参与处理国际货币金融事务的权力。货币主权主要包括发行独立的国家货币、确立本国的货币制度、确定本国货币同外国货币的关系和独立制定本国的货币政策四项内容。国际货币制度是各国政府对货币在国际范围内发挥世界货币职能所确立的原则,采取的一套规定、做法和制度。《国际货币基金协定》建立了国际货币基金组织及相应的国际货币制度,它经历了多次修订,其主要内容包括：确立汇率制度、确立外汇管制制度、创设特别提款权、资金来源与财政援助、争议解决机制等内容。

思考题：

1. 分析货币主权的内容及其受到的限制。
2. 分析现行国际货币制度的特征。
3. 归纳《国际货币基金协定》的外汇管理制度。
4. 归纳《国际货币基金协定》的汇率制度。
5. 论述基金组织是如何履行汇率监督职责的。

第十三章 国际银行法

学习目的:学习本章应了解和掌握国际商业贷款协议核心条款、银团贷款的含义与特征以及国际贷款担保的各种方式;同时,在了解掌握《巴塞尔Ⅰ》和《巴塞尔Ⅱ》的基础上,重点把握《巴塞尔Ⅲ》对前二者的修改,特别是《巴塞尔Ⅲ》包含的资本标准和流动性标准的主要内容及其操作应用;还需掌握母国并表监管原则以及国际银行监管合作的形式及局限。

建议学时:4 学时。

导读:本章第一节目的在于全面了解国际商业贷款协议的核心条款、银团贷款的当事人及其关系、项目融资的含义与特征及其项目融资中的赤道原则以及国际商业贷款担保。重点掌握的内容是贷款协议的核心条款与担保形式。赤道原则是目前项目融资的主流实践及今后的发展方向,作为扩展知识予以掌握。

在学习本章第二节时宜在把握国际银行监管的概念和巴塞尔委员会的基础上,重点从国际银行监管标准和国际银行监管的职责划分两个向度来掌握本节的内容。就国际银行监管标准而言,应沿循《巴塞尔Ⅰ》《巴塞尔Ⅱ》《巴塞尔Ⅲ》依次递进修改的轨迹,掌握各自的主要内容,特别是《巴塞尔Ⅲ》包括的资本标准和流动性标准的主要内容。就国际银行监管的职责划分而言,应重点掌握母国并表监管的内容和国际银行监管合作的形式及局限。

第一节 国际商业贷款

国际商业贷款是私人间的国际借贷,它既包括国际商业银行对外提供的贷款,也包括私营机构,如公司、企业等在境外发行债券筹资,是国际借贷实践中最为常见的商业借贷活动。

相对于政府和国际金融机构的借贷而言,国际商业借贷具有以下几个特点:(1) 除了出口借贷是协定利率,对低收入国家有所优惠外,贷款利率通常是按国际金融市场利率计算的,利率水平就总体而言,由国际金融市场上借贷供求关系变化决定。例如伦敦同业银行拆借利率(LIBOR)就是通过借贷资本的供需状况自发竞争形成的。国际银行借贷利率根据取得贷款的市场不同、贷款期限的不同、使用货币种类的不同及借款人资信的高低而有所差异。总体而言,国际商业借贷利息较高,一般适用国际金融市场利率,常常由伦敦同业银行拆借利率(LIBOR)加上一定的利差构成。(2) 国际商业贷款体现出借款人在使用款项方面拥有较大的自由度,只要不是用于非法目的,均可在借贷协议中与贷款人约定用于任何用途,贷款人一般也不会施以除商务条款以外的其他限制性条件。实践中除了出口借贷和与国际贸易直接联系的部分外,贷款一般可以自由使用,不受贷款银行的限制。如银行同业之间辗转的借贷首先是为了获得利差收益,公司借入资金一般是为了满足对流动资金的需要,对此,贷款银行不予干预。(3) 贷款方式灵活,手续简便。例如短期借贷主要凭信用,借款人无需交纳抵押物,借贷双方一般也不签订贷款协议,通过电话和电传就可达成交易。中长期借贷则须签订借贷协议。(4) 资金供应充足,借款人可选用各种货币。因为国际金融市场上有大量的闲散资金可供借用,只要借款人资信可靠,就可以筹借自己所需要的大量资金,并可根据货币汇价和货币利率的变动情况,选择适当的货币种类,避免外汇风险和利率风险。

在国际商业借贷中,目前较为流行的主要有银团贷款和项目融资。

一、国际商业贷款协议核心条款

国际贷款协议是借款人与贷款人之间签订的金钱借贷协议,它是国际贷款中的重要法律文件,是借贷各方当事人权利义务的依据。对于银团贷款来说,在直接贷款方式下,是由各参加行(包括牵头行)各自独立签署的相互间关于款项借贷协议,由代理行负责贷款的日常管理;在间接贷款方式下则是牵头行与借款人签订贷款协议,牵头行再利用转贷款、让与等方式将贷款参与权授予其他参加行,由牵头行负责贷款协议的履行、管理、本息分配等事项。

由于国际贷款牵涉面广,即涉及不同的法律部门,又涉及不同国家的参与银行,而涉及不同国家的法律,加之其贷款数额巨大,贷款期限较长,因而,贷款协议既要明确借贷双方的权利义务,也要妥善安排好分散和减少风险的各种措施。所以,国际贷款的借贷协议往往都是条款繁多、复杂冗长。经过不断实践的发展,虽然没有形成统一的贷款协议,但是,国际贷款协议的内容和用语逐渐规范化和统一化,有些条款甚至成为贷款协议的必备条款或者典型条款。

概括而言,国际贷款协议包括五大类事项:(1) 商务事项条款:主要包括贷款额度、贷款用途、贷款提取、贷款偿还、提前还款、预定贷款的取消、利息、费用、印花税;(2) 贷款管理条款:包括代理行条款、多数贷款权银行达到定义、资金分享条款;(3) 保护性条款:先决条件条款、陈述与保证条款、约定事项条款、违约事件条款等;(4) 法律事项条款:定义条款、文件通知方式条款、法律适用条款、管辖权条款;(5) 一些银团贷款中的特殊条款:成本增加条款、税收条款、替代利率条款。其中的保护性条款基本已成为贷款协议的必备条款或共同条款。

(一) 先决条件(conditions precedent)条款

先决条件条款是国际贷款协议的重要条款。它明确了当借款人满足条件时贷款人才发放条款,以及每次提款时所需要满足的条件。贷款协议中通常会规定:"除非特定的条件得以满足,否则银行没有义务提供贷款",或者,"直到特定的条件得以满足,银行才有提供贷款的义务"。这种规定中的"条件"就是先决条件。实践中,先决条件有普遍适用的先决条件和单独适用的先决条件。

（1）普遍使用的先决条件是适用于所有贷款的先决条件，它通常包括：由借款人银行出具的令贷款人满意的担保函，或其他各种形式的担保文书；一切必要的政府批文、许可或授权，包括外汇管理局出具的有关文件副本，如外债登记证明等；借款人的证明文件，如公司章程、合资合同、营业执照、建筑合同、管理合同、财务报表、股东大会决议、董事会决议等；借款人出具的费用函；有关对建设项目的投保证明；借款人的诉讼代理人出具的接受委托函；法律意见书；会计师出具的验资报告；其他银团贷款所需的文件。

（2）单独适用的先决条件，是适用于每次提款的先决条件，它主要包括：借款人所作的陈述与保证在提款日仍然保持正确，借款人的财务状况和商务状况没有发生任何实质性的不利变化；无违约事件或潜在违约事件发生及持续、无重大不利影响事件。

先决条件的目的主要在于防范贷款可能遭遇的法律风险，排除可能导致贷款协议无效或者借款人可能违约的因素，特别是贷款人无法判断或控制的因素：实行外汇管制国家的借款人缺乏相关的许可；根据借款人国法律或者借款人公司章程，借款人不具备贷款资格；缺乏借款人公司董事会或者股东大会的决议；等等。

（二）陈述与保证（representation and warranties）条款

陈述与保证条款是借款人对与贷款有关的事实，包括法律、财务、商务等状况作出说明，并且对说明的真实性或者对自己承诺的其他义务作出保证。在实务中，这一条款在设计时并不一定严格区分什么是陈述、什么是保证，而是分门别类地阐明相关事项，有时甚至包括约定事项。如规定："借款人陈述与保证如下：……"或者："借款人陈述、保证或约定如下：……"概括而言，陈述与保证条款的内容主要包括两方面：法律保证与商业保证。另外在陈述与保证项下通常还涉及持续保证（evergreen warranties）[①]条款。

（1）法律保证，主要包括借款人的法律地位，如说明借款人是依法注册成立的经济实体且资信良好；借款人的授权和权限，如已经取得必要授权许可，以及在外汇管制方面的批文；借款人债务的合法有效性和可执行性。

（2）商业保证，是借款人对自身财务与商务状况的陈述与保证。主要包括：借款人对近期财务记录的真实性的说明；对是否涉诉、举债的说明；为第三人提供担保以及为其自身资产设定担保的情况说明；信息备忘录基本正确，没有误导和重大遗漏；合同或其他债务没有发生重大违约等。

（3）持续保证条款，指的是借款人的陈述与保证不仅要在签订的时候是准确无误的，并且保证在整个贷款协议存续期间都要保持正确无误，否则将构成违约。

陈述与保证条款的作用，主要体现为：第一，它是贷款银行发放贷款的重要依据。因为它列明了发放贷款的合同基础，即借款人所负债务的合法性、借款人的财务状况和营运状况符合放款要求等。第二，陈述与保证的内容通常是实际调查的结果，可以在放款前发现借款人存在的问题，从而保护贷款银行的权益。第三，当陈述与保证的内容失实时，借

---

① 国内教科书及相关著作、论文中多用"四季青"或"常青"保证条款，为了便于理解，本教材采用"持续保证"条款，而且也符合该条款的原意。

款人将处于违约状态,贷款银行可以采取相关救济措施。

(三) 约定事项(covenants)条款

约定事项条款是国际贷款协议中的必备条款,是借款人就协议的履行及相关行为所做的承诺。从贷款人的角度看,它是贷款人要求借款人须做些什么,不得做些什么,或者必须保证对某些事实所做的说明真实可靠。在借贷协议的谈判中,由于借贷双方利益的博弈,形成了多种多样的约定事项,其中较为常见的有如下几种:

(1) 消极担保条款(negative pledge)。消极担保条款是无担保的贷款协议中最重要的一项约定事项。其核心内容通常为:在偿还贷款以前,借款人不得在其资产和收入上设定任何抵押权、质权、留置权或者其他担保物权,也不得允许担保物权继续存在。通常作如下规定:借款人不会(并且保证其附属公司不会)在自己的任何资产上创设担保或保留现有担保。

消极担保条款的作用主要在于:第一,防止借款人为其他的债权人而在自身的资产或收入上设立担保权益,从而使无担保权益的贷款人处于不利的清偿顺位;第二,维护相同类别的各债权人之间处于同等的受偿地位,即所谓"相同的债权凭证,享有相同的待遇"原则;第三,间接限制借款人举债,以免因承担过多债务而影响其偿还贷款的能力。

(2) 比例平等条款(pari passu clause)。亦称为同等地位条款,是国际借贷协议中常用的标准条款,往往与消极担保条款同时使用。其核心内容为:借款人在贷款协议项下的债务将和其他所有无担保债务处于同等地位。该条款既可出现在约定事项中,也可作为陈述与保证的内容。

比例平等条款的核心作用是当借款人破产清算时能保证让无担保权益的贷款银行与所有无担保权益的债权人一道均享有比例平等得到清偿的权利。但是,该条款却不能改变法律规定的无担保权益债权人之间的优先受偿顺序,它只是作为借款人与贷款人之间的一项约定,如果借款人违反了这项义务,贷款人可以采取救济措施,如加速贷款的到期。

比例平等条款和消极担保条款的区别主要在于,消极担保条款是通过借款人承诺不在其资产上设置担保使得无担保权益的贷款人与有担保权益的贷款人处于相同的受偿地位;而比例平等条款则是直接规定所有无担保权益的贷款人处于同等受偿地位。

(3) 财务约定(financial covenants)。主要是约定借款人必须向贷款人定期报告其财务状况,遵守某些财务标准,如资本负债率、保持最低净资产额、流动比率等,以便能够精确地检验借款人的财务状况而判定是否发生违约情形。

(4) 贷款用途(use of the loan)。要求借款人保证未经贷款银行同意不得变更贷款的用途(在贷款协议的其他部分有专门的贷款用途的条款规定了该款项的用途)。

(5) 资产处理限制(disposal)或者保持资产(preservation of assets)条款。其核心内容为:借款人不会(并且努力保证所有附属公司都不会)通过单个交易或系列交易的方式处分自己的全部或大部分资产,无论这些交易是否有关联。其目的是防止借款人丧失、转移或耗损其财产。

(6) 合并条款(merger)。借款人保证未经贷款人同意其自身及其附属公司不得与其他公司合并。其目的在于保持借款人在贷款存续期的法律身份,保证其资产与负债状况的可预测性,减少由此给贷款人带来的风险。

(7) 其他约定事项。主要包括信息提供;违约救济;贷款银行的责任;维持公司的营业执照、经营业务的许可;整个公司集团的经营没有发生重大变化;保持法律地位;等。

（四）违约事件(events of default)条款

违约事件条款是把各种可能的违约事件在协议中一一列出,并明确规定,一旦发生所列举的任何事件,不论什么原因引起,均构成借款人的违约,贷款人可采取相应的救济措施。由于"违约"的提法,借款人有时不愿意接受,并且,一些违约事件确实是不少借款人的责任造成,如外汇管理造成不能偿还款项等,因此,实践中,这一条款也有称终止事件(events of termination)或加速到期事件(events of acceleration)的。

通常的违约主要包括:实际拒付;违反非财务条款,如违反消极担保条款等;预期违约。而主要的违约事件则包括:拒付;违反约定事项、陈述与保证条款等;交叉违约;实际破产或宣告破产;债权人执行;控制权变更;重大不利变化等。其中:

(1) 交叉违约,是预期违约事件中较为主要的一种。其主要内容是,借款人对其他债务存在违约,或者拒付,或者被债权人要求加速到期,或者债权人撤销发放贷款的承诺,或者债权人可以执行或已经执行了担保,那么,本协议亦将视为违约。

(2) 重大不利变化,同样属于预警式的违约事件。一般是指借款人的情况发生了变化,并且贷款人认为这些变化对借款人的财务状况、履行合同的能力带来了重大不利影响,因而,视为借款人违约。

(3) 控制权变更,主要是指其他人(单个或者多个)获得了对借款人的控制权;或者借款人现在的控制人失去了其控制权。如果出现这种情况,视为违约。它同样是预警式违约事件。

违约事件发生后,贷款人可采取的救济措施主要包括合同规定的救济措施和法律赋予的救济措施。合同规定的救济措施通常包括:暂时中止借款人提取款项的权利;取消尚未提取的贷款;加速已提取贷款的到期。法律赋予的救济措施主要包括:解除贷款协议;请求损害赔偿;请求支付已到期的本金、利息;借款人破产时,贷款人得申报其债权并参与清算。

二、国际银团贷款

（一）银团贷款的含义与特征

银团贷款(consortium loan)是国际中、长期贷款市场的一个重要组成部分。对国际商业银行来说,银团贷款可以分散他们的风险和贷款份额,从而能够参与更多的贷款活动,扩大银行的经营范围和影响,密切与其他银行的联系,提高银行的国际声誉,增加银行的利润收益。利用银团贷款不仅有发达国家,也有发展中国家,而且后者在吸收国际资金方面,银团贷款的比重更大。

所谓银团贷款,也称辛迪加贷款(syndicate loan),是由一家或几家银行牵头,多家银行参加而组成的国际性的银行集团按照内部的分工和比例根据相同的贷款条件共同向一个借贷人提供贷款的资金国际融通方式。

银团贷款属于国际定期贷款的一种。国际定期贷款就是有固定期限的贷款,这种贷款只有在符合特定条件时才能撤销,并且只有在违约事件和其他某些事件发生时才能提前偿还。其实质是在借款人与贷款人之间确立一个特定的持续时间,在这个时间内,借款人有权获得贷款资金,而贷款人获得借款人支付的相应费用和提供的相关信息。

通常国际定期贷款有双边贷款和银团贷款之分。双边贷款是由一个借款人(有时也会包括保证人)向单个贷款人(通常是银行)借款。银团贷款则是由两家或者两家以上的银行组成银团,大家共同同意按照所有当事人达成的同一合同中的共同条款向借款人放贷。参加银团贷款的银行根据款项大小的需要,可多可少,在特定情况下,甚至会有数百家银行参加。实践中,如果只有少数几家银行参加,这样的银团贷款会被称作"俱乐部贷款"(club loan)。

银团贷款可分为直接银团贷款(direct syndication)和间接银团贷款(indirect syndication)两种。尽管近年来银团贷款的方式有许多创新和发展,但其基本原理和框架结构仍然基于这两种主要方式。所谓直接银团贷款,又称作真正的银团贷款(true syndication),是指由银团内各成员行委托代理行向借款人发放、回收和统一管理的贷款。通常是在牵头行的组织下,各贷款银行直接与借款人签订贷款协议,按协议规定的统一条件贷款给借款人,全部贷款统一由代理行进行管理。在这种方式下,表面上看各贷款银行只与借款人签订了一份贷款协议,而实质上却是每一贷款银行与借款人之间均存在贷款合同关系,而银团贷款协议则是一份由各贷款银行分别同借款人订立的贷款协议汇集而成的总协议。每一贷款银行承诺提供具体的贷款数额,享有获取贷款收益的权利。各贷款银行一旦组成银团,就不再进一步变动。所谓间接银团贷款,又称参与型银团贷款(participation syndication),它是由牵头行直接向借款人贷款,然后,再由牵头行将参加贷款权(即贷款份额)分别转售给其他成员行,全部的贷款管理工作均由牵头行负责,这种方式下牵头行是唯一的直接提供贷款给借款人的银行。在间接银团贷款中,借款人只与牵头行签订贷款协议。参加行只是通过取得参与贷款权间接地向借款人提供贷款。在牵头行和参加行之间订立的合同中通常规定:(1)牵头行给予参加行一定百分比的贷款份额;(2)参加行通过合同承诺提供特定百分比的借贷资金给牵头行;(3)牵头行通过合同,承诺根据特定比例向参加行偿付自借款人处所得。如果借款人违约,那么由此产生的风险则由所有的参加行共同分担。牵头行在间接银团贷款中具有双重身份,它既是银团贷款的组织者,又是银团贷款的代理行。由于间接银团贷款类似于贷款的转让或转售,所以也有称其为贷款交易的。

虽然,直接银团贷款和间接银团贷款各自特点不同,各有利弊。但总的说来,在国际商业贷款中,以直接银团贷款方式较为常见。

银团贷款的特点主要有:(1)筹款金额大、期限长。由于银团贷款是由多家银行承做的,所以,它能够提供巨额的借贷资金,贷款金额一般为数千万美元到几亿美元。贷款期限少则2—3年,多则可达15年,一般为5—10年。它不像独家银行贷款那样,要受其贷款规模的限制。(2) 分散了贷款风险。多家银行共同承担一笔贷款,比一家银行单独承担要稳妥得多。各贷款行只按各自贷款的比例分别承担贷款风险。而且,还可以加速各贷款行的资金周转。(3) 避免了同业竞争,增强了业务合作。目前,国际市场上游资过剩,竞相寻找出路,争取客户。利用银团贷款方式筹资,一方面可以避免同业竞争,把利率维持在一定水平上;另一方面还可以加强各贷款银行间的业务合作。实践中银团贷款的借款人一类是政府及政府附属机构;另一类是私人公司企业。对私人贷款收益大,但风险也大,对政府贷款风险较小,因此,不少银行对这两类贷款都要掌握一个适当的比例。(4) 不附带诸如贷款必须与购买贷款国商品相结合(出口借贷方式)等的限制性条件。(5) 筹资方式灵活、时间较短,费用也比较合理。目前国际银团贷款仍以美元为主要贷出货币。同时,一笔贷款也可使用多种货币,例如部分欧洲美元,部分日元等。在国际利率动荡的情况下,银团贷款基础利率的选择和计算方式趋于多样化。欧洲美元的贷款利率一般是采用伦敦银行同业拆借利率为基础利率,再加一个加息率。同一笔银团贷款,利率可以不同。由于国际利率水平近年来变化频繁,银团贷款利率一般每半年调整一次。正是由于以上原因,使得银团贷款方式已成为目前国际资本流动的重要渠道之一。

(二) 银团贷款的主要当事人

国际银团贷款交易中的各方当事人在国际银团贷款交易中扮演着不同的角色,起着不同的作用,其关注的利益切入点不同,所关注的风险点自然也就有所不同。因此对不同的当事人而言,同一个国际银团贷款的合同条款所隐含的风险各异。那么理清各方当事人之间的法律关系是控制国际银团贷款合同法律风险非常重要的一步。

1. 银团贷款的当事人

(1) 牵头行(leading bank),有时也称经理行(manager bank)。它通常是借款人选定的具有相当声誉及实力的银行,并接受借款人的委任,邀请召集银行沟通组建银团以提供贷款的银行。在实践中,有时会存在由多家银行共同担任牵头行,成立牵头银行组的情形,这时候就会设一家银行担任主牵头行,其他银行则为副牵头行或者共同牵头行,甚至还有设立高级副牵头行等头衔的。这样做的目的是为了能够吸引更多的银行参与到该银团中来,因为在一个银团中的显著地位通常能为该银行带来一笔无形资产。不论这些银行是什么头衔,它们都将在信息备忘录上署名,其法律地位和权利义务是一样的,只是会有不同的职责。一般来说,牵头行在银团贷款中需要履行如下职责:一是协助借款人准备信息备忘录(包括有关借款人和贷款的信息),并向潜在的参加行发放该信息备忘录;二是引起这些银行对银团的兴趣;三是通过谈判达成贷款所需的文件。[①] 牵头行通常处于独立的合同当事人的地位,他既不是借款人也不是参加行的代理人或委托人。他仅仅只是出售自己的服务而获取相应的报酬。所以,实务中,如果想让牵头行担任参加行或借款人的代理人或者委托人,应当使用明确的文字或者行为表达出来。

---

① 参见〔英〕菲利普·伍德著:《国际金融的法律与实务》,姜丽勇、许懿达译,法律出版社2011年版,第119页。

(2) 代理行(agent)。指全体银团贷款的参加行的代理人,代表银团负责与借款人的日常业务联系,担任贷款管理人角色的一家银行。在银团贷款协议签订之后,代理行按照贷款协议的规定,负责审查贷款发放所需要的先决条件;监督贷款的使用情况,向银团其他参与行提供借款人、担保人的财务状况,并承担贷款的其他贷后管理工作;协调贷款行之间、贷款行和借款人之间的关系;负责违约事件的处理等。总之,代理行是贷款行和借款人之间的桥梁,代表银团负责贷款的发放与收回以及贷款的全部管理工作。

在许多银团贷款的实例中,代理行与牵头行、经理行等由一家银行来担任。如果牵头行同时也是代理行,需要承担一系列常见的委托义务,包括尽职调查、充分披露、避免利益冲突以及不从代理中谋取私利等义务。

(3) 参加行(participant)。指参加银团并按各自承诺的在国际银团内份额提供贷款的银行。参与行有权通过代理行及时了解借款人的资信情况、运营状况,有权通过代理行取得一切与贷款有关的文件,有权按照其参与贷款的份额取得贷款的利息收益,有权独立地向借款人提出索赔的要求,有权建议撤换代理行。参与行在银团贷款中的义务是按照其承诺的贷款份额及贷款协议有关规定向借款人按期发放贷款。

(4) 借款人(borrower)。国际银团贷款中的借款人一般有法定资格条件的限制,通常可以包括:企业法人、各国政府、国家机构、中央银行、国际金融组织等。借款人通过委托牵头行为其组建银团并发放贷款,依据银团贷款协议取得贷款,并按时还本付息。借款人是银团贷款的主债务人,他通过委托牵头行组织银团,配合牵头行起草信息备忘录,向牵头行披露充足的信息资料,接受牵头行和潜在贷款行的信用调查和审查,依据贷款协议合法取得贷款并按协议规定条款使用贷款,按时还本付息,按时依据贷款协议条款规定向各贷款行提供自身的财务资料和其他与贷款使用有关的基本资料,接受因违约而承担的相应责任。

(5) 担保人(guarantor)。指以自己的资信向债权人保证对债务人履行债务承担责任的法人。可以是私法人如公司,也可以是公法人如政府。担保人在银团贷款中的责任是在借款人发生违约时代替借款人履行合同及相关文件所规定的义务,同时可以享有一定的权利如:受偿权、代位权、起诉权和向借款人收取担保费用的权利。担保人在银团贷款中的地位与一般债务担保人的地位相同。

2. 银团贷款当事人之间关系的原则

(1) 各自承诺。每个参加行均各自独立地在贷款协议中承诺给以借款人的贷款金额,并按照各自承诺的金额独立地发放贷款。各银行之间不会认购其他银行的份额,借款人的还款一般也是按照各参加行承诺的比例在银行之间分配。

(2) 代理行是银团的代理人。即代理行是根据贷款银团的决议代表银团并且以银团的名义与借款人处理贷款相关事务。它充当的是银团在管理意义上的事务性代理人,没有多少重要的管理职责。代理行绝对不是借款人的代理人。

(3) 银行内部的民主机制。参加行可以相互间通过协议的方式,规定一些重要事项由多数贷款权银行表决通过。这些事项通常包括:放弃拒付责任、在违约事件发生时加速收回贷款等。

(4) 按比例分配。即银团成员通过抵消、诉讼或其他方式获得的任何偿还金将无歧视地在所有参加行之间按照事先约定的比例分配。通过这样的安排,银行可以在一定程度上建立银团成员共同体。

(三) 银团贷款的委任书与信息备忘录

1. 委任书

委任书(mandate letter)是银团贷款发起的文件,是由借款人向牵头行或者牵头行团队发出,其通常列明拟定贷款的财务条款,如贷款额度、贷款期限、还款计划、利率、费用、特别条款等,说明日后签订的贷款协议中会包含陈述与保证、约定事项、违约事件和其他贷款协议的必备条款,并且授权牵头行牵头组织银团,确认委托书是唯一的。

由于牵头行接受委任书之后,需要对贷款的认购承担较大风险,特别是在贷款数额巨大的情况下,因此,实践中有所谓"市场变化"条款的存在,即允许牵头行从有利于银团组建的角度出发,对贷款的价格、条件或结构予以修改。如:"在银团成立之前,如果牵头行基于国内或国际金融市场上的普遍情况,认定更改银行贷款的价格、结构或条件可以有助于银团的成立,那么牵头行就有权进行这样的更改。"①

通常认为委任书是不具法律拘束力的文件,它是当事人缔结正式贷款合同前为了推进银团的组建而在相互间达成的商业谅解,其包含的承诺内容(除规定借款人支付费用的内容外)在贷款合同达成后才具有法律效力。尽管如此,委任书在有些情况下,仍然具有一定的法律效力,如,在委任书没有明确表明以订立合同为生效条件,并且委任书的相关条款也足够明确,那么,虽然当事人还没有就所有条款达成协议,并且也有续签正式协议的意图,按照英美法,法院会认为当事人已经缔结了合同,牵头行需要承担履行委任书相关条款的义务。②

所以,委任书是银团贷款中起着重要作用的一项商业文件。

2. 信息备忘录

牵头行取得借款人的委托书之后,立即着手在国际金融市场上筹组银团,寻找、说服可能参加国际银团的贷款人组成国际银团提供融资。这个过程中会涉及一份法律文件,即信息备忘录(information memorandum)。银团贷款中的信息备忘录,又称情况备忘录,是由牵头行分发给可能参加国际银团贷款的各国银行,邀请其参加银团贷款的重要法律文件。按照银团贷款的商业惯例,一家银行在表达参加银团的兴趣之后,就会收到信息备忘录。信息备忘录通常由牵头行和借款人共同准备,内容会列明借款人的财务信息和其他信息,通常包括:(1) 详细的贷款条件清单;(2) 借款人历史和业务经营的详细信息;(3) 借款人管理层的详细信息;(4) 借款人的财务报告。

对于信息备忘录,各国法律通常没有如证券发行的招股说明书那样进行监管。尽管

---

① 〔英〕菲利普·伍德著:《国际金融的法律与实务》,姜丽勇、许懿达译,法律出版社2011年版,第118页。
② 如英国法院在"布兰卡诉科巴洛案"(Branca v. Cobarro)和"银莲花号案"(The Anemone)的判决。参见同上。

如此,当牵头行散发信息备忘录中包含了虚假、错误或不完整的信息时,牵头行必须对参与银行由此遭受的损失承担责任,尤其在借款人日后违约无法偿还贷款或宣告破产时,参与行已很难再从借款人那获得补偿,一旦他们发现牵头行在信息备忘录中对借款人情况的介绍涉及虚假或错误因素时,只能转而向牵头行索赔并要求牵头行承担相应的赔偿责任。目前,各国尚无关于信息备忘录的专门立法,关于牵头行承担信息备忘录错误说明责任的法律依据各国也不一致。

三、项目融资及其赤道原则

(一) 项目融资的含义与特征

项目融资(project financing)又称工程项目筹资,是国际上为某些大型工程项目筹措资金的一种方式。一般是指国际银团向某一特定项目提供借贷资金,以该项目的预期收益为还款的主要来源,以项目的资产包括各种项目合约上的权利为附随担保的一种国际中长期银团贷款形式。在实践中,它主要用于石油、天然气、煤炭等自然资源开发项目,交通运输、电力、道路、桥梁等基础设施,以及化工、林业及农业等大型工程建设项目。项目融资与传统的融资方式的主要区别在于,按照传统的融资方式,贷款人把资金贷给借款人,然后由借款人把借来的资金投资于兴建某个项目,在这种情况下,偿还贷款的义务由借款人承担,贷款人所看重的是借款人的信用,而不是他所经营的项目的成败。但按照项目融资的方式,工程项目的发起人或主办单位一般都专门为该项目的筹资成立一家新公司——项目公司,由贷款人把资金直接贷给项目公司而不是贷给该项目的发起人,在这种情况下,偿还贷款的义务由该项目公司来承担,而不是由其发起人来承担,贷款人的贷款将从该工程项目建成投入营运后所取得的收益中得到偿还。因此,贷款人所看重的是该工程项目的经济性质及其所取得的收益,项目的成败对贷款人能否收回其贷款具有决定性的意义。

项目融资的筹款方式具有以下特点:

(1) 项目融资的对象,不是项目的发起人,而是针对特定的工程项目发放的贷款,其款项的发放不是基于项目发起人的资产与信誉,而是以特定项目的预期经济收益和资产价值为主要因素。所以,同传统的筹资方式相比,项目发起人的责任和风险减轻了。因为项目融资的资金筹措者是项目公司,万一项目经营失败,只需由项目公司以其全部资产对其债务承担责任。发起人的责任和风险只限于他所投入项目实体的股本,而其数额通常是不大的。

(2) 项目融资是一种追索权受到限制的借贷方式。在实践中主要有两种方式:一是无追索权的项目融资(non-recourse project financing),又称纯粹的项目融资,是贷款人对项目的发起人没有任何追索权的项目融资。其基本做法是:由贷款人把资金贷给项目公司,并以该项目所产生的收益作为还本付息的唯一来源,贷款人为了保障自身的利益仅在该项目现有或将来取得的资产上设定担保权益。除此以外,项目的发起人不再提供任何信用担保。如果该项目中途停建或经营失败,其资产或收益不足以清偿全部贷款,贷款人也无权向该项目的发起人追偿。这种融资方式在20世纪20年代最早出现于美国,主要用于开发得克萨斯州的油田。由于这种做法对贷款人风险太大,贷款人一般都不愿采用。二是有限追索权的项目融资(limited recourse project financing),是贷款人对项目的发起人以及提供各种担保的第三人均有追索权的项目融资。在项目融资中,贷款人为了减少风险,除要求以贷款项目的收益作为还本付息的资金来源,并在项目公司的资产上设定担保物权之外,一般都要求由项目公司以外的第三人提供各种担保。这些第三人包括该项目的发起人、项目产品的未来购买者、东道国的政府或其他保证人。这些保证包括完工保证、偿债保证、差额支付保证,以及不论是否取得项目的产品亦须按合同规定付款的保证等。当项目不能完工或经营失败,项目本身的资产或收益不足以清偿债务时,贷款人有权向上述包括项目发起人在内的各该与项目有关的参与人进行追偿,但他们对项目债务的责任,仅以他们各自所提供的担保的金额或按有关协议所承担的义务为限。目前在国际上一般都是采用这种有限追索权的项目融资的做法。一般来说,这种项目融资具有以下几个特点:第一,项目公司是独立于其发起人之外的一个法律实体,贷款人提供项目所需要的绝大部分的资金,通常占整个项目建设所需的65%—75%,其余部分由项目发起人投资或以其他办法解决;第二,项目公司对偿还贷款承担直接责任,项目的发起人只提供有限的保证或担保;第三,由其他第三人如供应商、项目产品的买主或有关政府机构承担义务,向贷款人提供信用支持;第四,项目的债务不反映在发起人的资产负债表上,是属于资产负债表外的融资。也就是说,把一项贷款或为贷款提供的担保披上"商业交易"的外衣,作为商业交易来处理,来达到不把这种贷款或担保交易列入发起人的资产负债表的目的。

(3)贷款依靠项目的营业收益来还本付息。因而,贷款者通常力图对营业收益的稳定性获得保证,并且要把收益置于他的控制之下。

(二)赤道原则(The Equator Principles)

"赤道原则"是由世界主要金融机构根据国际金融公司和世界银行的政策和指南建立的,旨在判断、评估和管理项目融资中的环境与社会风险的一个金融行业基准。这项准则要求金融机构在向一个项目投资时,要对该项目可能对环境和社会的影响进行综合评估,并且利用金融杠杆促进该项目在环境保护以及社会和谐发展方面发挥积极作用。2003年6月4日,包括荷兰银行、巴克莱银行、花旗银行在内的7个国家的10家国际领先银行在华盛顿的国际金融公司总部正式宣布采纳并实行赤道原则,而成为"赤道银行"。截至2012年5月12日,随着毛里求斯商业银行(The Mauritius Commercial Bank Ltd.)正式宣布采纳赤道原则,全球共计76家金融机构宣布采纳赤道原则成为"赤道银行",其中绝大多数是各国金融行业的领先机构,包括汇丰银行、花旗银行、巴克莱银行、瑞穗实业银行等,项目融资额约占全球项目融资总额的90%以上。我国的兴业银行也参与其中,并于2009年12月公布了首笔适用赤道原则后实施的项目贷款。[①]

---

① 刘志云:《赤道原则的生成路径——国际金融软法产生的一种典型形式》,载《当代法学》2013年第1期。

但是赤道原则只是一种由银行或从事项目融资的金融机构自发制定并在本行业内自愿实施的软法规范,正如"赤道原则"的"免责声明"所表明的:"采纳赤道原则的金融机构认为,赤道原则是金融界中各机构各自发展其内部社会和环境政策、程序和惯例的基准。与所有内部政策一样,赤道原则没有对任何法人、公众或个人设定任何权利或责任。金融机构是在没有依靠或求助于国际金融公司或世界银行的情况下,自愿和独立地采纳与实施赤道原则。"

1. 赤道原则的框架和主要内容

2006年7月修订后公布的《赤道原则Ⅱ》总共包括四个部分:

第一部分是序言。它主要解释了项目融资的具体定义,指出项目融资是在全球融资发展过程中一种非常重要的融资方式,此外,它也指出了赤道原则的目的和意义。

第二部分是范围。赤道原则适用于各行业所有投资资金成本大于或等于1000万美元的新项目以及对社会和环境产生新的显著影响的改建和扩建项目。项目的财务顾问行为也受赤道原则约束。

第三部分是赤道原则10个原则的声明。原则一,审查和分类;原则二,社会和环境评估;原则三,适用的社会和环境标准;原则四,行动计划和管理系统;原则五,磋商和披露;原则六,建立投诉程序;原则七,独立审查原则;原则八,承诺在借贷协议中纳入赤道原则条款;原则九,独立监测和报告;原则十,EPFI报告。

第三部分为赤道原则的核心部分,包括采纳赤道原则的金融机构(EPFI,以下简称"赤道银行")只为满足第1—9项原则的项目提供融资,而第10项原则是赤道银行每年向公众发布报告的要求。

第四部分是四个附件:

附件一:项目的分类

A类——项目对社会或环境有潜在重大不利并涉及多样的、不可逆的或前所未有的影响;

B类——项目对社会或环境可能造成不利程度有限、数量较少的影响,而影响一般局限于场地,且大部分可逆并易于通过减缓措施加以解决;

C类——项目对社会或环境影响轻微或无不利影响。

附件二:将会在社会和环境评估文件中处理的潜在社会和环境议题的说明清单

附件三:国际金融公司社会和环境可持续性绩效标准

附件四:行业特定环境、健康和安全导则(《EHS导则》)

2. 赤道原则的实施

赤道原则只是对项目融资中的环境与社会问题作了一些原则性的规定,因此,要想具有更强的操作性,赤道银行就需根据本银行的实际情况,对其进行细化,编写成如《赤道原则指南》和《赤道原则内部程序》等文件。赤道原则文本结尾也指出:"接受的机构把这些原则视为一个发展其独立的内部实践和政策的框架"。

当然,在转换过程中,内部政策可以高于赤道原则的标准,如有些银行规定赤道原则也适用于项目融资额低于1000万美元的项目,还有些银行规定赤道原则不仅适用于项目融资,还适用于公司融资。

另外,为切实执行这些政策,还需规定一些配套措施,如成立环境与社会部门或环境与社会影响评价部门等专门机构,招聘并培训专门人员,进行环境与社会风险专业评估。

3. 赤道原则的适用范围

首先,赤道原则只限于1000万美元以上的项目融资。赤道原则只适用于项目融资,而不适用于其他融资方式,即只有在项目融资中,"赤道银行"才要求项目发起人能够证明项目在执行中会对社会和环境负责并会遵守赤道原则,对其他方式融资不作此要求。随着越来越多的金融机构接受这些原则,赤道原则已经成为项目融资的新标准。遵守赤道原则几乎已经成为成功安排项目融资的一个基本要素。"赤道银行"在全球范围内对所有产业部门的项目融资实行这些原则,包括采矿、石油和天然气以及林业。不过,"赤道银行"只对所有资本成本达到或超过1000万美元的项目贷款实行赤道原则,也就是说,1000万美元以下的项目可以不受这些原则的约束。

其次,赤道原则只关注与项目融资有关的社会和环境问题。银行保证只为那些符合条件的项目发放贷款,即项目发起人能使银行确信他们有能力和意愿遵守旨在确保项目实施方法对社会负责并符合合理的环境管理惯例的综合程序。"赤道银行"根据环境或社会风险的高低把项目分为A类、B类或C类(高、中、低)。对A类和B类项目,借款人要完成一份环境评估报告,说明怎样解决在分类过程中确定的环境和社会问题。在完成了与当地有关利益相关者进行适当磋商后,A类项目(适当的情况下包括B类项目)必须完成以减轻污染与监控环境和社会风险为内容的《环境管理方案》。

四、国际贷款担保

国际贷款通常涉及金额巨大,期限较长,贷款人承担着贷款不能收回的巨大风险。尽管在贷款协议中规定了若干保护性条款,如陈述与保证、消极担保、比例平等、约定事项等,但是,为了尽可能地减少甚至避免贷款风险,贷款银行通常要求借款人寻找第三人以其资信或资产(物或权利)担保贷款的偿还,从而分散或转嫁风险以确保其债权的实现。随着担保运用的越来越广泛,在现代国际融资活动中,担保已成为获取贷款的前提条件。国际商业贷款中的担保大体可分为信用担保(保证)和物权担保两大类。前者是指保证人以自己的资信向债权人保证对债务人履行债务承担责任。后者指借款人或第三人以自己的有形财产和无形财产作为偿还贷款的保证。

(一) 信用担保

信用担保,也称人的担保,是国际贷款中使用最为广泛的担保方式。人的担保的形式包括担保人与贷款人之间签订保证合同或由担保人向贷款人提交保函、备用信用证、安慰信等。在这些形式中,保证极具代表性,有人曾把保证人形象地比喻为偿还贷款的另一个钱袋。

1. 保证(guarantee)

保证就是由担保人(或保证人)应借款人的请求与贷款人签订的一种担保合同,或者是担保人(保证人)应借款人的请求向贷款人出具的保函,承诺在特定情形下以自己的资产向贷款人按照特定的条件偿付贷款的全部或部分本金、利息。

保证合同或保函通常包含三类条款:(1)确保保证法律性质的条款,主要涉及保证合同与借贷协议之间的关系;保证人承担的还款责任是第一位还是第二位的;保证人的偿付是无条件的还是有条件的。(2)确保合同稳定性的条款,主要涉及确定保证合同不因借贷协议无效而受到影响,但对违反公共利益、受益人(贷款人)的付款要求属恶意或滥用权利时例外;确保借贷协议的延期、变更和贷款人与借款人之间的和解不影响保证合同的效力。(3)确保保证人付款责任的条款,主要涉及:第一,持续保证(continuing guarantee)条款,主要指保证人向贷款银行保证借款人的债务全部偿还完毕,保证人的责任才解除。持续保证并不是指保证人的责任没有时间限制,而是指保证人要对贷款协议项下借款人所有的借款负责。第二,全部债务条款(the whole debt clause),是指保证人对借款人到期的债务以任何代价或以任何形式履行全部的偿付责任,包括延迟造成的全部利息、罚息以及银行其他费用,甚至诉讼费等一切费用。第三,保证人的代位权,通常规定在贷款本息未全部偿还完毕之前,保证人不能取得代位权,同时也不能取得请求借款人予以赔偿的任何权利和要求共同担保人补偿的权利。有的还进一步规定保证人对借款人的一切请求都应排列在贷款人的请求权之后。第四,根据具体情形的需要,保证合同可以规定为限定期限的担保,或者限定金额规定的担保。

在保证是由多个保证人共同担保的情况下,可以是连带保证(joint guarantee),也可以是按份保证(several guarantee),或者是连带按份保证(joint and several guarantee)。如果多个担保人组成银团共同担保的,就是所谓的银团保证(syndicated guarantee),它和银团贷款在形式上较为相似,并且也有代理行处理保证事宜。它通常属于连带按份保证。

2. 独立保证(independent guarantee)

传统的保证合同一般作为主合同的从属性合同,依附于主合同,其主要法律特征是具有从属性和补充性,保证人承担着第二性的偿付责任。随着国际融资的发展,一种新型的保证,即独立保证逐渐发展起来。所谓独立保证即保证合同独立于贷款协议而单独存在,是否承担责任完全取决于保证合同自身的规定。受益人的付款请求只要符合保证的规定,不管基础合同的履行情况如何,不管债务人是否实际违约,担保人均应承担无条件地立即地偿付义务。目前,在国际融资实践中,独立保证的存在形式主要有见索即付保函和备用信用证。①

(1)见索即付保函(demand guarantee,或 on demand)。指由担保人应申请人的要求或指示以书面形式出具的凭提交与承诺条件相符的书面索款通知和保函可能规定的任何类似单据即行付款的付款承诺。

---

① 参见李国安主编:《国际融资担保的创新与借鉴》,北京大学出版社2005年版,第12—13页。

见索即付保函从性质上是独立于基础合同或交易一种独立的付款保证,即便保函中包含有对基础合同或交易条件的援引,担保人与这类合同或交易条件亦无任何关系,也不受其约束。担保人在保函项下的责任是在提交了在表面上与保函条款一致的书面索款通知和保函规定的其他单据时,支付保函中所述的金额。所以,见索即付保函的担保具有第一性付款责任和单据化特征,即它是独立于申请人和受益人之间的基础合同,并构成担保人和受益人之间的第一性承诺,受益人只要在保函有效期内提交符合保函条件的书面付款要求及保函规定的任何其他单据,担保人即应无条件地将款项赔付给受益人,而不管申请人是否确实违约及受益人实际所遭受的损失有多大。

目前,规范见索即付保函的国际商事惯例主要有国际商会的《见索即付保函统一规则》(URDG758)和《合同担保统一规则》(URCG325)以及联合国国际贸易法委员会(UNCITRAL)的《独立担保与备用信用证公约》(Convention on Independent Guarantee and Stand-by Letter of Credit)。

(2) 备用信用证(standby letter of credit)。指应借款人的要求,由担保人(即开证银行)出具给贷款人(受益人)的保证按照信用证规定的条件支付一定金额的书面凭证。由于担保人,即开证行对备用信用证承担第一性的付款责任,因此,在借款人无力偿还银团贷款时,贷款银行就可以根据备用信用证中列明的单据,直接向备用信用证的开证行索赔。只要索赔时,贷款人所持的文件或单据符合要求,担保人是无权拒绝的。作为国际贷款信用保证方式之一,其基本特点是独立于作为其基础的国际银行贷款协议,也就是说,银行只凭提示约定的单据如违约证明书和汇票付款,而不负责审查是否确实存在不履行国际贷款合同义务的违约事件。

备用信用证是在商业信用证的基础上发展起来作为担保的一种方式。其在形式上与一般商业信用证相似,只是二者所需的单据有所不同,承担的责任也不同。目前,规范备用信用证的国际商事惯例有国际商会(ICC)的《跟单信用证统一惯例》(UCP600)和《国际备用信用证惯例》(ISP590),以及联合国国际贸易法委员会(UNCITRAL)的《独立担保与备用信用证公约》(Convention on Independent Guarantee and Stand-by Letter of Credit)。

3. 安慰函或称安慰信(comfort letter)

安慰函或安慰信,一般是由母公司(金融机构)或者一国政府向贷款银行表示,对于贷款银行发放给发信人子公司或者一个公共实体的贷款,表示支持并愿意敦促借款方还款的书面文件。

安慰函的法律效力取决于它的内容,有的只是表示一种善意,从而对发信人没有拘束力;有的规定了发信人承担一定的财务义务,相当于提供了一定的担保。

各国法律对于安慰函的成立条件没有具体的规定,一般仅要求以书面方式制作。一般来说,安慰函的内容简单,没有具体的救济条款,执行起来比较困难。其主要目的在于使提供安慰函的人或机构对债权人承担债务人履行义务的道义责任,而不承担法律责任。当安慰信出具者违反承诺时,贷款银行最多只能请求损害赔偿,而不能支付具有惩罚性质的违约金。

(二) 物权担保

物权担保是指在债务人或第三人的物或权利上设定的一种物权,当债务人不按约定履行义务时,债权人可以行使物权而得到清偿。由于通常情况下物权担保比信用担保更可靠,所以物权担保在国内融资中得到广泛应用。但由于下列原因物权担保在国际贷款中的应用并不广泛:一是借款人是资信较佳的大公司或政府机构,要求其提供物权担保并不十分必要;二是消极担保条款的普遍运用大大减少了物权担保,但项目融资和飞机船舶融资除外;三是担保物通常不在贷款人所在国,贷款人对其进行管理比较难,而且贷款人要实现担保物权不仅费用大而且手续复杂。国际贷款中,最常见的物权担保有让与担保、质押、抵押。

(1) 让与担保(assignment)。指债务人将一定财产作为担保让与债权人,当债务人不履行债务时,债权人可就该标的物优先受偿,而当债务人履行其义务时,债权人应返还标的物的担保方法。

从理论上说,任何财产均可作为让与担保的标的。但是,在国际贷款实践中,常见的让与担保的标的是收入的让与(assignment of revenue),即借款人将其依特定法律关系对于第三人所能收取的金钱转让给贷款人作为借款担保。也就是涉及所谓的应收账款的让与。这方面的国际商事惯例有联合国国际贸易法委员会的《国际贸易应收款转让公约》及《担保交易立法指南》(2007 年)。

收入让与担保有效的条件有两个:一是让与合同依其准据法有效。二是借款人要通知第三债务人或取得其同意。收入让与生效后,第三债务人即有义务依照合同规定,在每一支付日期、或借款人不履行、或贷款人要求时,将其应支付给借款人的款项直接支付给贷款人。

(2) 质押(pledge)。也称质权,就是债务人或第三人将其动产或者权利移交债权人占有,将该动产作为债权的担保,当债务人不履行债务时,债权人有权依法就该动产卖得价金优先受偿。

通常而言,质押主要包括动产质押和权利质押。在国际贷款中,适合作为质权的标的物品很有限。因为不仅要考虑质权的效力,还要考虑物是否可以很容易地在市场上出售变卖。实践中常见的出质物主要有有价证券,包括公司股票、债券以及其他债权证书等,也有以股权质押的。质权担保设定后,如果借款人在还款期届满后未履行债务时,贷款人拍卖出质物,用所得价金优先受偿。除拍卖外,还可另行订立协议取得质物之所有权,只是此协议必须是清偿期届满后约定,禁止清偿期届满前约定。[①]

(3) 抵押(mortgage)。指债务人或第三人为了担保主债权的实现,以不转移占有为条件,在其动产或不动产上设定的担保物权。如债务人到期不履行债务,债权人享有将抵押物变卖就其价款优先受偿的权利。

在国际贷款中,不动产抵押通常采取订立书面合同并经法定的登记公示程序生效。

---

① 郭洪俊著:《国际银团贷款中的法律问题研究》,法律出版社 2001 年版,第 160 页。

对于没有经过合法登记程序的不动产抵押,通常只在当事人间有效,不能对抗善意第三人。不动产抵押生效后,如果出现借款人违约或破产等情形,贷款人一般是申请法院拍卖抵押物而优先受偿。实践中,也有通过合同取得抵押物所有权的安排,但这种合同必须在清偿期届满以后签订。①

设立动产抵押同样要履行一定的法定形式,如订立书面合同,同时向有关机关登记等。由于动产抵押不转移占有,动产具有较大的流动性,且通常不具有明显的特征,法律上也没有适当的公示方法,使之不便于行使追索。因而,各国一般对动产抵押的标的物有所限制,通常为航空器、船舶、车辆以及机器设备等。所以,动产抵押的设立,必须注意其标的物应符合相关国家的法律规定。

(4) 浮动担保(floating charges)。也叫浮动抵押(floating mortgage),是债务人以其现在的及将来取得的全部财产或某类财产为债权人的利益而设定保证,于约定事件发生时,担保标的物的价值才能确定的一种担保。浮动担保的特征是:第一,担保物是不特定的,也就是说债务人未发生违约事由之前,可自由处分其财产,而新取得的财产将自动成为供担保的标的物。第二,担保物不转移占有,债务人在执行担保前仍有权在日常业务中正常的、自由处分该担保物。第三,担保物于约定事件发生时,如违约、破产等,转化为固定担保。

由于债务人除了可以自由处分资产外,还可以为其他债权人在个别资产上设立优先于浮动担保的抵押、质押等特定物权担保。这样浮动担保的作用就会减弱,所以国际融资中就出现了特定物权担保与浮动担保相结合的混合担保。

由于各国对浮动担保的法律规定有分歧,有些国家还不承认浮动担保,所以在国际贷款中设立浮动担保时要特别重视相关国家关于浮动担保的规定。

第二节 国际银行监管

金融业包括银行业离不开监管,已成为各国共识。在两个或两个以上国家设立机构从事经营的国际银行或跨国银行,不同于一国银行,对其监管面临以下核心问题:以哪个国家为主行使监管,相关国家需要什么样的监管合作机制?按照什么标准监管?以下在对国际银行监管及巴塞尔委员会进行概述的基础上,对国际银行监管标准和国际银行监管合作分别进行阐述。

一、国际银行监管的概念与巴塞尔委员会

国际银行监管是对国际银行负有监管责任的监管主体,根据相关的监管制度安排,对国际银行及其活动进行监督、检查、管束和处理,以防范系统风险,保护存款人和维护国际金融体系安全稳健的活动总称。在国际银行监管中,监管制度是监管的依据和准绳。而

---

① 郭洪俊著:《国际银团贷款中的法律问题研究》,法律出版社2001年版,第161页。

在国际银行监管制度的形成和发展过程中,巴塞尔委员会发挥了突出的作用。

巴塞尔委员会是在20世纪70年代国际金融风险突显的背景下,以1974年德国赫斯塔特银行(Bankhaus Herstatt)和美国富兰克林国民银行(Franklin National Bank)的倒闭为契机,由国际清算银行出面于1974年底召开十国集团中央银行行长会议成立的国际银行监管协调与合作机构。最初成员由十国集团的比利时、加拿大、法国、德国、意大利、日本、荷兰、瑞典、英国、美国,外加卢森堡、瑞士十二个国家组成。2008年全球金融危机爆发后,巴塞尔委员会于2009年决定将其成员扩大至包括中国在内27个国家和地区。巴塞尔委员会成立后制定和发布了有关国际银行监管的一系列文件,形成巴塞尔体系,其中许多规则成为国际银行监管的准则。从内容上看,巴塞尔体系主要有两条主线:国际银行监管标准的确立和国际银行监管职责的划分。

二、巴塞尔委员会有关国际银行监管标准的主要规则

为了防范金融风险,并整平银行国际竞争的"游戏场地",巴塞尔委员会自成立以来发布了有关国际银行监管标准的众多文件,内容涉及多项监管标准,其中,监管资本标准与流动性标准影响最大。

(一) 监管资本标准

监管资本标准,又称为资本充足率标准,是指银行监管资本与加权风险资产的比率不得低于规定的水平。资本充足率不是简单地用银行的会计资本除以总资产,而是用监管资本除以风险加权资产。资本充足率的分子——监管资本不限于传统法律意义上的资本,还包括符合条件的债务等。分母是将银行资产根据风险大小进行加权后得出的数额,风险越高,资产权重越高,需要占用的资本就越多。这一标准旨在反映银行在存款人和债权人的资产遭受损失之前,能以其监管资本承担损失的程度。监管资本标准最早规定在巴塞尔委员会1988年发布的《统一国际银行资本计量和资本标准的协议》(简称《巴塞尔Ⅰ》),该协议后被巴塞尔委员会于2004年6月发布的《统一资本计量和资本标准的国际协议:修订框架》(简称《巴塞尔Ⅱ》)和2010年12月发布的《巴塞尔Ⅲ:提高银行和银行体系抗御能力的全球规制框架》(简称《巴塞尔Ⅲ》[①])修订。由于不同的经济体可以选择适用以上不同的协议,也由于以上三者相互补充,故以下对三者有关监管资本标准进行分述。

1.《巴塞尔Ⅰ》有关监管资本标准的基本规定

《巴塞尔Ⅰ》的核心内容,是规定国际银行的资本充足率不得低于8%。

(1) 监管资本

根据《巴塞尔Ⅰ》的规定,资本充足率的分子——监管资本包括"核心资本"(又称一级资本)和"附属资本"(又称二级资本)两个部分。核心资本价值较稳定、流动性高,包括

---

① 实际上,2010年10月发布的《巴塞尔Ⅲ》包括两大部分:《巴塞尔Ⅲ:提高银行和银行体系抗御能力的全球规制框架》与《巴塞尔Ⅲ:流动性风险计量标准和监测的国际框架》,前者规定监管资本标准,后者规定流动性标准。

银行的股本和从税后留利中提取的公开储备。《巴塞尔Ⅰ》要求核心资本应占银行总资本的50%。"附属资本"由以下部分构成:未公开储备、资产重估、普通准备金或呆账准备金、债与资本的复合工具、次级债。附属资本须受以下条件限制:附属资本总额不得超过核心资本总额的100%,次级债不得超过核心资本的50%,普通准备金或呆账准备金不得超过风险加权资产的1.25%,资产重估须对其历史成本价与市场价值的差额打55%的折扣。

(2) 风险加权资产

资本充足率的分母由银行风险加权资产构成。《巴塞尔Ⅰ》关注的焦点是银行的信用风险,即债务人不能偿还贷款的风险,此外还关注信用风险的特殊变异——国家风险。因此,《巴塞尔Ⅰ》在计算风险资产时,不仅将风险权重与银行的债权挂钩,而且主要依照债务人的国别、债权的部门性质确定权重,建立风险加权制度。如银行对经合组织(OECD)成员国中央政府与中央银行债权的风险权重为0%,亦即银行所拥有的这类资产不需要占用资本;而对非OECD成员国中央政府债权(除非以本币定值、提供)的风险权重为100%。具体来说,信用风险资产包括表内业务和表外业务两个部分。

表内业务是银行资产负债表上反映的业务。《巴塞尔Ⅰ》将银行表内业务的各种资产按照债务主体的类别和债权的类型分为5级,对应5类风险加权系数:0%、10%、20%、50%、100%,风险权重越高,占用的资本就越多。表外业务是指银行从事的按照会计准则不记入资产负债表内、不构成现实资产负债但能增加银行收益的业务。表外业务作为银行潜在的资产或负债存在一定的风险,为此《巴塞尔Ⅰ》亦规定了表外业务风险加权资产的计算。该计算通过两个步骤完成:先将表外业务头寸,根据规定的转换系数转化为等额信用值,然后根据相对方的风险权重进行加权。①例如,某银行以备用信用证形式为某企业提供了1000万元的贷款保证,由于该类表外项目的风险转换系数是100%,那么,该银行这一表外项目的等额信用值就是1000万元(1000×100% = 1000)。由于保证对象是企业,《巴塞尔Ⅰ》规定对应企业的风险权重是100%,因此,该银行在此保证项下计算的风险资产是1000万元。

(3) 市场风险后被纳入资本充足率的计算范围

《巴塞尔Ⅰ》最初仅针对信用风险,但随着国际银行因参与金融交易而发生的倒闭事件增多,1996年1月巴塞尔委员会发布了《资本协议市场风险修正案》(2005年进行了更新和修订)(简称《修正案》)。《修正案》将市场风险纳入资本充足率计算的范围,构成对《巴塞尔Ⅰ》的修改。

《修正案》将银行业务按性质分为银行项目和交易项目。银行项目涵盖存款、贷款等传统银行业务以及与这些业务相关联的衍生品。这些业务不以交易为目的,较少受到短期市场因素波动的影响,银行风险主要是信用风险,仍按《巴塞尔Ⅰ》的原有规定计算信

---

① 对于表内项目风险权重的具体分配、表外项目的转换系数及其风险加权,详见韩龙著:《国际金融法前沿问题》,清华大学出版社2010年版,第212—214页。

用风险。交易项目涵盖债券、股票、外汇交易以及与这些交易相关联的衍生产品。这类业务根据市场变动而开展,旨在获得短期收益,银行风险主要是以利率、汇率等变化为特点的市场风险,《修正案》要求计量市场风险和资本要求。对市场风险的计量,《修正案》规定了两种方法:标准计量法——一种计算市场风险的标准方法;内部模型计量法,即各认可的银行机构运用成熟的内部风险模型计算市场风险的资本要求。

《修正案》如何将资本充足率适用于市场风险?在分母部分,由于资本充足率为8%,故银行杠杆经营的最大限度为资本的12.5倍。为限制风险,《修正案》将市场风险所需资本乘以12.5作为分母部分的风险额,旨在在市场交易杠杆最大化的情况下,资本充足率仍然大于或者等于8%。同样由于《修正案》将资本充足率的涵盖面放大,导致对银行资本要求的增加,加大了《修正案》推行的难度。为此,在分子部分,《修正案》规定银行可以用短期次级债作为防范市场风险的资本,这些短期次级债构成一级资本和二级资本之外的"三级资本"。短期次级债作为三级资本须满足规定的条件:第一,必须无担保、次级、全额支付。第二,原始期限不少于2年,未经监管当局同意不得提前偿还。第三,不超过用于抵御市场风险的一级资本的250%,即银行至少需要有28.5%的一级资本来应对市场风险。二级资本可替代三级资本,但也不能超过250%的上限,同时不能突破《巴塞尔Ⅰ》有关二级资本不得超过一级资本等项规定。第四,三级资本只能用来对付市场风险。

如此,经《修正案》修改后,国际银行的资本充足率的计算公式为:总资本(一、二、三级资本)÷〔风险加权资产(银行项目)+市场风险所需资本(交易项目)×12.5〕≥8%。

2.《巴塞尔Ⅱ》监管资本标准的修改

随着《巴塞尔Ⅰ》在适用中,特别是适用于大金融机构时的缺陷显现,加之所谓银行风险管理艺术提高,巴塞尔委员会经对《巴塞尔Ⅰ》修订于2004年6月发布了《巴塞尔Ⅱ》。《巴塞尔Ⅱ》有三大创新:一是建立三大支柱——最低资本要求、监管审查机制和市场约束,以后二者作为对前者的补充,减少对最低监管资本的过度依赖。二是允许具有风险管理能力的资深银行运用内部评级系统评定信用风险和市场风险,以内部评级代替《巴塞尔Ⅰ》对每一类资产标准化的风险加权。三是允许银行采用外部评级机构提供的信用等级,将主权债权、企业和银行债权等细分为多个等级,旨在提高风险敏感度。

就监管资本标准而言,《巴塞尔Ⅱ》仍将银行最低资本充足率维持在8%,其中,对该比率的分子即监管资本的规定维持不变,修改主要体现在对分母即银行各类风险资产的计量上。《巴塞尔Ⅱ》第一支柱即最低监管资本要求,对风险资产计量的修改主要表现在两个方面:一是大幅度修改了《巴塞尔Ⅰ》对信用风险的处理方法,二是将操作风险纳入资本监管的范畴,即操作风险作为资本充足率分母的一部分。

《巴塞尔Ⅱ》对信用风险资产规定了两类评定方法:标准法和内部评级法。标准法是《巴塞尔Ⅰ》对每类资产实行标准化风险加权的改良版,变化主要体现在:银行可根据外部评级结果确定资产的风险权重,并改革了风险权重的分档,将最高风险权重提高至150%;扩大了银行可使用的抵押、担保和信用衍生产品(即信用风险缓释工具)的范围,规定了其资本计算下调幅度的方法。内部评级法是银行根据对交易数据及其他情况的分析,对银行债权和债务人的情况进行审核、评级,计算所需要的资本。内部评级法包含初级法和高级法,主要包括以下内容:风险类别的划分;每一风险类别的风险要素;根据风险权重方程,将每一风险类别的一组风险要素转换为该风险类别的风险权重;采用内部评级法须满足的最低标准等。内部评级法与标准法的根本不同表现在:银行将对重大风险要素的内部估计值作为计算资本的主要参数,但风险权重及资本要求的确定须同时考虑银行提供的数量指标和巴塞尔委员会确定的公式或风险权重函数。该公式或函数,涉及数理统计及对风险的量化分析,可将银行的指标转化为资本要求。

《巴塞尔Ⅱ》对风险资产计量的另一重大修改是将操作风险纳入资本监管的范围。操作风险是由于不完善的内部程序、人员和系统,或者由于外部事件所引起的直接或间接损失的风险。《巴塞尔Ⅱ》对操作风险的衡量和资本要求规定了三种方法:基本指标法、标准法和高级计量法。

在将操作风险纳入资本监管的范围后,计算《巴塞尔Ⅱ》规定的资本充足率的公式变化为:银行资本充足率 = 总资本 ÷〔信用风险加权资产 + (市场风险所需资本 + 操作风险所需资本) × 12.5〕≥8%。

3. 《巴塞尔Ⅲ》对监管资本标准的修改

美国金融危机的爆发充分暴露了尚未充分实施的《巴塞尔Ⅱ》的重大缺陷,于是巴塞尔委员会在2010年12月发布了《巴塞尔Ⅲ》,对监管资本标准进行了重要修改。与《巴塞尔Ⅱ》侧重对资本充足率的分母进行修改形成对照,《巴塞尔Ⅲ》则侧重对该比率的分子即监管资本进行修改,核心是提高银行实际吸收损失的能力,主要包括以下方面:

(1)提高资本比例。《巴塞尔Ⅲ》在监管资本分为一级资本和二级资本的基础上,将一级资本细分为普通股一级资本和附加一级资本(又称持续经营的其他资本)两类,提高了二级资本的标准,取消了用于吸收市场风险的三级资本。取消三级资本意味着对市场风险的资本要求须达到与对信用风险资本要求的同等质量标准。《巴塞尔Ⅲ》规定银行受普通股一级资本充足率、一级资本充足率和总资本充足率三项指标的约束。其中,普通股一级资本充足率在任何时候不得低于4.5%。一级资本充足率在任何时候不得低于6%,这意味着附加一级资本被限定在风险加权资产的1.5%之内,也意味着银行一级资本充足率从原来的4%提高至6%。《巴塞尔Ⅲ》还规定总资本充足率在任何时候不得低于8%,这意味着二级资本被限定在风险加权资产的2%之内。8%的监管资本水平似乎与原有的水平维持一致,但《巴塞尔Ⅲ》新设了如下三类超额资本要求,且超额资本须以普通股一级资本满足:相对于风险加权资产2.5%的留存超额资本;根据监管当局要求计提风险加权资产的0%至2.5%的逆周期超额资本;系统重要性银行的超额资本,国内系统重要性银行超额资本由各国确定,全球系统重要性银行应额外计提风险加权资产的1%至3.5%的超额资本。如此,一般银行所持资本比例在任何时候不得低于10.5%(8% + 2.5%),在计提逆周期超额资本时最高可达13%(10.5% + 2.5%)。全球系统重要性银行所持资本比例在任何时候不得低于11.5%(10.5% + 1%),在计提逆周期超额资本时最高可达16.5%(10% + 2.5% + 3.5%)。因此,不同银行在不同时期所持的资本比例从最低的 10.5% 到最高的 16.5% 不等。

(2) 严格资本标准。除提高监管资本比率外,《巴塞尔Ⅲ》还对不同类型的监管资本设定了最低标准要求:第一,一级核心资本必须是普通股。此外,为保证普通股的质量,《巴塞尔Ⅲ》规定将商誉等无形资本和递延税等不确定收益从普通股中剔除,以保证一级核心资本实际吸收损失能力。第二,附加一级资本一般应是永久无期限的,只有在得到监管者事前批准且不影响资本质量与数量要求的前提下方可对已发行超过 5 年的附加一级资本工具进行偿付。第三,二级资本工具除须满足次级性和至少 5 年原始期限这两项最低标准之外,这类资本工具的发行人或关联方不得为该资本工具提供保证,也不得故意购买该资本工具或为购买方提供直接或间接的资金支持。此外,银行只有在得到监管者事前批准且不影响资本质量与数量要求的前提下方可对二级资本工具持有者进行偿还。第四,《巴塞尔Ⅲ》规定了强制性冲销规则,即在公共部门注入资金或实施其他援助之前,银行须将持有的所有非普通股资本工具转化为普通股,以落实监管资本吸收损失的功效。

(二) 流动性标准

根据巴塞尔委员会的定义,流动性是银行在可接受成本下为资产的增加和在债务到期时履约的能力。易言之,流动性是银行以合理的成本在其需要资金时获得资金的能力。与之相对应,流动性风险是银行无法及时以可接受成本满足所需流动性的可能性。美国金融危机期间,不少持有充足监管资本的银行因流动性问题而陷入经营困难或倒闭,国际社会由此意识到在完善监管资本标准的同时还应构建流动性监管的国际标准。2010 年 12 月巴塞尔委员会公布了《巴塞尔Ⅲ:流动性风险计量标准和监测的国际框架》(简称《巴塞尔Ⅲ:流动性标准》),其核心内容是确立流动性覆盖率(liquidity coverage ratio,简称 LCR)和净稳定融资比率(net stable funding ratio,简称 NSFR)这两项流动性监管指标,同时规定了流动性监管的监测工具(monitoring tools)。对于 LCR,巴塞尔委员会于 2013 年 1 月公布了《巴塞尔Ⅲ:流动性覆盖比率及流动性风险监测工具》,对 LCR 的计算进行了修订。

1. 流动性覆盖率(LCR)

流动性监管首先需要银行保持现金流的平衡,以保障日常业务经营所需的资金,但在确定业务经营所需现金量时,则必须考虑可能遭受的各类基础风险的冲击。基于此,巴塞尔委员会制定了 LCR,要求银行持有的优质流动性资产储备不得低于未来 30 日所需的净现金流出量,即 LCR 的计算公式为:优质流动性资产储备 ÷ 未来 30 日净现金流出总量 ≥ 100%。

LCR 的目的在于确保银行具有充足的优质流动资产,以便提高银行应对短期流动性风险的能力。为达此目的,巴塞尔委员会要求通过压力测试确定计算公式的分子与分母,且压力测试应综合考虑《巴塞尔Ⅲ:流动性标准》所规定的市场冲击。在满足压力测试的要求和标准的条件下,《巴塞尔Ⅲ:流动性标准》对优质流动性资产储备(分子)和净现金流出总量(分母)提出了衡量和计算的标准。①

2. 净稳定资金比率(NSFR)

流动性监管不仅应要求银行保持短期的现金流平衡,还应要求银行保持资产负债结构在中长期的平衡,减少短期融资的期限错配并增加长期稳定资金来源,故《巴塞尔Ⅲ:流动性标准》制定NSFR,以此对LCR进行补充。NSFR是根据银行一个年度内资产和业务的流动性特征设定的最低稳定资金量,以保障长期资产的融资至少具有与其流动性风险状况相匹配的最低限额,并防止银行在市场繁荣、流动性充裕时期过度依赖短期批发融资,激励银行对表内外资产的流动性风险进行更充分的评估。

NSFR的计算方法是:可用稳定资金÷业务所需稳定资金≥100%。其中,稳定资金是指在持续压力情形下,能够在一年内保证稳定的权益类和负债类资金来源。在确定银行对稳定资金的需求量时,必须考虑其所持有各类资产的流动性特点、发生在表外的或有风险暴露和所开展业务情况。与对LCR的规定类似,《巴塞尔Ⅲ:流动性标准》对NSFR从可用稳定资金和业务所需稳定资金两方面进行了规定。

三、国际银行监管合作

由于国际银行的机构分布在不同国家,特别是由于监管中主权因素的影响和监管信息障碍的存在,对国际银行监管容易出现漏洞,因此,需要国际监管合作以防范风险。责任划分及其所致分工是监管合作的前提。国际银行监管职责划分的实质,是国际银行的母国与东道国以谁为主对其行使监管、彼此间如何进行监管协调与配合以及如何承担监管不力的后果。得益于巴塞尔委员会发布的旨在划分国际银行监管职责的一系列规定以及国际银行监管的长期实践,经演进国际社会形成了母国并表监管的当下标准。体现巴塞尔委员会有关母国并表监管的文件主要有:1992年《监管国际银行集团及其跨国机构的最低标准》、2004年《巴塞尔Ⅱ》、2006年《有效实施巴塞尔Ⅱ:母国与东道国信息共享》、2006年《有效银行监管核心原则》等。

(一)国际银行监管职责划分原则——母国并表监管

理解和掌握母国并表监管宜从并表监管开始。

1. 并表监管

就银行监管而言,并表监管是20世纪70年代在银行监管中引入的一种监管技术和方法,适用于具有多个机构的银行或银行集团。与对银行或银行集团中的各机构进行单独监管不同,并表监管是在合并整个银行或银行集团各机构的财务账表的基础上,全面、综合地评判整个银行或银行集团的风险、遵守监管标准的状况等,并采取相应的矫正措施,而不论这些风险体现在银行或银行集团的哪个机构,从而为整个银行或银行集团及其组成部分、一国金融体系提供单独机构监管所不能实现的保护。

---

① 对于压力测试需要考虑的市场冲击、优质流动性资产储备、净现金流出总量的构成及计算,详见前述两项文件。

并表监管的一个突出问题是并表的范围有多大,这一问题在非金融机构经营银行、银行兼营非金融业务等情况下显得尤为突出。对此,各国的规定及实践不一,有些国家将银行或银行集团中的非金融机构以及不受监管的金融机构都合并进来。《巴塞尔Ⅱ》将并表的范围涵盖银行控股公司、国际活跃银行或银行集团及其所属银行、证券和其他金融机构,不论这些机构是否受到监管,但将银行或银行集团的保险机构和保险业务排斥在并表范围之外。

并表监管对监管机构提出了一系列的要求,这些要求构成并表监管的主要内容,主要包括:监管者要熟知银行或银行集团的结构、总体活动状况;银行监管当局能够与其他监管当局合作,获得并表监管所需要的监管信息;能够评估银行或银行集团的活动,包括其中的非银行活动给银行或银行集团构成的风险;有权在并表条件下对银行或银行集团确定和实施各项审慎监管标准;有权限制有问题的银行或银行集团的业务活动或活动区域,直至关闭有关机构等。

2. 母国并表监管

母国并表监管,是国际银行的母国监管当局,经与东道国监管当局合作,在将国际银行所有境内外机构的财务账表并表的基础上,将上述并表监管的理念与方法适用于包含跨境机构的国际银行监管的方法和实践。

与国内并表监管不同,适用于国际银行监管的母国并表监管涉及监管职责在国际间的分配。母国并表监管意味着所有的国际银行都应受到能够行使并表监管的母国当局的监管,意味着母国监管权力、义务和责任的扩张。母国对国际银行并表监管主要体现在以下方面:国际银行设立境外机构应首先获得母国的同意,母国如果认为设立的跨境机构可能阻碍母国并表监管或认为东道国监管不充分,可以阻止国际银行设立跨境机构;母国能够获得国际银行全球业务的综合财务报表及经营活动的信息,能够通过现场检查或其他方式对这些信息的可靠性、真实性进行评估,并能处理任何妨碍其获得国际银行境内外机构的并表信息的行为;母国能够借助并表对整个国际银行的财务及经营状况、风险和执行监管标准等状况等作出恰当的评估,并经与东道国合作,采取纠正和处置措施等。

母国并表监管并不是排斥东道国监管的独家监管,相反,东道国在母国并表监管中虽然受限,但亦发挥着重要作用,概括起来主要体现在两个方面:一是东道国对国际银行在其境内的机构具有监管的权力和责任。国际银行在东道国设立机构除需要获得母国同意外,还需获得东道国的同意。东道国如果认为母国不能行使有效的并表监管,可以禁止国际银行在其境内设立机构,也可以取代母国对国际银行实行并表监管。不止于此,东道国法律还有权要求国际银行在东道国的机构及其经营活动遵守东道国适用于其国内银行的监管规定。二是母国的并表监管需要与东道国的密切合作来完成。以监管信息交换为例,依据2006年《有效银行监管核心原则》第25项的规定,母国应向东道国及时提供如下信息:对国际银行监管的总体框架;国际银行的信息,以使东道国对国际银行在其境内的活动有恰当的认识;国际银行的总部或其他组成部分发生的可能严重影响其在东道国机构安全稳健的重大问题等。东道国应向母国提供如下信息:国际银行在东道国的机构严重违反东道国监管要求;国际银行在东道国的经营、风险管控出现显性或隐形的严重不良情形;东道国采取的对母国监管的国际银行经营具有重要影响的纠正措施等。

(二) 国际银行监管合作的形式及局限

虽然国际社会形成了母国并表监管原则和一些监管标准,但"徒法不足以自行",要将这些原则和标准贯彻实施,需借助一定的形式和具体的监管合作实践。国际银行监管合作的形式包括非正式安排与正式安排两大类。前者如母国与东道国之间建立固定联系,定期对话、咨询和磋商,通过信函进行信息交流等,但成效有限。后者包括双边监管合作谅解备忘录(简称"备忘录")、法律互助条约以及其他双边协定等。其中,法律互助条约以及其他双边协定规定母国与东道国的合作义务,是具有法律约束力的国际监管合作安排,但较为罕见。备忘录通常不具有法律约束力,但以其具有的灵活性构成当今国际银行监管合作中最为常见的安排,故以下对其简述。

备忘录通常是在国际银行母国与东道国的监管当局之间达成的、旨在加强对国际银行监管合作与协调、一般不具有法律效力的国际监管合作安排。一般来说,备忘录通常包含以下内容:(1) 性质。备忘录一般规定备忘录及其规定不在当事方之间创设法律义务或取代国内法。(2) 监管信息共享。这一内容通常是备忘录的主要内容,通常规定母国与东道国共享信息的范围、种类以及信息交换办理事宜。(3) 现场检查与非现场监管。备忘录通常规定母国对境外银行机构进行现场检查的程序,东道国在现场检查中的权利和义务。非现场监管条款一般规定东道国不应阻止东道国机构向境外母国提供供其进行并表监管所需要的监管信息。(4) 请求的办理。一般规定,被请求方在接到请求后应立即作出回应,在不能或推迟办理的情况下应说明原因。(5) 保密规定。一般规定请求提供的信息不得违反被请求方的国内法,请求方只能将请求提供的信息用于监管的目的,非经提供方同意,不得用于其他目的,并防止该信息的泄露。

以备忘录为主要形式开展的国际银行监管合作存在一定的局限性,突出地体现在以下方面:虽然母国与东道国根据备忘录会开展一定的监管合作,但由于备忘录不是具有法律拘束力的双边条约,在一方不履行对方提出的请求的情况下,请求方不能获得法律救济。这样,监管合作只是建立在利益需要以及信誉而非法律的基础上,因而缺乏牢靠的法律保障。此外,当事方以及国际社会对备忘录的履行缺乏有效监督和制约,这不可避免地导致各国在监管合作中的不均衡、不充分和不连贯。

本章小结:

国际贷款协议是借款人与贷款人之间签订的金钱借贷协议,它是国际商业贷款中的重要法律文件,是借贷各方当事人权利义务的依据。国际贷款协议核心条款主要包括:先决条件条款、陈述与保证条款、约定事项、违约事件等。国际银团贷款当事人主要有:牵头行、参加行、代理行、担保人、借款人;其主要的法律文件有贷款协议、委任书和信息备忘录等。项目融资一般是指国际银团向某一特定项目提供借贷资金,以该项目的预期收益为还款的主要来源,以项目的资产包括各种项目合约上的权利为附随担保的一种国际中长期贷款形式。国际贷款的担保主要有人的担保和物的担保两大类。

国际银行监管主要有国际银行监管标准的确定和国际银行监管职责的划分两条主线。国际银行监管主要有监管资本标准与流动性标准。巴塞尔委员制定的监管资本标准经历了《巴塞尔Ⅰ》《巴塞尔Ⅱ》《巴塞尔Ⅲ》三个阶段。就国际银行监管职责划分而言,国际社会确立了母国并表监管原则。东道国在母国并表监管中亦发挥着重要作用。国际银行监管合作主要形式包括双边监管合作谅解备忘录、法律互助条约以及其他双边协定等。

思考题:
1. 银团贷款与普通商业贷款的区别。
2. 陈述与保证条款的作用。
3. 约定事项与违约事件这两类条款的区别与联系。
4. 银团贷款的各种担保方式。
5. 项目融资的特征及运用于项目融资的赤道原则的含义与作用。
6. 《巴塞尔Ⅲ》对《巴塞尔Ⅱ》以及《巴塞尔Ⅰ》主要进行了哪些修改?
7. 《巴塞尔Ⅲ》有关流动性标准的主要内容有哪些?能否防范未来的金融危机?
8. 国际银行监管职责划分的原则与监管合作安排的主要形式是什么?

第十四章 国际证券法

学习目标:在掌握证券法基本原理和基本制度的基础上,能够运用国际证券法律制度以及国际证券发行及交易的操作流程,成功地设计国际证券发行和交易的法律安排,并能够妥善解决国际证券发行和交易中的法律问题,特别是跨境直接发行与存托凭证中的法律问题。同时,学员还须把握国际证券监管的法律问题,通晓双边和多边证券监管合作形式、主要内容及不足。

建议学时:4学时。

导读:学员学习本章需具备证券法的基本知识,特别是对证券法的目标、任务及性质有恰当的认识。在学习本章重点内容之一——国际证券发行和交易的法律问题时,宜从跨国证券融资的方式、渠道入手,分门别类地掌握跨境直接发行、存托凭证以及跨境反向收购的操作流程,特别是其中需要关注的法律问题。在学习本章另一重点内容——国际证券监管的法律问题时,对于双边证券监管合作,应注重比较双边司法协助协定与双边监管合作备忘录的差异,把握二者的各自特点和不足;对于多边证券监管合作,应着重掌握《证券监管的目标与原则》《外国发行人跨国发行与首次上市的国际披露准则》《关于磋商、合作和信息交流多边谅解备忘录》的主要内容及重要性。

国际证券法在一定程度上可以看作是证券法随着跨境证券发行和交易的开展而在国际间的扩展和延伸,所以,掌握国际证券法需要知晓证券法的基本原理。本章在对证券法基本原理简述的基础上,重在考察国际证券发行与交易的法律问题以及国际证券监管问题。

第一节 证券法基本原理

一、证券法的主要任务与性质

从广义上讲,证券是用以设定或证明持有人或第三者享有特定权益的凭证。就资本市场来说,证券是发行人为筹集资金而发行的、表示持有人对发行人直接或间接享有特定权益的可转让凭证。各国法律有关证券的定义和范围有别,我国《证券法》将证券限定为在中国境内发行的股票、公司债券和国务院依法认定的其他证券。

证券法是调整证券关系的法律规范的总称。但把握证券法这一概念需解答的关键问题,是证券法以什么方式调整证券关系以及重在调整哪些证券关系。对这一问题的恰当解答,不仅是理解证券法概念的需要,而且也决定着对证券法的任务与内容、性质与特点的科学掌握。对具体筹资者和投资者而言,证券是其筹资和投资的载体和媒介,因而证券法固然要调整证券发行和交易关系,保护投资者和发行人的合法权益,然而个体与由个体组成的整体并不总是具有同等性质。在当今,由具体证券发行和交易构成的证券市场已成为一国资源配置的主渠道,决定着一国经济的效率和活力,事关经济、社会发展的大局。

证券市场对经济、社会发展的影响主要是通过信息和价格引导社会资源的有效配置。通行的"有效市场"假说认为,市场上的每个人都是理性的经济人,只要一切与证券及其发行人有关的重大信息得到充分、及时和准确的披露,市场自身就可以吸纳和处理这些信息,证券价格就能够自由地根据有关信息而作出反应和变动;同时只要有关证券信息能得到充分地披露和均匀地分布,每个投资者在同一时间内得到等量等质的信息,投资者就可以作出正确的投资决定,从而使稀缺的资金资源配置到资金使用效率最高的项目上。监管者不必越俎代庖,代替市场对发行人的能力、经营状况、发行价格和条件进行实质审查,而只需要确保发行人进行真实而充分的信息披露。

各国证券法依存的基本理念即在于此:通过强制的信息披露以及禁止欺诈制度,在保护投资者的同时,保障资本市场优化配置资源以及配置效率。从构成多国证券法蓝本的美国1933年《证券法》和1934年《证券交易法》来看,证券法的两大基本任务和内容就是:强制披露与禁止欺诈。强制披露和禁止欺诈目的在于保护投资者,而保护投资者不止是保护投资者自身的利益,也是在保护通过资本市场配置资源的这一根本机制。因此,强制披露和对证券欺诈的禁止与惩处,不仅是对具体行为的惩处,更是为了防止和制止对社会资源配置机制的侵蚀,是对公众对资本市场信心的维护。这就决定了对证券法仅从具体的私权保护的层面来理解是不够的,还需从资本市场的战略重要性的高度来认识。

由于各国对证券法的上述理念、任务等具有相当的共识,因此,各国证券法的一些基本规定趋向一致,体现出了突出的规制性质,并具有以下特征:(1)证券法主要由强制性的规制性规范构成。证券法中有任意性规范,如各国证券法一般都允许证券发行人、承销商、投资者对有关证券发行和交易进行约定,包括证券发行是采取包销、代销,还是其他方式等。但是,证券法以强制性的义务性规范为主,如强制发行人或上市公司进行信息披露,禁止虚假陈述、内幕交易、操纵市场等。证券法的强制性还体现在严格的法律责任上。违反证券法,在许多情况下不仅要承担民事责任,还要承担行政责任或刑事责任。即便是证券法中的任意性规范,也通常带有规制的烙印。如虽然当事方在证券发行和交易中享有一定的自由,但需遵守规制性规范的限制。(2)证券法具有实体性规范与程序性规范相结合的特征。有关证券发行人、证券商、投资者及其他主体的权利、义务、责任等规范,构成证券法的实体性规范。证券的发行、上市、交易、收购等规定属于证券法的程序性规范。实体性规范与程序性规范相结合体现了证券法规制的系统性。

二、证券法的主要制度

如上所述,证券法的主要任务和内容是信息披露和禁止欺诈。证券法的主要制度围绕这两个方面展开,以下进行简述。

(一) 信息披露制度

信息披露制度是证券市场上的有关当事人在证券的发行、上市过程中,依照法律规定或证券交易所的要求,以一定的方式向公众公开与证券有关的信息而形成的一整套行为规范和活动准则。信息披露包括初始披露和持续披露。

1. 初始披露

初始披露,亦称发行披露,是首次公开发行和上市证券依法所须作出的信息披露行为。初始披露与证券发行审核制度密切结合在一起,构成证券发行审核制度的核心内容,披露所使用的招股说明书、债券募集说明书等则构成该制度的审核对象。而证券发行审核制度是一国证券管理部门审查发行人公开发行证券的申请材料所遵循的原则,主要有注册制和核准制两种类型。

注册制是指发行人在发行证券之前,须依照法律向主管机关申请注册的制度。主管当局审查注册申请时,主要审查发行人拟作信息披露的文件是否真实、全面,而不对发行人及其发行的证券有无价值作出评审。也就是说,证券监管机构主要对发行人拟披露信息的真实性、准确性、完整性、及时性作形式审查,而不对证券作实质审查。如果证券监管机构在审查中发现发行人披露的信息有遗漏、虚假、误导、欺诈等情形,有权颁布命令拒绝或中止发行注册的效力,限制发行人的发行权利并追究发行人的法律责任。证券发行人对该信息的真实性、准确性、完整性、及时性承担法律责任。注册制以投资者为理性经济人为假设,崇尚自由竞争的市场经济理念。而核准制是证券监管机构对发行人在发行证券之前提出的发行申请,不仅审查拟披露信息的真实性,而且还要审查该证券是否符合相关法律规定的实质条件,并对发行申请进行审批。在核准制下,证券监管机构除要对发行人拟公开信息作形式审查外,还要对证券发行条件进行实质审查,并据此对发行人是否符合发行条件作出价值判断和是否核准申请的决定。相对于注册制,核准制强调政府对证券发行的干预。

无论是注册制还是核准制,证券发行以及上市交易中的核心制度是信息披露制度。这一制度对信息披露的基本要求是真实、准确、完整、及时。真实性是指发行人公开的信息资料应当真实、准确,不得作虚假记载、误导或欺诈。准确性要求发行人在披露信息时应尽量使用精确的语言进行表述,不得含糊其辞、模棱两可,不得对投资者进行误导致使其作出不合理的投资决策。完整性是指证券发行人应当披露所有可能影响投资者投资价值判断的信息,不得有任何隐瞒或者重大遗漏。及时性要求发行人依照法定的时限及时公开与其经营状况有关的信息,以保证所公开信息的现实性和有用性,保证投资者对信息的平等利用,防止内幕交易。

2. 持续披露

持续披露是证券上市后发行人以及特定人士向投资者继续披露相关信息的行为。持续披露的义务主体有发行人和特定人士,如上市公司的董事、监事、高级管理人员、控股股东等。他们有义务真实、准确、完整和及时地披露与上市证券有关的信息。持续披露主要有定期报告和临时报告两种形式。

定期报告是证券发行人定期向证券监管机关或其指定机构提交的、向证券投资者公开披露其经营状况和财务状况的法定形式。定期报告主要有年度报告和中期报告。年度报告是在每个会计年度结束后由上市公司依法制作并提交的反映公司本会计年度基本经营状况、财务状况等重大信息的法律文件。中期报告则向投资者报告上市公司某一会计年度前6个月的经营和财务状况的法律文件。临时报告是指上市公司就发生的可能对上市公司股票价格产生较大影响,而投资者尚未知悉的重大事件而出具的报告。

(二) 禁止欺诈制度

证券欺诈的主要体现有虚假陈述、内幕交易、操纵市场等。证券欺诈行为一方面损害了投资者的利益,动摇了投资者对证券市场的信心;另一方面严重破坏了证券市场的秩序,妨碍了证券市场功能的发挥。因此,对于证券欺诈,各国都有相应的法律制度予以制止和惩治。

虚假陈述是对证券发行、交易及其相关活动的事实、性质、前景等事项作出不实、严重误导或者含有重大遗漏的陈述,致使善意投资者作出错误的投资判断并因此遭受损失的行为。虚假陈述主要有虚假记载、误导性陈述、重大遗漏三种表现形式。虚假记载是指将不真实的重要事实记载于信息披露文件的故意或者过失行为,它违背了信息披露的真实性要求。误导性陈述是指尽管信息披露文件或者其他陈述所阐述的事实是真实的,但由于在表述方式上存在缺陷,容易导致投资者误解,投资者难以通过该陈述获得准确的信息。它违背的是信息披露的准确性要求。重大遗漏是指应当在信息披露文件中记载的与投资者利益密切相关的重大信息未予记载,也未以适当的方式进行披露。它违背的是信息披露的完整性要求。上述三种虚假陈述行为,发行人主观上既可以是故意,也可以是过失。各国法律对虚假陈述的责任人规定了相应的民事责任、行政责任和刑事责任。

内幕交易是内幕人员或其他非法获取内幕信息的人员,通过在进行交易时拥有和使用了重要的非公开的内幕信息,采用自己交易证券、建议他人交易证券和泄露信息使他人交易证券的方式,以达到获取利益或避免损失的目的。内幕交易的内幕人员,利用其占有的内幕信息进行证券交易,破坏了证券交易的公平、公开、公正原则,扰乱了证券市场的正常秩序,损害了投资者的利益。因此,许多国家在立法中对证券内幕交易实行制止和惩处。对内幕交易构成与否,一般从内幕人员、内幕信息、内幕交易行为三个方面来认定。以相关司法实践较为丰富的美国为例,美国证券法将内幕人员分为传统内部人和推定内部人两种。前者如上市公司的董事、高管、控制人、雇员等。后者主要指因诚信而负有保密或戒绝义务的人员。依据美国的实践,构成内幕信息需具备三项基本要素:信息为内幕人员所掌握;内幕信息应当是未公开的信息,即投资公众尚未获取或者经合法渠道无法获取的信息;内幕信息应当具有价格敏感性,即这样的信息,包括重大决定和重要事实,一旦公布很可能对公司证券的市场价格产生重大影响。至于内幕交易行为,其表现方式多种多样,主要有:内幕信息的知情人员或者非法获取内幕信息的其他人员自己买入或者卖出所持有的该公司的证券,或向他人泄露内幕信息,或建议他人买卖该证券等。

操纵市场是指个人或组织不公平地利用其资金、信息、地位等优势,人为影响证券市场价格,诱使他人买卖证券,而使自己获利或止损的行为。证券价格的形成本应由市场的实际供求状况来决定。操纵市场行为损害了这种价格形成的市场机制,价格被人为操纵,操纵者以受蒙蔽的投资者为代价不公平地获益,严重影响投资者的信心,并会导致投机泛滥,影响证券市场的健康发展。因此,禁止操纵市场也是各国证券法的一项重要制度。操纵证券市场的主要类型有:(1)洗售,又称虚买虚卖,即以影响证券市场行情、制造证券虚假价格为目的,同一利益主体通过实际控制的不同账户对证券进行不转移所有权的买卖,以诱使其他投资者跟进,而操纵者则伺机将股票抛售牟利。(2)相对委托或合谋,即行为人意图影响市场行情,与他人同谋,由一方作出交易委托,而另一方依据事先知悉的对方委托内容,在同一时间、地点,以同等数量、价格委托,并达成交易的行为。(3)扎空,即证券市场中某一操纵集团将某证券的流通吸纳集中,致使卖空者除此集团外,已无其他来源补回证券,扎空集团借机操纵证券价格的方式。(4)连续交易操纵,即出于抬高或压低集中交易的有价证券的交易价格的目的,自行或以他人名义,连续以高价买进以抬高证券价格或者连续以低价卖出以压低证券价格的行为。(5)联合操纵,即两个或两个以上的主体组成临时性的组织,联合运用资金、交易技巧、经验以及相关人才、信息等手段,合作操纵证券市场的行为。认定操纵市场行为以及对其进行责任追究的条件和要素,通常需要根据操纵市场行为的类型来具体确定。

第二节 国际证券发行与交易的法律问题

国际证券,又称跨国证券,作为证券中的一类,是一国公司、企业以及政府为筹集资金在境外或国际资本市场发行的证券。国际证券的发行人是在境外资本市场上为筹措资金发行证券的人,是国际证券的供应者和资金的需求者,包括政府、公司(涵盖金融机构和非金融机构)以及其他企业。政府发行的国际证券具有一定的特殊性,本章以下以公司证券为参照进行阐述。国际证券的投资者是在境外资本市场上购买和交易国际证券的人,是国际证券的需求者和资金的提供者。国际证券主要有发行和交易两个环节。国际证券发行是国际证券的发行人将其发行的证券出售给境外资本市场上的投资者的行为。证券发行市场(又称证券一级市场)的功能,是通过证券与资金的对换由发行人从投资者手中完成资金募集。国际证券交易是国际证券持有人依照交易规则,将证券转让给其他投资者的行为。证券交易市场(又称证券二级市场)的功能主要是为已发行的证券及其投资者提供流动性。国际证券较之于其他证券的特殊性在于:此类证券的发行人与投资者以及证券资金募集地通常分属于不同的经济体。

国际证券法是调整国际证券发行和交易中发生的法律关系的法律规范,包括相关的国内法规范与国际法规范、公法性规范与私法性规范,同时还涉及相关的冲突法规范。由于证券法偏重以公法性规范维护资本市场所关涉的重大社会利益,因此,私法性规范往往体现或延续着公法性规范的需要。国际证券发行、交易根据发行人进入国际资本市场进行融资的方法、渠道和模式不同,可分为跨境直接发行、存托凭证和跨境反向收购等。国际证券发行、交易的方法、渠道和模式不同,其涉及的法律问题亦不相同。

一、跨境直接发行与交易

(一)跨境直接发行概述

跨境直接发行是发行人直接以自己的名义经向境外监管机构申请,在境外资本市场上向投资者发行证券,并在该市场交易和清算。直接发行,较之于存托凭证以及跨境反向收购而言,是国际证券发行的最直接方式,实现了国际证券发行人与投资者的直接对接。直接发行包括公募发行与私募发行。公募发行是指发行人在境外资本市场上面向不特定的公众投资者发行证券,包括股票的首次公开发行(即 IPO)与增资发行。由于公募发行覆盖发行国公众,因此,各国对公募发行包括外国发行人在本国的公募发行都实行较为严格的规制和监管,以保护投资者。私募发行是面向少数特定投资者发行证券,发行对象主要有机构投资者和个人投资者,前者如各类基金、保险公司等,后者如富人、发行企业的员工等。由于私募发行的对象具有较强的风险识别能力和承担风险的经济实力,各国对私募发行的规制和监管相对宽松。

在直接发行模式下,发行人与境外投资者通常能够建立起直接的法律关系。在国际证券发行人所发行的证券为股票的情况下,境外投资者构成发行人的股东。而且,境外投资者持有发行人发行的股票所代表的股份与发行人在其本国或其他国家的同类股份并无差别,这些股份之间具有同质性和可替代性,因此,同股同权,同股同利。也基于此,购买发行人股票的境外投资者与发行人母国或其他地方的股东,不论住所和购入地点有何差异,都享有同等的法律地位,具有同等的权利和义务,包括同等的政治性权利(如表决权等)与同等的经济性权利(如取得红利的权利等)。而在发行人发行的国际证券为债券的情况下,投资者构成发行人的债权人,二者具有直接的债权债务关系。这与稍后阐述的存托凭证引起的法律关系形成鲜明的对照。

当然,资本市场上因中间商的参与而形成的复杂的证券持有链条,可能对发行人与境外投资者之间的直接关系形成一定的遮蔽。例如,一国发行人在境外正规的证券市场发行和交易证券,通常需要通过发行和交易地的中央证券结算系统进行结算、交收(体现为钱券交换),而该系统又有多层次的结算参与人介于投资者与发行人之间,因此,最终投资者通常只记载于这些中间商的权益持有人名册上,而中间商却成为发行人和中央证券结算系统的证券持有人。在这种情况下,为了落实、保护投资者权益或实施其他监管要求,有时需要"刺破中间商面纱",确定真正的投资者。

最后,有必要说明的是跨境发行与交易之间的关系问题。跨境发行与交易的关系存在多种可能。首先,虽然证券跨境发行后一般都要交易,但发行后并不一定要交易。从发行人的角度来看,完成发行意味着筹资告终,但证券发行后若不能进行交易,将导致证券缺乏流动性,影响投资者在一级市场购买证券,从而妨碍发行的开展。其次,跨境证券发行后,可以交易,但并不一定上市交易。上市交易与交易的区别主要在于相关证券是否在正规的交易场所进行交易。正规交易场所如证券交易所,具有严格的上市规则并受监管当局监管。非正规的交易场所如场外交易即店头市场,一般较为松散,但美国金融危机后各国也加强了对场外交易的规制和监管。最后,公募发行经交易所同意一般可以直接挂牌交易,而私募发行则不能直接上市交易。

(二) 直接发行和交易的程序

证券跨境直接发行和交易需要经过一系列的步骤。以下以在规制较严的美国首次公开发行及上市股票为例,简述直接发行、上市的主要程序。

1. 发行、上市前的准备

外国发行人欲在美国发行、上市股份,需要事先进行一系列的筹备,包括完善财务报表和公司治理结构、做好公司业务规划和前景预测等,使公司在股本结构、治理架构、公司清理等方面进行预备。此外,为了准备发行、上市,发行人还要筹组好发行、上市工作团队,包括富有经验的承销商(投资银行)、律师、会计师、审计师等。

2. 尽职调查

尽职调查是承销商、律师、会计师等通过查阅、访谈和实地调查等方法,勤勉尽责地对发行人募集说明书所包含的事项进行调查、核实的行为和过程,以确定发行人是否在募集说明书中充分、如实披露了发行人须披露的情况,如股本结构、财务状况、发展规划、营运情况、市场风险、对外担保、重大合同、关联关系等。尽职调查的出现是美国1933年《证券法》第11节作用的结果。根据该节的规定,只要经纪商、交易商对发行、上市公司尽职地进行了调查,并将调查结果向投资者进行了披露,就不应对调查中没有发现的未披露信息承担责任,故构成经纪商、交易商的"尽职"抗辩。最初尽职调查仅适用于公开发行,后来逐步适用于私募发行和并购交易。可见,尽职调查既是检查发行人信息披露的一道关卡,也是承销商、律师、会计师等规避风险责任的挡板。

3. 注册登记

信息披露制度是发行制度的核心,注册登记是跨国发行、上市中最为关键的环节。这一制度的目的在于保护投资者的利益以及保障市场的运行效率。信息披露的载体是证券募集说明书。监管机构对该说明书的起草、内容、发布、用以发行证券等事项实行的事先监管制度,通常被称为注册登记制度。注册登记制度监管的重点应在于证券质量的信息,而不在证券的质量本身。根据美国1933年《证券法》,凡向公众发行的证券,除被豁免者外,均须注册登记。注册登记的形式是向美国证券交易委员会(简称SEC)提交注册说明书。在提交该说明书之前,发行人、承销商不得发出证券发售要约,更不得出售证券。发行人不同,提交的注册说明书也不同。在美国首次公开募集的外国发行人,须使用F-1表格向SEC申请注册。F-1表格的第一部分是招股说明书,是拟向投资人作出的信息披露,通常包括以下内容:发行人信息(包括业务、财产和诉讼等)、财务报告和经营管理部门对财务数据的分析、风险因素、募集资金用途、摊薄、发售计划、拟发行证券的介绍等。若申请人没有使用美国的一般公认会计准则(GAAP)编制报表,则需在财务报表的注解里就其财务报表所采用的会计准则与GAAP的差异作出说明。招股说明书一般省略发行价,待之后定价确定或说明书生效后予以补充,但不影响说明书生效。第二部分包含供公众审阅但未包括在招股说明书中的信息,如近三年出售未注册登记的证券,要求呈报的各类证明文件等。

SEC 对注册说明书进行审查以确定相关信息是否按要求进行了披露,而不对发行人或其发行的证券进行评论,这是美国对证券发行实行注册制的体现。SEC 一般在约四个星期的时间内提出初步意见,发出意见函。接到意见函之后,发行人、承销商、律师等进行研究,按照 SEC 的要求进行修改,直至 SEC 认可和宣布注册说明书生效为止。但 SEC 宣布注册说明书生效不构成对证券的推荐。

4. 路演

按照美国证券法及常例,注册说明书提交后,发行人、承销商可以发出证券出售要约和进行路演,但在 SEC 宣布注册说明书生效之前不能出售证券,这时的初步招股说明书构成路演中的募集文件。实践中,发行人和承销商一般会在 SEC 对注册说明书提出意见后才开始分发招股说明书和路演。路演是发行人、承销商为证券发售所进行的系列宣传活动,主要通过与潜在投资者、分析师等市场人士交流来吸引投资者的兴趣。路演结束后,发行人和承销商就会对发行数量、价格和市场反映做到心中有数,只待 SEC 宣布注册说明书生效。

5. 证券发行

SEC 宣布注册说明书生效之后,发行人与承销商对证券进行定价,并可以开始发售证券,承销商开始向分销商、机构投资者等分配发行数量。国际证券发行较少由发行人将证券直接推销给投资者,一般需借助中介机构即承销商进行承购推销。承销商承购证券的方式主要有:(1) 包销。证券发行人与承销商签订购买合同,由承销商承担风险把发行人发行的证券买下并出售,承销商在合同规定的承销期限内若未将证券出售或出售完毕,须承担全部风险,但在该期限内承销商须向发行人支付全部证券款项。(2) 代销。即"尽力销售"。证券的发行人与承销商签订委托代销合同,并缴纳一定委托手续费,由承销商代销证券。承销商虽许诺尽力销售证券,但不保证证券的售出,没有售出的证券退还发行人,风险由发行人承担。(3) 助销。在承销合同中,承销商承担包销一定数量证券的义务,当承销商的销售未达到合同规定的这一数量时,其差额部分由承销商买进。一般来说,一项成功的证券发行通常在注册说明书宣布生效后的数日内完成,至此发行程序结束。

6. 上市或交易

发行结束后通常是上市或交易。以上市为例,证券上市是证券获准成为证券交易所之交易对象的现象和过程。证券上市需事先作出安排,并满足上市要求。证券上市的程序大致如下:(1) 上市申请。发行人首先须向证券交易所提交上市申请,并附具上市报告书以及证券交易所需要的其他文件,如证券监管机构对证券发行的注册或核准、募集说明书等。(2) 核准申请。证券交易所依证券上市标准对上市申请及其他材料进行审核,若审查合格则准许上市。上市要达到相关交易所的上市标准。以纽约证交所为例,其对首次上市要求主要体现在股票发行及规模与公司财务标准两大方面。(3) 订立上市协议。

证券交易所认为上市申请达到其上市标准后,与证券发行人签订协议,除就上市证券的种类、上市总额、上市日期、上市费用等事项作出规定外,主要是从投资者保护与对上市公司监管等方面要求发行人作出一定的承诺。(4) 挂牌交易。发行人在履行上述程序后,应在上市前公布上市报告书,其所发行的证券在证券交易所指定的日期挂牌交易,竞价买卖。外国公司在美国上市后,须承担持续披露的义务,年度报告采取 10-K 报表,季度报表采取 10-Q 报表,某些事件(如签订重要合同)以 8-K 表格披露,SEC 审核信息披露是否充分、真实。

(三) 法律适用问题

在跨境发行和交易的情况下,发行人根据一国法律成立,但证券却在另一国发行和交易。该证券因系公司发行而与公司所属国的公司法具有联系,同时与发行交易地(又称"资本市场地""目标市场地")国以证券法为代表的资本市场法亦有密不可分的关系。事实上,在跨境发行和交易的条件下,国际社会通行的做法是,一方面,公司事项适用公司本国法。公司国籍的确定通常有成立地标准和住所地标准。以成立地国法为公司本国法是较为常见的做法,但也有些国家采用住所地标准,以公司的真实本座来确定公司的本国法。在证券跨境发行和交易中,公司的真实本座一般是公司实际管理和控制机构所在地,易言之,以真实本座确定公司住所的国家通常以公司实际管理和控制机构所在地国法为本国法。此外,还有些国家将设立地标准与真实本座标准结合起来确定公司本国法。而另一方面,跨境证券的发行和交易则适用发行和交易地国法,即资本市场地国法。

问题就在于什么是公司事项,什么是资本交易事项,从而据此可以初步勾勒出跨境发行和交易条件下公司本国法与资本市场地国法的大体界线。一般来说,如下事项属于公司事项,因而潜在地落入发行人本国公司法适用的范畴:公司设立、重组、清算,公司的权利能力与行为能力,代表权,内部运营、组织和财务体系,账目、审计和信息披露,股东身份的取得、放弃与股东对公司的权利、义务,公司、管理层、股东对公司的责任,发行证券的决策,证券表现形式,优先认购权,对已发行股份的赎回等。

资本市场地国的资本市场法具有混合性质,包括公法规范和私法规范。公法规范是有关资本市场的制度安排,调整市场的设立和运营,包括市场准入条件和交易方式等,并受到相关当局的监管。私法规范是交易合同的达成、履行和市场侵权行为的规定。一般而言,资本市场地国的资本市场法涵盖如下事项:披露信息的范围和方式,对发行人及发行、上市证券的监管要求,上市公司的治理标准,信息更新与持续披露,证券投资分析,证券发行、上市中合同的达成、履行,证券交易的清算、结算,资本市场上的侵权行为,对虚假陈述、操纵市场、内幕交易等行为的惩处等。

发行、上市公司的本国公司法与资本市场地国的资本市场法之间难免会出现重叠,例如,二者通常会对公司发行和交易的证券、股东权利、信息披露、公司治理结构等作出不一致的规定,因此,解决二者间的关系问题对于跨国发行、上市异常重要。由于发行和交易地国的资本市场法包含了公法与私法两类不同规范,对二者应进行不同处置。一般而言,由于公法规范旨在保护公众利益,且具有属地性,各国依据本国公法行使权力,单边适用本国法,故跨境证券发行、交易涉及的公法事项须遵守和适用资本市场地国的公法规范。对于私法规范涵盖的交易达成、履行以及侵权等事项,各国通常采用单边方法,以资本市场地为连接点,适用资本市场地国法。此外,资本市场地国的一些公法规范包含民事救济的内容,体现了在"私法中体现公法"的现象。可见,在以上二者发生冲突的情况下,资本市场地国的资本市场法挤压了公司本国公司法的适用空间。实际上,资本市场地国有关监管的公法性规范排他适用以及私法性规范占先适用的现象,在国际证券融资的其他方式中也类似存在,故以下对存托凭证以及跨境并购的法律适用问题不再赘述。

二、存托凭证

(一) 存托凭证概述

存托凭证(depository receipt)作为一国筹资者进入另一国资本市场融资的主渠道,为许多著名公司采用。存托凭证是存托银行依据其与境外证券发行人签订的存托协议,在本国面向投资者发行的、代表和对应境外发行人在其本国发行的证券(即基础证券)的可转让凭证。存托凭证之所以构成基础证券发行人在另一国资本市场融资的手段就在于:若经恰当安排并符合资本市场地国法律的规定,存托凭证所代表的那一部分基础证券的资金可以在另一国资本市场通过发行存托凭证筹得。存托凭证对应的基础证券通常是股票,但也可以是债券。以股票型存托凭证为例,其通常是这样产生的:A国某公司为在B国筹资,将一定数额的股份委托给A国保管银行保管,由该保管银行通知B国的存托银行在当地发行代表该股份的存托凭证供投资者购买,在投资者购买存托凭证之后存托银行将筹集的资金交付境外发行人,存托凭证可在B国交易和流通,必要时可以随时转换成对应的外国发行人的基础证券。存托凭证涉及的主要当事人在基础证券发行人本国有:发行人和保管银行,在存托凭证发行国有:存托银行和投资者。

与前述直接发行不同,存托凭证这种发行安排实际上涉及两类证券,一是存托凭证,二是由存托凭证代表的外国基础证券。一方面,二者具有对应性和密切联系,一份存托凭证对应一份或不同数量的基础证券,存托凭证还可转换为基础证券。但另一方面,二者构成不同的证券。存托凭证受其发行国法律的管辖,而外国公司的基础证券则受该公司的本国法管辖。可见,在存托凭证模式下,存托凭证虽然对应着境外相应数量的基础证券,但该凭证本身却是本国存托银行发行的证券,而不直接是外国公司发行的证券。从形式上看,存托凭证的投资者是该凭证的持有人,而存托凭证对应的境外基础证券的持有人则通常是存托银行,存托凭证的投资者只是该境外基础证券的实益持有人,而不是形式持有人,因此,存托凭证的投资者并不能像直接发行模式下的投资者那样与境外发行人自动建立起直接的法律联系。

存托凭证的典型代表是美国存托凭证(American Depositary Receipts, ADR),由摩根信托公司于20世纪20年代为规避英国的法律规定而创设。当时,英国禁止英国公司把在境外发行的股份登记于境外证券转让代理机构。存托凭证作为顺变的产物,既能够使英国公司的股票登记和保管在英国,又使英国公司能够在美国筹措资本。事实上,存托凭证之所以经久不衰,一方面与其能够规避跨境证券发行面临的法律障碍有密切关系,另一方面,可以为投资者提供诸多投资便利,使投资者既可投资购买外国公司的证券,又无需经手诸如收益的汇率波动、跨国证券交易等繁琐手续。

(二) 存托凭证发行及交易的程序

把握存托凭证发行和交易的法律问题,宜先将存托凭证发行及交易的基本框架了然于心。

存托凭证发行及交易框架图示:以有保荐存托凭证为例

外国基础证券发行人→保管银行:发行人本国法 + 托管协议
　　↓ ← 存托协议
存托银行
　　↓ ←存托凭证、存托协议、存托凭证发行国法
存托凭证投资者

1. 存托凭证涉及的主要法律关系

存托凭证主要涉及以下三类法律关系:

(1) 发行人与存托银行。二者的关系具有以下特点:一是存托银行是发行人的证券持有人名册上的证券持有人。在证券为股份的情况下,境外的基础股份记录于存托银行名下,存托银行在法律上构成发行人的股东,有资格对发行人行使权利,虽然根据存托凭证的规定,存托银行负有代理投资者行使相关权利的义务。二是发行人与存托银行之间又签订有存托协议,二者关系多借助存托协议得以确定和调整。该协议的内容通常主要包括:存托凭证持有人的权利和义务、存托凭证的转让及其对基础证券的影响、有关存托银行的权益持有人名单的规定、存托凭证与基础证券的转换比例、权益登记日、新股优先认购权、基础证券表决权的行使、法律适用与管辖权条款等。[①]存托协议一般规定,发行人有义务向存托银行提供行使以上相关权利所需信息,如召开年度或特别股东大会的通知、有关股息红利和公司重大行为等信息,且发行人须根据相关法律和证券交易场所的要求进行信息披露等。而存托银行则有义务向存托凭证持有人转递相关信息和代理表决的文件。

(2) 存托银行与存托凭证投资者。存托银行与存托凭证投资者的关系以存托凭证的规定为基础,并通过存托凭证中的"援引条款"援引适用存托协议。借此,存托协议规定的权利义务延伸适用于存托凭证的投资者。因此,虽然存托协议是由外国发行人和存托银行订立的,投资者不是存托协议的订立人,但其条款对投资者有约束力。美国纽约州法律规定:某合约涉及的法律利益皆与某人有关,尽管此人未参加订立合约,也是该合约的当事人。从实践来看,存托银行的义务涉及:发行存托凭证,保存投资者记录,代外国发行人向投资者支付股息红利,向投资者披露外国发行人财务信息,分发股东大会资料,按照

[①] 〔西班牙〕戈西马丁·阿尔弗雷泽著:《跨境上市国际资本市场的法律问题》,刘轶、卢青译,法律出版社2010年版,第16—17页。

投资者的意志代理投资者投票,向发行人定期报告存托凭证持有人的数量、变化、赎回量,并对大笔或异常交易进行监督等。此外,存托银行向投资者发行存托凭证,还须适用存托凭证发行地国的监管性规定。

(3) 发行人与存托凭证投资者。存托凭证的投资者与发行人之间的关系较为复杂。这是因为存托银行虽然依据存托协议的规定只是代表存托凭证投资者或持有人的中间人,但在发行人本国,基础证券却登记于该中间人名下,存托银行成为基础证券的法律或形式上的所有人,以所有人名义行使权利,包括处分证券。因此,存托凭证的持有人并不是发行人发行的证券在法律上的持有人,而只是依据存托凭证以及存托协议享有相关权益的实益持有人。如前所述,虽然依据某些存托协议适用的法律如美国纽约州的法律,投资者构成存托协议的当事人,可以向发行人主张权利,但不自动和必然地享有公司法上的权利,这一权利需根据发行人本国法确定。存托凭证持有人若要成为境外基础证券的法律上的持有人,需要注销存托凭证,转换持有基础证券。

2. 对存托凭证的规制

发行存托凭证是在该凭证发行国发行证券,因此,发行国对存托凭证的发行和交易通常都实行规制,以下以最具代表性的美国存托凭证(ADR)为例对存托凭证发行和交易的规制进行阐述。依照美国"除经豁免,发行证券均须注册登记"的信条,存托银行发行ADR也需要注册,境外公司须履行定期报告的义务。但鉴于履行全面注册和报告负担沉重,SEC对ADR进行分类,首先将其分为无保荐ADR(unsponsored ADR)和有保荐ADR(sponsored ADR)两大类,继而将后者进一步区分为不同的品类,对不同品类的ADR进行不同的规制和监管,但只有第三级ADR才具有融资功能。

(1) 对无保荐ADR的规制

无保荐ADR是指由投资银行或者证券商根据对市场的分析或者应投资人的要求,在境外直接购买已发行的基础证券,存入专门的保管银行,再委托存托银行发行的存托凭证,在这一过程中,发行基础证券的外国公司并不介入。无保荐ADR的办理程序通常如下:美国投资人委托经纪商或投资银行购买存托凭证→经纪商或投资银行与存托银行签订存托协议→存托银行与保管银行签订保管协议→由发行人所在地的证券经纪商代买基础证券→将基础证券交由保管银行→由保管银行通知存托银行发行美国存托凭证→经纪商将发行的存托凭证交付给美国投资人,并收取价金。无保荐ADR的存托银行以F-6表格注册登记表向SEC注册登记,向SEC申请1934年《证券交易法》规定的完全信息披露之豁免,故规制宽松。

(2) 对有保荐ADR的规制

有保荐的ADR则是由发行基础证券的外国公司与存托银行签订协议,在存托银行的协助下发行存托凭证,基础证券亦需存入保管银行。有保荐存托凭证的办理程序如下:发行人与存托银行直接签订存托协议→存托银行与保管银行签订保管协议→发行人直接向保管银行交付基础证券→保管银行通知存托银行发行ADR→存托银行发行并向美国证券经纪商交付供其销售的存托凭证。有保荐ADR根据筹资能力、交易处所以及注册登记要求上的差异,分为一、二、三级以及 144A 规则下的 ADR。

其一,一级 ADR。一级 ADR 可以在店头市场报价交易,但不能在正规交易市场上市。SEC 对一级 ADR 的监管较轻。存托银行以 F-6 表格向 SEC 登记注册,并附具存托协议和 ADR 凭证。如果境外公司每年向 SEC 提交在其本国披露和公开的资料如年报等,其在 1934 年《证券交易法》下的定期披露义务可免除。一级 ADR 主要为美国投资人提供投资境外公司已有股票的通道,但不能用于筹集资金。

其二,二级 ADR。二级 ADR 可在全美证券交易所上市,除须满足特定交易所的上市要求之外,还须在以 F-6 表格向 SEC 注册登记的基础上,提供 1934 年《证券交易法》要求的注册说明书和内容详细的年度报告,即以 20-F 表格注册并且每年更新,且外国公司须调整财务报表以符合美国一般公认会计准则(GAAP)。与一级 ADR 相同,境外公司不能借助二级 ADR 发行新的证券筹集资金。

其三,三级 ADR。三级 ADR 是唯一允许境外公司在美国融资的 ADR 形式,境外公司可以通过三级 ADR 在美国全面公开募集资金,增发新的证券,但须履行严格的信息披露义务。境外公司在向 SEC 办理注册登记时,在二级 ADR 上市信息披露要求的基础上,需要多提供一份 F-1 表格。该表格要求发行人对公开说明书的内容作详细叙述。三级 ADR 可以在全美证券交易所上市,须同时满足特定交易所的上市要求。

其四,144A 规则下的 ADR。该类 ADR 较为特殊,源于 SEC 于 1990 年颁布的 144A 规则(Rule 144A)。该规则允许外国发行人以私募的方式,无需向 SEC 注册登记即可面向机构投资人销售证券。144A 规则下的 ADR 就是利用 144A 规则发行的 ADR。该类 ADR 不需履行 SEC 规定的注册登记程序和信息披露要求,但投资人有权利从发行人那里获得从公众渠道无法得知的必要信息。该类 ADR 可于美国证券商公会专为私募而设的 PORTAL 交易系统交易。

三、跨境反向收购

跨境反向收购,是欲在目标市场地国进行证券融资的外国公司,经与选定的目标市场地国公开挂牌的壳公司达成的协议,由壳公司向外国公司的股东定向发行股票,以换取这些股东持有的外国公司的股份,使该外国公司的资产、业务并入壳公司,成为壳公司的子公司,从而达到外国公司在目标市场地国间接上市的目的,并通过进一步的安排在目标市场地国进行证券融资的资本运作方式。设计周全的反向收购,可以规避目标市场地国对首次直接发行的法定申办程序,降低上市和融资的成本,提高效率,因此,近年来为我国企业,特别是中小企业进入美国资本市场所广泛采用。

(一)跨境反向收购的操作

跨境反向收购的具体操作因目标市场地国和收购公司本国法律规定的不同而不同。此外,具体交易的差异也会导致跨境反向收购采取不同的方式和方案。以下以我国企业在美国借壳上市的常见做法为参考,对反向收购的操作及其法律问题进行阐述。跨境反向收购一般包含以下主要环节:

（1）我国企业在离岸中心设立离岸公司。由于我国中小企业难以承受在美国直接发行和在主板市场上市的要求，一个可借助的通道是实行跨境反向收购。为了规避或满足国内法规的要求，这些企业或其所有人一般先在海外，通常是离岸中心（如英属维京群岛、开曼群岛、百慕大群岛等）注册离岸公司。离岸公司以收购、股权置换等方式将国内公司的资产置入境外离岸公司，使国内公司成为境外离岸公司的控股子公司，并将国内公司转变为在国内注册的外商投资企业，从而为国内公司的资产在境外目标市场地国上市准备条件。

（2）选定壳公司并与之达成并购协议。跨境反向收购的关键点是寻找到合适的壳公司。反向收购中合适的壳公司一般是其股票在柜台市场挂牌交易，通常没有主营业务和仅有有限资产，但一直根据美国《证券法》的要求按时进行申报和登记，保持着公众公司的身份，从而具备在证券市场进一步发行证券进行融资的资格。比较干净的壳公司是那些没有债务和法律纠纷或其他遗留问题的公司。选择这样的壳公司一方面可以降低收购企业的收购成本，另一方面可以获得在美国资本市场融资的通道。

在壳公司初步确定后，离岸公司在获得公司股东大会通过后，对壳公司进行尽职调查，确定壳公司不存在不为离岸公司所知晓的债务和其他遗留的法律问题，同时确定壳公司增发股票符合美国1933年《证券法》规定的私募发行豁免。在此基础上，离岸公司与壳公司商定有关反向收购的条件和方案，签署收购协议以及相关文件，并分别履行各自国内的法律程序，包括获得有关部门的批准等。

（3）实施反向收购。实施反向收购，一般采取由壳公司向境外收购公司的股东定向增发股票的方式，由该公司反向收购非上市公司的资产和业务，使境外收购公司成为其子公司，壳公司随之获得境外收购公司的资产和业务。由于上市壳公司所定向增发的股票数量通常远大于壳公司原累计发行的股票数量，名义上是壳公司收购了境外收购公司，但实际上境外收购公司的股东因大量获得壳公司的股票而控制了收购后的壳公司，实现间接挂牌上市。被收购的壳公司由于具有挂牌融资的资格和价值而继续存在，只是控股权由境外收购公司享有。

（4）收购上市后的进一步融资。与直接发行可立即获得资金不同，反向收购中的境外收购公司并不能随着对壳公司收购的完成而立刻募集到资金，但经过恰当安排，可借助"公众股权的私人投资"（private investment in public equity，以下简称PIPE）等方式进行证券再融资。美国1933年《证券法》第4节第2款规定了私募发行豁免，《D条例》进一步规定了符合该项豁免的路线图，而PIPE就是根据以上规定而发生的融资交易。要豁免SEC的注册登记，发行人和投资者需满足规定的条件，其中最为重要的条件是投资者须为1933年《证券法》规定的"合格投资者"（accredited investor），即投资者在净财产、年收入、投资额以及投资在财产中的占比，符合规定的条件。PIPE项下发行的证券由于没有在SEC事先登记，因此，该证券不能进入公众市场转售和交易。不过，由于壳公司的证券此前已经在公众市场交易，因此，壳公司在发行PIPE项下的证券时，通常会承诺并在PIPE发行结束后向SEC申请转售注册，从而赋予证券以流动性。反向收购的融资功能不仅体现在PIPE交易上,而且也体现在其他方式上,如PIPE项下的股票转售注册生效后,由于公开交易的股票通常视为并购的现金工具,壳公司及其股东可以采取换股的形式进行进一步的收购,也可以在PIPE融资完成后,升级到主板上市交易,为进一步融资提供便利。

(二) 对跨境反向收购的相关规制

对跨境反向收购,无论是从事反向收购的外国公司本国,还是壳公司证券发行交易地国,通常都存在一定的规制。

1. 外国收购公司本国的规制:以中国为例

近年来,我国不少中小企业通过跨境反向收购在美国、中国香港等地实现了间接上市。我国对企业在境外借壳上市早有规定。1997年6月国务院《关于进一步加强在境外发行股票和上市管理的通知》(简称"1997年红筹文件"),明确规定我国境内企业或单位通过借壳方式在境外上市须得到证监会和相关主管部门的批准,且审批严格。但该通知只适用于我国境内的企业或单位,而不适用于个人,因此,在2006年8月商务部等6部委发布《关于境外投资者并购境内企业的规定》出台前,证监会等部门对于我国自然人通过在境外设立离岸公司并购境内企业,然后境外上市是否需要进行审批,处于不明朗的状态,监管宽松。这就给在国内发行、上市极为困难的中小企业提供了空间,使境外借壳上市一度流行。

但2006年出台并经商务部于2009年修改的《关于境外投资者并购境内企业的规定》(以下简称《商务部规定》)加强了对境外借壳上市的规制。《商务部规定》第11条规定:"境内公司、企业或自然人以其在境外合法设立或控制的公司名义并购与其有关联关系的境内的公司,应报商务部审批"。同时,该规定还指出,设立在境外设立特殊目的公司(即通常的离岸公司)应经商务部核准,特殊目的公司境外上市交易应经证监会批准。《商务部规定》及其严格执行在很大程度上堵塞了我国中小企业境外借壳上市的通道,其未来是否需要修改和变通值得关注。

2. 证券发行交易地国的规制:以美国为例

跨境反向收购亦受壳公司证券发行交易地国的规制。以美国为例,设计得当的跨境反向收购虽然可以避开直接发行的复杂登记要求,但美国亦有规制,其中主要包括:

(1) PIPE发行须构成有效的私募发行,并应及时向SEC办理登记注册。如前所述,壳公司可依据1933年《证券法》第4节规定的私募发行豁免从事PIPE发行,但壳公司必须采取有效措施排除与私募发行相悖的行为和做法,如禁止PIPE项下的发行出现招揽或广告等。在PIPE发行完成后,壳公司应及时向SEC办理登记注册手续,在登记注册生效前采取有效措施防止该类证券被转售。

(2) 在跨境反向收购完成后可能发生的上市转板交易中,遵守相关的上市规定。值得注意的是,近几年,随着借壳上市企业财务造假增多,2011年11月SEC批准了美国主要交易所修订的借壳上市规则。该规则要求完成借壳交易后的企业要转入主板交易,除非符合相关的豁免条件,否则,则需要同时满足最低交易时间、最低股价、财务报表披露三项标准。对于交易时间,转入主板上市的企业须在柜台市场或美国其他的交易场所或受监管的外国证券交易所交易至少 1 年,并提供规定的信息。对于最低股价,要求在批准其上市之前的 60 个交易日内股价不低于规定的价格。对于财务报表披露,应及时提交 SEC 要求的所有报告,包括最近 1 年的年报以及经审计的一个完整会计年度的财务报告。

第三节 国际证券的监管合作

国际证券监管合作通常有广义和狭义之分。广义的国际证券监管合作,既包括相关经济体的立法机构、司法机构、政府证券监管部门、证券交易所以及证券监管自律组织之间,为在国际证券发行和交易过程中保护投资者、维护证券市场功能的有效发挥和打击证券违法犯罪而开展的对话会晤、签署并执行相关条约或谅解备忘录、监管的相互承认、技术援助等合作,也包括相关国际机构对国际证券监管规则、标准的制定以及对各经济体之间证券监管合作的协调、推动。狭义的国际证券监管合作一般是指两国证券监管部门之间通过签署通常不具有国际法效力的双边证券监管合作谅解备忘录,约定分享证券监管信息、开展双边证券监管执法协助、协调双边证券监管标准等互助行为。

开展国际证券监管合作,从根本上讲是证券活动国际化与证券规制监管国别化之间的矛盾导致的。一方面,自 20 世纪 70 年代以来,随着各国金融自由化、信息技术、金融创新以及经济全球化的发展,证券活动的国际化发展迅猛。另一方面,伴随证券活动的国际化,任何一个监管机构都不能单独完成对一个完整跨国证券发行交易过程的监管。同时,证券活动的国际化也为跨境证券违法犯罪和金融风险在国际间的传播大开方便之门。跨国背景下的虚假陈述、市场操纵、内幕交易等违法犯罪行为频繁地跨越国界,防控和查处这些违法犯罪行为面临主权和信息障碍。此外,国际证券活动所导致的跨国金融风险的传播,也需要在国际间建立起金融风险及危机的防控制度。在目前仍以主权国家为国际社会基本构成和治理主体的条件下,解决证券活动国际化与证券规制监管国别化之间的矛盾只能通过国际证券监管合作来实现。从目前来看,国际证券监管合作主要有双边证券监管合作和多边证券监管合作两类模式。

一、双边证券监管合作

双边证券监管合作是指两个经济体或其证券主管机关通过签署双边合作文件,约定并履行双边证券监管合作事务的活动。双边证券监管合作主要通过签订双边司法协助协定和谅解备忘录来实现。

(一) 双边司法协助协定

双边司法协助协定是两个经济体的中央政府或其授权机构为相互提供司法协助,签订的具有国际法效力的双边协议。由于双边司法协助协定对缔约双方具有法律拘束力,因此,当一缔约方依据双边司法协助协定提出符合协定的协助请求时,另一缔约方有义务在约定的民事、刑事等法律事务方面提供协助。司法协助协定一般包括如下内容:可适用协助的事项、请求的要件、请求执行的方式、所获信息的用途以及拒绝请求的情形等。请求协助的事项通常涵盖协助送达司法文书,取得证据或证供,提供可供公众查阅的文件,查询、搜查、冻结、扣押证据材料和物品,移送在押人员以便作证或协助调查,移交逃犯、被判刑人,协助查处、没收证券犯罪收益等。

双边司法协助协定通常覆盖范围广泛,涵盖民事或/和刑事各领域,所以,证券违法犯罪的查处以及证券诉讼一般都属于该类协定可适用的协助范围,因而该类协定既可为缔约双方的司法机关,也可为证券主管机关提供相互协助的渠道。缔约双方借助协定,能够有效地保护投资者的合法权益,打击跨境证券违法犯罪,减少因证券法的域外适用而导致的冲突,并有助于克服跨境证券监管合作中有关信息保密的障碍,提高国际证券监管合作的效率与质量。但是,由于司法协助协定不是专门为国际证券监管合作量身定作的,因而存在以下不足:(1)通过司法协助协定提出请求和提供协助须按严格的程序和条件进行,通常需要较长的时间,缺乏灵活性,可能延误对证券违法犯罪行为的及时查处。(2)许多司法协助协定条款概括、笼统,难以有效满足跨国证券监管的特定需要。(3)近年来,虽然借助司法协助协定获得的证据和信息呈现逐步宽松的趋势,但各经济体订立的这类协定仍然存在较严格的限定,这在一定程度上阻碍了请求方充分、及时地利用这些证据和信息打击证券违法犯罪行为。

(二) 谅解备忘录

证券监管合作谅解备忘录是有关经济体的证券监管主管机构之间就相互间证券监管合作事项而签订的、通常不具法律约束力的监管合作文件。与双边司法协助协定相比,谅解备忘录具有不同的特征。一方面,谅解备忘录是有关经济体的证券主管机构而非国际法的缔约主体,专门针对彼此间的证券监管合作事项而达成的合作文件。谅解备忘录不是由国际条约缔约主体签订的条约,其订立也不需遵循条约缔结的程序,如法律授权和立法机构的批准等。这反而赋予了谅解备忘录以非正式性和灵活性,使之能够在国际证券监管合作领域发挥非比寻常的作用。不止于此,谅解备忘录是双方证券主管机关针对证券监管合作事项以互惠为基础而直接签订和实施的,针对性强,在获取有关证券违法犯罪信息和执法合作等方面比司法协助协定更为有效,因而成为国际证券监管双边合作中最常见的形式。但是,另一方面,谅解备忘录由于不是由国际法上缔约主体依照法定程序缔结的,因而与司法协助协定不同,不构成一项法律文件,在缔结者之间不创设法律上的权利和义务,在被请求一方未依请求方的请求提供谅解备忘录所规定的协助时,请求方无法获得法律上的救济,虽然谅解备忘录双方须受到道义上的约束。除谅解备忘录不具有法律效力之外,随着证券市场国际化程度的加深,谅解备忘录在协调多国间监管合作、提高监管效率方面也具有局限性。

双边谅解备忘录的主要内容通常体现在以下方面:(1)交换信息。跨国证券监管需以监管信息的获取为基本保障,所以,信息交流与共享通常构成谅解备忘录的主要内容。信息交换有两种方式:一是主动提供信息,即一国证券监管部门主动将自己发现的相关信息提供给另一国证券监管部门。二是应对方要求提供信息,即一方向另一方提出获取信息的请求,另一方提供相关信息。这是双方信息互换的主要形式。(2)执法合作。执法合作是双边证券监管合作中最为重要的领域。执法合作的潜在范围十分广泛,既可以涵盖发行和上市公司及其董事、监事、高管、大股东、市场中介等在证券发行、上市过程中对规则的遵守,也可以包括对证券清算交割和登记过户活动的监督,还可以覆盖对虚假陈述、内幕交易、操纵市场以及其他证券欺诈行为的查处等。同时,谅解备忘录还通常对执法合作的方式进行约定,如及时通知对方的情形、现场访问发行和上市公司的情形、联合检查的安排、检查以及调查的协助等。(3)监管机构的交流以及技术援助。谅解备忘录通常会对监管人员的联络与交流作出安排,如机构设置、定期会晤、对话、磋商、研讨以及固定的联系人员等。此外,一些谅解备忘录还约定证券立法和执法的咨询、监管人员的培训等事宜。

二、多边证券监管合作

适应证券活动和证券市场的国际化,各经济体在开展双边证券监管合作的同时,积极寻求和参与多边监管合作。多边证券监管合作领域最为重要的国际机构是国际证监会组织(以下简称 IOSCO)。IOSCO 自成立以来制定、发布的规范性文件达数百件之多,代表性的有《证券监管的目标与原则》《外国发行人跨国发行与首次上市的国际披露准则》《关于磋商、合作和信息交流多边谅解备忘录》。尽管 IOSCO 作为非政府间国际组织,其制定的规则不具有法律拘束力,但一些规则产生了重要影响,如上述前两项文件发布后,许多经济体修改国内法律予以执行,后一项文件也产生了重要效果。以下对上述三份文件进行阐述。

(一)《证券监管的目标与原则》

《证券监管的目标与原则》(以下简称《目标与原则》)由 IOSCO 于 1998 年 9 月正式发布,后经多次更新。《目标与原则》集中阐述了证券监管的三大目标和三十条原则。

1. IOSCO 确定的证券监管的三大目标

IOSCO 在《目标与原则》中确定的证券监管的三大目标是:保护投资者;确保市场公平、效率和透明;降低系统风险。

《目标与原则》将保护投资者确定为证券监管的首要目标,指出保护投资者的最重要措施是完全披露影响投资者投资决策的重要信息。《目标与原则》还进一步提出:投资者应免受误导、操纵或欺诈的损失;公开提供投资服务的人员要获得执照或得到授权;要为市场中介机构设立最低标准,中介机构应以公正和平等的方式对待投资者;投资者有权诉诸法院或其他争议解决机构,对其遭受不当行为之害寻求补救和赔偿等。

确保市场的公平、效率和透明,是《目标与原则》规定的证券监管的又一目标。根据《目标与原则》,要实现公平,有关交易所、交易系统运营者和交易规则的建立应征得监管机构的同意;应将市场公平与投资者保护,特别是与防止不正当交易紧密结合起来;监管者应确保客户定单得到公平处理和定价程序可靠。《目标与原则》还指出证券监管应提高市场效率,但对于应采取哪些措施以达致这一目标,IOSCO 并没有规定。《目标与原则》还主张监管应确保最大的透明度,并将透明度定义为有关交易信息在实时基础上公之于众的程度。

将降低系统风险列为证券监管的目标,是《目标与原则》的一大突破。IOSCO 指出证券监管应通过资本要求和内部控制,降低中介机构倒闭的风险和影响;证券监管不必抑制合法、适度的投机套利,而应促进和允许对风险的有效管理,确保有足够的资本和其他审慎要求来管控风险;监管机构应通过相互间的合作和信息分享以寻求促进国内和国际市场的稳定等。

2. IOSCO 确定的证券监管的三十条原则

IOSCO 在《目标与原则》中指出:"为实现上述监管目标,应在相关法律框架下执行三十条原则"。IOSCO 设立这些原则的目的是对上述三大目标加以解释和说明,从而为将三大目标成功转化为各成员具体的规范措施架起桥梁。三十条原则构成证券市场监管的根基,为监管者提供全面的指引,可分为两部分八大类:

前四类原则,即与监管机构相关的原则、自律原则、证券监管执行原则以及监管合作原则,构成第一部分。对于监管机构,《目标与原则》指出,各成员无论作出何种监管结构选择,都应明确监管机构的责任,赋予监管机构充分的独立性,使监管机构掌握法律授予的适当权力及资源和人力。此外,监管机构应受法律保护,监管程序要具有连续性与一致性,监管人员要有职业操守。对于自律组织,《目标与原则》将其定义为负责监管但非法定监管者的组织,提出各成员应适当发挥自律组织的监管职能,同时,自律组织也应受到监管者的监管。对于证券监管执行,《目标与原则》指出监管机构应具备全面而充分的执行权力,并确保高效、诚信地行使这些权力。针对监管机构缺乏执行证券法律法规的足够权力和能力的问题,IOSCO 提出高效监管者必须有能力及时获取监管对象的所有必要信息,具备全面视察、调查、监督及执法的权力。对于证券监管合作,《目标与原则》提出监管机构应具有收集跨境交易不法行为的信息的能力和与其他监管机构共享信息的机制,并具有共享信息的保密措施。

第二部分包括后四类原则,核心是"被监管对象",包括对发行人、集合投资项目、市场中介以及二级市场监管的原则。IOSCO 指出对"发行人"应作广义理解,包括所有从市场上筹集资金的主体,强调发行人赢得市场可信度的关键在于发行人对投资者信息披露的质量和水平,以及对少数股东的公平对待。集合投资项目即基金,既是零散投资组合,也是机构投资者的构成元素。《目标与原则》要求监管者对其进行自始至终的监管,确立投资项目方设立的资格和监管准则,对集合投资项目的法律形式和结构、客户资产的分离与保护、项目资产的评估、定价和赎回等进行监管。对于市场中介机构,《目标与原则》将其界定为管理个人投资、执行指令、经营或发行证券、提供与证券交易相关信息的机构,要求对各类中介机构从准入标准、资本要求及审慎规定、对参与者持续监管与约束、违规与破产后果四个方面进行监管。对于二级市场的监管,《目标与原则》指出要确保二级市场作为证券定价和交易机制的有效性和可信度;要求交易所及其他公共交易系统应受许可标准的约束,并受到持续监督;要求监管结算、清算与托管行为,确保市场中介机构及时和有序地履行市场义务,以有效防控风险;要求禁止内幕交易、市场操纵及虚假陈述等违规行为。

（二）《外国发行人跨国发行与首次上市的国际披露准则》

为了提高越来越多的发行人在多个经济体发行、上市所作信息披露的可比性，维护对投资者的高水平保护，IOSCO 在 1998 年 9 月发布了《外国发行人跨国发行与首次上市国际披露准则》（以下简称《准则》）。《准则》由两部分构成，第一部分载明国际披露准则，以供公司在其股票（不包括债券）跨国公开发行、上市和买卖时适用，规定《准则》适用于招股说明书、发行和首次上市文件以及注册申请文件等。第二部分规定了不宜纳入第一部分的披露问题，主要是以列举方式阐述有关国家的特别规定。

IOSCO 强调，跨国发行和上市的发行人应披露对投资者决策重要的信息，且信息披露应当真实、全面、准确。但东道国证券监管机构在特定环境下，可以免去外国发行人某些信息披露义务，如法律规定需保密的信息、基于公共政策不宜披露的信息、涉及商业秘密和知识产权的信息。

在此基础上，《准则》规定了发行人跨国发行和首次上市在以下 10 个方面的披露准则：（1）董事、高管、顾问和审计人员的身份；（2）发行统计和预期时间表；（3）核心信息，包括摘录的财务数据、股本和负债、发行目的和资金使用以及风险因素；（4）公司信息，包括公司概况、业务介绍、组织结构、财产、工厂和设备；（5）公司经营状况，包括经营业绩、研究开发、专利许可、发展趋势等；（6）董事、高管和雇员，包括董事和高管的报酬、董事会议事规则等；（7）大股东和关联交易；（8）财务信息，包括合并报表、其他财务信息及其重大变更；（9）发行和上市情况，包括发行和上市细节、销售计划、发行和上市的市场、分红派息的稀释状况、发行费用等；（10）附加信息，包括股本状况、公司章程和备忘录、重大合同、外汇管制、税收、分红派息代理机构、专家声明等。

此外，《准则》还就信息披露的对等性和格式进行了规定。《准则》指出，信息披露的对等性是在其他市场上已公开的对投资者重要的信息，也应在东道国公开，不管东道国是否这样要求。《准则》还就披露格式进行了规定，提出披露文件应当以东道国大众能接受的语言编写等。

（三）《关于磋商、合作和信息交流多边谅解备忘录》

《关于磋商、合作和信息交流多边谅解备忘录》（以下简称《多边备忘录》），于 2002 年 5 月由 IOSCO 通过。《多边备忘录》的优势在于：一经济体的证券监管机构一旦成为《多边备忘录》的签字方，就等于同时与其他签字方签订了内容相同的双边合作谅解备忘录，从而免去签署多个双边备忘录的繁琐和低效，提高查处跨境证券违法犯罪行为的效果。《多边备忘录》包含正文和附件。正文主要涉及相互合作和信息交换的原则、协助的范围、协助请求的提出和执行、信息的使用和保密等内容。附件包括 A、B、C 三部分。附件 A 是备忘录签字方名单，附件 B 主要规定签署多边备忘录的步骤，附件 C 是提出协助请求的格式。以下对《多边备忘录》正文的主要内容进行阐述。

对于互相协助和信息交流，《多边备忘录》规定，各监管机构应进行互相协助和信息交流，各国保密法规不应当阻碍相关信息的收集或提供。同时，《多边备忘录》规定被请求机构可拒绝以下协助请求:(1) 被请求机构履行请求的方式可能违反国内法。(2) 在被请求机构的辖域内,相同个体基于相同事实已被提起刑事诉讼程序,或已成为刑事处罚的主体,除非请求机构能够证明在其发起的诉讼程序中取得的救济或处罚与被请求机构辖域内获得的救济或处罚在本质上不同或不相重叠。(3) 请求的提出不是以备忘录的规定为根据,或者不是以公共利益或重大国家利益为基础。

对于协助范围,《多边备忘录》规定,各机构相互间就请求协助所列事项,提供各自法律和法规所允许的最大程度的协助,这些协助包括(但不限于):(1) 提供被请求机构档案中存有的信息和文件。(2) 获取协助请求所列事项的信息和文件,包括:(a) 足以再现所有证券和衍生品交易的当时记录,包括相关资金和资产转入或转出银行及经纪商账户的记录;(b) 能够鉴别如下信息的记录:权益人和控制人,以及每一笔交易的账户持有人、交易数量、时间、价格和处置交易的个人及银行或经纪行;(c) 确定实益拥有或控制在被请求机构的辖域内的非自然人的个体信息。(3) 取得有关个体的书面陈述或宣誓后的证词。

对于协助请求,《多边备忘录》规定应包括下列内容:(1) 对请求事宜的描述。(2) 对所寻求的协助及其有益性的描述。(3) 请求机构应向被请求机构提供已获悉或已占有的信息,以帮助后者确定持有所寻求信息或文件的个体,或可获取信息的场所。(4) 明确在信息收集中应采取的特殊预防措施,以及执行请求可能违反的法律法规。对于协助请求的执行,《多边备忘录》规定:(1) 被请求机构对于其档案中持有的信息和文件,按照请求提供给请求机构。(2) 被请求机构指令请求机构指定的个体或可能持有所请求信息或文件的个体制作文件。(3) 对直接或间接卷入协助请求活动的个体或持有所请求信息的个体提出的质疑、书面陈述,被请求机构应作出回应。

对于所提供信息的使用和保密性问题,《多边备忘录》规定,按照协助请求而提供的非公开信息和文件,仅用于下列目的:(1) 对与请求有关的法律和法规的遵守。(2) 协助请求所陈述的目的,包括进行民事或行政执行程序、协助自律组织的监督或执行活动、协助刑事案件的执行等。如果请求机构意在上述目的之外使用所获信息,则须取得被请求机构的同意。此外,各机构须遵守《多边备忘录》项下的保密要求。

本章小结:

证券法调整证券关系的特点在于:通过强制的信息披露以及禁止欺诈制度,来保护投资者,以此实现社会资源的优化配置。国际证券发行、交易包括跨境直接发行、存托凭证和跨境反向收购等。跨境直接发行是发行人直接以自己的名义在境外资本市场上向投资者发行证券,并在该市场交易和清算。存托凭证这种发行安排主要会引起发行人与存托银行、存托银行与存托凭证投资者、发行人与存托凭证投资者三类法律关系。跨境反向收购作为跨境证券融资方式之一,既需要解决好反向收购的交易安排问题,也需要满足有关国家的监管需要。国际证券监管合作主要有双边证券监管合作和多边证券监管合作两类模式。

思考题：

1. 证券法主要由哪些制度构成？为什么？
2. 跨境直接发行的特点和主要步骤有哪些？
3. 存托凭证这种发行安排主要包含哪些法律关系？美国对ADR如何分别规制？
4. 跨境反向收购的主要环节及其隐含的法律风险有哪些？
5. 双边和多边证券监管合作的形式和内容主要有哪些？

第六编 国际税法

第十五章 税收管辖权与避免国际重复征税

学习目标：本章学习的目标是理解、领会和掌握国际税收法律基本内容和概念，包括国际税收管辖权的基本原则和概念，居民税收管辖权和所得来源地管辖权的概念和意义，国际重复征税现象的起因、解决方式和与国际重叠征税的区别，国际税收协定产生的意义、《经合组织范本》和《联合国范本》的主要内容以及国际税收协定与国内税法的协调，具体消除国际重复征税的方法、适用范围和相关计算，以及国际税收饶让制度的相关概念和原理。

建议学时：4 学时。

导读：本章学习时需要仔细阅读教材内容，认真把握国际税法的基本概念和知识点。如对税收管辖权的概念和基本原则、居民管辖权、所得来源地管辖权和税收管辖权冲突等概念的含义，对国际税收法律中特有的内容如常设机构、国际税收协定、国际重复征税及相关解决方法、税收饶让抵免制度等需要比较透彻的理解和识记。对免税法、抵免法可能涉及的计算需要掌握相关公式含义和基本计算方法。

第一节 税收管辖权

一、税收管辖权的概念

（一）税收管辖权的含义

税收管辖权（tax jurisdiction）是指一国政府对一定的人或对象进行征税的权力。简单地说，税收管辖权就是一国政府行使的征税权力，即一国政府可以自行决定对哪些人征税、征何种税以及征多少税等。国际税收关系中一系列矛盾和问题的产生，都与国家行使税收管辖权有着密切的联系。因此，税收管辖权是国际税法学习和研究的基础和重点。

一国政府行使税收管辖权的依据源于国家主权。主权国家对其领域范围之内的一切人与事物都有行使法律管辖的权力，这是国家主权的重要属性。而税收管辖权即是国家主权在税收领域的体现，是国家主权的重要内容，它对外表现为一种完全独立自主地、不受任何干预的权力。一国政府完全可以根据本国的经济、政治、地理和法律传统等实际情况,按照自己的意志确定适合本国的税收制度,规定纳税人和征税对象的范围。正因为如此,税收管辖权独立原则才会为世界各国所普遍接受与遵循。

(二) 税收管辖权的基本理论原则

税收管辖权中最重要的基本理论原则是"居住国原则"和"来源国原则"。目前,世界上大多数国家普遍兼采这两种不同的管辖权原则来规定本国的税收管辖权范围。这两种税收管辖权理论分别来源于主权国家的"属人原则"(principle of person)和"属地原则"(principle of territoriality)。

主权国家是按照属人原则和属地原则行使其管辖权的。与此相适应,作为国家主权重要内容之一的税收管辖权,各国也是以纳税人或征税对象是否与自己的领土主权存在某种属人性质或属地性质的连结因素为依据来行使权力的。当纳税人与征税国之间存在某种属人性质的连接因素时,征税国就按"居住国原则"对该纳税人行使征税权。当征税对象与征税国存在某种属地性质的连结因素时,征税国则按"来源国原则"对该征税对象的所有人行使征税权。具体而言:

1. 居住国原则或居民税收管辖权原则

居住国原则(principle of residence state)是指一国政府对于本国税法上的居民纳税人来自境内境外的全部财产和收入实行征税的原则。依国家主权的属人原则,如何确认居民纳税人是最重要的。目前大多数国家都是以"税收居所"作为属人性质的连接因素来确定纳税居民的。

税收居所(tax residence)是国际税法上的一个重要概念,它是指纳税人与征税国之间存在着的以人身隶属关系为特征的法律事实。在自然人方面表现为纳税人在征税国境内是否拥有住所、居所或具有征税国的国籍;在法人方面表现为纳税人是否在征税国注册或者其实际管理和控制中心或总机构等是否设在征税国境内。国际税法上将这类属人性质的连接因素通称为"税收居所"。与征税国存在这种税收居所联系的纳税人,就是该国税法上的居民纳税人(resident of taxpayer)。而这个征税国也相应地称为该纳税人的居住国(residence state)。

基于纳税人在本国境内存在税收居所这一事实,居住国政府可以要求该居民纳税人就其来源于境内和境外的各种收入,即世界范围内的所得承担纳税义务。这就是居住国原则的实质性内容。由于这种纳税义务不受国境的限制,有些国家也称之为无限纳税义务(unlimited tax liability)。因此,国家根据纳税人在本国境内拥有税收居所这一连接因素而要求其承担无限纳税义务的权力,就形成所谓的居民税收管辖权(tax jurisdiction over residents)。

2. 来源国原则或来源地税收管辖权原则

来源国原则(principle of source state)是指一国政府针对非居民纳税人就其来源于该国境内的所得征税的原则。

依国家主权的属地原则,国家对其领土范围内的人与物具有属地管辖权。税收管辖权上的属地性质是指纳税人的各种所得与征税国之间存在着经济上的源泉关系。这种源泉关系主要表现为其所得直接来源于该征税国的某种地域标志,如不动产所得来源于不动产所在地、营业利润所得来源于营业机构所在地、劳务报酬所得来源于劳务提供地以及股息、利息、租金等所得来源于债务人或支付人所在地等。这些表示属地性质的地域标志连结因素,国际税法上通称为"所得来源地"或"所得来源国"。

基于这种所得来源地标志,所得来源国政府就有权要求获取该种所得的非居民(non-resident)纳税人就这部分所得承担纳税义务。这就是来源国原则的实质性内容。由于非居民纳税人仅就来源于征税国的所得部分纳税,其他所得不向该国纳税,因而其承担的是有限的纳税义务(limited tax liability)。因此,国家根据非居民纳税人在本国境内存在着所得来源地这一连结因素而要求其承担有限纳税义务的权力,就形成所谓的收入来源地税收管辖权。

综上所述,根据税收管辖权的"居住国原则"与"来源国原则",居民税收管辖权和收入来源地税收管辖权是国家税收管辖权的两种不同表现形式。世界上大多数国家在所得税方面都同时行使这两种税收管辖权。作为居住国要求本国的居民纳税人就其世界范围内的所得承担无限纳税义务;作为来源国则要求从其境内取得收入的非居民承担有限的纳税义务。这样可以最大可能地扩大本国的征税范围。当然,世界上也有少数国家仅依所得来源地行使税收管辖权,而放弃居民税收管辖权,以鼓励资本的输出与输入。

二、居民税收管辖权

居民税收管辖权是指一国政府对其境内居住的所有居民(包括自然人和法人)来自于世界范围内的全部收入以及存在于世界范围内的财产所行使的课税权力。它是按照属人主义原则所确立起来的一种税收管辖权。行使居民税收管辖权的核心在于纳税人居民身份的确定,凡是本国居民,对其一切应税收益、所得或财产都要征税,而不论这些课税对象是来自于本国或存在于其他国家。

(一) 纳税人居民身份的确认

居民税收管辖权的行使,是以纳税人与征税国之间存在税收居所这一法律事实为前提条件的。纳税人在国际税法通常按自然人和法人两种基本形式分类。对于纳税人居民身份的判定,即确定纳税人与征税国之间是否存在某种税收居所联系,是各国税法的重要内容。

(二) 自然人居民身份的确认

通常而言,各国税法上判定自然人的居民身份主要有以下标准:

(1) 住所标准。凡在一国拥有住所的自然人便是该国的居民纳税人。住所(domicile)一般是指一个自然人设立其生活根据地并愿意永久定居的场所,通常为配偶和家庭所在地。由于住所体现了自然人与某一特定区域的内在联系,具有永久性和稳定性,易于识别,许多国家如法国、瑞士、德国等均以住所作为确定自然人居民身份的标准。

如法国规定:凡在法国国内有住所的个人均为法国税法规定的居民。其中"有住所"

是指在法国国内有有利害关系的中心地点和有 5 年以上的经常居所,作为所有权人、使用收益权人和租赁人,在法国国内居住并有主要停留地。中国《个人所得税法》也明确规定,在中国境内有住所的个人为居民纳税人。所谓"在中国境内有住所的个人",是指因户籍、家庭、经济利益关系而在中国境内习惯性居住的个人。

(2) 居所标准。居所(residence)一般是指一自然人经常性居住,但并不具有永久居住性质的场所。按照居所标准,凡在一国拥有居所的自然人便是该国的居民纳税人。如英国、加拿大、澳大利亚等国即以居所作为判定自然人居民身份的重要标志。但是,居所标准往往缺乏某种客观统一的识别标志,也可能导致同一国法院作出的判决前后不一或相互矛盾。

(3) 居留时间标准。以自然人在征税国境内居住或停留是否超过一定的时间期限作为划分纳税居民与非纳税居民的标准。这一标准可以弥补居所标准的不足。但在居留时间的期限上,各国规定不一。有的为半年,如英国、印度、印度尼西亚等;有的为 12 个月,如中国、巴西、新西兰、日本等。

(4) 国籍标准。即以自然人的国籍来确定纳税居民的身份,实行所谓公民税收管辖权(tax jurisdiction over citizens)。凡系一国公民,无论其是否居住在国籍国境内,都是该国的居民纳税人。国籍是最早用于判定居民身份的标准,但随着经济的全球化,人们脱离其国籍国活动的现象愈益普遍。越来越多的国家已摒弃单一的国籍标准。现仅有美国、菲律宾、墨西哥等少数国家仍坚持以国籍标准确认自然人的居民身份。

目前,同时采用住所(或居所)与居留时间这两项标准是国际上确定自然人居民身份最通常的做法。中国也是同时采用住所与居留时间这两项标准来判定自然人居民身份。

(三) 法人居民身份的确认

各国税法上对法人或公司的居民身份认定,主要有以下三种标准:

(1) 法人注册成立地标准。即法人的居民身份依法人在何国依法注册成立而定。因法人注册地只有一个,所以这一标准的优点是法律地位明确、易于识别。但其缺点是往往不能真实地反映法人的实际经营活动场所,并且还可为纳税人避税创造条件。采用这一标准的主要有美国、加拿大等国家。

(2) 法人实际管理和控制中心所在地标准。即法人的居民身份决定于法人的实际管理和控制中心设立在哪个国家。一般而言,董事会或股东大会所在地是判定实际管理中心所在地的重要标志。采用这一标准的主要以英国、德国、希腊、瑞士为代表。比如,在 1906 年的比尔斯联合矿业有限公司诉荷奥一案中,原告公司在南非注册成立,其产品的开发与销售也多在南非进行,但该公司的大部分股东却居住在英国,董事会也多在英国举行,公司的经营与管理决策均在英国作出。英国法院据此认定,该公司为英国居民公司,应对英国承担纳税义务。[①]

(3) 法人总机构所在地标准。法人的总机构指的是负责管理和控制企业的日常经营

---

① 高尔森主编:《国际税法》(第 2 版),法律出版社 1993 年版,第 48—49 页。

业务活动的中心机构。采用总机构所在地标准，法人的总机构设在哪一国，该企业则为哪国的居民公司。采用这一标准的主要有日本、法国、中国等。

此外，还有法人主要经营活动所在地标准、法人资本控制标准等标准。由于没有任何一个确定法人居民身份的标准是完美无缺的，所以实践中许多国家往往兼用两个或两个以上的标准来确定本国税法中法人的居民身份。我国实际上也是以法人注册地和总机构所在地两个标准结合使用来判定法人的居民身份的。

（四）居民税收管辖权冲突的协调

由于各国税法确定纳税居民身份采用的标准不一致，当纳税人跨越国境从事国际经济活动时，就有可能被两个或两个以上的国家同时认定为本国的纳税居民，从而产生居民税收管辖权冲突。在居民税收管辖权冲突下的纳税人将同时对两个或两个以上的国家承担无限纳税义务，从而面临高税收负担。因此，在国际税收领域必须解决居民税收管辖权冲突问题。目前，居民税收管辖权冲突一般由有关国家间通过双边税收协定的方式来协调解决。

1. 关于自然人居民身份冲突的协调

关于自然人居民身份的冲突，也称双重居所冲突，一般有两种可供选择的解决办法：

（1）由缔约双方通过协商确定该纳税人应为哪一方的居民。如中国同日本、美国等国家签订的双边税收协定即采用这一办法。

（2）采用国际税收协定范本所提供的先后顺序来确定自然人的居民身份。目前国际主要的国际税收协定范本包括经济合作与发展组织（OECD）发布的《关于对所得和资本避免双重征税的协定范本》（简称《经合组织范本》或《OECD 范本》），以及联合国发布的《发达国家与发展中国家关于双重税收的协定范本》（简称《联合国范本》或《UN 范本》）。依《OECD 范本》和《UN 范本》两个国际税收协定范本的规定，同时是缔约国双方居民的个人，其身份一般按如下方法确认：

第一，应认为是其有永久性住所所在国的居民，如果在两个国家同时有永久性住所，或者在其中任何一国都没有永久性住所，应认为是与其个人和经济关系更密切（重要利益中心）所在国的居民。

第二，如果其重要利益中心所在国无法确定，应认为是其有习惯性居处所在国的居民。

第三，如果其在两个国家都有，或者都没有习惯性居处，应认为是其国民（国籍）所在国的居民。

第四，如果其同时是两个国家的国民，或者不是其中任何一国的国民，应由缔约国双方主管当局通过协商解决。

2. 关于法人居民身份冲突的协调

关于法人居民身份冲突的解决方式也有两种：

（1）由缔约国双方协商确定某一具体法人的居民身份归属。

（2）在税收协定中预先确定一种解决冲突时应依据的标准。依《OECD 范本》和《UN

范本》两个国际税收协定范本的规定均以实际管理机构所在国为居住国。而中国与日本、法国等国家签订的税收协定则以总机构所在国作为解决法人居民身份冲突的标准。

三、收入来源地税收管辖权

收入来源地税收管辖权,是征税国基于有关的收益或所得来源于本国境内的法律事实,针对非居民行使的征税权。征税国对非居民主张收入来源地税收管辖权的依据在于国家主权的属地原则,即认定纳税人收益或所得来源于征税国境内。因此,关于收入来源地的识别判定是税收管辖权的重要内容。必须指出的是,收入来源地的判定一般与收入的性质密不可分,进而产生不同的来源地判定的规则。

纳税人的各项收益与所得从性质上一般被划分为四类,即营业所得、劳务所得、投资所得和财产所得。由于各国税法上对不同种类性质所得的来源地采用的判定标准与识别原则不一致,因而在跨国所得上各国也往往产生税收管辖权冲突。针对上述四种所得类型,各国对非居民行使收入来源地税收管辖权的法律实践和国际税法上的协调原则也有所不同。

(一) 对非居民营业所得的征税

营业所得(business income),又称营业利润或经营所得,一般是指纳税人从事工业生产、交通运输、农林牧业、金融、商业和服务性行业等经营性质的活动而取得的纯收益。在国际税法上,对非居民营业所得的征税,目前各国都普遍接受并实行常设机构原则(permanent establishment principle),即来源国仅对非居民纳税人通过在境内常设机构而获取的工商和服务等活动营业利润实行征税的原则。

常设机构在国际税法上是一个非常重要的概念。非居民纳税人在来源国境内是否设有常设机构是来源国对非居民纳税人源自本国境内的营业所得进行征税的前提条件。因此,对常设机构范围的扩大或缩小、对常设机构利润的归属与核算原则的不同都将会直接影响来源国和居住国双方的税收权益。所以,虽然常设机构原则对居住国与来源国之间在跨国营业利润上的征税权益分配作了明确划分,但在具体的实施过程中仍有许多问题需要加以解决。在国际税收实践中,常设机构的认定往往成为各国对非居民企业进行税收征收的门槛;也常常成为跨国纳税人与来源地国税收当局产生国际税收纠纷的焦点问题。

依《OECD范本》和《UN范本》两个国际税收协定范本的设置,缔约国一方居民在缔约国另一方从事经营活动,可以基于某种物的因素或人的因素而构成常设机构,具体内容包括:

(1) 场所型常设机构。从物之因素而言,常设机构首先是指一个企业纳税人进行其全部或部分生产、经营的固定场所,并且该固定场所须具备固定性、长期性和营业性三大特征。因此,固定场所一般包括管理场所、分支机构、办事处、工厂、车间或作业场所、矿场、油井或气井、采石场或任何开采自然资源的场所以及建筑安装工地等。① 但是,商品库存、陈列、展销、为采购货物或收集情报而保有的场所以及其他含义任何具有准备性、辅助性的固定场所则一般不构成常设机构。

(2) 代表型常设机构。从人之因素而言,一国企业纳税人在另一国即非居民国境内并未通过某种固定的营业场所从事营业活动,但如果其在另一方境内通过特定的营业代理人开展业务,仍有可能构成常设机构的存在。一国企业通过依附于该企业的非独立代理人在非居民国境内从事特定性质的营业活动,如依授权代表该企业签订合同等,一般构成在非居民国设有常设机构。但是,如果一国企业在非居民国境内通过独立地位的代理人进行营业,除非这种代理人的活动全部或几乎全部是代表该企业的,则该代理并不构成在非居民国设有常设机构。

(3) 常设机构利润范围的确定与核算。居住国与来源国之间在企业法人跨国营业利润上的征税权益分配是常设机构原则的重点。一般而言,常设机构利润范围的确定采取"实际联系原则"和"引力原则",而对已归属于常设机构范围的利润的核算则一般采用"独立企业原则"和"收入费用分配原则"。

第一,实际联系原则(effectively connected principle),是指非居民企业通过其设在来源国境内的常设机构的活动实现的营业利润,以及与常设机构有关联的其他所得(如常设机构对其他企业的投资、贷款所获的股息、利息收益以及特许权使用费等),可以归属于该常设机构的利润范围。至于非居民企业未通过常设机构而取得的营业利润和与常设机构并无实际联系的其他所得,应排除在常设机构的利润范围之外。

第二,引力原则(principle of the force of attraction),则是指非居民企业在来源国设有常设机构的情况下,非居民企业在来源国所取得的其他营业所得,尽管未通过该常设机构的活动而取得,只要产生这些所得的营业活动本身属于该常设机构的营业范围,来源国都可以将它们归纳入常设机构的利润项下进行征税。

第三,独立企业原则,是指常设机构虽然在法律地位上不具有独立法人资格,只是总公司或总机构的派出机构,但来源国却将其视为独立的纳税实体,要求其按照正常的市场交易原则与其他企业及其总机构进行经济交往,并以此来核定常设机构的应得利润。

第四,收入费用分配原则,是指常设机构在计算利润扣除成本费用时,允许其分摊总机构的部分管理费用。但这部分费用必须是总机构为常设机构的营业所发生的或与常设机构的生产经营有关的费用。独立企业原则与收入费用分配原则的适用,都是为了合理而正确地计算常设机构的营业利润,从而维护来源国的税收权益。

(4) 常设机构原则的例外——对国际海运和航空运输业利润的征税。上述常设机构原则一般不适用于国际海运和航空运输业。国际运输涉及的国家众多,如果按照常设机构原则征税将有碍于国际运输业的发展。依《OECD 范本》和《UN 范本》两个国际税收协

---

① 关于建筑安装工地,《联合国范本》规定以连续为期6个月以上构成常设机构;《经合组织范本》规定以12个月以上为限。我国对外签订的税收协定一般采用《联合国范本》。

定范本的规定,对从事国际海运和航空运输业的利润应仅由企业的实际管理机构所在国一方单独征税。这一特殊原则已为世界上大多数国家签订的税收协定所接受。

(二) 对非居民劳务所得的征税

个人劳务所得(income from service)包括独立个人劳务所得(income from independent personal service)和非独立个人劳务所得(income from dependent personal service)两类。独立个人劳务所得,是指个人独立地从事某种专业性劳务和其他独立性活动所取得的收入。非独立个人劳务所得,是指个人由于受雇于他人从事劳动工作所得的报酬,包括工资、薪金和各种劳动津贴等。

1. 对非居民独立劳务所得的征税

对跨国独立劳务所得的课税一般遵循"固定基地原则"(principle of fixed base)和"183天规则"(183-Day rule)。所谓"固定基地",是指个人进行专业性劳务的场所,其意义相当于常设机构。"183天规则"是指来源国对非居民纳税人的独立个人劳务所得征税,应以提供劳务的非居民个人某一会计年度在来源国境内连续或累计停留达183天或在境内设有经营从事这类独立劳务活动的固定基地为前提条件。[①] 中国在对外签订的税收协定中,也多数采用的是"固定基地原则"与"183天规则"。

2. 对非居民非独立个人劳务所得的征税

对跨国非独立个人劳务所得的征税总的原则是由作为收入来源国的一方从源征税。但是,依《OECD范本》和《UN范本》两个国际税收协定范本的规定,同时具备下述三个要件的,应当由居住国征税:

(1) 收款人在某一会计年度内在缔约国另一方境内停留累计不超过183天;
(2) 有关劳务报酬并非由缔约国另一方居住的雇主支付或代表该雇主支付的;
(3) 该项劳务报酬不是由雇主设在缔约国另一方境内的常设机构或固定基地所负担。

上述三个条件必须同时具备,缺一不可。

此外,对特殊情况下的个人劳务所得,如跨国取得收入的企业董事、演员、运动员、退休人员、政府职员、国际组织工作人员以及留学生、实习生等特定人员,双边税收协定往往规定并采取特殊的征税规则和方法。

(三) 对非居民投资所得的征税

投资所得(income from investment),是指纳税人从事各种间接投资活动而取得的如股息、利息、特许权使用费等收益。来源国对非居民纳税人的投资所得一般都采取从源预提的方式征税,国际上将此种征税通称为预提税,即由支付人在向非居民支付投资所得款项时按税法规定代为扣缴应纳税款,是所得税的一种源泉控制征收方式。由于此类所得的成本、费用计算复杂,所以预提税都仅就收入总额(毛收入)计税,不扣除成本、费用,因此

[①] 《经合组织范本》中没有"183天"的规定,只有固定基地的规定;并且在后来的修订中已将有关"固定基地"的规定删去,相关内容纳入"常设机构"的范畴。

预提税的税率一般都比较低。我国《企业所得税法》将企业所得税规定为25%,而预提税是20%。

为了合理划分来源国与居住国的税收权益,双边税收协定一般都采用"税收分享原则"对跨国投资所得进行税收征收。即来源国依据协定的限制税率规定对投资所得进行预提税征收,而居住国对海外投资所得在来源国已经征过的税要给予承认,并采取相应的避免重复征收的措施。这样可以确保来源国和居住国都可以享受到对投资收益的税收征税。比如我国在国内税法中规定20%的预提税税率,在我国签署的双边税收协定中依限制税率则往往只有10%左右的预提税税率。

(四) 对非居民财产所得的征税

对非居民财产所得,特别是针对非居民运用不动产与转让不动产所取得的所得,各国的通行做法都是由财产所在国征税。但对转让从事国际运输的船舶或飞机以及属于经营上述船舶或飞机所获得的收益,应仅由转让者的居住国一方单独征税。而对非居民运用或转让动产所取得的收入,则由双边税收协定具体划分。

第二节 国际重复征税

一、国际重复征税的概念与类型

(一) 国际重复征税的概念

国际重复征税(international double taxation),也称国际双重征税,是指两个或两个以上国家各自依据自己的税收管辖权按同一税种对同一纳税人的同一征税对象在同一征税期限内同时征税。国际重复征税现象是国际税收关系的焦点,也是国际税法规制的核心问题。国际税法的许多法律规范都是以解决国际重复征税现象为中心的规范。国际重复征税的产生又与国家税收管辖权有直接的联系。只有在两个或两个以上的国家对同一纳税人都行使税收管辖权的情况下,才会产生国际重复征税。因此,税收管辖权的冲突是产生国际重复征税的根本原因。

(二) 国际重复征税的类型

国家间税收管辖权的冲突主要表现为以下三种类型。

1. 居民税收管辖权之间的冲突

居民税收管辖权之间的冲突,主要是由于有关国家确定税收居所的标准不一致,致使一个纳税人在两个或两个以上国家。同时被认定为居民纳税人,从而在这些国家都负有无限纳税义务。居民税收管辖权的冲突发生的情况相对较少,且目前国际上自然人与法人的税收居所冲突都已有了各自的主要解决规则。

2. 来源地税收管辖权之间的冲突

当一个纳税主体的同一笔所得被两个或两个以上的国家同时认为来源于本国,该纳税人应在两个或两个以上国家就同一笔所得承担有限纳税义务时,就产生了来源地税收管辖权之间的冲突。其产生的原因在于有关国家对同一种所得采取的确认来源地标准不同。这一类型的税收管辖权冲突发生的概率更低,目前国际上尚无固定的解决规则,只能由有关国家协商解决。

3. 居民税收管辖权与来源地税收管辖权之间的冲突

居民税收管辖权与来源地税收管辖权之间的冲突是国际重复征税产生的主要原因。当纳税人在其居住国以外的其他国家进行经济活动或其他活动而取得收益时,其居住国要对其行使居民税收管辖权,居民纳税人要对其居住国承担无限纳税义务;而纳税人获得收益的来源国要对其行使来源地税收管辖权,作为非居民纳税人,其要对来源国负担有限纳税义务。因此,该纳税人在来源国所取得的这笔收益必须同时向来源国与居住国承担纳税义务,来源地税收管辖权与居住国税收管辖权之间的冲突由此产生。这种情形之下的重复征税是大量的、普遍的并经常存在的,一般所说的国际重复征税即指这一类型。这也是国际税法所要着重解决的问题。

(三) 国际重复征税的消极影响

国际重复征税的存在,首先有悖税收公平原则。相对于国内纳税人来说,跨国纳税人要同时承担来源国与居住国的双重纳税义务,担负更沉重的税负。因此,国际重复征税被视为对跨国投资与商业活动的歧视。由于过重税负的存在,国际重复征税严重影响跨国投资者的积极性,从而阻碍国际资本流转、商品流通和经济技术交流。所以,国际重复征税的存在成为国际经济正常交往的重要障碍。

避免和消除国际重复征税具有极为重要的意义。避免国际重复征税,可以减轻跨国纳税人的税负,消除对国际投资的畏惧心理,促进国际资本的跨国流动,既有利于发达国家输出资本;也有利于广大发展中国家吸引资金与技术,从而促进国际经济的发展。同时,消除国际重复征税有助于协调国家间的税收分配关系,增强国际经济技术及科教、文化、体育等领域的合作。

二、国际重叠征税的含义及与国际重复征税的区别

国际重叠征税(international double tax imposition),也称国际双层征税,是指两个或两个以上国家对同一税源的所得在具有某种经济联系的不同纳税人手中各征一次税的现象。

重叠征税主要发生在公司与股东之间。由于公司与股东(包括个人股东与法人股东)在法律上都具有各自独立的人格地位,公司所获利润一般应当依法缴纳所得税,税后利润以股息的形式分配给股东后,股东依法又应当缴纳个人所得税或公司所得税。于是,同一所得在公司和股东手中被各征一次税,重叠征税由此产生。如果公司与股东在同一国内,则为国内重叠征税;如果公司在一国,股东在另一国,即为国际重叠征税。并且,又由于公司的股东可能也是一家公司,该公司又有自己的股东,因此,在母公司与子公司之间,子公司与孙公司之间,以及孙公司与重孙公司之间等,同一税源的所得都可能被各征一次税,所以重叠征税中多层次征税的现象是很普遍的。

国际重叠征税与国际重复征税的相同之处在于同一来源的所得在不同的税收管辖下被多次征税,但它们之间也有着本质的不同。其最主要的区别在于:

(1) 产生的原因不同。国际重复征税是基于国家间的管辖权冲突,这种冲突往往直接体现在同一纳税期限内;而国际重叠征税则是由于不同国家税制结构导致的,其主要体现在不同国家税收管辖权的先后叠加。也就是说,管辖权冲突实际上即是各国税收法律制度的冲突,而管辖权叠加是基于不同国家经济税制结构的差异造成的。这也是为什么国际重复征税被称为狭义的国际重复征税或法律上的国际重复征税,而国际重叠征税则被称作广义的国际重复征税或经济上的国际重复征税的主要原因。

(2) 纳税主体不同。国际重复征税是不同国家对同一纳税人的同一所得两次或多次征税;而国际重叠征税则是不同国家对不同纳税人的同一所得两次或多次征税。这是国际重复征税与国际重叠征税之间最基本、最重要的区别。

(3) 其他方面的诸多不同。重复征税没有国内重复征税,其有时只涉及个人纳税人,而与公司无关;但重叠征税有国内、国际之分,重叠征税涉及的纳税人中,至少有一个为公司。另外,国际重复征税只涉及同一税种,而国际重叠征税则有可能涉及不同税种。

目前,国际社会已经有了行之有效的、并为各国所普遍接受的解决国际重复征税的办法,但对国际重叠征税尚无普遍适用的解决方法。因此,国际重叠征税问题是国际税法亟待研究与解决的又一重要课题。

第三节　国际税收协定

一、国际税收协定的概念及效力范围

(一) 国际税收协定的概念

国际税收协定是指有关国家之间为协调相互间处理跨国纳税人征税事务方面的税收关系和彼此间的税收分配关系及处理税务合作方面的问题而签订的书面协议。

国际税收协定依据不同的分类方法可以分为不同类型。一般而言,按照参加国家的多少,国际税收协定可以分为双边税收协定与多边税收协定。按适用的税种不同,可分为关税协定、增值税协定、所得税协定和财产税协定。按照涉及内容范围的不同,则可分为一般协定与特定协定两种形式。凡协定内容仅仅适用于某项业务的特定税收问题的,称为特定税收协定。凡协定内容一般地适用于缔约国之间各种国际税收问题的,则称为一般税收协定,如各国间签订的双边性的关于避免对所得和财产征税的双重征税协定,同时也是国际税收协定的主要表现形式。

(二)《经合组织范本》和《联合国范本》

由于世界经济一体化的进程不断加快,越来越多的国家加入到签订国际税收协定的行列。因此,迫切需要制定出国与国之间签订税收协定时可供参照和遵循的国际标准性文件或范本。国际税收协定范本在这种国际环境下应运而生。税收协定范本具有两个特

征:一是规范化,可供签订国际税收协定时参照;二是内容弹性化,能适应各国的实际情况,可由谈判国家依据具体的双边国际税收关系和利益协商调整。

1963年,经济合作与发展组织("经合组织"或OECD)公布了《关于对所得和资本避免双重征税协定草案》。1977年,经合组织正式颁布了《关于对所得和资本避免双重征税协定范本》。一般而言,基于经合组织主要成员国的经济发展程度和其国内市场完善程度,《经合组织范本》主要代表发达国家利益,偏重保护国际投资者居住国利益,因而受到发达国家的普遍认可,成为指引和推动发达国家间签订规范化的国际双边税收协定的重要国际文件。

为了反映发展中国家的利益,完善保护来源国税收管辖权,联合国经社理事会于1967年成立税收专家小组,并于1979年推出了《关于发达国家和发展中国家避免双重征税协定范本》即《联合国范本》或《UN范本》。一般而言,基于联合国主要成员国的经济发展程度和其国内市场完善程度,《联合国范本》在更大范围内保护发展中国家利益,偏重保护国际投资者收入来源国利益,因而受到发展中国家的普遍认可,成为推动发展中国家与发达国家签订规范化的国际双边税收协定的基础性国际文件范本。

二、国际税收协定的主要内容

(一)《经合组织范本》和《联合国范本》的主要内容

《经合组织范本》和《联合国范本》作为国际性税收协定范本是世界各国处理相互税收关系的实践总结,它们的产生标志着国际税收关系的调整进入了成熟的阶段。这两个范本主要包括以下几方面基本内容:

(1)征税权的划分与协定的适用范围。两个范本在指导思想上都承认优先考虑收入来源管辖权原则,即从源课税原则,由纳税人的居住国采取免税或抵免的方法来避免国际双重征税。但两个范本也存在重要区别:《联合国范本》比较强调收入来源地征税原则,而《经合组织范本》较多地要求限制收入来源地原则。两个范本对协定的适用范围基本一致,主要包括纳税人的适用范围规定和税种的适用范围规定。

(2)常设机构的约定。两个范本都对常设机构的含义作了约定。常设机构是指企业进行全部或部分营业活动的固定场所,包括三个要点:第一,有一个营业场所,即企业设施,如房屋、场地或机器设备等。第二,这个场所必须是固定的,即建立了一个确定的地点,并有一定的永久性。第三,企业通过该场所进行营业活动,通常由公司人员在固定场所所在国依靠企业(人员)进行经济活动。常设机构范围确定的宽窄,直接关系居住国与收入来源国之间税收分配的多寡。由于常设机构经常是发达国家设置在发展中国家,所以《经合组织范本》倾向于把常设机构的范围划得窄些,以利于发达国家征税;《联合国范本》倾向于把常设机构的范围划得宽些,以利于发展中国家。

(3)预提税的税率限定。对股息、利息、特许权使用费等投资所得征收预提税的通常做法,是限定收入来源国的税率,使缔约国双方都能征到税,排除任何一方的税收独占权。税率的限定幅度,两个范本有明显的区别。《经合组织范本》要求来源国预提税率限定很低,这样收入来源国征收的预提税就较少,居住国给予抵免后,还可以征收到较多的税收。《联合国范本》没有沿用这一规定,预提税限定税率要由缔约国双方谈判确定。

(4) 税收无差别待遇。《经合组织范本》和《联合国范本》都主张平等互利的原则。缔约国一方应保障另一方国民享受到与本国国民相同的税收待遇。具体内容为:

第一,国籍无差别,即不能因为纳税人的国籍不同,而在相同或类似情况下,给予的税收待遇不同;

第二,常设机构无差别,即设在本国的对方国的常设机构,其税收负担不应重于本国类似企业;

第三,支付扣除无差别,即在计算企业利润时,企业支付的利息、特许权使用费或其他支付款项,如果承认可以作为费用扣除,不能因支付对象是本国居民或对方国居民,在处理上差别对待;

第四,资本无差别,即缔约国一方企业的资本,无论全部或部分、直接或间接为缔约国另一方居民所拥有或控制,该企业的税收负担或有关条件,不应与缔约国一方的同类企业不同或更重。

(5) 避免国际逃税、避税。避免国际逃税、避税是国际税收协定的主要内容之一。两个范本对这方面所采取的措施主要有情报交换和转让定价。

(6) 关于独立个人劳务所得征税。对独立劳务所得方面,《经合组织范本》采用了有关常设机构的做法,认为对个人在收入来源国所提供的专业性和其他独立劳务所得课税,在收入来源国设有固定基地为限。发展中国家认为这种固定基地的限制不合理。

(7) 关于交换情报条款。在情报交换范围上,《经合组织范本》和《联合国范本》两个范本都有要求但具体内容有所不同。《联合国范本》强调缔约国双方应交换防止欺诈和偷税的情报,并指出双方主管部门应通过协商确定有关情报交换事宜的适当条件、方法和技术,包括适当交换有关逃税的情报,而《经合组织范本》则没有强调这一点。

(二) 国际税收协定的适用范围

国际税收协定所要协调的范围也就是协定适用的范围,主要包括两个方面:一是协定适用于哪些纳税人(包括自然人和法人);二是协定适用于哪些税种。

1. 适用协定的纳税人的确定

早期的国际税收协定,一般是适用于缔约国双方的公民,是以国籍为原则来确定协定的适用范围,并不涉及其住所或居所在国内或是国外。随着经济生活的日益国际化,特别是第二次世界大战以后,跨国投资和国家间人员流动的急速增加,完全按公民身份来行使全面性的税收管辖权,就越来越脱离现实,于是逐渐放弃了国籍原则,而更多地以永久住所为原则来行使全面的税收管辖权。

目前国际通行的避免双重征税协定,一般都要在第 1 条开宗明义规定:"本协定适用于缔约国一方或者同时是双方缔约国居民的人"。即协定在适用于人的范围方面,限于是缔约国居民的人,除了纳税无差别待遇、税收情报交换和政府职员等个别条款以外,不是缔约国居民的人不能享受协定的待遇。只有是缔约国居民的人,才有权利要求本国为其在对方国家取得的所得谋求避免和消除双重征税。不是缔约国一方或双方居民的人,在缔约双方国家之间,不存在居住地税收管辖权和所得来源地税收管辖权的重叠,因而不存在缔约国之间双重征税的问题。

从这个意义上说,避免双重征税协定适用于缔约国居民的人,应该是在缔约国负有居民纳税义务的人。要确定一个人是否是缔约国一方的居民,只能依据该国法律,而不能依据缔约国另一方或其他国家的法律来确定。但是,签订避免双重征税协定是要在双方国家执行的,作为协定的适用人——居民,其身份的确定,就不能不涉及缔约双方的国家权益和在双方国家享受协定待遇的问题。因此,要解决好协定适用于人的范围,就必须在尊重主权和不干涉内政的原则下,作出能为缔约国双方所能接受的协调规定。

2. 双重征税协定适用的税种

避免双重征税协定适用于哪些税种,是明确协定适用范围的另一个重要方面,需要由缔约国双方结合各自国家的国内税制现状及发展趋势加以具体商定。总的原则是把那些基于同一征税客体,由于国家间税收管辖权重叠,而存在重复征税的税种列入协定的税种范围。

国际上的通常做法是限于所得税等直接税的税种作为国际税收协定适用的税种。因为所得税更大可能存在同一征税客体重复征税和同一负税主体的双重纳税问题。双重征税协定一般都不把间接税列入避免双重征税协定的适用税种,因为以流转额或销售额为征税对象的销售税、周转税或营业税、增值税等,不论是起点征税或是终点征税以及多环节征税,其征税客体不是同一的,纳税人也并不一定是税收的真正负担者,无法确定和消除双重征税问题。目前中国在对外已签订的避免双重征税协定中,列入协定的适用税种主要是所得税。

三、中国对外签订的税收协定

一般而言,国际税收协定与国内税法的关系,可以说是国际法与国内法关系的一个方面。国际税收协定属于国际经济法范畴,是缔约国双方国家意志的体现,即以法律条文形式明确解决双重征税问题,从而实现发展国际经贸交流合作、促进资本流动、鼓励技术引进和人员交往的最终目的。而国内法也同样是国家意志的体现,并以法律形式公之于世,必须要严格遵守。当国际税收协定与国内税法发生冲突时,大多数国家采取税收协定优先原则,如我国的《企业所得税法》和《税收征收管理法》都有对税收协定优先原则的明确规定,即当国际税收协定与国内税法发生冲突时,优先适用国际税收协定。

中国自1983年和日本签订第一个双边税收协定以来,截止到2013年6月30日已经签署99份双边税收协定,以及分别与香港特别行政区和澳门特别行政区的签署了有关避免双重征税和防止偷税的税收安排。

值得注意的是,为鼓励外商投资,我国国内税法的部分规定比国际税收协定更优惠,因而在具体处理国际税收协定和国内税法的关系问题时,还体现了"孰优"原则,即如果国内税法的规定比税收协定更优惠,则优先适用国内税法。

同时,我国对外签订税收协定的基本原则是:既要有利于维护国家主权和经济利益,又要有利于吸收外资,引进技术,有利于本国企业走向世界。在此基础上,我国目前对外签订的综合性双边税收协定中,一般坚持下列具体原则:

(1) 坚持平等互利的原则。即协定中所有条款规定都要体现对等,对缔约国双方具有同等约束力。

(2) 坚持所得来源国优先征税的原则。即从我国对外交往多处于资本输入国地位出发,坚持和维护所得来源地优先课税权。在合理合法的基础上充分保障我国的税收权益。

(3) 遵从国际税收惯例的原则。我国对外谈签税收协定,参考了国际上通行的范本,起草的税收协定文本更多地吸取了《联合国范本》中的规定,兼顾了缔约双方的税收利益。

(4) 坚持税收饶让的原则。即坚持对方国家对我国的减免税优惠要视同已征税额给予抵免,以便使我国的税收优惠措施切实有效。

第四节 国际重复征税问题的解决方法

国际重复征税源于税收管辖权冲突,因此从逻辑而言,限制各国的税收管辖权,如各国只行使单一的居民税收管辖权,或仅行使来源地税收管辖权,就可以有效地避免税收管辖权冲突,从而完全避免国际重复征税的产生。然而,这既涉及国家主权,又涉及国家的财政利益,实践中几乎没有国家愿意放弃任何一种管辖权。因此,目前避免国际重复征税的唯一解决办法只能是在相互承认对方国家税收管辖权的基础上由双方各自通过国内立法或通过双边税收协定解决。

据此,相互承认对方的税收管辖权是避免国际重复征税的前提。居住国首先就要承认来源国的优先征税权;而来源国也必须作出一定的让步与限制,以保证居住国的居民税收管辖权不至于在事实上落空。否则都是对对方国家税收管辖权不予承认的表现。

一、避免国际重复征税的几种具体方法

在国际税收的实践中避免国际重复征税的具体方法主要有以下几种:

(一) 运用冲突规范划分征税权

运用冲突规范划分征税权是指将某一征税对象的征税权完全划归一方或分配给双方,从而在一定程度或范围上避免国际重复征税。这是国际税收协定中常用的一般方法,也是许多国家国内税法中所采用的办法。比如依据常设机构原则,对国际海运和航空运输业利润的征税原则、对个人劳务所得征税的固定基地原则和183天规则、对投资所得的税收分享原则等,都是运用冲突规范划分征税权的做法。所以,利用国内法冲突规范与国际法冲突规范划分征税权,是消除国际重复征税的重要方法之一。

(二) 免税法(exemption method)

免税法是指居住国政府对本国居民来源于国外的所得和位于国外的财产免于征税。

免税法的实行可以使跨国纳税人在收入来源国已经纳税的那部分所得不用再向居住国政府纳税,从而避免重复征税。目前,免税法主要在各国国内法中加以规定。如法国、丹麦、瑞士等欧洲大陆法系及拉美的一些国家。有些国际税收协定也将免税法列为避免国际重复征税的方法。

由于具体操作方式及结果的不同,免税法可分为全部免税法和累进免税法两种。

(1)全部免税法(full exemption),也称全额免税法,是指居住国在确定纳税人的应税所得及其适用税率时,完全不考虑应免予征税的国外所得部分。其计算公式为:

$$居住国应征所得税税额 = 居民的国内所得 \times 适用税率$$

(2)累进免税法(exemption with progression),是指居住国在确定纳税人的国内应税所得的适用税率时,将应免予征税的国外所得部分考虑进去,但对国外所得部分却不予实际征收。其计算公式为:

$$居住国应征所得税税额 = 居民的国内外总所得 \times 适用税率 \\ \times (国内所得/国内外总所得)$$

(三)抵免法

1. 抵免法的概念

抵免法也称外国税收抵免,是指纳税人可将已在收入来源国实际缴纳的所得税税款在应当向居住国缴纳的所得税税额内扣除。其基本计算公式为:

$$居住国应征所得税税额 = 居民的跨国总所得 \times 居住国所得税税率 \\ - 允许抵免的已向来源国缴纳的所得税税款$$

居住国对本国居民纳税人的国外税收实行抵免,既承认了来源国税收管辖权的优先地位,又不放弃居民税收管辖权的行使,从而避免了国际重复征税。即如果来源国实际上并未向跨国纳税人征税,则居住国要按本国税法依法征税。居住国是否对纳税人的国外税收实行抵免是以纳税人是否实际向来源国纳税为前提的。因此,抵免法为世界上大多数国家所普遍采用,也是国际税收协定所采用最多的避免国际重复征税的方法。中国也是采用抵免法的国家之一。

2. 抵免限额

(1)抵免限额的概念

在国际税收实践中,实行抵免法的国家的普遍做法是实行限额抵免(ordinary credit),也称一般抵免,即居住国允许跨国纳税人扣除其国外已纳税款的最大数额,为国外所得部分按居住国所得税税法计算的应纳税额。

实行限额抵免的理论根据在于税收抵免的目的在于消除重复征税,抵免国没有义务用本国的财政收入去补贴外国税收。规定外国税收抵免的最大限额,既可以达到避免重复征税的目的,又可以防止过量的国外税收抵免额造成对国内税收收入的不良影响。

(2)抵免限额的计算

一般而言,抵免限额的计算方法如下:

抵免限额的基本计算公式为:

抵免限额＝跨国总所得按居住国税法计算的应纳税额×（国外应税所得/跨国总所得）

根据各国实施的不同情况，抵免限额的计算还有分国限额、综合限额与分项限额等分类。具体而言：

分国限额（per country limitation），即分别对待本国居民从各个不同国家取得的所得，一国一个抵免限额，不得互相抵补。①

综合限额（overall limitation），即将本国居民在国外所取得的全部所得当作一个整体计算抵免限额，各非居民国共用一个限额。②

对跨国纳税人来说，分国限额与综合限额各有利弊。当纳税人在高税率国和低税率国均有投资的情况下，综合限额优于分国限额；当纳税人在国外的投资出现有的赢利、有的亏损时，分国限额则又优于综合限额。

在某些实行分类所得税制的国家还有分项限额的抵免方法。分限限额即将纳税人的国外所得按不同项目或类别分别计算抵免限额。其计算公式为：

分项限额 ＝ 国内外该项全部应纳税所得额按居住国税法计算的应纳税额
×（国外某一专项应纳税所得额／国内外该项全部应纳税所得额）

分项限额与综合限额、分国限额相结合，又可分为分国不分项限额、分国分项限额和综合不分项限额、综合分项限额四种类型。我国的税收实践中，对法人的国外税收抵免采用的是分国不分项限额，而对自然人的国外税收抵免则适用的是分国分项限额。

（四）扣除法和减税法

扣除法，是指居住国在对跨国纳税人征税时，允许本国居民将国外已纳税款视为一般费用支出从本国应纳税总所得中扣除。其计算公式为：

居住国应征所得税税额 ＝（居民跨国总所得 － 国外已纳税额）
× 居住国适用税率

减税法是居住国对于其本国居民来源于国外的所得进行征税时给予一定的减征照顾。比如对应纳税额只征90%或85%等。

扣除法与减税法都是作为避免国际重复征税的辅助措施出现的，其防止重复征税的效果不如免税法与抵免法，只能在一定程度上对国际重复征税有所缓解。

二、税收饶让抵免税制

税收饶让抵免是自20世纪60年代和70年代在税收抵免方式的基础上发展起来的一种特殊的抵免方法，其目的在于使来源地国利用外资的税收优惠政策与措施能够真正取得实际效果，并为国际双边税收协定所广泛采用。

---

① 分国限额计算公式为：分国限额＝国内外全部应税所得按居住国税法计算的应纳税额×（某一外国的应税所得/国内外全部应税所得）

② 综合限额计算公式为：综合限额＝国内外全部应税所得按居住国税法计算的应纳税额×（国外全部应税所得/国内外全部应税所得）

(一) 税收饶让抵免的概念

税收饶让抵免(tax sparing credit),又称税收饶让,是指一国政府(居民国政府)对本国纳税人来源于国外的所得由收入来源地国减免的那部分税款,视同已经缴纳,同样给予税收抵免待遇的一种制度。有关税收饶让的定义很多,但基本上大同小异,没有实质上的差别,仅在表述上略有不同,均强调对本国纳税人在国外所享受的那部分减免的未纳或少纳的优惠税款视同已纳税款,在本国不再征收,以保障来源地国税收优惠政策的目标得以实现。

(二) 税收饶让抵免的特征

税收饶让的特征主要体现在其设立的目的、产生、基础、方式以及与税收抵免的区别上,具体包括以下几方面[①]:

(1) 税收饶让是以税收抵免为基础和前提的一项特殊抵免制度。这是对二者关系的最本质认识。税收饶让实际上是税收抵免的延伸,以税收抵免为前提,如果没有税收抵免,就谈不上税收饶让。在解决法律性双重征税问题的方式中,一国如实行免税法,不会产生国际双重征税,因此无需实行税收饶让措施。但在实行抵免法的国家,居民国政府是否准予抵免以及抵免额的大小是以纳税人是否在所得来源地国确已实际缴纳了所得税税款为前提条件的。所以,来源地国给予的税收优惠越多,在居民国的抵免额就越小,来源地国的税收优惠额度倒流给了居民国,换言之,纳税人并未实际享受到来源地国所给予的税收优惠,这显然违背了来源地国实施税收优惠政策与措施的初衷。

税收饶让抵免与一般税收抵免的根本区别就在于,前者是居民国政府对其居民纳税人在来源地国减免的那部分税收(实际上并未真正缴纳),视同已经缴纳;而后者则是对已经在来源地国实际缴纳的所得税税款的免除。税收饶让的实质,是居民国对来源地国为鼓励外国投资、通过减免税或降低税率而放弃的收入,给予认可,并不是对实纳税额的抵免,所以,税收饶让抵免又称作虚构抵免或"影子税收抵免"(shadow tax credit)。

(2) 税收饶让抵免是一项国家间的措施,是缔约国之间利益平衡妥协的产物,必须通过双边或多边安排方能实现。从国际税收管辖权方面看,税收饶让抵免并不影响居民国政府行使其居民税收管辖权,因为这部分税收饶让抵免的税款,原本就在来源地国政府征税权管辖范围之内。故就国际税收关系来讲,实行税收饶让抵免,并不损及居民国政府的税收权益,但如果居民国政府不予合作,不给予相应的税收饶让抵免,则来源地国所减免的那部分税款,就会被居民国政府取得,纳税人无法真正享受税收优惠,而居民国则取得了全部税收优惠的好处。

税收饶让抵免制度一般反映在各国所缔结的双边税收协定中,且大多约定由发达国家单方面承担税收饶让的义务。其原因在于[②]:第一,发展中国家在缩小来源地国征税范围和对投资所得(包括股息、利息和特许权使用费)实行限制税率等方面作出让步。第

---

① 参见刘剑文主编:《国际税法》,北京大学出版社1999年版,第98—99页。
② 王选汇:《避免双重征税协定》,中国财政经济出版社1987年版,第119页。

二,发达国家很少有鼓励投资的减免税规定,要发展中国家承担对其减免税视同已征税抵免的税收饶让义务,没有重要的实际意义。当然,发展中国家之间为了有利于发展经济合作,也有相互实行税收饶让抵免的做法。一般的税收抵免虽然也可在双边税收协定中规定,但也有的国家实行单边抵免,在没有双边税收协定的情况下,其居民纳税人同样能享受抵免的待遇。在我国签订的双边税收协定中,一般都有税收饶让抵免的条款规定。

(3)税收饶让抵免的目的并不在于避免和消除法律性或经济性的国际双重征税,而是居民国配合来源地国吸引外资的税收优惠政策的实施,使其能够真正产生实际的政策效果。一般税收抵免的作用是为了消除国际双重征税;而税收饶让则是居民国对其本国居民纳税人从事跨国投资所采取的一种税收优惠,是鼓励其对外投资,也是为了促进来源地国吸引外资、发展经济目标的实现。没有居民国政府提供税收饶让抵免作为屏障,来源地国对跨国投资者的税收减免优惠,就会被居民国政府在计算抵免限额时所抵消,来源地国的税收优惠措施就无从发挥其真正效用。

(4)在具体实施中,税收饶让抵免和一般税收抵免也存在较大差别。首先是抵免额,税收饶让中的抵免额一般要大于纳税人实际在来源地国实际缴纳的税额;一般税收抵免中的抵免额则等于纳税人在来源地国实际缴纳的税额。其次在实施方式方面,一般税收抵免所采取的方式,各国基本相同;但在税收饶让方面,各国采取的方式却不尽相同。有的税收协定中只规定对营业利润和个人劳务所得给予税收饶让抵免,有的税收协定则将税收饶让的范围扩大到投资所得。

(三)税收饶让抵免的适用

1. 税收饶让抵免的适用范围

纵观国际税收饶让抵免的实践,处于居民国地位的发达国家都出于自身国内税收政策的考虑,对税收饶让抵免的范围作出了限定。大致有如下三种情况:

(1)对股息、利息和特许权使用费等预提税的减免税予以税收饶让抵免。在实践中有两种做法:一是对来源地国在按其国内税法规定的预提税税率范围内所作出的减免税,视同已经缴纳,给予饶让抵免。例如,在中法税收协定中,对我国给予合资企业的法方合营者的股息所得和特许权使用费所得减免征收的预提税,法国政府予以饶让抵免。二是对在税收协定降低的预提税税率范围内所作出的减免税,视为已经缴纳,给予饶让抵免。例如,在上述中法税收协定中,对我国在协定中降低的预提税税率范围内所作的减免税,法国政府予以饶让抵免。

(2)对营业所得的减免税给予税收饶让抵免。例如,在中日税收协定和中英税收协定中,对我国政府按照合营企业和从事农、林、牧业等低利润行业的外国企业可以享受的减免税,日、英两国政府予以饶让抵免。

(3)对税收协定缔结以后,来源地国政府依据国内税法规定的新出台的税收优惠措施所作出的减免税,经缔约国双方一致同意,给予饶让抵免。如中日、中英税收协定中,均曾就这方面达成了协议。

上述三方面的税收饶让抵免,在有关国家所缔结的双边税收协定中,有的只限于其中的一个或两个方面,有的则兼而有之。

2. 税收饶让抵免的方式①

税收饶让抵免一般需要通过有关国家之间签订的双边税收协定来安排执行,由于各国的所得税制和具体国情不同,彼此间通过双边协定确定采用的税收饶让方式和给予饶让抵免的范围也不一致。综合各国税收协定的实践看,居民国给予税收饶让抵免的具体做法,大体可以分为以下几种类型:

(1) 普通饶让抵免。又称一般饶让或传统的饶让抵免,是指居民国对本国居民纳税人在缔约国对方获得的税法规定的各种减免税优惠,只要是符合税收协定规定适用的税种范围,不区分所得的种类性质,均视同纳税人已实际缴纳而给予抵免。

在中日、中英签订的双边税收协定中所规定的对中国税收的饶让抵免都属于这种类型。例如,中国与英国之间签订的税收协定第23条有关双重征税的消除中关于税收饶让的条款规定:"本条第2款中,'缴纳的中国税收'一语,应视为包括任何年度可能缴纳的,但按照以下中国法律给予免税、减税的中国税收数额。"这里的"中国税收数额",既包括营业所得的减免税,也包括再投资退税。根据该协定第23条第3款的规定,第2款中的"以下中国法律"包括中国《外商投资企业和外国企业所得税法》第7—10条、第19条第1款、第3款和第4款以及该法《实施细则》第73条、第75条和第81条等规定。②

这种类型的饶让抵免对纳税人取得的境外所得种类的限制较少,适用范围较宽,对跨国从事积极性投资经营活动的居民纳税人而言,能充分、实际地享受到来源地国广泛提供的各种减免税优惠的好处,在国际税收协定实践中被多数国家所采用。

(2) 差额饶让抵免。指在缔约国对方税法规定的税率高于缔约国双方在税收协定中规定的限制税率的情况下,缔约国一方(饶让给予国)对本国居民纳税人在缔约国对方(饶让受惠国)按税收协定限制税率所缴纳的税额与按缔约国对方税法规定税率计算的税额之间的差额,视同纳税人已实际在缔约国对方已缴纳的税额一样给予抵免。

这种差额饶让抵免的方式近似于抵免法和免税法的结合体,因为它事实上是居民国政府对其本国居民纳税人的境外所得给予了部分免税优惠待遇,免税额就等于视同已纳税额和实际应纳税额的差额。其结果和意义就是,如果甲国对乙国的投资者提供了税收优惠的话,那么乙国所实行的差额饶让抵免措施就更加强化和加大了甲国税收优惠的程度和深度;如果甲国对乙国的投资者没有提供税收优惠,但在差额饶让抵免措施的配合下,投资甲国的乙国纳税人仍然相当于取得了一定程度的税收优惠待遇,获得了一定数额的税收减免利益。所以,差额饶让抵免又被称为扩展型饶让抵免。

差额饶让抵免的提供,还与缔约国执行的税收协定政策有密切的关系。相关国家为了在谈判签订的双边税收协定中将有关投资所得的协定限制税率限定在一定程度,往往

---

① 参见廖益新主编:《国际税法学》,北京大学出版社2001年版,第335—337页;史建民:《税收饶让的不同类型及分析》,载《涉外税务》1995年第11期。

② 中国的《外商投资企业和外国企业所得税法》和《企业所得税暂行条例》已于2008年起被《企业所得税法》所取代。

应缔约国对方的要求实行此种饶让抵免。相对普通饶让抵免而言,差额饶让抵免的适用范围较窄,通常仅限于股息、利息和特许权使用费等投资所得。

(3) 定率饶让抵免。指居民国一方不考虑本国居民纳税人在缔约国对方实际获得多少减免税优惠,均按照双边税收协定中确定的固定抵免税率给予税收饶让。在这种饶让抵免方式下,纳税人的有关所得是否得到了饶让抵免以及受益于饶让抵免的程度,取决于税收协定中对各类所得规定的固定抵免税率的高低。协定中的固定抵免税率就是确定税收饶让的界限和标准,而不管纳税人的所得在缔约国对方实际缴纳税额的多少。

定率饶让抵免方式的优点是避免了缔约国双方因各自税制的不同,从而引起在税基、计税方法和税收优惠等方面的差异所导致的税收饶让抵免的复杂性。

同时,相较前述差额饶让抵免方式而言,居民国采用这种方式实行饶让抵免,能较好地控制跨国纳税人取得饶让抵免的受益程度,防止从事境内投资活动的纳税人与从事境外投资活动的纳税人的税负之间产生较大的不平衡。因此,定率饶让抵免得到了国际商会组织的重视和推荐,在各国双边税收协定实践中也得到了广泛的采用。

(4) 限制饶让抵免。指居民国政府在决定给予本国居民纳税人的境外所得以税收饶让抵免时,不考虑其在境外实际已纳或应纳多少税款,而是在此类所得在国内按照本国税法应纳多少税款的基础上,再核定一个比率,根据这个比率部分或全部地给予税收饶让抵免。

本章小结:

本章主要讨论国际税收管辖权的基本原则和概念,居民税收管辖权和所得来源地管辖权的概念和意义;国际重复征税现象的起因、解决方式和与国际重叠征税的区别;国际税收协定的基本概念和产生的意义、《经合组织范本》和《联合国范本》的主要内容以及国际税收协定与国内税法的协调;具体消除国际重复征税的方法、适用范围和相关计算等;国际税收饶让制度相关概念和原理。

思考题:

1. 税收管辖权的概念、原则及管辖权冲突的原因和结果。
2. 居民税收管辖权和收入来源地税收管辖权的具体内容。
3. 国际重复征税的概念和原因。
4. 《经合组织范本》和《联合国范本》两份国际税收协定范本的主要内容?
5. "免税法"和"抵免法"的概念、具体方式和内容,相关计算公式。
6. 税收饶让抵免的适用范围和主要方式。

第十六章 防止国际逃税和国际避税

学习目标:本章学习目标是理解和掌握国际逃税和避税的相关国际税法内容,包括国际逃税和避税的具体形式如转让定价、国际避税港避税、资本弱化及滥用国际税收协定等,国际逃税和避税的具体国内法律管制措施以及国际税务合作的具体内容。

建议学时:4学时。

导读:本章学习时需要认真理解国际逃税和避税的基本概念和知识点,包括国际逃税的主要方式和纳税主体的跨国移动等。对国际避税地和基地公司、关联企业、转让定价、滥用国际协定、资本弱化、受控外国公司和一般反避税原则等国际税法特有的概念和内容等需要比较透彻的理解和识记。对国际逃税和避税的法律规制要有清晰的识记和理解,譬如我国《企业所得税法》在转让定价方面的相关规定,受控外国公司和纳税延迟的相关规定等。同时,对防止国际逃税和避税的国际合作也需要理解和领会,尤其是国际税收情报交换制度、国际税收协定反滥用条款的规定和《经合组织范本》有关国际税款征收协助的具体条款。

第一节 国际逃税与避税概述

第二次世界大战后跨国公司的兴起和迅猛发展,为各国国内已经存在的逃税和避税活动留下了更为广阔的空间,使这类活动的国际色彩越来越浓。国际交通和通讯的便捷也为国际逃税和避税活动提供了非常有利的条件。加上相当长一个时期内,许多国家的税率居高不下,刺激了企业逃税和避税的动机。同时,经济全球化和跨国资本的流动对经济活动的影响越来越大。在这些因素的综合作用下,国际避税和逃税活动愈演愈烈,客观上严重损害了各国的税收利益,破坏了各国在涵养税源和捍卫财政利益上的努力,并严重干扰了国际税收秩序,许多国家和国际组织日益关注这一问题。

一、逃税与避税的概念

依照国际上通行的做法,税收领域中的规避税收的行为分为两大类:逃税(tax evasion)和避税(tax avoidance)。国际逃税和国际避税则是各国国内逃税和避税活动在国际范围的延伸和发展。因此,有必要首先弄清逃税和避税的概念。

逃税(tax evasion)是指纳税义务人违反税法及相关法律的规定,不履行自己的纳税义务,不缴或少缴税款的行为。逃税是违法行为,严重的逃税行为还构成犯罪。逃税的手段以欺诈行为为主,如隐匿应税收入、作假账、伪造单据等。许多国家的司法实践中,对逃税者的起诉往往是几个罪名,除逃税罪外,还有伪造文件罪及虚构交易罪等。中国法律中规定的偷税、出口骗税和制售假发票等,实际上都已包括在逃税这一法律概念中。

避税(tax avoidance)是指纳税人利用税法上的设计缺陷或规定不明晰之处,或税法上没有禁止的办法,作出适当的税务安排和税务筹划,减少或者不完全承担其应该承担的纳税义务、规避税收的行为。避税并不直接违法,更不构成犯罪。避税行为在经济发达国家大量存在,在纳税人中已成为一种较普遍的现象,制订避税计划、策划避税等咨询服务业早已应运而生,一般由律师、会计师和专业税务代理人提供此类服务。

从严格的法律意义上讲,逃税和避税是两种行为,在性质、手段以及由此而可能产生的法律后果等方面,都存在着本质上的明显差别。从下两段联合国税收专家小组有关逃税和避税概念的比较中可以看出这些差别:

"严格意义上的逃税,是指纳税人故意或有意识地不遵守征税国法律的行为。从广义上说,逃税行为一般也包括那种纳税人因疏忽或过失而没有履行法律规定应尽的纳税义务的情形,尽管纳税人没有为逃税目的而采取有意的隐蔽的手段。"

"避税相对而言则是一个比较不明确的概念,很难用能够为人们所普遍接受的措辞对它作出定义。但是,一般地说,避税可以认为是采取某种利用法律上的漏洞或含糊之处的方式来安排自己的事务,以减少他本应承担的纳税数额。而这种做法实际并没有违反法律。虽然避税行为可能被认为是不道德的。但避税所使用的方式是合法的,而且纳税人的行为不具有欺诈的性质。"[1]

从历史上看,避税概念的出现较逃税晚,避税是税制发展到一定阶段,发展到相当复杂的程度,特别是税收有了一定程度的国际化才出现的。英国1906年第一次出现"合法避税"(legal avoidance)的说法,而且,此后近百年来,避税这一用语从来没有在有关税收、金融的法律中消失过。[2] 反避税是现代税制和税法的重要组成部分。

逃税与避税的区别,还表现在给行为人带来的不同法律后果方面。逃税行为的法律性质是非法行为,因此,逃税行为被有关当局查明,纳税人就要为此承担相应的法律责任。在各国税法上,根据逃税情节的轻重,有关当局可以对行为人作出行政、民事以及刑事等不同形式的处理。

避税行为人往往利用合法的形式来避税,至少并不直接违反法律,各国有关当局和部门的主要反避税措施是修改、完善税法和其他有关法律,堵塞避税得以产生的制度上和法律上的漏洞。另外,根据法律规定纠正避税,收回避税款,也是反避税的重要方面和措施。反避税的重点在于加强立法和税务部门的执法,而不在于对避税行为人的处理和处罚。

但是,逃税和避税造成的后果几乎是相同的,即国家税收收入的流失,守法纳税人与逃税和避税者之间的不公平竞争,由此所造成的社会分配不公等等。因此,对国家来说,规制避税与规制逃税具有同样重要的意义。国家同样重视堵塞来自逃税和避税两方面的

---

[1] 参见《联合国秘书处国际经济社会事务部发达国家与发展中国家之间谈判双边税收条约手册》,1979年纽约,英文版,第22页。

[2] Hywel Jones, The History and Structure of the Profession, The Tax Advisor's Profession, www.insid-eecareers.co.uk(2014年8月15日访问)。

漏洞。此外,市场经济比较发达,经济比较开放,国际化程度高的国家,在反逃税和避税方面的立法比较成熟,经验也比较丰富。如美国的联邦税法,在纠治逃税和避税方面成就突出,其做法在国际上颇有影响,它对逃税和避税的界定与处理办法,得到了国际社会的认可。

二、国际逃税与国际避税的含义

(一) 国际逃税与国际避税的概念

纳税人的逃税行为和避税安排具有跨国因素,与两个或者两个以上国家的税收管辖权产生联系,就构成了国际逃税和国际避税。实际上,国际逃税与避税的概念来源于国内法对逃税和避税的界定。

从概念上讲,国际逃税是指纳税人采取某种非法的手段与措施,减少或逃避就其跨国所得应该承担的纳税义务的行为;国际避税则是指跨国纳税人通过某种不违法的方式,减少或避免就其跨国所得应该承担的纳税义务的行为。国际逃税与国际避税的主要区别在于前者的违法性与后者的合法性,或违法性。由于二者法律性质不同,其法律后果也不相同,对国际逃税是处罚和打击;对国际避税是依法纠正。我国学者对国际逃税和国际避税概念的认识不尽相同,但应该说是大同小异。

国际上对合法和非法并没有统一的或者通用的标准,各国的有关立法之间也有差别。同样的行为,在一国是非法的,在另一国可能是合法的。[①] 因而,国际逃税和国际避税较之一个国家之内的逃税、避税更复杂和难以区分。

(二) 国际逃税与国际避税产生的原因

一般而言,国际逃税与避税的产生有主观和客观两方面的原因。

主观上,纳税人作为追求个人利益最大化的"经济人",一般来说有多获利、少纳税的意识。进行国际投资的跨国纳税人追求的是利润,是利润的最大化,他们的避税动机更强。因此,跨国纳税人运用各种手段来逃税和避税,取得最大经济利益。

客观上,进行国际投资的跨国纳税人的经营活动超出了一个国家的范围,具有国际性。各国税法之间的差异,税收环境的差异给跨国纳税人的国际逃税和避税提供了活动空间,使其逃税和避税活动有了可乘之机。例如,各国的税收管辖权不同,有居民税收管辖权和收入来源地税收管辖权;各国对税收居民,收入来源地的判定标准有所不同;各国在征税范围、税基、扣除项目、税率和避免双重征税的方法等方面存在诸多差异。纳税人可以利用这些差异逃税和避税。

各国税收当局对跨国纳税人的有关信息掌握比其国内纳税人肯定要差很多,这是国际逃税和避税易于发生的重要原因。例如,一国的税务部门很难掌握一种产品或一项服务在另一个国家的市场价格,这给转让定价这种避税方式提供了可能性,而且税务部门也难以令人信服地进行纠正。目前,税务信息交换的国际合作发展程度很低,其在防止国际

---

① 高尔森主编:《国际税法》(第2版),法律出版社1993年版,第124页。

逃税和避税中的作用微不足道。

国际逃税和避税在实践中造成的危害显而易见,它损害了国家的经济利益,造成了国家税收的流失。它破坏了公平竞争的市场经济原则,守法者吃亏,处于不利竞争地位,违法者得利,获不义之财,造成国际投资市场秩序的混乱。更糟糕的是,这种情况会加剧和助长新一轮国际逃税和避税活动,形成恶性循环。而且,国际逃税和避税活动会导致国际投资的非正常流动,不是由市场来配置资源,资本流向其最能产生利润的地方,而是由逃税和避税导向来"配置"资源,资本流向最有利于逃税和避税收的地方。

三、中国法律中的偷税、避税的概念

中国法律中有偷税、骗税、抗税、避税等概念,还有出口骗税等罪名。我国 2009 年颁布的《刑法修正案(七)》第 201 条正式采用了逃税的概念。

偷税是指纳税义务人使用欺诈、隐瞒等手段逃避纳税的行为。偷税情节严重,达到一定数额,构成逃税罪。同时,针对纳税义务人并非主观故意而未缴或少缴税款的情形,尽管在法律后果和行为的性质等方面与偷税有一定区别,但是多数国家的法律一般仍将其归类为逃税行为。出口骗税是利用中国实行的出口退税政策,假造出口合同、报关单来等骗取国家税款的行为。抗税是以暴力等方式抗拒纳税的行为,反映了我国特定历史时期内的一种特殊现象。综上所述,中国现阶段税收领域内的违法犯罪行为,带有从计划经济向市场经济过渡时期的经济犯罪的特点,与发达的市场经济国家的犯罪形式有很大的不同。

我国针对逃税和避税的法律制度和体系虽然取得了长足进步但仍有大量不健全之处,对逃税和避税行为的预防、具体纠正措施、规则和征管程序,法律上仍缺乏明确、清晰、易于操作的具体规则。因此,我国要加强税收法制建设,使之适应市场经济和改革开放的需要。国际税收协定中的反逃税和避税措施、外国税法中的反逃税和避税规则和制度,都值得我们参考和借鉴。

第二节　国际逃税和国际避税的主要方式

一、国际逃税的主要方式

跨国纳税人进行国际逃税的手段多种多样,比较常见的主要有以下几种:

(一) 不报送和提供完整纳税资料

纳税人采用这种手段主要是不向税务行政主管机关提交纳税申报单,匿报、瞒报或虚报应该纳税的财产和收入信息。提交纳税申报表(tax return)是纳税人的一项基本义务。纳税人不依法如实填报纳税申报表的行为本身就是违法行为。如果没有申报应该纳税的财产和收入达到一定程度,则可能构成逃税罪。匿报应该纳税的财产和所得信息,经常表现在纳税人在居民国外拥有的财产、资产或获得的股息、利息以及薪金所得和报酬等所得

信息上。例如,纳税人隐瞒居民国外资产,纳税人以无记名证券形式进行投资,以及纳税人隐匿在居民国外取得的股息、利息和租金等等收入。在这方面,银行和金融投资机构往往为纳税人转移和隐匿财产提供了便利条件。基于金融业和银行业传统的为顾客保密义务的设计,纳税人通常选择将居民国外收入转入特殊的银行和金融投资机构账户,使财产逃避纳税申报和税务检查,从而达到逃税的目的。

(二) 谎报所得及虚构扣除

谎报所得是指纳税人没有如实地提供其所得的真实信息、细节和性质,进而得到税收处理上的优惠和利益或将某种所得谎报为另一种所得项目。譬如,接受外来投资的公司,可能将股息分配谎报成利息支付,因为利息可以作为费用在税前扣除,而股息是无法作为费用在税前扣除。纳税人的谎报所得种类的行为导致税前费用扣除的增加,进而减少了应税所得,达到了少缴纳税款和逃税的目的。

虚构成本费用等税前扣除项目,是纳税人最为常用的逃税方式。按照一般的税务会计原理,应税所得等于毛收入减去支出;任何虚构的支出和非法的列支都是支出的增加,直接导致应税所得的减少,进而形成纳税额的减少,即国家税收收入的减少。在国际逃税问题上,由于各国经济制度的差别和国际市场的行情多变,还由于一些国家经济制度、法律制度和税收制度不够发达或者不够健全,缺乏严格的开支标准和统一的收付凭证,一国的税务部门难以掌握跨国交易真实成本、费用、价格等。纳税人在各项支出上可能多报,或无中生有地虚报,来达到逃税和避税收的目的。如高报购入原料价格、虚构工资支出、虚构交际应酬费用、虚报投资额以增加股权比例、多摊折旧扣除、将股东私人支出如购买个人房产谎报为公司支出等等,都是减少应税所得以达到逃税目的的方式。

(三) 伪造账目和伪造收付凭证

纳税人有时采取设立两套甚至两套以上账簿的办法,应付税务机关的账目监督和核查,以假账来欺骗审计和税务等部门,其根本目的在于逃税。伪造收付凭证也是纳税人可能采取的逃税方法。伪造、篡改收付凭证主要是在购入发票上多开金额,以增加支出额;在发票售出上少开金额,以减少收入额;销售货物不开发票,以隐匿销售收入。有的国家在法律上将作假账单独作为刑法中的一个罪名来处理。

二、国际避税的基本手段

(一) 纳税主体的跨国移动

1. 自然人的跨国移动

在对自然人进行征税方面,各国一般以国籍和个人在境内存在着住所、居所或居住达到一定期限等法律事实,作为行使居民税收管辖权的依据。因此,纳税人往往采取改变国籍、移居国外、缩短在某一国的居留时间等方式,变更其税收居所,达到规避在某一国家的纳税义务的目的。

(1) 自然人变更国籍。如在美国,自然人的纳税义务由其国籍或永久居留权限决定。自然人想脱离居民税收管辖权的制约,唯一的途径就是放弃其原来国籍,获得别国国籍。

国籍变更要受到有关国家的国籍法和移民法的制约。从税收角度着眼,公民改变国籍迁往境外对税收是有影响的。因此,税务行政管理机关一般对改变国籍事项实行严格管理。

(2) 自然人住所、居所的迁移。居住在高税负税收管辖区的自然人为了避免其居住国的高税负,可以选择将其居所或住所迁往低税负税收管辖区。这种纯粹为规避高税收而迁居或移民国外的现象为税收流亡(tax exile)。例如,高税负税收管辖区居民纳税人在退休以后,常常选择移居到气候和环境条件较好的避税地或低税负税收管辖区。

(3) 住所的短期迁移。高税国居民纳税人为了达到某项特定的避税目的,短期移居国外,待实现了特定的避税目的后,再迁回原居民国,所以又称为假移居。

(4) 缩短居住时间和短期离境。居所判定标准在很大程度上与一个人在一国的居住时间长短有关,自然人可以采取在一国不住满法定期限的方法来避免在有关国家构成居所,针对连续居住半年或1年的居所判断标准,则可以采用中途离境一段时间,使居住期间达不到法定的连续居住天数。为躲避居民税收管辖权而改变居住时间或频繁进出境的纳税人有时被称为"税收难民"(tax refugees)。例如,通过在各国间旅行,经常变换居住地点,以避免在任何一国形成居所而受居民税收管辖权管辖。

(5) 成为临时纳税人。临时在其他国家工作的自然人,往往能够得到临时工作所在国减免所得税的特殊优惠,或者享受到在该国只有临时住所或第二住所的税收优惠。对此,国际上称为"临时移民"税收待遇。这两种税收优惠都可以被用来进行国际避税。例如,荷兰为了吸引外国专家到本国工作,从20世纪50年代起对外国公司派驻在荷兰的雇员,提供很多减免所得税优惠。

2. 法人的跨国移动

法人纳税人通常采用下列方式选择或改变税收居所进行避税:

(1) 法人可以通过事先选择在低税负或无纳税义务的避税港或国家注册登记的办法达到规避在某一国作为居民纳税人的纳税义务。

(2) 管理中心转移与虚假变动。在采取法人的实际管理和控制中心为判断纳税居民标准的税收管辖区,法人可以通过改变董事会的开会地点的方式把企业的实际管理中心转移到低税负或无纳税义务的国家。法人可以通过变更登记而将总机构变为分支机构,将新的董事会或总管理机构设在低税负国家。

(3) 法人居所迁移。将一个跨国法人的实际管理机构或实际控制管理中心真正从一个高税负国家转移到低税负或无纳税义务国家,是跨国法人摆脱高税负国家居民税收管辖权最彻底的方式。但是,这种避税方式的成本高,譬如跨国法人可能需要承担的巨额的搬迁费用、停工停业损失、在当地变卖处理财产的所得需要缴纳资本利得税等,所以实施起来困难一般较大。

(4) 经营主体的变相转移。指纳税人本身并不转移出其高税收居住国,而是通过其境外经营活动形式和渠道,将实际经济利益转移到低税负或无纳税义务的国家,从而在一定程度上实现摆脱高税国居民税收管辖权的目的。经营主体的变相转移,实际上是借助于课税客体的移动进行的。最常见的方式是在低税负或无纳税义务的国家建立信箱公司

(letter-box company)和开展中介业务。

信箱公司是仅在所在国完成了必要的注册登记手续,拥有法律所要求的组织形式的纸面上的公司。顾名思义,信箱公司在所在国只是简单的招牌式存在,而作为公司所从事的业务如制造、经销、管理等实质性活动,都在别国进行,所以,信箱公司又称招牌公司。信箱公司一般都设在国际避税地或低税负或无纳税义务的离岸金融中心等。

中介业务是指在所得或收入来源与其最终获得者或受益人之间,有目的性的加入一项或若干项业务环节,在二者之间形成一个积累中心。这一中心通常设在国际避税地或低税负或无纳税义务的离岸金融中心,或者实行特殊优惠政策的低税收国家,或者对利息和特许权使用费给予特别税收优惠的国家。这种以中介业务为主要形式的积累中心,一般以公司的经营载体形式出现。

(二) 国际避税地与基地公司

1. 国际避税地

国际避税地(tax haven)又称避税港(tax harbor),是指为吸引外国资本流入,繁荣本国或本地区经济,在本国或本地区确定一定范围,允许境外人士在此投资和从事各种经济、贸易和服务活动,获取收入或拥有财产而又不对其征直接税、或者实行低直接税税率、或者实行特别税收优惠的国家和地区。著名的避税地,主要分布在三个区域,即靠近北美洲的大西洋和加勒比海地区、欧洲中南部、亚洲太平洋地区,分别是北美、欧洲和亚太经济发达国的避税地。

国际避税地主要可分为以下三种类型:

(1) 没有所得税和一般财产税的国家和地区。在这些国家和地区,不开征个人所得税、公司所得税、资本利得税、财产税、遗产税和赠与税。所以,又称为"纯避税地"。属于这种类型的国家和地区主要有巴哈马、百慕大、开曼群岛等。

(2) 对外资和外国人实行低税负或对国外来源所得不征税的国家和地区。有些国家和地区仅实行收入来源地税收管辖权,对国外所得完全免税,对来源于境内的收入实行低税率。中国香港特别行政区、马来西亚、巴拿马、利比里亚是这种类型的典型代表。有些国家和地区对当地和国外所得或投资课征某些直接税,对外国经营给予特别税收优惠。如瑞士、列支敦士登、塞浦路斯等。

(3) 对外资提供某些税收优惠的国家和地区。这些国家和地区在实行正常税收的同时,对外来投资的某些经营形式提供特殊优惠。如卢森堡、荷兰、爱尔兰、英国等。

一般而言,许多国家的税务机关以本国的实际税负为标准,出于反避税的目的,公布或建议国际避税地名单。如德国在其1972年的反避税法中规定了"低税国"的国家名单。日本、澳大利亚也公布过类似的名单。避税地国家和地区则为在国际避税地避税提供信息和指导,有的出版物直接冠以"避税地百科全书"之类的名目吸引、招徕避税者。

前两类国际避税地,特别是纯国际避税地,大多是较小的沿海国家和内陆小国,甚至是很小的岛屿或"飞地"。它们自然资源稀缺、人口数量较少、经济基础薄弱。但由于它具有税务政策的"优越性",因此吸引了大量国外公司来此注册。避税地的主要特点包括金融信息及税收体制不透明,税率极低甚至不征税,为其他国家和地区的企业、组织和个人避税、洗钱提供方便,损害国际金融体系的稳定等。

在2009年二十国集团伦敦金融峰会上,各国领导人同意对拒不合作的国际避税地采取行动,并公布名单进而为实施制裁提供支持。从制度上看,避税地国家和地区的税收制度,往往以关税和商品税制度为主,所得税所占比重微不足道,大多仅实行收入来源地税收管辖权,对境外所得不征税。其公司法对外国人在本国设立公司提供便利。其中一些国际避税地国家的移民法,对外国人来定居也给予方便,这对招徕外国投资者也是重要的条件。同时,在国家对经济的管理上,政府干预少,外汇进出自由,银行业发达且为客户保密。

2. 基地公司

所谓基地公司,又称"外国基地公司",是指跨国纳税人为规避纳税而在低税或无税国家和地区设立的,从事转移和积累与第三国营业或投资产生利润的公司。基地公司通常设立在国际避税地。如甲国公司希望向丙国投资,即可先在国际避税地乙国建立外国基地公司,然后通过乙国基地公司向丙国投资,达到避税的目的。这种模式是比较典型的从事"第三国营业"的外国基地公司。

一般而言,建立基地公司的目的,主要是为了用基地公司来聚集、接收其收入。跨国纳税人通过在逃税和避税地建立"基地公司",将财产、所得和收入汇集到基地公司中,从而达到躲避国际税收的目的。基地公司有多种形式,如信箱公司、招牌公司、持股公司、投资公司、财务公司、专有权持股公司、受控保险公司、信托公司、海运公司和空运公司等。

外国基地公司一般具有如下特征:它是一个受控实体,由基地公司所在国之外的某一国居民公司或个人控制,这种控制关系主要是母子公司的控制关系。它具有国际避税地的法人资格或居民公司地位,是一个独立的纳税主体,其经济利益全部或主要部分实际来源于基地公司所在地之外,基地公司的经济职能只是充当资金中转站或销售中转站或仅提供业务手续服务等。

利用基地公司进行避税有多种方式,略举几种如下:

(1) 利用基地公司虚构,中转销售业务,实现利润跨国转移。

(2) 以基地公司为持股公司,将跨国企业纳税人在全球各地的子公司的利润以股息形式汇到基地持股公司账下,以逃避母公司所在国对股息的征税。

(3) 以基地公司为信托公司,将在避税港外的财产虚构为基地公司的信托财产,这样纳税人可以将实际经营这些信托财产的所得,挂在基地信托公司名下,并逐步转移到避税港,取得免税或减少纳税的好处。

(三) 关联企业与转让定价

1. 关联企业

从国际税收的角度来定义,关联企业是指资本股权和财务税收相互关联达到一定程度,需要在国际税收上加以规制的企业。具体而言,关联企业是指与其他企业之间存在直接或间接控制关系或重大影响关系的企业。相互之间具有联系的各企业互为关联企业。

关联企业在法律上表现为由统一管理关系的控制公司和从属公司构成。

《经合组织范本》和《联合国范本》两个税收协定范本对关联企业的界定完全相同。两个范本在第9条"关联企业"中规定：在以下任何一种情况下，两个企业之间的商业或财务关系不同于独立企业之间的关系：(1) 缔约国一方的企业，直接或间接地参与缔约国另一方企业的管理、控制或成本，那么具有这样性质的双方企业就可以认定为联属企业。(2) 同一人直接或间接参与缔约国另一方企业的管理、控制或成本。

这里所说的"参与管理、控制或成本"要达到一定的程度方能在税收上形成关联性。各国一般都在其税法中规定了关联程度。多数国家以控制有选举权或决定权的股份比例作为判定标准。

不同国家在国内法中对国际关联企业作出界定，一般取决于其税收征管的需求。就居民国来说，把跨国纳税人在居民国外的企业判定为与居民国境内企业存在关联关系后，可以调整关联企业之间的收入和费用，对一些企业还可以直接行使居民税收管辖权，对其国外收入征税。就收入来源地国来说，把跨国纳税人判定为同国外企业税收有关联之后，同样可以调整收入、费用的分配，控制税收利益外流，使收入来源地税收管辖权能够得到切实实施。

从税收的角度对国际关联企业作出界定，其基本原因是由于联属企业之间的经济往来、经营关系和财务关系不同于独立企业之间的关系。独立企业之间的交易往来是按照市场原则进行的，它们之间销售货物或转让财产，按市场行情估价定价，双方自愿达成交易；借贷款项，按市场利率计息；提供劳务，按市场标准付费。但是，关联企业之间的交易往来不完全遵循市场原则，而会发生种种扭曲市场原则、人为转移和分配利润情况，进而形成了可以规避税收的方式和实践。其中，转让定价(transfer pricing)是关联企业之间出于避税的目的，违背市场原则，进行人为分配的主要方法。

2. 转让定价

转让定价是指关联企业之间在销售货物、提供劳务、转让无形资产等时制定的价格。这种价格不由交易双方按市场供求关系变化和独立竞争原则确定，而是根据跨国公司或集团公司的全球战略目标和整体利益最大化的原则由总公司人为确定的。

在跨国经济活动中，利用关联企业之间的转让定价进行避税已成为一种常见的税收逃避方法，其一般做法是：高税国企业向其低税国关联企业销售货物、提供劳务、转让无形资产时制定低价；低税国企业向其高税国关联企业销售货物、提供劳务、转让无形资产以及转让生产设备时制定高价。这样，利润就从高税负国转移到低税负国，从而达到最大限度降低跨国企业综合税负的目的。

（四）资本弱化

资本弱化，通常是指纳税人企业通过增大借贷款（债权性筹资）而同时减少股份资本（权益性筹资）比例的方式增加税前扣除，以降低企业税负的一种行为。借贷款支付的利息，作为财务费用一般可以税前扣除，而为股份资本支付的股息一般不得税前扣除。

在现代跨国投资环境中，由于各国对跨国股息所得和对银行借贷利息的税务处理存在很大差别,跨国投资者常常会利用这种差别待遇,加大其在其他国家投资的企业税前扣除进而减少应纳税所得额,在投资时多采用借贷款而不是募集股份的方式,以达到避税的目的。这种避税形式已经越来越引起国际上和各国税务机关的关注和重视。

跨国投资人因税收原因,往往尽量多利用银行借贷融资,而较少利用本身的股份资金,或者把本来是股东的资本转成银行贷款,从而逃避或减轻了其本来应该承担的税负。这类避税安排在国际税法上称为"隐蔽的股份投资"或"资本弱化"。

(五) 滥用国际税收协定

1. 滥用国际税收协定的概念

滥用国际税收协定(tax treaty shopping)一般是指某个第三国的纳税人利用其他国家之间签订的国际税收协定获取其本不应得到的税收利益。从国际税法角度来看,滥用国际税收协定实质上是"违反国际税收协定的目的、对协定有关规则的随意使用的行为"。跨国纳税人通过滥用国际税收协定往往可以达到逃税和避税收的目的。

一般而言,在双边国际税收协定中,缔约国通常都相互向对方居民提供一些税收的优惠,并积极解决国际重复征税问题,其目的在于鼓励缔约国居民间的经济交往,国际税收协定下优惠政策的目标受益人是缔约国的居民而非其他国居民,因此,第三国居民本不应从中获取税收优惠和利益。滥用国际税收协定作为避税方式,促使第三国居民往往通过各种途径作出特殊的安排,从有关国家签订的税收协定中获得好处,并因此逃避了正常情况下其本应承担的税负。例如,甲国与乙国之间缔结双边国际税收协定,而丙国与甲乙两国均未有税收协定关系,若丙国的居民公司为到甲国从事经济活动而在乙国设立纳税人公司以期获取甲乙两国间税收优惠,丙国居民此举就可能涉及滥用税收协定规避税收。

国际税收协定的滥用作为一种较新的逃税和避税方式,其造成的危害是多方面的,与其他逃税和避税方法造成的危害相比,它又有不同的表现:

(1) 与国际税收协定缔结的初衷不符,导致缔约国税源流失,税收减少。国家之间缔约国际税收协定,其目的在于鼓励相互间居民的经济交往,促进彼此的经济发展,对此,缔约各方都受到了相应的约束,在税收权益上都作出了相应的牺牲,因此,协定提供优惠的受益人仅限于缔约国各方的居民。但税收协定的滥用却使得第三国的居民通过精心策划享受了本不应享受的税收优惠,从而亦使第三国从中受益,违背了税收协定的互惠原则,也导致了有关缔约国税收利益的损失。

(2) 不利于以国际税收协定为基础的国际税收法律体系的发展。从理论上讲,任何一国的居民都可能通过税收协定的滥用来享受到协定所规定的优惠,这使得双边税收协定提供的税收优惠失去最初设计的动因和适用环境。税收协定的滥用还会增加税收协定缔约国签订税收协定的成本,进而大大降低缔结税收协定的税收利益和经济意义。此外,由于滥用税收协定的第三国居民使第三国政府不需付出成本即能间接获益,这就使第三国与其他国家签订税收协定的积极性大大降低,从而阻碍了以国际税收协定为基础的国际税收法律体系的发展。

2. 滥用国际税收协定逃税和避税的途径

滥用国际税收协定的实质在于不应获得税收协定优惠的跨国纳税人通过某种途径享受或滥用相关优惠。在实践中,滥用税收协定的通常做法是跨国纳税人通过在某个国家设立中介公司,然后以该公司名义到与该国有税收协定的国家从事经济活动,从而享受到其直接投资不能享受到的协定优惠。具体来说,设立中介公司滥用国际税收协定的做法主要有设立直接导管公司(direct conduit company)和设立踏脚石导管公司(stepping-stone conduit company)等。

第三节 国际逃税与避税的国内法律规制

国际逃税和避税驱使大量资金流向易于逃税和避税收的国家和地区,造成资本的非正常流动。国际逃税和避税活动对维护纳税人的权益,实行公平竞争,维持公正有序的税收秩序和市场秩序是非常不利的。鉴于国际逃税与避税的危害性,各国政府纷纷制定了防止国际逃税与避税的法律措施,并不断加强和完善税收法制建设。许多国家在实践中根据自己的情况和特点形成了各具特色的防范逃税和避税的措施,譬如通过法律手段,在国内税收的立法、执法和司法等各方面做好管制。同时,各国还通过双边和多边协定,加强和扩大政府间的双边税务合作以堵塞国际税收中的漏洞。

一、国际逃税与避税的国内法一般规制

健全税收征管制度、加强对税收情报的收集和对跨国纳税人的经济交易活动的税务监督管理是防止国际逃税和避税的主要措施,一般包括下列内容:

(1)加强国际税务申报制度。各国国内税法一般都规定居民纳税人要向居民国提供其在非居民国进行经营活动的情况的法定义务。这种义务可能规定在税收法规的条款中,也可能作为判例法、普通法的一部分存在。在反避税的法律规定中最严厉的形式,是规定纳税人需要事先取得税务机关的同意方能实施或从事某些具体经营或商业行为。

在程序法方面,也有特殊的规定和措施来加强对逃税和避税行为的惩治和遏制。例如在举证责任问题上,一些国家在立法中对税务案件的举证责任作了转移,由纳税人证明自己行为的合法性,以利于税务机关对逃税和避税案件的查处。如果纳税人不能证明其行为的正当性和对税法的合规性,则推定其行为为不法或犯罪。

一般来说,纳税人至少要对以下两种情况提供证据:一是在案件涉及国外事实的情况下,纳税人要对之提供证据。二是纳税人要对某些跨国境交易的正常营业状态提供证据。例如,美国法律明确规定纳税人有举证责任;比利时所得税法和法国税收总法典都规定,除非纳税人能够提供相反的证据,某些支付,特别是对避税地的支付,被认为是虚构的,不能从应税所得中扣除。有些国家虽然没有明确规定纳税人有举证责任,但是规定纳税人有义务配合税务机关的调查,并提供必要的所需资料。

(2)加强税法合规性调查。税务机关需要通过税务调查,搜集情报,增加税法合规性

监管力度,应对和限制国际逃税和避税活动。税法合规性调查是对纳税人自己申报制度的必要补充。许多国家尤其是资本输出国都十分注重税法合规性调查,特别着重于国际逃税和避税的合规性审查。在组织机构方面,世界上主要的资本输出国大都配备了专门的国际税务官员和成立了国际税收政策调研机构,以便及时掌握在其海外的外国纳税人、在外国的本国纳税人,以及受控外国公司和非居民纳税人的经营活动、经济状况和纳税情况。

同时,税法合规性调查需要多方面的国际合作。譬如很多国家的银行保密法律是税务调查国际合作的重大障碍。特别是国际避税地的银行如果对他国税务机关进行的当事人情况调查不予以合作,调查难以取得结果,也达不到合规审查、遏制国际逃税和避税活动的目的。近年来,有些国家以及国际社会致力于推动国际合作,反对有组织犯罪、反恐怖主义的国际法律协同活动在反洗钱、要求银行披露有关信息方面有很大进展,客观上推动了税法合规性调查的国际合作。

(3) 强化会计审查制度。对纳税实行会计审查制度,是加强对跨国纳税人的经营活动进行税务监督的一种重要手段。许多国家在有关法律中规定,公司企业、特别是公众公司或股份有限公司的税务申报,必须经过会计师的审核。英国、美国、加拿大、日本等发达国家,都有健全的税务报表的会计审查制度。中国对外资企业的税务审查制度也日趋完善。中国有关法律规定外资企业报送会计决算报表时,除国家另有规定外,应当附送中国注册会计师的审阅报告。

(4) 建立所得评估制度。许多国家对于那些不能提供准确的成本费用凭证,因而无法正确计算其应税所得的纳税人,以及那些每年所得数额较小的纳税人,采取核定所得纳税制度。从某种意义上来说,这种核定所得纳税制度是一种控制纳税人逃税和避税的办法。

二、关联企业的转让定价税制管理

转让定价是跨国纳税人进行客体转移避税的最重要、最常见的手段之一。因此,对转让定价进行规制是反避税中的关键问题。转让定价虽然能给跨国企业全球的经营活动带来丰厚的利润收益,但整体上肯定会导致税源流失和税收收入减少。因此大多数国家都采取了相应的政策、法律和监管手段来防止跨国企业采取转让定价的方法转移利润、逃避税收。

我国《企业所得税法》第六章"特别纳税调整"部分专门就关联方交易相关转让定价作出了规定,一是明确了关联企业可以共同研发无形资产并进行成本分摊。二是明确了引入国际通行的预约定价协议。三是首次在实体法中把转让定价税务管理从外资企业扩展到内资企业。四是明确了关联企业须就其关联交易进行纳税申报的义务。

我国《企业所得税法》第41条规定:企业与其关联方之间的业务往来,不符合独立交易原则而减少企业或者其关联方应纳税收入或者所得额的,税务机关有权按照合理方法调整。企业与其关联方共同开发、受让无形资产,或者共同提供、接受劳务发生的成本,在计算应纳税所得额时应当按照独立交易原则进行分摊。该法确立了关联企业间的独立交易原则。同时企业也可以向税务机关提出与其关联方之间业务往来的定价原则和计算方法,税务机关与企业协商、确认后,达成预约定价安排。

同时,我国《企业所得税法》第43条和第44条还规定纳税人企业向主管税务机关报送年度企业所得税纳税申报表时,应当就其与关联方之间的业务往来,附送年度关联业务往来报告表。如果企业不提供与其关联方之间业务往来资料,或者提供虚假、不完整资料,未能真实反映其关联业务往来情况的,税务机关有权依法核定其应纳税所得额。

关联企业之间的内部交易的定价是管控通过转让定价进行国家逃税和避税的核心问题之一。由于关联企业内部的交易价格通常都会低于市场价格,但过低的价格会遭到税务行政管理机关的审计和管理。税务行政管理机关在进行转移定价审查时一般主要采取可比非受控价格法、再销售价格法和成本加成法等方法。

此外,由于跨国公司尤其是大型跨国公司在全球投资的布局和投资规模较大,跨国公司在涉及关联交易的税务安排中,有时也采取预约定价安排(advance pricing arrangement)的方法来配合税务行政机关在转让定价方面的管控。预约定价安排是企业与税务机关就企业未来年度关联交易的定价原则和计算方法所达成的一致安排,其谈签与执行通常经过预备会谈、正式申请、审核评估、磋商、签订安排和监控执行六个阶段。预约定价的整个申请过程一般需要1—2年,有时甚至更长,而且还可能出现税务机关不接受企业申请状况,或者两国税务机关磋商失败的情况。但是,如果企业申请成功,在执行期内可以大大减少企业的转让定价审计风险及相关的内部管理成本。

三、受控外国公司管制

受控外国公司或称受控外国企业(controlled foreign corporation)一般是指由居民企业,或者由居民企业和居民个人控制的设立在实际税负显著低于居民国税法规定税率水平的国家(地区),并非出于合理经营需要对利润不作分配或减少分配的外国企业。具体而言,受控外国企业中"控制"的概念是指在股份、资金、经营、购销等方面构成实质控制。譬如,中国税法规定,股份控制是指由中国居民股东在纳税年度任何一天单层直接或多层间接单一持有外国企业10%以上有表决权股份,且共同持有该外国企业50%以上股份。中国居民股东多层间接持有股份按各层持股比例相乘计算,中间层持有股份超过50%的,按100%计算。

居民企业进行国际避税的一个重要方法就是通过关联企业间的关联交易将利润的一部分转移给设在一些税率极低的或零公司所得税的国际避税地的受控外国公司或"特别目的公司",并利用居住国推迟课税的有关规定将利润长期滞留在境外,不汇回国内或要求境外子公司对利润不作相应的分配,从而规避居住国实际上应缴纳的企业所得税。

取消延期纳税是针对跨国企业利用受控外国公司进行国际逃税和避税的主要管制措施。取消延期纳税是指居住国对作为避税地公司股东的本国居民企业或自然人,按其控股比例,对在避税地公司中的所得,不论是否以股息形式汇回,一律计入当年所得征税。

取消其延期纳税,并不是对避税地公司本身的直接征税,而是对其居民国股东的征税,使避税地公司无法凭借其独立的法人身份起积累所得的作用。取消延期纳税是某些发达国家抑制避税地活动的一项有力措施。

美国在取消延期纳税方面的规制相对比较完善。针对美国纳税人以国际避税地为依托,设立外国基地受控公司,借以推延或逃避在美国纳税的行为,美国在其《国内收入法典》"F分部"中设立取消延期纳税这一著名的反避税措施。美国并没有开列避税地名单,而是在F分部中规定,一个外国公司50%以上有表决权股票或价值在纳税年度任何时候,为每人均直接、间接或推定持有至少公司10%表决权股票的美国股东所拥有,该公司即为受控外国公司。作为受控外国公司,其按控股比例应该分配给美国股东的利润,即使当年不分配,不汇回美国,也要确认为各美国股东所得,视同当年分配的股息计入当年总所得额中征税。

根据我国《企业所得税法》的有关规定,由居民企业,或者由居民企业和中国居民控制的设立在实际税负明显低于12.5%的国家(地区)的企业,并非由于合理的经营需要而对利润不作分配或者减少分配的,上述利润中应归属于该居民企业的部分,应当计入该居民企业的当期收入,缴纳企业所得税。我国《企业所得税法》限定受控外国企业的实际税负的原因,主要是为了尽量缩小受控外国企业条款的规制区间,只将那些在国际著名避税地,即零税率或极低税率国家设立受控外国公司的中国居民企业纳入反避税的规制范围。

四、对资本弱化的管制

跨国企业利用资本弱化的方法是目前较为常见的逃税和避税的形式,并已经引起各国税务当局的密切关注。跨国企业通过减少股份资本、扩大贷款规模,从而以增加利息支出来转移应税所得,实现税收负担最小化,对被投资国和收入来源地国的税收权益都产生负面影响。对于利用资本弱化避税问题的控制,经济合作与发展组织(OECD)提倡采用两种方法对付资本弱化:正常交易法和固定比率法。

正常交易法是指在决定贷款或募股资金的特征时,要看关联方的贷款条件是否与非关联方的贷款相同,如果不同,则关联方的贷款可能被视为隐蔽的募股,要按资本弱化法规处理对利息的征税。目前英国等少数国家采用正常交易法。

固定比率法是指如果公司资本结构超过特定的债务与股份比率,则超过的利息不允许税前扣除,可以将超过的利息视同股息征税。美国、加拿大、新西兰、澳大利亚等大多数国家采用固定比率法。

我国《企业所得税法》第46条规定,企业从其关联方接受的债权性投资与权益性投资的比例规定标准而发生的利息支出,不得在计算应纳税所得额时扣除。根据经合组织的解释,企业权益资本与债务资本的比例应为1:1,当权益资本小于债务资本时,即是资本弱化。

五、一般反避税规则

(一)"实质重于形式"原则

"实质重于形式"(substance over form)是一项重要司法原则,即法律上不承认那些形式上合法而实质上违背立法意图的行为和安排。这一原则现已被许多国家运用于对国际逃税和避税问题的处理上。在税务司法中,法院不承认那些符合正式法律要求却没有充分商业理由的公司和交易。譬如,以公司形式进行的交易,可能被认为是由个人进行的,公司的收入直接计入股东的账下。通过第三方进行的转手交易,将被认为是仅涉及两方的直接交易等。

(二)一般反避税规则(GAAR)

为防止跨国公司滥用税收筹划,一些国家和地区在其国内税法中制定了一般反避税规则(GAAR 或 general anti-avoidance rule)。一般而言,由于某些税收筹划会导致税源流失以及大量不合理的税收损失,GAAR 积极促进"公正标准"测试(justice test)以阻止某些通过各种被认为不恰当或违反法律精神的方法进行的税收筹划。根据 GAAR 的规定,违背立法机关和行政机关税务立法的本意和原旨,而仅仅为了减少税收负担而进行的交易或公司重组安排,不应该受到鼓励或纵容。这些交易一般很难支持成熟和有效的合法的商业目的,而其主要意图仅仅是为了规避法定纳税义务。

由于一般反避税规则的适用取决于税务当局或司法机关对交易和税收筹划滥用的主观判断,因此在 GAAR 在适用中可能产生大量的不确定性,因此一些国家就 GAAR 问题提供了预先规则(advance rulings)。一般反避税规定能克服个别性条款对新型避税行为无法适用以及立法滞后性的缺点,对各种无法预料的避税行为进行概况性否认,同时,也为行政执法及司法提供依据;然而其缺点是可能损害税法的稳定性和可预测性并容易引起税务机关自由裁量权的滥用。

第四节 防止国际逃税和避税的国际合作

一、国际税收协定反滥用条款

防止国际逃税和避税是很多国家关注的问题。日益加剧的全球化进程使跨国公司成为了世界经济的主角,其在全球范围内配置各种资源的规模越来越大。由于各国法律、制度不尽统一等方面的因素,跨国公司通过各种手段进行国际逃税和避税的操作空间不断增大,对许多国家的财政收入、外汇收支平衡都产生了消极影响,也扰乱了许多国家的经济秩序、造成了企业间的不公平竞争,各国政府对其监管的难度也相应加大。因此,值得发达国家及处于经济快速发展期的国家重视的问题是如何采取和制定有效的协商与合作,调整针对全球跨国公司的征税机制,落实对国际逃税和避税的防止和控制。

针对滥用国际税收协定来实现的国际逃税和避税,必须通过国际间的合作来完成才能高效率地预防和管控。滥用国际税收协定一般是指非税收协定缔约国的居民通过在税收协定缔约国设立中介公司的做法获取其本不应享有的税收协定中的税收优惠。目前,虽然很多国家都采取了一定措施以防止滥用国际税收协定,但是,除了由于各国法律制度等方面不同、技术手段的缺乏等而导致对滥用国际税收协定监管不力外,还由于跨国公司进行滥用国际税收协定对各国造成的影响不同而使很多国家对这种行为采取了不同的态度,因而使预防国际逃税和避税更为艰难。因此,要更好地防止滥用国际税收协定,必须实现国际间的合作。

目前防范税收协定滥用的措施主要是通过缔结双边或多边的税收协定来完成,其中协定中有关受益所有人概念的使用及对所得利益的限制最为重要。税收协定缔约国在进行国际合作时可以采取一些方法,避免税收协定滥用。

第一种方法是回避法,即一国政府避免同国际避税地或实行低税收政策的国家和地区缔结双边税收协定。由于利用第三国税收协定的通常做法是在一个拥有优惠税收制度的国家设立中介公司,为此,大多数国家都避免与那些被认为是国际避税地的国家签订税收协定。因此,一些国际上知名的避税地,如巴拿马、列支敦士登和摩纳哥等,很少有签署生效的税收协定。

第二种方法是协调法。协调法是一国在处理滥用税收协定问题时的首选方法。滥用税收协定行为的出现主要是由于不同税收管辖权的国家和地区还没有参加税收谈判或缔结相应的国际税收协定。因此,在双边税收协定网络逐步扩大的基础上,通过协调可以建立一个包括尽可能多国家参加的、统一的、合理的多边税收条约来解决滥用税收协定滥用问题。多边税收条约正在区域化阶段发展,譬如北欧国家、安第斯条约成员国家、加勒比国家等。其中,目前比较富有成效的是欧盟国家进行的税收政策和税收协定协调。

二、国际税收情报交换制度

(一) 国际税收情报交换概述

经济全球化的深入发展,带来了劳动力、资本、技术等生产要素日益频繁的国际流动。经济活动及涉税信息、征管问题的国际化与税收管辖权的局限性之间的矛盾不断加剧。大多数国家开始意识到,若要减少经济全球化给各国税收带来的负面影响,唯一的方式,或至少最有效的方式,是各国进行税收征管国际协作,对跨国性的涉税活动实施更有效的监控。

有效纳税控制制度的基础是税收情报。通过税收情报交换网络,各国税务行政机关可以了解、核查纳税人在境外从事了哪些涉税活动以及这些涉税活动的范围。经常性税收情报交换的意义就在于它使税务当局的纳税控制成为可能,保证税收协定和国内税法的正确执行,进一步加强税收征管,防止跨国税务犯罪,阻止资本流失,增强纳税人的纳税意识,当然更重要的是防止偷逃税,保证公平竞争,促进国际税收征管协作。

各国间税收情报交换的法律规定,大约可以追溯到19世纪中叶。之后各类国际组织,如国际联盟、OECD、联合国和欧盟,主张和建议加强各国间的税收情报交换,但这种征管合作机制的真正发展和运用只是20世纪70年代以来的事情。近年来,OECD、20国集团等国际经济组织分别采取重要举措,全方位、多层面推动国际税收征管协作机制和国际税收情报交换的发展,使其在广度、深度、质量上不断取得新进展。

OECD于2002年发布了《税收情报交换协议范本》。多数避税地迫于国际压力,承诺进行有效的税收情报交换。2004年OECD修订了其税收协定范本第26条"情报交换条款",其内容主要包括:谈签税收情报交换协议,修订税收协定范本的情报交换条款;取消国内税收利益、取消银行保密限制、拓展情报交换范围。继2004年签署了旨在推动税收情报交换和税收透明度的《柏林宣言》后,20国集团于2009年4月2日伦敦峰会上发布公报,声明20国集团将针对不合作的税收管辖权区域(包括避税地)采取行动。20国集团坚持对这些地区实施惩罚措施以保护成员国的公共财政体制和金融体制。

同时,2005年召开的全球税收论坛也将税收情报交换作为主题,并将税收情报交换协议的签订与税收协定的签订一同作为各国参与国际税收协作的重要指标。目前,38个避税地均已经作出相应承诺——税制透明并同意进行有效的情报交换。以此为契机,各主权国家纷纷与有关避税地谈签税收情报交换协议。这对各国税务当局获取必要的涉税信息、防止税收流失以及维护良好的国际税收秩序起到了重要的保证作用。除我国缔结的双边国际税收协定外,2009年12月1日,我国首次对外谈签税收情报交换协定。中国先后与巴哈马、英属维尔京、马恩岛、根西、泽西、百慕大和阿根廷等国家或地区签署了税收情报交换协定。

(二) 国际税收情报交换的定义、法律依据和基本规则

1. 国际税收情报交换的定义

国际税收情报交换是指国际税收协定缔约国家的税务主管机关为了正确执行税收协定及其所涉及税种的国内法而相互交换所需信息的行为。

2. 国际税收情报交换的法律依据

税收情报交换的法律依据主要有两个方面:一是缔约国签订的税收协定或安排中的有关情报交换条款譬如中国和美国签订的税收协定中情报交换条款。二是缔约国为税收情报交换签署的专门协定。譬如,某些缔约国专门的税收情报交换协议则比较详细地对情报交换的方式、语言、保密、管辖权、协商程序等作出了规定。

3. 国际税收情报交换的基本规则

(1) 情报交换由缔约国双方在税收协定规定的权利和义务范围内进行。缔约国一方享有从缔约国其他方取得税收情报的权利,也负有向缔约国其他方提供税收情报的义务。

(2) 情报交换要通过税收协定确定的主管当局或其授权代表进行。例如,中国主管当局为国家税务总局。省以下税务机关(含省)协助国家税务总局负责管理本辖区内的情报交换工作,具体工作由国际税务管理部门或其他相关管理部门承办。

税收情报交换必须通过两国税务主管当局进行,实施税收情报交换的有关文件由两国税务主管当局代表负责签署,税务人员没有通过省局、得到国家税务总局及外国税务主管当局的允许,不得直接接触外国地方税务官员。对外国地方税务官员没有经外国税务

主管当局、国家税务总局、省局直接向本地发出的各种形式的税收情报交换请求,不得答复,并及时将情况向上级税务机关报告。

(3) 情报交换应在税收协定生效并执行以后进行。

(4) 情报交换不能采取与缔约国或缔约国另一方法律或行政惯例相违背的行政措施。

(5) 情报交换不能提供缔约国或缔约国另一方法律或正常行政渠道不能得到的情报。

(6) 情报交换的内容不应包括任何泄漏贸易、经营、工业、商业或行业秘密或工艺的情报,或者泄露后会扰乱一国公共秩序的情报(涉及国家主权、安全和重要利益等)。

(三) 国际税收情报交换的类型与范围

1. 国际税收情报交换的类型

国际税收情报交换的类型主要包括专项情报交换、自动情报交换、自发情报交换以及同期税务检查、授权代表访问和行业范围情报交换六大类。其中,专项情报交换和自动情报交换是比较常见的情报交换类型。

专项情报交换,是指缔约国一方主管当局就国内某一税务案件提出具体问题,并依据税收协定请求缔约国另一方主管当局提供相关情报,协助查证的行为。包括:获取、查证或核实公司或个人居民身份,收取或支付价款、费用,转让财产或提供财产的使用等与纳税有关的情况、资料、凭证等。

自动情报交换,是指缔约国双方主管当局之间根据约定,以批量形式自动提供有关纳税人取得专项收入的税收情报的行为。专项收入主要包括:利息、股息、特许权使用费收入;工资薪金,各类津贴、奖金,退休金收入;佣金、劳务报酬收入;财产收益和经营收入等。

2. 国际税收情报交换的范围

国际税收情报交换的范围一般包括:

(1) 国家范围应仅限于与我国正式签订含有情报交换条款的税收协定并生效执行的国家;

(2) 税种范围应仅限于税收协定规定的税种,主要为具有所得(和财产)性质的税种;

(3) 纳税人的范围应仅限于税收协定缔约国一方或双方的居民;

(4) 地域范围应仅限于缔约国双方有效行使税收管辖权的区域。

除此外,国际税收协定或专门的国际税收情报协定、缔约国国内相关法律也会对国际税收情报交换的保密层级、披露程序和要求及管理程序进行进一步协定和平衡。

三、国际税款征管协助

防止国际逃税和避税的合作的出发点和目标是确保各国税源稳定和税款征收及时完整。无论跨国纳税人采取国际逃税和避税的形式和方法,其核心利益驱动是达到少缴或不缴应纳税款的目的。同时,各国税收行政机关的目标之一是保证及时征收税款并对相关征收程序进行合理有序监管。一般而言,税款征收方式是指税务机关依照税法规定和纳税人生产经营、财务管理情况以及便于征收和保证国家税款及时足额入库的原则而采取的具体组织税款入库的方法。

国际税收征管互助最早出现在20世纪80年代,即一国税务征管机关或税务行政机关应缔约国另一方或其他方请求,协助或代为行使税收管辖权,以实现跨境欠税追缴或其他跨国税收主张。国际税收征管互助主要分为双边征管互助和多边征管互助两种类型。

（一）双边征管互助

双边征管互助一般是指缔约国在双边税收协定中列入与《经合组织范本》第27条相似或相同的规定,然后在此基础上税收协定缔约双方相互给予协助。

《经合组织范本》第27条确定双边征管互助应满足下列条件：

（1）缔约国拥有"税款请求权"。税款请求权是双边征管互助的基础和前提。税款请求权是指纳税人应缴但欠缴的情况下,缔约国一方、所属行政区或地方当局对依法应征收的任何税收以及与该欠缴税款相关的利息、行政罚款以及征收或保全费用的权力。同时,税款请求权在该国不应受到该国法律规定的税款请求权时效的限制。

（2）税款请求权具有可强制执行性。根据《经合组织范本》第27条建议,如果缔约国一方的税款请求权根据该国法律具有可强制执行性,且欠税人当时不能阻止该税款的征收,应请求国税务征管当局的请求,缔约国另一方的主管当局在征管上应承认该税款请求权并将该税款请求权视同本国的税款请求权,按照本国关于相关国内税收的执行和征收的法律的规定加以征收。

（3）保全措施。如果税款请求权依照请求国法律可以采取保全措施以确保其征收,缔约国另一方的主管当局在采取保全措施上应承认该税款请求权,并按被请求缔约国法律对该税款请求权采取保全措施,即使该税款请求权在首先提及的国家并无可强制执行性,或欠税人有权阻止该税款的征收。

（4）纳税人救济。一般而言,有关缔约国请求一方的税款请求权的产生、效力以及数额,不得向缔约国另一方的法院或行政机关提起诉讼。

（5）缔约国的义务。一般而言,缔约国一方应采取与缔约国另一方法律和行政惯例相一致或类似的行政措施,或者可以采取一切合理的征收或保全措施,但是不能采取与公共政策(公共秩序)相违背的措施或者该被请求方缔约国承受的行政负担明显超出缔约国另一方可获得的利益。

（二）多边征管互助

多边征管互助是指多个国家或地区签署关于相互给予征管互助的多边协议,并在此基础上相互给予协助。目前世界上有两个非常有影响的多边征管互助协议。一个是1988年在斯特拉斯堡诞生的《税收征管互助协议》,任何同意该协议的国家均可通过国内法律程序成为该协议的缔约国。截至目前,已有阿塞拜疆、比利时、加拿大、丹麦、芬兰、法国、冰岛、荷兰、挪威、波兰、瑞典、美国等在该协议上签字。另一个是1989年诞生在北欧的《北欧税收征管互助协议》,是由丹麦、格陵兰岛、芬兰、冰岛、挪威、瑞典等北欧国家共同签署的多边互助协议。

尽管国际税款征收协助对涵养税源和保证征收有巨大的推动作用,但是国际征管互助缔约国国内法以及国内行政措施的配套建设,国际税款征收协助仍然是国际合作的难点。

本章小结:

本章主要讨论国际逃税和避税的概念和含义;国际逃税和避税的具体形式如转让定价、国际避税港避税、资本弱化及滥用国际税收协定等;国内法律针对不同具体的国际逃税和避税的具体形式而采取的管制措施,譬如受控外国公司制度和一般反避税规则等;国际税务信息交换制度的内容,国际税款征收协助的概念和意义。

思考题:

1. 国际逃税和国际避税的概念、内涵以及两者的区别。
2. 国际避税地的含义和类型,以及跨国纳税人利用基地公司避税的方式。
3. 关联企业和转让定价的概念,以及我国法律对转让定价方式避税的管理和限制。
4. 滥用国际税收协定的概念、方式和具体的管制措施。
5. 国际税收协定反滥用条款的含义和具体方法。
6. 一般反避税规则的含义和适用。
7. 国际税收情报交换的定义、法律依据、类型和范围,以及我国进行国际税收情报交换需要注意的内容。
8. 国际税款征管协助的含义和《经合组织范本》有关国际税款征管协助条款的基本内容。

第七编　国际经济贸易争端解决

第十七章　国际经济贸易争端解决

学习目标：通过本章学习能够较为全面地了解国际经济贸易争端解决的几种主要方式及其相关制度，包括解决投资者与东道国之间投资争议的 ICSID 机制和 WTO 争端解决机制，能够基本掌握和运用国际经贸争端解决过程中涉及的管辖权、程序、法律适用、执行监督等方面的制度，为相关领域的进一步学习、研究和实践打下基础。

建议学时：4 学时。

导读：在国际经贸活动中，不同主体之间难免产生各种各样的纠纷，尤其在经济全球化背景下，国际经贸关系的广度和深度前所未有，纠纷产生的可能性也大大提高。本章以国际经济贸易争端解决为内容，首先介绍了国际经贸争端解决的主要方式，包括每一种方式的特点、主要内容、优势和劣势等。在此基础上，特别介绍了目前国际经贸领域非常重要的两个争端解决机制：ICSID 和 WTO 争端解决机制。

在学习本章内容时应特别注意，与国内经济纠纷不同，国际经贸纠纷在主体、行为、事件等方面往往涉及两个或两个以上的国家，纠纷各种因素的跨国性是国际经贸纠纷的突出特点，因此在纠纷解决的方式、管辖权、适用的程序规则、实体规则、裁决和判决的承认与执行等方面国际经贸争端的解决都存在诸多特殊性和复杂性，不仅需要借助于各国国内法制，也需要依赖于相关的国际法制，其法律渊源不仅包括国内的程序法、冲突规范和实体法，也包括国际条约和国际惯例，争端解决的平台不仅包括国内的法院、仲裁庭，也包括国际组织和国际仲裁机构。因此，应以更为综合、开放的视角去研究相关问题。

在学习中可采用比较的方法，通过对不同争端解决方式的对比更好地把握各种争端解决方式的特点。同时，可以结合相关实践案例对不同争端解决方式的程序、法律适用和监督执行等问题进行学习研究。

第一节　国际商事争端解决方式

一、选择性争端解决方式

选择性争端解决方式也被称为替代性纠纷解决方式，源于英文的"Alternative Dispute

Resolution"（即 ADR）,通常指法院诉讼之外的纠纷解决机制,包括调解、斡旋、调停、微型庭审（mini-trial）等。关于仲裁是否属于 ADR,一直存在两种不同观点:一种观点认为除诉讼之外的当事人解决争议的各种方法统称为 ADR,其中包括仲裁;另一种观点则认为,ADR 的重要特征在于其争议解决方案的达成和履行是自愿的,不具有法律上强制执行的效力,而仲裁裁决可以得到法院的强制执行,是一种准司法方法,因此不属于 ADR。

（一）ADR 的类型

ADR 的具体表现形态多种多样且较为灵活,目前较为普遍的有以下几种:

（1）协商（consultation）。即国际商事争议双方当事人在没有第三方介入的情况下自行协商解决。这也是绝大部分国际商事纠纷发生后当事人解决问题的首选方法,相对于其他争议解决方式,通过友好协商解决争议对双方当事人而言简易、经济、高效,无疑是一种最为理想的方式,但如果双方分歧过大,无法进行积极顺畅的沟通协调,当事人则只能选择其他纠纷解决方法。

（2）微型庭审（mini-trial）。也被称为"模拟法庭",是国际商事纠纷当事人通过自行组织的模拟"庭审"来解决争议的一种方法,最早出现在美国,主要用于解决公司之间的商业纠纷。"微型庭审"主要借助于由三人组成的专门小组来"审理"纠纷,该小组成员分别为当事人双方各自选出的一名公司主管,外加双方共同认可的一名第三方。专门小组按照当事方认可的程序规则对案件进行"审理",包括证据文件的交换、举行听证会等,双方律师可参与相关程序,对法律规定、判例等专业问题进行说明并提出意见,最终由专家小组提出纠纷解决方案。

（3）早期中立评估（Early Neutral Evaluation）:通常指在案件的诉讼程序初期由中立第三方对当事方的诉讼请求和抗辩进行评估并作出评价,指出当事各方在诉讼中的可能优势和劣势,从而促使各方考虑通过和解达成纠纷解决方案。这种方式通常是在证据开示之前进行,即使争议双方在早期中立评估之后没有达成和解的意向,也可以使当事人对争议问题的认识更为客观清晰。

（4）争议解决小组（dispute review board or dispute resolution board）。又被称为"争端裁决委员会"或"争议评议制度"等,通常适用于国际工程项目合同的争议解决,在工程建设项目开始或进行中由当事方选择专家评审组,专家评审组通常由独立的第三方专家组成,对与工程项目相关的争议问题进行中立的调查和评估,并最终提出纠纷解决方案。"争议解决小组"最早在 1975 年美国科罗拉多州艾森豪威尔隧道工程中采用,后逐渐被推广,例如 1995 年国际咨询工程师联合会（FIDIC）在其《设计—建造与交钥匙工程合同条件》（橘皮书）第 20 条中引入了"争端裁决委员会"的规定;2007 年我国国家发改委、建设部、信息产业部等九个部门联合制定颁布了《中华人民共和国标准施工招标文件》的第 24 条也引入了争议评审机制。

（5）调解（mediation or conciliation）。即国际商事争议双方当事人"合意"选择第三方作为调解人,按照双方选择或认可的程序及规则,通过调解人就争议事项进行沟通、协商,进而达成调解协议。由于第三方的介入,国际商事纠纷当事人之间形成了有效的沟通桥梁,一定程度上能够缓冲双方的激烈对立。调解人能够以客观、公正的立场判别是非曲直,对争议提出更为合理的解决方案,因此更易为当事人所接受。

相较于协商解决纠纷的方式,调解的突出特点在于调解人的介入。调解人既可以是当事人自行聘请的第三方,也可以是商会、仲裁机构等内部专设的调解部门。在我国,当事人还可采用"联合调解"(joint conciliation)方式,即国际商事纠纷当事人所在国的调解机构共同对案件进行调解。采用联合调解的调解机构通常签有合作协议,具体的合作模式主要有两种:一种是根据合作协议建立案件转接机制,由一方主要承办案件,另一方给予协助;另一种则是建立"联合调解中心",制定联合调解规则,建立共同的调解员名册。联合调解是中国国际贸易促进委员会与美国仲裁协会于1977年开创的一种调解方式,目前中国国际贸易促进委员会已经与英国、韩国、加拿大、美国、日本、意大利、希腊、瑞典、阿根廷以及香港、澳门等国家和地区的十几个争议解决机构建立了合作关系,并建立了若干联合调解中心,如中意商事调解中心、中美商事调解中心、中韩商事争议调解中心等,使跨国商事纠纷的解决更加便利、高效。

与仲裁和诉讼相比,调解具有程序灵活、快捷高效、费用低廉、互利共赢、保密安全等优势。正因如此,近些年,各国日益重视将调解引入仲裁和诉讼当中,鼓励当事人在仲裁和诉讼之前或过程中就争议事项进行调解,若调解成功,当事人即可达成调解协议,解决纠纷;若调解失败,再进入仲裁或诉讼程序。这种"仲调结合"和"诉调结合"的方式能够充分发挥各种争议解决方法的优势。一方面,调解的引入能够使争议解决更加灵活和高效。另一方面,传统民间调解的主要劣势在于调解协议不具有强制执行的效力,若一方当事人拒绝履行既已达成的调解协议,另一方当事人无法要求法院强制执行,而"仲调结合"或"诉调结合"中仲裁机构或司法机关能够更好地将调解与仲裁或诉讼相衔接,当事人可以根据相关规则和特定程序向仲裁机构或法院申请对调解协议内容进行确认,进而使调解协议转化为仲裁裁决或获得司法确认,从而使调解协议的内容具有强制执行的效力。

在各种ADR争议解决方式中,调解的适用范围最广,居于ADR的核心地位。目前涉及调解的国际性规范包括1980年12月4日联合国大会通过的《联合国国际贸易法委员会调解规则》、1988年1月1日生效的《国际商会调解与仲裁规则》、2002年通过的《联合国国际贸易法委员会国际商事调解示范法》等。

(二) ADR的特点

第二次世界大战后,随着经济全球化,国际经贸往来日益频繁,国际商事纠纷迅猛增长,人们寻求快捷、高效的纠纷解决方式,ADR在全球得到迅猛发展,日益受到国际商事纠纷当事人的青睐和采用。同传统诉讼解决争议的方式相比,ADR具有其鲜明的特点:

(1) 自主性。ADR充分尊重当事人意思自治,体现当事人在纠纷解决中的自主性。ADR当事人通过"合意"确定是否采用ADR来解决纠纷、采用哪种形式的ADR以及形成何种纠纷解决方案。在ADR纠纷解决过程中当事人能够按照自己的意愿,在合意的基础上选择相关的规则、程序、调解人、中立第三方或专家组等,从而使当事方在纠纷解决的过程中更为主动。

（2）灵活性。相较于诉讼和仲裁，ADR 在纠纷解决的各个方面都更为灵活。首先，诉讼和仲裁必须根据各国的诉讼和仲裁制度，采用既定的程序和步骤，ADR 当事方可以自行确定更为便捷、高效的程序，在争议解决的程序方面更为灵活。其次，通常情况下当事方无权选择诉讼中的法官，且只能在仲裁机构既定的仲裁员名录中选择仲裁员，ADR 当事方则可以在合意的基础上任意选择中立第三方对纠纷进行评判，且该第三方并不限于在职的法官或仲裁员，可以是律师、退休的法官或任何非法律专业人士，其纠纷解决的主体更为广泛灵活。另外，诉讼和仲裁只能对当事人的诉讼请求或仲裁请求作出评判，不能超出双方的争议请求范围，而 ADR 则可以根据当事方的要求并本着有利于双方根本利益的原则灵活把握争议问题的范围，从而能够更为彻底有效地解决争议问题。

（3）便捷性。ADR 费用相对低廉，能够减少纠纷解决的成本，同时，ADR 当事方能够自主选择程序和步骤，可以更为快捷地解决纠纷，因此与诉讼和仲裁相比 ADR 更为省时高效。

（4）减少对抗性。与诉讼和仲裁中当事方剑拔弩张的对立状态不同，在 ADR 纠纷解决方式中，当事方能够在不伤和气的氛围中互谅互让、互有妥协，弱化对抗，以互利平和的方式解决纠纷，通过相互协调达到双赢，从而维护双方持久合作，这更符合商事纠纷当事人的根本利益，也更有利于国际商事交往的发展。

（5）保密性。除当事人另有约定，ADR 纠纷解决方式均遵循保密的原则，纠纷解决过程中涉及的调解机构、调解员、专家组等机构和人员不得向外界透露案件相关的信息和情况，严格保守案件涉及的商业秘密，这一特性也是商事纠纷当事人选择 ADR 的重要原因。

当然，ADR 自主性、灵活性本身也是"双刃剑"，容易导致当事方出于自身策略任意拖延纠纷解决的程序和时间、拒绝及时有效地达成纠纷解决方案等情况。同时，ADR 纠纷解决方案通常不具有强制执行的效力，如果一方拒绝履行既已达成的解决方案，另一方无法向法院申请强制执行，只能通过进一步的仲裁或诉讼才能最终解决纠纷。

二、国际商事仲裁

（一）概述

国际商事仲裁，顾名思义，即具有跨国因素的商事仲裁。其中，"跨国因素"是指仲裁当事方的国籍、住所、营业地、仲裁地点、与仲裁协议所涉商事关系的设立、变更、终止相关的法律事实、争议标的所在地等因素位于两个或两个以上的国家。早期的国际商事仲裁可以追溯到欧洲中世纪的商人法院。从事国际经贸活动的商人们将争议交给其自行成立的裁判机构，审理案件的并不是官方委派的专职法官，而是一些德高望重的商人或为商人们所信赖的非职业裁判者，其采用的规则为普遍适用于不同国家商事领域的商人习惯法。这种争议解决的方式已经具备了国际商事仲裁的一些基本特征。

国际商事仲裁与 ADR 在自主性、灵活性和保密性等方面具有一定的共性。国际商事仲裁当事方是在自愿的基础上合意选择以仲裁方式来解决纠纷,在仲裁机构、仲裁地点、仲裁规则等方面具有较大的灵活性。同时,除非当事人另有约定,一般仲裁均采用不公开的方式进行,能够更好地保护当事人的商业秘密。另外,国际商事仲裁的仲裁员通常由相关领域的专家担任,在一些专业性和技术性较强的案件中这些仲裁员的专业背景更有助于裁决的公正性和客观性,这一特点与ADR方式中专业调解员或专家组比较相似。

与其他争议解决方式相比,国际商事仲裁的突出特点在于其裁决的终局性,大多数国家仲裁法均规定仲裁裁决一经作出对当事人具有终局的拘束力,通常当事人不能再提出变更裁决的要求。这与法院判决有着较大不同,一般情况下,下级法院的判决并不具有终局性,诉讼当事人一般可就下级法院的判决向上级法院提起上诉。

由于1958年《承认与执行外国冲裁裁决公约》(以下简称《纽约公约》)缔约国范围非常广泛,国际商事仲裁裁决在承认与执行方面也具有很大优势。除非存在公约规定的拒绝承认与执行的情形,否则缔约国有义务对另一缔约国境内作出的仲裁裁决予以承认和执行。这也是很多国际商事纠纷当事人更愿意选择仲裁的重要原因。

(二) 国际商事仲裁机构

根据仲裁机构是否具有固定的名称、仲裁地点、仲裁员、仲裁规则等因素,国际商事仲裁机构通常分为临时仲裁机构和常设仲裁机构。

1. 临时仲裁机构(ad hoc arbitration institution)

临时仲裁机构是根据当事人仲裁协议,为解决特定协议项下争议而临时设立,且在争议裁决后即自行解散的仲裁机构。

在仲裁员的选择、仲裁规则、程序的适用等方面,采用临时仲裁机构的方式更为灵活自由,当事人可在协议中就仲裁的各方面问题自行约定,选择更为便捷灵活的程序和规则,因而能够提高效率并降低费用。但如果当事人在协议中未能就临时仲裁的各方面事项进行详尽约定,则可能出现双方因某些仲裁事项无法达成一致,进而导致仲裁陷入停滞和僵局的情况。

2. 常设仲裁机构(permanent arbitration institution)

与临时仲裁机构不同,常设仲裁机构并非为了解决特定争议而设立,其通常具有固定名称、地址、仲裁规则、仲裁员名册和常设办事机构,其主要职能为制定仲裁规则并监督仲裁规则的实施,同时对仲裁案件提供必要的行政管理和服务。目前,主要的国际常设仲裁机构包括国际商会仲裁院(Arbitration Court of International Chamber of Commerce)、伦敦国际仲裁院(London Court of International Arbitration)、美国仲裁协会(American Arbitration Association)、斯德哥尔摩商会仲裁院(Arbitration Institute of Stockholm Chamber of Commerce)、瑞士苏黎世商会仲裁院(Court of Arbitration of the Zurich Chamber of Commerce)等。我国主要国际商事仲裁机构包括中国国际经济贸易仲裁委员会(China International Economic and Trade Arbitration Commission,简称CIETAC)、中国海事仲裁委员会(China Maritime Arbitration Commission,简称CMAC)、香港国际仲裁中心(Hong Kong International Arbitration Center)。

常设仲裁机构的突出特点在于其规范性和便利性。常设仲裁机构通常具有自己的仲裁规则、仲裁员名册和行政管理服务机制,在仲裁程序、仲裁员的选择方面更为系统、规范,并能获得更为全面完善的管理服务。同时,除了当事人另有约定,一旦其同意将案件提交至某个常设仲裁机构,即意味着采用该机构的仲裁规则,并可在该机构的仲裁员名册中选定仲裁员,无需当事人另行约定。

目前我国仲裁立法中,仅在我国与一些国家的双边投资保护协定中规定了通过临时仲裁机构解决争议。我国《仲裁法》仅就常设仲裁机构作出了规定,未涉及临时仲裁机构。

(三) 国际商事仲裁协议

1. 国际商事仲裁协议的概念和类型

国际商事仲裁协议是指国际商事纠纷当事人达成的将其纠纷提交仲裁解决的契约。

国际商事仲裁协议既可以在争议发生之前也可以在争议发生之后达成。争议发生前达成的仲裁协议通常为当事人合同中的一个条款,即仲裁条款,为合同的组成部分,并非独立的文件。争议发生后达成的仲裁协议通常为独立的契约,即仲裁协议书。仲裁条款和仲裁协议书统称为仲裁协议,是仲裁庭对案件行使管辖权及法院承认和执行仲裁裁决的基本依据。

2. 国际商事仲裁协议的主要内容

国际商事仲裁协议应包括以下内容:

(1) 提交仲裁的意思表示。国际商事争议当事人合意通过仲裁来解决争议的意思表示。

(2) 仲裁事项。提交仲裁解决的国际商事争议的事项范围,仲裁机构管辖权仅限于当事人在仲裁协议中确定的仲裁事项。

(3) 仲裁机构。国际商事争议当事人选择的解决争议的临时或常设仲裁机构。

3. 国际商事仲裁协议的效力

(1) 仲裁协议效力问题在国际商事仲裁中的地位和作用

仲裁协议效力问题贯穿于国际商事仲裁的始终,直接关系到仲裁机构的管辖权、仲裁裁决的有效性及其能否得到承认和执行的问题。

在仲裁机构的管辖权方面,当事人可以在仲裁程序开始阶段,以仲裁协议无效为由,向仲裁机构提出管辖权的异议,或者直接将争议事项提交法院进行诉讼。无论是仲裁机构还是受理案件的法院都要首先解决仲裁协议的效力问题。如果仲裁机构根据"仲裁庭自裁管辖原则"(competent-competent doctrine)自行裁决,并且作出了拥有管辖权的决定,而一方当事人对此裁决不服,则仍然有权就仲裁协议效力问题向法院提出异议,请求法院对此作出裁决。

在仲裁裁决的有效性及其能否得到承认和执行方面,当事人可以在仲裁裁决作出后,以裁决所依据的仲裁协议无效为由,请求裁决地法院撤销该仲裁裁决,或者请求执行地国法院拒绝承认和执行该仲裁裁决。

(2) 确定仲裁协议效力应适用的法律

仲裁协议归根结底为一种契约,国际商事仲裁协议是一种涉外合同,因此,除了能够适用的统一实体法规则外(如国际公约),仲裁机构或法院应依据涉外合同的国际私法原则和规则来确定仲裁协议效力应适用的法律。

根据各国国际私法原则和规则,确定涉外合同准据法的原则一般为:首先,根据当事人意思自治原则,充分尊重当事人的选择,如果当事人在仲裁协议中明确约定了确定仲裁协议效力应适用的法律,则应按照当事人的约定适用法律。其次,如果当事人没有选择法律,则应适用最密切联系原则,通常情况下,与仲裁有最密切联系的地点为仲裁地,因而应适用仲裁地法。

随着经济全球化,目前"尽量使仲裁协议有效原则"日益成为国际商事仲裁领域的发展趋势。该原则意味着仲裁机构或法院在判定国际商事仲裁协议是否有效时,即使仲裁协议存在某些缺陷,只要当事人明确表达同意通过仲裁解决纠纷,则应尽量满足当事人的意愿,认定仲裁协议有效。

如果当事人在纠纷发生前即在合同中订立了仲裁条款,则会出现仲裁条款效力的判定能否直接适用主合同准据法的问题。通常情况下,主合同准据法可以适用于仲裁条款效力的确认。但是,如果当事人就仲裁条款效力问题明确约定了适用法律,则应适用当事人选择的法律。如果当事人没有选择,且仲裁地法①与主合同准据法不同,则一般应适用仲裁地法来确定仲裁协议的效力。

(3) 有效仲裁协议的基本条件

尽管各国立法对国际商事仲裁协议有效性的规定不尽相同,但总体而言,有效的国际商事仲裁协议通常需要具备以下条件:第一,当事人具有行为能力。当事人一方或双方为无行为能力人者,其签订的仲裁协议无效。第二,意思表示真实。当事人双方合意签订仲裁协议,其通过仲裁解决争议的意思表示必须是自愿、真实的。第三,形式合法。即必须符合应当适用的法律对仲裁协议形式上的要求,《纽约公约》及大部分国家的国内法均要求仲裁协议需采用书面形式。第四,内容合法。仲裁协议的内容不能违反相关国家的强制性法律规定和公共政策,同时,提交仲裁的事项应当具有可仲裁性,例如在我国,涉及婚姻、家庭、继承方面的事项不属于国际商事仲裁的范畴。

(4) 中国关于仲裁协议效力的立法

我国《仲裁法》第三章专门就仲裁协议效力问题作出了规定。根据《仲裁法》第16条,有效的仲裁协议必须符合一定的形式要件和实质要件:

其一,形式要件。仲裁协议必须采用书面形式,根据我国《合同法》第11条的规定,"书面形式"既包括合同书、信件,也包括电报、传真、电子数据交换、电子邮件等数据电文。

其二,实质要件。仲裁协议必须包含三方面内容,即请求仲裁的意思表示、仲裁事项

---

① 根据最密切联系原则,通常情况下与国际商事仲裁协议有最密切联系的地点为仲裁地。

和选定的仲裁委员会。关于"仲裁事项"和"选定的仲裁委员会",我国《仲裁法》第18条规定,如果仲裁协议对仲裁事项或仲裁委员会没有约定或约定不明确的,当事人可以补充协议;达不成补充协议的,仲裁协议无效。这一规定意味着当事人即使明确表示通过仲裁解决争议的意思,但由于没有明确约定仲裁事项或仲裁机构,则依据我国法律该仲裁协议无效。这势必造成事实上减少了当事人申请仲裁解决争议的机会,不符合目前国际商事仲裁"尽量使仲裁协议有效原则"的发展趋势,因此相关规定有待进一步的改革。

根据我国《仲裁法》第17条,下列仲裁协议无效:约定的仲裁事项超出法律规定的仲裁范围的;无民事行为能力人或者限制民事行为能力人订立的仲裁协议;一方采取胁迫手段,迫使对方订立仲裁协议的。

4. 国际商事仲裁条款的独立性

仲裁条款的独立性原则是指仲裁条款的效力独立于其主合同的效力,主合同无效或失效并不必然导致仲裁条款无效。仲裁条款独立性原则的理论依据为当事人意思自治原则,当事人通过共同的意思表示选择以仲裁解决纠纷,这一仲裁的"合意"不应因为主合同无效或失效的原因而直接或必然归于无效。当然这并不意味着主合同无效而仲裁条款必然有效,仲裁条款的效力适用其应当适用的法律(如当事人选择的法律或当事人未选择法律时的仲裁地法)来认定。

仲裁条款的独立性原则是国际商事仲裁制度的理论基石之一,已为大部分国家国内法、国际公约和国际惯例所普遍接受和采纳。例如,美国仲裁协会2001年《仲裁规则》第15条第2款、伦敦国际仲裁院1998年《仲裁规则》第23条第1款、联合国贸发会议1976年《仲裁规则》第21条第2款、国际商会国际仲裁院1998年《仲裁规则》第6条第4款等。

我国相关立法和实践对仲裁条款的独立性原则也予以了充分肯定。我国《合同法》第57条、《仲裁法》第19条、2006年最高人民法院《关于适用〈中华人民共和国仲裁法〉若干问题的解释》第10条、中国国际经济贸易仲裁委员会2005年《仲裁规则》第5条第4款均对仲裁条款的独立性原则予以了确认。

(四)国际商事仲裁的法律适用

1. 国际商事仲裁程序适用的法律

国际商事仲裁程序涉及仲裁庭的组成、仲裁员及替代仲裁员的选择和指定、仲裁适用的语文、仲裁地点的确定、仲裁审理的方式、仲裁裁决的作出方式等事项。国际商事仲裁程序适用的法律主要包括两个方面:

(1)仲裁程序规则。即国际商事仲裁当事人就仲裁程序合意选择、确定的规则,该规则具有契约的性质,本身并不具有法律拘束力,仅在当事人选择适用时才对当事人产生拘束力。常设仲裁机构一般有自己的仲裁规则,通常情况下,当事人若选择某个常设仲裁机构,则意味着适用该机构的仲裁规则,除非当事人另有约定。

(2)仲裁程序法。即国际商事仲裁在程序方面应当适用的强制性法律规定,通常为应当适用的某个国家或地区的仲裁法。仲裁程序法与仲裁规则最主要的区别在于其对当事人的强制性法律效力和自动适用性,当事人所选择适用的仲裁规则不能违反其应当适用的仲裁程序法。同时,仲裁程序法还涉及仲裁监督程序,包括裁决的撤销程序、承认与执行程序等。

2. 国际商事仲裁实体问题适用的法律

关于国际商事仲裁实体问题适用的法律,国际商事仲裁庭一般遵循以下原则:

首先,根据当事人意思自治原则充分尊重当事人的选择,适用当事人选择的解决合同争议的实体法。当然,该实体法不应违反应当适用的强制性法律规范。

其次,如果当事人没有作出相关约定,则应适用相关的国际惯例、国际公约或其他应适用的法律原则和规则。例如,调整国际货物贸易关系的《国际贸易术语解释通则》《联合国国际货物销售合同公约》,调整国际贸易支付关系的《跟单信用证统一惯例》等。

再次,如果就案件实体问题,既无当事人的约定,也无可适用的国际惯例、公约或其他应适用的法律原则和规则,则应依据冲突规范(一般为仲裁地的冲突规则)确定合同的准据法或者由仲裁庭直接决定应当适用的准据法。根据各国国际私法的立法和实践,支配合同问题的冲突法原则通常为"最密切联系原则",即以与合同有最密切联系的国家或地区的法律作为准据法。由仲裁庭直接确定准据法是近些年在国际商事仲裁领域出现的新趋势,例如,1997年《美国仲裁协会国际仲裁规则》、1998年《国际商会国际仲裁院仲裁规则》中都有相关规定。

(五)国际商事仲裁裁决的撤销

根据各国有关国际商事仲裁的立法和实践,国际商事仲裁裁决是终局的,一经作出,即对当事人产生法律上的拘束力。当事人若对裁决不满,可以向法院提出撤销仲裁裁决。有权撤销仲裁裁决的法院通常为仲裁地法院。

仲裁地法院一般对仲裁裁决所涉及的实体问题不予审查,撤销仲裁裁决的理由包括裁决所依据的仲裁协议无效、违反正当程序、仲裁庭越权、仲裁庭组成不当、违反公共政策等。根据我国《仲裁法》第70条,当事人提出证据证明涉外仲裁裁决有1991年《民事诉讼法》①第260条第1款(即2012年修订的《民事诉讼法》第274条第1款)规定的情形之一的,法院可撤销该涉外仲裁裁决。由于《仲裁法》第58条专门规定了申请撤销国内仲裁裁决的条件,事实上在我国撤销涉外仲裁裁决和撤销国内仲裁裁决的法律依据不同,撤销理由也存在一定的差别。

根据我国2012年修订的《民事诉讼法》第274条第1款,法院撤销涉外仲裁裁决的理由包括:(1)当事人在合同中没有订立仲裁条款或者事后没有达成书面仲裁协议的;(2)当事人没有得到指定仲裁员或者进行仲裁程序的通知,或者由于其他不属于该方当事人负责的原因未能陈述意见的;(3)仲裁庭的组成或者仲裁程序与仲裁规则不符的;(4)裁决的事项不属于仲裁协议的范围或者仲裁机构无权仲裁的。

关于我国涉外仲裁裁决的撤销问题,1998年最高人民法院发布了《关于人民法院撤销涉外仲裁裁决有关事项的通知》,规定凡一方当事人按照仲裁法的规定向人民法院申请

---

① 1991年发布实施,后在2007年、2012年修正。

撤销我国涉外仲裁裁决,如果人民法院经审查认为涉外仲裁裁决具有《民事诉讼法》(1991年)第260条第1款所规定的情形之一的,在裁定撤销裁决或通知仲裁庭重新仲裁之前,须报请本辖区所属高级人民法院进行审查。如果高级人民法院同意撤销或通知仲裁庭重新仲裁,应将其审查意见报最高人民法院。待最高人民法院答复后,方可裁定撤销裁决或通知仲裁庭重新仲裁。

(六) 国际商事仲裁裁决的承认与执行

各国承认与执行外国仲裁裁决的主要依据是相关的国内立法和国际公约。目前在国际商事仲裁裁决的承认与执行领域,覆盖范围最广、影响最大的国际公约是1958年在纽约通过的《承认与执行外国仲裁裁决公约》(以下简称《纽约公约》),全球超过140多个国家加入了这个公约。在该公约和联合国贸易法委员会1985年公布的《国际商事仲裁示范法》的影响下,目前在承认与执行国际商事仲裁裁决方面,各国相关国内立法日益呈现出协调、统一的趋势。

根据《纽约公约》第3条的规定,各缔约国应当相互承认对方作出的商事仲裁裁决具有约束力,并且须依照被申请承认或执行地的程序规则予以执行。各缔约国在承认或执行适用公约的商事仲裁裁决时,不得比承认和执行本国商事仲裁裁决附加更为苛刻的条件或者收取更多的费用。对于拒绝承认和执行外国仲裁裁决的理由,《纽约公约》第5条第1款规定了以下五种情形:

(1) 仲裁协议无效:仲裁协议的当事人依其适用的法律为无行为能力人,或者依据双方当事人选定的法律或未选定时依据裁决地所在国法律,该仲裁协议是无效的。

(2) 仲裁程序不当:被申请人在仲裁程序中未接到关于指定仲裁员或进行仲裁程序的适当通知,或者由于其他原因,在仲裁过程中没有机会进行申辩。

(3) 仲裁庭越权:仲裁裁决的事项不是交付仲裁的争议事项,或者不包括在仲裁协议之中。

(4) 仲裁庭组成不当:仲裁庭的组成或仲裁程序与当事人之间的仲裁协议不符,或者当事人未订立此类协议时,与仲裁地所在国的法律或应适用的规则不符。

(5) 裁决未产生拘束力或被撤销:仲裁裁决尚未对当事人产生拘束力,或者裁决地国法院或裁决所依据法律的国家的法院已经撤销或停止执行仲裁裁决。

我国于1987年1月22日加入《纽约公约》,在我国法院申请执行的外国仲裁裁决可区分为公约项下的仲裁裁决和非公约项下的仲裁裁决。所谓公约项下的仲裁裁决主要指《纽约公约》其他缔约国境内作出的仲裁裁决,对于这类仲裁裁决,我国法院依据《纽约公约》予以承认执行。但需要注意的是,我国加入《纽约公约》时作出了两项保留声明:一是互惠保留声明,即仅对《纽约公约》其他缔约国领土内作出的仲裁裁决适用该公约;二是商事保留,即我国仅对按照我国法律属于契约性和非契约性的商事法律关系所引起的争议适用该公约,但不包括外国投资者与东道国政府之间的争端。

对于非公约项下的仲裁裁决,根据我国2012年修订的《民事诉讼法》第283条,当事人可直接向被执行人住所地或者其财产所在地的中级人民法院申请外国仲裁裁决的承认和执行。我国与相关国家签有相关国际条约的(如双边司法互助协定),可依据国际条约,没有国际条约的,应按照互惠原则对外国仲裁予以承认和执行。

三、国际民商事诉讼

国际民商事诉讼是国际经济争议当事人通过司法途径解决纠纷的一种方式。由于国际民商事诉讼具有涉外因素,对于任何诉讼地法院而言,在管辖权、诉讼程序、法律适用、判决的承认、执行等方面,国际民商事诉讼与国内诉讼均存在一定差异。

(一) 法院对国际经济纠纷的管辖权

1. 管辖权的确定

诉讼管辖权是一个国家司法主权的重要组成部分,拥有管辖权则通常意味着法院在案件中将适用本国的冲突法和程序法。目前国际上尚无统一的确定管辖权的方法,各国均根据本国的诉讼法确定相关案件的管辖权。总体而言,各国依据的原则主要有以下几种:

(1) 属人管辖原则:对拥有本国国籍者行使的诉讼管辖权,强调案件与本国国民之间的联系,即国际民商事诉讼中只要有本国国民参与,无论该纠纷发生在国内还是国外,本国法院都拥有管辖权。采用该原则确定管辖权的核心要素是当事人的国籍,由于各国确定自然人和法人国籍的标准存在差异(如对自然人国籍采取出生地主义、血统主义等),因此对同一案件可能产生管辖权冲突。

(2) 属地管辖原则:对在本国领土范围内的国际民商事诉讼拥有管辖权,强调案件与本国地域之间的联系,而不管国际民商事案件当事人是外国人还是本国国民。采用该原则确定法院管辖权的核心要素是案件与某个国家地域上的关联因素,通常情况下包括案件法律事实的发生地、诉讼标的物所在地、被告住所地、惯常居所地、财产所在地等。

(3) 专属管辖原则:对特定法律关系、特殊领域的民商事诉讼拥有管辖权,强调案件所涉法律关系或民商事领域的特殊性,通常为各国出于保护本国公共利益或调整某类民商事关系的特殊需要而行使的排他诉讼管辖权。例如,一些国家规定,对于不动产案件,涉及专利、商标等知识产权案件,关于法人成立、解散或破产的案件该国法院拥有专属管辖权。

(4) 协议管辖原则:根据当事人的合意选择而拥有管辖权,是当事人意思自治原则的体现。根据各国民商事诉讼制度,除非法律另有规定,一般允许当事人通过协议约定将案件争议提交给某个国家的法院进行诉讼。当事人的协议既可以明示也可以默示,明示协议管辖的当事人往往在协议中订立管辖权条款,或单独签订管辖权协议,而默示协议管辖则指一方当事人向某国法院提起诉讼后,另一方当事人并未提出异议且实际参与相关诉讼的情况。

2. 管辖权冲突及其解决

由于各国对国际民商事案件行使管辖权的依据各不相同,在实践中产生管辖权冲突的情况在所难免,既可能出现多个国家对同一国际民商事案件主张管辖的积极冲突,也可能出现没有任何国家对案件主张管辖权的消极冲突。在国际民商事案件管辖权的冲突中非常突出的问题是平行管辖和平行诉讼问题。

所谓平行管辖又称为选择管辖、竞争管辖、重叠管辖,通常是指对于同一国际民商事案件,两个以上国家的法院主张管辖权,同时不否认外国法院享有管辖权的情况。平行管辖会导致平行诉讼。平行诉讼是指当事人就同一争议、相同诉讼请求在两个以上国家法院提起的诉讼。平行诉讼具体又分为两种情况:一种是重复诉讼,即一方当事人同时向两个以上国家法院提起的诉讼,其原告、被告、争议事实均相同;另一种是对抗诉讼,即当事人双方互以对方为被告分别在不同国家法院提起的诉讼,争议事实相同。

目前各国解决平行诉讼问题主要依据相关的国际公约和国内民事诉讼法。国际公约的典型代表是欧洲国家建立的"布鲁塞尔和卢加诺体制",该体制的法律基础是1968年9月在布鲁塞尔签订的《关于民商事案件管辖权及判决执行的公约》(也称为《布鲁塞尔公约》)和1988年9月在瑞士卢加诺签订的《卢加诺关于法院对民商事管辖权和判决执行的公约》。这两个公约均规定了划分成员国之间民商事案件管辖权的标准,在相当程度上起到了避免和减少成员国之间平行诉讼的作用。

无论是国际公约还是国内民事诉讼规则,解决平行诉讼问题的主要原则包括:(1) 国际礼让原则。即尊重他国的审判权,尤其是他国享有专属管辖权的案件。(2) 当事人意思自治原则。即允许和鼓励当事人通过协议共同选择管辖法院。(3) 承认先行受理法院管辖权原则。即后受案国法院承认先行受理案件法院的管辖权,终止当事人在本国法院的诉讼。(4) 不方便法院原则。即如果一国法院认为其他国家法院管辖更有利于当事人、更便于取证、执行、更有利于公共利益,则可以不方便法院为由主动放弃管辖权。

(二) 对外国法院判决的承认和执行

对外国法院判决的承认和执行通常是指一国根据国际公约或其国内法承认外国民商事判决在本国境内的效力,并依法对其予以强制执行。对外国法院判决的承认是执行的前提条件,但是承认并不必然导致执行,判决的强制执行通常必须符合各国国内法中的专门规定。

各国承认和执行外国法院判决的主要依据是国内法和国际公约。多数国家在其本国的民事诉讼法、国际私法或单行法规中规定了承认和执行外国法院判决的原则和条件,并通过签订双边或多边条约来协调和规范与其他国家之间相互承认和执行对方的法院判决,例如1968年欧共体成员国缔结的《关于民商事案件管辖权及判决执行的公约》、1971年多国在海牙签订的《关于承认与执行外国民事与商事判决的公约》、1969年《国际油污损害民事责任公约》第10条、1970年《国际铁路货物运输公约》第56条等。

根据相关国际公约和各国立法,承认和执行外国法院判决的条件通常包括以下几个方面:

(1) 作出判决的外国法院应对案件拥有管辖权,至于管辖权的判定依据,目前主要有三种做法:一种是根据判决地国法律,一种是依据承认和执行地国法,另外还有一种是根据国际条约的相关标准进行审查判定。如果根据相应标准判定法院对案件不具有管辖权,则通常情况下该判决不会得到承认和执行。

(2) 该判决应为确定的判决,即该判决应当是已经具有拘束力并发生法律效力的判决。因此,处于上诉期而未发生法律效力的判决通常不能被承认和执行。但是,在很多国家外国法院的某些中间裁决也能在一定条件下得到承认和执行,例如先行给付、保全措施的裁决等。

(3) 该外国判决的诉讼程序公正,尤其是对于判决败诉方而言该诉讼程序是合法公正的,能够有效保障败诉方的利益,例如给予其及时有效的通知传唤、充分的陈述机会、必要的辩护等。

(4) 就该外国判决的同一当事人的同一争议在内国(被请求承认和执行地国)不存在诉讼、判决或已被承认的第三国判决。

(5) 该外国判决不得违反内国的公共秩序,也即公共秩序保留原则。公共秩序又被称为公序良俗、公共政策等,其内涵、外延非常宽泛,各国一般仅对其作出原则性规定,从而使其在内容上具有很强的抽象性和灵活性。不同国家、同一国家在不同时期对公共秩序的界定和理解都可能存在一定差异,但总体而言,公共秩序在内容上主要包括一个国家的核心法律精神和原则、社会整体利益、国家主权、公共安全、公共政策和承担的国际义务等。各国均对违反内国公共秩序的外国判决拒绝承认和执行。

(6) 判决地国与内国存在互惠关系,即在外国判决的承认和执行方面遵循互惠原则。互惠原则也被称为对等原则,是国际法的一项基本原则,广泛适用于国际法各个领域,在外国判决的承认和执行方面,该原则主要是指一国承认和执行外国法院判决是以该外国在同等条件下承认和执行本国判决为前提条件。随着经济全球化、国际民商事往来日益频繁深入,越来越多的学者主张放弃互惠原则或对其进行软化处理,认为以无互惠关系为由拒绝承认外国判决,会导致国际平行诉讼大量产生,且外国判决的胜诉方可能是本国国民,拒绝承认和执行外国判决也会损害本国胜诉人的利益等。一些发达国家的立法也体现了这一变化,如1987年瑞士《联邦国际私法》、2004年比利时《国际私法典》均放弃了互惠关系的要求。但目前大部分国家在立法上仍不同程度上坚持采用互惠原则。

(三) 中国对国际民商事诉讼的立法和实践

1. 关于国际民商事诉讼的管辖权

我国关于国际民商事诉讼管辖权的法律依据主要有两大类,一类是中国加入的相关国际条约,一类是相关国内立法。

我国加入的相关国际条约包括:《统一国际航空运输某些规则的公约》《国际铁路货物联运协定》《国际油污损害民事责任公约》和《联合国国家及其财产管辖豁免公约》。除此之外,我国与其他国家签订的双边经贸协定、双边司法协助条约或领事条约中也涉及了国际民商事诉讼管辖权问题。

2012年修订的《民事诉讼法》第四编是我国目前关于涉外民商事诉讼管辖权的基础性立法,除此之外,最高人民法院1992年颁布的《关于适用〈中华人民共和国民事诉讼法〉若干问题的意见》(以下简称《意见》)、2002年颁布的《关于涉外民商事案件诉讼管辖若干问题的规定》(以下简称《规定》)等也涉及了涉外民商事诉讼的管辖问题。

根据上述立法,除了《民事诉讼法》第二章所规定的我国民商事诉讼所普遍适用的级别管辖、地域管辖、移送管辖和指定管辖外,针对涉外民商事案件的诉讼管辖我国还确立了以下规则:

(1) 对第一审涉外民商事案件拥有管辖权的法院包括:国务院批准设立的经济技术开发区人民法院;省会、自治区首府、直辖市所在地的中级人民法院;经济特区、计划单列市中级人民法院;最高人民法院指定的其他中级人民法院;高级人民法院。能够适用上述管辖原则的案件包括涉外合同、侵权纠纷案件、信用证纠纷案件、申请撤销、承认与强制执行国际仲裁裁决的案件、审查有关涉外民商事仲裁条款效力的案件、申请承认和强制执行外国法院民商事判决、裁定的案件。

(2) 因合同纠纷或者其他财产权益纠纷,对在中国领域内无住所的被告提起的诉讼,如果合同在中国领域内签订或履行,或者诉讼标的物在中国领域内,或被告在中国领域内有可供扣押的财产,或被告在中国领域内设有代表机构,可以由合同签订地、合同履行地、诉讼标的物所在地、可供扣押财产所在地、侵权行为地或代表机构住所地人民法院管辖。

(3) 因在中国履行中外合资经营企业合同、中外合作经营企业合同、中外合作勘探开发自然资源合同发生纠纷提起的诉讼,由中国的人民法院管辖。

2. 关于国际民商事诉讼的法律适用

国际民商事诉讼的法律适用问题总体上可以分为程序法和实体法两个部分。根据国家主权原则,各国法院通常在诉讼中仅适用本国的诉讼程序法或本国加入的国际公约。目前我国民事诉讼程序立法主要包括2012年修订的《民事诉讼法》和最高人民法院颁布的一系列相关司法解释。此外,我国1999年发布了《海事诉讼特别程序法》。在国际公约方面,除了与一些国家签订的双边司法协助条约外,1991年我国加入了《关于向国外送达民事或商事司法文书和司法外文书公约》[①],1997年加入了海牙《关于从国外调取民事或商事证据公约》。[②]

在实体法律适用方面,国际民商事法律关系的调整往往涉及法律冲突的解决。避免法律冲突的直接方法是各国以双边或多边条约形式制定统一实体规则,加入相关国际公约的成员国法院在审理相关国际民商事诉讼案件时,可直接适用公约中的民商事实体规范。目前我国加入的这类公约主要集中在商事领域,例如《联合国国际货物销售合同公约》《统一国际航空运输某些规则的公约》等。除了国际公约外,国际统一实体规则还包括国际惯例,我国在国际民商事领域广泛适用的国际惯例包括国际商会的《国际贸易术语解释通则》《托收统一规则》《跟单信用证统一惯例》等。

由于各国历史、文化、法律传统和社会发展现状仍存在很大差异,能够达成统一实体规则的领域极为有限,即使制定了统一实体规则,参与的国家和影响范围也可能并不普

---

① 1965年11月15日订立于海牙。
② 1968年由第十一届国际私法会议通过,并于1970年3月18日签署。

遍,因此,法律冲突的解决除了直接适用国际统一实体规则外,更多还要借助于各国国际私法规范。

2011年4月1日以前,我国国际私法规范主要散见于《民法通则》《海商法》《票据法》《民用航空法》《合同法》等法律的章节之中,缺乏完整性和系统性。2010年10月28日第十一届全国人大常委会第十七次会议通过了《涉外民事关系法律适用法》(2011年4月1日起施行),在很大程度上填补了现行立法中国际私法规范的空白,例如,该法第一章关于法律适用的一般规定、第七章关于知识产权的法律适用等均为现行立法中没有涉及的问题。同时,该法还对现行法律中的法律适用条款作出了解释性和补充性的规定,例如,《民法通则》第145条、《合同法》第126条规定,当事人没有协议选择法律时,适用与合同有最密切联系国家的法律,而《涉外民事关系法律适用法》第41条将"最密切联系地的法律"具体为"履行义务最能体现该合同特征的一方当事人经常居所地法律或者其他与该合同有最密切联系的法律"。

当然,我国《涉外民事关系法律适用法》的颁布并不意味着其完全取代其他国际私法规范。事实上,从我国国际私法规范体系来看,《涉外民事关系法律适用法》与《民法通则》《合同法》《海商法》《民用航空法》《票据法》等法律中的国际私法规范是并存的,且内容存在一定程度的交叉。关于新法与旧法的协调适用问题,《涉外民事关系法律适用法》第2条第1款规定:"涉外民事关系适用的法律,依照本法规定。其他法律对涉外民事关系法律适用另有特别规定的,依照其规定。"这意味着《涉外民事关系法律适用法》与其他法律对同一涉外民事关系的法律适用均有规定的,优先适用《涉外民事关系法律适用法》,而《涉外民事关系法律适用法》没有规定但其他法律有特别规定的,应适用其他法律的规定。例如,《海商法》第268条至第276条、《票据法》第94条至第101条、《民用航空器》第184条至第190条均属于《涉外民事关系法律适用法》所没有涉及的"特别规定"。

3. 关于外国法院判决的承认和执行

关于外国法院判决的承认和执行问题,我国目前主要依据《民事诉讼法》第281条、第282条、最高人民法院相关司法解释和与其他国家缔结的双边条约。

根据我国现行立法,向我国法院申请承认和执行的外国法院判决必须是已经发生法律效力的判决或裁定。若当事人申请,可直接向有管辖权的中级人民法院提出;若外国法院申请,则必须依照该国与我国缔结或参加的国际条约的规定,或者按照互惠原则,向人民法院提出。人民法院对申请承认、执行的外国判决的实体审查主要集中在该外国判决是否符合我国法律的基本原则、国家主权、安全和社会公共利益。人民法院对通过审查的外国判决可以承认其效力,需要执行的,可按照《民事诉讼法》相关规定予以执行。

第二节　国家与他国国民间投资争端解决机制

一、国家与他国国民间投资争端解决的主要方式

投资者在东道国从事投资活动过程中难免会与东道国政府之间发生争议,争议的性质可能是契约性的,即因为投资者与政府之间签订的协议而产生的争议;也可能是非契约性的,即因为政府的管理、监督等公权力行为而产生的。

投资者与东道国之间发生争议的解决方法通常包括:

(1) 协商谈判:双方就争议问题进行沟通商谈,以期达成一致的解决方案,但这类解决方案并不具有强制执行的效力,不是一种"终局性"的争议解决方法,一旦争议一方拒绝实际履行,另一方无法向法院申请强制执行,只能通过其他途径解决争议。

(2) 当地救济:投资者在东道国法院提起诉讼,适用东道国的程序和实体法律。

(3) 外交保护:投资者母国通过外交途径与东道国交涉协商以解决相关争议。

(4) 国际仲裁:双方合意将争议提交仲裁机构解决,在争议解决过程中能够更多地体现当事人意思自治。目前投资者与东道国政府之间因投资进行仲裁的重要平台是解决投资争端国际中心(International Center for the Settlement of Investment Dispute,ICSID)。

二、解决投资争端国际中心(ICSID)

为了促进国际私人资本的流动,增进投资者与东道国之间互信,避免投资争端解决的政治化,在世界银行的倡导下,1965年3月18日有关国家在华盛顿签署了《解决国家与他国国民间投资争端公约》(Convention on the Settlement of Investment Disputes Between States and Nationals of Other States),也被称为《华盛顿公约》,于1966年10月14日生效。根据《华盛顿公约》第1条,在该公约框架下建立解决投资争端国际中心(ICSID,以下简称中心),为投资者与东道国提供调解与仲裁投资争议的平台。中国于1990年2月签署了《华盛顿公约》,1993年2月6日正式加入该公约。

(一) 中心的法律地位和组织机构

《华盛顿公约》赋予中心国际法人地位,使其具有完整的国际法律人格,拥有缔结合同、取得和处置动产和不动产以及诉讼的权利。中心及其财产豁免于一切法律诉讼,其官员、雇员在履行公务过程中享有公约规定的特权与豁免。中心及其财产收入以及公约许可的业务活动和交易豁免于一切捐税和关税。

中心组织机构主要包括:

(1) 行政理事会:由每个缔约国派一名代表组成,其职能包括通过调解和仲裁程序规则,确定秘书长和副秘书长的服务条件等。行政理事会主席为世界银行行长。

(2) 秘书处:由1名秘书长、1名或多名副秘书长以及其他工作人员组成。秘书长是中心的法定代理人和主要官员,负责中心的行政事务,由行政理事会的主席提名并经行政

理事会选举产生。

（3）调解委员会和仲裁庭：具体负责案件中的调解和仲裁工作，中心设有"调解员名册"和"仲裁员名册"供当事方选择，每个缔约国有权向上述两类名册分别指派4人，行政理事会主席也有权就每一个名册指派10人，任期一般为6年。

（二）中心的管辖权

中心行使管辖权必须符合下列条件：

（1）主体条件：争议当事人中的一方必须是公约缔约国或该缔约国的公共机构或实体，另一方为另一缔约国国民，包括自然人、法人及其他经济实体。根据《华盛顿公约》第25条第2款第2项的规定，如果双方同意，且为了公约目的，某一法律实体具有东道国（缔约国）国籍，但该法律实体直接受另一缔约国利益的控制，则该法律实体可被视为公约框架下的"另一国国民"。根据这一规定，外国投资者在东道国设立公司企业，即使该公司企业具有东道国国籍，也可以在符合公约相关条件下将争议提交中心调解和仲裁。

（2）主观条件：争议双方必须同意将争议提交中心解决，应以书面协议的方式作出"同意"的共同意思表示，且该同意一经作出则任何一方不得单方面撤回。如果当事一方为缔约国的公共机构或实体，则其提交中心解决争议的"同意"需要经过该缔约国的批准，除非该缔约国通知中心不需要该项批准。但一个国家批准或加入《华盛顿公约》本身并不意味着该国承担了将特定投资争端提交中心调解或仲裁的义务，事实上任何缔约国都有权通知中心其愿意或不愿意将某一类争端提交中心管辖，但这种通知并不构成同意。值得注意的是，目前越来越多国家签有双边投资协定，投资者母国与东道国之间的双边投资协定若涉及投资者与东道国之间争议提交中心的规定，则该规定在一定条件下可以作为公约项下的"书面同意协议"。

（3）争端的性质：公约明确规定中心管辖"限于直接因投资而引起的法律争端，而非其他性质的争端"，显然，这一表述非常原则、抽象，且公约并未对此进行进一步的阐述和界定。但从中心的某些仲裁实践可以看出，投资争议应当是具有法律上权利义务内容的争议，在投资方式方面，除了传统上的直接投资外，持有股份、股票的行为也可视为公约项下的投资行为。

根据《华盛顿公约》第26、27条的规定，当事人一旦选择中心解决争议，则意味着排除了其他救济方式，包括国内法救济、其他国际仲裁和投资者母国的外交保护。但是，缔约国有权要求用尽当地救济作为同意根据公约将争议交付仲裁的条件。公约并未对缔约国提出的用尽当地救济的时间和方式作出规定，但如果投资者母国与东道国之间存在双边投资协定，则应以双边投资协定的相关规定为准。另外，一旦当事人同意由中心管辖则意味着东道国政府放弃了管辖豁免。

（三）中心的仲裁程序

中心仲裁程序主要依据《华盛顿公约》第四章和中心制订的《解决投资争端国际中心仲裁程序规则》（2006年）。

（1）仲裁申请：争议的当事人应向中心秘书长提出书面的仲裁申请，内容包括当事人身份、争议事实及其同意根据中心仲裁规则进行仲裁等。秘书长收到申请材料后若认定该争议属于中心管辖范围,则应将申请书副本送达被申请人,并予以登记;若认为该争议显然不属于中心管辖则应拒绝登记。登记和拒绝登记的事项均应通知双方当事人。

(2) 仲裁庭组成:争议双方可就仲裁庭组成人数、组成方式等事项达成协议,如果双方没有就此达成协议,则应在仲裁申请登记后的 50 天内协商确定独任仲裁员或特定奇数仲裁员及其任命的方式。若在申请仲裁登记后的 60 天内双方仍未就此达成协议,则任何一方均有权通知秘书长根据公约第 37 条第 2 款第 2 项组成 3 名仲裁员的仲裁庭,当事双方各自指定一名,第三名(首席仲裁员)由双方协商确定。若秘书长在发出登记通知后 90 天内,仲裁庭仍未组成,则由行政理事会主席任命仲裁员,包括指定首席仲裁员。

(3) 仲裁裁决:仲裁庭根据应当适用的程序规则和实体法律对案件进行审理,以书面形式作出裁决。裁决应于仲裁程序结束后的 120 天内起草和签署,特殊情况下可延长 60 天。裁决书中应包括仲裁程序概要、事实陈述、当事方意见和观点、裁决所依据的理由等内容。任何仲裁员均可在裁决书上附具个人意见,包括对多数意见的反对。未经当事人同意裁决不得对外公布,秘书长应将裁决副本及时送达当事人。

(4) 仲裁裁决的撤销:当事人仅在下列情形下才可以向秘书长申请撤销裁决:仲裁庭组成不当;仲裁庭明显超越权限;仲裁庭成员受贿;仲裁严重违反基本程序规则;仲裁裁决未说明其理由。

秘书长收到撤销裁决申请后应对申请进行登记,并由中心行政理事会主席任命三名新的仲裁员组成专门委员会,对仲裁裁决进行审查,并根据公约规定作出撤销与否的决定。专门委员会的成员不得为作出仲裁裁决的仲裁员,不得具有争端当事方国籍,也不得为当事方国家向中心推荐的仲裁员名册中的成员或者曾在同一争议中进行调解的调解员。若全部裁决被撤销,则当事方可以请求将争议提交给一个新的仲裁庭审理;若部分撤销,则可就撤销部分提请新的仲裁庭进行重新审理。

(四) 中心解决争端所适用的法律

关于中心在解决争议过程中适用法律的问题,《华盛顿公约》第 42 条规定:"一、仲裁庭应依照双方可能同意的法律规则判定一项争议。如无此种协议,法庭应适用争议一方缔约国的法律(包括其关于冲突法的规则)以及可能适用的国际法规则。二、法庭不得借口法律无明文规定或含义不清而暂不作出裁决。三、第一款和第二款的规定不得损害法庭在双方同意时对争议作出公平和善意的权力。"

根据上述规定,中心的法律适用遵循以下原则:

(1) 适用当事人合意选择的法律,既包括国内法也包括国际法。实践中大部分当事人共同选择的往往是东道国的法律。

(2) 若当事人没有选择,则应适用争端一方缔约国的国内法以及可以适用的国际法。一般认为,根据公约规定仲裁庭应优先适用东道国国内法,然后才可考虑适用国际法。[①]

---

① 参见余劲松主编:《国际投资法》,法律出版社 2007 年版,第 364 页。

(3) 禁止拒绝裁决的规则：根据《华盛顿公约》第 42 条第 2 款，仲裁庭根据公约确定应当适用的法律后，如果该法律缺少对本案可适用的规范或者相关规范含义不清时，仲裁庭不应以无法律依据为由拒绝裁判，而是应当从其他法律体系（包括国内法和国际法）中提炼出一般法律原则加以适用。

(4) 公允善良原则：根据《华盛顿公约》第 42 条第 3 款规定，无论是否有法可依，也无论法律规定是否明确，当事人均可以授权仲裁庭根据公允善良原则进行裁决。所谓公允善良原则，是指仲裁庭经过双方同意，可以无需依据法律规定，而是按照其他公平合理的标准作出具有拘束力的裁决。但是，采用这一原则的必要前提为当事人的授权，如果当事人没有授权的情况下仲裁庭适用这一原则，则意味着仲裁庭越权，可导致裁决无效。①

(五) 中心裁决的承认与执行

任何缔约国都承担承认和执行中心裁决的义务，且应将其视为本国法院最终判决，不得对中心裁决进行程序和实体上的审查，也不能以公共秩序保留为由拒绝承认和执行。

根据《华盛顿公约》第 53 条规定，裁决对双方有约束力，不得进行任何上诉或采取任何其他公约规定外的补救办法。除了根据公约规定予以停止执行的情况外，任何一方均应遵守和履行裁决的规定。

若作为争议一方的投资者没有遵守和履行裁决，则另一方（缔约国）可以在本国或其他相关缔约国申请强制执行。如果作为争议一方的缔约国没有遵守和履行裁决，则意味着该国违反条约义务，应承担国际责任，投资者母国可根据公约第 27 条第 1 款恢复外交保护权或提出国际请求，或者根据公约第 64 条向国际法院提起诉讼。对于争议之外缔约国拒绝承认和执行中心裁决的情况，争议一方缔约国或其他缔约国均可根据公约第 64 条向国际法院提起诉讼。

第三节　世界贸易组织的争端解决制度

世界贸易组织（WTO）的争端解决机制是在 WTO 法律体系框架下解决 WTO 成员之间因 WTO 规则而产生争议的专门机制。这一机制由于其专门性、完整性和统一性等突出特点，使其成为 WTO 制度体系中的核心组成部分，也是 WTO 作为国际经济组织有别于很多其他国际经济组织的重要因素，是保证 WTO 成员方有效履行相关条约义务、维护和促进多边贸易体系发展的支柱性制度。

一、世界贸易组织争端解决机制的起源、发展及其特点

(一) WTO 争端解决机制的起源和发展

WTO 争端解决机制建立在乌拉圭回合谈判达成的《关于争端解决规则与程序的谅解》(The Understanding on Rules and Procedures Governing the Settlement of Disputes) 基础

---

① 余劲松主编：《国际投资法》，法律出版社 2007 年版，第 366—367 页。

上，其前身为1947年《关贸总协定》(GATT)的第22条和第23条，这两个条款也被认为是WTO争端解决机制的起源。

根据GATT第22条规定，对于任何缔约方提出的有关影响GATT实施的陈述，缔约各方应予同情的考虑，并给予充分磋商的机会。如果磋商未能达成圆满的结果，经一缔约方提出请求，缔约方全体可与另一缔约方或另几个缔约方进行磋商。

GATT第23条规定，如果一缔约方认为，由于另一缔约方未能实施其对GATT所承担的义务，或另一缔约方实施某种措施（不论这一措施是否与GATT的规定有抵触），或任何其他情况，从而导致该缔约方根据GATT可获得的直接或间接利益正在丧失或受到损害，或者使GATT目标的实现受到阻碍，则该缔约方可以为了使问题得到圆满调整，向有关缔约方提出改变措施的书面建议或请求。如果有关缔约方在合理期限内无法达成满意的调整方法，则可以将争端提交缔约方全体处理。缔约方全体应立即研究，并应向它所认为的有关缔约方提出适当建议，或者酌情对此问题作出裁决。如有必要还可就此问题与缔约各方、联合国经社理事会及有关的政府间组织进行磋商。如果缔约方全体认为情况非常严重，则有权批准某缔约方根据实际情况对其他缔约方暂停实施GATT规定的减让或其他义务。在暂停履行义务被批准和实施后的60天内，如果有关缔约方要退出GATT，可以书面形式通知缔约方全体。

上述两个条款构成了GATT争端解决规则的核心内容，在其后的发展实践中，GATT成员方又先后通过了一系列的补充性法律文件，包括1979年东京回合谈判达成的《关于通知、协商、解决争端和监督的谅解》《关于GATT争端解决领域惯常做法的一致说明》，1989年通过的《关于对GATT争端解决规则与程序的改进》决议等，其中很多内容都被WTO《关于争端解决规则与程序的谅解》所吸收。

但是，GATT争端解决规则存在着诸多固有缺陷，例如其管辖范围仅限于国际货物贸易，而GATT规则的覆盖范围逐步扩展至了国际服务贸易、国际投资、知识产权等领域，原有规则无法有效解决这些领域的争端。GATT争端解决规则中专家组报告的通过采用的是协商一致(positive consensus)的规则，即只有理事会全体成员一致通过，专家组报告才能对争议各方产生法律拘束力，只要有一方反对，该报告就无法通过，而由于败诉方往往对报告持反对意见，实践中真正能够对当事方产生法律拘束力的报告寥寥无几。除此之外，GATT争端解决规则还存在着规则分散、缺乏体系、程序上缺乏明确的时间表、裁决执行缺乏强制力和保障机制等问题。为了解决和弥补GATT争端解决规则的不足，使争端解决机制能够更好地保障和促进多边贸易体制的实施和发展，经过乌拉圭回合谈判，WTO成员最终以《关于争端解决规则与程序的谅解》为基础构建了更为完善、有效的争端解决机制。

经过乌拉圭回合谈判，WTO规则形成了一个庞大的条约群，由《建立世界贸易组织协定》、其四个附件和部长会议宣言和决议组成。其中《关于争端解决规则与程序的谅解》[①]为附件二,是 WTO 一揽子协议的组成部分,所有成员方均需承担该协议项下的相关条约义务。《关于争端解决规则与程序的谅解》也被称为"争端解决谅解",英文表述为"Dispute Settlement Understanding",通常简称 DSU。

(二) WTO 争端解决机制的特点

WTO 争端解决机制虽然起源于 GATT 争端解决规则,但其具有鲜明的特点。

(1) 统一性。WTO 争端解决机制的统一性主要体现在两个方面:一方面,该机制适用于所有的成员方;另一方面,该机制适用于除了《贸易政策审议机制》外的所有一揽子协议项下的协定,其内容涵盖了 WTO 协定所涉及的各个领域,包括国际货物贸易、国际服务贸易、国际投资和知识产权。

(2) 专门性。根据《关于争端解决规则与程序的谅解》第 2 条,WTO 设立了专门的争端解决机构(Dispute Settlement Body,DSB),由所有成员方代表组成。DSB 负责设立专家组、上诉机构并有权通过专家组和上诉机构的报告、监督报告的执行、授权报复等。DSB 是受理 WTO 所有成员方关于所有 WTO 协定项下争议的唯一机构,成员方必须接受 DSB 管辖,且对此不具有选择权和保留权,因此 WTO 争端解决机构的管辖权具有专属性和强制性。

(3) "反向协商一致"(negative consensus)的决策机制。《关于争端解决规则与程序的谅解》第 16 条第 4 款规定:"在专家组报告散发各成员之日起 60 天内,该报告应在 DSB 会议上通过,除非一争端方正式通知 DSB 其上诉决定,或 DSB 经协商一致决定不通过该报告。"第 17 条第 14 款规定:"上诉机构报告应由 DSB 通过,争端各方应无条件接受,除非在报告散发各成员后 30 天内,DSB 经协商一致决定不通过该报告。"这意味着在专家组和上诉机构报告的通过方式上,DSU 将 GATT 采用的"除非协商一致否则不通过"改为"除非一致反对否则通过",也就是所谓的"反向协商一致"或"全体一致否决",也就是说,除非全体一致否决,否则报告即可通过。很难想象包括裁决"胜诉"方在内的所有成员方一致反对专家组或上诉机构的报告的情形,因此这种决策机制是一种事实上的自动通过方式,极大提高了 WTO 争端解决的有效性和强制性。

二、争端解决程序

(一) 磋商

根据《关于争端解决规则与程序的谅解》,WTO 任何成员方若认为其根据 WTO 协议直接或间接获得的利益因另一成员方的措施而减损,则可以向另一成员方提出磋商请求。被请求成员方应在收到请求之日起 10 天之内作出答复,并应在收到请求之日起不超过 30 天的期限内进行磋商,如果该成员方未在收到请求之日起 10 内作出答复,或未在收到请

[①] 《关于争端解决规则与程序的谅解》本身个附含有 4 个附录,分别为附录1《本谅解的适用协定》、附录2《适用协定所含特殊或附加规则与程序》、附录 3《工作程序》、附录 4《专家审议小组》。

求之日起不超过30天的期限内或双方同意的其他时间内进行磋商,则提出请求的成员方可以直接开始请求设立专家组。

所有磋商请求应由提出请求的成员方通知DSB及有关理事会和委员会,且应采用书面形式,并说明提出请求的理由。磋商应保密,且不得损害任何一方在进一步争议解决步骤中的权利。如果在收到磋商请求之日起60天内,磋商未能解决争端,则提出请求的成员方可以提出设立专家组。如果双方共同认为磋商已不能解决争端,则提起磋商请求的成员方可在60天内请求设立专家组。

除了上述一般规则,DSU还特别规定了以下几点:

(1) DSU对磋商设定了较为具体的时间表,但是在紧急案件中,包括涉及易腐货物的案件,各成员方应在收到请求之日起不超过10天内进行磋商,如果在收到请求之日起20天内磋商未能解决争端,则提起磋商的请求方可以要求设立专家组。在这种情况下,争端各方、专家组和上诉机构应尽一切努力最大可能地加快诉讼程序。

(2) 磋商中,各成员应当特别注意发展中国家的特殊问题和利益。

(3) 磋商成员外的其他成员方如果认为磋商涉及其实质贸易利益,则可以在磋商请求散发之日起10日内,通知磋商成员和DSB其参加磋商的意愿。只要被请求磋商的成员方认为其实质利益的主张是有理由的,则该第三方就可以参与磋商。

磋商是WTO争端解决的重要环节,也是DSU的必经程序,只有争议双方无法通过磋商解决争议的情况下,才能请求DSB设立专家组。

(二) 斡旋、调解和调停

与磋商程序不同,斡旋、调解和调停是在争议各方同意的情况下自愿采用的程序,更多地体现了当事人意思自治原则,争端任何一方可以随时请求进行斡旋、调解或调停,该程序可以随时开始或终止。

根据《关于争端解决规则与程序的谅解》第5条,如果斡旋、调解或调停在收到磋商请求之日起60日内开始,则提出磋商请求方应当给予该程序60天的时间,之后再请求设立专家组。如果争端各方共同认为该程序无法解决争端,则提起磋商请求方可在60天内请求设立专家组。在争端各方同意的情况下,斡旋、调解或调停程序可以在专家组程序进行的同时继续进行。

(三) 专家组审议

1. 专家组的设立

申诉方应以书面形式提出设立专家组的请求,并在请求中说明是否进行了磋商、其认为存在争议的措施、申诉的法律根据等。设立专家组的请求一经提出,DSB最迟应在该请求首次作为议题列入其议程的会议之后的下一次会议上设立专家组,除非在该次会议上DSB经协商一致决定不设立专家组。

2. 专家组的组成

专家组成员应在DSB专家组名册中选择,考量因素主要包括专家的独立性、不同的背景和丰富的经验。专家组应由3名成员组成,除非在专家组设立后10天内争端各方同意专家组由5名成员组成。秘书处应向争端各方建议专家组成员的提名,由争端各方同意。如在专家组设立之日起20天内,争端各方仍未就专家组成员达成一致,则总干事应在争端任何一方的请求下,经与DSB主席、有关委员会、理事会以及争端各方磋商后决定专家组的组成。

3. 专家组的职能

专家组的职能是协助DSB履行《关于争端解决规则和程序的谅解》及相关协定项下的职责。专家组应定期与争端各方磋商,给予各方充分陈述各自意见和观点的机会,对争端事项作出客观评估,包括争端的事实、相关协定的可适用性和适用的正确性等,并在此基础上提出建议和裁决。

4. 专家组程序

专家组程序主要依据《关于争端解决规则和程序的谅解》的第12条及其附录3,其中附录3较为具体地规定了专家组审议案件的程序、步骤以及时间表。

通常情况下专家组依据附录3中的工作程序和时间表审议裁决案件,但是DSU也赋予专家组程序一定的灵活性,允许专家组与争端各方协商确定时间表。在这种情况下,专家组成员必须尽可能在专家组组成及职权范围议定后一周内确定专家组程序的时间表,且应遵守DSU中的其他强制性规定。

(1) 争端各方提交书面陈述

争端各方应将其书面陈述交存秘书处,以便立即转交专家组和其他争端方。一般情况下,申诉方必须在应诉方提交第一份陈述前提交其第一份陈述,但是,在争端各方与专家组通过协商确定时间表的情况下,可以协商确定争端各方同时提交第一份陈述。而第一份陈述之后的书面陈述应当同时提交。

(2) 专家组会议

专家组可与争端各方召开案件调查会议,如果专家组按照附录3中的工作程序,则应召开两次实质性会议。第一次实质性会议之前争端各方应提交书面陈述,在这次会议期间应先由申诉方陈述案情,随后由被诉方陈述其观点,同时,会议期间还应专门安排一场会议由利害关系第三方陈述其意见。第二次实质性会议期间争端各方应进行正式的辩论,发言顺序与第一次会议相反,即先由被诉方发言,之后为申诉方,在会议之前各方必须将书面辩驳意见提交给专家组。专家组可随时提问,各方可在会议过程中说明或作出书面说明。为了保证案件审议过程中的透明度,各方陈述、辩驳、说明均应在各方在场的情况下作出。

(3) 专家组报告

如果争端各方没有自行达成满意的解决方案,则专家组必须以书面报告的形式向DSB提交调查结果。专家组报告应包括事实的调查结果、WTO相关规则的可适用性以及调查结果和相关建议的基本理由。

(4) 相关时限的要求

专家组进行审查的期限(自专家组组成和职权范围议定之日至最终报告提交争端各

方之日）一般不应超过 6 个月，紧急案件（包括涉及易腐货物的案件）应力求 3 个月提交。若专家组认为上述 6 个月和 3 个月期限内无法提交报告，则必须书面通知 DSB 迟延原因和预计提交期限。但自专家组设立至报告散发各成员的期限无论如何不应超过 9 个月。专家组可随时应申诉方请求中止工作，期限不超过 12 个月。如发生此种中止，相关时限应按中止工作的时间顺延。如果专家组工作已经中止 12 个月以上，则设立专家组的授权即告终止。

（5）专家组寻求信息的权利及其审议的保密性

每一个专家组均有权向其认为适当的个人或机构寻求信息和技术的建议，但是未经提供信息的个人、机构或成员主管机关正式授权，所提供的机密信息不得披露。专家组可向任何有关来源寻求信息，并与专家进行磋商并获得相关意见。

专家组审议情况应保密，专家组报告应在争端各方不在场的情况下起草，且专家个人意见在专家组报告中应匿名。

（6）中期审议

在书面和口头辩论后，专家组应当向争端各方提交报告草案中有关案件事实和论据的部分，在专家组设定的期限内各方应提交对上述报告草案内容的书面意见。专家组随后应向各方提交一份中期报告，这份报告中既应包括上述事实和论据部分，也应包括调查结果和结论。在专家组设定期限内，争端一方可以向专家组提出就中期报告中某个具体方面进行审议的请求。专家组就此应与各方再次召开会议。如果在征求意见期间专家组没有收到来自任何一方的意见，中期报告即成为最终报告。

（7）报告的通过

DSB 可以在报告散发各成员之日 20 天后审议通过专家组报告。除非争端一方正式通知 DSB 其上诉的决定，或者 DSB 经过协商一致决定不通过报告，否则，在专家组报告散发给各成员之日起 60 天内，报告应在 DSB 会议上通过。

（四）上诉审议

1. 上诉的提出

争端当事方如果对专家组报告不服可以提出上诉。上诉方仅限于争端当事人，不包括第三方，有实质利益的第三方可以向上诉机构提出书面陈述，以便上诉机构对其观点和意见予以考虑。

2. 常设上诉机构的组成

DSB 设立常设上诉机构，由 7 人组成，每个案件由其中 3 人审理。上诉机构成员任期 4 年，可连任一次。

3. 上诉程序的期限

上诉机构的诉讼程序自争端一方正式通知其上诉决定之日开始，直至上诉机构散发其报告之日终止，期间通常不超过 60 天。如果上诉机构认为其无法在 60 天内提交报告，则应书面通知 DSB 迟延原因以及预计期限，但上诉程序无论如何不能超过 90 天。

4. 上诉的内容

上诉仅限于专家组报告涉及的法律问题和专家组所作的法律解释。

5. 上诉审议的程序

上诉机构的工作程序由上诉机构经与 DSB 主席和总干事磋商后制定,并告知各成员参考,该程序应保密。上诉机构可维持、修改或撤销专家组的法律调查结果和结论。上诉机构成员个人意见在报告中应匿名。

6. 上诉机构报告的通过

除非在上诉机构报告散发给各成员后 30 天内 DSB 经过协商一致决定不予通过,否则上诉机构报告应由 DSB 通过,且争端各方应无条件接受。当然,该通过程序不能损害成员方就该报告发表意见的权利。

(五) 建议和裁决的执行

1. 确定执行期限

在专家组或上诉机构报告通过后 30 天内召开的 DSB 会议上,有关成员应通知 DSB 其执行 DSB 建议和裁决的意向,如果无法立即执行,则应确定一个合理的执行期限。① 除了争端各方另有议定,或者专家组或上诉机构根据《关于争端解决规则与程序的谅解》第 12 条第 9 款或第 17 条第 5 款延长提交报告的时间之外,自 DSB 设立专家组之日至合理执行期限的确定之日不得超过 15 个月。

2. DSB 对执行的监督

自建议或裁决通过后,任何成员均可随时向 DSB 提出有关执行的问题。除非 DSB 另有决定,否则该问题应自确定合理执行期限之日起 6 个月后,列入 DSB 会议议程,并应保留在 DSB 议程上,直至该问题解决。

3. 补偿和中止减让

如果争端一方未能纠正被裁定为违反相关协定的措施,或没有在合理执行期限内符合建议和裁定的要求,则该成员应在不迟于合理执行期限期满前,在收到请求时与申诉方进行谈判,形成双方均可接受的补偿。

如果在合理执行期限期满之日起 20 天内双方无法达成补偿共识,则申诉方可以请求 DSB 授权其中止对被诉方的减让或其他义务,也就是通常所说的"报复措施"。"报复措施"应首先针对被裁决违反协定或造成申诉方损失的相同部门,即"平行报复";如果平行报复不可行或无效,则可以针对同一协定项下的其他部门,即跨部门的报复;如果跨部门报复仍然无效或不可行,则可针对其他协定项下的义务,跨部门、跨协定的报复也被称为"交叉报复"。采用何种报复形式与当事方在国际贸易中的经济实力密切相关。

---

① 根据《关于争端解决规则与程序的谅解》第 21 条的规定,确定该"合理期限"的方法为:(1)有关成员提议的期限,只要该期限获 DSB 批准;或者在未获批准时则为:(2)争端各方在通过建议和裁决之日起 45 天内双方同意的期限;或者如未同意则为:(3)再通过建议和裁决之日起 90 天内通过有约束力的仲裁确定的期限。在该仲裁中,仲裁人的指导方针应为执行专家组或上诉机构建议的合理期限不超过自专家组或上诉机构报告通过之日起 15 个月。但是该时间可视具体情况缩短或延长。

除非 DSB 经过协商一致决定拒绝授权，否则 DSB 应在合理执行期限结束后 30 天内授权中止减让或其他义务。若被诉方对中止程度提出反对或认为《关于争端解决规则与程序的谅解》第 22 条第 3 款所列的原则和程序未得到遵守，则该事项应提交仲裁。仲裁由原专家组或经总干事任命的仲裁人在合理执行期限结束之日起 60 天内作出。

补偿、中止减让或其他义务均为临时性措施，一旦被裁定违反义务的措施终止，或申诉方利益损失的问题得到解决，或双方达成了满意的解决办法，则上述临时性措施应停止。

本章小结：

国际经济贸易争端的解决是国际经济法律制度的重要组成部分。对于国际私人商事争端来说，目前较为普遍的争端解决方式包括 ADR、国际商事仲裁和国际民商事诉讼，这些争端解决方式各具特色，能够在一定程度上满足当事人争端解决的不同需求。在解决投资者与东道国之间国际投资争议方面，ICSID 机制无疑具有突出的地位。WTO 争端解决机制由于其准司法属性的特点使其成为保障 WTO 制度有效实施的核心基石。

思考题：

1. ADR、国际商事仲裁与国际民商事诉讼的主要区别是什么？
2. 国际商事仲裁协议及其效力。
3. 国际商事仲裁中如何确定应当适用的程序规则、程序法与实体法？仲裁协议效力的准据法如何确定？
4. 法院对国际民商事诉讼行使管辖权的原则。
5. 如何确定 ICSID 管辖权？ICSID 仲裁的主要程序是什么？
6. WTO 争端解决机制的特点。
7. WTO 争端解决机制的主要程序。

主要参考书目

1. 余劲松、吴志攀主编：《国际经济法》（第四版），北京大学出版社2014年版。
2. 余劲松主编：《国际投资法》（第四版），法律出版社2014年版。
3. 左海聪主编：《国际商法》（第二版），法律出版社2013年版。
4. 韩立余著：《世界贸易组织法》，中国人民大学出版社2014年版。
5. 张庆麟著：《欧元法律问题研究》，武汉大学出版社2004年版。
6. 〔英〕菲利普·伍德著：《国际金融的法律与实务》，姜丽勇、许懿达译，法律出版社2011年版。
7. 韩龙著：《国际金融法前沿问题》，清华大学出版社2010年版。
8. 〔西班牙〕戈西马丁·阿尔弗雷泽著：《跨境上市国际资本市场的法律问题》，刘轶、卢青译，法律出版社2010年版。
9. 赵秀文著：《国际商事仲裁法》（第三版），中国人民大学出版社2012年版。

后 记

经全国高等教育自学考试指导委员会同意,由法学类专业委员会负责高等教育自学考试法律专业教材的审定工作。

《国际经济法概论》自学考试教材由中国人民大学余劲松教授担任主编,参加编写的有南开大学左海聪教授、中国人民大学韩立余教授、武汉大学张庆麟教授、中南财经政法大学韩龙教授、中山大学梁丹妮副教授、中国人民大学胡天龙副教授、中国人民大学金美蓉副教授等。

参加本教材审稿讨论会并提出修改意见的有:北京大学法学院邵景春教授,清华大学法学院车丕照教授,中国政法大学国际法学院王传丽教授。全书由余劲松教授修改定稿。

编审人员付出了大量努力,在此表示一并感谢!

全国高等教育自学考试指导委员会
法学类专业委员会
2014 年 11 月